# LES GRANDS
# PROCÈS

*LA MÉMOIRE DE L'HUMANITÉ*

# LES GRANDS PROCÈS

sous la direction de

**Nadeije Laneyrie-Dagen**
*maître de conférences à l'École normale supérieure*

FRANCE LOISIRS
123, boulevard de Grenelle, Paris

**Édition**
Michel Guillemot

**Rédaction**
Florence Maruéjol et Catherine Salles (préhistoire et Antiquité)
Florence Maruéjol (Moyen Âge)
Sabine Melchior-Bonnet et Catherine Salles (époque moderne)
Thierry Pécout, Catherine Salles
et Marie-Ève Therenty (époque contemporaine)

**Lecture-correction**
Service de lecture-correction Larousse

**Mise en page**
Atelier d'édition européen
(Anna Klykova)

**Iconographie**
Nanon Gardin

**Fabrication**
Janine Mille

## *AU LECTEUR*

*Comme les autres ouvrages de la collection « la Mémoire de l'Humanité »,* les Grands Procès *sont présentés de façon chronologique, un fait succédant à un autre en fonction de la date à laquelle il se situe.*

*Au récit de chaque événement est consacrée une double page. La date est repérable immédiatement, inscrite dans une vignette placée en haut de la page de gauche, de couleur verte pour les événements situés avant notre ère, de couleur rouge pour les dates de notre ère.*

*L'essentiel du texte s'attache à raconter les circonstances de l'événement, à mettre en scène les protagonistes. Ce récit s'enrichit d'informations supplémentaires, qui prennent place dans les encadrés. Lorsque le contexte historique explique en partie les éléments d'une situation, le temps, le lieu sont ainsi présentés en marge du texte principal, dans un encadré inscrit entre deux filets, verts pour les dates situées avant notre ère, rouges pour celles appartenant à notre ère. Si un témoin de l'événement, un contemporain du personnage évoqué ou un historien important parle de celui-ci, un extrait de son témoignage est fourni dans un autre encadré inscrit entre deux filets, verts si l'événement ou la biographie sont antérieurs à notre ère, rouges dans l'autre cas. Il en va de même s'il faut donner des précisions de caractère technique concernant un aspect particulier du sujet traité. Un dernier encadré apparaît alternativement : il rétablit le récit dans une perspective de long terme, met celui-ci en rapport avec des faits apparentés ou des personnages dont la vie a quelque rapport avec ceux présentés dans le texte principal.*

*L'iconographie tient une place considérable dans ce livre. Les documents contemporains, à chaque fois que cela est possible, l'interprétation allégorique ou cinématographique d'un thème ou d'un personnage, reflet des fantasmes engendrés par ceux-ci, apportent sur chaque sujet la vision des témoins de l'époque et celle des générations suivantes.*

*Enfin, un index, à la fin de l'ouvrage, permet de retrouver aisément les personnages qui ont été impliqués, à des titres divers, dans les plus grandes affaires judiciaires.*

# PRÉFACE

La justice est une des préoccupations fondamentales de l'homme, à la fois terrestre et métaphysique. La peur du Jugement dernier, présente dans la plupart des civilisations, inspire l'image de la balance, tenue directement par le dieu juge ou, plus souvent, par son émissaire : Anubis, dans l'ancienne Égypte, l'archange Michel, dit « psychopompe », parce qu'il pèse les âmes, dans le christianisme... Dans la civilisation chrétienne, le début et la fin de l'Histoire sont tous deux marqués par un jugement : l'expulsion d'Adam et Ève du paradis terrestre, sanction d'une faute commise (le vol du fruit de l'arbre de la connaissance), et le retour du Christ sur terre, ou Parousie, pour juger les vivants et les morts.

Dans la vie quotidienne, dans les préoccupations les plus familières des hommes, la justice occupe une place tout aussi importante. Le plus populaire des rois du Moyen Âge, Louis IX, dont l'Église a fait un saint, est associé dans la mémoire collective à l'image du chêne sous lequel il rendait la justice. Et le roi Salomon, le plus sage des souverains hébreux, est célèbre pour le jugement qu'il rendit, permettant par une ruse de connaître la vraie mère d'un enfant que deux femmes se disputaient.

La chronique des procès, c'est-à-dire des litiges, légers ou graves, dans lesquels intervient la justice, fournit ainsi une sorte de miroir dans lequel se reflètent les soucis des sociétés. Le projet de ce livre, *les Grands Procès,* est de retracer cette chronique et, ainsi, d'évoquer les peurs, les espoirs, les passions et les vices des hommes. Pour cette raison, les faits divers, petits ou grands — des disputes autour d'un bien, terre ou fortune, aux crimes crapuleux ou passionnels —, sont traités dans cet ouvrage. Si les procès qu'ils suscitent sont souvent mesquins ou sordides, les caractères qu'ils mettent en scène révèlent des comportements et des mentalités qui, propres à telle époque, nous intéressent soit parce qu'ils ressemblent à nos réactions contemporaines, soit, à l'inverse, par ce qui nous apparaît comme leur singularité, leur archaïsme ou leur bizarrerie. Ainsi des pendaisons d'animaux ou des procès faits à des insectes jusqu'à la fin du Moyen Âge ; ainsi, plus tragiquement, des bûchers auxquels furent condamnés de pauvres gens accusés de sorcellerie, jusque dans l'Amérique du XVIIe siècle ; ainsi, enfin, le cas assez comique d'une femme accouchant treize mois après le départ de son mari et déclarée fidèle, à l'époque de Descartes. De telles affaires, plus que des faits divers, sont des faits de société, qui dévoilent à nos yeux surpris l'incommensurable différence séparant les sociétés préscientifiques de la nôtre.

D'autres procès, dans cet ouvrage, ont une importance plus immédiatement perceptible. Ce sont soit des affaires criminelles si tragiques qu'elles ont laissé et laissent dans la mémoire des traces singulièrement durables — des méfaits de Gilles de Rais à ceux de Petiot, en passant par Jack l'Éventreur et ses émules, par le docteur Holmes à la fin du XIXe siècle ou par Landru dans le commencement des années 1920, soit des causes qui ébranlèrent une société entière, projetant l'un contre l'autre des pans entiers de cette société, divisant les familles, créant des haines durables — ainsi l'affaire Dreyfus, entre 1894 et 1906. Enfin, *les Grands Procès* abordent le cas des crimes les plus horribles ayant suscité les commotions les plus intenses, lorsque, au XXe siècle, ils traitent des affaires liées à la Seconde Guerre mondiale et aux atrocités qui s'y commirent et qui furent jugées, à Nuremberg, à Tokyo ou, plus tard, dans la seconde moitié du siècle, quand Eichmann d'abord, Klaus Barbie ensuite puis Paul Touvier furent enfin reconnus et arrêtés par la police.

Restent les difficultés d'une telle chronique. Il arrive que trop peu de documents aient subsisté pour permettre de reconstituer une justice qui fut essentiellement orale. Il en va ainsi, par exemple, des litiges sur le continent africain. Il arrive, plus souvent, que manquent, dans un État ou une société, jusqu'aux fondements mêmes de l'idée de justice. Son exercice se fonde sur des règles : sans loi, nulle infraction n'existe, et donc nulle punition. Dans les temps très anciens de l'histoire, les règles divines et les règles humaines se confondent : le « Tu ne tueras point » des dix commandements, enfreint par Caïn tuant Abel — le fratricide aggravant encore le meurtre —, pose l'interdit fondamental de toute communauté humaine. Le Code d'Hammourabi, mille huit cents ans avant notre ère, en fait aussi son précepte principal, établissant à partir de là une comptabilité très simple des punitions, fondée sur la loi du talion. Avec le temps, les règles peuvent varier, s'assouplir ou, au contraire, se compliquer et se multiplier ; les contreparties aux infractions évoluent également, le désir de vengeance, qu'exprime essentiellement l'idée de punition, se trouvant modulé par l'exigence de comprendre, d'éviter la répétition du crime, d'amender le criminel et de le sauver.

Mais cette double évolution laisse inchangés les deux principes essentiels : des lois connues de tous et des peines fixées pour chaque infraction selon sa gravité. Or, cette règle fondamentale, qui préserve les individus de l'arbitraire, a été trop souvent, dans l'histoire — et encore aujourd'hui —, violée : lorsque ce qui est licite ou illicite dépend du bon plaisir du plus fort ; lorsqu'un même crime est passible de peines variées selon la fantaisie de celui qui juge, ou selon la position du criminel ; lorsque la sentence n'est précédée que d'une parodie dérisoire de débat, simple déguisement d'une exécution arrêtée à l'avance — à Moscou, à Bucarest, à Pékin, à Santiago, à Buenos Aires... Alors, dans ces cas qui sont bien plus que des exceptions, il n'est plus de justice.

Nadeije Laneyrie-Dagen

# SOMMAIRE



## CHRONOLOGIE DES ÉVÉNEMENTS

### avant notre ère



### de notre ère

## *L'œuvre législative d'un roi de Babylone*

# LE CODE D'HAMMOURABI

**À la fin de sa vie, vers 1755 avant notre ère, le roi de Babylone Hammourabi rassemble en un recueil les nombreuses dispositions légales prises au cours de son règne ou héritées de ses prédécesseurs. Cette compilation, aujourd'hui connue sous le nom de Code d'Hammourabi, établit la première réglementation développée de l'histoire en matière juridique, une réglementation destinée à demeurer en vigueur durant environ un millénaire en Mésopotamie, la région située entre le Tigre et l'Euphrate.**

La version la plus complète du Code d'Hammourabi, inscrite sur une quarantaine de tablettes en terre et sur au moins trois stèles, est conservée au musée du Louvre. Le texte, en langue akkadienne, est gravé en cinquante et une colonnes sur une stèle de basalte noir, haute de 2,25 mètres. Sept colonnes ont été martelées par un conquérant du XII^e^ siècle avant notre ère, qui a transporté l'œuvre à Suse, sa capitale, dans l'Iran actuel, où elle a été mise au jour en 1901-1902 par des archéologues français. L'inscription est dominée par l'image du roi en prière devant une divinité, certainement Shamash, dieu de la Justice et du Soleil.

*Hammourabi, roi de Babylone, en prière devant le dieu Shamash (détail de la stèle, Paris, musée du Louvre).*

### Un recueil de jurisprudence

L'ouvrage d'Hammourabi n'est pas à proprement parler un code de lois qui regrouperait l'ensemble du droit ou encore un domaine particulier de celui-ci, tel que le droit pénal, qui concerne les crimes et les délits. Il s'agit plutôt d'un ensemble de décisions s'appliquant à des cas particuliers, à des problèmes précis. Ces sentences et édits, qui constituent une jurisprudence, c'est-à-dire une référence pour des procès semblables, acquièrent force de loi. Ainsi, l'article 14 du Code d'Hammourabi condamne à mort celui qui vole un enfant mineur libre. En conséquence, cette punition sera désormais appliquée dans tous les procès de vol d'enfant du même type. Les dispositions juridiques sont encadrées par un prologue qui vante les mérites du roi et rappelle ses bienfaits et par un épilogue qui invite les successeurs d'Hammourabi à respecter son œuvre législative. Les savants de notre époque ont divisé l'ensemble du Code en 282 articles. En fait, le texte d'origine, quant à lui, ne comporte pas de parties distinctes. Les juristes d'Hammourabi n'ont pas cherché à rendre plus cohérent leur code en gommant les contradictions et les répétitions, et ils ne semblent pas avoir été sensibles à certains oublis. En revanche, ils se sont efforcés de rédiger clairement les articles afin d'en faciliter la compréhension. Cela est important dans la mesure où le Code ne s'adresse pas qu'aux juges, mais aussi aux citoyens qui, en l'absence d'avocats — inexistants à cette époque — plaident eux-mêmes leur cause.

*Stèle du Code d'Hammourabi (bas-relief en basalte noir, XVIII^e^ siècle avant notre ère, Paris, musée du Louvre).*

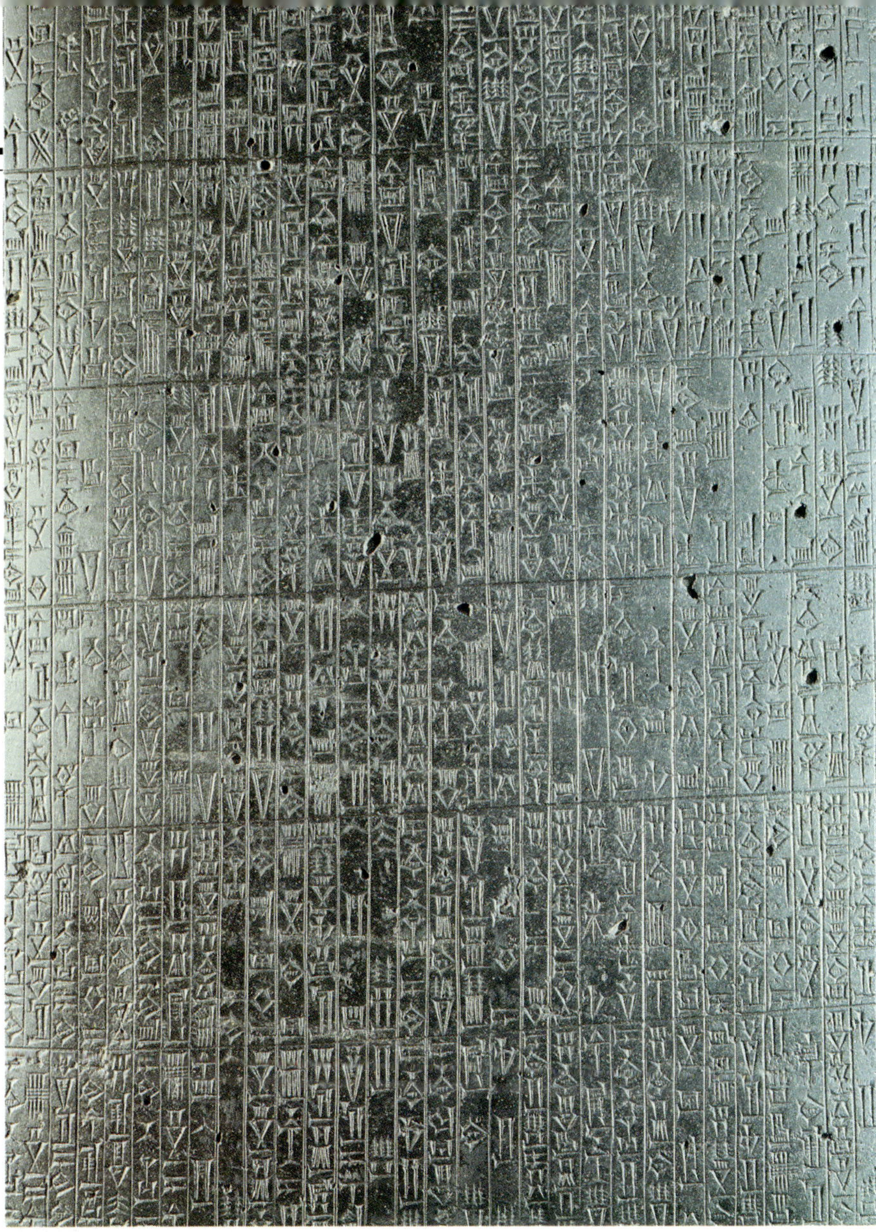

## Quelques articles du Code

*Article E (versions complémentaires de celle du Louvre) : « Si quelqu'un a donné sa maison en location et si le locataire a versé au propriétaire de la maison tout l'argent du loyer d'un an, si le propriétaire de la maison a dit au locataire de quitter les lieux alors que le terme n'était pas échu, le propriétaire de la maison, puisqu'il a fait sortir de sa maison le locataire alors que le terme n'était pas échu, perdra l'argent que le locataire lui avait versé. »*

*Article 148 : « Si un homme a pris une épouse et si une fièvre maligne l'a saisie, s'il s'est proposé d'en prendre une autre en mariage, il pourra la prendre ; mais son épouse qu'une fièvre maligne a saisie, il ne pourra pas la répudier. Elle demeurera dans la maison. »*

*Article 229 : « Si un maçon a construit une maison pour quelqu'un, mais s'il n'a pas renforcé son ouvrage et si la maison qu'il a construite s'est effondrée et s'il a fait mourir le propriétaire de la maison, ce maçon sera tué. »*

*Article 230 : « Si c'est un enfant du propriétaire de la maison qu'il a fait mourir, on tuera un enfant de ce maçon. »*

A. *Finet,* le Code de Hammurapi, *Éditions du Cerf, Paris, 1983.*

*Inscription en langue akkadienne (détail de la stèle, Paris, musée du Louvre).*

### Des lois pour la société et l'individu

Le texte de loi commence par une quarantaine d'articles concernant l'État et la société, tandis que les autres mesures se rapportent au droit de l'individu. Dans les deux cas, le droit varie fortement selon que les personnes appartiennent à l'une ou à l'autre des trois classes sociales qui composent la société babylonienne : hommes libres, esclaves et personnes se situant entre ces deux catégories. À l'intérieur de ces limites, le texte témoigne néanmoins d'un réel souci de justice et d'équité, perceptible notamment dans les articles relatifs aux épouses malades et aux orphelins.

Dans le domaine du droit de l'individu, l'œuvre d'Hammourabi introduit une nouveauté par rapport aux codes plus restreints et spécialisés qui l'ont précédée en Mésopotamie : la loi du talion. Empruntée aux peuples sémitiques installés près du bassin méditerranéen et présente dans la Bible, cette loi s'applique uniquement lorsque la victime est un homme libre. Les articles 196 et 197, relatifs aux coups et blessures, précisent : « Si quelqu'un a crevé l'œil d'un homme libre, on lui crèvera l'œil » et « Si quelqu'un a brisé l'os d'un homme libre, on lui brisera l'os ». Pour les blessures infligées aux personnes de la classe sociale intermédiaire, l'agresseur est seulement condamné à verser une indemnité.

### De nombreux sujets

Le Code d'Hammourabi, s'il n'épuise pas toutes les possibilités de litiges entre l'État et les sujets ou parmi des individus, aborde pourtant des questions très variées. Il détermine ainsi les punitions pour faux témoignage, vol et/ou recel des biens de l'État et des temples, fixe le montant des dédommagements versés par la ville aux citoyens volés par des brigands non retrouvés, et détermine les mesures protégeant les familles de soldats envoyés dans de lointaines garnisons ou prisonniers. Après quoi, il établit le cadre des rapports entre les individus. Les litiges entre propriétaires et locataires de champs, de vergers et de maisons, les problèmes concernant le commerce et le règlement des dettes par la vente du débiteur précèdent les articles concernant le droit de la famille. Ceux-ci traitent du mariage, de l'adultère, de la répudiation, du divorce demandé par les femmes, de l'héritage, de l'adoption et de l'inceste. Viennent enfin les paragraphes qui traitent du statut des femmes vouées aux temples, des blessures infligées aux personnes physiques, de la responsabilité des médecins et de celle des maçons, du montant des salaires des ouvriers agricoles et des petits artisans travaillant à domicile.

L'épilogue conclut fièrement : « Telles sont les prescriptions du droit que Hammourabi, le roi puissant, a solidement établies. » Puis il indique la marche à suivre aux citoyens engagés dans un procès : « Que l'opprimé qui est impliqué dans une affaire [...] fasse lire ma stèle écrite [dressée dans un temple], qu'il entende ainsi mes précieuses ordonnances. Que ma stèle lui indique son affaire, qu'il voie son cas, que son cœur se dilate ! »

*Devant les hommes ou devant Osiris ?*

# LE PROCÈS DU MORT

**« Hommage vous soit rendu, dieux qui êtes dans la cour des deux justices. [...] Je suis venu chez vous, sans mal et sans iniquité et il n'est personne à qui j'ai nui ; je vis de vérité et je me repais de justice. [...] Délivrez-moi donc, protégez-moi donc, ne témoignez pas contre moi devant le grand dieu [Osiris]. »**

*Scène de psychostasie (*Livre des morts*, XVIII*[e]* dynastie, Paris, musée du Louvre).*

Telles sont les paroles que le défunt adresse aux assesseurs d'Osiris, le dieu des Morts, afin d'être admis dans la salle où se tiendra le procès qui décidera de son entrée dans l'au-delà. Au cours de ce jugement seront examinées ses mœurs, sa moralité et ses actions. Apparu au début du Nouvel Empire (1152-1070) dans les livres funéraires, auxquels appartient le papyrus de Néferoubenef, et dans le décor des tombes et des sarcophages, le jugement du mort devient rapidement un événement majeur de la vie de l'au-delà. Si l'on en croit l'historien grec Diodore de Sicile, qui a voyagé en Égypte en 59 avant notre ère, le procès aurait d'abord eu lieu sur terre avant de se tenir dans le royaume des morts. Il ne serait donc que la transposition d'un épisode terrestre dans le monde des morts.

### Un procès terrestre

Avant de se dérouler dans l'au-delà, **le procès du mort a peut-être déjà été instruit sur terre.** Soit qu'il ait été témoin de la scène, soit qu'il ait rassemblé ses informations auprès des autochtones, l'historien **Diodore de Sicile rapporte que les Égyptiens font le procès du défunt avant son enterrement.**

Selon lui, la famille convoque les juges ainsi que les parents et les amis. Les juges sont au nombre de quarante-deux — comme dans le *Livre des morts*. Lors de cette réunion, **quiconque a une accusation à formuler contre le mort peut l'énoncer.** « Ainsi, si quelqu'un surgit qui le blâme et démontre qu'il a mené une mauvaise vie, les juges font connaître leur avis à tout le monde et le corps est exclu de la sépulture habituelle ; mais si le plaignant paraît ne pas porter d'accusation justifiée, il encourt de fortes amendes. »

Si personne ne se manifeste, **la famille entreprend l'éloge du défunt et prie les divinités de l'au-delà de l'accueillir dans leur royaume.** Le cortège funéraire prend ensuite le chemin de la tombe où reposera à jamais le défunt, jugé et acquitté sur terre avant de l'être dans l'au-delà.

## La confession négative

Sur le papyrus qu'il a fait copier du *Livre des morts*, sorte de guide de l'au-delà à l'usage du défunt, le majordome Néferoubenef, vêtu de ses plus beaux atours, s'avance en compagnie de son épouse vers la porte du tribunal. Avant de la franchir, il se présente aux quarante-deux divinités qui siègent sous la présidence d'Osiris, le juge suprême, et affirme qu'il a mené une existence de juste. Les magistrats le somment ensuite de décliner son identité. S'ils sont satisfaits de la réponse, ils le laissent pénétrer dans la salle des deux justices, tribunal conçu à l'image des cours terrestres.

Une fois à l'intérieur, le mort défend sa cause. Il récite devant les quarante-deux assesseurs d'Osiris la liste des péchés qu'il n'a pas commis. Cette longue plaidoirie, qui forme le chapitre 125 du *Livre des morts*, est connue sous le nom de « Confession négative » ou de « Déclaration d'innocence » : « Je n'ai pas commis l'iniquité contre les hommes. Je n'ai pas maltraité les gens. Je n'ai pas appauvri un pauvre dans ses biens. Je n'ai pas fait ce qui est abominable aux dieux. Je n'ai pas affamé. Je n'ai pas fait pleurer. Je n'ai pas tué. Je n'ai pas amoindri les offrandes alimentaires dans les temples. Je n'ai pas forniqué dans les lieux saints du dieu de ma ville. Je n'ai pas retranché au boisseau. Je n'ai pas ôté le lait de la bouche des petits enfants [...] ». Le mort continue à nier sur le même ton toutes sortes de crimes avant de conclure : « Je suis pur, je suis pur, je suis pur, je suis pur. » Ces affirmations d'innocence ne suffisent cependant pas pour que le mort accède aux félicités du paradis d'Osiris. Une épreuve décisive l'attend encore, qui montrera de façon certaine s'il a dit ou non la vérité.

## La pesée de l'âme

Le papyrus de Néferoubenef nous montre en effet celui-ci sortant de la salle des deux justices et pénétrant dans la grande salle d'audience du tribunal. Là, sous l'œil impartial du dieu Osiris, au corps momifié, va se dérouler la pesée de son âme, que les anciens Égyptiens logent dans le cœur. Au centre de la pièce se dresse une grande balance. Sur l'un de ses plateaux repose le cœur de Néferoubenef. Sur l'autre se dresse la plume de Maât, la déesse de la Vérité et de la Justice. Anubis, le dieu de la Momification, manie le fléau de la balance et regarde si les deux charges s'équilibrent. Deux déesses, représentant la Justice, et un babouin, incarnation de Thot, le dieu de la Sagesse, assistent à l'opération, dont dépend l'avenir du défunt. Thot a pour mission d'annoncer les résultats de la pesée à Osiris avant de les consigner par écrit.

Néferoubenef, debout près de la balance, attend le verdict avec une certaine anxiété. Celui-ci s'avère favorable. Le cœur se révèle en effet aussi léger que la plume de la justice. Les portes du royaume d'Osiris, où abondent nourritures, boissons et plaisirs identiques à ceux qui existent ici-bas, s'ouvrent grandes devant le juste.

Néferoubenef a échappé à la grande Dévorante, monstre sanguinaire à tête de crocodile, à la crinière de lion et au derrière d'hippopotame. C'est à cette bête redoutable qu'Osiris confie le soin de châtier les hommes coupables d'avoir pratiqué le mal sur terre et dont le cœur, chargé de mauvaises actions, a fait chuter le plateau de la balance. L'animal happe les condamnés dans sa gueule et les avale. Osiris, dieu juste et bon, répartit ensuite les biens des riches malfaisants entre les pauvres de son royaume.

## Le Jugement dernier

L'idée de juger le comportement terrestre des hommes après leur mort n'est pas propre aux anciens Égyptiens. Les chrétiens croient en un Jugement dernier, annoncé dans l'Ancien et dans le Nouveau Testament. Il aura lieu à la fin des siècles, sur la terre et non pas aux cieux.

**Le Christ juge.** Tous les êtres humains, les bons comme les mauvais, seront jugés par Jésus, qui viendra pour la seconde fois sur terre à cette fin. Le Christ, qui agira à la fois en tant que Dieu et en tant qu'homme, tiendra compte de toutes les actions, de tous les péchés, pardonnés ou non, de toutes les mauvaises paroles et de toutes les pensées des hommes, aussi secrètes soient-elles.

**Le verdict.** Le Christ, qui connaît le comportement de chacun, fera savoir instantanément à tous les humains assemblés le résultat du jugement. Ainsi que l'annonce l'Évangile de saint Matthieu, les justes entreront dans le Royaume, préparé pour eux depuis la fondation du monde, les maudits seront condamnés au feu éternel préparé pour le Diable et pour ses anges.

*« Saint Michel pèse les âmes » (détail du polyptyque du* Jugement dernier*, peinture de Rogier van der Weyden, Beaune, Hôtel-Dieu).*

Livre des morts *provenant de Thèbes (XVIIIe dynastie, Paris, musée du Louvre).*

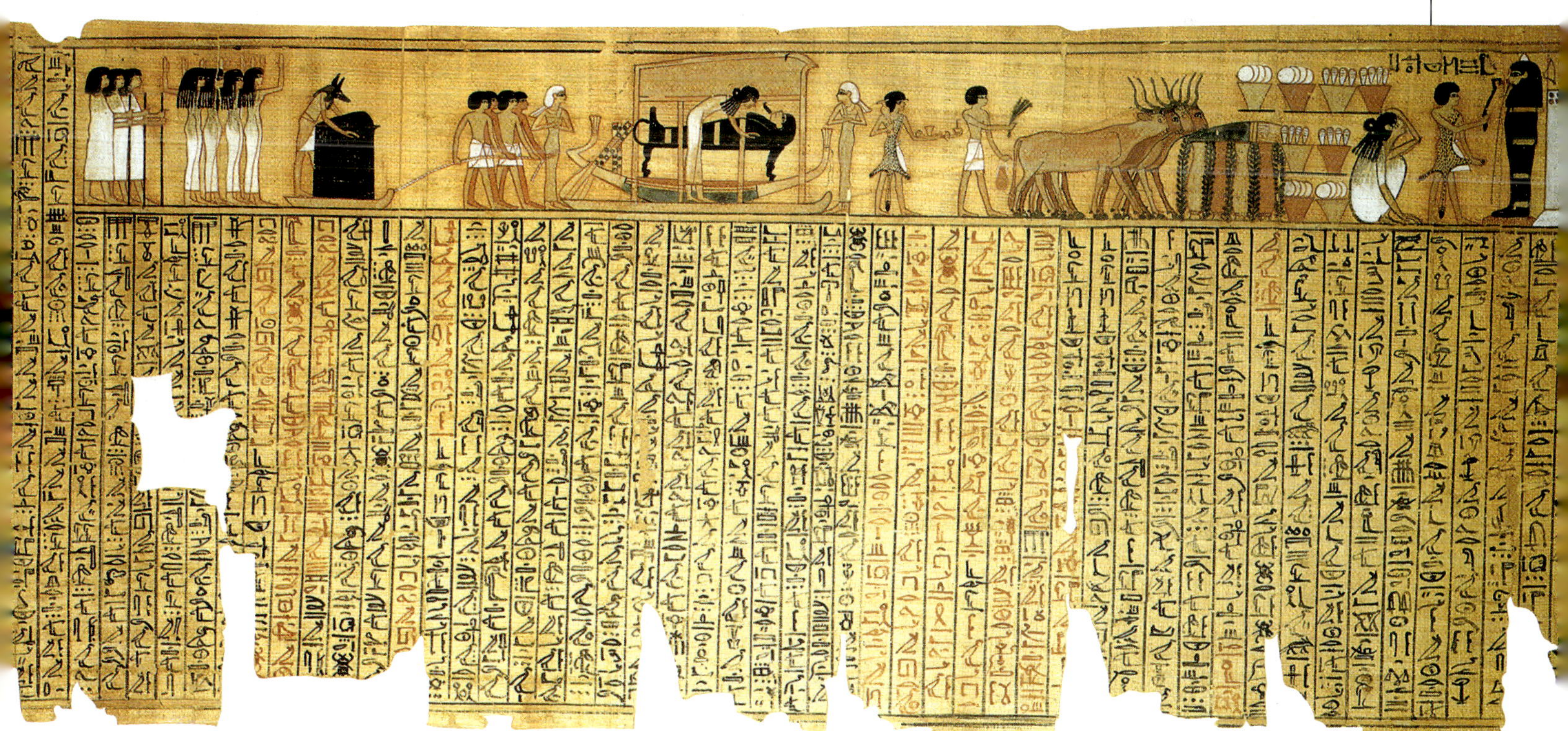

## *Un couple de fonctionnaires forcé de rendre ses comptes*

# DES ADMINISTRATEURS SANS SCRUPULES

**En l'an 29 du règne du roi Ramsès II, c'est-à-dire vers 1261 avant notre ère, un haut fonctionnaire comparaît avec sa femme et sa fille devant la Grande Cour de Justice, l'instance juridique la plus élevée d'Égypte. La famille est accusée de détournements de biens appartenant aux institutions pharaoniques.**

*Les fonctionnaires, par l'intermédiaire d'une hiérarchie complexe, dépendent tous du pharaon (stèle de Ramsès II tenant des prisonniers, XIXe dynastie, Le Caire, Musée égyptien).*

À l'époque de Ramsès II, l'Égypte contrôle encore de vastes territoires et dispose d'énormes richesses. Qu'elles restent dans le domaine royal ou qu'elles aillent grossir le temporel des temples, qui constituent de véritables unités économiques, ces ressources sont gérées par des fonctionnaires. Ceux-ci appartiennent à des administrations fortement hiérarchisées, qui dépendent du pharaon. Malgré une organisation très rigoureuse et une justice implacable, le haut fonctionnaire et ses parentes, aux noms demeurés inconnus, n'ont pu résister à l'idée séduisante d'améliorer leur qualité de vie au détriment de certains sanctuaires de Thèbes, la capitale religieuse sise dans le sud du pays.

### Une dénonciation qui mène au tribunal

Un scribe, nommé Hatiay, est à l'origine de la découverte de l'affaire. Son attention est attirée par les étranges allées et venues de l'épouse d'un important fonctionnaire qui fréquente assidûment des entrepôts de temples. En homme conscient de son devoir, il porte plainte contre cette femme, exigeant une réponse à cette question : « Que signifie le fait qu'elle pénètre dans le magasin de pharaon en cachette ? » Aussitôt, la justice envoie un officier et deux hommes quérir la femme au comportement suspect, afin qu'elle s'explique sur ses agissements. Sa fille est arrêtée en même temps.
Les deux femmes sont présentées à la Grande Cour de Justice, composée de grands dignitaires et présidée par le prince héritier en personne. Lorsque les juges demandent à l'épouse pourquoi elle est entrée dans les magasins à l'insu du contrôleur chargé de leur administration et de leur surveillance, elle réplique sans se démonter que le responsable en question n'est autre que son mari. La Cour lui rappelle alors la promotion dont a bénéficié son époux, et qu'elle ne peut certes pas avoir oubliée : ce dernier, en effet, n'est plus administrateur des magasins de divers temples thébains, mais inspecteur du bétail dans l'extrême nord du pays, à plusieurs centaines de kilomètres de Thèbes... Les juges concluent que l'épouse du fonctionnaire a mal agi en s'introduisant dans les entrepôts, et ce d'autant plus que ses visites n'ont pas eu simplement pour but d'admirer les lieux.

### Femmes avides...

À l'accusée, qui semble frappée d'amnésie, les membres du tribunal rappellent les prélèvements qu'elle a opérés sur les produits et les objets des sanctuaires après le départ de son mari : « deux cents deben de cuivre [le deben est une unité de poids de 91 grammes], trois cents pelotes de laine, des robes de fin tissu, cinq jarres de vin de grenade, des jarres d'huile de moringa, dix flacons de cuivre, quatre haches en cuivre, trois chaudrons en cuivre et deux vases en cuivre ». L'enquête a montré, sans contestation possible, que tous ces biens étaient passés directement des magasins des temples à ceux du haut fonc-

Procession de prêtres (détail d'un relief en grès, XIXe dynastie, Le Caire, Musée égyptien).

## Détournements de fonds à Éléphantine

Un siècle après le procès du contrôleur des entrepôts, l'autorité royale, très affaiblie, ne parvient plus à lutter contre la corruption des fonctionnaires et des membres du clergé. Sous les règnes de Ramsès IV (1166-1156) et Ramsès V (1156-1147), un groupe de prêtres et administrateurs du temple du dieu Khnoum, à Éléphantine, dans l'extrême sud de l'Égypte, commet les exactions les plus diverses.

**Une liste de charges impressionnantes.** L'un des prêtres, demeuré honnête, entreprend de dénoncer auprès du pouvoir central les crimes dont il est le témoin. Il révèle que ses collègues peu scrupuleux ont délesté le temple de milliers de sacs de céréales, de troupeaux de vaches, de jarres de miel, de tissus et d'objets précieux. Mais ce n'est pas tout. Les prêtres malhonnêtes ont apaisé la conscience tourmentée du gouverneur de la ville d'Éléphantine (l'actuelle Assouan), averti de leur honteux trafic, à l'aide de quelques cadeaux... Les scélérats ont aussi manipulé l'oracle du temple pour lui faire rejeter les officiants choisis par le vizir, éventuels gêneurs ou concurrents. À ces nombreux méfaits s'ajoutent encore des délits d'ordre sexuel et la violation du droit exclusif du pharaon de mutiler les criminels.

**Une justice impuissante.** Le vizir a dépêché sur place un enquêteur. Cette intervention a peut-être été suivie d'un procès. Mais, comme les coupables bénéficiaient de solides appuis, ils n'ont sans doute guère été inquiétés. Des inscriptions montrent en effet que cette affaire n'a pas empêché certains d'entre eux de poursuivre une belle carrière.

tionnaire et de sa famille. Les femmes, grisées par la facilité qu'il y avait à se servir dans ces lieux, où s'accumulaient nombre de trésors, n'ont pas su s'arrêter à temps. Leurs intrusions répétées dans des entrepôts où rien ne justifiait plus leur présence ne pouvaient manquer d'éveiller les soupçons.

### ... et conjoint cupide

Mais il y a plus grave que ces confiscations de biens, somme toute limitées à la consommation personnelle des deux femmes. Recueillis par les enquêteurs, des documents écrits, imprudemment conservés dans la maison des prévenus, prouvent que l'accusée et sa fille n'ont fait qu'imiter, presque modestement pourrait-on dire, le comportement de leur époux et père, qui s'est rendu coupable, quant à lui, de détournements d'une envergure bien plus considérable. La comptabilité personnelle du fonctionnaire indélicat prouve en effet que celui-ci a privé les temples de 233 esclaves femmes, mises au travail pour son propre compte, de 20 000 sacs de grain, de 1 200 sacs de sel, de 1 300 lingots de cuivre, de nombreuses têtes de bétail, d'oies, de vin, de centaines de vêtements et paires de sandales, de briques et même de chars !

Après son épouse et sa fille, le haut fonctionnaire est donc entendu par le tribunal. Peu impressionnable, l'homme refuse d'avouer quoi que ce soit et se défend au contraire vivement d'avoir porté la main sur le moindre objet appartenant aux temples. Pour prouver son intégrité, il prête serment et jure devant la Grande Cour de Justice que, si l'on trouve quoi que ce soit dans ses entrepôts, il en donnera le double. Il va même jusqu'à se retourner contre les gardes de pharaon, qu'il accuse de l'avoir traité indignement, comme ils le feraient d'un voleur — ce que, bien évidemment, il nie être. La conclusion du procès, hélas, ne nous est pas parvenue. Il est fort peu probable cependant que les dénégations véhémentes du fonctionnaire incriminé aient réussi à impressionner la Cour. Les preuves réunies étaient suffisantes pour le confondre, ainsi que ses deux complices. Les châtiments pour des crimes lésant le roi, l'État et les temples étaient en Égypte d'une grande sévérité : ils allaient de l'amputation du nez et des oreilles, suivie de l'exil dans des provinces lointaines, à la peine capitale, en passant par les travaux forcés et l'emprisonnement à vie. C'est à une de ces peines terribles que, à n'en pas douter, le couple de fonctionnaires indélicats et leur fille ont été condamnés.

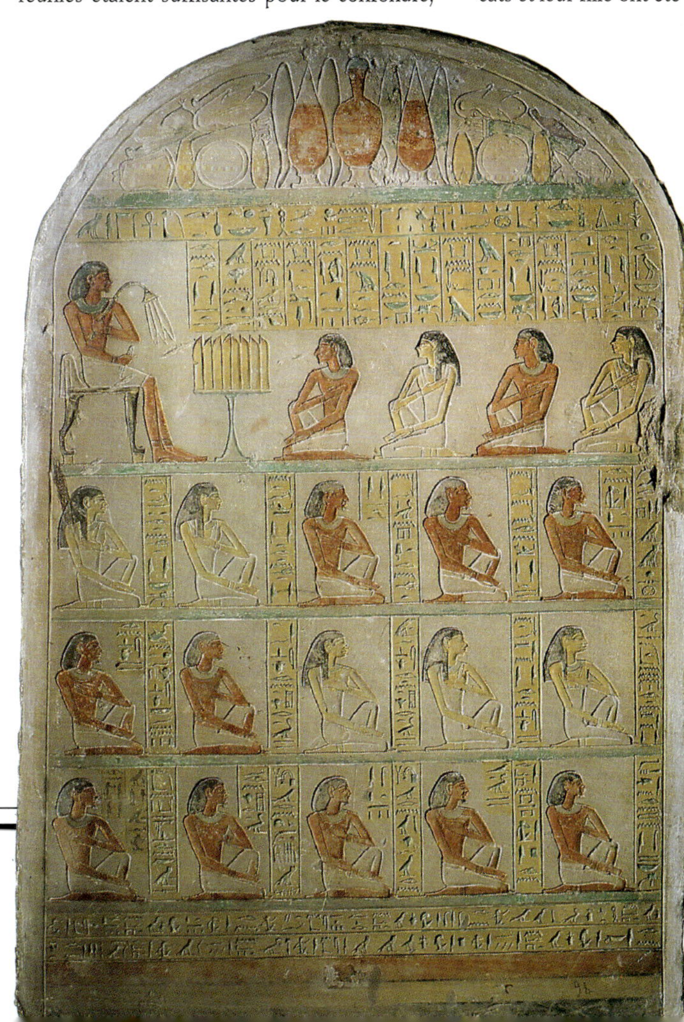

Stèle funéraire figurant toute la famille d'un fonctionnaire (XIIIe dynastie, Turin, Musée égyptien)

*L'Égyptien Mès triomphe devant la justice*

# UNE AFFAIRE LONGUE D'UN SIÈCLE

**Mès, scribe du trésor du dieu Ptah à Memphis, dans le nord de l'Égypte, engage vers 1260 avant notre ère, sous le règne du pharaon Ramsès II, un procès contre un dénommé Khay. Celui-ci est accusé d'avoir profité du jeune âge de Mès et du veuvage de sa mère pour s'emparer d'une terre leur appartenant.**

Le procès met en évidence l'excellent fonctionnement de la justice de l'Égypte pharaonique, qui se veut impartiale, équitable envers tous, riches ou pauvres, puissants ou faibles. Cette dispute sordide, autour d'une terre dont rien ne nous dit qu'elle ait été fort importante, a le mérite de nous montrer que des particuliers — ici Mès et les membres de sa famille — n'hésitaient pas à saisir les tribunaux pour régler leurs différends et que, comme aujourd'hui, ils pouvaient contester le verdict et obtenir un nouveau jugement s'ils s'estimaient lésés. La série de procès qui a précédé l'intervention de Mès nous renseigne sur le statut juridique de la femme, qui, à l'égal de l'homme, peut administrer un bien — comme la grand-mère de Mès —, a le droit d'intenter un procès — c'est le cas de la mère de ce dernier — et peut être appelée à témoigner.

## Procès en cascade

En 1260, la propriété que se disputent Mès et Khay a déjà fait l'objet de plusieurs litiges juridiques. La terre, située près de Memphis, non loin du Caire actuel, est entrée dans la famille de Mès quelque trois cents ans auparavant. Elle a alors été donnée par le roi à l'ancêtre du clan, l'amiral Neshi, pour services rendus à la Couronne. Pendant deux cents ans, le bien se transmet sans difficulté d'une génération à l'autre, en indivision, donc sans partage entre les héritiers. Les problèmes commencent vers 1330. Aux alentours de cette date, le bien de feu l'amiral Neshi est en effet au centre d'un premier procès. Six frères et sœurs, descendants du valeureux militaire, se disputent sa propriété. La cour fixe finalement les parts de chacun des plaignants, mais elle place la terre sous une seule administration, celle d'Ournero, une femme qui est sans doute l'aînée des enfants de cette génération. Quatre des héritiers s'inclinent et acceptent le rôle dévolu par les juges à Ournero. Mais le cinquième héritier — une fille — refuse ce qui lui paraît être une inacceptable inégalité. Cette femme entame un deuxième procès afin d'obtenir une séparation définitive des parts. Le tribunal lui accorde satisfaction : il donne à chacun sa terre.

Ournero et son fils — le père de Mès — répliquent alors en intentant un troisième procès : ils veulent rétablir l'indivision et leur pouvoir d'administration ! À la mort d'Ournero puis à celle de son fils, la procédure est encore en cours. Khay, qui est sans doute un membre d'une autre branche de la famille de Neshi, apparaît dans l'affaire après la mort du père de Mès. Il profite de ce décès pour s'emparer de la part de terre du défunt et en chasser les héritiers, l'enfant et la veuve. Celle-ci riposte en attaquant Khay en justice. C'est le quatrième procès lié au bien de l'amiral Neshi ! Pour prouver que la terre lui appartient légitimement, la veuve demande au vizir, qui dirige les débats, de consulter le registre foncier du Trésor et celui du bureau du grenier du pharaon, où sont enregistrés les noms des contribuables et les champs soumis à l'impôt. La cour confie à l'un de ses agents et à Khay le soin de rapporter ces documents de la capitale. Quand les magistrats les compulsent, ils n'y trouvent nulle part le nom des propriétaires dont la veuve se réclame. Pour elle, le doute n'est pas permis, Khay a falsifié les registres, avec la complicité de l'agent du tribunal… La cour se fie néanmoins à ces pièces officielles et déboute la mère de Mès.

## La contre-attaque de Mès

Parvenu à un âge mûr, ce dernier, qui a hérité de la fonction de scribe de son père et qui est donc un personnage bien au fait de la jurisprudence et doté de puissantes amitiés, s'efforce de récupérer la propriété perdue. Pour ce faire, il soumet une pétition au vizir du Nord, qui est, avec son collègue du Sud, la plus haute autorité après le pharaon. Il y affirme détenir les preuves formelles que la propriété appartient bien à sa mère, et que les documents rapportés de la capitale ont effectivement été falsifiés. Acceptant les arguments de Mès, le vizir fait dire à Khay de préparer sa défense en vue d'un nouveau procès. L'affaire passe devant la cour suprême de Memphis, l'un des principaux tribunaux du pays, composée de grands dignitaires et présidée par le

*Scribes comptabilisant les redevances d'un domaine et traînant un mauvais payeur (V^e^ dynastie, Égypte, nécropole de Saqqara, tombeau de Nefer et Ka-Hay)*

*Jeune scribe égyptien (Égypte, vallée des Nobles, fresque de la tombe de Menna).*

## Intenter un procès dans l'Égypte ancienne

*Pour engager un procès, le plaignant formule une plainte, orale le plus souvent et parfois écrite, auprès du tribunal.*

*Celui-ci se compose de plusieurs magistrats afin d'assurer une plus grande impartialité. Ces magistrats sont recrutés parmi les dignitaires pour les cours importantes, comme celle de Memphis, et parmi les habitants influents de la ville ou du village pour les tribunaux locaux. L'audience est publique, sauf dans le cas de certains crimes contre l'État. Le procès ne dure pas plus d'une séance, excepté pour des affaires aussi compliquées que celle de Mès ou pour des crimes difficiles à élucider.*

*Les parties ne sont pas représentées par des avocats mais plaident elles-mêmes leur cause. Avant d'être interrogés par les juges, plaignant et accusé doivent souvent prêter serment de dire la vérité. La punition en cas de parjure peut aller jusqu'à la peine capitale ou à l'ablation du nez et des oreilles. Les témoins déposent également sous serment.*

*Les magistrats jugent apparemment d'après les principes juridiques forgés par la coutume et en se fondant sur la jurisprudence. Il existait aussi certainement des lois, mais elles ne figurent pas dans les comptes rendus de procès. Le tribunal conclut le procès en déterminant qui a raison et qui a tort et en énonçant, s'il y a lieu, les châtiments.*

vizir. Cette cour juge les délits les plus graves et règle les litiges les plus complexes. La cause de Mès appartient sans conteste à cette dernière catégorie. La cour entend tour à tour le plaignant et le défenseur. L'un et l'autre commencent leur déposition en déclinant leur identité et celle de leurs ancêtres. Puis ils décrivent des événements qui remontent à des dizaines d'années. Pour démontrer à la cour suprême de Memphis que les registres ont été falsifiés et que ses parents et sa grand-mère Ournero sont bien les descendants de Neshi et donc les légitimes propriétaires des champs dont ils ont été privés, Mès fait intervenir une dizaine de témoins. Ce sont des notables et de simples habitants de la ville où se trouve la propriété. Les témoins attestent sous serment qu'Ournero et le père de Mès sont les descendants de Neshi, et qu'ils ont bien cultivé les champs qui font l'objet du procès.

Khay, quant à lui, ne trouve pas d'autre système de défense que de s'appuyer sur les documents officiels — dont il nie qu'ils aient été truqués. Il rappelle aussi le jugement rendu en sa faveur par la cour lors du précédent procès. L'inégalité des arguments de chaque partie est, dans ces conditions, flagrante. Aussi les juges reconnaissent-ils le bien-fondé de la plainte de Mès et lui restituent-ils sa terre.

*Papyrus portant l'acte pour un procès de revendication d'un terrain par un officier de l'armée (époque ptolémaïque, Turin, Musée égyptien).*

*Une affaire de vol dans la Vallée des Morts*

# DAME HÉRIA, VOLEUSE ET PARJURE

*Scène représentant des artisans au travail (fresque du XVᵉ siècle avant notre ère, Égypte, Thèbes, tombe de Rekhmere)*

**« L'an VI [du roi Séthi II], le 3ᵉ mois de la saison d'été, le 10ᵉ jour. Ce jour-là ce qu'a déclaré l'ouvrier Nebnéfer : l'ouvrier Nebnéfer, fils de Nakhy, s'est présenté au tribunal et il y a dénoncé la citadine Héria. [...] Le tribunal a alors interrogé Héria : est-ce toi qui as volé l'outil de Nebnéfer, oui ou non ? »**

Comme l'indique le compte rendu du procès, rédigé sur un *ostracon*, c'est-à-dire un éclat de calcaire qui servait de brouillon aux scribes de l'ancienne Égypte, dame Héria est accusée d'avoir dérobé un outil à un ouvrier de Deir el-Medineh. Ce village, situé sur la Rive des Morts, à Thèbes, dans le sud de l'Égypte, est habité exclusivement par les artisans et les artistes qui travaillent aux tombeaux de la célèbre Vallée des Rois, ainsi que par leurs familles.

### La dénonciation d'une villageoise

L'outil manquant — un objet de valeur pour un simple artisan — avait été enterré par Nebnéfer, qui, semble-t-il, avait dû quitter le village à la suite de troubles provoqués par des querelles dynastiques. Le calme revenu, Nebnéfer revient au village. Là, il constate avec stupéfaction que son bien a disparu. L'enquête qu'il mène auprès de tous les membres de la communauté n'aboutit à aucun résultat. Mais, après quelque temps, vient enfin l'information espérée. Ainsi que Nebnéfer le déclare au tribunal : « La citadine Noubemnéhem est venue me dire : Je suis prise de remords, j'ai vu Héria alors qu'elle volait ton outil. »

L'ouvrier porte aussitôt plainte contre Héria, qui est convoquée devant le tribunal local. La cour, qui ne siège pas en permanence mais qui est convoquée pour traiter les affaires au fur et à mesure qu'elles se présentent, n'a pas une composition fixe. Celle qui est réunie pour le procès de la veuve comprend sept magistrats, choisis parmi les habitants du village. Comme c'est souvent le cas, les deux chefs des équipes employées dans la tombe royale font partie du jury, qui comprend aussi trois scribes, un garde et un chef de la police.

### Un procès ordinaire

*Les affaires criminelles, c'est-à-dire celles qui sont relatives à des délits, comme celle d'Héria, ne forment pas le courant des affaires jugées par les tribunaux de province. À Deir el-Medineh, par exemple, les procès sont suscités habituellement par des litiges entre les habitants du village, comme celui qui oppose l'artisan Menna au porteur d'eau Tchaâ.*

*« L'an 28 [du roi Ramsès III], le 4ᵉ mois de la saison shemou [été], le 10ᵉ jour.*

*Le dessinateur Menna a plaidé contre le porteur d'eau Tchaâ, en déclarant [devant les magistrats de la cour] :*

*"Je lui ai remis 27 deben [une unité de poids de 91 g servant de référence pour le troc] de cuivre au moyen de diverses valeurs en lui disant : Procure-moi un âne.*

*"Voici les valeurs : étoffe du Sud, 1 pièce, ce qui fait 12 deben ; étoffe lisse, 1 pièce, ce qui fait 7 deben ; sandales d'homme, 1 paire, ce qui fait 2 deben ; seigle, 1 sac, ce qui fait 1 deben ; farine, 1 sac, ce qui fait 1 deben.*

*"Total de ce qui lui a été remis : 27 deben de cuivre.*

*"Il m'a fourni un âne, mais je le lui ai renvoyé. Il m'a fourni cet autre, mais il n'est pas bon du tout. Rendez-le-lui et qu'il me fournisse un âne qui soit bon ou bien mon argent !"*

*Il [l'âne] lui ayant été rendu, il [Tchaâ] a prêté un serment par le Maître [pharaon], Vie, Santé, Force, en ces termes :*

*"Je lui remettrai l'âne ou l'argent, d'ici la fin du mois prochain."*

*[Le serment a été prononcé devant] :*

*Les deux chefs d'ouvriers*

*Le scribe. »*

*A. Théodoridès, « Les ouvriers "magistrats" en Égypte », in* Revue internationale des droits de l'Antiquité, *1969, n°16.*

*Décor de la tombe d'un couple d'artisans (XIIIe siècle avant notre ère, Égypte, Thèbes).*

*Outil en bois provenant de la tombe d'un architecte (XVIIIe dynastie, Turin, Musée égyptien)*

### Voleuse, parjure, sacrilège

Bien que le compte rendu, concis, ne le précise pas, le procès a dû s'ouvrir par l'audition du seul témoin de l'affaire, la femme qui a vu l'accusée commettre son forfait. La cour possède alors suffisamment d'éléments pour procéder à l'interrogatoire d'Héria, qui se poursuit une heure durant. Aux juges qui commencent par lui demander si elle a volé l'outil, Héria répond « non » avec assurance. Les magistrats lui font alors répéter sa réponse sous la forme d'un serment, affaire très grave pour les Égyptiens, puisque le parjure est passible de la peine capitale. Sans hésiter, Héria renouvelle ses dénégations. La cour se résout alors à poursuivre l'enquête au domicile de l'accusée. Elle dépêche un garde qui emmène la veuve sur les lieux de la perquisition. Le représentant du tribunal a vite fait de mettre la main sur l'outil de Nebnéfer, enfoui dans le sol de la maison, mais il trouve en outre, à côté de l'objet recherché, un encensoir et un autre élément de vaisselle liturgique. Héria avouera avoir subtilisé ces ustensiles dans une chapelle. Au vol d'un bien privé, au parjure, la veuve ajoute un larcin effectué dans un sanctuaire — c'est-à-dire un nouveau vol aggravé d'un sacrilège.

Héria, qui assure seule sa défense — conformément à la coutume puisque les avocats n'existent pas dans l'Égypte ancienne —, a choisi de nier toute responsabilité dans la disparition de l'outil. Sans doute ne pouvait-elle faire autrement sans révéler en même temps son second méfait. Si elle avait avoué, elle aurait dû montrer l'endroit où elle avait caché le produit du vol. Sa seule chance d'échapper à la justice était de nier son crime en espérant que les enquêteurs ne découvriraient pas sa cachette.

### Une peine exemplaire

La cour donne raison à Nebnéfer, qui récupère son bien. Elle reconnaît d'autre part l'accusée coupable de vols et de parjure. Mais il ne lui appartient pas de prononcer le châtiment. En effet, ces crimes sont trop graves pour être de la compétence des magistrats de Deir el-Medineh. Seul le vizir, Premier ministre et chef de la Justice, a pouvoir de décider de la peine. Il ne reste donc plus au tribunal du village qu'à rédiger ses conclusions et à transmettre l'affaire à ce haut dignitaire. La justice de l'Égypte ancienne est en grande partie fondée sur la jurisprudence. L'affaire Héria nous en donne une preuve. En effet, pour aider le vizir à rendre son verdict, les juges lui rappellent un précédent qui s'est produit dans le village. La femme d'un artisan, accusée du vol d'un vase sacré, a été condamnée, sans doute à l'emprisonnement, par le Premier ministre alors en fonction. Les magistrats signalent ce cas à l'attention du vizir, qui en retrouvera facilement la trace dans les archives de son administration. Le tribunal du village exprime ensuite ses recommandations. Il préconise une peine d'une rigueur exemplaire à l'égard d'Héria : « Mon Maître [le vizir] fera infliger un châtiment à cette femme, qui a volé l'outil, et semblablement l'encensoir, de façon qu'aucune autre femme de son espèce ne répète un pareil acte. » Pourtant, ce n'est ni la mort ni l'ablation du nez et des oreilles que réclament les juges de Deir el-Medineh — car de telles peines sont du ressort du pharaon lui-même et les magistrats rédacteurs des conclusions du premier procès ne demandent pas que la coupable soit déférée à la justice royale. Sans doute, la veuve Héria a-t-elle été définitivement exclue de la communauté des artisans et condamnée aux travaux forcés ou à la prison — le châtiment le plus lourd que pouvait prononcer le vizir.

*Une trentaine d'accusés face à leurs juges*

# LES CONSPIRATEURS DEVANT LE TRIBUNAL

**En 1153, année de la mort du pharaon Ramsès III et de l'avènement de son fils Ramsès IV, s'ouvre un procès pour haute trahison, sans équivalent dans l'histoire de l'Égypte ancienne. Devant un tribunal extraordinaire comparaissent plus d'une trentaine d'accusés, membres de la famille royale et grands dignitaires.**

Le procès est connu par quatre documents, dont le plus important est le papyrus judiciaire de Turin, nommé d'après le musée où il est conservé. Il concerne une vaste conspiration, sans doute imaginée par Tiy, une épouse secondaire de Ramsès III, pour porter son fils au pouvoir à la place de l'héritier légitime. L'habile intrigante et ses complices ont profité de la maladie du vieux roi et de sa fin prochaine pour préparer leur coup d'État, mais ils n'ont, semble-t-il, pas cherché à accélérer sa mort.

## Une cour d'exception

Les papyrus judiciaires, qui sont incomplètement conservés, n'apportent aucune information sur les circonstances de l'arrestation des conjurés. Ceux-ci ont probablement été dénoncés à la suite de fuites, inévitables étant donné le nombre de personnes impliquées. De même, on ignore si les conspirateurs avaient commencé à mettre leurs plans à exécution. Ils n'ont de toute façon pas réussi à évincer Ramsès IV, qui, comme prévu, monte sur le trône à la mort du roi. Après avoir jeté les coupables en prison, le nouveau souverain réunit douze dignitaires, à savoir deux directeurs du Trésor, cinq échansons — des hommes de confiance du roi —, un porteur de *flabellum* — une sorte de héraut royal —, deux scribes et un porte-étendard de l'armée. Cette commission se voit accorder les pleins pouvoirs pour juger et condamner les accusés. Elle a ordre d'accomplir son travail et de prononcer les peines sans en référer au pharaon : celui-ci, en effet, ne veut pas être mêlé à une procédure qui concerne tant de ses proches. La cour, siégeant à huis clos, est chargée dans un premier temps d'établir la culpabilité de chaque accusé et la nature du crime commis.

*Les femmes du harem et leurs complices conspirent pour évincer le prince héritier* (Au temps des pharaons, *1887, peinture de Rochegosse, Gand, musée des Beaux-Arts).*

Les accusés se défendent seuls, les avocats n'existant pas dans l'Égypte ancienne. Ensuite, les juges appliquent la peine réservée au type de forfait commis. Le châtiment suit la sentence de très près.

## Les conjurés devant la cour

Curieusement, la principale instigatrice de la conspiration, Tiy, et les dames du harem qui y ont pris une part très active ne figurent pas sur les listes des personnages amenés à rendre des comptes. Le roi les a-t-il jugées et condamnées à mort lui-même ? Il semble peu vraisemblable, en tout cas, qu'elles aient eu la vie sauve. Si l'on considère leur degré de responsabilité dans cette affaire, elles n'ont pas pu être châtiées moins sévèrement que leurs associés. La plupart de ceux-ci appartiennent aux plus hautes sphères de l'administration, de l'armée et du clergé. Les charges retenues contre eux sont toutes très graves. Le prince Pentaouret, fils de Tiy, que la conspiration vise à porter sur le trône, le chef de la chambre du roi, qui contrôle ses serviteurs, le directeur du harem et son scribe, un chef du Trésor, le commandant des troupes stationnées dans la province de

### Le papyrus judiciaire de Turin

*Le papyrus de Turin dresse la liste de tous les accusés présentés à la cour lors de cette affaire et rappelle brièvement pour chacun d'eux la profession et le chef d'accusation avant d'énoncer la culpabilité et la condamnation.*

*« Le grand criminel, Paybakkamen, qui était alors chef de la chambre, a comparu parce ce qu'il était de connivence avec Tiy et les femmes du harem ; il a fait cause commune avec elles ; il a commencé à répandre leurs mots d'ordre à l'extérieur, à leurs mères et à leurs frères qui étaient là, disant : "Soulevez le peuple ! Fomentez des troubles afin de provoquer une révolte contre notre seigneur !" Il a été placé devant la Cour d'Enquête ; ils ont examiné ses crimes ; ils ont jugé qu'il les avait commis ; ses crimes se sont emparés de lui ; les dignitaires qui l'ont jugé l'ont livré à son châtiment. »*

*A. de Buck, « The Judicial Papyrus of Turin », in* Journal of Egyptian Antiquity, *n° 23, Londres, 1937.*

Nubie, un général, plusieurs échansons de Ramsès III sont accusés de rébellion contre le roi. Afin de s'emparer du pouvoir, ils ont projeté de fomenter des troubles et d'entraîner le peuple et les troupes, placées sous leur commandement, à la révolte.
Des inspecteurs du harem et des fonctionnaires proches de conjurés opérant à l'extérieur de cette institution comparaissent pour complicité passive. Mis au courant par leurs chefs de leurs projets, ils sont poursuivis par la justice pour ne pas avoir dénoncé les conspirateurs au roi. Six femmes, épouses de gardes du harem, sont convaincues, quant à elles, d'avoir détourné l'attention de leurs maris afin de faciliter la circulation des conjurés. Enfin, deux prêtres lecteurs s'expliquent devant les juges pour s'être servis de leurs connaissances en sorcellerie. Ils ont élaboré des formules magiques, réalisé des figurines de cire et préparé des potions pour envoûter et endormir les gardiens du harem. À ces forfaits, l'un des deux prêtres ajoute le vol d'un document dans la bibliothèque de Ramsès III, destiné à d'autres pratiques magiques. Les interrogatoires, brutaux si nécessaire, aboutissent vite aux aveux des accusés. Il ne reste alors plus aux juges qu'à prononcer les sentences.

*Le pharaon Ramsès III (fresque, 1200-1080 avant notre ère, Égypte, Vallée des Rois, tombe de Ramsès III).*

Le Pharaon dans son gynécée *(peinture de Lecomte de Noüy, Londres, The Fine Arts Society)*

## Pas de pitié pour les coupables

Les accusés défilent devant les juges avec une régularité presque monotone quand, tout à coup, le procès rebondit de manière spectaculaire. Trois juges sur les douze que compte le tribunal se retrouvent en effet dans les rangs des accusés, parce qu'ils ont frayé avec les conspirateurs. Les trois hommes ont accepté de participer à une fête organisée par un des accusés — le général — et par les épouses des gardes du harem, avec la complicité d'un soldat et du chef des policiers censés les surveiller. Le banquet, magnifique et très arrosé, constitue une tentative manifeste des conspirateurs pour corrompre les juges et tenter ainsi de sauver leur vie. L'entreprise aurait pu réussir, mais l'un des trois juges se repent et livre les magistrats qui, avec lui, se sont prêtés à l'opération. Ceux-ci sont finalement punis en même temps que les conspirateurs. Les conjurés, y compris les femmes et les complices passifs, sont tous condamnés à la peine de mort. Certains sont exécutés, d'autres — tel le prince Pentaouret —, à cause de leur rang et du rôle clé qu'ils ont joué dans la conspiration, sont priés de se donner eux-mêmes la mort, immédiatement et dans la salle même de l'audience. Les deux juges corrompus, le soldat impliqué dans l'affaire du banquet et le chef de la police ont le nez et les oreilles coupés. L'un d'eux ne supporte pas cette ablation et se suicide aussitôt après. Le magistrat qui a trahi ses collègues est simplement sermonné.
Après la série d'exécutions qui clôt ce terrible procès, les agents royaux effacent toutes les traces laissées par les coupables sur les monuments afin de leur ôter la possibilité de renaître dans l'au-delà. C'est le châtiment suprême.

# *Des profanateurs passent en jugement*

# LES PILLEURS DE TOMBES

*De nombreuses offrandes précieuses consacrées aux dieux sont déposées dans la chambre mortuaire (trésor de Tôd, 1925-1895 avant notre ère, Paris, musée du Louvre).*

**En l'an 16 du roi Ramsès IX, c'est-à-dire en 1124 avant notre ère, prennent fin les exploits d'une bande de huit pilleurs, qui sévit sur la rive occidentale de Thèbes, la capitale religieuse, située au sud de l'Égypte. Les voleurs doivent répondre de leurs crimes devant un jury composé de hautes personnalités.**

Sur la rive ouest de Thèbes sont enterrés les pharaons et leurs épouses ainsi que bon nombre de dignitaires. La croyance en une vie future, semblable à l'existence terrestre, conduit les Égyptiens à déposer dans leur sépulture un mobilier luxueux et des bijoux de grande valeur afin de jouir dans l'au-delà du même confort qu'ici-bas. Au fil des siècles, la montagne thébaine se gorge en conséquence de fabuleux trésors. À la fin du Nouvel Empire (1552-1070), période de crise économique et d'affaiblissement du pouvoir royal, les énormes richesses qui dorment dans la nécropole excitent la convoitise de bien des malfrats, prêts à risquer les foudres de la justice royale pour rapporter chez eux quelques-uns de ces trésors. Les huit hommes jugés en 1124 sont du nombre de ces voleurs de tombes.

### Des magistrats peu enclins à la pitié

En l'an 16 du roi Ramsès IX, donc, au cours du troisième mois de l'été, les huit personnages comparaissent devant un tribunal installé dans le quartier est de Thèbes, sur la Rive des Vivants. Comme ils ne sont pas accusés d'un maigre larcin, mais de la profanation et du vol de la tombe d'un couple royal — celle du pharaon Sobekemsaf II, un roi de la XVII$^{e}$ dynastie (1650-1552), et de son épouse —, ils sont jugés par les plus grands dignitaires de la région. Le jury réunit le vizir (l'équivalent d'un Premier ministre), qui est aussi le gouverneur de Thèbes ; deux échansons, c'est-à-dire des hommes de confiance du roi ; et le maire de la ville de Thèbes, un dénommé Paser.
Sept des voleurs seulement sont présents au procès. Le huitième, en effet, a réussi à s'enfuir. Mais il est recherché activement par les autorités. Les accusés, tous des Thébains,

*Les trésors enterrés dans la plaine de Thèbes attirent les pilleurs* (la Plaine de Thèbes en Haute-Égypte*, peinture de Gérôme, 1857, Nantes, musée des Beaux-Arts).*

*Vue du tombeau brisé de Ramsès IV (Égypte, Vallée des Rois).*

sont pour la plupart des artisans employés par les temples. Parmi eux, il y a aussi un cultivateur, un prêtre de second rang et un simple homme de peine, également au service des temples. Pour aider les prévenus à soulager leur conscience au cours du procès, les juges les interrogent en s'aidant de la bastonnade, du fouet et de la torsion prolongée des pieds et des mains. Les aveux ainsi obtenus sont rapides et complets. La cour n'a qu'un objectif, s'assurer de la culpabilité des voleurs. Elle ne cherche pas à savoir s'ils ont des circonstances atténuantes. Ont-ils volé par simple appât du gain ou poussés par la faim, ce qui n'est pas exclu car il y a beaucoup de miséreux à Thèbes au XII^e^ siècle avant notre ère ? Les magistrats s'en moquent. Rien à leurs yeux comme au regard de l'État pharaonique, même défaillant, ne peut excuser leur crime.

## Le récit d'une expédition

Imenpanéfer, l'un des accusés, raconte à ses juges comment s'est déroulé le pillage de la tombe du roi Sobekemsaf. D'après sa déposition, les malfaiteurs, qui comptent deux carriers dans leurs rangs, ont creusé un tunnel à partir de la cour d'une sépulture voisine, afin d'atteindre le caveau de la tombe royale. Personne, avant eux, depuis les funérailles du souverain et de son épouse quelque cinq cents ans auparavant, n'a pénétré dans cette salle : mais ni ces considérations ni la crainte de troubler le repos des morts ne semblent avoir inquiété les huit complices. Arrivés à l'intérieur du tombeau, les voleurs se mettent aussitôt au travail, ouvrant cercueils et sarcophages. Malgré les siècles, l'or qui pare les momies n'a rien perdu de son éclat. Colliers, amulettes, masques : les voleurs prélèvent tout ce qui brille. Ils arrachent les feuilles d'argent qui recouvrent les cercueils et n'oublient pas d'emporter avant de partir la vaisselle liturgique en argent et en cuivre. Leur cupidité s'accompagne d'une véritable satisfaction à profaner ces lieux où dorment d'anciens rois : au point qu'ils mettent le feu — acte purement gratuit — aux cercueils après les avoir profanés et pillés.

Le même Imenpanéfer confesse à ses juges qu'il n'en est pas à son coup d'essai : sa carrière de violeur de tombes a commencé au moins trois ans auparavant. En 1121, en effet, il a une première fois été arrêté pour vol d'objets venant d'un monument funéraire. Mais, parce qu'il a prudemment offert sa part de butin à un représentant de l'autorité, le voleur a bientôt recouvré sa liberté, sans plus de formalités... Ses complices, compréhensifs, lui ont d'ailleurs redonné une part, et les pillages — de tombes privées en l'occurrence — ont repris à une cadence régulière, jusqu'à sa seconde et dernière arrestation. Après avoir entendu les accusés, les juges rédigent le compte rendu du procès et le transmettent au pharaon, établi dans le Nord. Car le roi d'Égypte est seul habilité à prononcer la condamnation qui s'impose : c'est-à-dire la mort, donnée de l'une des manières les plus douloureuses qui soient, par empalement. Aucune peine plus douce ne peut être envisagée pour punir les crimes qu'ont commis les profanateurs de tombes, dans un pays extrêmement attaché à ses croyances funéraires. Les coupables attendent en prison la réponse royale : leur exécution aura lieu dès que celle-ci arrivera.

### Un vol qui en cache d'autres

L'arrestation et le procès du groupe d'hommes coupables de la mise à sac de la pyramide de Sobekemsaf masquent en fait un scandale bien plus important.

**Le maire des vivants contre le maire des morts.** En l'an 16, Paser, le maire de Thèbes-Est, est informé par deux scribes de Deir el-Medineh, le village des artisans travaillant aux tombes royales, que certains membres de la communauté se livrent au pillage de la nécropole. Paser, sans doute motivé par la volonté de nuire à son collègue Paouraâ, le maire de Thèbes-Ouest, responsable de la surveillance des sépultures, dénonce les vols directement au pharaon.

**D'une inspection à l'autre.** Paouraâ se dépêche de reprendre l'enquête à son compte. Très vite, il provoque la formation d'une commission, constituée de fonctionnaires de diverses grandes administrations, qui inspecte les tombes des rois de la XVII^e^ dynastie et celles de la Vallée des Reines, réservée aux épouses royales et aux princes. La commission constate que tous les complexes royaux visités sont intacts, à l'exception de celui de Sobekemsaf. La Vallée des Reines, quant à elle, n'a pas été pillée. Aucune information n'est diffusée concernant l'état réel de ces sépultures. Mais l'année suivante — en l'an 17 du règne de Ramsès IX — une autre inspection montre que la nécropole a subi un pillage extensif, qui n'a pu se faire en une seule année. En fait, au moment où Paser porte ses accusations, les artisans de Deir el-Medineh et d'autres habitants de Thèbes volent allègrement les sépultures royales avec la complicité des plus hauts dignitaires. Parmi ces grands personnages figurent Paouraâ et le vizir en personne, qui ont placé des hommes sûrs dans la commission d'enquête.

**Boucs émissaires.** Après l'inspection, pour couper court à toute investigation, les dignitaires se hâtent de livrer à la justice une bande avec laquelle ils n'ont pas de lien. Il s'agit de celle qui a dévasté le tombeau du roi Sobekemsaf. Le vizir, membre du jury qui instruira son procès, saura montrer toute la sévérité qui s'impose en pareil cas ! Paser n'a plus qu'à s'incliner. Il n'est pas de taille à lutter contre un réseau de complicités aussi étendu. Rien ne pourra freiner les pillages de la nécropole thébaine, qui continueront de plus belle malgré d'autres procès.

# 970-931

*Un roi d'Israël rend la justice avec sagesse*

# LE JUGEMENT DE SALOMON

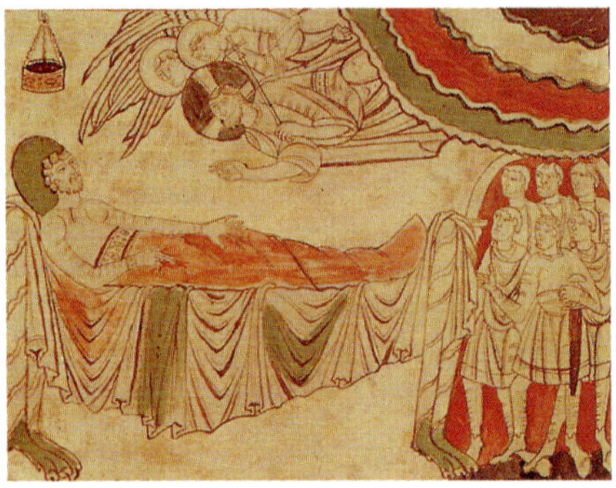

*À Dieu, qui lui propose un don, le roi Salomon demande la sagesse* (le Songe de Salomon, *enluminure de la Bible de Saint-Vaast,* XIe *siècle, Arras, bibliothèque municipale*).

Le Jugement de Salomon *(peinture de Nicolas Loir, Paris, collection particulière).*

**Dans le premier Livre des Rois, l'Ancien Testament attribue à Salomon, roi d'Israël et de Juda, dont le règne s'étend approximativement de 970 à 931 avant notre ère, un jugement au sujet de deux mères qui se disputent un nouveau-né. Modèle de sagesse et d'équité, la décision royale est promise à une grande célébrité.**

Cette dramatique affaire judiciaire, au dénouement inattendu, est connue non seulement par le texte de la Bible, mais aussi par les nombreuses représentations qu'elle a inspirées aux artistes occidentaux, sculpteurs du Moyen Âge et surtout peintres de la Renaissance et de l'époque moderne tels que Giorgione, Raphaël ou Poussin.

### Deux mères devant le juge

Incapables de trouver elles-mêmes une solution à leur querelle, deux prostituées se présentent devant le roi, qui est aussi le juge suprême du pays. L'une des plaignantes raconte les faits. Elle a donné le jour à un fils trois jours avant que l'autre femme, qui vit dans la même maison qu'elle, ne mette également un garçon au monde. À en croire la plaignante, au cours de la nuit, la seconde accouchée aurait étouffé accidentellement son nourrisson pendant son sommeil. Après avoir commis cet infanticide involontaire, elle se serait levée et aurait échangé les deux bébés. À son réveil, la plaignante affirme avoir saisi son fils pour l'allaiter. Elle se serait alors rendu compte qu'elle tenait dans ses bras un enfant inanimé qui n'était pas le sien. Après avoir entendu cette déclaration, l'accusée proteste énergiquement. Elle apostrophe sa rivale devant le souverain en criant : « Non ! ton fils, c'est le mort, et mon fils, c'est le vivant. » Salomon constate qu'il est impossible de faire sortir les deux prostituées de ce dialogue : « Celle-ci dit : “ Mon fils, c'est le vivant, et ton fils c'est le mort ” ; et celle-là dit : “ Non ! ton fils, c'est le mort, et mon fils, c'est le vivant ”. »

### Salomon rend son verdict

Comme les deux femmes étaient seules dans la maison au moment du drame, il n'existe pas de témoin qui puisse aider Salomon à établir la vérité. La loi, qui n'est autre que le « code de l'Alliance » dicté par Dieu à Moïse, selon l'Exode, le deuxième livre de la Bible, a prévu le cas d'absence totale de preuve dans les affaires de vol. Or, il s'agit bien ici d'un vol — celui, supposé, d'un enfant. Deux solutions s'offrent, selon ce texte, au magistrat. La première consiste à faire prêter aux deux femmes, devant le Seigneur, le serment de dire la vérité. La seconde lui permet de recourir au jugement de Dieu, qui peut prendre soit la forme d'une épreuve dont le vainqueur remporte le procès, soit d'un oracle. Or, Salomon repousse ces deux possibilités. Il préfère se fier à son propre entendement. En présence des mères, il ordonne à ses serviteurs d'apporter une épée et de couper l'enfant vivant en deux afin d'en donner un morceau à chacune des femmes. À ces paroles, la prostituée qui a accusé sa camarade de lui avoir volé son petit s'exclame : « Pardon, mon seigneur ! Donnez-lui le bébé vivant, mais ne le tuez pas ! » L'accusée s'écrie quant à elle : « Il ne sera ni à moi ni à toi ! Coupez ! » Il n'en faut pas plus à Salomon pour identifier la vraie mère — celle, bien évidemment, qui est prête à perdre son enfant pour le sauver d'une mort affreuse. La coupable, quant à elle, aurait préféré qu'on le tue. Ainsi, elle n'aurait pas été la seule à avoir perdu son bébé.

### La sagesse divine

Dans la Bible, le jugement de Salomon est indissociable du texte qui le précède et qui narre le songe du roi à Gabaon, ville proche de Jérusalem. Dans ce rêve, le souverain voit apparaître le Seigneur, qui s'informe du don qu'il peut lui faire. Négligeant les richesses ou une longue vie, Salomon demande à Dieu de lui accorder la sagesse. Il souhaite posséder le pouvoir de discerner le bien du mal, afin de diriger son peuple avec équité et droiture.
Le jugement vient prouver que Salomon a bien reçu le don de la sagesse et il montre comment celle-ci se manifeste concrètement. La perspicacité et l'intelligence qui caractérisent la décision prise par le souverain dans cette affaire sont regardées comme étant d'inspiration divine. Le peuple ne s'y trompe pas : « Tout Israël entendit parler du jugement qu'avait rendu le roi et l'on craignit le roi, car on avait vu qu'il y avait en lui une sagesse divine pour rendre la justice. »

*Des jugements analogues à celui de Salomon se retrouvent dans la tradition des civilisations orientales (miniature indienne de l'école de Kishangarh, 1740, collection particulière).*

#### Le jugement des sages

Salomon n'est pas le seul sage de par le monde à qui l'on ait soumis le cas de deux mères se disputant un enfant et qui ait fait jaillir la vérité. Des histoires semblables reviennent chez de nombreux peuples d'Orient. Elles illustrent la sagesse que possède un vénérable personnage chargé de rendre la justice.

**En Inde.** Les textes bouddhiques de l'Inde font une large place à ce jugement. L'*Ummaga Jataka (l'Histoire du tunnel)* rapporte l'anecdote suivante : une femme s'empare du bébé d'une mère en train de se baigner dans une pièce d'eau. Elle prétend ensuite que c'est le sien. Les deux personnages s'en vont trouver le sage, qui est Bouddha dans l'une de ses vies antérieures, pour régler leur différend. Le juge ordonne que chaque femme tire l'enfant d'un côté. Le nourrisson appartiendra à celle qui tire le plus fort. Le sage reconnaît la vraie mère au fait qu'elle lâche l'enfant dès qu'elle entend les premiers cris de douleur. Dans le *Kathamanjari* tamoul, ce sont les deux épouses d'un homme qui se présentent devant le juge avec la même plainte. Comme Salomon, le sage propose de couper l'enfant — ce que refuse la véritable mère.

**En Chine.** L'histoire figure dans une œuvre de la littérature populaire qui s'intitule *la Lampe de la maison obscure.* L'épouse et la concubine d'un homme ont accouché respectivement d'un garçon et d'une fille. La concubine échange les enfants, s'emparant ainsi du jeune mâle. Les deux femmes se retrouvent au tribunal. Le juge fait amener le garçon et demande aux deux mères de revenir le lendemain. Il s'exclame alors que ni l'une ni l'autre ne mérite d'avoir le petit et jette celui-ci dans une jarre d'eau. La vraie mère se précipite en pleurant pour le sauver alors que la concubine ne bouge pas. La victime de ce bain forcé n'est, en fait, qu'un gros poisson affublé des vêtements de l'enfant.

*Le sauveur de Rome est-il au-dessus des lois ?*

# HORACE, ASSASSIN DE SA SŒUR

**Au VII^e siècle avant notre ère, sous le règne de Tullus Hostilius, Horace, champion de Rome, cité à laquelle il vient de donner la victoire sur Albe en battant les Curiaces, passe en jugement. Son crime ? Il a assassiné sa sœur. Pour ce forfait contre nature, le Romain le plus populaire de son temps risque la peine de mort.**

Située à l'époque semi-légendaire de la naissance de Rome, l'histoire d'Horace, à la fois héros national et fratricide, a servi aux Romains à expliquer la création d'un tribunal chargé des crimes de haute trahison. Elle reste aussi exemplaire des conceptions romaines, qui placent le devoir patriotique au-dessus des sentiments familiaux.

## Héros et criminel

L'histoire d'Horace se situe dans ces siècles mal connus où la ville de Rome naît et se développe. Racontée par l'historien Tite-Live à la fin du I^er siècle de notre ère, elle fait partie d'un ensemble de données plus légendaires qu'authentiques, qui, tels l'épisode de l'allaitement de Romulus et de Rémus par la louve et celui de l'enlèvement des Sabines, permettent, plus tard, au peuple romain, de communier dans des traditions hautes en couleur. Rome, en ces temps anciens, est une monarchie. Sous le règne de son troisième souverain, Tullus Hostilius, elle s'attache à établir sa domination sur la région environnante, le Latium. Elle se heurte dans cette entreprise à une cité voisine, Albe. Le conflit d'intérêts va-t-il susciter une guerre générale ? Alors que les deux armées se trouvent déjà face à face pour la rencontre décisive, les rois de Rome et d'Albe, in extremis, se mettent d'accord pour remplacer l'affrontement de leurs troupes par un combat singulier.

Le hasard — ou l'arrangement de l'histoire par la légende — veut que dans chacune des deux armées se trouvent des triplés : les trois Horaces chez les Romains, les trois Curiaces chez les Albains. À ces deux fratries est confié le soin de déterminer par l'épée quelle sera la nation victorieuse. À la manière d'un combat de gladiateurs, les six jeunes gens se jettent dans un corps à corps. Très vite, deux des Romains sont tués, alors que les Curiaces sont simplement blessés. Le troisième Horace, trop faible à lui seul pour affronter trois adversaires, choisit la ruse : feignant de fuir, il attaque séparément les Curiaces, que leurs blessures empêchent de courir tous à la même vitesse, et il les tue l'un après l'autre. Ainsi, Rome sort triomphante du combat singulier. Horace, chargé des dépouilles des Curiaces, rentre à Rome par la Porte Capène, ovationné par tous les citoyens. Il rencontre alors sa sœur, fiancée à l'un des Curiaces. La jeune fille, qui reconnaît sur les épaules de son frère les vêtements de celui qu'elle aime, se répand en lamentations : exaspéré par cet accueil si peu en rapport avec la grandeur de son acte, Horace la transperce de son épée, la blessant mortellement.

*Horace, vainqueur des Curiaces, rentre triomphant à Rome et tue Camille, sa propre sœur (dessin de David, Vienne, Albertina).*

### Horace assassine sa sœur

*« En tête des troupes marchait Horace, étalant son triple butin. Sa sœur, une jeune fille fiancée à l'un des Curiaces, se présenta à son frère devant la Porte Capène. En reconnaissant sur ses épaules le manteau de guerre qu'elle avait fait elle-même pour son fiancé, elle dénoue ses cheveux et, toute en larmes, répète le nom de son fiancé mort. L'orgueilleux jeune homme est transporté de colère par ces lamentations d'une sœur au milieu de sa victoire à lui et des transports de la foule. Il tire son épée et en perce la jeune fille tout en l'accablant de reproches : " Va-t'en avec ton amour scandaleux ! Va rejoindre ton fiancé, toi qui oublies tes frères, les morts et le vivant, toi qui oublies ta patrie ! Ainsi meure toute Romaine qui pleurera un ennemi ! " »*

*Tite-Live,* Histoire romaine, *I, 26, texte établi par J. Bayet et traduit par G. Baillet, Les Belles Lettres, Paris, 1967.*

## Le fratricide : un crime d'État

Un tel crime, chez les Romains plus encore qu'ailleurs, est regardé comme inadmissible. Acte contre nature, le fratricide établit dans la ville une souillure, susceptible de mettre en danger la communauté tout entière en suscitant l'ire des dieux. Cette souillure ne peut être lavée que par le sang versé de l'assassin. Dès lors, celui qui vient de sauver la ville est traduit pour « crime d'État » *(perduellio)* devant le roi Tullus Hostilius — la juridiction suprême et la seule compétente pour une faute si grave. La comparution est une formalité : la peine que le roi doit prononcer est, en tout état de cause, la mort.

Mais comment Tullus Hostilius pourrait-il donner l'ordre d'exécuter celui qui est désormais le plus populaire des citoyens ? Conscient du risque politique qu'il prendrait en prononçant une telle condamnation, Tullus Hostilius décide de tourner la loi romaine en proclamant une nouvelle règle. Horace emprisonné, le souverain réunit l'assemblée du peuple et lui propose ce texte nouveau : « Les crimes d'État seront jugés par des *duumvirs* [un collège de deux hommes]. Si le coupable fait appel devant le peuple, l'appel donnera lieu à un débat. Si l'arrêt des *duumvirs* est confirmé, on voilera la tête du coupable, on le suspendra par une corde au poteau d'infamie et il mourra sous les verges, soit en dedans, soit en dehors de l'enceinte sacrée [sous-entendu de la ville, *pomerium*]. » Si la légende a quelque rapport avec la réalité, l'aventure d'Horace, héros et assassin, est donc à l'origine de deux institutions essentielles de la machine judiciaire romaine. D'une part, l'existence d'un collège de deux juges *(duumvirs)* chargés des cas de crimes contre l'État, pour lesquels le seul châtiment est la mort ; d'autre part l'appel au peuple, ou *provocatio*, c'est-à-dire la possibilité donnée à tout citoyen de demander la révision par l'assemblée populaire d'une décision d'un magistrat le punissant de la mort ou de l'exil.

## L'acquittement

La nouvelle loi ayant été adoptée, Horace passe en jugement devant les *duumvirs* — qui le condamnent, laissant le roi quitte de toute responsabilité. Le condamné fait appel, comme le lui permet la nouvelle procédure. Le procès, devant l'assemblée du peuple, suscite un débat passionné. Finalement, l'accusé, qui ne prend pas lui-même la parole, doit son acquittement au discours émouvant de son vieux père, qui, désignant les dépouilles des Curiaces, adjure ses concitoyens de ne pas livrer au poteau d'infamie celui qui a rapporté ces trophées de victoire. Émus aux larmes, les citoyens de Rome, bien que le crime commis soit épouvantable, prononcent l'acquittement d'Horace. Mais, comme cette grâce n'a pas réellement effacé la souillure religieuse du meurtre, on ordonne au père du jeune homme de procéder à des cérémonies expiatoires — aux frais, d'ailleurs, de l'État. Après quoi le vieillard place une poutre en travers de la rue et fait passer son fils, tête voilée, sous ce joug improvisé. Cet acte magique permet au jeune héros de laisser définitivement derrière lui la flétrissure criminelle.

*Pour laver l'injure faite aux dieux, Horace passe sous un joug (détail des* Romains passant sous le joug, *peinture de Gleyre, Lausanne, musée cantonal des Beaux-Arts).*

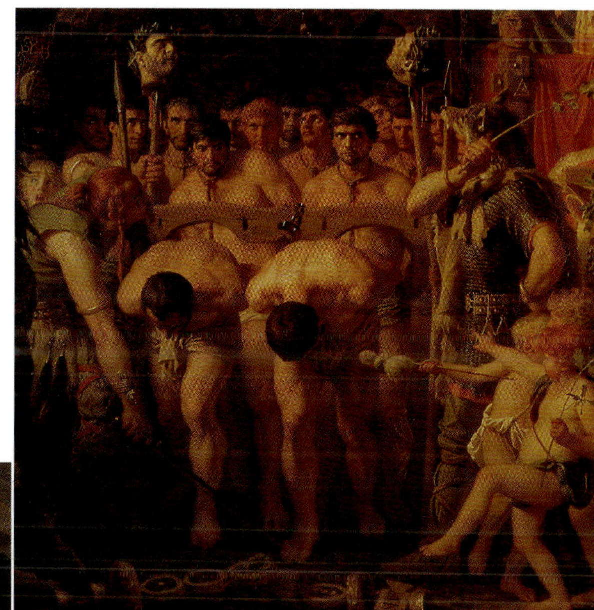

Le Serment des Horaces *(peinture de David, Paris, musée du Louvre).*

### Le crime d'État à Rome

Aux temps très anciens de la monarchie romaine, la justice s'exerce à l'intérieur des clans *(gentes)* ou entre les chefs des clans. **Le roi n'intervient comme juge que dans le cas de délits contre le pouvoir royal ou la collectivité.**

Ce cas précis, nommé ***« perduellio »*** **(crime d'État)**, recouvre aussi bien le délit de sacrilège à l'égard de l'ensemble du peuple que celui de la trahison militaire.

C'est au titre de **sacrilège**, parce qu'il a commis un crime hors nature — un fratricide —, qu'Horace est jugé pour crime d'État.

*Le vainqueur de Salamine est mis en accusation*

# LA DOUBLE VIE DE THÉMISTOCLE

*Affrontement entre guerriers grec et perse (vase grec à figure rouge, Ve siècle avant notre ère, Paris, musée du Louvre).*

**Vers 471 avant notre ère, le général Thémistocle, vainqueur dix ans plus tôt des Perses à Salamine, est désavoué par une coalition du parti conservateur. Condamné à l'exil, il passe la fin de sa vie chez les Barbares, ces étrangers qu'il a vaincus.**

Le procès intenté à Thémistocle est exemplaire des aléas de la popularité d'un chef d'État d'abord salué comme le libérateur d'Athènes, puis contraint à fuir sa patrie. L'attitude du général frappé d'ostracisme éclaire aussi les relations ambiguës entre les Grecs et les Perses au début du Ve siècle avant notre ère.

## Thémistocle : génie ou intrigant ?

Dans les années 470 avant notre ère, la personnalité de Thémistocle suscite bien des polémiques et des attaques. Dix ans plus tôt,

La Victoire de Salamine *(peinture de von Kaulbach, Munich, Neue Pinakothek).*

### Les griefs contre Thémistocle

*« Il s'attira la haine des alliés en faisant le tour des îles pour en tirer de l'argent. C'est ainsi qu'il en demanda aux Andriens et voici, au dire d'Hérodote, comment il leur parla et comment on lui répondit. Il dit qu'il venait escorté de deux divinités, la Persuasion et la Force. Ils lui répondirent qu'ils avaient aussi chez eux deux grands dieux, la Pauvreté et l'Indigence, qui les empêchaient de lui donner de l'argent…*

*Dans ce temps-là, ses concitoyens aussi, jaloux de sa gloire, accueillaient volontiers ces calomnies et l'obligeaient à se montrer fastidieux en rappelant à maintes reprises ses propres exploits dans l'assemblée. Il dit un jour à ceux qui le supportaient avec peine : "Et vous, pourquoi vous lassez-vous de recevoir de nombreux bienfaits d'une même personne ?" Il choqua aussi le peuple en fondant un sanctuaire à Artémis, qu'il surnomma Aristoboulè [l'excellente conseillère] par allusion au fait qu'il avait donné à Athènes et aux Grecs les meilleurs conseils. »*

*Plutarque,* Vie de Thémistocle, *21-22, texte établi et traduit par R. Flacelière, E. Chambry et M. Juneaux, Les Belles Lettres, Paris, 1961.*

ce général exceptionnel a assuré aux Athéniens une victoire inespérée contre les Perses : attirant par ruse la flotte ennemie dans la rade de Salamine, il a écrasé celle-ci, arrêtant net l'invasion de la Grèce par les Perses. Le même homme, en développant la marine athénienne et en faisant construire les fortifications du Pirée et d'Athènes, a véritablement donné à sa cité sa suprématie maritime. Thémistocle, par ailleurs, est un démocrate qui souhaite pour Athènes une évolution avec laquelle les plus conservateurs des Athéniens ne sont pas d'accord. C'est aussi un homme orgueilleux et cupide, qui se livre à des pratiques ouvrant la voie à toutes les calomnies. Après la bataille de Salamine, n'a-t-il pas, en cachette des autres stratèges, fait le tour des îles soupçonnées de complaisance pour les Perses, et ne s'y est-il pas fait verser de fortes sommes d'argent ? Plus tard, il s'est fait également payer par des exilés athéniens désireux de revenir dans leur patrie... La vie fastueuse de Thémistocle, sa vanité excitent les jalousies. Un poète lyrique, Timocréon, le qualifie de « traître, injuste, menteur, gagné par un vil argent... » Mais les Grecs l'ont aussi comparé à Ulysse, pour les « mille tours » dont il a su user au long de son existence.

## L'ostracisme

Des rumeurs haineuses ne sauraient cependant remplacer un chef d'accusation précis pour permettre aux ennemis de Thémistocle de faire passer celui-ci en justice, selon les procédures habituelles. Mais, depuis le début du Vᵉ siècle, Athènes dispose d'une mesure appelée « ostracisme », destinée à éloigner du pouvoir un homme politique soupçonné d'ambition. L'ostracisme permet de priver un homme de ses droits politiques pour une période de dix années. Ce n'est donc pas un châtiment définitif, mais la durée de la peine est amplement suffisante pour ôter à un ambitieux les moyens d'établir sa dictature. L'ostracisé, en effet, qui conserve entièrement la propriété de ses biens et retrouve tous ses droits à la fin des dix années suivant la proclamation de la peine, doit, pendant cette période, non seulement s'abstenir de toute activité politique, mais aussi s'exiler. Étant donné les rumeurs circulant sur son compte et l'antipathie suscitée chez beaucoup d'Athéniens par son outrecuidance, Thémistocle est ostracisé par l'ensemble des votants. Il quitte donc Athènes pour séjourner à Argos, dans le Péloponnèse, avec probablement l'intention d'y attendre la fin de sa peine.

## Les tribulations d'un nouvel Ulysse

Mais l'ostracisme ne met pas un terme aux mésaventures de Thémistocle. Il est aussi la cible de la vindicte des Spartiates, dont les intérêts stratégiques et économiques ont été menacés par sa politique ambitieuse. Ont-ils décidé de le perdre, par pure vengeance, ou bien Thémistocle s'est-il imprudemment mêlé à un complot visant à récupérer le pouvoir ? Tout ce que nous savons, c'est que Pausanias, un général spartiate chassé lui aussi de sa patrie pour ses desseins ambitieux, et Thémistocle se seraient trouvés associés dans un projet d'alliance avec la Perse, contre les Grecs. L'affaire, réelle ou supputée, est rapportée à Athènes. Dès lors, la cité intente un nouveau procès à l'ostracisé, cette fois sous le chef d'inculpation précis, et très grave, de haute trahison. Des hommes sont envoyés à Argos pour arrêter le général et le ramener à Athènes afin qu'il y soit jugé. Prévenu à temps, Thémistocle décide de s'enfuir. Il se rend d'abord à Corcyre (l'actuelle Corfou), puis en Épire et enfin en Macédoine.
Condamné à mort par contumace, il est finalement contraint de passer en Asie. Des amis parviennent à faire sortir clandestinement d'Athènes sa femme et ses enfants, qui le rejoignent. Il récupère par la même voie, secrètement, une grande partie de ses biens en liquide. Alors — et cette fois incontestablement — le vainqueur de Salamine, celui qui a fait reculer les envahisseurs perses en 480, se tourne vers Artaxerxès, le « Grand Roi » perse. Non seulement il est bien accueilli par ses anciens ennemis, mais il obtient aussi très vite des charges importantes et amasse une fortune considérable.
Il meurt, de maladie, vers 460 avant notre ère, en Asie Mineure, à Magnésie-du-Méandre. Les habitants de la ville, qu'il a comblés par des dons généreux, montrent envers sa mémoire une gratitude plus sûre que les Athéniens : ils lui élèvent un splendide tombeau et l'honorent comme un dieu.

*Tesson de céramique portant le nom d'un personnage banni par un membre des assemblées d'ostracisme (ostracon du Vᵉ siècle avant notre ère, Athènes, musée de l'Agora).*

### L'ostracisme athénien

La procédure judiciaire de l'ostracisme est destinée à **exiler pendant dix ans un homme politique jugé trop ambitieux.**

Elle comporte deux temps. Chaque année, **le peuple décide par vote à main levée s'il y aura une « ostrakophora », ou condamnation par ostracisme.**

En cas de réponse positive, une seconde assemblée a lieu sur l'Agora sous la présidence des neuf archontes (des magistrats de haut rang). **Chacun des citoyens écrit sur un tesson de poterie — *ostrakon* en grec — le nom de celui qu'il veut voir ostracisé.** Il faut un quorum de 6 000 votes — chiffre considérable — pour que l'ostracisme soit décrété.

On a retrouvé, lors des fouilles archéologiques de l'Agora d'Athènes, **des centaines de ces bulletins de vote d'un type particulier** : l'ostracon, outre le nom de celui dont on veut l'exil, porte souvent des qualificatifs peu flatteurs à son égard...

*Les Athéniens accusent l'artisan de leur grandeur*

# PÉRICLÈS RESPONSABLE DE LA GUERRE ?

*Le stratège Périclès, accusé de détournements de fonds par le peuple d'Athènes (Londres, British Museum).*

### Périclès répond à ses détracteurs

*« Je m'attendais à ces symptômes de colère que vous marquez envers moi, car j'en perçois les causes ; et justement, si j'ai réuni l'assemblée, c'est afin de rafraîchir vos souvenirs et de vous adresser des remontrances, pour ce que votre attitude peut avoir d'injustifié [...] Je pense en effet, quant à moi, qu'un État sert mieux l'intérêt des particuliers en étant d'aplomb dans son ensemble, que prospère en chacun de ses concitoyens individuellement, mais chancelant collectivement. Car un homme peut voir sa situation prendre un cours favorable : si sa patrie va à la ruine, il n'en est pas moins entraîné dans sa perte ; tandis que, malheureux dans une cité heureuse, il se tire beaucoup mieux d'affaire [...] »*

*Thucydide,* Histoires, *II, 60, texte établi et traduit par J. de Romilly, Les Belles Lettres, Paris, 1967.*

**En 431, alors que pendant 30 ans il a porté à son apogée la démocratie athénienne, Périclès voit son prestige s'affaiblir en même temps que s'engage la guerre contre Sparte. L'année suivante, ses ennemis le traînent devant la justice, et le peuple démet de ses fonctions le maître qu'il s'était choisi.**

Le procès de Périclès illustre l'usure du pouvoir. Un homme, après un parcours politique exceptionnel, est victime de la lassitude de ses concitoyens, qui le rendent responsable de la guerre.

## Trente années de pouvoir

La fierté des Athéniens est d'avoir inventé la démocratie. De Clisthène, à la fin du VIe siècle avant notre ère, à Périclès, l'évolution des institutions contribue à la formation d'un État dans lequel le peuple — *demos* — a un rôle souverain et participe activement à la vie politique de la cité. Mais, au Ve siècle avant notre ère, Athènes connaît une situation paradoxale : celui qui a le plus contribué à l'établissement de la démocratie dans la ville, Périclès, reste pendant plus de trente ans le seul chef véritable d'Athènes — situation qui s'accorde mal avec une véritable démocratie. Fait unique dans l'histoire de la cité, les pouvoirs de stratège de Périclès sont renouvelés tous les ans, de sorte que ses ennemis ont beau jeu de parler à son égard de « tyrannie », l'exercice illimité du pouvoir personnel.
Personne à Athènes ne peut nier l'œuvre considérable accomplie par Périclès pendant la longue période au cours de laquelle il détient le pouvoir. Son autorité marque l'histoire de la ville, au point que, par la suite, on donnera son nom au Ve siècle athénien, parlant du « siècle de Périclès ». Le stratège éclairé met en œuvre un ambitieux programme de réformes constitutionnelles ; il renforce l'impérialisme athénien et sa domination sur les îles ioniennes en constituant une fédération qu'Athènes domine, la ligue de Délos ; il embellit la ville par une politique spectaculaire de grands travaux.

## Les calomnies des envieux

Une telle autorité ne peut se manifester qu'en bridant les ambitions de certains. Périclès, au fil des ans, multiplie le nombre de ses ennemis : des hommes plus jeunes qui, à leur tour, souhaiteraient exercer le pouvoir. Ces adversaires utilisent le plus traditionnel des moyens pour tenter de venir à bout de leur proie : ils tâchent d'abattre son prestige en faisant courir sur son compte des histoires sans fondement. Les mœurs de Périclès sont ainsi mises en cause : ses amis Phidias et Aspasie favoriseraient ses amours adultères avec des femmes ; sa gestion du Trésor public se confondrait avec celle de ses biens privés.
Surtout, les rivaux du stratège s'attachent à l'atteindre à travers ses amis proches. L'artiste que privilégie Périclès, Phidias, le génial sculpteur du Parthénon, est ainsi accusé, vers 433, d'avoir détourné de l'or destiné à la confection de la statue colossale d'Athéna, qui orne le temple de l'Acropole. Condamné, il meurt, probablement en prison. La maîtresse de Périclès, la très belle Aspasie, est aussi traduite en justice, pour impiété. Elle n'est sauvée de la condamnation que par la défense passionnée de son amant. Un des maîtres de Périclès, le philosophe Anaxagore, lui aussi accusé d'impiété, peut quitter clandestinement Athènes à temps. À travers ces personnalités éminentes de l'entourage de Périclès, c'est le grand homme lui-même qui est visé.

## La guerre et la peste

Ces attaques périphériques auraient-elles fini par concerner Périclès lui-même ? Un facteur extérieur — le déclenchement d'une guerre — vient faire brutalement évoluer la situation. Athènes, à cette époque, a pour adversaire de sa taille, en Grèce, la ville de Sparte. La rivalité des deux cités débouche, à l'automne de 432 avant notre ère, sur un conflit armé : la guerre du Péloponnèse, dans laquelle se trouvent engagés tous les Grecs. L'année suivante — en 431 —, les forces armées dirigées par les Spartiates ravagent l'Attique, dont les paysans se réfugient à Athènes. Peu de temps après se répand dans la ville une terrible épidémie de peste qui décime la population. La situation, tragique, porte à tous les désespoirs. Les Athéniens la dénouent en se choisissant un bouc émissaire : Périclès.
Diffusée par les adversaires du stratège, la rumeur accuse celui-ci d'avoir poussé Athènes à entreprendre la guerre du Péloponnèse. Périclès serait ainsi responsable de la destruction

*Périclès, Aspasie et Phidias sur le chantier du Parthénon (gravure de Göll, 1876).*

des champs de l'Attique, ainsi que du déclenchement du terrible mal ; car, s'il n'y avait eu foule dans la ville, en conséquence de l'invasion spartiate, la peste ne serait peut-être pas apparue. Pour faire taire les terribles bruits, l'homme d'État, une dernière fois, avec son talent bien connu d'orateur, tente de convaincre ses concitoyens de leur erreur. Mais le peuple, en 431, est trop désemparé pour lui accorder encore sa confiance.

## Le peuple condamne son stratège

Il reste à concrétiser le discrédit de Périclès, par un procès qui aboutisse à le démettre de ses fonctions. L'un quelconque des adversaires les plus affirmés de l'homme politique, Simmias, Lacratidas ou Cléon — on ne sait pas lequel — prend l'initiative de l'action : il porte plainte contre le stratège, l'accusant de détournement de fonds secrets. Il s'agit là d'un crime d'État, et le peuple — c'est-à-dire l'assemblée populaire, ou Héliée, est seul compétent ; 6 000 hommes, tirés au sort parmi les citoyens de plus de trente ans et répartis en sections, se rassemblent donc pour décider si, oui ou non, Périclès s'est rendu coupable de détournement de fonds. Dans l'atmosphère fiévreuse de la ville, les conclusions des sections sont sans surprise. Les juges, ou héliastes, après avoir entendu les plaidoyers des différentes parties, se prononcent à bulletin secret, grâce à des rondelles de bronze traversées d'une tige pleine ou creuse. À une très grande majorité, ils déposent dans les urnes des rondelles à tige creuse, ce qui signifie la culpabilité de l'accusé. La condamnation, dès lors, est prononcée : Périclès est déchu de sa charge de stratège et contraint à payer une amende de cinquante talents — une somme considérable.

Quelques mois après cette condamnation, au printemps de 429, le peuple, versatile, rappelle Périclès à la tête des affaires en le réélisant stratège. Seul le grand homme semble capable de faire face aux multiples malheurs qui accablent la ville. Mais ce revirement est trop tardif : après avoir vu mourir de la peste ses deux fils, sa sœur, la plupart de ses parents et amis, Périclès à son tour est frappé par la maladie ; il meurt à l'automne de 429.

*Monnaie athénienne frappée de la chouette, symbole de la sagesse (vers 480 avant notre ère, Paris, Bibliothèque nationale de France).*

*Un sacrilège divise les Athéniens*

# ALCIBIADE EST-IL COUPABLE ?

*Alcibiade et ses amis se sont-ils rendus coupables, lors d'une orgie, de mutilations sur les statues d'Hermès ?* (le Triomphe de Flore, *1630-1631, peinture de Poussin, Dresde, Gemäldegalerie).*

*Au moment où s'ouvre un procès contre lui, le jeune général Alcibiade prend la tête d'une expédition guerrière contre la Sicile (guerriers grecs, vers 610-600 avant notre ère, Paris, musée du Louvre).*

**À peine entrée en charge au début de juillet 415 avant notre ère, la nouvelle *Boulè*, c'est-à-dire le conseil représentatif du peuple athénien, doit étudier une étrange affaire qui, depuis plusieurs semaines, est le sujet de toutes les conversations : il lui faut déterminer si, oui ou non, l'aristocrate Alcibiade a, lors d'une nuit d'orgie avec ses amis, mutilé les statues d'Hermès élevées dans les rues d'Athènes.**

L'exactitude des accusations portées contre Alcibiade, au moment où il prend la tête de l'expédition de Sicile, ne peut, dès ce moment, être établie avec certitude. Mais le scandale provoqué par les excentricités impies reprochées au jeune général et à ses partisans contribue à l'exaspération des Athéniens, en proie aux incertitudes de la guerre à venir.

## La guerre, ou pas la guerre ?

Depuis le début de 415, Athènes vit dans un état d'exceptionnelle surexcitation. De violentes altercations opposent les partisans et les adversaires de l'organisation d'un projet d'expédition militaire : une opération contre la Sicile. D'un côté, l'homme d'État Nicias, et avec lui les citoyens les plus âgés, qui ont déjà souffert des barbaries de la guerre, s'opposent à une aventure qu'ils jugent douteuse. De l'autre, l'aristocrate Alcibiade, appuyé par les jeunes Athéniens, fait miroiter l'espoir d'une extension de l'hégémonie athénienne en Méditerranée occidentale. Le parti de la guerre triomphe finalement. Nicias (contre son gré), Alcibiade et le vieux général Lamachos sont désignés pour être les stratèges de la flotte qui doit assiéger la Sicile.

## Le sacrilège

Dans ce climat passionnel, aggravé par les ultimes préparatifs militaires, éclate le scandale des hermès : un matin de printemps, dans tous les quartiers d'Athènes, les habitants, en sortant de chez eux, découvrent que les hermès de leurs rues ont été détériorés. Certes, ces bornes de pierre surmontées de la tête du dieu ne sont plus des objets sacrés pour la plupart des Athéniens. Mais cette dégradation paraît à tous de mauvais augure à la veille de partir pour une expédition... Les opposants à l'expédition militaire en profitent — leurs arguments reçoivent un écho nouveau ; tandis que les tenants de la guerre exigent que soient découverts les coupables. La *Boulè*, autorité judiciaire compétente en la matière, se voit octroyer des pouvoirs illimités pour instruire l'affaire, et on lui donne pour l'assister une commission de *sycophantes* (accusateurs professionnels) parmi les plus efficaces de la ville.

## Une déposition accablante

Plusieurs jours durant, les *bouleutes* (ou juges de la *Boulè*) se réunissent. Pour hâter le cours de l'instruction, ils promettent des primes aux délateurs. Androclès, un des sycophantes, apporte le témoignage d'un certain Pythonicos,

*Fête grecque (coupe peinte, vers 490 avant notre ère, Paris, musée du Louvre).*

qui affirme que les responsables de la mutilation des hermès appartiennent à la jeunesse dorée d'Athènes, que l'instigateur du sacrilège n'est autre que le stratège Alcibiade, lui-même une des personnalités les plus en vue parmi les jeunes gens de la ville, et enfin que, non content de s'attaquer à des statues, tous ces hommes parodient outrageusement chez eux les mystères les plus vénérés de la Grèce, ceux d'Éleusis, consacrés aux divinités Déméter et Perséphone ! Conformément à la législation, Androclès fait alors mettre à la torture l'esclave d'un des hommes mis en cause. Le domestique raconte qu'il a vu Alcibiade et ses compagnons, ivres, s'amuser à pasticher la pompe des mystères éleusiniens. Alcibiade lui-même se serait déguisé en *hiérophante* (c'est-à-dire en grand prêtre), son ami Poulytion aurait joué le *dadouque* (ou porteur de torche), Théodore, le héraut, et les autres invités auraient tenu les rôles des différents initiés, « mystes » et « époptes ». Tous les esclaves des participants auraient assisté à ces parodies impies. Le témoignage de l'esclave fournit aux ennemis d'Alcibiade un merveilleux motif pour abattre le jeune ambitieux, l'un des principaux chefs du parti belliciste. Bientôt, le bruit court que le stratège, arbitre des élégances athéniennes, aussi célèbre par sa beauté que par ses exploits sportifs, d'une part a bafoué la religion de la cité et, d'autre part, prépare un coup d'État pour remplacer la démocratie athénienne par un régime aristocratique.

## La réaction d'Alcibiade

Conscient des manœuvres de ses ennemis, Alcibiade se présente devant la *Boulè* pour se justifier. Il accepte d'être condamné à mort si sa culpabilité est reconnue. Or, les adversaires d'Alcibiade ont à craindre que le peuple, enthousiasmé par l'ardeur du jeune chef militaire, ne choisisse de l'acquitter plutôt que d'accorder crédit au bruit de ses prétendus sacrilèges. Alors, ils choisissent de gagner du temps. De fameux orateurs représentant leur camp convainquent les *bouleutes* de remettre leur jugement au retour de l'expédition.

Le plan monté par les détracteurs du stratège fonctionne parfaitement. En l'absence d'Alcibiade, qui vogue vers la Sicile, ils l'attaquent avec plus de violence, accumulant des témoignages de plus en plus accablants. De nombreux Athéniens sont arrêtés, exécutés ou jetés en prison. La dénonciation décisive est celle de l'orateur Andocide, qui, lui-même impliqué dans le sacrilège, sauve sa vie en dévoilant avec force détails le contenu des parodies. Versatile, le peuple athénien n'est bientôt plus dans les mêmes dispositions à l'égard d'Alcibiade. Contre celui qu'il considère, brutalement, comme un criminel d'envergure, il réclame l'ouverture urgente d'un procès exemplaire... Une salaminienne — une galère sacrée — est alors dépêchée vers l'île occidentale, avec pour mission de ramener à Athènes le stratège suspect. Alcibiade, plutôt que de protester, accepte de mettre la voile vers Athènes, avec son propre bateau. Un temps, il vogue de conserve avec la salaminienne. Mais, parvenu au port de Thurium en Italie du Sud, il fausse compagnie à la galère sacrée et s'enfuit vers le Péloponnèse... Il est donc jugé par contumace à Athènes, condamné à mort et privé de ses biens. Tous les prêtres et les prêtresses le maudissent lors d'une grande cérémonie imprécatoire. Seule une de ces dernières refuse de s'associer à cet acte, déclarant qu'« elle était prêtresse pour prier et non pour maudire ». Personne n'a jamais élucidé si Alcibiade et ses compagnons ont réellement commis les impiétés incriminées ou si toute l'affaire n'a été qu'une machination politique réussie...

### La tête ou le sexe ?

**Des piliers en l'honneur du dieu des Voyageurs.** Les hermès, dont la mutilation est à l'origine de la condamnation d'Alcibiade, sont des piliers quadrangulaires en marbre ou en bronze, surmontés d'une tête humaine et pourvus en leur centre d'un sexe masculin en érection. Ces « poteaux indicateurs », placés sous la protection d'Hermès, dieu des Voyageurs, se trouvent devant les temples, les maisons particulières, aux carrefours, à l'angle des rues ou le long des routes.

**La nature de la mutilation.** Comment a été commis le sacrilège opéré par Alcibiade et ses compagnons dans les rues d'Athènes ? Les historiens Thucydide et Plutarque, qui rapportent l'histoire, indiquent, sans apporter d'autres précisions, que les piliers ont été détériorés « sur leur face antérieure ». On interprète souvent pudiquement cette expression comme désignant « la tête » du pilier. Mais il est beaucoup plus vraisemblable et logique que les fêtards ont coupé... le sexe érigé sur le poteau.

*Des officiers vainqueurs condamnés à Athènes*

# LES GÉNÉRAUX DES ÎLES ARGINUSES

**En 406 avant notre ère, alors que la guerre du Péloponnèse touche à sa fin, les Athéniens remportent aux îles Arginuses leur dernière victoire navale sur les Spartiates. Mais les stratèges victorieux, au lieu de recevoir la récompense due à leur valeur, sont accusés de ne pas avoir porté secours aux naufragés et sont mis à mort.**

Le scandaleux procès intenté aux huit généraux athéniens qui ont permis la belle victoire des îles Arginuses traduit l'anarchie politique qui règne alors dans la ville. Le glorieux passé démocratique d'Athènes est en train de se dissoudre dans les manœuvres douteuses des dirigeants de la ville.

## Les prémisses du procès

Il est naturel qu'au retour d'une campagne victorieuse les généraux soient fêtés comme des héros par leurs compatriotes. Or, en 406, lorsque arrivent en vue du Pirée les trières qui, près des îles Arginuses, au large de l'Asie Mineure, ont écrasé la flotte ennemie du Spartiate Lysandre, la joie est vite remplacée par la douleur, puis par la colère. Deux mille familles athéniennes pleurent les leurs, disparus au cours de la tempête qui s'est déchaînée pendant le combat. Une interrogation court dans la foule : les stratèges ont-ils tout mis en œuvre pour sauver les naufragés des vaisseaux qui ont sombré ? Ont-ils fait recueillir les cadavres pour leur rendre les hommages funèbres ? L'émotion est telle que, sans attendre leur débarquement, le peuple destitue les généraux vainqueurs, à l'exception de Conon, chef de l'expédition. À cette nouvelle, deux des stratèges, Protomachos et Aristogénès, préfèrent ne pas revenir à Athènes. Mais les six autres, Périclès, Diomédon, Lysias, Aristocratès, Thrasyllos et Erasinidès, ont le courage de revenir à Athènes, tout en connaissant les terribles accusations qui vont peser sur eux.

## Les passions se déchaînent

Sans aucun retard, les autorités judiciaires athéniennes compétentes en matière de délit contre l'État, les *bouleutes*, ou membres du conseil représentatif du peuple appelé *Boulè*, commencent par réclamer aux stratèges de justifier les dépenses financières de la campagne. Erasinidès est ainsi convaincu d'avoir détourné des sommes destinées à aider les citoyens pauvres ruinés par la guerre. Il est emprisonné. Ensuite, la *Boulè* fait comparaître les généraux au sujet de la suspicion principale : l'abandon des marins naufragés. Parmi les accusateurs se détache Théramène, homme politique généralement modéré, mais qui, ayant lui-même participé à la bataille des Arginuses, tient à charger les stratèges pour éviter d'être incriminé. De façon tout à fait illégale, Théramène précipite les choses, ne

### Les manœuvres de Théramène

*« Les généraux accusés disaient : "C'est la violence de la tempête qui a empêché de recueillir les naufragés." Comme témoins de ce qu'ils avançaient, ils produisaient les officiers pilotes et beaucoup d'autres qui étaient à bord avec eux. Ces paroles étaient en train de persuader le peuple ; beaucoup de simples particuliers voulaient se porter garants pour eux et se levaient déjà ; mais on décida de remettre la suite à la prochaine séance... Alors Théramène et ses amis organisèrent une manifestation d'hommes vêtus de noir et tondus ras pour venir à l'Assemblée, comme s'ils étaient les parents des morts ; ils obtinrent aussi de Callixenos qu'il accusât les généraux au Conseil. »*

*Xénophon,* les Helléniques, *I, 7-8, texte établi et traduit par J. Hatzfeld, Les Belles Lettres, Paris, 1973.*

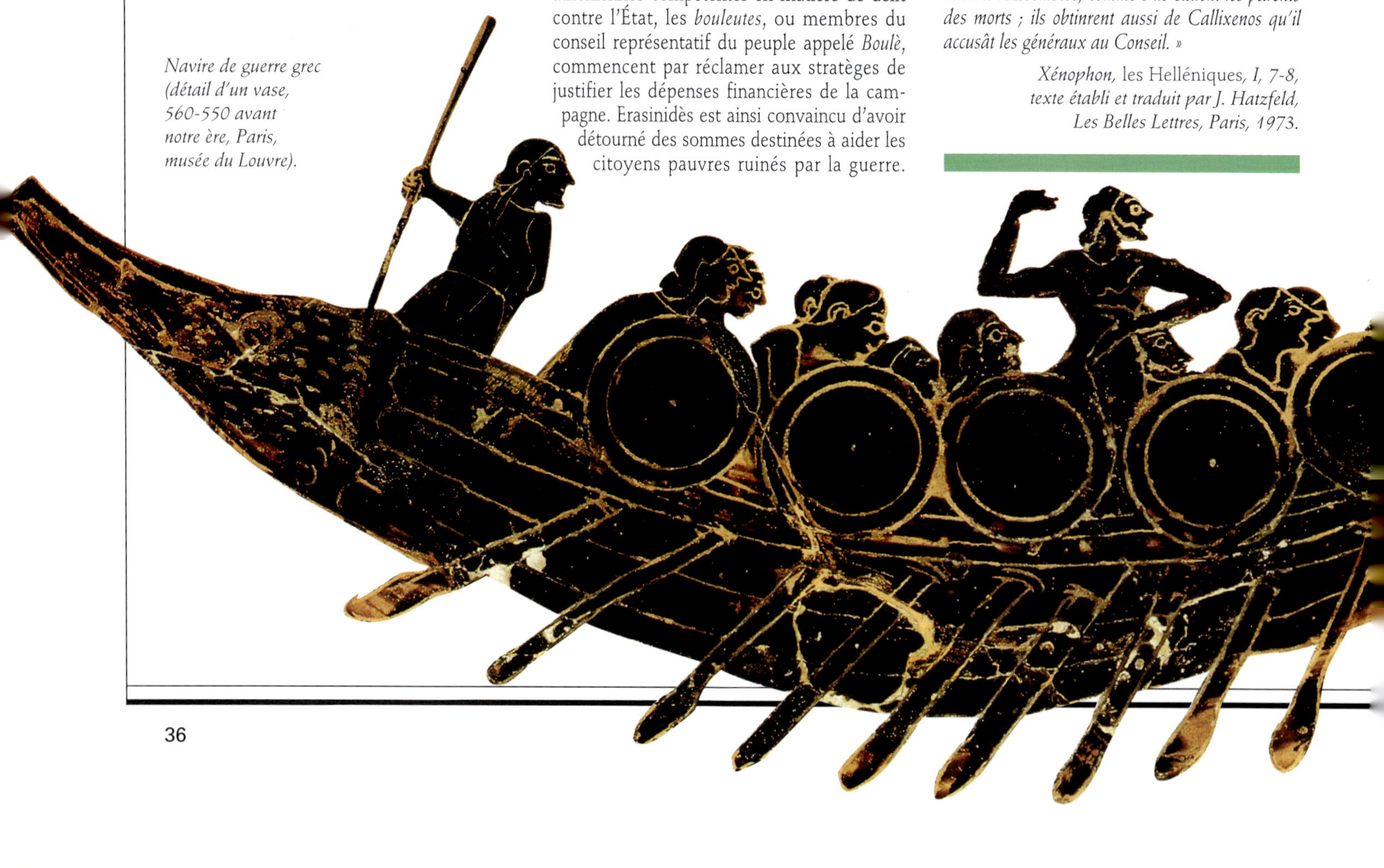

*Navire de guerre grec (détail d'un vase, 560-550 avant notre ère, Paris, musée du Louvre).*

laissant pas le temps aux prévenus d'organiser leur défense. Les six inculpés, pris de court, ne songent à dire qu'une chose pour se disculper : ils affirment que, pendant qu'eux-mêmes poursuivaient le combat, ils avaient donné la charge aux *triérarques* (c'est-à-dire aux capitaines) et à leurs subordonnés de ramasser les naufragés. Cette brève explication pourrait d'ailleurs suffire à convaincre les 500 juges de la *Boulè* mais, la nuit étant tombée, le verdict est remis au lendemain.

## Une parodie de justice

Ce délai s'avère fatal aux accusés. Le procès des stratèges se déroule au moment où a lieu, dans la ville, la fête des Apaturies, à l'occasion de laquelle les jeunes gens sont inscrits dans les *phratries*, ou divisions des tribus. De cette cérémonie joyeuse, Théramène, exprès, fait un spectacle funèbre, en enrôlant des hommes vêtus de noir et la tête tondue, qui se présentent à l'assemblée comme étant les parents des morts des Arginuses... Une telle mise en scène est faite pour aviver le chagrin et l'exaspération des Athéniens. Lors de la séance qui suit, la *Boulè* fait présenter par un certain Callixenos une motion selon laquelle les citoyens doivent voter par tribu sur la culpabilité collective des stratèges. Si ceux-ci sont déclarés coupables, leur peine sera la mort.

Callixenos, avec cette procédure, viole par trois fois la légalité : les prévenus n'ont pas droit à une sentence individuelle, mais sont jugés ensemble ; le secret du vote n'est pas protégé, puisque les citoyens doivent mettre publiquement leur bulletin soit dans l'urne de l'acquittement, soit dans l'urne de la condamnation ; enfin, à cause de la rapidité excessive de la procédure, les stratèges ne peuvent présenter leur défense selon les voies normales. Indigné de ces abus scandaleux, un parent et ami des prévenus, Euryptolémos, intente à Callixenos une *graphè paranomôn*, ou accusation d'illégalité. Mais, excité par un homme qui prétend avoir pu sauver sa vie pendant la tempête en s'agrippant à un un tonneau de farine, le peuple s'indigne de ne pouvoir juger comme il le désire. Dans le tumulte, Callixenos hurle qu'il faut infliger aux partisans des stratèges la même peine que celle que ceux-ci encourent... Malgré une ultime tentative d'Euryptolémos pour faire modifier le type de procédure, l'assemblée vote en bloc pour la condamnation à mort des huit stratèges. Les six généraux présents à Athènes sont exécutés dans la foulée.

Le bourreau n'a pas sitôt achevé son ouvrage que les Athéniens, apaisés par le sang versé, opèrent un retour sur eux-mêmes et se prennent à considérer les mérites des généraux qu'ils viennent de mettre à mort. Mais le remords est inutile : en se débarrassant de leurs meilleurs généraux par un procès odieux, les Athéniens ont perdu les artisans de leur suprématie navale. L'année suivante, en 405, à la fin d'août, la flotte athénienne est définitivement anéantie par les Spartiates à Aigos-Potamos.

*Victorieux, les généraux sont accueillis en triomphe par les Athéniens... avant d'être condamnés à mort puis exécutés (cratère des guerriers, Athènes, Musée national d'archéologie).*

## L'eisangélie athénienne

Les officiers vainqueurs aux îles Arginuses comparaissent devant la justice au titre de l'eisangélie.

Il s'agit d'**une procédure judiciaire exceptionnelle qui est utilisée contre les coupables de crimes politiques :** ceux qui sont soupçonnés de vouloir subvertir la démocratie, ceux qui sont accusés de trahison en temps de guerre.

L'accusation est remise à **la *Boulè*** (conseil de 500 membres), qui soit traite directement l'affaire, soit renvoie l'accusé devant l'Ecclésia (assemblée du peuple) ou l'Héliée (tribunal constitué de l'ensemble des citoyens). **Après les discours de l'accusation et de la défense, le vote a lieu individuellement et à bulletin secret, et le jugement doit être exécuté sans délai.**

L'eisangélie est aussi utilisée pour mauvais traitements infligés à des orphelins par leurs tuteurs.

*Un professeur est accusé de corrompre la jeunesse*

# LA MORT DE SOCRATE

*Des hommes offrent des gages d'amour à de jeunes hommes (vase grec, 550-530 avant notre ère, Paris, musée du Louvre).*

**En 399 avant notre ère, dans la prison d'Athènes, Socrate boit courageusement la ciguë devant ses disciples éplorés. Les ennemis de ce philosophe aussi réputé que dérangeant pensent avoir ainsi porté un coup fatal à un enseignement jugé séditieux.**

Le paradoxe posé par le procès de Socrate est qu'il se déroule dans une cité dont la tolérance est proverbiale dans l'Antiquité. La mort du philosophe pose l'éternelle question de savoir dans quelle mesure un enseignant peut exercer une mauvaise influence sur ses élèves.

## Accusé : Socrate, fils de Sophronisque

La procédure contre le philosophe s'ouvre en 399, lorsqu'un nommé Mélétos dépose une plainte au greffe de l'archonte roi — le magistrat supérieur en charge des jugements portant sur les meurtres et les sacrilèges : « Socrate est coupable de ne pas reconnaître les dieux reconnus par l'État et d'introduire des divinités nouvelles ; il est coupable aussi de corrompre les jeunes gens. La peine demandée est la mort. » C'est le tribunal populaire de l'Héliée qui est chargé de juger cette *graphè asebeias*, ou accusation d'impiété. Recrutés par tirage au sort, les héliastes, ou juges de l'Héliée, sont en nombre variable selon l'importance du procès, le chiffre allant de 201 à 2 501. Ils sont 501 pour statuer sur le sort de Socrate. À tour de rôle, accusation et défense prennent la parole, et leur temps de parole est limité par la clepsydre, ou horloge à eau.

Étant donné qu'il n'existe pas à Athènes de ministère public, l'accusation est toujours le fait d'un particulier. Mélétos, qui a déposé plainte contre Socrate, est un personnage assez insignifiant, fils d'un poète tragique et qui ne semble guère au fait de la personnalité de celui qu'il accuse, car, dans son réquisitoire, il confond l'enseignement de Socrate avec celui d'un autre philosophe célèbre, Anaxagore ! En fait, la cheville ouvrière de l'accusation est Anytos, le riche propriétaire d'un atelier de tannerie, puissant par ses relations et influent dans la vie politique athénienne. Un troisième accusateur, l'orateur Lycon, n'intervient que très peu dans les débats.

### Socrate se défend

*« Des disciples, à vrai dire, je n'en ai jamais eu un seul. Si quelqu'un désire m'écouter quand je parle, quand je m'acquitte de ce qui est mon office, jeune ou vieux, je n'en refuse le droit à personne. Je ne suis pas de ceux qui parlent, quand on les paye, et qui ne parlent pas, quand on ne paye point. Non, je suis à la disposition du pauvre comme du riche, sans distinction, pour qu'ils m'interrogent, ou, s'ils le préfèrent, pour que je les questionne et qu'ils écoutent ce que j'ai à dire. Après cela, si quelqu'un de ceux-là tourne bien ou mal, de quel droit l'imputerait-on à mes leçons, quand je n'ai ni promis ni donné de leçons à personne ? »*

*Platon,* Apologie de Socrate, *33, texte établi et traduit par M. Croiset, Les Belles Lettres, Paris, 1963.*

## La défense de Socrate

Les griefs d'impiété et de corruption de la jeunesse traduisent bien les mouvements d'opinion que suscite le comportement de Socrate. Pourtant, celui-ci ne paie pas de mine : il est âgé (il a plus de soixante-dix ans), petit et laid, presque difforme, issu d'un milieu modeste (son père était artisan sculpteur, sa mère sage-femme), et sans fortune (il ne fait pas payer l'enseignement qu'il prodigue). Mais son ironie, si elle s'exerce avec bonté à l'égard de ses amis, devient redoutable contre ceux auxquels il veut faire découvrir la vérité en remettant en cause leurs convictions acquises. Sa fameuse technique de la « maïeutique », ou accouchement des esprits, est imparable et lui a valu bien des inimitiés. Pour sa défense, Socrate refuse toute aide extérieure (on dit que l'orateur Lysias lui aurait proposé d'être son avocat). Il démontre lui-même que sa vie parle en sa faveur, tout en soumettant ses accusateurs à un interrogatoire serré, selon son habitude. Le premier chef d'accusation est l'impiété. Mélétos affirme que Socrate nie l'existence des dieux. Absolument pas, rétorque Socrate, qui affirme respecter la religion nationale. Le « démon » qui l'inspire n'est qu'une des apparences des dieux reconnus : « Des divinités nouvelles, serait-ce en introduire que de déclarer qu'une voix divine se fait entendre à moi pour m'indiquer ce que je dois faire ? » Le second chef d'accusation réside dans la mauvaise influence que Socrate exercerait sur la jeunesse. Il est vrai que le philosophe recrute ses disciples dans la jeunesse noble d'Athènes, assez désinvolte à l'égard des croyances nationales. L'affaire de la mutilation des hermès et de la parodie des mystères d'Éleusis n'a-t-elle pas été imputée au plus fidèle élève de Socrate, Alcibiade ? « Dis-nous, Mélétos, si tu connais un jeune homme que mon influence ait rendu de pieux impie, de modéré violent, de tempérant prodigue, de sobre ivrogne, de laborieux paresseux, ou enfin esclave de quelque autre misérable plaisir... Et, poursuit Socrate, de même que les gens malades écoutent plus leurs médecins que leurs parents et que, pour diriger une guerre, on choisit les meilleurs stratèges, de même ma réputation en tant que professeur fait que, dans le domaine de la philosophie, les jeunes gens me font davantage confiance qu'à leurs parents. »

### La mort par 60 voix de majorité

Tout en défendant la manière et le contenu de son enseignement, Socrate sait que la partie est déjà jouée pour lui et, dès le début de son apologie, il précise que la mort ne lui fait pas peur. Sur 501 héliastes, 280 se prononcent effectivement pour la culpabilité de l'accusé. Selon la coutume, on demande à Socrate quelle peine il veut subir : « Être nourri au Prytanée », répond le philosophe, réclamant ainsi la plus grande récompense que l'État peut accorder aux citoyens méritants... C'est à boire la ciguë qu'il est condamné.

Il faut attendre un mois avant de pouvoir appliquer la peine. Comme tous les ans, la galère sacrée — dite « salaminienne » — a conduit à Délos la délégation chargée de célébrer l'anniversaire de la lutte de Thésée contre le Minotaure et, pendant son absence, aucune exécution ne peut avoir lieu à Athènes. Dans sa cellule, Socrate passe ce mois à philosopher avec ses amis. Ceux-ci tâchent de le convaincre de s'évader et lui en fournissent les moyens, mais, fidèle à ses convictions civiques, le vieil homme refuse pour ne pas contrevenir aux lois de la cité. Le lendemain du jour où la trière sacrée est revenue au Pirée, Socrate, sans le moindre signe de trouble, après avoir disserté sur l'immortalité de l'âme, boit le breuvage mortel tout en réconfortant ses disciples éplorés. La mort le surprend au moment où les derniers rayons du soleil disparaissent derrière les pentes de l'Hymette.

Socrate enseignant aux enfants *(peinture de Mola, Lugano, Museo Caccia).*

### Des témoignages directs

Disciples et amis de Socrate qui l'entourent au moment de son procès et de sa mort, l'historien Xénophon et le philosophe Platon ont consacré plusieurs ouvrages à la relation des derniers jours de leur maître.

**Xénophon.** *L'Apologie de Socrate* se veut une justification de l'attitude hautaine prise par le philosophe devant ses juges ; *les Mémorables*, pour faire tomber l'accusation d'impiété, rapportent de nombreux entretiens de Socrate avec ses disciples.

**Platon.** *L'Apologie de Socrate* contient trois brefs discours de Socrate adressés à ses juges ; *le Criton* évoque les tentatives avortées des amis de Socrate pour le faire s'évader de sa prison ; *le Phédon* raconte les derniers moments du philosophe et son admirable sérénité au moment de la mort.

La Mort de Socrate *(peinture de David, New York, Metropolitan Museum of Art).*

*La fin de la résistance macédonienne*

# DÉMOSTHÈNE A-T-IL ÉTÉ SOUDOYÉ ?

Démosthène haranguant les flots de la mer *(détail d'une peinture de Delacroix, palais Bourbon, coupole de la bibliothèque).*

**En 323 avant notre ère, l'orateur athénien Démosthène, impliqué dans une obscure histoire de corruption, est condamné à s'exiler. C'est le dernier épisode du long combat que mène l'homme d'État depuis 350 pour s'opposer à l'hégémonie de la Macédoine sur la Grèce.**

Au moment où Alexandre le Grand vient d'atteindre les frontières de l'Inde, Athènes se pose la question de savoir si elle peut encore résister à l'expansion macédonienne... L'attitude nationaliste de Démosthène, qui prône une politique de stricte indépendance, est probablement anachronique et vouée à l'échec. À partir de l'été 324, la révélation d'un scandale financier dans lequel il se trouve compromis fait taire cette ultime voix qui s'exprime en faveur de la grandeur d'Athènes.

## Une instruction malaisée

Le procès, qui doit être instruit par le tribunal populaire nommé « Aréopage », porte sur la corruption de plusieurs hommes politiques de premier rang. Les prémisses de l'affaire sont de notoriété publique. Harpale, trésorier du roi Alexandre de Macédoine, a été chargé par ce dernier de garder ses biens à Babylone pendant que les troupes macédoniennes poursuivaient leur avancée vers l'Inde. Or, loin de se conduire en serviteur fidèle, le ministre a dilapidé une partie des trésors de son maître, avant de prendre la fuite avec 5 000 talents d'or, des navires et plusieurs milliers de mercenaires.
Au printemps 324, il arrive avec cette armée au cap Sounion et demande l'asile à Athènes. Se rangeant à l'opinion de Démosthène, les Athéniens refusent de l'accueillir. Harpale se présente alors une seconde fois, en attitude de suppliant, sans ses troupes et porteur d'une somme de 700 talents. Au moment où les Macédoniens demandent l'extradition du trésorier félon, Démosthène, revenant sur sa précédente attitude, fait valoir qu'il est honteux de livrer un demandeur d'asile. Mais, en revanche, il souligne qu'il serait dangereux de provoquer Alexandre en protégeant son intendant infidèle : « Le plus sûr pour Athènes est de mettre sous garde à la fois le trésor et l'homme et de conserver dans l'Acropole tout

### La version de l'accusation

*« Comme on faisait l'inventaire de ses richesses, Harpale, voyant que Démosthène regardait avec plaisir une coupe barbare et en examinait avec soin la ciselure et le style, lui dit de la soupeser et d'évaluer le poids de l'or. Démosthène, étonné de la trouver si lourde, demanda combien elle valait. Harpale sourit et répondit : "Pour toi elle vaudra vingt talents", et, dès que la nuit fut venue, il lui fit porter la coupe avec les vingt talents. [...] Démosthène ne résista pas : vaincu par le cadeau corrupteur, il passa au parti d'Harpale. Le jour suivant, il s'enveloppa bien soigneusement le cou de lainages et, quand on le pressa de prendre la parole, il refusa en faisant signe qu'il avait la voix coupée. Les gens d'esprit disaient en s'esclaffant que l'orateur avait été pris dans la nuit non d'une "angine", mais d'une "argentine".»*

*Plutarque,* Vie de Démosthène, *25, texte établi et traduit par R. Flacelière, Les Belles Lettres, Paris, 1976.*

*Alexandre le Grand (détail de la fresque dite « la Bataille d'Alexandre », Pompéi, maison du Faune).*

*Pièce en or babylonienne à l'effigie de Darius III (vers 330 avant notre ère, Paris, Bibliothèque nationale de France).*

l'argent avec lequel Harpale a débarqué en Attique », affirme-t-il.
Les Athéniens se rangent à ce conseil. Une commission, dont Démosthène fait partie, se charge alors d'emprisonner Harpale et de mettre sous séquestre les 700 talents. Mais, presque immédiatement, Harpale s'évade et gagne la Crète. Lorsqu'on vérifie le montant de l'argent déposé à l'Acropole, la moitié du trésor d'Harpale a mystérieusement disparu…

## Démosthène mis en cause

Cette découverte fait grand bruit à Athènes, et Démosthène, qui a pris l'initiative de mettre les talents d'Harpale sous séquestre, est immédiatement soupçonné de s'être fait verser secrètement la moitié manquante de l'argent. Comme le grand orateur a été à maintes reprises appuyé par l'Aréopage, il demande que l'enquête soit confiée à cette assemblée. Confiant dans les conclusions de l'enquête, il quitte Athènes en septembre pour se rendre à Olympie : il est en effet désigné pour faire partie de la « théorie », ou ambassade sacrée qui se rend dans le sanctuaire de Zeus pour les jeux Olympiques.
Or, quelle que soit leur sympathie pour le grand orateur, et à l'opposé de ce qu'ils avaient fait, quelques années plus tôt, lorsque les adversaires de Démosthène avaient mis en cause les conditions de l'obtention par ce dernier d'une couronne en cadeau, les Aréopagites ne peuvent étouffer l'affaire. En l'absence de l'accusé, ses ennemis politiques exigent que les investigations dont les membres de l'assemblée ont la charge soient poussées jusqu'à leur terme. Au bout de six mois, en décembre 324 (Démosthène est alors revenu dans la ville), le verdict de l'Aréopage tombe : une liste d'une dizaine de noms est publiée, celle des hommes convaincus d'avoir été soudoyés par Harpale. Démosthène y figure en première ligne.

## Une condamnation justifiée ?

Les accusés comparaissent en janvier 323 devant l'Héliée, un tribunal composé en l'occurrence de 1 500 juges. Face à eux, dix orateurs sont chargés de soutenir l'accusation. L'un de ces accusateurs est un dénommé Hypéride, jusque-là allié de Démosthène dans sa lutte contre la Macédoine, mais qui n'a pas accepté ce qu'il considère comme une compromission inacceptable de son ancien ami. Son discours, que nous avons conservé, accuse sans concession l'orateur de s'être fait donner en secret par Harpale la moitié des 700 talents et d'avoir ensuite favorisé la fuite du Macédonien. Démosthène, par négligence semble-t-il, a omis de dresser l'inventaire des biens d'Harpale et il n'a pas fait noter qu'il a prélevé sur le trésor vingt talents pour financer en secret les préparatifs de guerre contre la Macédoine. Cette bévue, qui constitue la preuve que des détournements de fonds ont été effectués, est fatale à l'accusé. Celui-ci est condamné par le tribunal à payer une amende de cinquante talents — somme insupportable si, en réalité, il n'a pas reçu d'Harpale des sommes pour son usage privé. De fait, Démosthène se trouve dans l'impossibilité de s'acquitter de cette amende. Jeté en prison, il s'évade grâce à la complicité d'amis, et se retire d'abord à Égine, puis à Trézène. Un an plus tard — au moment de la mort d'Alexandre —, il obtient l'autorisation de revenir dans sa patrie. Mais il n'est plus question alors qu'Athènes mène contre la Macédoine un combat qui serait immanquablement perdu.

### Le procès de la Couronne

Tout au long de sa carrière politique mouvementée, Démosthène s'est trouvé mêlé à des affaires judiciaires liées à sa politique anti-macédonienne.

**Le cadeau de la patrie.** En 339, un orateur athénien, Ctésiphon, propose de décerner une couronne d'or à Démosthène, en remerciement des services rendus à la patrie.

**Ctésiphon contre Eschine.** Plusieurs années plus tard, l'adversaire de Démosthène, Eschine, intente contre Ctésiphon un procès pour illégalité. Ce procès donne à Démosthène le prétexte de présenter dans un brillant discours la justification de sa carrière politique. Ctésiphon est acquitté par le tribunal, et, incapable de payer la lourde amende à laquelle il a été condamné, Eschine est contraint de quitter Athènes.

**Plaidoyer ou discours politique ?** Le « discours de la Couronne », ou plaidoyer prononcé par Démosthène à l'occasion du procès contre Ctésiphon, est pour l'orateur une occasion de présenter une apologie vibrante de la nécessité de préserver l'unité des Athéniens face à la menace macédonienne.

## *Le vainqueur d'Hannibal victime des jaloux*

# SCIPION CONTRE LES TRIBUNS

### Les opinions des Romains sur le procès

*« Chacun commentait cette affaire selon ses inclinations ; certains ne s'en prenaient pas seulement aux tribuns de la plèbe, mais à la cité entière, parce qu'elle pouvait tolérer une telle honte ; les deux plus grandes cités du monde étaient presque en même temps convaincues d'ingratitude envers leurs chefs, et Rome était la plus ingrate ; car si Carthage, vaincue, avait exilé Hannibal vaincu, c'est victorieuse que Rome allait chasser l'Africain vainqueur. Selon d'autres, un seul citoyen ne devait pas dépasser les autres au point de ne plus pouvoir répondre devant la loi ; que les plus puissants pussent avoir à plaider leur cause contribuait plus que tout à rendre la liberté égale pour tous. Contre celui qui se rend inaccessible à la justice, l'emploi de la force n'est pas une injustice. »*

*Tite-Live,* Histoire romaine, *XXVIII, 50, texte établi et traduit par R. Adam, Les Belles Lettres, Paris, 1982.*

**En 187 avant notre ère, Scipion l'Africain et son frère Lucius doivent répondre de la gestion financière de la guerre qu'ils viennent de mener contre Antiochus de Syrie. Dédaignant de rendre compte de ses actes, le triomphateur de la deuxième guerre punique abandonne son ingrate cité.**

Au IIe siècle avant notre ère, l'aristocratie romaine supporte difficilement l'ambition et le charisme de l'homme de guerre Scipion — surnommé l'Africain à cause de ses importantes victoires contre Carthage. Elle s'ingénie à restreindre les pouvoirs de cette forte personnalité. Par l'intermédiaire d'un procès portant sur un détournement de fonds, elle pense pouvoir enfin le déconsidérer aux yeux de l'opinion publique. Or, l'orgueilleuse réaction de l'Africain tourne à la déconfiture de ses adversaires.

### La première comparution

La surprise de l'opinion romaine est extrême lorsque, en 187, la nouvelle se répand que deux tribuns de la plèbe, les Petilius, citent en justice les frères Scipion : ils les accusent d'avoir reçu de l'argent du roi Antiochus pendant la campagne militaire qu'ils viennent de mener contre celui-ci, et d'avoir falsifié les livres de compte de l'armée ! C'est Lucius Scipio qui a dirigé les opérations de cette guerre, mais, en fait, c'est son frère, le grand Scipion l'Africain, qui, avec le titre de simple lieutenant, a pris la tête des opérations et a mené les Romains à la victoire contre Hannibal, notamment à Zama en 202 avant notre ère. Le véritable accusé, dans le procès intenté par les Petilius, est évidemment non pas Lucius, mais l'Africain, cet homme beaucoup trop populaire pour ne pas inquiéter les tenants du conservatisme romain.
Le crime reproché aux Scipion s'apparentant à un détournement de fonds, la procédure romaine prévue exige la tenue sur le Forum — la plus grande place de Rome — de trois assemblées

*Lors de la bataille de Zama, Scipion mène les Romains à la victoire contre Hannibal (tapisserie bruxelloise d'après un carton de J. Romain, Madrid, Patrimoine national).*

Buste de Scipion dit l'Africain (art romain, Rome, Musée capitolin).

## La justice romaine

À l'époque républicaine, la procédure de **la justice civile** se déroule en deux phases. Dans un premier temps, les deux parties comparaissent devant **un magistrat, nommé préteur**, et s'entendent avec lui sur la définition exacte du litige. Après quoi l'affaire passe devant **un juge tiré au sort sur une liste, ou devant un jury.**

Pour **la justice criminelle**, les accusés comparaissent devant **les comices, ou assemblées du peuple romain.** À partir du IIe siècle avant notre ère, des **jurys permanents** sont créés, correspondant à chacun des chefs d'accusation prévus par la justice criminelle : crimes de droit commun, corruption électorale, trahison, atteinte à la majesté du peuple romain, concussion dans les provinces.

*Scipion se déshabille devant le Sénat pour montrer qu'il n'a gagné que des plaies lors de la guerre (dessin de Delaune, Chantilly, musée Condé).*

du peuple, séparées les unes des autres au moins par une journée et auxquelles seront présentées les pièces du procès. Pendant la première journée de comparution, les tribuns Petilius épuisent leur temps de parole à évoquer tout ce qui, dans la vie de l'Africain, a pu prêter à discussion. Plus de 15 années de griefs sont ainsi exposées en public, le tout destiné à démontrer que l'Africain ne s'est jamais comporté en Romain respectueux des lois, mais en véritable dieu dont le moindre signe de tête a remplacé à maintes reprises les décrets du Sénat et les ordres du peuple romain...

Pour répondre à de telles accusations, Scipion pourrait feindre l'humilité. Tel n'est pas son caractère : orgueilleux, sûr de sa valeur, il choisit de traiter ses adversaires par le mépris. Venu sur le Forum en compagnie d'une foule considérable, entièrement dévouée à sa cause, il refuse de faire allusion à l'objet qui l'amène devant l'assemblée du peuple. Il se contente de rappeler ses hauts faits, en insistant sur tout ce que lui doivent les Romains. Ainsi, dès cette première journée de comparution, le fond de l'accusation est complètement escamoté par la notoriété de l'accusé.

### Quand le procès se transforme en triomphe...

Pour la deuxième assignation, les Petilius prennent soin de s'installer au Forum dès l'aube, bien décidés à exposer longuement le réquisitoire des crimes imputés à l'accusé. Mais ils ont sous-estimé le caractère de Scipion. Ce dernier, de nouveau suivi d'un long cortège d'amis et de clients, s'arrête devant la tribune des Rostres, où se trouvent ses accusateurs, et prend la parole : « Il me revient en mémoire, Romains, que c'est aujourd'hui l'anniversaire du jour où j'ai vaincu Hannibal le Carthaginois, le pire ennemi de votre Empire, dans un grand combat sur la terre d'Afrique, et que je vous ai donné la paix et une victoire admirable. Ne soyons donc pas ingrats envers les dieux et allons sans attendre remercier Jupiter, Junon, Minerve et les autres dieux qui protègent Rome ! » Et Scipion commence à gravir la pente du Capitole vers le temple de Jupiter. Sans hésiter, toute l'assemblée le suit dans cette commémoration de la victoire de Zama. Bientôt, les secrétaires et les appariteurs qui entourent les magistrats quittent leur poste pour suivre la procession... Malice ou orgueil, l'Africain ne se contente pas de cet hommage aux dieux capitolins. Suivi de tout le peuple de Rome, il consacre la journée entière à visiter les temples de la capitale et reçoit des marques ferventes d'hommage de la part de ses concitoyens, qui font revivre ainsi la cérémonie du triomphe qui lui avait été octroyée après sa victoire sur Carthage.

### Une orgueilleuse retraite

Cette journée triomphale est en fait le chant du cygne pour Scipion l'Africain. Il sait qu'il ne pourra indéfiniment esquiver le procès et il est trop fier pour accepter d'être jugé comme un simple particulier et de s'abaisser à plaider sa défense. Il profite de l'intervalle qui le sépare de la troisième assignation pour se rendre dans sa propriété de Liternum, en Campanie. Lorsque le jour fixé pour la troisième assemblée arrive, l'Africain est absent et son frère Lucius affirme que la maladie lui interdit de comparaître. Malgré les protestations des Petilius, qui ont bien compris la manœuvre de Scipion, les autres tribuns décrètent qu'ils acceptent l'excuse de la maladie et que le procès aura lieu lorsque l'Africain sera en état de regagner Rome.

Mais le grand général ne remet plus les pieds dans sa patrie et reste dans sa villa de Liternum jusqu'à sa mort, en 183. Il refuse même que son corps soit inhumé à Rome et, sur son tombeau, à Liternum, il fait graver par le poète Ennius cette épitaphe : « Ingrate patrie, tu n'as même pas mes os. »

# *Les Siciliens accusent leur gouverneur*
# VERRÈS

**Lorsque, en 70 avant notre ère, la Sicile presque entière intente un procès pour concussion et mauvaise gestion à son gouverneur Verrès, un avocat à la notoriété naissante, Cicéron, trouve là l'occasion de se rendre célèbre, en dénonçant avec virulence les injustices de la colonisation.**

L'affaire Verrès correspond au procès, en lui-même assez banal, d'un gouverneur poursuivi pour malversations. Verrès doit sa notoriété au plaidoyer éloquent de Cicéron en faveur des Siciliens.

## Une enquête express

Au début de l'année 70 avant notre ère, toutes les cités de la Sicile, à l'exception de Messine et de Syracuse, portent plainte contre Verrès, administrateur de leur île depuis 73, qui vient de terminer son mandat. Venus à Rome soutenir leur cause, les délégués des cités convainquent l'orateur Cicéron de dresser pour celles-ci l'acte d'accusation contre Verrès. Leur défenseur doit faire état des prévarications du gouverneur, de ses violences et surtout de l'avidité avec laquelle il a, trois années durant, mis l'île en véritable coupe réglée.

La fonction d'accusateur, à Rome, est regardée comme peu flatteuse, et elle n'est généralement acceptée que par des jeunes gens débutant dans la politique. Cicéron, âgé de près de quarante ans et qui a déjà gravi plusieurs échelons de la carrière des honneurs, ne correspond pas à ce profil. Mais, ayant exercé sa première magistrature, la questure, à Lilybée de Sicile, il a acquis, à cause de sa scrupuleuse intégrité, une grande popularité auprès des Siciliens. Aussi est-il fortement sollicité par eux et finit-il par accepter d'assumer leur cause.
Les amis de Verrès — le parti de la noblesse — tentent de gagner du temps. Sans pouvoir sur le président du tribunal de concussion en charge en 70, ils espèrent faire nommer juges des hommes dévoués à leurs intérêts, l'année suivante. Mais il leur faut alors différer le procès jusqu'à cette date. Cicéron ayant demandé une période de cent dix jours pour rassembler en Sicile les pièces du dossier, ses adversaires s'arrangent pour que passe en jugement, en premier lieu, un autre procès — contre l'ancien gouverneur d'Achaïe, en l'occurrence.

*Statue représentant un magistrat romain (IVe siècle de notre ère, Aphrodisias, Musée archéologique).*

*Buste de Cicéron (art romain, Rome, Capitole).*

### Les « Verrines »

*Cicéron a obtenu la condamnation de Verrès sans avoir eu à présenter de véritable réquisitoire. Les témoignages des Siciliens ont suffi à obtenir la condamnation du gouverneur criminel. Mais l'orateur avait préparé pour le procès une harangue, qu'il décide de publier après l'avoir divisée en cinq parties :* la Préture urbaine, la Préture de Sicile, le Froment, les Œuvres d'art, les Supplices. *Bien que ces discours n'aient jamais été réellement prononcés, Cicéron maintient dans leur rédaction la fiction d'un véritable procès, en imaginant les interventions de Verrès, des défenseurs et des témoins.*
*« Les condamnés sont enfermés en prison ; leur supplice est décidé. Les malheureux parents le subissent aussi : on leur défend de visiter leurs fils, on leur défend de porter à leurs enfants nourriture et vêtements. Ces pères que vous voyez étaient couchés sur le seuil de la prison, les malheureuses mères passaient toute la nuit devant la porte ; on les empêchait de voir une dernière fois leurs enfants. Elles ne demandaient qu'une chose, la permission de recueillir dans un baiser le dernier soupir de leurs fils. Il y avait là le geôlier de la prison, le bourreau de Verrès, la mort et la terreur des alliés et des citoyens, le licteur Sextius, qui des gémissements et de la douleur de tous tirait un profit déterminé — " Pour entrer, tu donneras tant. Pour introduire des vivres, ce sera tant " — Nul ne refusait. — " Et pour que d'un seul coup de hache je donne la mort à ton fils, que donneras-tu ? Pour qu'il ne soit pas torturé longtemps ? Pour qu'il ne soit pas frappé de trop de coups ? Pour que la vie lui soit ôtée sans qu'il souffre ?" — Même pour ce motif on donnait de l'argent au licteur. »*

*Cicéron,* les Supplices, *45, texte établi par H. Bornecque et traduit par G. Rabaud, Les Belles Lettres, Paris, 1961.*

Mais Cicéron est conscient de leur manœuvre. En dépit de l'hiver, qui interdit généralement la navigation, il s'embarque pour la Sicile à la fin de janvier. En seulement cinquante jours, il mène une enquête minutieuse dans les villes et les villages de l'île, rassemblant un nombre impressionnant de preuves accablantes contre Verrès. L'avocat est donc de retour à Rome au début du printemps, beaucoup plus tôt que prévu.

### L'échec des manœuvres dilatoires

Mais la partie n'est pas gagnée pour Cicéron, car il lui faut attendre que soit terminé le procès du gouverneur d'Achaïe, qui dure jusqu'au mois de juillet. Ce mois est occupé par les élections, et les amis de Verrès ont la satisfaction de voir élire pour l'année suivante des hommes favorables à l'ancien gouverneur de Sicile. L'acquittement de celui-ci semble certain, à condition de retarder le jugement jusqu'au début de l'année 69, au moment de la mise en place des nouveaux magistrats.

Or, les circonstances sont favorables à un tel délai. Si le début du procès de Verrès est fixé pour le 5 août, en effet, il doit être interrompu dès le 15, une longue série de fêtes religieuses, incompatibles avec la tenue d'une procédure judiciaire, étant prévue à partir de cette date et jusqu'à la fin du mois de novembre. Il ne restera plus alors qu'à manœuvrer pour que le procès ne soit pas parvenu à son terme avant la fin de décembre… Le 5 août, le jury se réunit pour la première fois. Dans la course de vitesse entamée entre les défenseurs de Verrès et Cicéron, c'est ce dernier qui l'emporte. Il prononce un bref discours, qui n'est pas à proprement parler un réquisitoire, mais simplement l'énumération des faits reprochés à Verrès, et annonce qu'à partir du lendemain comparaîtront les témoins qu'il a fait venir de Sicile. Effectivement, dès le lendemain défilent des Siciliens dont les témoignages sont tellement accablants que la situation apparaît vite désespérée pour l'accusé. D'ailleurs, dès le troisième jour, Verrès, prétextant une maladie, n'est plus présent à l'audience. Son avocat, Hortensius, ne peut réfuter les accusations et renonce à prendre la parole. Au bout de neuf jours, le procès est interrompu comme prévu. Mais, dès cette date, la partie est jouée. Verrès a quitté Rome et s'est enfui à Marseille. Cet exil volontaire est regardé comme un aveu : la condamnation est prononcée. Le jury ordonne la restitution des objets volés et le paiement d'une amende de quarante millions de sesterces. Peine qui reste sans application, car la République n'a pas les moyens de contraindre Verrès réfugié en Gaule…

*Verrès, gouverneur de Sicile, est accusé d'avoir détourné des richesses (*Vendeurs de statues*, peinture d'Alma-Tadema, Londres, Roy Miles Gallery).*

#### Les tribunaux de concussion

Parmi les **tribunaux permanents** *(quaestiones perpetuae)* chargés de la justice criminelle se trouvent ceux qui jugent les **concussions des gouverneurs de province.** En effet, les préteurs, propréteurs et proconsuls qui, sous la République, sont envoyés dans une province pour y maintenir l'ordre, rendre la justice et superviser la levée des impôts peuvent, en fin de mandat, être l'objet d'une accusation pour mauvaise gestion de la part de leurs administrés.

Les **jurys** de ces tribunaux sont à l'origine composés de **sénateurs.** Pendant le dernier siècle de la République romaine, les **chevaliers,** qui dans les provinces dirigent les compagnies financières prélevant les impôts, réclament de faire partie de ces tribunaux de concussion. Selon le parti politique au pouvoir, les jurys sont alors composés soit entièrement de **sénateurs,** soit d'un tiers de **sénateurs,** un tiers de **chevaliers** et un tiers de **tribuns du Trésor.**

*Clodius outrage la Bonne Déesse*

# UN PROFANATEUR SANS REMORDS

*Célébration d'un culte à mystère (détail d'une fresque, Pompéi, villa des Mystères).*

## Le procès de Cicéron

À cause du témoignage qui a manqué le faire condamner, Clodius conserve à Cicéron une rancune tenace. Nommé tribun de la plèbe en 58 avant notre ère, il en profite pour assouvir sa vengeance.

**Les séquelles des Catilinaires.** Avec l'accord tacite de César, il fait voter une loi condamnant à l'exil quiconque aura mis à mort sans jugement un citoyen romain. Or, pendant son consulat de 63, Cicéron a fait exécuter les complices de Catilina sans les traduire en justice. Aussi est-il condamné à quitter l'Italie.

**Un retour triomphal.** Clodius s'empare des biens de Cicéron et détruit la belle demeure que l'orateur possède sur le Palatin. Cicéron vit très douloureusement son exil, qui dure un an. Lorsqu'en 57 un nouveau personnel politique est installé à Rome, une loi est votée pour le rappeler d'exil et il fait un retour triomphal dans sa patrie.

## Le scandale de la profanation

*« Comme cette année-là, la fête était célébrée par Pompeia [l'épouse de César], Clodius, qui était encore imberbe et espérait passer ainsi inaperçu, prit les vêtements et l'attirail d'une joueuse de harpe et vint à la maison sous l'apparence d'une jeune femme. Il trouva la porte ouverte et fut introduit en toute sécurité… Clodius, n'ayant pas la patience d'attendre à l'endroit où on l'avait laissé, se mit à errer dans la maison en essayant d'éviter les lumières. Une suivante d'Aurelia [la mère de César] le rencontra et, croyant s'adresser à une femme, elle l'invita à jouer un air. Comme il refusait, elle le tira au milieu de la pièce et lui demanda qui elle était et d'où elle venait. Clodius répondit qu'il attendait la servante de Pompeia, mais sa voix le trahit et la servante s'élança aussitôt vers l'assemblée en criant qu'elle avait surpris un homme. L'épouvante saisit les femmes. Aurelia fit cesser la cérémonie et voiler les objets sacrés. »*

*Plutarque,* Vie de César, *10, texte établi et traduit par R. Flacelière, Les Belles Lettres, Paris, 1975.*

**En 61 avant notre ère, un scandale éclate à Rome, qui met en cause les plus hautes personnalités de l'État. Surpris dans la maison de César, où les matrones romaines célèbrent les rites secrets de la Bonne Déesse, le jeune Clodius, accusé de profanation, n'échappe à la condamnation à mort que grâce à ses appuis politiques.**

Le scandale religieux suscité par le sacrilège de Clodius a des conséquences politiques inattendues. Les positions prises lors du procès par les trois principales personnalités du moment, César, Pompée et Cicéron, vont modifier l'échiquier politique, tandis que le déroulement illégal du procès contribue à affaiblir le crédit de la République romaine.

## Le projet de loi de Pison

En février 61, en vertu d'un sénatus-consulte, le consul Pison présente aux comices une proposition de loi devant aboutir à la mise en accusation de Clodius Pulcher pour avoir profané des mystères religieux. Deux mois plus tôt, en effet, en décembre 62, alors que les femmes célébraient les cérémonies secrètes en l'honneur de la Bonne Déesse dans la maison de César, qui occupe alors la charge de grand prêtre, ou pontife, un jeune homme déguisé en joueuse de harpe a pénétré dans la demeure et assisté à ces rites rigoureusement interdits aux hommes. Trahi par sa voix, le coupable est dénoncé dès le lendemain par Aurelia, la mère de César : il se nomme Clodius et est un des membres du parti du futur dictateur. Le Sénat, saisi de l'affaire, consulte d'abord les pontifes. Ceux-ci décident que, sous le contrôle des Vestales, la cérémonie interrompue sera recommencée.

Après quoi les sénateurs établissent l'acte d'accusation contre Clodius : coupable de crime religieux et sexuel, le jeune homme devrait être condamné à la mort ou à l'exil. Heureusement pour lui, le consul Pison, chargé de soutenir le projet d'accusation devant le peuple, est un de ses amis. Il va faciliter les manœuvres des partisans de l'accusé pour que soit rejeté le projet de loi établissant le crime et les peines encourues — et qui permettrait de juger le jeune homme. Le vote de l'assemblée populaire — les comices — se déroule dans un climat de troubles exceptionnels. Pour déposer son bulletin de vote dans l'urne, chaque Romain doit passer

sur une passerelle — procédure prévue pour éviter les fraudes. Or, des bandes de « jeunes barbus », comme on appelle les amis de Clodius, prennent possession des passerelles ; ils ne distribuent aux électeurs que des bulletins « non », refusant la loi d'accusation. Le projet de loi de Pison est tout naturellement rejeté.

## Une parodie de procès

Les membres du parti conservateur sont scandalisés par cette dégradation de la consultation électorale. Grâce à leurs efforts convergents, les comices sont renvoyés et le Sénat, de nouveau saisi de l'affaire. Les sénateurs — 400 contre 15 — votent une résolution pour qu'un nouveau projet de loi sur l'accusation de Clodius soit présenté au peuple. Cette fois, le projet de loi est accepté et le procès peut donc être instruit. Mais le tribun de la plèbe Fufius réussit à diminuer les risques pour Clodius en exigeant que les juges soient recrutés par un tirage au sort. Le déroulement frauduleux du tirage permet aux partisans de Clodius d'éviter les juges qui lui sont hostiles au profit d'un jury d'hommes connus d'eux et tout prêts à se laisser soudoyer...

Les témoignages, pendant le procès, restent confus. Les ennemis de Clodius rappellent en détail ses méfaits passés, mais ceux-ci n'ont guère de rapport avec le sacrilège. D'ailleurs, aucune des femmes présentes lors des cérémonies ne reconnaît formellement Clodius ; et le maître de la maison lui-même s'abstient de se prononcer sur l'affaire. Les amis de Clodius lui fournissent un alibi en affirmant qu'il n'était pas à Rome le jour du scandale, mais dans sa propriété ombrienne d'Interamna. Prudemment, les esclaves de l'accusé, que la procédure romaine permet de soumettre à la torture afin qu'ils révèlent où se trouvait effectivement leur maître, ont été expédiés au loin, en Grèce et en Gaule.

## L'acquittement

L'accusation piétine donc, jusqu'à ce que l'audition d'un témoin de poids fasse rebondir la procédure. L'orateur Cicéron — l'homme même qui s'est illustré neuf ans plus tôt dans le procès contre Verrès — affirme que le jour de la profanation Clodius est venu chez lui dans sa maison du Palatin et qu'il ne pouvait donc se trouver loin de Rome. Cette déposition provoque une grande agitation dans l'assemblée,

*Clodius, tel Actéon devant Diane, est surpris et considéré comme un profanateur* (Diane surprise par Actéon, *peinture de Titien, Édimbourg, National Gallery*).

et les juges doivent entourer Cicéron pour le préserver des coups des partisans de Clodius. Le témoignage de Cicéron semble accablant, mais les défenseurs de l'accusé obtiennent une suspension de séance pendant deux jours. Deux jours, c'est suffisant pour Crassus, ami de Clodius et l'homme le plus riche de Rome, pour corrompre les juges les plus vulnérables. Il les convoque chez lui, leur promet maintes faveurs et leur distribue de fortes sommes d'argent. Cela suffit pour qu'à la reprise de l'audience l'acquittement soit voté, par 31 juges contre 25. « Pour quelques misérables écus, le rebut du peuple romain a anéanti toute loi humaine et divine », écrit tristement Cicéron. A-t-il compris de plus que, par son témoignage, il s'est fait un ennemi acharné qui, deux ans plus tard, le fera condamner à l'exil ?

→ **Voir aussi :** pp. 44-45 (Verrès).

*Un Galiléen est-il le roi des Juifs ?*

# LE PROCÈS DE JÉSUS

Le Christ devant Caïphe ▷
*(fresque de Giotto, Padoue, chapelle des Scrovegni).*

**En l'an 33 probablement (ou en 30, la date exacte étant incertaine), le procurateur de Judée fait crucifier un homme que les autorités juives de Jérusalem lui ont présenté comme un agitateur fanatique. Mais les amis du condamné affirment qu'il est l'Envoyé (Messie) attendu du ciel, et le Fils du Dieu unique.**

Le procès de Jésus de Nazareth, à Jérusalem, et sa crucifixion ne constituent d'abord qu'un fait divers banal, qui se déroule aux confins de l'Empire romain et dont l'écho ne parvient pas jusqu'à Rome. Pourtant, l'événement va changer la face du monde occidental, en provoquant la naissance d'une nouvelle religion, le christianisme.

## L'arrestation au mont des Oliviers

Pendant la semaine de la Pâque juive de 30 ou 33 de notre ère, dans la nuit du jeudi au vendredi, une troupe armée arrête un certain Jésus, venu de Galilée, qui se trouve avec quelques amis sur le mont des Oliviers, à Jérusalem, dans un domaine appelé Gethsémani. Qui a procédé à l'arrestation de Jésus ? Des soldats romains ? Cela semble peu plausible. Une garde dont dispose le sanhédrin, la plus haute autorité locale de Judée ? C'est plus vraisemblable. Depuis trois ans, Jésus de Nazareth parcourt la Galilée et la Judée, suivi d'une troupe de fidèles qui ne cesse d'augmenter. Il dispense un enseignement jugé séditieux puisque, reprenant les textes sacrés de la Loi et des Prophètes, il assure être venu sur terre pour les accomplir. Pour beaucoup, il est le Messie, ce sauveur descendant de David qu'Israël attend pour redevenir un royaume fort et indépendant. Ses disciples font même courir le bruit qu'il est « Fils de Dieu ». Le plus gênant pour les autorités juives, c'est que ce Jésus remet violemment en cause leur prestige et les accuse d'avoir détourné le contenu de l'Alliance immémoriale qui unit le seul Dieu au peuple élu. Cet enseignement contestataire a même provoqué un incident spectaculaire lorsque Jésus, pénétrant sur le parvis du Temple de Jérusalem, a chassé à coups de fouet les marchands qui s'y trouvaient pour vendre les animaux nécessaires aux sacrifices rituels.

Les autorités juives sont donc excédées par cet homme au charisme indéniable, qui séduit les foules partout où il s'arrête et qui a l'outrecuidance d'annoncer que l'Alliance qu'il vient renouveler s'adresse non seulement au peuple élu, mais aussi aux païens et aux pécheurs rejetés par la communauté. Aussi le grand prêtre et le sanhédrin décident-ils de mettre la main sur ce Jésus, et cela de nuit afin que la foule ne puisse prendre parti pour lui. Un des propres disciples de Jésus, Judas, contre trente pièces d'argent, leur a indiqué dans quel endroit précis du jardin de Gethsémani son maître doit passer la nuit.

### La justice en Judée

Au début du Ier siècle de notre ère, le peuple juif jouit d'**un statut privilégié** dans l'Empire romain et, en Judée, les Romains ont laissé subsister une structure administrative, le sanhédrin.

Composé des grands prêtres, des anciens du peuple (de riches laïques) et des scribes, **le sanhédrin, ou grand conseil, qui compte 71 membres,** juge les délits ordinaires, religieux ou non, et a le droit de donner des peines. Mais il ne peut prononcer une condamnation à mort.

**Le procurateur romain de la Judée**, subordonné au gouverneur de la Syrie, juge les différends dans lesquels sont impliqués des **citoyens romains** et décide des **condamnations à mort**.

## Jésus devant le sanhédrin

Jésus est d'abord conduit dans la maison d'Hanne, un ancien grand prêtre, où son interrogatoire commence ; puis il est mené chez Caïphe, le grand prêtre en exercice cette année-là. Il y est questionné en présence de plusieurs membres du sanhédrin. Cette comparution suit les règles de la législation et ne constitue nullement une parodie de procès. Il y a interrogatoire du prévenu, appel à des témoignages et sanction décidée par l'assemblée. Que recherche en fait le sanhédrin ? Il veut prouver que Jésus est un faux prophète, qui se présente mensongèrement comme le Messie attendu par le peuple juif. Un témoin déclare que Jésus s'est vanté de pouvoir détruire le Temple de Jérusalem et de le reconstruire en trois jours. Lorsque le grand prêtre demande : « Es-tu, toi, le Messie, le Fils de Dieu ? », Jésus rétorque : « C'est toi qui le dis. » Sous sa forme provocatrice, cette affirmation est le blasphème que le sanhédrin attend. Théâtralement, le grand prêtre déchire ses vêtements pour montrer son indignation, tandis que les autres juges déclarent : « Il mérite la mort. » Au matin, Jésus, les mains liées, est entraîné chez le gouverneur romain qui, lui seul, peut donner l'autorisation de l'exécution.

## Jésus devant Pilate

Comme, en cette période de la Pâque, les Juifs accompagnant Jésus commettraient une impureté en pénétrant dans la résidence du procurateur, Pilate sort sur le seuil de sa demeure pour demander quel chef d'inculpation a été

*L'arrestation et la flagellation du Christ (bas-relief du XIVe siècle, Toulouse, musée des Augustins).*

Le Christ attendant la mort (détail d'une statue en bois polychrome, XV^e^ siècle, Paris, musée national du Moyen Âge).

porté contre l'homme qu'on lui présente. Les accusations fusent : « Il met le trouble dans notre nation et soulève le peuple, il empêche de payer l'impôt à l'empereur, il veut se déclarer roi ! » Autant de griefs qui laissent supposer que Jésus prépare une révolte armée contre les Romains. Pilate est cependant hésitant, car la culpabilité de Jésus lui semble mal établie. Comme il a coutume de relâcher un prisonnier au moment de la Pâque, il propose à la foule réunie de libérer Jésus. Mais le grand prêtre et les Anciens persuadent le peuple de réclamer la libération de Barabbas, un brigand arrêté pour meurtre, et la crucifixion de Jésus. Pilate se voit donc contraint d'accepter le verdict de la foule. Avant de marcher au supplice, Jésus est fouetté par les légionnaires. Par dérision, ceux-ci lui jettent sur les épaules un manteau rouge, mettent entre ses mains un roseau en guise de sceptre et lui tressent une couronne d'épines.

Pour parvenir au lieu du supplice nommé Golgotha, le condamné doit traverser toute la ville en portant le bras transversal de la croix, le poteau vertical restant en permanence sur le lieu d'exécution. Épuisé, le condamné trébuche à chaque pas, tant et si bien que les légionnaires autorisent un homme nommé Simon de Cyrène à porter le fardeau à sa place. Jésus est crucifié entre deux brigands. Alors que le supplice de la croix suppose une agonie fort longue, il meurt très vite, sans doute par asphyxie, tandis que ses deux compagnons, plus résistants, sont encore vivants à la tombée du jour. Pour éviter qu'ils n'agonisent pendant tout le sabbat, les soldats leur brisent les jambes, ce qui a pour effet, en empêchant les deux blessés de se soulever pour mieux respirer, de provoquer une mort immédiate. On a permis aux disciples de Jésus d'ensevelir rapidement leur maître avant le coucher du soleil. Au moment où la nuit se fait ce vendredi d'avril 33 (ou 30), tout est redevenu calme dans Jérusalem.

## Jésus ou Barabbas ?

*« À chaque fête, Ponce Pilate relâchait un prisonnier, celui que les Juifs réclamaient. Or celui qu'on appelait Barabbas était en prison avec les émeutiers qui avaient commis un meurtre pendant l'émeute. La foule monta et se mit à demander ce qu'il lui accordait d'habitude. Pilate leur répondit : "Voulez-vous que je vous relâche le roi des Juifs ?" — Car il voyait bien que les grands prêtres l'avaient livré par jalousie. Les grands prêtres excitèrent la foule, pour qu'il leur relâche plutôt Barabbas. Prenant alors la parole, Pilate leur dit : "Que ferai-je donc de celui que vous appelez le roi des Juifs ?" — De nouveau ils crièrent : "Crucifie-le !" — Pilate leur dit : "Qu'a-t-il donc fait de mal ?" — Ils crièrent de plus en plus fort : "Crucifie-le !" — Pilate, voulant contenter la foule, leur relâcha Barabbas et il livra Jésus, après l'avoir fait flageller, pour qu'il soit crucifié. »*

Évangile selon saint Marc, *XV, 6-15, traduction œcuménique de la Bible, Le Cerf, Paris, 1972.*

*Les procès contre les chrétiens*

# LE MARTYRE DE CYPRIEN DE CARTHAGE

*Saint Cyprien, évêque de Carthage (gravure du XVIe siècle, Paris, Bibliothèque nationale de France).*

*Scènes de la vie et de la mort de saint Cyprien (miniature, Paris, Bibliothèque nationale de France).*

**En 258, l'évêque de Carthage, Cyprien, est décapité sur ordre de l'empereur Valérien. À une époque où l'Empire romain est menacé sur ses frontières par les Barbares, Dèce puis Valérien, pour obtenir la cohésion des citoyens, s'en prennent aux chrétiens, accusés de favoriser les divisions.**

Après la longue période de tranquillité qui avait suivi les premières vagues de martyres, les chrétiens redeviennent ainsi, entre 250 et 260, la cible de la justice impériale. Le récit du martyre de Cyprien est exemplaire des procédures judiciaires intentées contre les disciples du Christ.

## Le certificat de paganisme

Au milieu du IIIe siècle de notre ère, les mesures contre les chrétiens se font particulièrement sévères et les persécutions prennent une ampleur inconnue jusque-là. L'Empire romain est menacé par les peuples barbares sur toutes ses frontières et les empereurs ont à la fois le souci de désigner des responsables aux maux de l'époque et celui de renforcer la solidarité des citoyens par la reconnaissance des mêmes dieux : ils s'en prennent aux dissidents chrétiens, qui refusent d'adorer les divinités traditionnelles de Rome et constituent des boucs émissaires tout désignés aux yeux de l'opinion publique.

## La sentence du proconsul

*« Galerius Maximus délibéra avec son conseil et rendit avec peine et regret cette sentence : "Longtemps tu as vécu en sacrilège ; tu as groupé autour de toi en grand nombre les complices de ta conspiration coupable. Tu t'es constitué l'ennemi des dieux romains et de leur culte sacré. Les pieux et saints empereurs Valérien et Gallien, Auguste, et Valérien, le très noble César n'ont pu te ramener à l'observance des cérémonies du peuple romain. Tu as été convaincu d'être l'instigateur et le porte-enseigne des plus grands crimes. En conséquence, tu serviras d'exemple à ceux que tu t'es associés dans le mal. Par ton sang sera sanctionné le respect des lois." Après ces considérants, le proconsul lut son arrêt sur la tablette : "Thascius Cyprianus périra par le glaive. Ainsi nous l'ordonnons." — L'évêque Cyprien dit : "Grâces à Dieu." »*

Acta primorum martyrum, *cité par A.G. Hamman,* les Premiers Martyrs de l'Église, *Desclée de Brouwer, Paris, 1979.*

Dèce, le premier, prend des mesures entraînant une persécution générale. Son édit de 250 ordonne à tout citoyen de participer à une cérémonie religieuse témoignant de son respect pour les dieux de l'Empire. Un certificat officiel, le *libellus,* lui est alors délivré pour attester de sa présence au culte. Il doit être présenté à toute réquisition, sous peine de mort. Les réactions dans les communautés chrétiennes sont variables : beaucoup, par crainte du supplice, préfèrent « apostasier » ou renoncer à leur foi. Tous ceux qui restent fermes dans leur religion subissent le martyre. En 257, l'empereur Valérien promulgue à son tour des édits très durs, renforçant les mesures de Dèce et interdisant notamment les cérémonies chrétiennes. C'est alors qu'est condamné Cyprien, dont le procès-verbal de la comparution a été conservé et constitue un document irremplaçable. Né dans une famille de la riche bourgeoisie de Carthage et converti de fraîche date, Cyprien est devenu, en 249, évêque de la métropole africaine. Excellent administrateur, d'une activité inlassable, il a échappé par miracle à la persécution de Dèce et a été très ému par les nombreuses apostasies consécutives à l'édit de 250. Un de ses grands soucis a été de faire revenir dans l'Église ces *lapsi* (littéralement : « ceux qui sont tombés ») qui ont sacrifié leur foi à la crainte. Sa correspondance et ses nombreux traités dogmatiques montrent un homme à la fois généreux et ferme sur les principes du christianisme.

## Le procès de 257

Lors de la persécution de 257 ordonnée par Valérien, Cyprien refuse de se plier aux ordres impériaux et de participer aux cérémonies païennes. Le 30 août 257, il est convoqué par le proconsul Paternus, qui lui répète les termes du rescrit impérial et lui enjoint de se plier aux commandements qu'il contient. La réponse de l'évêque de Carthage est exemplaire, car elle combine les deux éléments inséparables de la foi chrétienne au moment des persécutions — le respect de l'autorité civile et la confession en un Dieu unique : « Je suis chrétien et évêque. Je ne connais pas d'autres dieux que le Dieu unique et véritable, celui qui a fait le ciel et la terre, la mer et tout ce qu'ils renferment. C'est le Dieu que nous servons, nous chrétiens. C'est lui que nous prions, jour et nuit, pour nous et pour tous les hommes comme pour le salut des empereurs eux-mêmes. » Lorsque Paternus lui rappelle qu'il risque l'exil, Cyprien n'a qu'un seul mot : « Je pars. » Puis Paternus lui demande de dresser la liste de tous les prêtres chrétiens qui ont refusé de prendre part aux cérémonies païennes. Cela lui vaut une réplique énergique de la part de Cyprien, qui refuse de dénoncer ses amis. Alors, le chrétien est condamné à l'exil. Il passe une année à Curubis, petite ville d'Afrique, d'où il écrit ses dernières lettres à sa communauté pour confirmer sa foi.

## Le procès de 258

En 258, le proconsul Paternus est remplacé par Galerius Maximus, qui fait revenir d'exil Cyprien pour le faire passer de nouveau en jugement. L'accusé est autorisé à attendre son procès dans sa villa de Carthage. Le 13 septembre, deux officiers de l'état-major du proconsul se présentent chez lui et, en voiture fermée, le conduisent jusqu'à la résidence de Galerius Maximus. Le 14 septembre, alors qu'une foule immense de chrétiens s'est rassemblée devant l'atrium Sauciolum, où siège le proconsul, celui-ci procède à l'interrogatoire de l'évêque. Après avoir vérifié son identité, il lui demande si c'est bien lui qui se présente comme le responsable des impies de Carthage et s'il est vrai qu'il a refusé de sacrifier, selon les ordres des saints empereurs. Quatre courtes questions, quatre réponses aussi brèves de Cyprien qui persiste dans son attitude. Dialogue succinct tout à fait caractéristique de ce genre de procès. Alors, Galerius Maximus, après avoir délibéré avec son conseil, prononce sa sentence : Cyprien est condamné à la décapitation. À cette annonce, le peuple des fidèles demande à accompagner l'évêque dans son supplice et, en masse, escorte le martyr jusqu'au lieu de l'exécution. Cyprien retire son manteau et sa dalmatique — insigne de sa charge épiscopale —, les remet à ses diacres, et attend la mort, vêtu d'une simple tunique de lin. Lorsque le bourreau arrive, il refuse son assistance. De lui-même, il noue le bandeau sur ses yeux, et il demande à deux prêtres de lui attacher les mains derrière le dos. Le bourreau abat la hache sur son cou, et son corps reste exposé à la vue de tous, le jour durant. La nuit venue, enfin, ses disciples viennent récupérer le cadavre, qu'ils transportent en procession, à la lumière des cierges et des torches, jusque dans le cimetière du procurateur Macrobius Candidatus. Très vite, le tombeau de l'évêque martyr devient l'objet d'un culte fervent. Les contemporains de Cyprien ont vu dans la mort atroce des deux empereurs auteurs des édits de 250 et de 257 la preuve de la justice divine : Dèce est massacré lors d'une guerre contre les Goths. Valérien, fait prisonnier par le roi des Perses Châhpuhr Ier, est torturé, et son cadavre empaillé, peint en rouge, est exposé aux regards de tous.

*Saints martyrs (détail d'une mosaïque byzantine, VIe siècle, Ravenne, église Saint-Apollinaire).*

### La législation antichrétienne

Pendant les deux premiers siècles de notre ère, les raisons qui conduisent à l'arrestation et à la condamnation des chrétiens ne semblent pas relever d'une législation particulière. La **persécution de Néron**, en 64, ou **celle de Lyon**, en 177, semblent avoir été déclenchées après des **atteintes à l'ordre public** et ont eu recours, en guise de sanction, aux lois punissant ce genre de délit.

C'est à partir du IIIe siècle qu'épisodiquement certains empereurs vont promulguer des **décrets spécifiquement antichrétiens. Septime Sévère** interdit le prosélytisme chrétien sous peine de mort et fait ficher les chrétiens par la police. En 250, **Dèce** oblige tous les chrétiens de l'Empire à sacrifier aux dieux nationaux. En 257, **Valérien** interdit le culte chrétien, fait appliquer la peine de mort au clergé et la condamnation aux travaux forcés aux laïques. Enfin, de 303 à 304, **Dioclétien** multiplie les édits, renouvelant l'obligation de sacrifier aux dieux de l'Empire, faisant détruire les lieux de culte et les livres sacrés. C'est la dernière grande persécution. En 313, la « **paix de l'Église** », ou **édit de Milan**, instituée par **Constantin**, reconnaît la liberté de culte pour tous les habitants de l'Empire.

*Le pape Formose est exhumé pour être jugé*

# LE CONCILE CADAVÉRIQUE

**Au début de l'année 897 s'ouvre à Rome le procès le plus macabre de toute l'histoire de l'Église. Le pape Étienne VI fait comparaître la dépouille funèbre de son prédécesseur, Formose, devant des évêques réunis sous sa présidence ! La singulière assemblée, érigée en tribunal, est connue par les historiens sous le nom de « concile cadavérique ».**

Le sinistre jugement a pour origine les prises de position politiques du pape Formose. Contraint par les événements de conférer la couronne impériale, dernier reliquat de l'empire démembré de Charlemagne, à un représentant de la puissante famille italienne des ducs de Spolète, le souverain pontife s'est, après coup, ravisé, et a décidé d'attribuer celle-ci à un Carolingien, roi de Germanie, dont il recherchait le protectorat. Cette décision a naturellement dressé contre lui les ducs de Spolète et leurs partisans. Or Étienne VI, successeur de Formose, est un de ceux-ci. À peine est-il élu, après la mort de ce dernier, en 896, qu'il décide, sur la pression du clan des Spolète, d'exercer une vengeance posthume à l'égard de celui qu'il considère comme un traître.

## Une parodie judiciaire

Poussé par une haine et une virulence, qui, aujourd'hui, étonne encore, Étienne donne l'ordre de rechercher le sarcophage du pape Formose, enseveli sous le parvis de la basilique Saint-Pierre de Rome. Le cadavre, extrait de son tombeau et dépouillé de son linceul, est revêtu de ses habits pontificaux et conduit sur le lieu où doit se tenir son procès, un vaste bâtiment de l'ancien Forum romain. Le corps du vieillard, mort octogénaire, est fixé, assis, sur le trône pontifical. À ses côtés se tient un clerc, chargé de formuler les réponses aux questions du tribunal à sa place...

Alors que l'assemblée est réunie et que le cadavre est installé, l'acte d'accusation est lu solennellement. Le crime reproché au pape est... d'avoir échangé son siège épiscopal de Porto, qu'il occupait depuis une trentaine d'années, contre celui de Rome, « par ambition coupable ». Au IX<sup>e</sup> siècle, en effet, les lois de

## Le procès avorté du pape Boniface VIII

**Des positions irréconciliables.** En 1302-1303, le conflit qui oppose le roi de France Philippe IV le Bel au pape Boniface VIII au sujet des affaires temporelles — ou politiques — parvient à son paroxysme. Pour le pape, le pouvoir temporel que détiennent les souverains doit être soumis à son autorité spirituelle. De son côté, Philippe le Bel considère qu'il est le seul maître de son royaume et qu'il n'a pas à tenir compte de l'avis du Saint-Père pour gouverner. Les deux hommes, alors, s'engagent sur le terrain juridique : Boniface s'apprête à prononcer l'excommunication du roi ; Philippe prépare le procès de son adversaire.

**De lourdes charges.** Le roi de France réunit au Louvre, à Paris, une assemblée essentiellement composée d'ecclésiastiques, qui dresse contre le pontife une liste d'accusations très graves. Celles-ci sont fondées sur des commérages et non sur des preuves sérieuses. Boniface VIII est accusé d'adorer les démons et d'en avoir un à son service ; il ne croirait pas en l'immortalité de l'âme, serait hérétique, dilapiderait le patrimoine de l'Église, pratiquerait la sodomie et aurait provoqué la mort de son prédécesseur...

**Juger le pape.** En septembre 1303, Philippe le Bel envoie un représentant en Italie avec mission de ramener le pape en France afin qu'il soit jugé par un concile. L'enlèvement du pape à Anagni, près de Rome, échoue, les habitants de la ville s'étant portés au secours de Boniface. Le conflit entre le roi et le pape s'achève un mois plus tard avec la mort du pape, vieux et malade.

*Le pape Étienne VI faisant comparaître la dépouille de son prédécesseur, le pape Formose* (le Pape Formose et Étienne VI, *peinture de J.-P. Laurens, Nantes, musée des Beaux-Arts*).

l'Église interdisent le transfert des évêques d'un siège à un autre. Il est donc théoriquement impossible à un évêque de devenir pontife, puisque le pape, successeur de saint Pierre, est en même temps titulaire du diocèse de Rome. En fait, la règle a déjà souffert, par le passé, plusieurs dérogations, mais elle fournit à Étienne un excellent prétexte pour venger l'offense infligée par Formose aux ducs de Spolète. Tout au long du procès, le passé de la pauvre momie, évidemment incapable de se défendre, est examiné dans les moindres détails. Les dépositions, qui dépeignent Formose comme un sombre intrigant, s'accumulent. Leur contenu n'est pas connu dans le détail, car les actes du procès ont été brûlés par la suite.

### La punition de la dépouille

Les conclusions du procès étaient arrêtées d'avance. L'assemblée, au terme de la mascarade, proclame l'indignité de Formose et juge illégitime son accession à la papauté. Par conséquent, elle décrète nuls tous ses actes et décisions, parmi lesquelles le retrait de la couronne impériale à la famille de Spolète. Le jugement invalide en même temps toutes les ordinations de prélats et d'évêques effectuées par Formose : cela convient à Étienne, qui, avant d'accéder à la papauté, avait été ordonné évêque d'Anagni par son prédécesseur, et, ainsi, ne court donc pas le risque de voir l'accusation prononcée contre l'ancien évêque de Porto se retourner contre lui... La condamnation sans appel de la mémoire du pape défunt ne suffit cependant pas à apaiser la rage d'Étienne VI et de son parti contre le malheureux Formose. Le pape régnant ne s'estimera satisfait que lorsqu'il aura aussi dégradé le cadavre de son prédécesseur.

Pour cela, les restes desséchés du vieil homme sont dépouillés de leurs habits et insignes pontificaux. Les agents d'Étienne ne peuvent cependant arracher de la chair à demi décomposée du religieux le cilice, étoffe grossière portée par pénitence, qui reste sur la dépouille comme un témoignage indélébile de vraie piété. Étienne pousse l'horreur jusqu'à mutiler le corps : il donne l'ordre, en effet, qu'on ampute les trois doigts qui servaient au pontife à bénir la foule des fidèles... Le cadavre est ensuite jeté dans une fosse commune. La vengeance d'Étienne va-t-elle s'arrêter là ? Non, car le pape déchaîné se ravise et fait une deuxième fois exhumer le corps, qui est finalement jeté dans le Tibre.

### La réhabilitation

Quelques mois après la profanation du cadavre, Étienne est étranglé par le peuple de Rome en colère. Après sa disparition, l'un de ses successeurs immédiats organise des funérailles solennelles pour le corps de Formose, retrouvé par des pêcheurs après son immersion dans le fleuve. Le cadavre du saint homme est rapporté dans la basilique Saint-Pierre : il n'en bougera plus. Au début de l'an 898, soit un an après le procès posthume, le nouveau pape, Jean IX, convoque à nouveau les évêques. La réunion a cette fois pour but de réhabiliter le cadavre martyrisé. Les membres de l'assemblée se rendent à la volonté du pontife : ils déclarent que le concile auquel ils avaient participé est nul, et décrètent que ses actes seront détruits par le feu afin d'effacer les traces de l'horrible attentat. Les évêques obligent ensuite ceux d'entre eux qui ont témoigné contre Formose, de gré ou de force, au cours du simulacre de procès, à demander pardon. Pour que pareil drame ne se reproduise pas, le concile décrète qu'il est désormais interdit d'intenter des procès aux morts et de brutaliser les évêques au cours des assemblées.

*Un concile contre l'empereur*

# LA DÉPOSITION DE FRÉDÉRIC II

**« Il a commis des délits très graves que nulle tergiversation ne saurait cacher. Il s'est parjuré plusieurs fois. Il a impudemment violé la paix autrefois conclue entre l'Église et l'Empire. Il a aussi perpétré un sacrilège en s'emparant de cardinaux de la sainte Église romaine, de prélats et de clercs [...] qui se rendaient au concile dont notre prédécesseur avait décidé la convocation. Il est aussi suspect d'hérésie : les preuves n'en sont ni inconsistantes ni douteuses, mais patentes et accablantes. »**

*Le concile de Lyon (illustration d'un manuscrit, Paris, Bibliothèque nationale de France).*

C'est en ces termes que le pape Innocent IV justifie dans une bulle — une lettre destinée à être rendue publique — la déposition de Frédéric II de Hohenstaufen, empereur germanique et roi de Sicile et d'Italie du Sud. La volonté de ce souverain de dominer l'Italie du Nord et d'exercer son autorité sur les États pontificaux a provoqué un grave conflit avec la papauté. Excommunié à plusieurs reprises, Frédéric a poursuivi sans se laisser intimider sa politique de réduction du pouvoir pontifical. En 1245, Innocent IV décide d'en finir avec lui, en instruisant le procès de son ennemi devant un concile — ou assemblée ecclésiastique — réuni à Lyon.

## La convocation du concile

Le choix de Lyon s'explique par l'échec d'un précédent concile, réuni dans le même but à Rome par le prédécesseur d'Innocent IV, et dont la tenue avait été empêchée par l'intervention de Frédéric II, qui avait enlevé la plus grande partie des clercs appelés à y participer... Lyon, cité archiépiscopale éloignée du théâtre d'intervention militaire de l'empereur Hohenstaufen, présente en outre l'avantage d'être suffisamment riche pour supporter les frais d'hébergement de nombreux dignitaires. Du 26 juin au 17 juillet 1245, Lyon accueille donc plus de cent cinquante prélats réunis sous la présidence du pape. Le pouvoir temporel — celui des seigneurs laïques, par opposition au pouvoir de l'Église — est représenté au concile par les comtes de Toulouse et de Provence et par les ambassades des rois de France et d'Angleterre. L'empereur, convoqué par le Saint-Père, s'abstient quant à lui de se rendre à Lyon. Mais il envoie une délégation conduite par un homme prestigieux, maître Thaddée de Suessa, juge à la cour impériale, muni des pleins pouvoirs.

*L'empereur Frédéric II fut excommunié plusieurs fois. Ce tableau représente une de ses réconciliations avec le pape Alexandre III (peinture de Vasari, Vatican, Sala Regia).*

*Couronnement de Frédéric II* (à gauche) *et de Louis IX (illustration du* XIVe *siècle, Paris, bibliothèque de la Sorbonne).*

Officiellement, le concile est réuni pour décider d'une série de lois et de décrets concernant plusieurs questions d'actualité. Les mesures dont il décidera auront une portée universelle ; aussi le concile est-il dit « œcuménique » (du grec *œcumene,* « du monde entier »). La question du non-respect des droits et des possessions de l'Église dont l'empereur Frédéric II s'est rendu coupable n'est qu'un des articles à son ordre du jour ; mais c'est évidemment le plus important.

## Un procès inévitable

Le concile, qui s'ouvre le 26 juin 1245 par une session de travail préliminaire, ne s'érige pas d'emblée en tribunal. Il écoute d'abord les propositions de paix faites à l'Église par maître Thaddée. Après avoir constaté que le discours du délégué ne contient que des promesses assorties de garanties inacceptables, et non des décisions concrètes, le pape repousse ces propositions. Il considère que celles-ci ne visent qu'à détourner l'attention des prélats du problème majeur qui leur est soumis, à savoir la conduite inacceptable de Frédéric II vis-à-vis de l'Église.
Quelques jours après, le 5 juillet, dans le discours qui inaugure la première session plénière du concile, Innocent IV dénonce les persécutions infligées par l'empereur germanique à l'Église et à son clergé. Il évoque les guerres menées par Frédéric en Italie et le cortège de destructions qu'elles ont entraîné. Ces accusations, qui se fondent sur des preuves solides, sont suffisamment graves pour permettre à l'assemblée de se transformer en tribunal propre à juger le souverain. Celui-ci doit donc s'expliquer par l'intermédiaire de maître Thaddée sur la violation de ses serments d'allégeance et de fidélité au Saint-Siège, sur le sacrilège commis avec l'enlèvement des évêques avant la tenue du précédent concile, mais aussi sur ses opinions hérétiques. Cette dernière accusation, très grave, se fonde sur l'attitude de l'empereur qui, excommunié à plusieurs reprises, n'a pas demandé sa réintégration dans l'Église et a continué à assister aux offices divins. Le pape reproche aussi à son ennemi ses liens avec les musulmans, ennemis de la chrétienté.

## L'énoncé de la sentence

Le 12 juillet, au cours de la deuxième session, a lieu l'audition des nombreux témoins. Ceux-ci confirment les méfaits de l'accusé et mettent en évidence la volonté de l'empereur d'appauvrir l'Église.
Le représentant de Frédéric II, quant à lui, défend son maître avec acharnement ; mais son plaidoyer ne parvient pas à gagner les prélats à sa cause. Un fait, en particulier, est inexcusable aux yeux des religieux, qui y reviennent sans cesse : la capture des évêques par les hommes de Frédéric. La deuxième session s'achève sur une demande de report de la dernière séance formulée par maître Thaddée, qui souhaite que l'accusé vienne en personne répondre devant ses juges. Le procès se poursuit entre ces deux sessions, au cours d'une réunion secrète. Certains cardinaux jouent le rôle de l'accusation tandis que d'autres incarnent la défense. Réquisitoires et plaidoiries se succèdent jusqu'à la décision finale, voulue par le pape, et qui n'est autre que la déposition de Frédéric. Cela signifie que ce dernier n'est plus reconnu comme empereur et que ses États sont relevés du serment de fidélité à son égard.
La sentence, ratifiée par l'immense majorité des prélats, est énoncée dans la bulle de déposition, lue le 17 juillet, au cours de la troisième session, à laquelle Frédéric II ne s'est finalement pas présenté. Le délégué de l'empereur déclare la sentence nulle, contestant pour cela la légitimité d'Innocent IV lorsque celui-ci refuse de reconnaître la portée universelle du concile. C'est pourquoi il en appelle ensuite au prochain pape et à un concile général. Le procès, en définitive, a conforté la position d'Innocent IV, soutenu par les représentants de l'Église ; mais il n'a pas réglé le conflit avec Frédéric II. La lutte entre Rome et l'empereur Hohenstaufen ne s'achèvera, en fait, qu'avec le décès de Frédéric, cinq ans plus tard.

## La riposte de Frédéric II

*Dans une lettre, l'empereur exprime son sentiment sur la sentence qui le frappe.*
*« Quoique nous professions très ouvertement, comme nous le commandent nos devoirs envers la foi catholique, que le Seigneur a conféré à l'évêque de la sainte Église romaine plein pouvoir dans les choses spirituelles [...], on ne lit cependant nulle part qu'aucune loi divine ou humaine lui ait jamais concédé le droit de transférer à son gré les empires et de juger que les rois ou les princes de la terre devront être punis temporellement par la privation de leurs royaumes. Car, bien que de droit et par la coutume de nos ancêtres, notre consécration relève de lui, il ne lui appartient pas plus de nous priver ou de nous écarter de l'Empire, qu'un tel droit n'appartient à tous les autres prélats des royaumes qui, selon l'usage, consacrent et oignent leurs rois. »*

*H. Wolter, H. Holstein,* Lyon I et Lyon II, *Éditions de l'Orante, Paris, 1966.*

## *Innocent IV « fabrique » une nouvelle sainte*

# LA CANONISATION DE CLAIRE D'ASSISE

**À la mort de Claire d'Assise, survenue le 12 août 1253, le pape Innocent IV, fervent admirateur de la nonne, doit réfréner l'impulsion qui le pousse à la déclarer sainte immédiatement.**

Dès octobre cependant, il ouvre le procès de canonisation qui trouvera sa conclusion deux ans plus tard, sous son successeur.

### Un tribunal pour juger Claire

Comme la petite ville italienne d'Assise dépend du diocèse de Spolète, l'évêque de cette cité est chargé par le pape d'organiser le procès. Ce dignitaire nomme un « tribunal » formé de deux prêtres, de trois frères franciscains, c'est-à-dire de l'ordre de saint François d'Assise, et d'un notaire qui enregistre les dépositions. Tribunal, ici, a un sens particulier, puisqu'il ne s'agit évidemment pas de faire comparaître la sainte, et que les six hommes, loin de tenir leurs assises en un lieu

Huit Épisodes de la vie de sainte Claire *(peinture anonyme du XIII^e siècle, Assise, église Sainte-Claire).*

### La bulle de canonisation

*« Il convient donc que l'Église catholique vénère sur la terre celle que le Seigneur a exaltée dans les cieux. Bien que, dans nos régions comme dans les pays lointains, les actes de notre sainte soient connus de tous, nous avons fait procéder à de solennelles enquêtes, discussions rigoureuses et examens attentifs. En vertu de quoi, avec l'assentiment général de tous nos frères et prélats réunis près du Siège apostolique, confiant en la toute-puissance de Dieu et fort de l'autorité des bienheureux apôtres Pierre et Paul qui est aussi la nôtre, nous avons décidé de l'inscrire au catalogue des saintes vierges.*
*En conséquence, nous vous avertissons et nous vous exhortons tous expressément, par ces présentes lettres apostoliques ; célébrez dévotement et solennellement la fête de ladite vierge Claire le douze août, et faites la célébrer par vos fidèles, pour obtenir qu'elle devienne notre bienveillante et dévouée protectrice auprès de Dieu. »*

*Père D. Vorreux,* Sainte Claire d'Assise, Documents, *Éditions Franciscaines, Paris, 1983.*

*Par ses prières, sainte Claire sauve un monastère de l'invasion (peinture de l'école de Guido da Sienna, 1280, Sienne, Pinacothèque nationale).*

fixe, sont en fait des juges d'instruction qui mènent l'enquête là où celle-ci l'exige. Le 24 puis le 28 novembre, les six hommes se rendent au monastère de Saint-Damien afin de questionner les sœurs de la communauté. Puis, dans une église de la ville, ils interrogent cinq témoins qui ont connu Claire avant qu'elle ne prenne le voile. Les magistrats recueillent ainsi toutes les informations possibles concernant la vie de la jeune fille.

### La perfection d'une existence

Avant de faire leur déclaration, tous les témoins jurent de dire la vérité sur l'existence de la future sainte. Ils rappellent que Claire, née vers 1193, appartenait à une famille noble. Dès son plus jeune âge, elle a montré une immense bonté et un grand sens de la charité. Elle recherchait l'isolement, priait et jeûnait. Après avoir entendu les sermons de François d'Assise, elle a décidé d'entrer en religion. Le fondateur de l'ordre franciscain lui a prodigué ses encouragements et l'a aidée à se faire nonne contre la volonté de sa famille. Il lui a lui-même tondu le crâne puis l'a installée dans les dépendances de la petite église Saint-Damien. Là, la jeune fille a fondé le premier monastère de l'ordre des Pauvres Dames, ou clarisses. Les sœurs qui ont rejoint Claire au moment de la création de Saint-Damien affirment unanimement que celle-ci n'a accepté la direction de l'établissement que sur ordre de François d'Assise, car elle préférait obéir plutôt que commander. Elle a su néanmoins s'acquitter de cette tâche avec douceur et humilité. Dès l'origine, elle a imposé le respect de la pauvreté la plus extrême et a obtenu du pape le privilège de ne recevoir aucun revenu fixe, situation exceptionnelle en un temps d'extrême richesse de l'Église. Lorsqu'elle a hérité des biens de sa famille, elle les a aussitôt cédés aux pauvres.

### Le plus absolu dévouement

Après s'être renseignés, sur la façon dont elle est devenue religieuse, puis abbesse, les magistrats se penchent sur la vie quotidienne de Claire. Les sœurs interrogées parlent tout d'abord des longues et ferventes oraisons dont leur supérieure revenait le visage rayonnant. Aussitôt après, elles évoquent la rigueur avec laquelle leur mère spirituelle traitait son corps. Elle observait une abstinence très sévère, renonçant à se nourrir trois jours par semaine et mangeant fort peu le reste du temps. Sous sa tunique, Claire portait un cilice, une tunique en cuir de porc ou en crin de cheval, qui irritait cruellement sa chair. Ces traitements, remarquent les témoins, ont fini par avoir raison de sa santé, extrêmement précaire dès l'âge de 30 ans. Les religieuses admirent aussi l'humilité de l'abbesse, qui lavait les pieds des sœurs allant à l'extérieur du monastère mendier de la nourriture, et n'hésitait pas à nettoyer les plaies de ses compagnes malades.

### Des miracles...

Toutes les déclarations précédentes visent à établir que la candidate à la canonisation a mené une vie parfaite. C'est une condition nécessaire, mais non suffisante, pour que le pape prenne une décision favorable. Car la véritable preuve de la sainteté réside dans la capacité à réaliser des miracles. C'est donc sur ce dernier point que les délégués de l'évêque d'Assise finissent par se renseigner. En cette matière, les nonnes certifient aux membres du tribunal que Claire a rempli miraculeusement d'huile un cruchon, qu'elle a multiplié un pain, qu'elle a sauvé le monastère d'une invasion par ses prières et qu'elle a opéré des guérisons en traçant le signe de la croix... Aux ecclésiastiques qui leur demandent comment elles savent tout cela, les sœurs répondent qu'elles l'ont vu de leurs yeux.

Morte, la petite compagne de François d'Assise a-t-elle continué à accomplir des miracles ? Ce serait la preuve suprême de sa sainteté. Or, le tribunal conclut que cette preuve existe : des témoins soutiennent que des paralysés, un homme à la main écrasée, des fous ou encore un aveugle ont recouvré la santé près de son tombeau. Les vertus de la défunte ainsi manifestement établies par le tribunal, en septembre 1255, le pape Alexandre IV — successeur d'Innocent IV, mort entre-temps —, instance suprême, seule habilitée à trancher en ce domaine, met un terme au procès de canonisation en inscrivant Claire dans le calendrier des saints.

*Pie II canonise sainte Catherine de Sienne (fresque de Pintoricchio, Sienne, Duomo).*

## La procédure de canonisation

Pour décider si une personne mérite d'**être canonisée, c'est-à-dire de recevoir un culte universel et de jouer le rôle d'intercesseur auprès de Dieu,** l'Église catholique recourt à une procédure qu'elle ne partage avec aucune autre religion.

Depuis la première canonisation décidée par un pape, en 993, seule **une instruction judiciaire** permet de déterminer, après la mort d'un homme ou d'une femme réputé particulièrement pieux, si le défunt a bien mené une vie exceptionnellement édifiante, et si, de plus, il ou elle a bénéficié de « signes » marquant son caractère extraordinaire : capacité à réaliser des miracles, visions de saints ou audition de leur voix, ou encore présence sur le corps de stigmates (plaies qui reproduisent celles de Jésus crucifié).

Cette procédure permet à l'Église de **lutter contre la prolifération désordonnée de cultes voués à des héros ou à des héroïnes locaux**. À partir du xe siècle, ni la réputation locale ni même l'autorité des évêques ne permettent plus à un défunt d'être considéré comme un saint. **La seule autorité habilitée à inscrire de nouveaux noms dans la liste des saints est le pape**, qui prend une telle décision après un délai de réflexion et au terme d'un procès de canonisation.

## *Saint Louis, juge des grands seigneurs*

# ENGUERRAND DE COUCY

**En 1259, Louis IX — le futur Saint Louis — instruit le procès d'un des grands personnages du royaume de France, son vassal, le sire de Coucy Enguerrand IV. L'homme, seigneur de terres situées près de Laon, est accusé d'avoir abusé de son droit de « haute justice », c'est-à-dire de son pouvoir de juger sur ses terres toutes les causes, des plus modestes à celles méritant la peine de mort.**

Louis IX est considéré par l'histoire et la tradition comme le grand souverain justicier du Moyen Âge : le procès d'Enguerrand montre que ce n'est pas à tort. L'affaire du sire de Coucy marque en effet un tournant dans l'histoire du droit en France : avec elle, la justice royale impose une procédure moderne et commence à affirmer sa suprématie face aux puissants du monde féodal.

### L'étonnement de l'accusé

Enguerrand comparaît devant Louis pour l'assassinat de trois jeunes gentilshommes flamands, surpris par ses gardes alors qu'ils chassaient dans son domaine. Lancés à la poursuite de leur gibier, les jouvenceaux, qui séjournaient dans une abbaye proche du château de Coucy, avaient pénétré sans le savoir dans les bois d'Enguerrand. Arrêtés et emprisonnés, ils sont aussitôt pendus sur ordre du sire de Coucy. À aucun moment, l'occasion ne leur est donnée d'expliquer leur présence sur les terres de Coucy : l'exécution a lieu sans qu'il y ait l'ombre d'un procès et sans qu'Enguerrand cherche à s'informer de l'âge ou du rang de ceux qu'il condamne à mort ainsi que des circonstances dans lesquelles ceux-ci ont violé sa propriété. Indignés, des cousines des victimes et l'abbé qui avait accueilli les trois étrangers portent plainte auprès du souverain français, suzerain du seigneur de Coucy. Louis convoque Enguerrand à sa cour et fait effectuer une enquête, qui confirme entièrement les accusations des plaignants. Alors, le roi ordonne à ses sergents d'arrêter le baron criminel : celui-ci est conduit dans une tour du palais du Louvre, où il reste enfermé en attendant son jugement. La surprise du prisonnier est extrême, ainsi que celle de ses pairs : aucun roi, jusqu'à présent, n'a osé agir de la sorte avec un seigneur d'un si haut rang.

### Le roi impose sa justice

Pour châtier Enguerrand, le roi Louis s'institue juge suprême. Il s'entoure de son Conseil, composé surtout de légistes au rôle consultatif, et de son parlement, une cour de justice formée pour moitié de seigneurs féodaux et pour moitié de légistes. Mais l'accusé n'a pas plus tôt comparu qu'il refuse de collaborer. Récusant la compétence de la juridiction royale, il ne répond pas aux questions qui lui sont posées. Ses pairs seuls, dit-il, et non le roi, ont droit de le juger. Le souverain constate alors que certains membres de la cour de justice ont rang de « grands du royaume », comme Enguerrand : le duc de Bourgogne, le comte de Champagne, le comte de Bretagne et l'archevêque de Reims, notamment. Alors, Louis IX dénie à ces hauts personnages le droit de juger seuls Enguerrand, car il est évident que le procès ne serait pas équitable. Et il affirme en conséquence que l'affaire est, en dernier lieu, de sa seule compétence.

### L'enquête contre le duel

Étonnés par tant d'autorité, les grands du royaume ne cherchent pas à soutenir contre le roi la position d'Enguerrand. Abandonné par ses pairs, le prévenu n'a plus qu'à s'incliner. Mais que peut-il répondre face aux preuves accablantes qui montrent que l'ordre d'exécuter les trois jeunes hommes a été donné en dehors de toute procédure de justice ? Conscient de la faiblesse de sa position, Enguerrand sollicite du roi la possibilité de se faire conseiller par ses parents — ceux-ci sont venus à Paris et constituent la majeure partie de l'assistance. Le roi s'incline : la monarchie française, au XIII$^e$ siècle, n'est pas encore assez forte pour oser braver sans nuances le pouvoir de seigneurs aussi importants qu'Enguerrand. Le sire de Coucy, après s'être entretenu avec ses parents, renonce à prendre lui-même la parole. Un homme de son clan s'exprime en son nom, assurant sa défense. Il commence par nier que l'accusé « ait jamais pendu ni commandé de pendre les jeunes gens », et annonce qu'Enguerrand refuse de soumettre « sa personne, son honneur et son héritage » à la procédure d'enquête. En revanche, il propose que le sire de Coucy fasse la preuve de son bon

### Une intervention malheureuse

*À en croire Guillaume de Saint-Pathus, confesseur de l'épouse de Saint Louis, le comte de Bretagne, au cours du procès d'Enguerrand, défendit vigoureusement la loi de bataille contre la procédure d'enquête au cours des discussions sur le sujet. Le roi, qui avait bonne mémoire, lui rappela l'avoir entendu soutenir la thèse inverse.*

*« Le comte de Bretagne dit alors au benoît roi qu'il ne devrait pas accepter qu'on fasse sur les barons du royaume des enquêtes touchant leurs personnes, leur héritage et leur honneur et le benoît Roi répondit au comte : "Vous ne disiez pas la même chose lorsque les barons qui dépendaient de vous portèrent plainte contre vous devant Nous et offrirent de se porter garants de la vérité en combat singulier ; vous aviez répondu alors que vous vous refusiez à ce combat qui n'était pas moyen de prouver son droit." »*

*Guillaume de Saint-Pathus,* la Vie et les Miracles de monseigneur Saint Louis, *édité par M. C. d'Espagne, Éditions du Cèdre, Paris, 1971.*

*Les armes de la famille de Coucy (plaque tumulaire du cœur d'Enguerrand VII de Coucy, fin du XIV$^e$ siècle, Soissons, Musée municipal).*

droit par voie de bataille... Pour sortir leur parent de la fâcheuse situation dans laquelle il s'est mis, les barons ne voient donc que le duel judiciaire, ancienne coutume germanique, considéré comme le jugement de Dieu. Le seigneur en personne, ou un champion luttant à sa place, doit se battre avec un représentant de la partie adverse. Le vainqueur, désigné par Dieu selon la croyance, triomphe en justice.

### Un juge impitoyable

Or Saint Louis, s'il est un homme très religieux, est aussi un esprit hautement conscient des limites qui existent entre les domaines spirituel et temporel. Peu avant que ne se déclenche le procès d'Enguerrand de Coucy, il a interdit la pratique du duel judiciaire, condamnée d'ailleurs par l'Église depuis 1215. Et il lui a substitué la procédure d'enquête avec preuves apportées par témoins, qu'il a expérimentée précisément pour instruire l'affaire des trois gentilshommes. La pression des partisans du grand seigneur laonnais ne le fait pas céder : après avoir écouté avec l'attention requise la requête d'Enguerrand, le souverain la repousse. Il ajoute à l'adresse de ses barons que le procédé est dans tous les cas inacceptable, et qu'il l'estime particulièrement injuste parce qu'il est inégalitaire : un clerc, par exemple, ou un pauvre laïque, ne trouvera jamais quelqu'un qui accepte de se mesurer, à sa place, contre un grand du royaume. Le procès d'Enguerrand donne au roi l'occasion d'éradiquer une fois pour toutes une coutume qu'il réprouve : il saisit la chance qui lui est offerte. L'année suivante, en 1260, une ordonnance confirme officiellement la suppression de la loi de bataille et l'institution de l'enquête et des preuves par témoins.

Quant à Enguerrand, il n'a plus qu'à se soumettre à la sentence du roi. Il écoute celle-ci, humblement agenouillé devant Louis. Le roi laisse au grand seigneur la vie sauve. Il le condamne à une amende de 12 000 livres — une très lourde somme —, à passer trois ans en Terre sainte et à fonder trois offices de prêtres dans l'église de l'abbaye voisine de Coucy, afin que ceux-ci prient pour les trois malheureuses victimes. Enfin, le coupable perd à jamais son droit de haute justice, dont il avait fait un si mauvais usage.

*Lors de son sacre, l'archevêque de Reims remet à Saint Louis la main de justice, l'épée et le sceptre (illustration du XV^e siècle, Paris, Bibliothèque nationale de France).*

*Le sire de Coucy fait pendre sans mobile trois frères* (à gauche), *et leur famille vient demander justice à Saint Louis (illustration du manuscrit de Guillaume de Saint-Pathus, 1350, Paris, Bibliothèque nationale de France).*

## *Un ordre monastique entier arrêté et jugé*

# LE PROCÈS DES TEMPLIERS

**« Naguère, sur le rapport de personnes dignes de foi qui nous fut fait, il nous est revenu que les frères de l'ordre de la milice du Temple, cachant le loup sous l'apparence de l'agneau et, sous l'habit de l'ordre, insultant misérablement à la religion de notre foi, crucifient de nos jours notre Seigneur Jésus-Christ. »**

Après ce préambule, le roi de France Philippe le Bel développe, dans une lettre datée du 14 septembre 1307 et adressée aux officiers royaux de l'ensemble du pays, les accusations formulées à l'encontre des Templiers : reniement du Christ et crachats lancés à son visage lors de leur réception dans l'ordre, pratiques obscènes consistant à embrasser des parties du corps dénudé du nouveau frère et sodomie. Dans la même missive, il ordonne à ses représentants d'arrêter tous les membres du Temple en un jour donné, gardé secret. Plus rien ne peut désormais empêcher le procès de l'ordre monastique et militaire international du Temple, fondé deux siècles auparavant, en 1118-1119, pour défendre la Terre sainte.

### Un procès rondement mené

L'opération de police, menée le 13 octobre à l'aube, est une réussite parfaite. La surprise est complète pour les Templiers, qui n'ont pas le temps d'organiser leur fuite. Après l'arrestation et la confiscation des biens des prévenus, les officiers royaux commencent aussitôt les interrogatoires, conformément aux instructions reçues. Pour extorquer la vérité aux prisonniers, ils utilisent largement la torture. Très vite, les résultats des interrogatoires, poursuivis bientôt par les inquisiteurs de l'Église, confirment les affirmations de Philippe le Bel sur la corruption de l'ordre. Rien qu'à

*Cinquante-quatre Templiers sont condamnés à être brûlés* (le Bûcher des Templiers, *Londres, British Museum*).

## La défense de l'ordre

*Le 7 avril 1310, neuf Templiers présentent la défense de l'ordre devant la commission pontificale. « Item, ils [les Templiers] demandent, supplient, requièrent que, chaque fois que des frères seront examinés, aucun laïc [homme dévoué au roi] ne soit présent, qui puisse les entendre, ni aucune personne de l'honnêteté de qui on puisse douter avec raison ni que, sous prétexte de terreur ou de crainte, le faux puisse être dit, le vrai caché parce que tous les frères en général sont frappés d'une telle crainte et d'une telle terreur qu'il ne faut en aucune façon s'étonner qu'il y en ait qui mentent, mais plutôt qu'il y en ait qui soutiennent la vérité, quand on voit les tribulations et les angoisses qu'éprouvent ceux qui disent la vérité. »*

*G. Lizerand,* le Dossier de l'affaire des Templiers, *Les Belles Lettres, Paris, 1989.*

Paris, cent trente-quatre prisonniers sur cent trente-huit confirment l'exactitude des accusations. Au reniement du Christ, aux rites obscènes et à la sodomie, les confessions ajoutent encore l'adoration des idoles, la cupidité, la négation des sacrements et les réunions nocturnes secrètes. Devant ce déferlement d'aveux, le pape Clément V ne peut qu'approuver Philippe le Bel. En novembre, il ordonne par une lettre officielle (bulle) à tous les rois et princes d'Europe d'arrêter à leur tour les Templiers.

### Sursauts et réticences

Le doute envahit cependant le pontife lorsqu'il apprend que les prisonniers ont rétracté leurs aveux devant deux cardinaux qu'il a dépêchés auprès d'eux. Il décide aussitôt d'interrompre les activités des inquisiteurs. Cela ne convient guère à Philippe le Bel, qui use de menaces pour contraindre le Saint-Père à relancer la procédure. Il tâche aussi de le convaincre des fautes de l'ordre, et lui présente soixante-douze Templiers soigneusement choisis, qui dressent un tableau terrible des crimes du Temple. Ainsi pressé et persuadé, Clément ordonne la formation dans chaque diocèse de commissions ecclésiastiques chargées d'examiner les cas individuels, tandis qu'une commission nommée par lui siégera à Paris avec charge d'enquêter sur l'ordre en général. Des conciles provinciaux jugeront enfin les personnes tandis qu'un concile général, réuni à Vienne, prononcera la sentence finale concernant l'ordre.

À peine venu à bout de la résistance du pape, le roi doit faire face à la résistance inattendue des Templiers. Depuis le début du procès, les aveux du grand maître Jacques de Molay et des autres dignitaires avaient brisé toute velléité de résistance. Aussi, lorsque la commission pontificale demande à ce que l'ordre présente des défenseurs, Philippe le Bel, certain qu'il n'y aura guère de candidats, ordonne à ses officiers d'envoyer les volontaires à Paris. À son grand étonnement, plus de cinq cents membres du Temple manifestent bientôt leur désir de s'exprimer. Neuf d'entre eux expliquent à la commission que la torture est responsable des aveux et défendent la pureté de leur ordre.

*L'ordre des Templiers avait été créé pour libérer la Terre sainte (le sceau des Templiers, Paris, Archives nationales).*

### Le triomphe de Philippe le Bel

Le roi n'a plus le choix. Il doit agir très vite. Il décrète que la culpabilité du Temple est une certitude et qu'il n'y a donc pas lieu de le laisser se défendre. Il réunit à Sens, sous la présidence de l'archevêque de la ville, un concile provincial qui prononce les sentences à l'encontre des Templiers de la province, ceux de Paris inclus. Cinquante-quatre hommes sont condamnés comme relaps, c'est-à-dire comme hérétiques revenus sur leurs aveux : ils sont condamnés à être brûlés, et sont exécutés. Leur mort anéantit la résistance des Templiers. Évincée, la commission pontificale met un point final à ses travaux. Reste au concile général de Vienne, qui s'ouvre en octobre 1312, à décider de l'avenir de l'ordre. Malgré l'avis de la majorité des Pères, qui souhaitent entendre la défense de l'ordre, le pape prononce unilatéralement la dissolution du Temple. Il prévoit que les membres de l'ordre, s'ils sont innocents ou repentis, recevront une pension et resteront dans les anciennes maisons du Temple. Les relaps et ceux qui ont refusé d'avouer leurs crimes seront brûlés s'ils ne l'ont encore été, ou resteront emprisonnés à vie. Les biens du Temple sont dévolus à l'ordre de l'Hôpital. La sentence des quatre grands dignitaires de l'ordre n'est prononcée qu'en 1314. Leur condamnation à la prison clôt définitivement le procès des Templiers. Après l'énoncé du verdict, Jacques de Molay et l'un de ses compagnons reviennent sur leurs aveux : ils se placent ainsi dans la situation de relaps, et sont brûlés à leur tour.

*L'exécution de Jacques de Molay, le grand maître de l'ordre des Templiers (illustration de Lehugeur, 1880).*

## Un roi contre les Templiers

Affaibli depuis la perte de la Terre sainte en 1291, l'ordre des Templiers rencontre en Philippe le Bel **un adversaire acharné**, pour plusieurs raisons, financières, politiques et religieuses.

Toujours à la recherche d'argent, le souverain, qui a surévalué **les richesses du Temple**, comptait tirer des bénéfices substantiels de la suppression de l'ordre.

Le Temple est en outre la victime de **la lutte politique que livre le monarque, représentant du pouvoir temporel, au pape, détenteur du pouvoir spirituel**. La disparition du Temple prive le faible Clément V, mais aussi ses successeurs, du soutien d'un ordre international placé sous la responsabilité directe de la papauté.

En même temps, Philippe le Bel a peut-être liquidé **un obstacle à la création d'un nouvel ordre militaire**, qui aurait eu également pour tâche de reconquérir la Terre sainte sous sa direction.

## *Un cathare s'explique devant l'Inquisition*

# BERNARD CLERGUE

*Bernard Clergue, convaincu d'avoir rencontré un prédicateur cathare, est appelé devant le tribunal* (l'Agitateur du Languedoc, *peinture de J.-P. Laurens, Toulouse, musée des Augustins*).

**C'est parce qu'il « avait vu des hérétiques, avait entendu leurs sermons, cru leurs erreurs, les avait adorés, leur avait donné de son bien, avait fait convention avec eux pour qu'ils le reçoivent dans leur foi et leur secte s'il lui arrivait d'être malade » qu'en 1321 Bernard Clergue, habitant du village de Montaillou dans l'Ariège, comparaît devant l'Inquisition.**

Organe judiciaire fondé par la papauté, l'Inquisition poursuit les hérésies, c'est-à-dire les croyances contraires aux dogmes catholiques, à commencer par le catharisme. Au début du XIVe siècle, la grande époque de la secte, victime de la croisade contre les albigeois et des grands bûchers dont le dernier a été allumé à Montségur en 1244, est révolue. Cependant, il existe encore quelques foyers très actifs du catharisme, dans la région de Montaillou notamment.

### Une convocation non respectée

Des informations livrées par des délateurs incitent l'évêque de Pamiers à ouvrir une enquête sur certains habitants de Montaillou, suspectés d'hérésie. Bernard Clergue, qui fait partie des personnes convoquées au tribunal, ne daigne pas se manifester. Sa négligence lui vaut d'être aussitôt excommunié — mesure qui rappelle que l'Inquisition n'est pas une institution à prendre à la légère. L'évêque fait ensuite arrêter l'insoumis, qui est conduit devant la justice ecclésiastique.

Ce n'est pas la première fois que Bernard Clergue approche les inquisiteurs. En effet, quelque dix ans plus tôt, il a comparu devant eux avec tous les habitants du village de Montaillou, soupçonnés d'hérésie. Le tribunal, qui juge cette fois le prévenu individuellement, siège entre 1321 et 1324. Il est présidé par l'évêque de Pamiers, l'important Jacques

Fournier, le futur pape Benoît XII. Le prélat est assisté par un frère dominicain, qui représente l'inquisiteur de Carcassonne. La cour se compose également d'assesseurs (des moines, des chanoines et des juristes) et de notaires chargés d'enregistrer les interrogatoires de l'accusé et les dépositions des témoins. À partir de ces documents, les mêmes greffiers rédigent ensuite la minute du procès et le registre d'Inquisition de Jacques Fournier — qui est aujourd'hui conservé au Vatican.

*Les inquisiteurs* (les Hommes du Saint-Office, *peinture de J.-P. Laurens, 1889, Moulins, Musée municipal).*

## Un manque de preuves

Le procès commence par rappeler la confession que Bernard Clergue a faite devant l'Inquisition en 1308. Celui-ci a alors avoué avoir rencontré un prédicateur cathare dans la maison de sa belle-mère. L'entrevue s'était, selon lui, limitée à un bref échange de paroles banales. Avant de procéder à de nouveaux interrogatoires, le tribunal demande au prévenu de prêter serment sur les Évangiles de dire la vérité. Invité par les inquisiteurs à avouer son hérésie, Bernard Clergue se contente de compléter la confession faite dix ans auparavant. Il reconnaît qu'il a participé à l'entretien des hérétiques hébergés par sa belle-mère en leur donnant du pain et de la farine. Après quoi, il rapporte que celle-ci considérait le prédicateur comme un bon chrétien « qui sauvait les âmes, et qui absolvait les hommes de tous leurs péchés ». Ces propos l'ont troublé, dit-il, mais guère plus de huit jours.

L'accusé insiste ensuite sur le fait que c'est par amour pour sa femme qu'il a nourri les hérétiques. Il n'est jamais entré dans la maison amie dans le but de converser avec eux, mais seulement pour rendre visite aux personnes de la famille. Persuadé que l'accusé ne dit pas la vérité, Jacques Fournier l'envoie réfléchir au Mur, la prison aménagée pour recevoir les hérétiques. Après une interruption de quelques mois, le procès reprend. Mais, à ce moment, Fournier ne parvient pas à arracher des aveux plus développés au Montalionais. Par considération pour sa faible santé, l'évêque, qui ne dispose pas de preuves suffisantes, finit par le relâcher sous caution. L'accusé recouvre la liberté, non sans s'être repenti auparavant de ses erreurs et des actes hérétiques qu'il a pu commettre.

## Des dépositions accablantes

À peine Bernard Clergue a-t-il quitté Le Mur que les langues se délient. Plusieurs de ses codétenus font savoir à l'évêque que l'ancien captif s'est montré très actif en prison. Libre de circuler comme il l'entendait, l'accusé a tout tenté pour que les personnes qui le dénoncent à présent à l'évêque ne disent rien contre lui. Argent, prières, menaces, l'énergique Clergue n'a rien négligé pour éviter que soient prononcés des propos incriminant gravement son frère, le curé de Montaillou, hérétique et débauché. Mais les prisonniers, qui n'ignorent pas que la peine réservée à ceux qui renient leurs aveux et retombent dans les mêmes erreurs est le bûcher, n'ont aucun désir de sacrifier leur vie pour les Clergue, en faisant semblant d'être leurs complices. Les témoins accusent encore le prévenu d'avoir « poussé des détenus ou suspects d'hérésie qui n'avaient pas encore avoué à ne pas le faire » et d'avoir « par surcroît fait l'éloge de condamnés et brûlés pour hérésie par jugement de l'Église, après leur mort, disant qu'ils avaient une foi bonne de leur vivant ».

*Un homme s'humilie devant un inquisiteur, personnage redouté (gravure, vers 1870).*

Ces dépositions, qui prouvent que Bernard Clergue est bien coupable d'hérésie, font rebondir le procès. Malgré les exhortations de l'évêque qui l'encourage à avouer ou au moins à se défendre, avec l'aide d'avocats comme l'Inquisition le prévoit, l'accusé n'entreprend rien. Dans ces conditions, Jacques Fournier, qui a repoussé plusieurs fois le jugement final, décide de rendre son verdict. Au cours de la cérémonie du Sermon, la sentence est lue en public. L'évêque ne s'est pas conformé à l'avis de ses conseillers pour qui l'inculpé mérite le bûcher. Il le condamne cependant à une peine très dure : la prison, au pain et à l'eau, régime qui vient vite à bout de la santé fragile de Bernard Clergue.

### Les cathares du Languedoc, ou albigeois

Le catharisme, qui s'est répandu aux XIe et XIIIe siècles en Europe occidentale, a remporté ses plus grands succès en Languedoc, où ses adeptes sont surnommés les albigeois.

**Les croyances.** Les cathares forment une secte dont la doctrine s'appuie à la fois sur le christianisme et sur le manichéisme (une théologie qui affirme la coexistence de deux principes antagonistes, le Bien et le Mal). Ils considèrent que le Mal est le créateur du monde matériel sur lequel il règne en maître et que Dieu, le principe du Bien, est le créateur du monde spirituel.

**Les rites.** Les cathares rejettent le culte, les sacrements et les lieux de culte de l'Église catholique. Ils prient, prêchent et enseignent leur doctrine dans leurs maisons ou à l'extérieur. La catégorie restreinte des Parfaits pratique l'ascétisme. Pour en faire partie, il faut recevoir le *consolamentum,* rite qui comprend une application des mains. Celui-ci est également administré aux croyants avant leur mort.

*Un doge de Venise est décapité pour complot*

# MARINO FALIERO

L'Assassinat du doge Marino Faliero *(peinture de Delacroix, Londres, The Wallace Collection).*

**Comment le doge de Venise, Marino Faliero, a-t-il pu devenir, à l'âge de 76 ans, l'âme d'une conspiration visant à faire de lui le souverain sans partage de la cité ? C'est certainement l'une des questions que se sont posées ses juges lors de son très bref procès.**

Marino Faliero, membre d'une très illustre famille vénitienne, a passé sa vie au service de la Sérénissime qui lui a toujours confié de très hautes charges. Au fil des ans, il s'est distingué aussi bien dans l'armée que dans la diplomatie. Il a participé plusieurs fois au Conseil des Dix, la police de sûreté de l'État. En 1354, il est choisi comme doge, ou chef de la République à l'autorité limitée, par le Grand Conseil, organe législatif aux pouvoirs très étendus, qui est formé par les nobles de Venise. L'élection, qui se produit alors que Venise connaît bien des déboires dans une guerre qui l'oppose à Gênes, couronne une belle carrière d'homme d'État.

## L'échec de la conspiration

Mais cette promotion ne paraît pas suffisante à Marino Faliero, qui entreprend de renverser la République patricienne pour confisquer le pouvoir à son seul profit. Le doge recrute les meneurs parmi des hommes qui sont en conflit avec des nobles et parmi ceux qui sont mécontents d'un gouvernement aristocratique auquel ils attribuent les défaites essuyées contre Gênes. Ces personnages enrôlent à leur tour nombre de leurs parents et amis. Les principaux conjurés se retrouvent nuitamment dans le palais du doge pour dresser leurs plans. En attendant la nuit du 15 avril, au cours de laquelle ils doivent prendre le contrôle de Venise, ils rassemblent des armes et excitent la haine du peuple contre l'aristocratie. Mais des fuites préviennent leur action et empêchent le sang de couler au jour dit. Averties par des dénonciateurs qu'un coup d'État se prépare, les autorités prennent aussitôt des mesures énergiques. Elles commencent par arrêter un certain nombre de meneurs, qu'elles mettent à la torture. Leurs aveux permettent aux membres du Conseil des Dix d'acquérir la certitude que le doge est le chef du complot. C'est une information qui avait été soigneusement cachée à la plupart des conjurés. Les enquêtes, qui dénouent les fils de la conspiration, sont menées en un temps record. Elles débouchent tout de suite sur des procès, qui, bien que très rapidement conclus, ne s'en déroulent pas moins dans la plus stricte légalité.

## Un crime impardonnable

Dans ces circonstances gravissimes, les organes républicains se refusent à instruire seuls le cas du doge et de ses complices. Comme la Constitution de Venise le prévoit, le Conseil des Dix, réduit à neuf après l'expulsion d'un parent du doge, s'adjoint le 16 avril vingt citoyens réputés pour leur sagesse et leur prudence, afin de former l'assemblée consultative qui instruira les procès. Celle-ci comprend en outre les six conseillers du doge et deux procureurs de la Commune. Les chefs d'accusation retenus contre le doge et qui sont étayés par les dépositions des témoins sont lus le 17 avril devant les trente-sept personnes qui constituent le jury. Les membres de l'assemblée, qui débattent de

la culpabilité du chef de l'État, se voient poser la question suivante : « Pensez-vous que, d'après les choses dites et lues, il faille poursuivre le doge Marino Faliero pour tentative de trahison contre l'État de la Commune de Venise ? » Tous répondent par l'affirmative. La procédure se termine par le vote de la sentence par cinq des conseillers du doge et par le Conseil des Dix. Le coupable est condamné à avoir la tête tranchée. Ses biens sont confisqués.
L'exécution a lieu le jour même, sur l'escalier de la cour du palais ducal, à l'endroit précis où, lors de son investiture, Marino Faliero avait juré sur les Évangiles de maintenir la Constitution de Venise. C'est un vieux doge, dépouillé des insignes de sa fonction, qui pose la tête sur le billot. Dès que le bourreau a accompli sa triste besogne, l'un des chefs du Conseil des Dix paraît à un balcon du palais ducal et présente à la foule réunie sur la place l'épée ensanglantée qui a rendu la justice. Le corps, exposé pendant un jour et une nuit aux regards du public, est ensuite enterré à la sauvette dans le caveau familial. Les principaux conspirateurs accompagnent le doge dans la mort. Dix d'entre eux sont pendus au balcon du palais.

## Pour l'honneur d'une femme

Fort intrigués par la conduite de Marino Faliero, les chroniqueurs vénitiens ont cherché les raisons qui ont pu inciter le premier personnage de l'État à agir contre sa propre classe et à s'emparer du pouvoir. D'après une légende née bien après les faits, un jeune aristocrate aurait bafoué l'honneur du doge. Lors d'une fête célébrée au début de l'année 1355, le noble incriminé aurait laissé une inscription mettant en doute la vertu de la jeune et belle dogaresse. En fait, ce mobile est peu convaincant, car l'épouse de Marino Faliero, âgée de plus de cinquante ans, n'a sans doute rien d'une séduisante et libertine créature…
Plus probablement, le doge, dont l'âge en tout cas n'avait guère émoussé l'ambition et le dynamisme, a réellement pu croire qu'un prince aux pouvoirs étendus aurait davantage capacité à remporter la guerre contre les Génois. Cette opinion a sans doute trouvé un écho dans le peuple et chez certains nobles, ce qui a conforté Marino Faliero dans ses résolutions. Pour éviter que pareille idée surgisse dans l'esprit d'un autre doge, le Conseil des Dix remplace le portrait de Marino Faliero, peint dans la salle du Conseil à côté de celui des autres doges, par un drapeau noir qui porte l'inscription : « Ici est la place de Marino Faliero décapité pour ses crimes. »

La salle du Grand Conseil du palais des Doges, *où le portrait de Marino Faliero est remplacé par un drapeau noir (peinture de Bella, Venise, Accademia).*

### Un thème littéraire

*L'auteur dramatique Casimir Delavigne est, avec lord Byron, Ernst Theodor Hoffmann et Algernon Charles Swinburne, l'un des auteurs du XIXe siècle à s'être inspiré de la conjuration de Marino Faliero. Delavigne évoque ainsi la fin du doge, dans la pièce de théâtre qui porte son nom :*

*« Tu mourras comme traître.*
*Maudit sera le jour où tu fus notre maître.*
*Tes palais et tes fiefs grossiront le trésor ;*
*Ton nom disparaîtra, rayé du livre d'or.*
*Tu mourras où ton front ceignit le diadème ;*
*L'escalier des Géants, à ton heure suprême,*
*Verra le criminel, par ses pairs condamné,*
*Périr où le héros fut par eux couronné.*
*Entre nos souverains, contre l'antique usage,*
*Tu ne revivras pas dans ta royale image.*
*À la place où ton peuple aurait dû te revoir,*
*Le tableau sera vide, et sur le voile noir*
*Dont la main des bourreaux recouvre leurs victimes,*
*On y lira ces mots : " Mis à mort pour ses crimes ! "»*

*C.J.-F. Delavigne,* Marino Faliero, *1861.*

*Urne pour les dénonciations secrètes aux différentes magistratures, nommée en italien « Bocche di Leone » (Venise, palais des Doges).*

# *Une pucelle brûlée vive à Rouen*
# JEANNE D'ARC

**« À l'Église militante, elle diffère et refuse de se soumettre, elle, ses faits et ses dits, quoiqu'elle en ait été plusieurs fois requise et admonestée ; elle dit [...] que là-dessus elle ne se rapportera pas à la détermination ou au jugement d'homme vivant, quel qu'il soit, mais seulement au jugement de Dieu. »**

Jeanne d'Arc est conduite en prison *(peinture du XIXe siècle, Orléans, centre Jeanne-d'Arc).*

Ce refus de Jeanne de se soumettre à « l'Église militante », c'est-à-dire celle du pape et des évêques, est l'un des principaux chefs d'accusation retenus contre la jeune héroïne française par le tribunal d'Inquisition qui instruit son procès en 1431. Capturée l'année précédente devant Compiègne, par les Bourguignons, Jeanne a été vendue aux Anglais, leurs alliés, et transférée à Rouen pour y être jugée. Ceux-ci, qui règnent alors sur une grande partie de la France, reprochent à la « Pucelle » — comprenons la jeune fille — leurs échecs militaires et le sacre de Charles VII à Reims, devenu dès lors le roi incontestablement légitime du pays. Le procès a pour but d'établir que Jeanne est une hérétique ; que Charles VII, en conséquence, doit victoires et couronne aux maléfices d'une femme envoûtée par le diable, et non à une sainte inspirée par le Ciel.

## Le procès d'office

Le tribunal, qui siège entre le 9 janvier et le 30 mai 1431 à Rouen, est présidé par Pierre Cauchon, l'évêque de Beauvais, ardent partisan des Anglais, et par un inquisiteur, peu présent et effacé. Les deux hommes sont assistés par plusieurs dizaines d'assesseurs, spécialistes du droit divin et humain, issus en majorité de l'université de Paris, favorable aux Anglais. Contrairement aux règles habituelles lors des procès d'Inquisition, Jeanne, privée d'avocat, se défend seule.

La procédure s'ouvre avec le « procès d'office », qui correspond à l'instruction. L'évêque, qui a au préalable mené une soigneuse enquête sur le passé et sur les mœurs de Jeanne, commence à interroger la jeune fille. Rapidement, les séances, qui étaient d'abord publiques, ont lieu à huis clos, dans la prison où celle-ci est détenue. L'interrogatoire est centré sur les voix que prétend entendre la Pucelle : celles de saint Michel et des saintes Catherine et Marguerite. Ces voix, affirme Jeanne, lui ont transmis la volonté de Dieu : elles l'ont conduite auprès du dauphin Charles, à Chinon ; puis elles lui ont ordonné d'aller lever le siège d'Orléans et de faire sacrer le roi à Reims. Les hommes d'Église ne mettent pas en doute les allégations de Jeanne. Mais ils considèrent l'origine des voix comme éminemment suspecte. Les paroles entendues par la Pucelle ne vien-

*Le seul portrait connu de Jeanne d'Arc réalisé de son vivant (registre du parlement de Paris, 1418-1436, Paris, Archives nationales).*

### Jeanne s'exprime sur ses « voix »

*«Interrogée [sur] quelle fut la première voix qui vint à elle, lorsqu'elle était âgée de 13 ans ou environ : Elle répondit que ce fut saint Michel qu'elle vit devant ses yeux ; et il n'était pas seul, mais il était bien accompagné d'anges du ciel. Elle dit encore qu'elle ne vint en France que par commandement de Dieu.*

*Interrogée si elle vit saint Michel et les anges corporellement et réellement :*

*Elle répondit : "Je les ai vus des yeux de mon corps, aussi bien que je vous vois ; et, quand ils me quittaient, je pleurais et j'aurais bien voulu qu'ils m'emportent avec eux." [...]*

*Interrogée [sur] quel signe [elle] donne que cette révélation lui vienne de par Dieu et que ce soient les saintes Catherine et Marguerite qui parlent avec elle ?*

*Elle répondit : "Je vous ai assez dit que ce sont saintes Catherine et Marguerite, et croyez-moi si vous voulez."»*

*P. Tisset, Y. Lanhers,* Procès de condamnation de Jeanne d'Arc, *tome II, Librairie Klincksieck, Paris, 1970.*

Jeanne d'Arc interrogée dans sa prison par le cardinal de Winchester *(peinture de Delaroche, 1824, Rouen, musée des Beaux-Arts).*

draient-elles pas du diable plutôt que de Dieu ? Cauchon demande à Jeanne comment les voix se manifestent et avec quelle fréquence. Directe, pleine de bon sens, Jeanne ne perd jamais son sang-froid, quelles que soient les interrogations. Ainsi, à la question de savoir si saint Michel, lorsqu'il lui parle, lui apparaît tout nu (question qui vise à montrer qu'il s'agit d'un démon et non du saint), elle répond sans hésiter : « Pensez-vous que Dieu n'ait pas de quoi le vêtir ? » L'habit d'homme, que Jeanne conserve envers et contre tout parce qu'elle en a fait le symbole de sa mission, est également un point très important pour les membres du tribunal. Au fil des jours, le port des vêtements de l'autre sexe, péché considéré alors comme très grave, s'affirme comme le signe de l'insoumission de la Pucelle à l'Église.

## Le procès ordinaire

Le 27 mars s'ouvre la deuxième partie du procès de Jeanne d'Arc, le jugement proprement dit. L'interrogatoire sert à établir le réquisitoire qui détermine les chefs d'accusation. Le refus de reconnaître l'autorité de l'Église, le port de l'habit d'homme, soi-disant ordonné par Dieu, les visites des saints Michel, Catherine et Marguerite, dans lesquels le tribunal voit plutôt des démons, sont les charges les plus graves. À cela s'ajoute l'utilisation idolâtre du nom de Jésus dans les lettres, la prétention de connaître l'avenir grâce aux voix, et toute une série de péchés regardés comme mortels, tels que le départ secret du domicile parental à l'âge de 17 ans ou un combat mené un jour de fête religieuse. Le tribunal accuse aussi Jeanne d'avoir cherché à se suicider — alors qu'en réalité elle tentait de s'évader d'une de ses prisons.

Le réquisitoire, accablant, est transmis à l'université de Paris, qui doit se prononcer sur la culpabilité de l'accusée — en l'absence de celle-ci, demeurée à Rouen. Les théologiens concluent que la jeune fille est idolâtre, invocatrice de démons, schismatique et apostate, c'est-à-dire qu'elle a renié la foi chrétienne. Pour les spécialistes du droit canon ou ecclésiastique, la Pucelle est en outre devineresse et très fortement suspecte d'hérésie.

À plusieurs reprises, Jeanne est admonestée par des religieux qui l'encouragent à revenir sur ses erreurs. Les ecclésiastiques lui exposent les périls que lui font courir son obstination et son orgueil. Son âme sera dévorée par les flammes éternelles et son corps par un feu plus immédiat. Après ces interventions, Jeanne lance un appel au pape, car elle a appris pendant le procès que l'accusé avait le droit de recourir au souverain pontife. Mais Pierre Cauchon passe outre. Le 24 mai 1431, l'évêque de Beauvais prononce la sentence. Jeanne réalise soudain qu'elle ne sera pas sauvée comme elle l'a toujours cru et elle prend peur. Elle interrompt la lecture de son juge pour abjurer et se soumettre à l'Église. Son châtiment est commué en prison à perpétuité, peine réservée aux hérétiques repentis, à la grande fureur des Anglais qui sont partisans du bûcher.

## Le procès de relaps

Finalement, les ennemis de la Pucelle sont bientôt satisfaits. Car il ne faut pas plus de deux jours à Jeanne, qui a fini par revêtir des vêtements féminins, pour se repentir d'avoir trahi ses voix, revenir sur son abjuration et réclamer de nouveau son habit d'homme. Les 28 et 29 mai se tient le court procès de relaps, c'est-à-dire de retour à l'hérésie après l'abjuration. Déclarée hérétique, Jeanne est excommuniée et condamnée au bûcher. L'exécution a lieu aussitôt, comme c'est la coutume au Moyen Âge. Elle est organisée à Rouen même, sur la place du Vieux-Marché. Tant qu'elle garde conscience durant son supplice, Jeanne ne cesse de clamer le nom de Jésus. Vingt-cinq ans après sa mort, en 1456, Jeanne est à nouveau jugée. Le procès de réhabilitation, initié par le roi Charles VII qui y voit un moyen d'affirmer sa légitimité, efface toutes les accusations du procès de condamnation.

→ **Voir aussi** : p. 74-75 (Le jugement de Dieu).

## *Un juge lutte pour restaurer la sécurité*

# LES BANDITS DE PROVENCE

**Dans le deuxième tiers du XV^e siècle, le duc René d'Anjou, comte de Provence, duc de Bar, duc de Lorraine, et roi de Naples et de Sicile, entreprend de restaurer l'ordre et la sécurité dans ses terres du midi de la France. Il ordonne aux juges de rechercher, d'arrêter et de condamner tous ceux qui compromettent cet ordre et cette sécurité.**

C'est dans ces conditions que le juge d'Apt, Raymond Tesseyre, instruit le procès de deux malfaiteurs nommés Guillaume de Maltostens et Pierre Archilon. Le récit de leur affaire nous est connu par la relation qu'en a dressée un notaire, Jean Stariti, qui a suivi la cause, professionnellement d'abord, puis simplement par intérêt personnel.

### La révélation d'un meurtre

Tout commence par l'arrestation, en juin 1439, dans un petit village de Provence, d'un certain Guillaume Goy, surnommé Maltostens, c'est-à-dire « qui fait le mal en tous lieux ». L'individu est surpris au moment où il va enlever une femme mariée, au demeurant consentante, pour la livrer à un compère, soi-disant amoureux. Le seigneur de l'endroit emprisonne Guillaume et, comme il convient, fait appeler le juge pour faire son procès. Le prévenu, comme chacun le constate, a déjà eu maille à partir avec la justice : il a l'oreille à moitié amputée, blessure qui est le fait d'une condamnation judiciaire — la justice, à cette époque, punit souvent en mutilant. L'homme, recherché depuis un certain temps, est d'ailleurs convaincu d'avoir volé et joué aux dés. Surtout, il est soupçonné d'être mêlé à différents meurtres. Maltostens, cependant, s'il reconnaît le rapt en préparation, nie tant les vols que les crimes. Le juge, patiemment, recommence dix fois son interrogatoire, sans succès. À la fin, il ordonne une séance de torture. Celle-ci n'a pas plutôt commencé que Maltostens passe aux aveux complets. Il affirme avoir agi sur ordre. Il prétend avoir prêté serment d'obéissance à un certain Pierre Archilon, qui lui a commandé de dévaliser les voyageurs égarés sur les routes et de les tuer si nécessaire. Avec le même homme et deux autres complices, il admet avoir participé ainsi à l'assassinat d'un jeune homme de vingt-cinq ans, en un lieu appelé le pas de la Boissière. Pour prix de son crime, il a reçu un quart des seize écus d'or trouvés sur la victime, enterrée à la hâte.

### Des témoignages accablants

Le juge Tesseyre apprend bientôt que le dénommé Pierre Archilon vient précisément d'être arrêté, dans un village du Vaucluse. Le magistrat se rend aussitôt sur place pour interroger le prisonnier. Il se trouve en présence d'un beau jeune homme de vingt-cinq ans, à l'allure décidée. Après avoir prêté serment, Archilon nie sa participation au crime commis par Maltostens et explique que, au moment du crime, il se trouvait avec son amie de cœur, une jeune prostituée nommée Marie. Convoquée par le juge, la jeune femme ne confirme qu'en

*Les bandits détroussent et tuent sur les routes de Provence (miniature du XV^e siècle par le Maître de Boucicaut, Paris, bibliothèque de l'Arsenal).*

### L'exécution de la sentence

*« Après que le dernier acte de notre liturgie judiciaire fut donné, que les témoins eurent repris le chemin du retour, sire Tesseyre interrogea Johannin [le bourreau de la cour de Provence]. Il nous raconta qu'au début Pierre Archilon était demeuré fort abattu. Ensuite, à mesure que le cortège se rapprochait du pas de la Boissière, il était sorti de son hébétude, s'était débattu, malgré ses liens, au point qu'on dut le maintenir sur son cheval. Il hurlait qu'il ne voulait pas mourir, que nous étions des suppôts du démon, des lâches. Il nous menaça, insulta nos femmes, nous maudit de mille façons. Les sergents s'énervaient, il a fallu leur ordonner le calme.*
*Soudain, en haut de la côte, Archilon aperçut les restes blanchis par la pluie et le soleil de son compagnon, Guillaume de Maltostens. Il pâlit, se tut, frappé d'effroi. Pendant qu'on dressait la potence, il confessa ses péchés au frère carme qui l'avait suivi. Puis il tenta d'échapper à la corde qu'on lui posait autour du cou et, au moment où on le lança dans le vide, il parvint à hurler : " Marie ! " Il mourut aussitôt, la nuque brisée. »*

*F. Gasparri,* Un crime en Provence au XV^e siècle, *Albin Michel, Paris, 1991.*

*Le roi René (détail du dyptique des Matheron par N. Froment, Paris, musée du Louvre).*

partie l'alibi. L'affaire rebondit avec un nouveau témoignage, celui d'un autre complice d'Archilon, Guillaume Le Breton, également sous les verrous. Le Breton avoue avoir agressé sur la route, avec Pierre Archilon, un jeune étudiant porteur de quarante pièces d'or. La victime n'a survécu que par hasard : alors que les deux agresseurs se désaltéraient à l'auberge voisine, ayant abandonné leur victime mal en point, et discutaient pour savoir s'il convenait ou non de retourner l'achever, celle-ci a été providentiellement secourue par des passants… Accusés de vols et de crimes, Maltostens et Archilon sont transférés à la prison d'Apt. Le juge organise une confrontation entre les deux hommes. Alors que Maltostens répète ses déclarations sous serment, Archilon continue à nier. Le procès se déroule en plein air, et le public est admis à y assister. L'assistance est nombreuse, et les femmes, en particulier, prennent vite le parti d'Archilon, troublées par sa jeunesse et son ombrageuse beauté. Ce mouvement de sympathie n'empêche pas le juge de lire à ce dernier l'acte d'accusation : parmi les griefs principaux se trouvent le meurtre perpétré avec Maltostens et l'agression de l'étudiant, doublés de vol. Le magistrat ne rend à ce moment aucun verdict, troublé par les dénégations de l'accusé. En revanche, il condamne Maltostens, qui a avoué ses fautes, à être pendu au pas de la Boissière, c'est-à-dire à l'endroit même où il a participé au meurtre d'un jeune homme.

### Des aveux longs à venir

Le procès d'Archilon continue. Pour tâcher de convaincre le criminel, le juge ordonne la torture : sous l'effet de la douleur, Archilon avoue l'homicide commis avec Maltostens. Mais, sitôt après, il se rétracte. Il confesse en revanche des enlèvements de prostituées et des actes de proxénétisme, aveux qu'on ne lui avait nullement demandés, mais dont il espère qu'ils détourneront l'attention du juge des charges plus sérieuses… Le procès en est là lorsque Raymond Tesseyre reçoit le témoignage d'un troisième complice, qui accuse Archilon d'un nouveau meurtre, celui d'un berger de 15 ans, porteur de quinze écus. Comparutions et interrogatoires se succèdent au fil des jours sans apporter les révélations espérées. Archilon, sans se lasser, continue à nier les meurtres, reconnaissant tout au plus les vols. De nouveau, le juge décide de recourir à la torture : il n'en a pas plutôt averti l'accusé, que celui-ci, affolé, annonce son intention de parler. Sa confession, cette fois, dépasse l'attente du juge et des dignitaires que le roi René a envoyés assister à la fin du procès : Archilon révèle qu'il fait partie d'une bande d'une vingtaine de brigands qui ait juré de dépouiller les voyageurs sur les chemins de Provence, en opérant par groupes de trois ou quatre et en se retrouvant, deux fois l'an, pour partager le butin ! En revanche, s'il admet avoir volé maintes fois, il nie toujours avoir tué — aveu qui le conduirait inévitablement au gibet. Cette précaution est vaine : les témoignages qui clament sa culpabilité sont trop nombreux pour que le juge doute encore. Il le condamne à être pendu, dans le même lieu où l'a été Maltostens. La sentence, exécutée immédiatement, a une valeur exemplaire : en terrorisant les autres bandits, elle aide la Provence à retrouver un peu de sécurité sur ses routes.

*Un tribunal médiéval semblable à celui devant lequel comparurent Archilon et ses complices (miniature du XVe siècle, Paris, Bibliothèque nationale de France).*

*Un assassin d'enfants condamné à la pendaison*

# GILLES DE RAIS

**« Hérétique, relaps, sortilège, sodomite, évocateur des malins esprits, divinateur, égorgeur d'innocents, apostat, idolâtre, ayant dévié de la foi, hostile à celle-ci, devin et sorcier » : c'est ainsi que l'article 45 de l'acte d'accusation du procès ecclésiastique définit Gilles de Rais.**

Baron de Bretagne, de moyenne noblesse, Gilles de Rais s'est distingué dans la carrière des armes surtout au moment de la campagne de 1429, menée par Jeanne d'Arc. Il a vaillamment combattu à ses côtés sans avoir été pour autant — quoi qu'on en ait dit — l'un de ses proches compagnons. La disgrâce de son protecteur, conseiller du roi Charles VII, le contraint à retourner sur ses terres, situées dans les pays de la Loire. Cruellement à court d'argent, à cause des dépenses énormes occasionnées par la guerre, il pratique le brigandage, mais cela reste insuffisant. Aussi vend-il ses fiefs et seigneuries : il tâche ensuite de les reprendre par la force. C'est précisément en récupérant, par les armes, un de ses châteaux cédé à un religieux qu'il s'aliène le duc de Bretagne et l'évêque de Nantes, et qu'il cause sa perte. Des rumeurs qui circulaient depuis déjà longtemps, mêlant son nom à des affaires nombreuses d'enlèvements et d'assassinats, éclatent alors au grand jour.

### Deux procès pour Gilles de Rais

Le 15 septembre 1440, Gilles de Rais est arrêté dans son château de Machecoul et emmené à Nantes avec ses plus fidèles serviteurs. Trois jours après s'ouvrent ses deux procès. Il comparaît devant la justice civile, rendue par le duc et le parlement de Bretagne, et devant la justice ecclésiastique, représentée par l'évêque de Nantes. Il ne s'agit pas là de l'Inquisition, juridiction bien particulière avec des procédures qui lui sont propres, mais bien d'un tribunal religieux ordinaire. Les deux procès, dont les séances sont publiques, se tiennent au même moment, mais dans des lieux différents et en alternance. Ils ont chacun leurs juges, leurs enquêteurs et leurs notaires. Leurs chefs d'accusation sont différents. Le tribunal séculier reproche au prévenu sa félonie, c'est-à-dire le refus d'obéir au duc de Bretagne, son suzerain, dans l'affaire de la prise du château, et des assassinats d'enfants. De son côté, le tribunal ecclésiastique juge Gilles de Rais pour hérésie, sorcellerie avec évocation des

*L'exécution de Gilles de Rais (Paris, Bibliothèque nationale de France).*

## L'horrible confession

*« Ledit Gilles de Rais, accusé, volontairement, et publiquement devant tous confessa que, pour son ardeur et sa délectation sensuelle, il prit et fit prendre un si grand nombre d'enfants qu'il ne saurait le préciser avec certitude ; lesquels il tua et fit tuer, avec lesquels il commit le vice et le péché de sodomie ; et il dit et confessa qu'il émettait la semence spermatique sur le ventre desdits enfants, tant avant qu'après leur mort, et aussi durant leur mort ; auxquels enfants quelquefois lui-même, et parfois d'autres de ses complices [...] infligeaient divers genres et manières de tourments : tantôt ils séparaient la tête du corps avec des dagues, des poignards et des couteaux, tantôt ils les frappaient violemment sur la tête avec un bâton, ou avec d'autres objets contondants, tantôt ils les suspendaient dans sa chambre par une perche ou un crochet avec des cordes et ils les étranglaient; et quand ils languissaient, ils commettaient avec eux le vice sodomite de la manière susdite. »*

*Cité dans G. Bataille,* le Procès de Gilles de Rais, *Jean-Jacques Pauvert, Paris, 1972.*

*Une représentation populaire de Gilles de Rais (gravure de Bombled pour l'*Histoire de France *de Michelet, fin du XIXe siècle).*

*Vue du château de Machecoul, où Gilles de Rais commettait ses crimes.*

démons, viol de l'immunité de l'Église lors de l'enlèvement du malheureux clerc entré en possession d'un de ces châteaux, et enfin pour sodomie. C'est à ce dernier titre que l'évêque s'intéresse aux crimes d'enfants, qui sont pour le reste du ressort de la justice civile.

### La terrible vérité

Les bruits courant sur le compte de Gilles de Rais ont alarmé l'Église bien avant le scandale du château. Lorsque survient cet événement, une enquête est d'ailleurs en cours. Aussi, lors des procès, bien des témoins sont déjà identifiés et prêts à répondre à de nouveaux interrogatoires. Parmi eux figurent des parents qui évoquent la disparition de leur enfant. Un couple, habitant près de Machecoul, dit être allé aux champs en laissant à la maison un fils de huit ans et un bébé. À son retour, il n'a pas retrouvé le garçonnet et n'en a jamais plus eu de nouvelles. Pourtant, les parents se sont renseignés dans toutes les paroisses environnantes. Le père et la mère d'un autre garçon, parti quêter un peu de nourriture au château, rapportent le témoignage d'un des enfants présents sur les lieux : « Cette petite fille avait entendu l'un des serviteurs du château [de Machecoul] dire au fils des témoins qu'il n'avait pas ici de viande, qu'il devait entrer dans ledit château et qu'on lui en donnerait ; et de fait, sur ces mots, on l'avait fait entrer dans ledit château. » À partir de ce moment, l'enfant n'a plus été revu. Dans leurs dépositions, deux serviteurs de Gilles de Rais confirment ces enlèvements. Ils avouent qu'ils pourvoyaient leur maître et qu'ils participaient même à l'assassinat des petits malheureux : ils « prirent ensemble à Bourgneuf, dans la paroisse de Saint-Cyr, au diocèse de Nantes, un très bel adolescent, âgé de quinze ans environ, qui était chez un nommé Rodigo ; et ils le conduisirent audit Gilles qui était alors logé chez les Cordeliers dudit lieu, où ledit Gilles commit et exerça ses luxures sur ledit enfant. » Puis, sur l'ordre de leur seigneur, ils « tuèrent ledit enfant ». Les procès ne parviennent pas à établir le nombre exact de victimes, le sire de Rais n'en ayant pas tenu le compte. Le procès ecclésiastique mentionne le chiffre de 140, le procès civil parle de 200 morts et plus.

### Des aveux au gibet

La simple menace de la torture suffit à faire passer Gilles de Rais aux aveux. Il confesse qu'il a commis ses premiers crimes sexuels en 1432, année de la mort du chef de sa famille. Ce n'est que bien des années plus tard qu'il a associé les crimes d'enfants à l'évocation des démons. En homme qui a besoin d'argent, il a demandé à ceux-ci, sans succès, de lui révéler le secret de la fabrication de l'or. Dans le domaine de la sorcellerie, il a eu pour guide un aventurier italien, un certain François Prelati. Selon le témoignage de ce dernier — que les juges retrouvent et font comparaître —, Gilles de Rais porta un jour dans sa chambre « la main, le cœur, les yeux et le sang d'un jeune garçon, contenus dans un verre, et les lui donna afin qu'aussitôt qu'il ferait une évocation, François offrit et donnât au démon la main, le cœur, les yeux et le sang. » Des séances semblables, et les scènes de luxure préalables aux mises à mort des enfants, se sont répétées périodiquement jusqu'à l'arrestation du sire de Rais. Les deux tribunaux prononcent leur sentence le 25 octobre. Gilles, pour son tempérament luxurieux et ses actes criminels et hors nature, est condamné, avec les deux serviteurs qui lui ont servi de complices, à être pendu et à avoir son cadavre brûlé. Il est également excommunié pour hérésie. Son repentir lui vaut cependant d'être réintégré au sein de l'Église, puis d'être rapidement enlevé du bûcher et enterré avec les honneurs dus à son rang.

*La trop brillante réussite d'un homme d'affaires*

# JACQUES CŒUR

*Jacques Cœur, argentier du roi Charles VII (gravure du XIXe siècle, Paris, bibliothèque du musée des Arts décoratifs).*

**Le 31 juillet 1451, le roi de France, Charles VII donne l'ordre d'arrêter Jacques Cœur, l'un de ses principaux conseillers et le plus grand homme d'affaires de son royaume. Les chefs d'accusation s'accumulent contre ce personnage importante, qui a surtout commis la maladresse d'étaler trop ostensiblement sa réussite.**

Fils d'un riche marchand pelletier de Bourges, Jacques Cœur, né vers 1395, a fait fortune dans des secteurs d'activité aussi variés que la banque, le change, le commerce — notamment avec le Levant —, l'extraction minière, la fabrication de produits ou encore le transport sur mer et sur terre. Il a installé le siège de ses entreprises à Montpellier, où il est en relation avec de nombreux marchands languedociens. Parallèlement, il a mené avec beaucoup de succès une carrière publique. D'abord maître des monnaies du roi, il est devenu ensuite argentier, ou ministre des Finances, commissaire auprès des états du Languedoc, et conseiller. Il est alors anobli.

## Un optimisme non fondé

Lors de son arrestation, Jacques Cœur n'est guère inquiet. Il sait qu'il a de solides appuis, dont le pape lui-même, et pense sans doute pouvoir expliquer sans trop de difficultés les faits qu'on lui reproche. Or il s'aperçoit rapidement que l'affaire est sérieuse. La rumeur publique, qui l'accuse d'avoir empoisonné Agnès Sorel, la maîtresse du roi, morte à la suite de son quatrième accouchement, conjuguée aux plaintes de nombreux marchands du Languedoc, qui lui attribuent toutes sortes de malversations et d'exactions, le conduit en effet en prison pour longtemps. C'est que Jacques Cœur a suscité bien des jalousies et bien des rivalités, tant dans le milieu des marchands qu'à la cour, qui condamne son enrichissement et ses taux d'intérêt élevés. Le roi lui-même se méfie des talents de son argentier, qu'il soupçonne peut-être même de participer aux intrigues ourdies par son propre fils, le futur Louis XI. Le procès, ouvert au cours de l'été 1451 par Charles VII, se déroule selon la procédure inquisitoire. Celle-ci implique la mise sous séquestre des biens de l'accusé, le secret de l'instruction et donc l'interdiction de communiquer avec l'extérieur, l'absence d'avocat et la possibilité de recourir à la torture pour obtenir les aveux. Au lieu de confier la cause au parlement de Paris, cour de justice compétente en ce cas, Charles VII désigne deux groupes de commissaires, hommes de loi pour la plupart, pour instruire l'affaire. Le premier groupe recueille les dépositions des témoins dans le royaume, et surtout en Languedoc, tandis que le second se charge de l'interrogatoire de Jacques Cœur et de l'audition des témoins séjournant à la cour. Les témoins à décharge ne sont pas entendus.

## Des crimes de lèse-majesté

En juin 1452, l'instruction est terminée. Les magistrats ont rassemblé dans un épais dossier toutes les charges pesant contre Jacques Cœur. L'accusation d'empoisonnement sur la personne d'Agnès Sorel, qui n'a aucun fondement, est écartée. Les crimes de lèse-majesté sont désormais les accusations les plus graves. Trafic d'armes sans autorisation avec les musulmans, remise d'un esclave

*Jacques Cœur fait amende honorable devant Charles VII (miniature du XVe siècle extraite des* Chroniques de Monstrelet, *Paris, Bibliothèque nationale de France).*

### Le verdict royal

« [...] *Condamnons ledit Jacques Cœur à nous faire amende honorable en la personne de notre procureur, nue tête sans chaperon* (coiffe) *et ceinture, à genoux, tenant en ses mains une torche ardente de dix livres de cire, en disant que mauvaisement, indûment et contre raison, il a envoyé et fait présenter harnais* (équipement d'homme d'armes) *et armes au Soudan, ennemi de la foi chrétienne et de nous, et aussi fait rendre aux Sarrasins ledit enfant, et fait mener et transporter auxdits Sarrasins grand quantité d'argent blanc (trafiqué), et aussi transporté et fait transporter grande quantité de billons* (pièces) *d'or et d'argent hors du royaume contre les ordonnances royales et qu'il a pris, exigé, levé, recelé et retenu plusieurs grandes sommes de deniers, tant de nos deniers que sur nos pays et sujets* [...] *en requérant de ce merci et pardon à Dieu, à nous et à justice.* »

*Robert Guillot,* le Procès de Jacques Cœur (1451-1457), *Paris, Caisse nationale des monuments historiques et des sites, 1974.*

*Le paiement des redevances au prévôt : les sommes versées sont inscrites dans un registre (miniature extraite d'un manuscrit du XVᵉ siècle, Paris, Bibliothèque nationale de France).*

chrétien en fuite à son propriétaire musulman, exportation au Levant d'argent trafiqué, frappé du lys royal, frappe de fausse monnaie en 1429-1430 et extorsion d'argent à des nobles en faisant valoir le nom du roi sont les crimes qui bafouent l'autorité de Charles VII. À ceux-ci, les commissaires, qui ne sont pas tous impartiaux, ajoutent une longue liste de délits : spéculations, fraudes, détournement des revenus du fisc royal en Languedoc, trafic d'influence, prêt à intérêt condamné par l'Église, abus d'autorité dans l'arrestation de vagabonds envoyés sur ses galères. Au cours de cette phase du procès, Jacques Cœur n'a eu aucune possibilité de se défendre autrement qu'en essayant de se justifier oralement. Deux voix se sont élevées pendant cette période en sa faveur, celle de l'archevêque de Tours et celle du pape. Le souverain tient certainement compte de l'intervention de la papauté, lorsqu'il examine en juin 1452 le dossier de Jacques Cœur devant le Grand Conseil, c'est-à-dire son conseil siégeant comme justice suprême. À la suite de cette réunion, le roi décide de prolonger l'instruction. Son argentier est autorisé à demander à ses commis et à ses proches de lui fournir des pièces justificatives écrites.

## L'impossible défense

Le temps est trop court pour réunir les documents nécessaires. L'argentier parvient à produire la lettre de rémission lui pardonnant la production de fausse monnaie, mais pas les deux sauf-conduits de la papauté lui permettant de commercer avec les infidèles. Il n'obtient pas non plus les autorisations relatives à l'arrestation des vagabonds destinés à ses navires. Les magistrats jugent les pièces produites insuffisantes et reprennent les interrogatoires de l'accusé. Pour obtenir des aveux complets, ils soumettent cette fois Jacques Cœur à la torture. Le résultat est tout à fait satisfaisant. Celui-ci confesse même ce qu'il avait toujours nié, à savoir la contrefaçon du sceau royal, une imitation de la signature du souverain et l'affaire de l'esclave. Il reconnaît fraudes et escroqueries, au détriment du roi notamment. Pratiques assez communes en son temps, qu'il a sans doute menées sur une plus grande échelle que d'autres. Le 29 mai 1453, après délibération avec le Grand Conseil, le roi prononce la sentence en l'absence de l'accusé. Reconnu coupable de crimes de lèse-majesté, Jacques Cœur échappe à la peine de mort à cause des services rendus à la Couronne et grâce à la protection du pape. Il est condamné à faire amende honorable, à payer 400 000 écus, somme que ses biens ne suffisent pas à couvrir, et à rester en prison tant qu'il ne se sera pas acquitté de cette dette. S'il y parvient, il sera banni du royaume. En 1454, après plus de trois ans d'emprisonnement, Jacques Cœur s'évade et gagne Rome. Il meurt deux ans plus tard, à Chio, en Grèce, au cours d'une expédition lancée par la papauté contre les Turcs.

## *Valenciennes organise un duel judiciaire*

# LE JUGEMENT DE DIEU

*Dans le duel judiciaire, le vaincu est reconnu coupable (miniature du XVᵉ siècle extraite des* Chroniques de Monstrelet, *Paris, Bibliothèque nationale de France).*

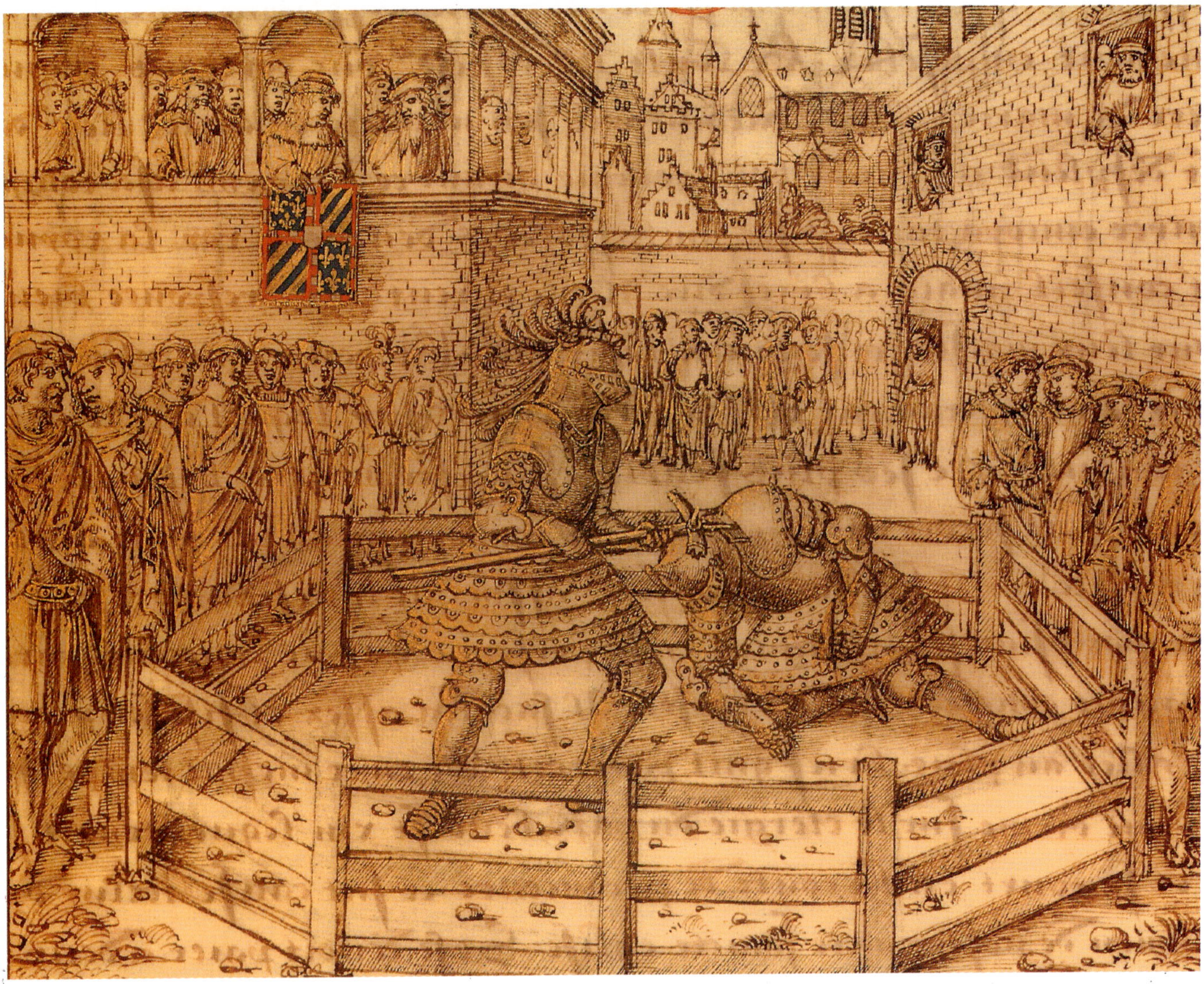

**Le 20 mai 1455 se déroule à Valenciennes, ville placée sous l'autorité du duc de Bourgogne, Philippe le Bon, un duel judiciaire, qui oppose plaignant et défenseur. Cette forme de jugement est utilisée lorsqu'il est impossible d'obtenir des preuves de la culpabilité ou de l'innocence de l'accusé.**

Au XVᵉ siècle, cette très ancienne coutume ne subsiste plus qu'à l'état sporadique. Aussi le duel annoncé à Valenciennes est-il une curiosité qui attire les spectateurs, grands dignitaires y compris, comme le rapporte un chroniqueur de l'époque : « Et pour ce que telles choses n'adviennent pas souvent, le bon duc (Philippe le Bon) s'arrêta à Valenciennes pour voir cette bataille. » Le combat annoncé présente en outre la particularité de mettre aux prises deux hommes du peuple et non deux nobles à cheval, comme c'est généralement le cas.

### Un droit d'asile contesté

À l'origine de cette affaire se trouve un certain Mahiot Coquel, couturier à Tournai. Le personnage a demandé le droit d'asile à Valenciennes après avoir occis un homme qui lui refusait la main de sa fille. La ville, qui a reçu des princes le pouvoir d'accorder ce droit et qui le considère comme un important privilège, ne le donne pas à n'importe quel assassin. Elle exige de savoir comment le crime a été commis, si c'est de « beau fait », c'est-à-dire par nécessité ou pour se défendre, ou si c'est un meurtre que rien ne justifie. Puis, avant d'ouvrir ses portes au solliciteur qui proclame son innocence, elle le prévient qu'en cas de contestation il devra prouver son innocence par l'écu et le bâton, autrement dit par

*Une ordalie, ou épreuve du feu (peinture de Ghirlandaio, épisode de la* Vie de saint François d'Assise*, Florence, église Santa Trinità).*

*Parfois, le duel judiciaire oppose un homme à un animal (miniature du XIII^e^ siècle extraite du* Roman de Macaire*, Paris, bibliothèque de l'Arsenal).*

## L'ordalie, ou jugement de Dieu

L'ordalie, également appelée jugement de Dieu, est une épreuve judiciaire au cours de laquelle Dieu décide de la culpabilité ou de l'innocence de celui qui s'y soumet. Le verdict de l'ordalie, qui tient lieu de procès, est sans appel.

**Par l'eau et par le feu.** La première mention d'ordalie apparaît dans la loi salique, ou loi des Francs, qui remonte à 510 environ. Il s'agit de l'épreuve du chaudron, qui consiste à plonger une main dans l'eau bouillante. La coutume, d'origine païenne, est adoptée par le christianisme. Sous le règne de l'empereur Charlemagne (800-814) et de son fils Louis le Pieux, d'autres formes d'ordalie se développent, dont la plus importante est celle du feu. Le prévenu saisit avec sa main un fer rouge. Si, après le contact avec l'eau ou le métal brûlants, la main présente dans les trois jours qui suivent une belle cicatrisation, c'est que son propriétaire est innocent des accusations dont on l'accable. De vilaines plaies indiquent que la personne est coupable. Les épreuves sont unilatérales, c'est-à-dire qu'elles ne concernent qu'une seule personne. Interdites par la papauté en 1215, ces ordalies se font de plus en plus rares après cette date.

**Le duel judiciaire.** En revanche, le duel judiciaire, pratiqué par les peuples germaniques dès le VI^e^ siècle, se maintient plus longtemps. Il ne décline qu'aux XIV^e^ et XV^e^ siècles. Le duel, ou bataille entre le plaignant et le défenseur, est une épreuve bilatérale qui n'implique pas les éléments naturels. Il se fonde uniquement sur l'intervention divine.

le duel judiciaire. Mahiot Coquel accepte les conditions. Mais à peine a-t-il commencé à jouir de son droit d'asile qu'un parent de la victime, du nom de Jacotin Plouvier, se manifeste et l'accuse d'avoir tué sans aucune raison valable. Puis il jette son gant pour provoquer son adversaire au combat. Celui-ci le ramasse et accepte donc la confrontation. Le prévôt, qui représente la ville, et les jurés, ou juges de la cité, sont alors fort embarrassés, car le dernier cas de ce genre remonte à plusieurs dizaines d'années. Cependant, comme ils ne veulent pas prendre le risque de voir leur droit d'asile remis en cause par les princes, ils décident de suivre la procédure normale et d'organiser le duel. À l'issue de cette épreuve, le vaincu, vivant ou mort, sera envoyé au gibet.

### Les préparatifs du combat

L'accusé et le plaignant sont aussitôt emprisonnés. La ville leur donne à chacun un maître qui leur apprend l'art de combattre. Leur incarcération se prolonge pendant plusieurs mois à cause de l'absence du duc de Bourgogne. Lorsque Philippe le Bon revient de voyage, la date de la bataille finit par être fixée au 20 mai 1455. Au jour dit, de sérieuses mesures de sécurité sont prises par les autorités, notamment en raison de la présence du duc et de sa suite. Les portes de la ville sont fermées et ses murailles gardées par de nombreux hommes. La ville entière ne s'occupe plus que du combat qui va avoir lieu. Pour la rencontre, on installe un champ clos, circulaire, entouré d'une double rangée de palissades, sur la place du marché. Interdiction est faite à quiconque de secouer celles-ci et d'interpeller les combattants. Au moindre signe d'agitation, le prévôt est prêt à lever son bâton et à crier : « Gare le ban (la justice) ! » Dans l'arène, deux chaises attendent les adversaires. La présence du bourreau, qui s'emparera du vaincu, souligne la gravité du moment.

### L'impossible présence de Dieu

Jacotin Plouvier, le plaignant, est le premier à pénétrer sur le terrain. Après avoir demandé la bénédiction de Dieu, il s'agenouille face au duc et s'assied. Lorsque Mahiot Coquel le rejoint, il fait de même. Les deux adversaires ont le crâne rasé, les pieds nus, les ongles des pieds et des mains coupés. Torse, bras et jambes sont enserrés dans un vêtement de cuir. Les hommes de loi apportent un Évangile sur lequel les combattants prêtent serment. Mahiot Coquel jure qu'il a tué son homme de « beau fait », Jacotin Plouvier soutient le contraire. À Dieu maintenant de se prononcer au cours du combat. Avant de s'élancer, les duellistes s'enduisent encore le corps de graisse, pour qu'il n'offre pas de prise, se frottent les mains avec des cendres pour avoir leurs armes bien en main et mangent du sucre afin de mieux respirer. Ils reçoivent enfin leurs armes, le bâton et l'écu (bouclier) décoré d'une image sainte.

Le prévôt donne le signal de la lutte en criant : « Que chacun fasse son devoir ! » Mahiot Coquel, qui a le soutien du public, désireux de défendre son droit d'asile, s'élance courageusement sur son adversaire. Après un début encourageant, il est véritablement massacré par Jacotin Plouvier, insensible aux cris de l'homme qui reconnaît son forfait et demande grâce. Les chroniqueurs ne peuvent s'empêcher de remarquer qu'une telle horreur ne peut pas être voulue par leur religion, mettant ainsi en cause la réalité de l'intervention divine. Tandis que Mahiot Coquel rend son dernier soupir sur le gibet, Jacotin Plouvier va à l'église pour remercier Dieu de lui avoir donné la victoire.

*On ne badine pas avec le mariage*

# UN ARCHEVÊQUE CONTRE LA BIGAMIE

**En 1455, l'archevêque de Florence, Antonin, reçoit une plainte d'une femme de 35 ans, Lusanna : celle-ci prétend que, bien qu'elle ait contracté légalement un mariage avec un certain Giovanni della Casa, le jeune homme « a épousé une autre femme de Florence en une cérémonie publique, avec échange de vœux et d'anneaux ». L'épouse bafouée revendique ses droits légitimes.**

Si Lusanna dit vrai, le second mariage doit être dissous et le tribunal ecclésiastique — présidé par l'archevêque et seul compétent en matière matrimoniale — doit contraindre Giovanni à reprendre Lusanna pour femme. La procédure judiciaire, qui fait suite à un bref (ou lettre) du pape, se met en branle à la fin de juin 1455. Avoués et témoins des deux parties sont confrontés. L'archevêque porte un intérêt particulier à l'affaire : il interroge lui-même les témoins et préside plusieurs audiences.

## La version de Lusanna

Au dire de tous, Lusanna di Benedetto est une femme exceptionnellement belle à la forte personnalité. D'origine modeste, elle a été mariée à un toilier, Andrea, qui meurt en janvier 1453, en lui laissant de confortables revenus. La condition de veuve n'est pourtant pas facile pour une femme jeune et ardente. Or un jeune noble florentin, fils cadet d'une famille de banquiers, célibataire de 31 ans, la poursuit de ses assiduités. Il l'attend dans la rue et la presse de céder à son amour. Lusanna résiste : elle ne se donnera que dans le mariage. Bien que cette union avec une femme de deux ans plus âgée que lui, d'une extraction inférieure et probablement stérile, puisqu'elle n'a pas eu d'enfants de son premier mariage, paraisse mal assortie, Giovanni accepte d'épouser Lusanna. Mais il demande que le mariage reste secret pour éviter l'opposition de sa famille. Les parents de Lusanna, de leur côté, dissuadent la jeune femme d'épouser un homme d'une condition si différente, mais Lusanna est amoureuse et la cérémonie est décidée, en grand secret. C'est Antonio, le frère de Lusanna, qui trouve un franciscain de Santa Croce, Fra Felice Asini, pour bénir l'union en mai 1453, quelques mois seulement après la mort d'Andrea. Il n'y a pas de notaire pour rédiger le contrat. La cérémonie se déroule chez Antonio, après le coucher

*Mariage entre nobles (peinture du XV^e siècle de Sano di Pietro, Sienne, Archives d'État).*

*La société des marchands florentins est riche et puissante (miniature du* XV*e siècle de Sano di Pietro extraite du manuscrit* Mercanzia*, Sienne, Archives d'État).*

*Saint Antonin renversant une table de jeu (peinture de F. Boschi, Florence, Museo di San Marco).*

du soleil. Les témoins sont en très petit nombre : quelques parents de Lusanna, un couple ami des deux parties. Comme le mariage doit être tenu secret, la jeune femme vit à Florence en gardant le voile noir des veuves. Son mari vient la rejoindre la nuit, plusieurs fois par semaine. Mais, lorsque le couple va à la campagne, Lusanna s'ébat librement et les paysans peuvent la voir en robe brune, comme une jeune épousée, l'anneau au doigt. Or, au début de l'année 1455, Lusanna a la stupeur d'apprendre le mariage officiel de Giovanni, qui vient de perdre son père, avec une jeune fille de 15 ans, de la noblesse florentine, Marietta Rucellai. Ulcérée, elle porte plainte devant le tribunal ecclésiastique.

## Équitable et incorruptible

Le juge qui tranche en faveur de la modeste Lusanna contre Giovanni est **un dominicain âgé de soixante-six ans en 1455**, et qui est alors archevêque de Florence depuis dix-neuf années.

L'homme, extraordinairement populaire parmi le petit peuple de la ville, n'hésite pas à **s'opposer aux nantis et même aux puissants de Florence**, pour défendre la cause des humbles, et notamment celle de la veuve ou de l'orphelin.

Prélat pieux et austère, humaniste raffiné par ailleurs, Antonin, qui mourt en 1459 et sera canonisé en 1523, vit simplement et se laisse approcher sans difficulté. Il lutte, en particulier, pour **une moralisation de la société, qui passe à ses yeux par la valorisation du mariage et ce qu'il appelle « le bon gouvernement de la famille »**.

À la tête du **tribunal ecclésiastique, instance compétente au Moyen Âge en matière matrimoniale et pour ce qui regarde la morale publique**, il défend Lusanna, qu'il croit dans son bon droit, mais sait aussi prononcer des condamnations d'une extrême sévérité envers les personnes convaincues de luxure ou les femmes, très nombreuses à Florence au XVe siècle, qui se livrent à la prostitution.

## Des témoins complaisants ?

Bien différente est la version de Giovanni : selon lui, le mariage n'a jamais eu lieu. Ses témoins décrivent Lusanna comme une jeune femme coquette, sensuelle, dévergondée, ne résistant pas à ses passions. Bien avant la mort de son mari, elle aurait rencontré Giovanni, accepté ses avances et même organisé des rendez-vous chez des couples amis. Parmi les témoins qui accusent la jeune femme d'adultère, le plus précis est une certaine Giuliana Magaldi. Celle-ci déclare avoir entendu ces mots de Lusanna, adressés à Giovanni : « Je veux que tu me promettes que si mon Andrea meurt, tu me prendras pour femme. » Après la réponse positive du jeune homme, les jeunes gens seraient montés ensemble dans la chambre et s'y seraient durablement enfermés... Giuliana insinue également que le dénommé Andrea aurait succombé à une indigestion suspecte... Les enquêteurs confrontent les témoins mais ils ont du mal à reconstituer la cérémonie du mariage. Les rares invités ne se souviennent plus des détails. S'ils se rappellent la robe verte de Lusanna, ils hésitent sur le costume de Giovanni, sur le menu du repas de fête, et même sur l'heure du mariage... Giovanni prétend qu'au jour dit il était à Sienne. Quant au religieux chargé d'officier, il a eu maille à partir avec la justice et son témoignage n'est pas fiable. Toute la stratégie de l'avoué de Giovanni consiste à ternir la réputation de Lusanna et à disqualifier ses témoins. Il essaie aussi plusieurs manœuvres dilatoires pour différer le procès. Fait plus grave pour la jeune femme, il obtient du plus haut magistrat du tribunal civil de Florence l'examen d'une nouvelle plainte, selon laquelle Lusanna aurait effectivement empoisonné Andrea, et il demande une instruction — qui est menée par un tribunal civil, cette fois. Le jeune homme bénéficie manifestement d'appuis précieux... Désormais, entre les deux juridictions de Florence, civile et ecclésiastique, c'est une bataille de prérogatives. L'archevêque, qui tient à être seul juge de l'affaire dans son ensemble, menace le magistrat civil d'excommunication s'il continue sa procédure. Il intervient aussi en haut lieu, et travaille tant et si bien que, le 18 juillet, il obtient de la seigneurie de Florence — le pouvoir exécutif — l'ordre que cesse l'enquête du tribunal civil.

Parallèlement à ces manœuvres, le prélat continue d'entendre les témoins, qui doivent tous prêter serment. Si Lusanna, manifestement, n'a pas la réputation d'une vierge effarouchée, la rumeur s'accorde à reconnaître qu'elle aimait sincèrement son premier mari et ne semble pas l'avoir trompé. La Magaldi elle-même, à qui l'archevêque a bien fait comprendre que toute déclaration fausse la mènerait droit en enfer, finit par retirer une partie de sa déposition. Elle confesse qu'elle n'a en fait aucune preuve que Lusanna ait tué son mari, et même qu'elle ne se souvient pas au juste si Giovanni et la jeune femme se sont retirés assez longuement pour avoir eu le temps de faire l'amour, le jour où elle les a entendus se déclarer leur attirance. Les mémoires rédigés par les avoués des deux parties sont aussi étudiés avec grand soin par le tribunal ecclésiastique. Deux versions s'affrontent, mais aussi deux milieux, deux modes de vie, deux fortunes. À l'automne 1455, l'archevêque prononce la sentence : il croit à la réalité du mariage de 1453. Giovanni est prié de reconnaître publiquement Lusanna pour sa légitime épouse. Il est condamné à une forte amende pour bigamie et à payer les frais de justice.

*Un moine dominicain brûlé pour hérésie*

# SAVONAROLE

**En 1498, le prédicateur dominicain Jérôme Savonarole, maître de Florence, est désavoué par ceux qui furent un temps ses enthousiastes partisans : les habitants de la ville. Après l'avoir soumis au jugement de Dieu, les Florentins le livrent à la justice humaine. Sa condamnation intervient à la suite de deux procès menés par des juges de la cité et d'un troisième instruit par les envoyés du pape.**

Prieur du couvent dominicain de Saint-Marc, à Florence, depuis 1491, Jérôme Savonarole prononce de violents sermons, émaillés de prophéties, de descriptions apocalyptiques et de promesses de miracles, qui exhortent les Florentins à réformer leurs mœurs. Il ne tarde pas à exercer une très forte emprise sur une population soudain assoiffée de purification. En 1494, après la fuite des ducs de Médicis, souverains de Florence, et la proclamation de la république, il gouverne la cité grâce à sa puissante autorité morale. Son régime, qui encourage la délation, brûle les livres et chasse les Juifs de la ville, lui suscite des ennemis. Au bout de trois années, ses attaques contre le pape corrompu provoquent son excommunication. Comme il continue à prêcher, le pontife exige son extradition. Florence, divisée, embarrassée, tergiverse, jusqu'à ce qu'un événement inattendu dénoue la crise.

## Le jugement de Dieu

C'est en effet le moment que choisissent les frères franciscains de Florence, farouches adversaires de Savonarole, pour lancer un défi au moine. Ils l'engagent à prouver par le jugement de Dieu la véracité de ses thèses, à savoir la nécessité de réformer l'Église et Florence, et la nullité de son excommunication.

*Savonarole, célèbre prédicateur (peinture italienne anonyme, Vérone, Museo Civico).*

*Le supplice de Savonarole (peinture italienne anonyme, Florence, Museo di San Marco).*

Le jugement de Dieu doit prendre la forme de l'épreuve du feu, qui opposera un franciscain à un dominicain représentant Savonarole. Les franciscains proposent de dresser un grand bûcher. Si l'un des candidats à l'épreuve échappe aux flammes, il sera déclaré vainqueur, par la volonté miraculeuse de Dieu. Si les deux hommes sont carbonisés, Savonarole sera vaincu. Le parti qui renoncera au jugement sera automatiquement considéré comme défait. Dans tous les cas, les vaincus — et donc Savonarole, le cas échéant — seront contraints de s'exiler. Point de mire de toute la ville, le prédicateur dominicain se voit forcé d'accepter la proposition. Au jour dit, la foule se presse autour du bûcher dressé sur la grande place de la ville. Les franciscains, trop fins pour se risquer à aller jusqu'au bout de l'épreuve, s'enferment dans le palais du gouvernement avec les autorités florentines. Ils formulent des exigences, absentes des conditions fixées avant le jugement. Lorsque le champion de Savonarole les repousse, ils ont beau jeu de déclarer que l'adversaire refuse l'épreuve... Aucune entente n'étant possible, les autorités annoncent que le jugement n'aura pas lieu. Le peuple, frustré d'un beau spectacle, et qui a vainement attendu un de ces miracles annoncés par Savonarole, se retourne contre celui-ci et ses partisans. Le moine quitte la place sous bonne escorte et rejoint son couvent, qui est assailli peu après par les troupes fraîchement grossies de ses ennemis.

## Jugé par les hommes

Le jour même, le gouvernement passe aux mains du clan hostile à Savonarole. Et les nouvelles autorités, plutôt que de se contenter d'exiler le prédicateur, l'arrêtent afin de le juger sans délai. Deux procès se succèdent alors, qui consistent exclusivement en des interrogatoires, sans réquisitoire, sans audition de témoins, et sans qu'il soit donné à aucun moment à l'accusé l'occasion de se défendre. Dix-sept commissaires composent le premier tribunal. Ils sont assistés d'un greffier, homme chargé de rédiger les comptes rendus des interrogatoires... et de les modifier le cas échéant une fois que l'accusé y a apposé sa signature. La torture, appliquée dès la première séance d'interrogatoire, le 10 avril, et utilisée tout au long de la procédure, provoque l'effondrement immédiat de l'ancien maître de Florence. Incapable d'endurer les sévices, Savonarole avoue tout ce que le tribunal veut entendre. Questionné au sujet de ses prophéties, il confesse qu'il est un faux prophète et qu'il n'a jamais eu de révélation divine. Quant à son action politique, il reconnaît qu'elle a été dictée par son ambition et par son désir de gloire et de domination et non par une inspiration du ciel. Ces révélations aliènent au moine ce qui lui reste de partisans dans Florence, y compris les frères du couvent de Saint-Marc. Le 19 avril, Savonarole signe le compte rendu de son procès, constitué par ses aveux. Les autorités, qui craignent qu'il ne se rétracte ou qu'il ne relève les déclarations erronées, l'excluent de la lecture publique du document. Le deuxième procès, qui dure du 21 au 25 avril, reprend les questions déjà posées tout en insistant davantage sur les actes politiques. Il cherche, sans y parvenir, à établir des charges plus sérieuses que celles de faux prophète et d'ambitieux qui ressortent de la première instruction.

## Savonarole parle sous la torture

*« Après l'instauration du nouveau gouvernement, je commençai à affirmer plus fortement mes thèses, non seulement par désir de gloire, mais parce que je voulais diriger le gouvernement de Florence, autant par vanité que dans le but de m'en servir à mon gré [...] ; et aussi pour gagner de la réputation en dehors de Florence. [...] Je n'étais pas certain de pouvoir opérer un miracle ou signe surnaturel comme j'avais souvent annoncé que j'en ferais en son temps et en son lieu ; je ne l'avais dit que pour donner du crédit à mon entreprise. »*

*Robert Klein,* le Procès de Savonarole, *le Club du meilleur livre, Paris, 1957.*

*Pour lui arracher des aveux, les ennemis de Savonarole le conduisent en prison et le torturent (détail d'une fresque de la salle des Médaillons, Mantoue, palais du Te).*

## Le jugement de l'Église

Jugé et condamné par les autorités florentines, Savonarole doit subir un troisième procès, instruit cette fois par l'Église. La nouvelle procédure engagée résulte de l'accord conclu entre la république florentine et le pape. Le pontife veut juger le dominicain et réclame pour cela de l'avoir entre ses mains. Mais le gouvernement florentin refuse de laisser partir celui qu'il dénonce à présent comme un ennemi public. Le compromis qui intervient consiste à laisser Savonarole à Florence, au lieu de l'extrader à Rome, mais à le faire juger sur place par des commissaires du pape, indépendamment des actions intentées contre lui par les autorités civiles. Entre le 19 et le 23 mai, deux représentants du pontife interrogent donc le prophète épuisé sur sa foi et sur la magie, sans grande conviction toutefois, car rien dans les sermons ou dans le mode de vie du moine ne peut prêter à l'accusation d'hérésie. Ce que veulent en réalité les envoyés du pape, c'est apprendre le nom des prélats qui ont eu des liens avec le moine pendant les trois années où celui-ci s'est montré rebelle à l'autorité de Rome. Une fois le travail des envoyés du pape achevé, la condamnation du moine est prononcée par les autorités florentines, en vertu des premiers procès. Savonarole ainsi que ses trois plus proches collaborateurs, les frères Jérôme, Dominique et Sylvestre, sont condamnés « à être pendus par le cou et brûlés afin que leur âme soit séparée du corps ». Le jour même, 23 mai 1498, le châtiment est exécuté, sur l'actuelle place de la Seigneurie, devant le Palazzo Vecchio de Florence. Les cendres des quatre moines sont dispersées dans l'Arno afin que personne ne les transforme en pieuses reliques. Comme il l'avait prophétisé, le prédicateur visionnaire est mort sur le bûcher, après sept ans de vie publique.

*La foule ovationne l'accusé*

# LUTHER, LE PROPHÈTE EXCOMMUNIÉ

*Les thèses de Luther sont affichées sur la porte de l'église de Wittenberg (gravure de 1517-1519).*

*Luther brûle publiquement la bulle du pape à Wittenberg (gravure du XIX^e^ siècle).*

## Luther refuse d'abjurer

*Dans le long discours qu'il prononce devant la diète de Worms, Luther a tenté d'introduire les nuances de sa pensée. Mais on lui reproche ses explications trop complexes. Aussi fait-il cette déclaration, « sans pointes ni détours », qui lui vaudra sa condamnation par Charles Quint :*

*« À moins qu'on ne me convainque par des attestations de l'Écriture ou par des raisons évidentes — je ne crois ni au pape ni aux conciles seuls puisqu'il est clair qu'ils se sont souvent trompés et contredits —, je suis lié par les textes scripturaires que j'ai cités et ma conscience est captive des paroles de Dieu. Je ne puis ni ne veux me rétracter en rien car il n'est ni sûr ni honnête d'agir contre sa propre conscience. »*

*Cité par M. Lienhard,* Martin Luther, *Le Centurion, Labor et Fides, Paris, 1983.*

**Le 17 avril 1521, Luther comparaît à Worms devant les princes des cours d'Allemagne, archiduc, princes électeurs, landgraves et margraves, réunis en assemblée, ou diète, autour du nouvel empereur Charles Quint. Le moine allemand doit répondre de ses doctrines. Sur une table, une pile de livres constitue le corps du délit.**

La salle de la résidence impériale est bondée et des curieux sont perchés sur les toits. L'absence du représentant du pape, Aleandro, n'étonne personne : la papauté, qui a déjà excommunié Luther, juge illégal cet interrogatoire devant une assemblée civile. Il ne s'agit pas à proprement parler d'un nouveau procès. Luther est convoqué devant la diète pour confirmer qu'il est bien l'auteur des ouvrages incriminés et pour savoir s'il veut se rétracter. L'interrogatoire commence : « Martin Luther, Sa Majesté Impériale t'a fait comparaître pour te poser deux questions : reconnais-tu comme tiens ces livres ? Es-tu disposé à les désavouer ?» Le moine demeure calme face au jeune empereur, maître de la moitié du monde. Il sait que, de l'autre côté du mur, ses partisans sont des milliers, violemment hostiles aux abus de Rome et aux empiétements du pouvoir pontifical. Il demande une journée pour préparer sa réponse. L'assemblée se réunit le lendemain, en fin de journée. Pour mieux se faire comprendre de tous, Luther parle en allemand, mais on lui demande de se répéter en latin. Très ému, il doit interrompre son long discours et il s'exclame dans sa langue maternelle : « Je ne peux pas. Faites de moi ce que vous voudrez. Dieu me soit en aide !»

### Crises d'angoisse

Frère Martin n'a pas voulu révolutionner l'Église. Entré dans l'ordre des Augustins, pieux, scrupuleux, il a été ordonné prêtre en 1507, à l'âge de 24 ans, puis nommé sous-prieur au couvent de Wittenberg, en Saxe, et enfin professeur d'exégèse biblique. Mais il est sujet à de violentes crises d'angoisse : il lui semble que ses exercices de piété ne suffisent pas à lui mériter la grâce et que ses péchés doivent le conduire en enfer. Cette peur de l'enfer, cette terreur devant le Jugement dernier, frère Martin les partage avec

tous ses contemporains, en ces temps où l'on croit que la fin du monde est proche. Aussi la pratique de l'achat des indulgences rencontre-t-elle beaucoup de succès : indulgence, remise de peine sur le temps du purga-toire, est accordée par le pape à qui versera une aumône pour l'achèvement de la basilique Saint-Pierre, à Rome. Mais Luther juge ces assurances sur le paradis dangereuses, car elles détournent le fidèle du vrai repentir. L'homme, marqué par le péché, ne peut rien par lui-même : seule sa foi dans le Christ le sauve, non ses œuvres. Les idées de Luther font l'objet de discussions académiques, jusqu'au jour d'octobre 1517 où le moine adresse à l'archevêque Albert de Mayence, chef de l'Église d'Allemagne, 95 thèses qui mettent violemment en cause l'achat des indulgences. Ces thèses sont affichées aux portes de l'église de Wittenberg et colportées, à l'insu de leur auteur, dans toute l'Allemagne.

### Accusé d'hérésie

L'archevêque de Mayence envoie aussitôt les thèses à Rome, où le cardinal Cajetan, un dominicain, est chargé de les étudier. Au terme de l'enquête, leur contenu est jugé hérétique. Convoqué à Rome en août 1518, Luther, qui craint les effets de la vieille rivalité entre augustins et dominicains, demande à rencontrer Cajetan à Augsbourg. Le cardinal est chargé d'obtenir une rétractation de principe, sans examen de fond, ce que Luther récuse. La rencontre, dès lors, est vouée à l'échec. Luther conteste l'autorité du pape et il réclame, pour juger ses idées, la réunion d'un concile général. Le climat se durcit. Cajetan somme le prince électeur de Saxe, Frédéric le Sage, dont relève Luther, de livrer l'insoumis, mais Frédéric refuse tant que Rome n'a pas procédé à un véritable jugement. Pendant l'année 1519, Luther connaît un peu de répit, car la curie romaine est occupée par l'élection d'un nouvel empereur au trône du Saint Empire. Il précise sa pensée à travers livres et controverses. C'est alors que le pape Léon X, à qui l'élection de Charles Quint laisse enfin les mains libres, constitue une nouvelle commission. Celle-ci aboutit à la condamnation de 41 thèses. Par la bulle *Exsurge Domine* du 15 juin 1520, décret scellé de plomb, Luther est déclaré hérétique et sommé de se rétracter sous peine d'excommunication. Le temps des hésitations est passé. Luther brûle la bulle publiquement à Wittenberg. Le 3 janvier 1521, il est excommunié, ainsi que tous ses partisans. Cette condamnation, par laquelle l'accusé est exclu de l'Église et totalement séparé de la communauté de ses frères dans ses relations civiles et sociales, doit être immédiatement enregistrée par l'Empire. Un bref (lettre) du pape demande à l'empereur de faire publier le jugement et d'en assurer l'exécution par un édit proclamant le bannissement de Luther. Charles Quint s'apprête à obtempérer, lorsque, devant la popularité croissante du moine, ses conseillers le poussent à consulter les princes de l'Empire. On ne peut condamner un Allemand sans l'entendre. Frédéric de Saxe obtient que frère Martin soit convoqué devant la diète d'Empire, qui se réunit donc à Worms en 1521.

Le 13 février, l'envoyé du pape, Aleandro, est reçu à Worms par les princes. Le 18 avril, Luther s'explique publiquement devant la diète, mais il refuse d'abjurer. Après deux jours de discussions avec les princes électeurs, Charles Quint conclut : « Nous avons entendu hier, ici, le discours de Luther. Je vous déclare que je me repens d'avoir si longtemps tardé à prendre des mesures contre lui. Je ne veux plus jamais l'entendre. » Les États allemands reconnaissent tout pouvoir à l'empereur pour procéder contre l'hérétique. Luther est banni de l'Empire, mais non arrêté. Il a trois semaines pour se rétracter. Un sauf-conduit le protégera un mois. Cependant, le 26 avril, tandis qu'une commission rédige le rapport final, une nouvelle incroyable circule à Worms : l'accusé a disparu. « Enlevé » par des hommes de Frédéric de Saxe, il est caché en sûreté au château de la Wartburg. Le 26 mai, l'édit de Worms bannissant l'hérétique est officiellement promulgué.

*Luther devant la diète de Worms (peinture de A.V. Werner, vers 1870, Stuttgart, Staastsgalerie).*

*Exécuté pour s'être opposé au divorce du roi*

# THOMAS MORE OU LA MORT D'UN JUSTE

**Une barque accoste au pied de la Tour de Londres. L'ex-chancelier de l'Échiquier en descend, sous bonne escorte. Sir Thomas More, inculpé de haute trahison, vient d'être condamné, ce 1er juillet 1535, à la peine capitale pour avoir refusé de prêter serment à une loi qui viole sa conscience.**

Sur le quai, sa fille Margaret écarte les gardes et les badauds apitoyés et se précipite vers lui. Durant les quinze mois de détention de son père à la Tour de Londres, elle lui a plusieurs fois rendu visite. Après une génuflexion pour obtenir sa bénédiction, elle le serre dans ses bras et l'embrasse. Elle ne le reverra plus.

## La « grande affaire »

Peu d'hommes pourtant sont aussi respectés que ce grand juriste et lettré, émule d'Érasme, promu aux plus hauts postes de l'État. Henri VIII apprécie son intégrité, sa piété, mais aussi sa culture et son humour, toutes qualités qui ont fait, en 1516, le succès de l'*Utopie*, brillant essai où il imagine un pays de tolérance, aux institutions conformes à la raison. Le roi a daigné venir le voir dans sa maison de Chelsea où il vit avec sa famille. Mais More a l'esprit trop pénétrant pour se fier à ses faveurs : « Si ma tête pouvait lui gagner un château en France, confie-t-il à son gendre, elle ne manquerait pas de tomber ! » Lorsque Thomas More reçoit en 1529 les sceaux de chancelier de l'Échiquier, responsable des finances du royaume, Henri VIII se débat dans une situation inextricable. Préoccupé de fonder une dynastie, il tente d'obtenir de Rome l'annulation de son mariage avec Catherine d'Aragon : de six ans son aînée, celle-ci ne lui a donné qu'une fille, la future Marie Ire Tudor. Il allègue que cette union, datant de 1502, avec la veuve de son frère Arthur mort quelques mois plus tôt, a été contractée grâce à une dispense pontificale et qu'elle peut être dissoute de la même manière. Mais Catherine d'Aragon est la fille du roi d'Espagne, la tante de Charles Quint, et le pape refuse. Clément VII finit par accepter de soumettre le dossier à un tribunal ecclésiastique qui, dès la première séance, ajourne l'affaire. Or le temps presse, car le roi veut épouser Anne Boleyn, dame d'honneur de la reine, qu'il aime depuis des mois... Le chancelier Thomas More n'ignore rien de la situation lorsqu'il prend ses fonctions. Fidèle au pape, catholique convaincu, il a toujours lutté contre l'hérésie. Espère-t-il tempérer la fougue royale et éviter la rupture avec Rome ? Dès sa nomination, Henri VIII lui demande de réfléchir à sa « grande affaire ». More tombe à ses genoux en lui disant qu'il donnerait sa vie pour le servir, mais qu'il ne peut agir contre sa foi. Le roi aspire de plus en plus clairement au pouvoir absolu et il entend lever les obstacles à son remariage en mettant au pas les hommes d'Église. La tâche n'est d'ailleurs pas insurmontable, tant la papauté est impopulaire en Angleterre. Dès 1531, il se fait donner le titre de protecteur de l'Église d'Angleterre. Un an plus tard, les annates, impôt payé à Rome par l'Église, sont supprimées. More, en porte à faux, donne sa démission en 1532, « pour raison de santé ».

## Non coupable

La situation s'aggrave rapidement : impérieux, Henri VIII n'admet plus de résistance. L'archevêque de Canterbury prononce son divorce et il épouse Anne Boleyn. Puis il fait voter l'acte de Succession, imposant l'allégeance aux des-

*Thomas More, chancelier d'Henri VIII d'Angleterre (peinture de l'école de H. Holbein, Florence, musée des Offices).*

### Les derniers instants d'un saint

*Les derniers instants de Thomas More ont été relatés par son gendre, l'époux de Margaret, William Roper.*

*« L'ex-chancelier fait preuve d'une sérénité souriante. Trop faible pour monter sur l'échafaud, il dit au lieutenant de police : "Je vous en prie, conduisez-moi jusqu'en haut, vous n'aurez pas à vous occuper de moi pour redescendre."*

*« Comme le bourreau lui demande pardon selon l'usage, More le baise sur la joue et réplique : "Tu me rends aujourd'hui le plus grand service qu'aucun homme ne pouvait me rendre. Prends courage, l'homme, et n'aie pas peur de faire ton métier. J'ai le cou un peu court ; prends garde de ne pas frapper de travers pour sauver ta réputation."*

*« Il se bande lui-même les yeux et murmure : "Je n'ai jamais commis de trahison." »*

*W. Roper,* Écrits de prison et Vie de Thomas More, *trad. P. Leyris, Seuil, Paris, 1953.*

*Henri VIII, roi d'Angleterre (peinture de H. Holbein, Belvoir Castle, Leicestershire).*

cendants à naître du roi et de la nouvelle reine. Tout sujet peut avoir à prêter serment : un refus sera considéré comme un acte de haute trahison. Les hauts magistrats s'inclinent devant la volonté royale. Le 13 avril 1534, l'ex-chancelier est convoqué à son tour devant les commissaires. Il connaît bien les colères d'Henri, mais il résiste aux pressions. Il n'a pas voulu assister au couronnement de la nouvelle reine et il refuse de prêter serment. Le 17 avril, appelé de nouveau, il s'obstine. Cette fois, il est enfermé à la Tour. En novembre, l'acte de Suprématie donne au roi le titre de chef suprême de l'Église d'Angleterre. Le refus de More de prêter serment rend sa condamnation inévitable. En prison, l'ex-chancelier jeûne et prie. Malgré quelques instants de faiblesse, il regarde la mort comme une chose familière. On a confisqué ses biens. Plus douloureuse est la visite de sa femme, envoyée pour le faire changer d'avis. Il repousse également son enfant, Meg la chérie, « Mistress Eve » venue le tenter ! Les interrogatoires reprennent en 1535. Les commissaires reprochent à More d'encourager la rébellion par sa résistance. More rétorque qu'il ne blâme nullement ceux qui prêtent serment mais qu'il ne peut parler contre sa conscience : un roi ne peut pas être le chef de l'Église. Le procès commence le 1er juillet. L'accusé plaide non coupable et, en bon juriste, il épluche les mots de l'acte d'accusation, qu'il conteste « malignement, traîtreusement et diaboliquement ». Il a toujours, en effet, exprimé ouvertement son avis. Avec fermeté, More continue de refuser l'acte d'Allégeance. Il passe ses derniers jours de prison dans la mortification, enveloppé de son linceul. Condamné à la peine capitale, More est décapité le 6 juillet au matin. Margaret aura le triste privilège de pouvoir récupérer la tête de son père, exposée au bout d'une pique sur le pont de la Tour.

## Torturés mais fidèles

La majeure partie de la population s'incline devant la volonté royale. Mais deux ordres religieux résistent, les Chartreux et les Franciscains.

**Le prieur des chartreux de Londres et d'Angleterre, John Houghton.** Cet homme haut placé dans la hiérarchie ecclésiastique refuse, au printemps 1534, de reconnaître la suprématie religieuse du roi. Enfermé un mois à la Tour, il est une première fois relâché. Interrogé quelques semaines plus tard, Houghton est condamné à mort, en même temps que trois autres moines, venus de monastères de province. La torture n'entame pas la résolution des quatre catholiques : ils restent attachés debout, dix-sept jours sans interruption, liés par des anneaux de fer au cou et aux pieds, avant d'être suppliciés. Il faut encore deux années pour soumettre les derniers résistants chartreux.

**L'évêque de Rochester, John Fisher.** Jugé le 17 juin par la même commission que More, il est exécuté le 22 juin et son corps exposé une journée. Sa tête demeure quinze jours plantée sur une pique, avant d'être jetée dans la Tamise : « Elle semblait vivante, regardant les gens qui entraient dans Londres », dit un témoin.

*Arrestation et supplice de Thomas More (peinture de A. Caron, Blois, château).*

*Un imposteur prend la place du mari disparu*

# LE RETOUR DE MARTIN GUERRE

**L'homme qui se fait passer pour Martin Guerre, époux de Bertrande de Rols, est-il un imposteur ? Durant plusieurs mois, en 1559 et 1560, près de cent trente témoins défilent devant les enquêteurs de la cour de Rieux (près de Toulouse) où il est jugé.**

Pour les uns, l'usurpation d'identité est évidente : le prévenu est plus gros, moins adroit que le vrai Martin Guerre et, selon le cordonnier, sa pointure plus petite. D'ailleurs, un soldat venu de Rochefort affirme que Martin Guerre, blessé à la guerre, a une jambe de bois : l'accusé serait un mauvais garçon connu pour ses fredaines, nommé Arnaud du Tilh, dit « Pansette ». Pour les autres, et en particulier pour ses sœurs, il s'agit bien là du vrai Martin : mêmes verrues à la main droite, même cicatrice sur le front, même dentition, même figure. De plus, comment un homme pourrait-il parvenir à tromper durant des années son épouse, femme de réputation vertueuse et honnête ? Les juges sont troublés, hésitants. Les témoins se partagent également ; une soixantaine ne se prononcent pas.

*Un soldat rentrant de la guerre (bois gravé de J. Brunn, XVIe siècle).*

## Le secret de Bertrande

L'affaire commence trois ans plus tôt lorsqu'un homme, se prétendant Martin Guerre, revient après huit ans d'absence au village d'Artigat et reprend la vie commune auprès de son épouse Bertrande. Celle-ci a un peu de mal à le reconnaître, mais le temps a passé et ce mari de retour se montre prévenant, actif, bon commerçant. L'oncle, Pierre Guerre, ainsi que les voisins, sont également surpris, mais ils sont vite rassurés par tous les détails que Martin fournit sur son passé. Le couple mène

### Le bénéfice du doute

*Et Bertrande, complice ou victime ? Il est à peu près impossible que, dans l'intimité conjugale, elle ait ignoré la vérité.*

*Jean de Coras, qui relate le procès en 1561, reconnaît la difficulté à juger une affaire qui n'a guère de précédent. La loi déclare qu'« une femme qui couche avec autre que son mari est excusée tandis qu'elle l'ignore », mais une telle histoire offre un pernicieux exemple.*

*Finalement, Bertrande bénéficiera du doute, pour « la faiblesse de son sexe, facile à estre déceu par l'astuce, callidité des hommes [...] En deuxième lieu, pour la grande similitude qui était entre lesdits Du Tilh et Martin Guerre [...] Qui prend une personne pour une autre, n'ayans vouloir d'offencer, est excusé [...] En cinquième lieu, le peu de faute qui pourrait estre icy, si point y en a, serait plutost à imputer à Martin Guerre ayant demeuré si longtemps absent. » Enfin parce qu'elle était « persuadée avec les sœurs » et mue par « l'envie qu'elle avait de voir et recouvrer son mary », elle est acquittée.*

Arrest mémorable du Parlement de Toulouse, *par Jean de Coras, édition de 1579.*

une vie paisible, « comme vrais mariez, mangeans, beuvans et couchans ordinairement ensemble ». Le fils aîné, Sanxi, conçu avant le départ de Martin, grandit. Deux petites sœurs arrivent au foyer. Tout irait bien si Martin n'avait l'idée de demander à Pierre Guerre des comptes sur sa gestion et de le poursuivre en justice. Les deux hommes ne s'entendent pas. Pierre remarque que Sanxi ne ressemble pas du tout au nouveau Martin et que celui-ci ne pratique plus sa passion de jeunesse, l'escrime. Des soupçons naissent. La famille se divise, mais Bertrande défend avec ardeur son mari. Si Martin Guerre n'est pas Martin Guerre, pourquoi Bertrande le soutient-elle ? La jeune femme n'a pas été heureuse au début de sa vie. Mariée très jeune, il lui a fallu attendre des années la « consommation » du mariage. Puis, après la naissance de Sanxi, à cause d'un litige avec son père, Martin a quitté le village et on ne l'a plus revu. Bertrande est retournée vivre chez ses parents. Aussi, lorsque ce mari lui tombe du ciel, manifeste-t-elle sa joie et fait-elle taire ses doutes. C'est alors que Pierre Guerre, ulcéré par les attaques de son « neveu », demande une enquête. Il va trouver le juge de Rieux et se prétend mandaté par sa nièce. Bertrande, pressée par sa famille, est contrainte de s'associer à la plainte. Le témoignage d'un homme qui reconnaît formellement Martin pour Arnaud du Tilh accable l'accusé, et celui-ci est jeté en prison sans attendre, comme c'est le cas lorsqu'il y a soupçon de « plusieurs grands et énormes délicts ». Le procès commence. Selon l'ordonnance de Villers-Cotterêts de 1539, qui réglemente les actes de justice, le « criminel » n'a pas droit à l'assistance d'un avocat, et Martin assure seul sa défense. Malgré beaucoup de fermeté et de présence d'esprit, il est jugé coupable d'imposture et condamné à mort.

*Cour de justice (miniature extraite d'un manuscrit du XVIe siècle, Paris, Bibliothèque nationale de France).*

*La femme de Martin Guerre reconnaît son vrai mari (gravure du XIXe siècle extraite des* Crimes célèbres, *d'Alexandre Dumas, Versailles, bibliothèque municipale).*

## Coup de théâtre

Pourtant, l'homme ne se tient pas pour battu. Il fait appel auprès du parlement de Toulouse, où la chambre criminelle examine l'affaire en avril 1560. Le juriste Jean de Coras est désigné comme rapporteur. Devant la masse de témoignages, il réclame quelques semaines de délai et il interroge les témoins séparément : ceux-ci, comme à Rieux, se répartissent en parts égales. La famille est toujours en désaccord. Jean de Coras pèse les arguments : Pierre Guerre, qui s'est abusivement dit mandaté par Bertrande, n'agit-il pas par vengeance ? Coras mesure également l'incertitude des souvenirs, la précarité des preuves. La moralité de Bertrande, son amour conjugal lui font bonne impression. Le prévenu, confronté aux témoins, répond sans hésitation et avec précision aux questions. Sage, rangé, il ne ressemble pas du tout au portrait de « Pansette ». Finalement, Coras juge les avis « plus disposez à l'avantage du prisonnier contre lesdits Pierre Guerre et Rols ». C'est alors que, fin juillet, un homme vient en clopinant se mettre à la disposition du parlement : il a une jambe de bois et se déclare le vrai Martin Guerre, revenu d'Espagne. Le procès a fait du bruit et il veut confondre l'imposteur. À sa vue, Bertrande, troublée, fond en larmes et implore son pardon, mais le mari, absent depuis douze ans, se montre intransigeant ! Quant au faux Martin, il est obligé d'avouer : un jour, traversant un village, deux hommes le saluèrent en le prenant pour Martin Guerre. Recueillant alors toutes sortes d'informations, il eut l'idée de prendre la place de l'absent... Le 12 septembre, le parlement ouvre ses portes au public pour qu'il entende la sentence : accusé d'adultère et de captation d'héritage, convaincu de paillardise et forfaiture, Arnaud du Tilh est condamné à être pendu et brûlé. La potence est dressée à Artigat, face à la maison de Martin Guerre, quatre jours après le jugement, le 16 septembre. Le condamné doit faire « amende honorable » avant l'exécution. Il est conduit, comme les pénitents, pieds nus, en chemise, une torche à la main, la corde au cou, dans les rues du village et il demande pardon à Dieu, au roi, à la cour, à Martin Guerre, à Bertrande de Rols et à Pierre Guerre. En montant sur l'échelle, Arnaud du Tilh supplie le vrai mari de ne pas rudoyer sa femme, femme d'honneur et de vertu qui, courageusement, le quitta dès qu'elle eut des soupçons.

*Un procès aux preuves truquées ?*

# MARIE STUART, LA REINE TRAGIQUE

**Élisabeth Ire, reine d'Angleterre, pourrait faire exécuter sa cousine Marie Stuart secrètement, pour raison d'État. Mais la loi qu'elle a fait voter en 1585, punissant de mort toute personne ayant participé à un complot contre elle, lui donne une arme légale. En octobre 1586, elle choisit donc de faire comparaître l'ex-reine d'Écosse devant une commission spéciale de 46 membres.**

## Le piège se referme

Marie Stuart a 44 ans au moment de son procès. Sa vie n'a été qu'une suite d'événements tragiques. Fille de Jacques V d'Écosse, reine de France durant un an, catholique, belle, elle revient dans son pays natal en 1561, à l'âge de 19 ans, après la mort de son époux François II, pour trouver un royaume agité par la Réforme. Manœuvrant entre les factions, oscillant entre divers partis matrimoniaux, elle se remarie avec son cousin, Henri Stuart Darnley, dont elle a un fils. Mais Darnley est assassiné, probablement par l'homme que Marie épousera peu après, lord Bothwell. Ces péripéties qui font scandale servent de prétexte au soulèvement de la noblesse protestante. Contrainte d'abdiquer, Marie Stuart se réfugie chez sa cousine, la protestante Élisabeth d'Angleterre, qui la tient en résidence surveillée. L'ex-reine est une exilée encombrante. Arrière-petite-fille d'Henri VII, elle a des droits sur la Couronne d'Angleterre puisque Élisabeth n'a pas d'enfant. D'autre part, princesse catholique, elle porte les espoirs des « papistes », qui n'ont jamais reconnu le mariage d'Henri VIII et d'Anne Boleyn, dont est née Élisabeth. Marie se trouve au centre de plusieurs intrigues avec l'Espagne, visant à la placer sur le trône anglais. Son régime de résidence surveillée se durcit progressivement. Il se change en une détention sans ménagement lorsque naissent les rumeurs d'un complot. En 1585, Marie est gardée captive au château de Chartley, sous la surveillance d'un geôlier impitoyable, Paulet. On lui interdit toute visite, toute correspondance. Or, un beau jour, elle reçoit dans un tube de bois un billet signé d'un certain Gifford, qui lui propose de lui servir de contact avec des amis de Paris et d'acheminer une correspondance clandestine. Gifford doit faire la liaison avec un fanatique catholique, Babington, qui brûle de servir Marie et d'assassiner Élisabeth. Le plan du complot comprend le débarquement des Espagnols en Angleterre, le soulèvement des catholiques et la libération de la reine... De fait, au bout de quelques semaines, les courriers, alors interrompus, arrivent et repartent, par le canal d'un brasseur de bière. Marie Stuart est pleine d'espoir. En réalité, le piège se referme. Le 16 août 1586, au cours d'une partie de chasse, des cavaliers l'obligent à les suivre. Pendant qu'ils la retiennent, Chartley est fouillé de fond en comble — sans résultat. Babington et ses comparses sont arrêtés et ils avouent tout sous la torture. Élisabeth décide alors de faire inculper sa cousine de tentative d'assassinat contre sa personne. Marie Stuart est conduite au château de Fotheringay.

## Les pièces à conviction

Marie Stuart est-elle innocente ou coupable ? Une seule chose est certaine, c'est que la reine d'Écosse a été victime d'une terrible machination, fomentée par le secrétaire d'État d'Élisabeth, Walsingham. Celui-ci a introduit

### La lettre fatale

*Marie a certes été au courant du projet de soulèvement catholique, mais a-t-elle véritablement été complice d'un projet d'assassinat ? La question est toujours controversée : certains admettent que Walsingham a pu fabriquer ou truquer la fameuse réponse de Marie en ajoutant ces mots fatidiques : « Ces choses étant ainsi préparées et les forces, tant dedans que dehors le royaume, toutes prêtes, il faudra alors mettre les six gentilshommes en besogne et donner ordre que, leur dessein étant exécuté, je puisse quant et quant aussitôt être tirée hors d'ici [...]. Je voudrais qu'ils eussent toujours auprès d'eux quatre vaillants hommes bien montés pour donner avis en toute diligence du succès dudit dessein aussitôt qu'il sera effectué, à ceux qui auront charge de me tirer hors d'ici. »*

Lettres, Instructions et Mémoires de Marie Stuart, *par le prince de Labanoff, Londres, 1844.*

*Prisonnière, Marie Stuart mit ses espoirs dans une évasion montée de toutes pièces pour l'accuser (gravure du XVIIIe siècle, Paris, bibliothèque du musée des Arts décoratifs).*

un homme à lui, Gifford, pour donner corps au complot et perdre Marie : impulsive, esseulée, la reine a mordu à l'hameçon. Les juges n'ont plus qu'à prouver qu'elle connaissait et approuvait le projet d'assassinat de Babington contre Élisabeth. Deux lettres constituent les pièces à conviction, obtenues par l'entremise du brasseur de bière. La première, signée de Babington, n'est qu'une copie, mais une copie authentifiée par son auteur. La seconde, accablante, est une réponse de Marie à Babington, chif-

*L'exécution de Marie Stuart, reine d'Écosse (peinture anonyme, vers 1608, Édimbourg, Scottish National Portrait Gallery).*

*Les gardes viennent chercher Marie Stuart pour la conduire à son exécution (peinture de P. J. van Bree, 1587, Tourcoing, musée des Beaux-Arts).*

frée, par laquelle la reine donne des conseils et demande à être informée du projet : cette missive est également une copie, curieusement écrite en français, alors que l'original, selon le témoignage d'un secrétaire de Marie Stuart, fut rédigé en anglais... De toute façon, Marie récuse ses juges. Elle est reine d'Écosse, cousine d'Élisabeth, non sa sujette, et elle ne se considère pas justiciable des lois anglaises. En outre, ses accusateurs ne peuvent produire aucun document, les originaux ayant été brûlés, et il leur est impossible de dévoiler la traîtrise de Gifford. Paulet cherche en vain à obtenir des aveux spontanés. Marie comparaît le 14 octobre. Une grande solennité entoure la séance. Parmi les membres de la commission, triés sur le volet, figurent l'archevêque de Canterbury, primat d'Angleterre, le grand chancelier Bromley, Walsingham. Jetant un coup d'œil sur la salle où le trône de la reine, vide, a été placé, Marie murmure : « Je vois ici bien des juges, mais pas un seul en ma faveur. » Sa défense est simple : elle ignore tout de l'affaire; la lettre chiffrée n'est qu'une « forgerie ». Elle en appelle « à Dieu et aux princes chrétiens ». Mais déjà, devant le ton des juges, elle devine ce qui l'attend. Très vite, elle se retranche dans le silence et la dignité d'une reine persécutée pour sa foi. Le 25 octobre, la commission, à l'unanimité moins une voix, proclame l'accusée coupable, sentence équivalant, selon la loi de 1585, à la peine de mort.

### Quatre mois d'attente

La condamnée doit attendre quatre mois l'exécution de la sentence. Pendant ce délai terrible, elle demeure prisonnière à Fotheringay. Des pressions, venues de France, tentent de faire fléchir Élisabeth. La condamnée elle-même, qui craint d'être assassinée en secret, écrit une lettre pleine de noblesse qui arracha — dit-on — des larmes à la reine; mais celle-ci n'y répondit pas. Enfin, le 7 février 1587, l'attente prend fin : Marie est prévenue qu'elle sera exécutée le lendemain. Le médecin Bourgoing a relaté ses derniers instants. Au matin du supplice, la reine d'Écosse a revêtu une très belle robe de satin noir à traîne. Crucifix en main, elle s'agenouille devant le billot, tandis qu'on lui bande les yeux avec un mouchoir brodé d'or qu'elle a préparé elle-même. Le bourreau, troublé, frappe d'un bras mal assuré. Il lui faut s'y prendre à deux fois. Puis il saisit les cheveux pour soulever la tête et la montrer aux témoins; mais il ne garde en main qu'une perruque couvrant quelques rares cheveux gris... Les lèvres, affirme le médecin, remuent encore plusieurs minutes. Le petit chien de Marie, retrouvé blotti sous elle, ne veut pas bouger.

*Coupables mais non responsables*

# DES CHARANÇONS DEVANT LES JUGES

**Le dossier juridique qui occupe le village de Saint-Julien, en Maurienne, durant toute l'année 1587 comporte 29 feuillets rédigés en latin : des charançons, appelés « verpillons », sont accusés de réduire à néant les vignobles de la région en rongeant les pampres. Les plaignants réclament leur expulsion par excommunication, après expertise des vignes.**

Le 13 avril, l'affaire est portée selon l'usage devant la juridiction ecclésiastique, c'est-à-dire devant l'official de l'évêché de Maurienne. Rapports, réponses, copies d'audiences, toutes ces pièces témoignent de l'importance de l'affaire pour la commune : elle reprend une poursuite entamée quarante-deux ans plus tôt contre les mêmes bestioles, poursuite qui s'était achevée par une simple ordonnance, ainsi formulée :

*Si nombreux sont les animaux qui menacent les récoltes, qu'on en vient à leur faire procès… (miniatures du XV^e siècle, Chantilly, musée Condé).*

## Le savant Chasseneuz

*Un grand juriste, avocat dans le bailliage d'Autun et qui fut président du parlement de Provence en 1535, s'est rendu célèbre en écrivant un traité sur l'excommunication des insectes (1531). Il y signale plusieurs procès contre des chenilles et des limaces.*
*Le livre, en latin, est rédigé à la suite d'une invasion d'« hurebecs » (l'eumolpe de la vigne) en Bourgogne. La question est posée de savoir si les hurebecs peuvent être cités en justice. Qui pourra les défendre et devant quelle juridiction ? Peut-on leur enjoindre de quitter le territoire ? Enfin peut-on lancer l'anathème contre des bêtes dénuées de raison ?*
*La réponse de Chasseneuz est nette : oui, les insectes peuvent être cités en justice et excommuniés. Un procureur nommé d'office agira à leur place. Chasseneuz suit la jurisprudence canonique : saint Bernard a bien excommunié des essaims de mouches qui troublaient les offices du couvent de Frogny.*
*Le débat, cependant, reste ouvert. Certes, en 1497, le célèbre théologien suisse Felix Malleolus a évoqué plusieurs anathèmes suivis d'heureux effets. Mais le non moins célèbre docteur de Navarre, Azpilcueta, est d'un avis inverse.*
*Chasseneuz lui-même a eu à instruire un procès contre les rats.*

*Exécution… d'un pourceau ! (gravure du XIX<sup></sup>e siècle, Paris, Bibliothèque nationale de France).*

« Dieu, auteur suprême, a permis que la terre produisît des fruits et végétaux, non seulement afin de nourrir les hommes, créatures raisonnables, mais pour la conservation des insectes qui volent à la surface du sol. Il ne serait nullement convenable d'agir avec trop de précipitation [...] Mieux vaut que nous recourions à la miséricorde céleste et implorions le pardon de nos péchés. » Messes, processions, prières eurent effectivement raison des charançons, qui déguerpirent…

### Un avocat pour les prévenus

L'official de Saint-Jean-de-Maurienne, qui prend connaissance du dossier en mai 1587, ne saurait désapprouver son prédécesseur. Il ordonne trois journées de processions autour des vignobles envahis, une grand-messe, la récitation de psaumes. Le jour de la Pentecôte, le curé de Saint-Julien lit en chaire l'ordonnance aux fidèles, selon l'usage. En outre, l'official estime que les accusés ont droit à la défense. Un certain Rambaud accepte de leur servir d'avocat. Antoine Filiol est désigné « procureur », ou représentant des animaux, avec mission de parler à leur place moyennant un salaire modéré. Rambaud rédige son plaidoyer, que produit Filiol. Dès la première audience, le 5 juin, Rambaud met en cause la procédure employée contre ses clients : on ne peut raisonnablement convoquer les verpillons au tribunal et encore moins les condamner par contumace. De toute façon, aucune excommunication ne saurait les affecter. Dieu, dans la Genèse, a lui-même béni les animaux en leur disant : « Croissez et multipliez. » Reprenant les conclusions des juges en 1545, l'avocat conclut que les insectes sont dans leur droit en rongeant les pampres et qu'une visite des vignes aurait un caractère inutile et vexatoire. Les plaignants, qui ont aussi leur procureur, se font communiquer les pièces et rédigent leur réponse : la Bible dit que les animaux ont été créés pour l'utilité des hommes. La défense demande copie du texte et l'audience est reportée. L'avocat des insectes compose alors un second mémoire, en réponse aux plaignants, que produit à nouveau Filiol. Le 18 juillet, date est reprise pour l'audience.

### Une transaction

Les habitants de Saint-Julien ont-ils peur d'être déboutés ? Toujours est-il qu'ils convoquent une assemblée générale des habitants de la commune à l'issue de la messe paroissiale. L'assemblée se tient sur la place publique du village et, chacun ayant donné son avis, le syndic, au nom de la commune, propose une transaction au procureur des animaux : les plaignants se déclarent prêts à offrir aux verpillons une autre localité au-dessus du village, « place et lieu de souffizante pasture hors les vignobles », contenant arbres, herbes et fontaine. Nouveau procès-verbal, nouvelle copie, nouveau renvoi. Il est convenu de se retrouver après les moissons. Les débats reprennent donc début septembre mais le procureur des insectes déclare ne pouvoir accepter l'offre : la localité offerte est stérile. Il réclame le déboutement de ses adversaires, « avec dépens », les frais du procès étant à leur charge. L'official, qui veut hâter les choses, nomme des experts pour vérifier les lieux. La visite coûte trois florins. Le dernier feuillet du dossier, en très mauvais état, ne donne malheureusement pas l'issue du procès. Nous ignorons si l'official prononça, après l'expertise, un verdict. Plusieurs sentences sont possibles : un avis, lu en chaire, peut accorder un délai aux animaux. S'ils persistent, ils seront excommuniés de droit, *ipso jure*. L'official peut prononcer l'anathème, imprécation ou malédiction, dont les Livres saints donnent l'exemple. La sentence d'excommunication doit, elle, obligatoirement être rédigée par écrit. Pour la population de Saint-Julien, il n'est pas douteux que le respect minutieux de la procédure et l'excommunication des *animalia bruta*, « bêtes brutes », permettait à la fois de rétablir une forme de justice à une époque où l'anarchie était plutôt de règle et de mettre en œuvre les pouvoirs sacrés de l'Église. On pensait que le démon utilisait ces animaux nuisibles pour persécuter les hommes. L'exécution de la sentence se faisait au moyen d'exorcismes : en adjurant les bêtes, on espérait neutraliser les puissances infernales.

## Un pourceau pendu haut et court

Les procès d'animaux durent jusqu'au XVIIIe siècle. La majorité des affaires concerne les porcs, souvent lâchés en pleine rue et auteurs de nombreux dégâts.

**Un terrible drame.** En 1498, Jean Delalande, vigneron près de Chartres, et sa femme prennent à domicile, en nourrice, une petite fille de dix-huit mois. Le berceau est posé par terre dans la salle. La nourrice s'absente et laisse la porte ouverte. Quand elle revient, elle découvre l'horrible spectacle du bébé à moitié dévoré, tandis que « le cochon estait encore dans la cour tout sanglant par le nazeau ».

**Jugé sans comparaître.** La fillette succombe le lendemain et les parents portent plainte. Les huissiers viennent appréhender le pourceau, ainsi que ses maîtres. Le procès a lieu le 18 avril 1499. L'animal est dispensé de paraître. Le couple, inculpé de négligence, est condamné à une forte amende. Mais le cochon, lui, est pendu haut et court.

*L'homme qui en savait trop*

# ANTONIO PÉREZ DEVANT LES INQUISITEURS

**Ironie du sort, c'est seulement pour quelques jurons anodins qu'Antonio Pérez, responsable de meurtre et de concussion, est traduit devant le tribunal de l'Inquisition en mai 1591, à Saragosse ! Alors que des années durant la justice civile du roi d'Espagne avait tâché en vain de faire condamner le criminel, le Saint-Office est sur le point de réussir et de servir de bras à la vengeance royale.**

*Portrait d'Antonio Pérez (peinture de Sánchez Coello, Tolède, Hospital Tavera).*

Pérez doit son salut à la structure même de la monarchie espagnole, constituée, depuis le mariage d'Isabelle de Castille avec Ferdinand d'Aragon (1469) et la Reconquête de la Péninsule sur les Arabes en 1492, de l'union de différentes couronnes. Bien que la prééminence de la Castille soit établie, les autres royaumes tiennent à leurs *fueros*, c'est-à-dire à leurs coutumes, libertés et privilèges, datant pour la plupart de la Reconquête. Parmi ces privilèges, juridiques et politiques, figure l'exercice de la justice.

### Le commencement d'une longue affaire

L'affaire Pérez a commencé treize années plus tôt, en 1578. Cette année-là, Juan de Escobedo, secrétaire du demi-frère du roi Don Juan d'Autriche, est assassiné à Madrid. Toute la capitale soupçonne le secrétaire d'État Antonio Pérez d'être à l'origine de l'assassinat, pour lequel il aurait engagé des tueurs à gages. Mais l'homme, qui mène un train de vie fastueux, détient d'importants secrets politiques. Et il est aussi, à ce moment, le favori du roi Philippe II : mis au courant du projet de meurtre, le souverain, parce que Pérez lui présente Escobedo comme un comploteur, un traître à sa personne, a peut-être accepté de fermer les yeux... C'est pourquoi, dans les mois qui suivent l'assassinat d'Escobedo, des personnages très considérables, tel l'archevêque de Tolède, Quiroga, apportent publiquement à Pérez des marques de leur confiance.

### Des documents compromettants

En 1579, la situation change brutalement : Philippe II décide de traduire en justice son secrétaire d'État. Il vient en effet de découvrir, après la mort de son demi-frère Don Juan, que Pérez l'a trompé en présentant Escobedo comme un traître. La victime, il en a désormais la preuve, n'a cessé de se comporter en fidèle serviteur à l'égard de la royauté. La rumeur prétend également que le roi vient d'apprendre la liaison de Pérez avec la princesse d'Éboli, grande dame espagnole et fille du vice-roi du Pérou, et qu'il en a conçu beaucoup de jalousie. L'affection royale se mue en haine et les poursuites judiciaires commencent. Dans la nuit du 28 juillet 1579, les alcades (magistrats) arrêtent Pérez. Pourtant, la justice ne se presse pas. L'ex-secrétaire d'État est renvoyé chez lui, en liberté surveillée. L'enquête reprend en 1582 et aboutit à un réquisitoire prononcé en juin 1584. Pérez est accusé d'avoir reçu des pots-de-vin, vendu des charges, livré des secrets d'État. La Cour de Castille le condamne à deux ans de prison et à une énorme amende. Lacune inattendue : il n'est nulle part fait état de l'assassinat d'Escobedo. Est-ce à dire que Pérez détient des informations compromettantes — concernant notamment la personne royale ? Toujours est-il que le prisonnier est traité avec une clémence inhabituelle. Les choses en seraient peut-être restées là, si Pérez, obstinément, n'avait conti-

*Scène d'inquisition (peinture de Goya, Madrid, académie San Fernando).*

### L'Inquisition espagnole

Investi de pouvoirs considérables, le tribunal de l'Inquisition en Espagne ne se borne pas à combattre l'hérésie, ou plutôt **il inclut sous le mot d'hérésie des fautes de nature beaucoup plus large** : elle lutte contre la bigamie, le blasphème, et elle intervient de plus en plus dans les affaires politiques.

**Elle devient ainsi un instrument de la monarchie castillane**, consciente de l'utilité d'une institution dotée d'une autorité s'exerçant sur tous les royaumes d'Espagne.

*Antonio Pérez libéré de prison par les Aragonais en 1591 (peinture de Ferran Manuel, Barcelone, académie des Beaux Arts San Jorge).*

nué à refuser de rendre les documents qui, en faisant peser une menace sur les plus grands personnages de la cour d'Espagne, le protégeaient sans doute. Cette ténacité exaspère le roi. À son instigation, une nouvelle procédure s'ouvre, qui concerne cette fois le meurtre d'Escobedo. Pérez, pour la première fois, est soumis à la question — plus précisément au *potro*, qui consiste à lier de plus en plus fortement les poignets et les chevilles du prévenu, étendu sur un chevalet. Le traitement l'oblige à avouer son crime, mais il clame alors qu'il a agi sur ordre de Sa Majesté. D'ailleurs, de hautes protections continuent à s'exercer en sa faveur, jusque dans sa prison de Madrid : le 20 avril 1590, déguisé en femme, le prisonnier parvient à s'évader, et il gagne le royaume d'Aragon.

## Le nez de Dieu

À Saragosse, la justice du roi de Castille ne peut rien contre le fugitif, à l'abri des *fueros*. Il relève du seul grand juge d'Aragon, magistrat indépendant, qui le fait conduire en prison et le traite avec bienveillance. Pérez se présente comme une victime de la raison d'État et il conquiert l'opinion. Philippe II ne dispose plus alors que d'une seule arme contre son ancien secrétaire, le recours à l'Inquisition, dont le pouvoir n'est limité par aucune frontière. L'ironie veut que ce soit Quiroga, ami de longue date de Pérez, qui soit chargé de réunir — ou de fabriquer — les pièces de l'accusation. Pérez est accusé d'hérésie et de blasphème. Le confesseur du roi témoigne que l'accusé a osé parler du « nez de Dieu », ce qui le rend suspect de « l'hérésie des Badois qui prétendent que Dieu possède un corps » ! L'Inquisition entame donc la procédure, et ordre est donné de transférer l'accusé de la prison du grand juge à la prison de l'Inquisition, le 24 mai 1591. Mais, consciente de la manipulation juridique en œuvre, la foule se déchaîne, hostile à ce qu'elle considère comme une atteinte directe aux *fueros*. Les Aragonais, descendus dans la rue, arrachent Pérez aux inquisiteurs, et ils se mobilisent de nouveau, en septembre, lorsque les inquisiteurs décident de le reprendre. Armés de poutres, ils défoncent les murs de la prison où Pérez est détenu, et le portent en triomphe. Celui-ci quitte Saragosse parmi les acclamations. Philippe, pour châtier les rebelles, envoie alors une armée castillane à Saragosse. Le grand juge, arrêté, est condamné à mort après un procès sommaire. Le Saint-Office poursuivra pendant deux ans les auteurs de la sédition... Pérez, quant à lui, gagne le Béarn et la France, où des émissaires espagnols tenteront encore, en vain, de le supprimer.

### Le triomphe de la raison

Antonio Pérez, en fuite, a contribué à répandre la « légende noire » des méfaits de l'Inquisition. En fait, il y eut aussi des hommes pour défendre les droits de la raison.

**Un jugement terrible...** En novembre 1610, à Logrono, un autodafé — cérémonie organisée par l'Inquisition au cours de laquelle est prononcée la sentence — condamne vingt-neuf personnes pour sorcellerie : six sont brûlées. Devant cette rigueur extrême et la folie de dénonciation, un inquisiteur, Alonso de Salazar Frias, décide d'enquêter sur les accusations de sorcellerie.

**Et une intervention salvatrice.** Son rapport est déposé en 1612. Menant une étude précise des témoignages sur les cas de possession ou de sabbat, l'inquisiteur est parvenu à éviter que des conséquences dramatiques ne soient données à des milliers de plaintes et de fausses accusations, et il a réconcilié — c'est-à-dire réintégré dans le sein de l'Église — mille huit cent deux personnes : « [...] Je redoute surtout qu'en mon absence, les commissaires n'agissent pas avec la fidélité qui convient, mais ne redoublent de zèle en découvrant d'heure en heure plus de sorcières et de sabbats », conclut-il.

*Un régicide devant les juges*

# RAVAILLAC

**Le 14 mai 1610, Ravaillac assassine Henri IV. A-t-il agi seul ou avec des complices ? Le crime est-il le fait d'un demi-fou ou d'un complot savamment organisé ? Telle est, du 14 au 27 mai 1610, la question capitale, lancinante, que se posent les magistrats du parlement chargés de le juger.**

Les faits par eux-mêmes sont aisés à établir. Le vendredi 14 mai, le roi Henri IV va rejoindre son ministre Sully qui se trouve à l'Arsenal. Dans le carrosse où ont pris place plusieurs gentilshommes, le roi est assis sur la banquette du fond, avec le duc d'Épernon à sa droite. Rue de la Ferronnerie, la foule est si dense — on prépare l'entrée triomphale de la reine Marie de Médicis dans la capitale — que l'escorte à cheval doit s'écarter et que les valets de pied se séparent. Il est un peu moins de 15 heures. Un homme de haute stature, barbu, se hisse sur la roue arrière droite et plante son couteau à deux reprises dans la poitrine du roi. Aussitôt, un gentilhomme tire son épée, mais Épernon s'interpose, tandis que, dans la confusion, une troupe d'exaltés s'avance pour transpercer l'assassin. Ils en sont empêchés et disparaissent dans la foule. Ravaillac est conduit à l'hôtel de Retz, où beaucoup de gens peuvent l'approcher.

*Ravaillac emprisonné à la Bastille (gravure allemande).*

*Henri IV assassiné par Ravaillac en 1610 (peinture de Housez, Pau, Château).*

## La torture

*La torture, destinée à faire avouer le suspect («question préparatoire ») ou à lui faire dire le nom de ses complices avant l'exécution («question préalable »), est un des procédés qu'emploient habituellement les tribunaux laïques et religieux.*

*Comme les indices que rassemble l'instruction sont rarement suffisants et que la conjonction nécessaire de deux témoins irrécusables fait souvent défaut, la seule preuve valable — pour une justice qui se fait un scrupule de ne condamner qu'à coup sûr — est l'aveu.*

*La torture doit donner lieu à un procès-verbal. En principe, elle ne peut être renouvelée sans élément nouveau. Un juge disposant d'une « pleine preuve » agirait illégalement en soumettant l'accusé à la question.*

*Les modalités des supplices varient selon les régions : à Paris la question « par l'eau » est d'usage tandis qu'à Toulouse, on pratique l'« élévation ». Le patient, qui supporte aux pieds des poids de 150 livres, est hissé par une poulie.*

*Contrairement à une idée reçue, ces procédés montrent peu d'efficacité : d'après les archives du parlement de Paris, de 1604 à 1607, seulement 6 des 257 « questionnés » ont avoué.*

## Interrogatoires et torture

Paris vit dans l'effervescence. On parle de complot — complot espagnol, complot jésuite, Espagnols et jésuites ayant de bonnes raisons pour ne pas aimer le Béarnais converti. Mais, dès le premier interrogatoire, le coupable déclare qu'il a agi seul. Âgé de 32 ans, il vient d'Angoulême. Exalté, mystique, il juge le roi trop tolérant envers les protestants et, ayant entendu dire que le souverain allait déclarer la guerre au pape, il s'est senti investi d'une mission divine. Les réflexions philosophiques ou théologiques justifiant les tyrannicides sont alors monnaie courante : ainsi, saint Thomas n'a-t-il pas justifié qu'on se défasse d'un tyran ? L'homme qui se charge de cette mission — a-t-il écrit — est grand, parce qu'il s'expose au risque de mort pour la libération de tous... Les déclarations de Ravaillac ne varient pas, même lorsque le grand prévôt de l'hôtel du roi lui fait écraser les pouces avec un rouet d'arquebuse. Conduit à la prison de la Conciergerie le 15 mai, il avoue avoir été tenté par l'enfer et avoir eu des visions : mais, Diable ou Dieu, il ne dénonce aucun mortel. Le 17, il est interrogé par le président du tribunal, Achille de Harlay. Le 25, à nouveau soumis à la « question » — la torture —, il s'obstine, soucieux de « détromper ceux qui pensent qu'il a été induict à tuer le roi pour argent ou par de grands ennemis de la France ». Le 27 mai, conduit à genoux devant la Grand-Chambre du parlement, Ravaillac entend l'arrêt : il est déclaré « convaincu de crime de lèse-majesté divine et humaine ». Soumis une fois encore à la « question préalable » (à l'exécution cette fois), pour qu'il donne le nom de ses complices, il répond dans un souffle : « Je ne suis pas assez malheureux pour cacher quelque chose de ce genre tandis que je suis persuadé que mon silence m'exclurait de la miséricorde divine. » Le condamné est ensuite conduit devant la cathédrale Notre-Dame pour y faire amende honorable. Au moment du supplice, il réclame l'absolution, « au cas que je vous ai protesté n'avoir pas de complice soit vrai ».

*Le supplice de Ravaillac : l'écartèlement par quatre chevaux (gravure du XVI^e siècle, Genève, Bibliothèque publique et universitaire).*

## Les carences de l'enquête

D'une manière générale, la thèse de l'assassinat solitaire fut finalement acceptée. Pourtant, des omissions troublantes jalonnent l'enquête. Curieusement, un officier de justice de Pithiviers a publiquement annoncé la mort du roi... un peu avant l'assassinat. La bévue ne passe pas inaperçue : un moment laissé tranquille, le militaire est finalement enfermé à la prison de la Conciergerie, où on le retrouve étranglé. D'autre part, nul ne s'étonne qu'une bande de cavaliers, qui étaient prêts à faire un mauvais sort à l'assassin sur les lieux de l'attentat, ait disparu sans laisser trace. Il est troublant aussi qu'on ait pu approcher si facilement du meurtrier à l'hôtel de Retz, et qu'on n'ait pas cherché de nouveaux témoins. Conscient de ces étranges déficiences de la procédure, le chroniqueur Pierre de L'Estoile parle des « lâches procédures » du parlement. Nul doute que beaucoup de gens songeaient à éliminer Henri IV, qui avait déjà échappé à plus de quinze complots. Parmi les inspirateurs possibles du crime, on a avancé le nom d'Épernon, le voisin du roi dans le carrosse, haï de Sully et complotant avec l'Espagne. Épernon connaissait Ravaillac. Mais il a pu aussi recruter d'autres exécutants, précisément pour ce jour-là, le 14 mai étant la seule date propice pour un assassinat, entre le sacre de la reine et le départ du roi pour la guerre : Épernon aurait alors arrêté ses spadassins devant ce bras providentiel et laissé juger Ravaillac, tandis qu'à l'hôtel de Retz il tirait avec ses acolytes les conséquences des événements...

### Le supplice du régicide

Le supplice infligé à Ravaillac se déroule selon un rituel sanglant, destiné à marquer les esprits.

**Une foule exaspérée.** Sur le chemin même du supplice, le régicide manque être assassiné par la foule. Entre Notre-Dame et la place de Grève, le peuple déchaîné se presse pour le frapper et tâcher de le tuer elle-même. Des spectateurs tentent d'arracher au condamné des lambeaux de chair. Un homme qui a le malheur de déplorer tout haut l'horreur du spectacle manque être lynché !

**Écorché et ébouillanté.** Le bras qui a frappé le roi est d'abord plongé dans une cuve de soufre en feu, car le membre qui a commis le crime doit le premier expier. Les pectoraux sont ensuite arrachés par des tenailles, et l'on verse du plomb fondu et de la résine bouillante sur les cuisses, les bras et les épaules. Après quoi, pour mieux faire souffrir, les bourreaux appliquent de la cire sur les plaies.

**L'écartèlement.** Une pause permet au supplicié de revenir à lui. Il est en effet essentiel que le meurtrier du roi se sente lui-même mourir, « distillant son âme goutte à goutte ». Revenu à la conscience, Ravaillac est écartelé, les membres attachés par des cordes à quatre chevaux.

**Une vengeance pour l'éternité.** Les lambeaux du corps sont exposés dans les quartiers de Paris et brûlés, les cendres se dispersant au vent : le cadavre du régicide doit entièrement disparaître. Le supplice a donné à voir au public les peines de l'enfer ; la disparition complète du corps du supplicié doit, selon les croyances de l'époque, lui interdire tout espoir d'une future résurrection.

# *La comtesse sanglante*

# ERZSEBETH BÁTHORY

**En 1611, alors même que la principale accusée se trouve dispensée de comparaître en justice en raison de son rang, les aveux de complices font éclater la plus effroyable histoire criminelle du XVIIe siècle : des centaines de jeunes filles et de jeunes femmes hongroises ont été tuées sur l'ordre d'un ou par un des plus hauts personnages du pays, la comtesse Erzsebeth Báthory...**

Pour mettre hors d'état de nuire l'horrible criminelle, protégée de l'exécution par son rang social, on la condamne à vivre emmurée dans son château de Csejthe, en Slovaquie.

## Macabre découverte

L'enquête qui devait aboutir à la révélation de l'affaire a commencé à la fin de décembre 1610. À cette époque, le pasteur du lieu et le comte Thurzo, cousin d'Erzsebeth et par ailleurs grand officier responsable de la Justice en Hongrie, alertés par des rumeurs, se rendent au château de la comtesse pour mener une inspection. Accompagnés de gardes, ils visitent à la lueur de torches les souterrains obscurs de la demeure. Dans un trou, ils découvrent, entassés, les corps nus et mutilés de jeunes femmes. Près d'une porte, ligotée, une fille a les chairs découpées, les seins tailladés, des touffes de cheveux arrachées. Deux autres respirent encore, agonisantes. Dans la salle des tortures, les instruments de supplice sont tout gluants de sang... Quatre complices de la comtesse sont aussitôt appréhendés : le nain Friczco, une vieille nourrice, une lavandière et une servante. Le procès de ces comparses commence le 2 janvier 1611, au château de Bisce, propriété du comte Thurzo. Les interrogatoires se déroulent dans la salle du Conseil. Un représentant du roi de Hongrie Mathias II est venu de la capitale, Presbourg. Les vingt juges entendent alors la monotone litanie des crimes commis depuis six ans.

## Du sang pour rajeunir

La coupable — qui à aucun moment, n'est présente au procès — est une des plus grandes dames de la noblesse d'Europe centrale. Nièce du roi de Pologne Étienne Báthory, apparentée à d'illustres familles de Hongrie, elle a épousé, en 1575, le comte Ferencz Nadasdy, magistrat du roi, qui a le titre de grand maître des chevaux. La forteresse de Csejthe est un de ses dix-sept châteaux, et celui où elle réside à peu près en perma-nence : planté dans le paysage sauvage des Carpates, c'est un lieu écarté de tout, et où le grand élan humaniste de la Renaissance n'a certes pas réussi à pénétrer. Erzsebeth est belle, mais elle a hérité de tares nerveuses familiales. Elle nourrit une peur obsédante de la vieillesse et, pour retarder l'approche de celle-ci, elle se fait apporter des philtres aux vertus soi-disant magiques. Quand vient le temps de la maturité, la vue de jeunes femmes belles et saines lui devient insupportable, au point de déclencher en elle des crises de fureur sanguinaire. Actes de pure cruauté, les premiers crimes sont suivis d'autres meurtres aux finalités plus mêlées : petit à petit, en effet, Erzsebeth se persuade que le sang de ces fraîches créatures lui rendra sa jeunesse. Ce délire, une telle violence sadique, qui feraient aujourd'hui taxer d'irresponsabilité n'importe quel accusé, sont alors imputés par les juges à un commerce avec les sorcières et le diable...

*La comtesse Báthory, surnommée la comtesse sanglante (peinture anonyme du XVIIe siècle, Budapest, Musée national hongrois)*

## Bain de jouvence, bain de sang...

Il est difficile de dater les premiers crimes d'Erzsebeth Báthory. Elle commence par piquer méchamment les jeunes brodeuses qui travaillent pour elle et regarde avec plaisir couler leur sang. Peut-être bénéficie-t-elle de la complicité de son mari ? Un jour, sous ses yeux, elle aurait exposé une petite parente, enduite de miel, à la morsure des fourmis... À la mort de Nadasdy, en 1604, la folie perverse d'Erzsebeth ne connaît plus de frein. Elle recrute à son service, par l'intermédiaire de vieilles femmes, des dizaines de jeunes filles dans les villages voisins, et elle les affame avant de les saigner lentement, en leur cousant les lèvres pour empêcher leurs cris. Après quoi, elle se plonge dans un bain de sang... Longtemps, peu de choses filtrent de ce qui se passe dans le château. La fille d'Erzsebeth et son mari, certainement au courant, préfèrent quitter la région sans mot dire plutôt que de dénoncer la comtesse. Ce silence est la règle générale, dans ce pays sombre et sauvage : les paysans, même s'ils sont inquiets pour leurs femmes, même s'ils ont perdu une enfant, une épouse, se taisent... Jusqu'au jour où l'un d'entre eux porte plainte à la cour de Presbourg : sa fiancée a disparu; il demande une enquête. Le haut rang de la comtesse Báthory devrait la rendre intouchable. Mais le cousin d'Erzsebeth, le comte Thurzo, trop proche pour ne pas avoir compris que les rumeurs comportaient une part de vérité, est un homme intègre. Il décide d'alerter le roi Mathias II en personne. Celui-ci exige une enquête.

## Des aveux insoutenables

La comtesse est arrêtée alors qu'elle tente de fuir en Transylvanie. Elle est alors gardée au secret dans son château. Ses complices, conduits à Bisce, brisent le silence. Question : « De quelles tortures usait-on ?» Réponse :

« Elles [les vieilles femmes à la solde d'Erszebeth] attachaient les mains et les bras très serrés avec du fil de Vienne et les battaient à mort jusqu'à ce que tout leur corps fût noir comme du charbon et que leur peau se déchirât. L'une supporta plus de deux cents coups avant de mourir. Dorko leur coupait les doigts avec des cisailles… » Au fur et à mesure que se succèdent les dépositions, les détails les plus horribles des supplices sont ainsi révélés. Erzsebeth, le plus souvent, n'exécutait pas elle-même ses victimes, mais elle laissait cette tâche à la vieille Dorko, la nourrice, ou à Jo Llona, la lavandière : elle regardait alors les jeunes femmes mourir en jouissant de leur souffrance. La comtesse rétribuait d'autant mieux ses servantes que celles-ci avaient torturé les victimes avec « talent ». L'un des supplices consistait à mettre entre les jambes des jeunes filles du papier huilé en feu. Un autre à les plonger nues et à les maintenir jusqu'à la mort dans l'eau glacée… Les interrogatoires durent cinq jours. Après quoi tombe le verdict. Condamnées comme sorcières, les servantes d'Erzsebeth sont brûlées vives, le 7 janvier 1592, après que leurs doigts ont été arrachés avec des pinces. Le nain, lui, est décapité. La comtesse elle-même connaît une fin également atroce, mais plus lente et surtout plus discrète. Pour raison d'État, afin d'éviter un scandale qui éclabousserait toute la noblesse hongroise, Thurzo, avec l'accord — réticent — du roi Mathias lui-même, refuse jusqu'au bout de la laisser comparaître devant le tribunal, comme de la condamner à mort. Par un consentement tacite, la criminelle reste dans son château, pour y vivre dans l'isolement et l'oubli total. Enfermée dans une tour aux portes et aux fenêtres entièrement murées, elle reçoit seulement un peu d'eau et de nourriture par un minuscule guichet. Elle meurt le 21 août 1614, « sans croix et sans lumière », comme une bête féroce.

## La vierge de fer

*Parmi les supplices qu'infligeait la comtesse, l'un des plus ignobles était celui de la « vierge de fer ». Il s'agissait d'un coffre vertical en fer sur lequel était peint un corps de femme. Un mécanisme permettait d'ouvrir et de fermer la bouche ainsi que les yeux. Autour du cou, sous des cheveux blonds, un collier incrusté déclenchait le mouvement des bras : on pressait une pierre, les bras s'élevaient, ouvrant des portes hérissées chacune de cinq poignards. Alors, on obligeait une femme à entrer dans le coffre. Celui-ci se refermait sur la victime, la transperçant. Un trou ménagé dans le bas du coffre permettait de recueillir le sang.*

*Perdu dans les Carpates, le château de Csejthe, où la comtesse commet ses crimes, est isolé du monde (peinture du XIX<sup></sup>e siècle, Vienne, musée Schubert)*

*La vierge noire de Nuremberg, instrument de torture employé au Moyen Âge pour supplicier les sorcières*

*La condamnation d'un auteur scandaleux*

# THÉOPHILE DE VIAU ET SON « PARNASSE »

*Portrait de Théophile de Viau (gravure du XVIIe siècle de Desrochers, Paris, Bibliothèque nationale de France).*

**Le *Parnasse des poètes satyriques*, recueil de vers en partie anonyme, est publié en 1622, sans nom de libraire et sans privilège (autorisation) du roi — celui-ci ne deviendra obligatoire qu'en 1673. Il contient des pièces ordurières. Sans doute, il s'en est publié des centaines du même genre depuis dix ans, sans que se soit mise en branle la machine judiciaire. Pourtant, en juillet 1623, sur plainte du procureur, le parlement de Paris ordonne l'arrestation de Théophile de Viau, signataire d'un des poèmes, et le seul auteur présumé du livre.**

Se sachant menacé, Viau a prudemment quitté Paris quelques semaines plus tôt. Il a cherché refuge à Chantilly, chez un de ses protecteurs, le duc de Montmorency. Mais l'absence n'empêche pas le jugement. Aussi, un mois après le début de l'affaire, le 19 août 1623, après une procédure bâclée, le poète se voit-il condamner par contumace pour « lèse-majesté divine ». Le verdict est prononcé par un tribunal réunissant trois assemblées : la grand-chambre, qui juge la noblesse ; la chambre de la Tournelle, compétente en matière criminelle ; et la chambre de l'édit, pour les réformés — Viau a été protestant. Le texte du jugement précise que l'accusé doit être conduit, en chemise, au parvis de Notre-Dame pour y « faire amende honorable », confessant qu'il a « très abhominablement composé, fait imprimer et exposé en vente le livre intitulé *le Pamphlet satyrique* ». Après quoi il sera transporté place de Grève... pour y être brûlé vif avec ses livres. Comme Théophile de Viau, évidemment, ne se manifeste pas pour purger sa peine, en attendant qu'il soit retrouvé, les juges décident de le brûler en effigie.

## Un jésuite contre les libertins

À l'origine de la campagne qui a conduit au rigoureux jugement contre le livre de Viau se trouve un jésuite, le père Garasse — ennemi personnel du poète. Théophile, âgé de 30 ans

*Les plaisirs des libertins : le jeu, le vin, le tabac et les dames (gravure du XVIIe siècle, Paris, Bibliothèque nationale de France).*

### Vanini est brûlé

**Un prêtre devenu sceptique.** Quatre ans avant la condamnation de Théophile de Viau, un Italien est supplicié à Toulouse pour avoir écrit des ouvrages contre la foi : Lucilio Vanini, un ancien prêtre qui a fui l'Italie, est le modèle du philosophe libertin, sceptique, épicurien, plaidant pour une religion naturelle et tolérante.

**Supplicié à Toulouse.** Après avoir abjuré la religion catholique, il se réfugie à Lyon puis à Toulouse, où il exerce la médecine. Ses livres et ses conférences malmènent les dogmes et contestent les miracles. Dénoncé, il refuse de se dédire. C'est déjà le père Garasse qui mène la guerre contre cet « enragé ». Le procès ressemble à un règlement de comptes. Vanini est brûlé vif, après avoir eu la langue arrachée, punition des blasphémateurs.

au début de l'affaire, représente tout ce que déteste l'intransigeant père : il est insouciant et irrespectueux, et de plus talentueux — ce qui le rend particulièrement dangereux. Il fréquente les cabarets, ses propos frôlent l'athéisme, des rumeurs courent sur ses amitiés. Bref, il ne souffre aucune limite à sa liberté de pensée et de mœurs. Il a d'ailleurs déjà été condamné à l'exil une première fois en 1619, mais, après quelques mois de retraite, et grâce à de hautes protections, il a retrouvé une position en vue. Au moment où éclate l'affaire, Viau s'est imposé comme l'idole d'une jeunesse épicurienne et insolente, et, véritablement, comme le « prince des libertins », ainsi qu'on désigne, depuis le début du siècle, tous ceux qui refusent quelque contrainte que ce soit du point de vue religieux ou moral. Aussi représente-t-il une victime expiatoire exemplaire, pour des esprits soucieux de faire marquer un temps d'arrêt au développement de tels idéaux. Le père Garasse est épaulé dans sa lutte contre le libertinage par un autre prêtre, le père Voisin. C'est ce dernier qui dénonce en Théophile l'auteur du *Parnasse*, rendant ainsi possible le début des poursuites judiciaires. Pour étayer son accusation, Voisin invente de faire suivre le poète par un homme assez douteux, nommé Sageot, qui recueille les ragots et lui fait régulièrement son rapport... Garasse, de son côté, utilise des moyens plus rhétoriques : il rédige et publie un volumineux traité, *la Doctrine curieuse des beaux esprits*, lourde batterie dirigée contre les libertins.

*Théophile de Viau, le « prince des libertins », à l'étang de Sylvie (peinture de O. Merson, Chantilly, musée Condé).*

## Des vers obscènes

*Parmi les pièces du* Parnasse des poètes satyriques, *celle-ci est signée Théophile de Viau :*

*« Je pisse le verre et le feu*
*Je ne crache plus que de la colle*
*Je n'ay pas presques un cheveu*
*Ha ventre bleu j'ay la vérolle !*
*J'ay la gravelle dans les reins*
*Je ne trouve plus qui je foute*
*Et la sainte ampoulle de Reims*
*Tarirait plutost que ma goutte. »*

*Théophile de Viau, le* Parnasse des poètes satyriques, *dans Œuvres complètes de Théophile de Viau, Nizet, Paris, 1979.*

### Deux ans de cachot

Théophile, sitôt qu'il a connaissance de sa condamnation, cherche à s'éloigner le plus possible de Paris. Son imprimeur, de même, fuit en hâte la capitale. Mais à peine le poète a-t-il quitté Chantilly qu'il est arrêté, en Picardie. Écroué d'abord à la prison de Saint-Quentin, il est transféré à la prison de la Conciergerie, où il a le triste privilège d'occuper, douze ans plus tard, la geôle de Ravaillac : l'écartèlement en moins, le sort promis au poète est bien semblable à celui du régicide... Aussi Théophile comprend-il qu'il lui faut gagner du temps. À toute force, il clame son innocence : c'est une erreur, il n'est pas l'auteur du livre. Incertaines, les autorités judiciaires hésitent à faire exécuter la sentence. Deux années difficiles passent, pendant lesquelles le poète, enfermé dans un cachot obscur, humide et sale, dormant sur une paillasse pourrie par la vermine, mangeant de la nourriture avariée, voit sa santé se détériorer. Mais l'essentiel est acquis : une nouvelle information est ouverte, et l'instruction reprend en novembre 1623. De nouveau, l'accusé affirme ne rien savoir de l'auteur des pièces incriminées, et il désavoue même les idées formulées dans le *Parnasse satyrique*. Grâce à un geôlier soudoyé, il rédige et fait publier une *Requête au Roi*, dans laquelle il se plaint de ses cruelles conditions de détention. Mais ses ennemis ne désarment pas. Un autre allié du père Garasse, le prêtre Guérin, tonne en chaire — alors qu'une épidémie sévit dans la capitale : « Maudit sois-tu, Théophile ! [...] C'est toy qui est cause que la peste est dans Paris. Je diray après le père Garasse que tu es un bélistre, que tu es un veau. » Durant l'année 1624, le prisonnier est de nouveau soumis à des confrontations et à des interrogatoires par les enquêteurs, dont il se tire à son avantage. Beaucoup de témoignages ne sont que racontars ou citations inexactes et personne ne peut prouver qu'il est l'auteur du *Parnasse*. Sans doute des protections agissent-elles aussi dans l'ombre, car, en 1625, Sageot se rétracte en accusant le père Garasse d'avoir utilisé le secret de la confession et le père Voisin de lui avoir dicté sa déposition. D'ailleurs, Sageot est un accusateur à la moralité suspecte : Théophile l'a connu au collège et a été initié par lui à des mœurs contre nature... En fin de compte, les faits reprochés se réduisent à une lettre amoureuse adressée à un jeune homme, à un pamphlet injurieux contre le parlement et à un ouvrage de philosophie aux professions théologiquement douteuses. L'audience s'ouvre en août 1625. Les trois chambres, de nouveau réunies, délibèrent pendant deux jours. Le 1er septembre, elles rendent un arrêt, plus clément que le précédent : Théophile est condamné au bannissement perpétuel et à la confiscation de ses biens. En fait, le condamné pourra se retirer à Chantilly — mais il ne survivra que quelques mois à sa détention.

*Une mère clame la légitimité de sa fille*

# UNE GROSSESSE DE TREIZE MOIS

**L'arrêt que le parlement de Paris rend le 22 août 1626 donne satisfaction aux plaignants, frères et neveux du sieur de Villeneuve : la petite Renée ne peut être tenue pour une enfant légitime, car son père présumé, le sieur de Villeneuve, est mort un an avant sa naissance. Ce sont donc les frères et neveux qui hériteront.**

Médecins et juristes sont, pour la plupart, satisfaits de la sentence. Selon la jurisprudence en vigueur, une grossesse ne peut dépasser neuf mois lunaires, soit 270 jours, chiffre auquel les magistrats ajoutent une marge de retardement de vingt-cinq ou vingt-six jours. En dépit de quelques avis contraires, une grossesse qui dépasse dix mois est jugée suspecte. Les tribunaux sont fréquemment saisis de ce type d'affaires, qui camouflent le plus souvent une naissance adultérine. Mais dans le cas de la dame de Villeneuve, née Jacqueline Dubois, tous les témoins cités reconnaissent la bonne conduite de la mère, et ses adversaires eux-mêmes, les héritiers du défunt, refusent de l'attaquer sur le terrain des mœurs. Le ministère public, de son côté, n'a jamais à déposer une plainte en adultère, car l'adultère demeure un crime privé, et seule la famille peut porter plainte.

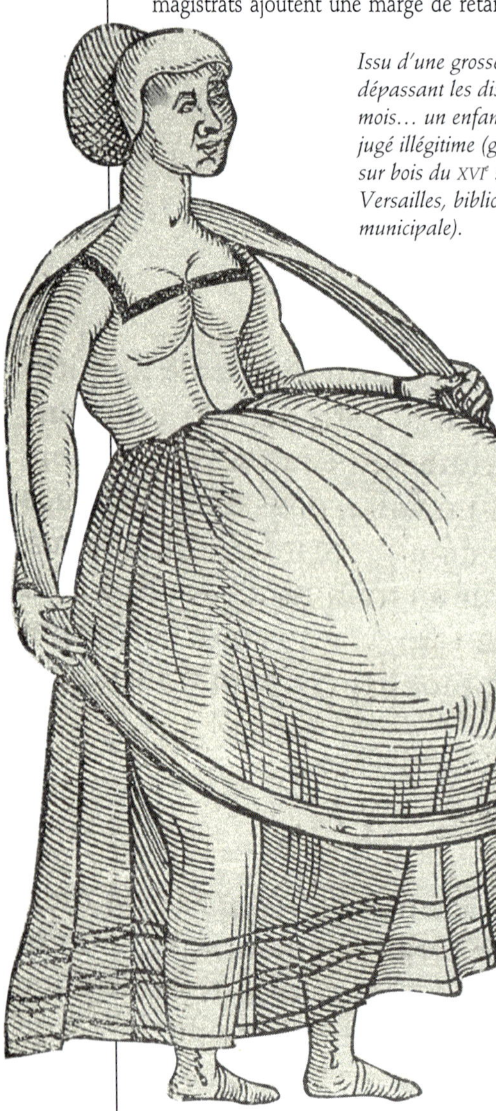

*Issu d'une grossesse dépassant les dix mois... un enfant sera jugé illégitime (gravure sur bois du XVIe siècle, Versailles, bibliothèque municipale).*

## Une grossesse de treize mois

Le singulier jugement du 22 août est dicté par la prudence. M. Bouguier, rapporteur, assure que les magistrats ne déclarent « l'enfant illégitime » que pour « éviter les abus attachés à une décision contraire ». Il satisfait fort peu la mère, qui perd son héritage. Jacqueline Dubois est regardée comme une femme honnête. Elle a épousé quelques années plus tôt un homme âgé, en mauvaise santé. Dans la nuit du 2 au 3 février 1625, celui-ci se trouve mal; il succombe deux jours plus tard. Un peu plus de deux semaines après le décès de son mari, la veuve vient trouver le juge pour faire une déclaration : elle est enceinte de quelques semaines, et demande que soit nommé pour son enfant un tuteur posthume. Neuf mois plus tard, Jacqueline ressent effectivement les premières douleurs de l'enfantement. Mais, soit que le chagrin éprouvé de la mort de son mari ait perturbé sa vie physiologique, soit encore — supposent certains — que l'enfant soit trop faible pour venir à la vie, la naissance tarde. C'est finalement le 1er février 1626, soit au terme d'une grossesse qui aurait duré treize mois, que Jacqueline accouche d'une petite fille, un bébé débile et « flétri », qu'elle fait baptiser sous le nom de Renée. À ce moment, la famille du sieur de Villeneuve l'attaque en justice et gagne son procès, sans pour autant obtenir que le tribunal se prononce sur la qualité adultérine de la naissance de l'enfant... La petite Renée, sans qu'il en soit donné le motif, est simplement privée du droit de porter le nom du mari de sa mère, et de recevoir son héritage.

Forte de ce qu'elle affirme être sa bonne foi, la dame de Villeneuve ne baisse pas les bras. Puisque à aucun moment, elle n'a été jugée comme adultère, elle estime avoir le droit de recueillir l'héritage. La famille du mari, évidemment, refuse : un nouveau litige juridique commence. La chambre des enquêtes reprend ses investigations; celles-ci aboutissent, le 8 juin 1632, à un arrêt ordonnant que « la dame jouira de son douaire » : il s'agit là non de la totalité de la fortune du mari décédé, mais de la part des biens que la femme avait apportée lors de son mariage. Les verdicts de 1626 et de 1632 semblent strictement incompatibles : le premier, s'il n'accuse pas ouvertement la dame d'adultère, la tient implicitement pour infidèle, en affirmant que l'enfant née de son sein n'était pas celle du sieur Dubois ; celui de 1632, qui ne se prononce pas sur le statut de l'enfant, affirme, en adjudiquant le douaire à la veuve, que celle-ci s'est montrée irréprochable à l'égard de son mari. La décision du deuxième tribunal est influencée par la réputation de la femme qui, depuis son veuvage comme auparavant, n'a toujours pas donné lieu à des rumeurs d'immoralité...

### Les incertitudes de la conception

La confusion demeure encore bien souvent, au XVIIe siècle, quant aux lois naturelles de la conception. Si la jurisprudence n'admet pas la « génération sans le concours des deux sexes », les avis les plus fantaisistes courent sur la transmission de la semence.

L'eau et l'air, selon certains, sont peuplés de molécules qui « s'introduisent dans les vaisseaux séminaires, germes de reproduction ». Le célèbre voyageur Tavernier note qu'en Perse les femmes traversent les piscines des hommes pour lutter contre la stérilité.

Un anatomiste allemand, De Graaf, affirme ainsi la possibilité d'une génération solitaire sans copulation. Il prétend qu'une femme peut concevoir par l'usage des bains où l'homme a demeuré quelque temps. Ses organes sont si sensibles qu'elle doit même être capable de concevoir par... la seule odeur !

*Observation médicale (gravure du XVIIe siècle, Paris, bibliothèque de l'ancienne faculté de médecine).*

## Enceinte par un songe

**Quatre ans trop tard...** Une affaire du même type que celle de la veuve Dubois défraie la chronique judiciaire française en 1636. Une femme, Magdeleine d'Automont d'Aiguemère, accouche d'un enfant quatre ans après le départ de son mari pour l'Allemagne. Les parents du mari saisissent la cour de Grenoble et portent plainte, en disant qu'il s'agit d'un enfant adultérin.

**Reconnu légitime.** Pourtant, le 13 février, après audition des matrones et médecins, la cour donne raison à ladite dame d'Automont : « S'étant imaginé en songe la personne et l'attouchement dudit seigneur d'Aiguemère son mari, elle reçut les mêmes sentiments de conception et de grossesse qu'elle eût pu recevoir de sa présence. » L'enfant est donc déclaré légitime.

**Les juges parisiens scandalisés.** L'arrêt parvient jusqu'à la cour de Paris où il indigne les juges, qui pensent aussitôt à une plaisanterie ou à une provocation envers la cour. Le 1er juin, toutes les copies de l'arrêt sont retirées et, le 13 juillet, le parlement de Grenoble défend à son tour de « l'imprimer, l'exposer en vente ou l'acheter, à peine de la vie ». Le juriste Fournel, qui rapporte le cas, omet de signaler les conséquences de ces décisions contradictoires...

*En raison de la bonne réputation de la dame, la grossesse à la durée invraisemblable ne sera pas jugée adultérine (gravure coloriée du XVIIe siècle, Paris, bibliothèque du musée des Arts décoratifs).*

### Dix ans après

Renée Dubois grandit. Lorsqu'elle atteint l'âge de 20 ans, elle décide à son tour d'attaquer l'arrêt de 1626 pour retrouver une famille légitime... et la plénitude de son héritage. Une plaidoirie solennelle a lieu en 1645. La jeune fille a su rassembler toutes sortes de documents médicaux examinant les causes naturelles susceptibles de repousser le terme d'une grossesse. Elle a trouvé aussi des preuves historiques d'enfants nés tardivement, et lit devant les juges, effarés, des extraits d'Aristote, de Galien, de Plutarque ainsi que des passages de traités plus récents : Cardan, Riolan, Du Laurens. L'affaire, trop difficile, est déléguée à la justice parisienne. Elle connaît sa conclusion définitive seulement sept ans plus tard, le 6 septembre 1653 : à cette date, la cour de la capitale rend justice à la plaignante et à sa mère, et déclare légitime la naissance de la jeune femme : Renée retrouve son nom de Villeneuve, et elle est reconnue l'héritière des biens de son père. L'affaire, que relate, en 1788, le juriste Fournel dans son *Traité sur l'adultère*, ne fait pas jurisprudence : la loi n'admettra pas la succession d'un mari lorsque l'enfant est né plus de dix mois après son décès. Mais les médecins et les philosophes, eux, continueront longtemps à débattre de la durée limite de la gestation, en se retranchant derrière les « caprices de la nature » !

*Un grand savant s'humilie devant l'Église*

# L'AFFAIRE GALILÉE

**En octobre 1632, Galilée reçoit l'ordre de se présenter devant la congrégation du Saint-Office pour répondre de son livre *Dialogue des grands systèmes*. Derrière l'ouvrage, ce sont les découvertes révolutionnaires de l'astronome qui paraissent hérétiques à l'Église. Le procès commence le 12 avril 1633.**

Le pape Urbain VIII veut que le savant soit traité avec égard : pendant son procès, Galilée sera logé au palais même de la congrégation du Saint-Office, avec « toutes les commodités désirables pour qu'il ne soit pas tenu comme prisonnier et au secret ainsi que cela est d'usage, mais qu'il soit pourvu de chambre confortable ». L'ambassadeur de Florence, au nom du grand-duc, multiplie les conseils à Galilée : qu'il ne tente pas de se justifier, « qu'il se soumette à tout ce qu'on pourrait lui demander de croire ». Ces sages avis sont cependant bien difficiles à entendre par un homme de 70 ans, affaibli, mais révolté dans sa conscience de savant.

## Vérité de science, vérité de foi

L'affaire a commencé quelque vingt ans plus tôt. Grâce au perfectionnement qu'il a apporté en 1609 à la lunette astronomique, Galilée étudie les mouvements des planètes, les étoiles, les taches solaires. Ses observations le conduisent à renoncer au système aristotélicien d'une Terre immobile au centre du monde et à adopter la théorie héliocentrique formulée par Copernic en 1543, selon laquelle les planètes tournent autour du Soleil, fixe, qui occupe le centre du monde. La Terre, commence à affirmer Galilée, est un astre comme les autres. La perfection du ciel et la pureté du Soleil ne sont que des suppositions, que contredisent les faits d'observation. Les travaux du savant se répandent rapidement, provoquant l'émotion des milieux ecclésiastiques. Galilée affirme des théories incompatibles avec l'enseignement de la Bible : comment le prophète Josué aurait-il pu arrêter le Soleil si le Soleil, comme le prétend ce mauvais esprit, est immobile ? En 1613, le cardinal Bellarmin accuse donc Galilée de donner une interprétation personnelle des Écritures. Deux ans plus tard, un dominicain le dénonce au tribunal du Saint-Office. Le 26 février 1616, il est en effet convoqué par Bellarmin à Rome, au terme d'une enquête tenue secrète. Pour cet homme d'étude, pieux et honnête qu'est Galilée, la convocation représente une chance de s'expliquer. Il a bon espoir, malgré la cabale de ses ennemis. Selon lui, la vérité scientifique n'entame en rien la vérité de foi. La Bible indique les voies du salut et non les lois de la nature. Mais le 3 mars 1616, le décret de condamnation tombe : les livres qui enseignent que la Terre tourne autour du Soleil et qu'elle n'est pas le centre du monde n'ont plus le droit de paraître ou sont retirés de la vente ; le soutien de toute opinion semblable rendra son auteur passible de prison. Il est encore moins autorisé, évidemment, d'enseigner la doctrine condamnée et, selon la règle, le décret doit être affiché dans les universités. Galilée, bien qu'il ne soit pas directement nommé, est présent à la lecture du jugement : le procès-verbal de la séance note qu'il promet d'obéir. Mais le savant est en proie au désarroi et à l'humiliation. Encore parvient-il, après bien des démarches, à obtenir de Bellarmin, en raison de sa bonne foi, un certificat lui épargnant les « pénitences salutaires », jeûnes et prières, auxquelles ses adversaires exigeaient qu'il fût condamné...

*Le clocher de la tour de Pise, avec deux boules de pierre utilisées par Galilée pour ses expériences sur la gravitation.*

### La sentence du Saint-Office

*« Nous disons, prononçons, sentencions et déclarons que toi, Galilée, par les motifs déduits du procès et par toi confessés, tu t'es rendu véhémentement suspect d'hérésie devant le Saint-Office, pour avoir tenu et accepté la doctrine fausse et contraire aux Écritures saintes et divines, que le Soleil est au centre du monde et immobile, tandis que la Terre n'est pas au centre et se meut, opinion que l'on ne peut ni tenir ni défendre pour probable, alors qu'elle a été définie comme contraire à la Sainte Écriture, en conséquence tu as encouru toutes les censures et peines imposées et promulguées par les Sacrés Canons. »*

*Cité dans* l'Affaire Galilée, *dossier présenté par E. Namer, Gallimard, collection « Archives », Paris, 1975.*

## Interdit d'enseignement

Après quelques années d'une semi-retraite, le savant, incorrigible, reprend ses recherches. Un nouveau pape vient d'être élu, Urbain VIII, qui lui a témoigné amitié et confiance lors du procès de 1616. Le climat n'a-t-il pas changé ? Galilée reprend espoir de se faire entendre. Il publie, en 1630, son *Dialogue des grands systèmes*, où disputent un docteur aristotélicien et un honnête homme ouvert à la science moderne. Et il se rend lui-même à Rome pour soumettre son manuscrit à l'autorité ecclésiastique et pour en solliciter l'approbation, le *nihil obstat* (« rien ne fait obstacle » [sous-entendu : « à la parution »]). Au prix de quelques accommodements, la publication de l'ouvrage est en effet autorisée. Mais, dans l'entourage du pape, des esprits conservateurs s'alarment : ils constatent qu'en réalité, Galilée n'a pas renoncé au système copernicien, qu'il fait exposer, à titre d'hypothèse, par un de ses protagonistes. Une commission d'experts en théologie est bientôt chargée de donner son avis. L'ouvrage est remis aux cardinaux du Saint-Office et la procédure se met en branle en 1632. Galilée, fatigué, inquiet, tarde à répondre à la convocation. Le pape, que les cardinaux espagnols jugent trop tolérant, s'impatiente. Le savant s'exécute enfin, sous les menaces, et il arrive à Rome le 13 février 1633. Les interrogatoires commen-

*Galilée devant le tribunal de l'Inquisition (peinture de J. Clerian, Aix-en-Provence, musée Granet).*

*Giordano Bruno monta sur le bûcher pour avoir soutenu une thèse sur la pluralité des mondes (gravure illustrant l'ouvrage de G. Bruno,* De monade numero…, *1591).*

cent. Les juges du Saint-Office manœuvrent avec beaucoup d'habileté : ils contestent moins le contenu polémique du *Dialogue* qu'ils n'obligent l'accusé à reconnaître sa désobéissance. Galilée n'aurait obtenu le droit d'imprimer qu'en cachant l'interdit qui lui avait été fait en 1616 d'exposer la doctrine pernicieuse, ou quoi que ce soit s'y rapportant… L'accusé, scientifique génial mais rhétoricien malhabile, s'embarrasse dans sa défense et ses protestations de foi catholique ne suffisent pas à désarmer ses adversaires. Le 20 juin, il est encore soumis à un « examen rigoureux », type d'interrogatoire qui peut inclure la torture — dont l'usage, cependant, n'a pas été prouvé. Le 22 juin 1633, dans le couvent dominicain de la Minerve, la condamnation est prononcée avec solennité par le tribunal. Le *Dialogue* est interdit. Mais il faut encore que le coupable abjure, « d'un cœur sincère et d'une foi non feinte, les susdites erreurs ». À genoux, Galilée renie toute son œuvre. Le savant subira cette fois les « peines salutaires ». Sa peine de prison est remplacée par l'exil dans sa maison de Florence, « sous la condition qu'il y demeure dans la solitude ».

## Le bûcher pour Giordano Bruno

**Un dominicain converti par Copernic.** Seize ans avant le premier procès de Galilée, le dominicain Giordano Bruno paie de sa vie son audace : tirant les conséquences intellectuelles du système de Copernic, il préconise une philosophie de la nature et soutient le principe de la pluralité des mondes, déclarant l'univers « innombrable » et peuplé d'une infinité de mondes semblables au nôtre (1584).

**La fuite et le bûcher.** Il rompt alors ses vœux et mène une vie d'errance qui le conduit de Genève à Londres et à Paris. Il finit par se fixer à Venise, où un notable de la ville l'accueille, avant de le dénoncer à l'Inquisition. Incarcéré à Rome en 1593, il est interrogé sept ans durant et son affaire est suivie par Bellarmin, consulteur du Saint-Office. Cette longue enquête aboutit à la condamnation maximale : Bruno est brûlé sur le bûcher, Campo dei Fiori (place des Fleurs), à Rome, en 1600. Ceux qui assistèrent à l'exécution bénéficièrent d'indulgences.

## *Un curé trop séduisant envoûte des religieuses*

# URBAIN GRANDIER OU LES ABUS D'UNE PROCÉDURE

**Le 18 août 1634, Urbain Grandier, curé de Saint-Pierre de Loudun, est déclaré « convaincu du crime de magie, maléfice et autre possession ». Il est condamné à être « bruslé vif avec les pactes et caractères magiques, ensemble le manuscrit par lui composé sur le *Célibat des prestre*, et les cendres jetées au vent ».**

L'accusé écoute sans émotion apparente la sentence et meurt dans les flammes du bûcher. Comme un bourdon vole autour de sa tête, un moine, présent à l'exécution, crie que Belzébuth est venu auprès du prêtre pour emporter son âme.

### Une procédure extraordinaire

Que Grandier ait été un libertin, aimant les femmes, scandalisant les bien-pensants de Loudun par sa conduite et par ses livres, ses partisans eux-mêmes l'admettent. Mais il est non moins évident qu'il n'a pas bénéficié des garanties de justice qui auraient dû le protéger et que ses juges l'ont condamné pour magie sans établir la preuve des faits. Les inimitiés que le prêtre a suscitées remontent à plusieurs années. En 1629, il a déjà été condamné pour relations coupables avec des femmes de sa paroisse par l'official de Poitiers. Grandier fait appel du jugement en 1631 et, faute de preuves, il est innocenté par l'archevêque de Bordeaux, qui l'incite cependant à plus de réserve. Il rentre triomphant à Loudun, au grand dam de ses ennemis. Jeanne des Anges, la supérieure des Ursulines de Loudun, couvent fondé en 1626, n'ignore pas la réputation de Grandier. Elle lui demande pourtant de devenir leur directeur de conscience. Prudent, Grandier refuse. Le chanoine Mignon accepte alors d'être le confesseur des nonnes. Peu de temps après, en 1632, le bruit court qu'il se passe des choses étranges chez les Ursulines. Les sœurs disent des obscénités, et Jeanne elle-même voit le spectre de Grandier qui la sollicite de caresses impudiques… Les exorcistes, dont la fonction est de chasser les démons par leurs prières, viennent constater les phénomènes. Le chanoine Mignon exploite l'affaire, mais l'archevêque de Bordeaux, avec sagesse, ordonne, en décembre 1632, que les exorcismes soient confiés à d'autres prêtres que Mignon, à un jésuite et à un oratorien. Le calme revient aussitôt. Les ennemis de Grandier n'en prétendent pas moins que le curé est à l'origine de la possession et ils l'accusent de magie. L'un d'eux dénonce Grandier au Père Joseph, éminence grise de Richelieu, comme étant l'auteur d'un libelle injurieux pour le cardinal, *la Cordonnière de Loudun*. Aussitôt, le cardinal écrit au conseiller d'État Laubardemont pour qu'il s'informe de l'affaire : celui-ci se trouve à Loudun pour y surveiller la démolition de la forteresse, conformément à l'ordre royal de démanteler les places fortes protestantes. Grandier, qui craint de voir se rallumer les hostilités religieuses, tente d'ailleurs sans succès de s'opposer aux démolisseurs. En novembre 1633, Laubardemont reçoit des lettres patentes du roi, lui donnant tout pouvoir pour instruire

*L'affaire de Loudun : les religieuses maléficiées par une branche de rosier diabolisée par Grandier (gravure du XVII^e^ siècle).*

### Crimes de sorcellerie

*Les crimes de magie, qui relevaient de la juridiction ecclésiastique, passent au juge civil au cours du XVII^e^ siècle.*
*Les procès sont nombreux, mais la preuve est délicate à fournir. On se contente le plus souvent de présomptions de preuves, parmi lesquelles la détention par l'accusé d'objets suspects (hosties, crapauds, livres, figurines de cire transpercées d'aiguilles), l'existence de points insensibles sur son corps, la déposition de témoins, la filiation avec un autre sorcier.*
*L'aveu de l'accusé est cependant censé fournir la preuve décisive. L'abbé Gaufredy, directeur de conscience des Ursulines de Sainte-Baume, est brûlé en 1610 après avoir avoué le pacte qu'il a conclu avec le diable : « Je Louys Gaufredy renonce à tous les biens tant spirituels que corporels qui me pourroyent estre conféré de la part de Dieu, de la Vierge Marie […] et me donne de corps et d'ame à Lucifer icy présent. »*
*Grandier, soumis à la question, n'avoua rien.*

le dossier. Une commission extraordinaire est instaurée, comprenant douze juges, sans doute intègres, mais choisis pour leur crédulité ou pour leur ambition. Un avis lu en chaire demande à tous les témoins de venir déposer sous peine d'excommunication.

### L'incertitude des preuves

Pour accuser Grandier de magie, il faut d'abord prouver la possession des religieuses. Le rituel romain, qui règle les cérémonies liturgiques, décrit trois signes d'une véritable possession : le pouvoir de divination, l'intelligence de langues qu'on n'a pas apprises, l'exercice de forces surnaturelles. On procède donc à des expériences sur les ursulines, en plaçant l'une d'entre elles à distance tandis qu'une autre donne des ordres au diable. La religieuse exécutera-t-elle cet ordre qu'elle n'entend pas ? Elle hésite et se trompe : la divination fait défaut. Les religieuses ne manifestent pas non plus de force physique exceptionnelle. Un médecin venu les examiner note surtout des cas d'hystérie et de mélancolie. Enfin, lors des interrogatoires, on découvre que les diables qui parlent par leur bouche font, sauf chez la supérieure, d'étonnantes fautes de latin. Au cours du deuxième exorcisme, ils préfèrent même s'exprimer en français, sauf l'un d'eux qui parle « le langage taupinamboux ». Le don des langues n'est pas prouvé… Cependant, les témoins défilent et accablent Grandier. Une femme affirme qu'elle a reçu la communion de l'accusé et qu'elle a été « incontinent prise d'un violent amour pour lui ». Une autre dit qu'elle a vu Grandier invoquer le diable. Plusieurs ursulines révèlent que Grandier leur rend visite « par les airs ». On découvre sur le pouce de l'accusé une petite coupure, preuve qu'il a signé avec le diable Asmodée le pacte du sang, et quelqu'un fait remarquer qu'il ne regarde jamais le crucifix. Enfin ,la présence de Laubardemont, agent zélé de Richelieu, ne manque pas d'intimider les témoins. Cet ensemble de médisances et de calomnies, exploité par une coalition d'ennemis, suffit à obtenir la condamnation de Grandier. Les juges sont-ils convaincus des pouvoirs magiques du prêtre ? Rien n'est moins sûr, mais ils réprouvent à l'évidence les positions hérétiques et libertines du curé de Loudun.

*L'exécution d'Urbain Grandier (gravure du XVII^e siècle).*

*« Dans leur interrogatoire, les dames Ursulines de Loudun, déclarent qu'elles ont le Diable au corps, et que le chanoine Urbain Grandier le leur a mis » (gravure du XVII^e siècle).*

#### Une supercherie

**La vengeance d'une nonne.** Les ursulines de Loudun ont-elles été en proie à un phénomène d'hystérie collective ? Elles étaient sans doute de bonne foi, bien que la supérieure ait certainement voulu se venger d'un curé qui avait refusé de se plier à ses désirs.

**Un médecin fort partial…** Les supercheries et les irrégularités du dossier sont, elles, flagrantes. Manoury, le chirurgien chargé de prouver l'insensibilité du prévenu, fait déshabiller et raser Grandier et lui applique des lancettes sur divers points du corps. Mais, selon une relation, « il fit semblant de picquer Grandier et au lieu de ce faire appuyait son poulce […] et disait qu'en ce lieu il était insensible ». Un apothicaire de Poitiers prit à son tour la lancette et « picqua Grandier qui fut reconnu parfaitement sensible ». Les médecins signèrent ce second rapport mais celui-ci fut supprimé du dossier par Laubardemont…

*Une justice qui ressemble à un règlement de comptes*

# CINQ-MARS, UN CONDAMNÉ DE VINGT-DEUX ANS

**Au printemps 1642, le cardinal de Richelieu découvre une conspiration qui vise à l'éliminer du pouvoir. Parmi les conjurés se trouve le favori du roi, Cinq-Mars, un jeune homme de vingt-deux ans dont il a fait la fortune. Le procès commence en septembre. La vengeance du cardinal est terrible.**

Insolent, ambitieux, comploteur, Cinq-Mars le fut à coup sûr. Mais a-t-il été l'instigateur de la conspiration ? Il est douteux qu'on puisse jamais établir la part de responsabilité de chacun des conjurés. En tout cas, la cour a tranché : elle condamne Monsieur le Grand à la peine capitale. Les tours du château de Cinq-Mars sont démantelées « à hauteur d'infamie ».

## L'irrésistible ascension d'un favori

Richelieu a remarqué très tôt Henri d'Effiat, marquis de Cinq-Mars, et décidé, alors qu'il n'avait pas encore 18 ans, de le placer auprès du roi Louis XIII, pour qu'il gagne son amitié et lui serve d'espion. De fait, le roi se prend d'une véritable passion pour ce jeune homme charmeur. Cinq-Mars est nommé en 1639 à la dignité prestigieuse de grand écuyer de France. Il assiste au Conseil où se décident les affaires. Mais, bientôt, ses succès le grisent : pas plus qu'il n'admet d'être un jouet entre les mains du cardinal, il ne consent à sacrifier pour le roi sa liberté. Entre le despotisme du premier et la jalousie du second, le grand écuyer poursuit son irrésistible ascension. Richelieu, cependant, s'inquiète de l'ambition de son protégé. Lorsque Cinq-Mars ose envisager un mariage avec la princesse Marie de Gonzague, le cardinal laisse tomber : « Elle n'est pas pour ce petit monsieur ». L'orgueil blessé, le favori veut secouer cette tutelle encombrante. Entre le roi et le cardinal, les relations sont d'ailleurs de plus en plus

### Une mise en scène macabre

**Un simulacre de torture.** À la demande de Richelieu, Cinq-Mars fut condamné à la question pour l'inciter à révéler les noms de ses complices. Une note précisait qu'il devait s'agir d'un simulacre de torture. Mais le condamné n'en savait rien : le jeune homme fut dévêtu et conduit à la salle de gêne, attaché au banc. Il ne manifesta aucune peur.

**Une fin exemplaire.** Richelieu tint également à ce que l'exécution fût publique. 1 200 soldats furent mobilisés pour le service d'ordre. Cinq-Mars gravit les marches fermement et refusa d'avoir les yeux bandés. De Thou le suivit avec la même dignité. Les spectateurs, innombrables, pleuraient en regardant mourir ces malheureux jeunes gens.

*Richelieu et Cinq-Mars sur le Rhône (peinture de P. Delaroche, 1829, Londres, Wallace Collection).*

tendues. Beaucoup misent sur la défaite d'un ministre exécré et la victoire du favori. Cinq-Mars est un allié rêvé pour les conspirateurs qui haïssent Richelieu. En 1641, Monsieur, duc d'Orléans, frère du roi et éternel comploteur, ainsi que le duc de Bouillon prennent contact avec lui par l'entremise d'un jeune conseiller au parlement, François-Antoine de Thou. Leur projet est de faire la paix avec l'Espagne et d'écarter le cardinal tenu pour responsable de la guerre. Le complot prend forme. Un texte de traité est rédigé, recopié par Cinq-Mars et, en mars, porté secrètement en Espagne par le marquis de Fontrailles. Les conjurés élimineront-ils physiquement Richelieu ? Les avis divergent. Cinq-Mars entend le roi se plaindre « de l'esclavage où son ministre l'a réduit ». Un soir, Louis XIII lui confie : « Je voudrais bien qu'il y eût un parti contre lui. » Et comme le favori ose parler d'assassinat, le roi réplique par ces mots ambigus : « Il est cardinal et prêtre, je serais excommunié. » Mais à aucun moment Cinq-Mars ne met le roi au courant du projet de rapprochement avec l'Espagne que lui-même et ses amis nourrissent.

### Le complot découvert

La guerre contre ce pays se poursuit et Richelieu centre les efforts sur la conquête du Roussillon. Le roi descend vers Perpignan puis à Narbonne où Cinq-Mars le rejoint. C'est alors que le cardinal décide d'agir. Ses services secrets lui ont remis au début du mois de juin une copie du traité, auquel est annexée la liste des conjurés, et le 12, il fait avertir Louis XIII. Le roi est atterré, blessé dans son amour-propre et dans son affection. Il donne l'ordre d'arrêter Cinq-Mars. Pour se disculper d'avoir semblé encourager un complot, il abandonne à Richelieu le soin de faire justice — en adressant cependant encore un billet au favori : « On en veut à votre personne. » Le cardinal veut certes mater les révoltes continuelles des grands, mais sa rancune personnelle à l'égard de Cinq-Mars est connue de tous. Il nomme aussitôt une commission extraordinaire, présidée par un grand personnage — le chancelier Séguier — et dont les membres sont triés sur le volet. Cette commission siégera à Lyon. À la fin du mois de juin, la nouvelle de la conjuration est rendue publique. Le 29 août, Séguier se rend chez Monsieur, réfugié en Auvergne, et procède aux interrogatoires. Le frère du roi, le faible Gaston d'Orléans, transi de peur, avoue tout ce qu'on veut pour sauver sa vie et il accable Cinq-Mars. Le duc de Bouillon, arrêté et incarcéré à Lyon, souscrit également à toutes les exigences du cardinal et charge le favori. L'un et l'autre, princes du sang, sont dispensés de comparaître. Ils accablent d'autant plus lourdement leurs complices qu'ils n'auront pas à les affronter devant le tribunal. Cinq-Mars, incarcéré à Montpellier puis à Lyon, est interrogé le 5 septembre. Le jeune homme ignore les aveux de Monsieur et commence par nier. Certes, sous la pression, il se confie à Séguier, mais ses confidences, orales, ne valent pas pour la procédure. Le rapporteur Laubardemont vient alors l'interroger. Il lui laisse entendre que de Thou a parlé et que, s'il dit la vérité, il obtiendra sa grâce. Incapable de déjouer la ruse, affaibli par la prison, Cinq-Mars passe aux aveux et reconnaît la présence de son ami aux réunions, tandis que Laubardemont prend la précaution de lui faire signer le procès-verbal.

L'instruction est rapidement menée. Dès le 11 septembre — soit avant que la chose soit jugée —, on dresse l'échafaud place des Terreaux. Le jugement a lieu le 12, dans la salle du palais présidial de Lyon. Séguier a fait écarter deux magistrats peu sûrs. Cinq-Mars, qui croit encore à la grâce royale, répète ses aveux. De Thou comparaît à son tour et, ignorant la confession de Cinq-Mars, nie les faits reprochés. C'est alors qu'on lui lit la déposition du principal condamné, signée par lui, et que les deux jeunes gens comprennent le piège. Convaincu de haute trahison, Cinq-Mars est condamné à mort à l'unanimité. Pour avoir omis de dénoncer le complot, de Thou est également condamné à la peine capitale, par onze voix sur treize. Sûr du verdict, le cardinal a quitté Lyon dès le matin, dans sa litière rouge.

→ **Voir aussi :** p. 110-111 (La chute de Fouquet).

### Une commission extraordinaire

*Le roi détient le pouvoir de justice. Ordinairement, il délègue ce pouvoir aux cours compétentes, mais il peut également « retenir la justice » et la confier à une commission extraordinaire, dissoute une fois le procès achevé. Cette « justice retenue » — dont le procès d'Urbain Grandier, avant celui de Cinq-Mars, et celui de Fouquet, plus tard, offrent d'autres exemples — permet au souverain d'intervenir dans les affaires criminelles.*

*Après le procès, Richelieu exigea de se faire communiquer les noms des deux magistrats qui n'avaient pas voté la mort de de Thou. Celui-ci et Cinq-Mars payèrent pour les autres. Fontrailles avait pu s'enfuir. Monsieur renonça à tout droit sur la Couronne. Bouillon donna au roi la place de Sedan, qu'il détenait et qui ne faisait pas encore partie du royaume.*

*Cinq-Mars rendant son épée à Louis XIII (gravure du XVIIe siècle, Paris, Bibliothèque nationale de France).*

*L'exécution de Cinq-Mars et de De Thou à Lyon (gravure du XVIIe siècle).*

## Un roi balayé par la révolution

# « L'ASSASSINAT LÉGAL » DE CHARLES Ier

**Le 3 janvier 1649, au cours de la première révolution d'Angleterre, la Chambre des communes, organe du Parlement anglais, institue une Haute Cour de justice composée de 135 commissaires, afin de juger Charles Ier, roi d'Angleterre. La Chambre considère qu'aucun compromis ne peut plus être trouvé avec la monarchie.**

Une semaine plus tard, les commissaires, qui sont à la fois juges et témoins, se présentent dans la « chambre peinte » jouxtant Westminster Hall où aura lieu le procès. Mais ils ne sont plus que cinquante. Le samedi 20 janvier, premier jour d'audience, ils sont 69, et le 26, 63. Le 29 janvier, pour parapher la sentence de mort, on ne trouve plus que 59 signataires, et encore faut-il en contraindre certains ! Ces défections successives traduisent le malaise d'une cour qui pressent qu'elle vote un « assassinat légal ». L'Angleterre reste — même en cette période de révolution — profondément royaliste.

### Le roi récuse ses juges

Le petit homme vêtu de noir, assis dans le box, que juge la Haute Cour, est le symbole d'un ancien régime haï : on lui reproche trente-sept ans de politique autoritaire et dispendieuse, de conflits avec le Parlement, de revirements d'alliances et de promesses non tenues, sur fond de difficultés économiques et de querelles religieuses entre courants anglican, puritain et presbytérien. Refusant de tenir compte des Dix-Neuf Propositions que lui a adressées le Parlement en 1642 destinées à lui ôter tout pouvoir réel, le roi a entraîné le pays dans deux guerres civiles successives, tandis que le Parlement levait une armée pour combattre les troupes royalistes…

*Procès de Charles Ier : le roi, vu de dos, est assis face à la table où sont les insignes royaux, le glaive et la masse (gravure du* Journal officiel du Procès*, publié en 1683).*

L'homme fort est alors le député Oliver Cromwell. Celui-ci préconise l'abolition de la monarchie et il prend, en 1647, le contrôle de l'armée parlementaire. Après sa victoire à Preston, en août 1648, sur les troupes disparates qui défendent encore le roi, en octobre il impose sa loi au Parlement en le purgeant — ou en le faisant purger — de ses éléments tièdes, en particulier des parlementaires presbytériens restés attachés à la Couronne et inquiets de son ascension. C'est ce « Parlement croupion », mutilé et docile, qui ordonne la réunion d'une Haute Cour pour juger « Charles Stuart », coupable d'avoir eu « le dessein pernicieux de subvertir les lois et libertés anciennes et fondamentales de cette nation, et à leur place d'instaurer un gouvernement arbitraire et tyrannique ».

La vaste salle de Westminster Hall a été aménagée pour le procès. On a abattu des cloisons et fait place au public. Les juges sont assis sur des bancs revêtus de tissu écarlate. Leur président, John Bradshaw, a fait renforcer son chapeau avec des pièces de métal : c'est dire la tension qui règne. Face aux juges, dans un box entouré de cloisons, un fauteuil rouge attend le roi. La cloison de derrière a été rehaussée pour qu'il ne puisse chercher le regard d'un public sympathisant, mais des galeries ont été élevées au-dessus des juges, destinées aux spectateurs privilégiés. Plusieurs rangs de soldats sont alignés et sont postés derrière le box. Charles Ier entre, accompagné de gardes. Le ruban bleu de l'ordre de la Jarretière tranche sur le noir du costume. Il reste couvert pour marquer son refus de reconnaître l'autorité de la Cour. Le procureur lit l'acte d'accusation, où sont énumérés tous les griefs, en une longue liste. Comme l'a prévu Cromwell, Charles récuse ses juges et il ajoute : « Je ne vois pas ici de Chambre des lords qui puisse constituer un Parlement. » La Chambre des communes elle-même n'est d'ailleurs plus qu'une chambre amputée. Le roi revendique toutes ses responsabilités : c'est à lui de faire respecter les droits et libertés des peuples : « Je suis votre roi, j'ai la responsabilité que Dieu m'a confiée. » La séance est ajournée. Tandis qu'on ramène le prisonnier, des gens crient sur son passage : « Dieu vous bénisse ! »

### Interdit de parole

Le lundi 22 janvier, deuxième jour d'audience, Charles a mûri sa défense — il n'a pas droit à un avocat — et il revient sur l'illégalité du procès. Le ton monte :

« Confessez ou plaidez non coupable.

– Par quelle autorité jugez-vous ? rétorque le roi.

– Emmenez-le, coupe Bradshaw, furieux.

– J'exige de pouvoir donner mes raisons.

– Un prisonnier n'a pas à exiger… »

---

### « Mon frère, oncle et cousin »

*La sentence bouleversa les souverains d'Europe. Neveu de Charles Ier qui avait épousé Henriette de France, sœur de Louis XIII, Louis XIV écrit le 9 février (calendrier français) une lettre à Cromwell en apprenant la condamnation. Ce dernier s'est effacé durant le procès, mais nul n'ignore son rôle et son pouvoir, comme le prouvent ces mots du roi de France : « Monsieur Cromwell, j'ai le cœur si touché du mauvais état auquel est réduit mon frère, oncle et cousin, le roi de la Grande-Bretagne […] Vous avez en main une occasion de vous signaler en faisant une action juste en faveur de votre souverain, en usant bien du pouvoir que les armes vous ont donné sur lui pour le remettre dans ses dignités et dans ses droits. »*

Histoire de la République d'Angleterre*, par F. Guizot, Paris, 1854.*

---

*L'exécution de Charles Ier, à Whitehall, le 30 janvier 1649 (peinture de E. Crofts, New York, Forbes Magazine Collection).*

Un juge crache sur le roi. Celui-ci n'aura plus guère la parole et les journées suivantes n'apporteront pas grand-chose au débat de fond, débat par lequel le Parlement ainsi réduit se dit incarner la souveraineté du peuple, source unique de tout pouvoir, et exige la mort du roi. Charles essaie encore de s'exprimer, sans succès : on lui réplique que, puisqu'il refuse de reconnaître la Cour, il sera jugé par défaut. Et, tandis que, le 27 janvier, le réquisitoire l'accuse de « meurtres, trahisons, rapines, incendies, pillages, désolations », une voix se fait entendre des tribunes : « C'est un mensonge ! Ni la moitié ni le quart du peuple n'est d'accord avec ce que vous faites !» L'instant est poignant : non point la sentence de mort attendue, mais les efforts désespérés du roi pour s'expliquer. Il parviendra encore à s'exclamer : « Si on ne me laisse pas parler, imaginez un peu quelle justice d'autres que moi peuvent espérer... » Le tumulte couvre sa voix tandis que les gardes en colère crient : « Justice ! Exécution ! »

### « Cruelle nécessité »

Le 28 janvier, Charles brûle quelques papiers mais il refuse de voir ses amis. Le 29, on autorise ses deux enfants cadets à lui rendre visite et il leur prodigue d'ultimes conseils. Au petit Henri, âgé de neuf ans, il dit : « Mon chéri, on va couper la tête de ton père. » Et il ajoute : « S'ils veulent faire de toi un roi, tu dois refuser tant que tes frères Charles et Jacques sont toujours vivants. » Le 30, jour de l'exécution, il réclame deux chemises car il ne veut pas avoir l'air de trembler sous l'effet du froid. L'échafaud est recouvert de noir. La foule massée est tenue à distance. Elle gronde au moment où opère le bourreau. Le corps est porté au palais de Saint-James. Cromwell vient, de nuit, contempler le cercueil et il aurait murmuré : « Cruelle nécessité ! »

Cromwell contemplant le cadavre de Charles Ier *(peinture de P. Delaroche, 1831, Nîmes, musée des Beaux-Arts).*

## *Le dernier procès pour impuissance*

# LE MARQUIS DE LANGEY

*L'impuissance du mari, s'il ne peut remplir ses devoirs conjugaux, peut mener à la dissolution du mariage (gravure du XVIIe siècle).*

**Le 8 février 1659, le parlement de Paris déclare nul le mariage du marquis de Langey et de la demoiselle Marie de Saint-Simon. Le motif de l'arrêt tient en cinq mots : l'impuissance du mari à accomplir le devoir conjugal !**

La dot sera restituée à la jeune femme et le marquis devra s'abstenir de contracter un nouveau mariage. Les époux se séparent après quatre ans de vie commune et tout Paris en fait des gorges chaudes.

### Une tragi-comédie

La mariée n'a pas 20 ans quand paraissent les premières tensions au sein du couple. En 1657, la jeune femme se plaint à sa tante du caractère grincheux de Langey, plus dévot qu'un moine, et affreusement jaloux. La famille prend fait et cause pour la jeune épousée, d'autant que celle-ci confie à son grand-père que le mariage n'a pas encore été consommé. Impuissance : on tient là un motif d'annulation qui rendrait sa liberté à Marie. L'impuissance doit ordinairement être constatée par un tribunal ecclésiastique; mais, comme le mari est protestant, le procès relèvera du parlement de Paris. Commencent alors deux années de procédure. Il faut d'abord s'assurer de la virginité de la dame par « l'inspection des pièces ». Date est prise pour l'expertise. Les sages-femmes chargées de « visiter » la plaignante sont formelles : Marie n'est plus fille, la défloration, de quelque manière que ce soit, est avérée. Langey triomphe. Tout Paris suit l'histoire, les femmes surtout, qui trouvent à leur goût ce beau jeune homme « bien fait et de bonne mine ». Le mari passe pour une victime et la femme pour une intrigante. Langey pourrait en rester là mais, fanfaronnade ou complexe, il réclame que la procédure se poursuive, c'est-à-dire que soit ordonnée l'épreuve du « congrès » par laquelle les mariés s'accouplent et font constater la consommation du mariage... Plaisanteries égrillardes, chansons, le public est comblé. On fait des paris. « Votre procès est dans vos chausses », lance lestement Mme de Sévigné. De sa plume alerte et méchante, le conteur des *Historiettes*, Tallemant des Réaux, relate l'épreuve en détail. Le congrès a lieu rue du Faubourg-Saint-Antoine, dans l'établissement de Nicolas Turpin, qui tient des étuves — celles-ci correspondent souvent à des bordels. Le mari, sûr de lui, a posé quelques conditions : la dame doit

*Une représentation de l'impuissance : à gauche, la femme est courtisée par un galant ; à droite, le mari prend conseil auprès d'un charlatan (gravure du XVIIe siècle, Paris, Bibliothèque nationale de France).*

*Planche d'anatomie (gravure du XVIIe siècle illustrant un ouvrage de médecine, Paris, Bibliothèque Interuniversitaire de Médecine).*

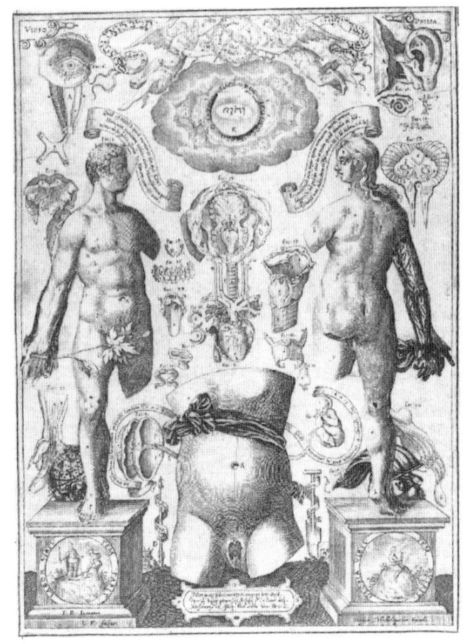

prendre un bain pour rendre inefficaces d'éventuels astringents. Elle gardera les cheveux épars — pas de cornette — afin d'éviter que soit caché quelque talisman. Marie ne s'émeut pas. À sa tante, elle murmure : « Soyez assurée que je reviendray victorieuse. Je scay bien à qui j'ay affaire »...

Au moment de se mettre au lit, Langey réclame des œufs frais, garantie de concevoir un garçon. Les époux doivent prêter serment d'« accomplir l'œuvre du mariage sans y apporter d'empeschement ». Cinq médecins et autant de chirurgiens, des experts et des hommes de loi sont réunis. Des sages-femmes surveillent le lit dont les rideaux ont été tirés. Arrive le moment crucial : « Il n'eust pas la moindre émotion là où il fallait. Les drogues qu'il avait prises l'échauffaient. Il sua pourtant à changer deux fois de chemises. » Après l'énervement et la rage vient le besoin de prier. « Vous n'êtes pas icy pour cela », réplique la dame sèchement. On envoie une matrone, nommée d'office, prendre des nouvelles et elle revient dire aux experts : « C'est grand pitié, il ne nature point !» Le temps de l'épreuve expire. On fait sortir les époux du lit et on constate l'échec. Le lendemain de la sentence, Mardi gras, tout Paris se gausse du « marquis du Congrès ».

## L'impuissance du tribunal

L'affaire n'en reste pourtant pas là. Marie de Saint-Simon se console vite dans les bras d'un autre époux, qui lui donne trois enfants. Langey, de son côté, oublie sa mésaventure en convolant, malgré l'interdit, avec une dame mûre, que Tallemant des Réaux décrit « maigre, vieille et noire », mais qui a le mérite d'être une bonne génitrice. Le couple aura sept enfants... Enfin, en 1670, intervient le coup de théâtre final : l'ex-marquise de Langey vient de mourir et son testament comporte une clause stupéfiante. La testatrice veut qu'on termine « par accommodement » le procès contre son premier mari. Culpabilité rétrospective ? Toujours est-il que Langey, informé, demande la réouverture du procès et la révision du jugement. Les audiences se succèdent. En 1675, le second mariage du marquis de Langey est enfin enregistré légalement — ce qui revient à invalider le premier verdict. Sur le fond de l'affaire, le tribunal avoue son... impuissance : car si la sentence de 1659 est reconnue erronée, cela signifie que le premier mariage n'a pas été dissous et que Langey a été bigame ! Si elle est au contraire confirmée, que deviennent les enfants nés après 1659 ? Embarrassée, la cour décide que la requête de Langey est irrecevable !

### Sur plainte de la belle-mère

**Des motifs complexes.** Les procès pour impuissance, suivis de dissolution, furent fréquents au cours des XVIe et XVIIe siècles. Quelques causes célèbres défrayèront la chronique, suscitant un intérêt passionné. On peut se demander pourquoi les femmes acceptaient de devenir ainsi, avec leur époux, la cible des railleurs. Regret de maternité ? Sordides affaires d'héritage ?

**La mariée... ou sa maman.** L'hostilité d'une belle-mère pouvait suffire à entraîner la jeune mariée dans l'aventure. Ce fut le cas de la protestante Catherine de Parthenay qui, unie en 1568 à Charles de Quellenec, laissa sa mère, Mme de Soubise, intenter contre son gendre un procès d'impuissance. Le seigneur mourut durant la Saint-Barthélemy, avant d'avoir pu faire la preuve de sa virilité. Catherine de Médicis, selon les médisants, voulut voir le corps de la victime pour vérifier si le procès était, ou non, fondé !

### Une procédure indécente

**Contestations.** La publicité donnée à l'affaire Langey et les péripéties qui suivirent le jugement ont suscité toutes sortes de débats. Un juriste nommé Tagereau avait déjà publié en 1611 un *Discours sur l'impuissance de l'homme et de la femme*, où il déplorait la « visite » de l'épouse, jugeant odieuse l'atteinte à la pudeur féminine. La majorité des hommes de droit, des médecins et des théologiens s'offusque d'une pratique aussi scandaleuse qu'incertaine : comment admettre qu'« un homme estant poursuivy à mort par sa femme se puisse joindre à icelle par amour », demande avec bon sens le médecin Guillemeau ?

**L'interdiction de la procédure.** Le 18 février 1677, à la suite de la seconde affaire Langey, le parlement de Paris, juge que le congrès est ennemi de la chasteté, et « faict défense à tous juges, même ceux des officialités, d'ordonner à l'avenir dans les causes de mariage, la preuve du congrès ».

*Des malversations au plus haut niveau de l'État ?*

# LA CHUTE DE FOUQUET

## Finances occultes

*Fouquet a très probablement profité de sa position pour s'enrichir, mais sa tâche réclamait d'inspirer confiance aux créanciers — et, par conséquent, de faire des largesses — et de répondre aux demandes exorbitantes de Mazarin (qui meurt en 1661).*
*Le système financier repose, avant la réforme de Colbert, sur le rôle régulateur du surintendant. C'est lui qui, pour les dépenses, délivre les mandats de paiements en les assignant sur des fonds de recettes. Ces mandats sont ensuite acquittés par le trésorier de l'Épargne. En fait, en raison du retard des rentrées d'impôts, le trésorier chargé d'acquitter la créance est contraint, faute d'argent, de donner un billet tiré sur un débiteur. Ces billets de l'Épargne font l'objet de spéculation : les financiers les plus puissants rachètent aux petits porteurs pressés leurs billets au moindre coût, alimentant ainsi l'affairisme. Dans le cas de dépenses extraordinaires, liées aux guerres par exemple, le surintendant, qui doit à tout prix trouver de l'argent, prête parfois sur ses biens et sert d'intermédiaire dans les jeux du crédit : quand ses amis créanciers perdent confiance, il leur offre un taux supérieur et, pour compenser cette différence, il fait porter sur les registres des dépenses fictives. Le roi ratifie d'ailleurs ces procédés.*
*Après l'arrestation de Fouquet, la charge de surintendant des finances fut supprimée, mais les finances du royaume ne se rétablirent pas pour autant.*

**Nicolas Fouquet, surintendant des Finances, est jugé en décembre 1664 pour dilapidation des fonds publics. Le procès ne fait pas gloire à Louis XIV : irrégularités, truquages de pièces, pressions sur les témoins ont seuls permis à la cour d'exception de donner partiellement satisfaction au roi.**

Encore la procédure aurait-elle pu être encore plus expéditive... Le faste et la prodigalité du grand argentier avaient tellement irrité le jeune Louis XIV que celui-ci avait songé à le faire interpeller le soir même de la fête somptueuse qu'il donna, en août 1661, dans son château de Vaux-le-Vicomte. La reine mère fit observer qu'on ne pouvait violer les lois de l'hospitalité. Le roi choisit d'attendre un voyage en Bretagne. Le 5 septembre 1661, à Nantes, alors qu'il quittait le Conseil, Fouquet fut arrêté par le lieutenant des mousquetaires.

*Un portrait de Fouquet : son visage a été effacé après sa disgrâce (illustration du manuscrit de Puget de la Serre,* les Panégyriques des hommes illustres de notre siècle, *1655, Paris, bibliothèque Mazarine).*

### Des juges sélectionnés

Transféré au fort de Vincennes, le surintendant commence à préparer sa défense. On s'étonne seulement qu'il n'ait pas anticipé sa disgrâce et deviné les pièges : quelques mois plus tôt, en effet, il a cédé sa charge de procureur général au parlement de Paris, perdant ainsi le privilège d'échapper à un jugement devant une commission extraordinaire. Avec la même naïveté, il s'est laissé éloigner de Paris, donnant le loisir à ses ennemis de se saisir de ses papiers dans sa maison de Saint-Mandé. Fouquet, généreux, confiant, fastueux, ne mesure pas l'hostilité secrète de son rival, Colbert, nommé en 1661 intendant des Finances pour mieux le surveiller, ni l'ampleur de la jalousie du roi, blessé dans son orgueil de monarque. Le 15 novembre 1661, Louis XIV rend un édit portant création de « l'établissement d'une chambre de justice pour la recherche des abus et malversations commises dans les finances de Sa Majesté ». Cette chambre extraordinaire, forme légale de « justice retenue », siégera plus de sept ans et traquera à Paris et en province les « initiés » et profiteurs du système. Colbert la compose de magistrats dociles : son propre oncle, Henri Pussort, en fait partie. Le président Lamoignon, jugé trop modéré, sera remplacé, en cours de procès, par Séguier. L'enquête dure trois ans. Les juges tentent de rassembler les preuves des « crimes » du surintendant, tâche des plus délicates, car il faut éviter les « déballages » gênants, qui mettraient en lumière la fortune d'autres hommes politiques, et en particulier les combinaisons financières

*Le château de Vaux-le-Vicomte dont la magnificence provoqua la disgrâce de Fouquet (gravure du XVII^e^ siècle de Pérelle, Paris, bibliothèque nationale de France).*

hasardeuses de feu le cardinal Mazarin. Bon juriste, Fouquet connaît les failles de l'accusation, et il commence par réclamer la restitution des papiers soustraits chez lui — ce qui lui est refusé. Grâce à l'intervention courageuse du rapporteur Olivier Lefèvre d'Ormesson, il peut obtenir la communication de certains documents. L'enquête n'avance que très lentement : Berryer, qui rédige les procès-verbaux, commet des irrégularités et Fouquet suscite des incidents de procédure. Le roi s'impatiente. Certains juges voudraient hâter l'instruction, au détriment des droits de la défense.

## La colère du roi

Le procès commence en novembre 1664. L'accusation repose sur deux chefs, le crime de péculat et le crime de lèse-majesté. Le premier chef — l'enrichissement du prévenu — est fondé sur le train de vie fastueux de Fouquet ; mais celui-ci se défend pied à pied. Prêts fictifs, pots-de-vin, pensions, utilisation de prête-noms, reçus en blanc ont servi à des remboursements d'avances. Séguier lui-même n'a-t-il pas prêté 26 000 écus à Colbert sans formalité ? Quant aux dépenses somptuaires, Fouquet regrette que la cour n'ait pas cherché à évaluer sa prétendue fortune, en faisant l'inventaire de ses biens personnels et de ceux de sa femme, et en défalquant les dettes contractées pour le service du roi. Les juges se tournent alors vers le crime de lèse-majesté. On reproche à Fouquet un papier saisi à Saint-Mandé qui représente un plan de défense de Belle-Île, preuve d'un complot rappelant les soulèvements de la Fronde. Fouquet, qui reconnaît ce vieux document, nie qu'il s'agisse d'une place forte, tout juste un point de repli, sans équivoque et bien peu redoutable ! Le surintendant regrette ce plan de jeunesse, qui n'a plus aucune valeur puisque les hommes en place ont changé depuis longtemps. Il a toujours été un serviteur fidèle et, de toute façon, nul ne peut découvrir l'amorce d'un complot. La défense de Fouquet est solide et la cour, embarrassée, se divise. Avec équité, Lefèvre d'Ormesson reconnaît que les désordres comptables imputés à l'accusé relèvent souvent de la perversion du système. Quant au complot, on ne peut pas retenir un crime qui n'a pas été commis ! La sentence est rendue le 18 décembre : par treize voix contre neuf, Fouquet sauve sa vie. Il est condamné au bannissement. Ses biens sont confisqués. Colbert enrage. C'est alors que le roi, furieux d'avoir été bravé, commue l'exil en prison perpétuelle — décision sans exemple d'une « grâce » à l'envers. Le courageux d'Ormesson, lui, ne sera jamais conseiller d'État !

→ **Voir aussi :** p. 104-105 (Cinq-Mars).

### « De Pignerol au ciel »

**Revirement d'opinion.** L'opinion, d'abord hostile au grand argentier, change peu à peu d'avis devant les irrégularités du procès et l'acharnement des juges. Parmi les amis qui défendent avec constance l'accusé, la marquise de Sévigné clame son émotion : « Pussort a parlé avec tant de véhémence, tant de chaleur, tant d'emportement, tant de rage que plusieurs juges en furent scandalisés et on croit que cette furie peut faire plus de bien que de mal à notre pauvre ami. »

**Seize ans de forteresse, puis la mort.** Malgré bien des interventions, Fouquet est resté emprisonné dans la forteresse de Pignerol pendant seize années. Apprenant sa mort, la marquise écrit : « Son âme est allée de Pignerol au ciel ! »

*Louis XIV congédie Fouquet (gravure du XIX^e siècle, Paris, Bibliothèque nationale du France).*

*Une plainte pour pension impayée*

# LES GRANDS JOURS D'AUVERGNE

*Séance des Grands Jours d'Auvergne (gravure du XVII^e siècle).*

### L'insécurité

*Les provinces françaises vivent dans l'insécurité et la violence. Les Grands Jours ont eu à juger 283 crimes et délits, dont plus de 100 meurtres, 14 viols, 8 infanticides, 9 enlèvements et autres agressions graves. En temps ordinaire, les conflits de compétence sont tels que les criminels peuvent courir librement. Dans la capitale, c'est pire encore. En août 1665, le lieutenant criminel Tardieu et sa femme sont assassinés dans un hôtel de la Cité par des cambrioleurs. Deux ans plus tard, en mars 1667, pour remédier à l'insécurité de Paris et défendre l'ordre public, un édit est enfin promulgué, créant la charge de lieutenant de police, qui distingue nettement les fonctions de justice appartenant au lieutenant civil, de celles de police. Mais c'est le lieutenant de police qui juge les sentences de flagrant délit. La charge est attribuée en 1667 à Nicolas de La Reynie.*

**En décembre 1665, une affaire très quotidienne et que nous jugerions fort moderne ouvre la 2^e session des « Grands Jours d'Auvergne ». La procédure est ouverte par la plainte d'une femme de 19 ans. Mariée, séparée, elle demande à la cour de contraindre son mari, François de Chabannes, comte de Saignes, à lui verser une pension de 500 écus.**

Cette dispute conjugale distrait et égaie les juges au milieu de toutes les sombres affaires de meurtre, de viol et de concussion qu'ils ont à instruire. Le père Esprit Fléchier, qui suit quotidiennement le déroulement des assises, qui se tiennent à Clermont, donne dans ses *Mémoires sur les Grands Jours d'Auvergne* une chronique divertissante du procès. Il note avec amusement que la jeune comtesse de Saignes a une grande confiance dans sa beauté et qu'elle étale avec ingénuité — ou impudeur ? — les dessous de sa vie privée. Les magistrats, sévères dans leur robe rouge, sont partagés : les uns jugent avec indignation ce déballage de démêlés conjugaux, les autres se laissent charmer par la grâce de la jeune femme.

### Une union mal assortie

Le mariage des époux remonte à trois ans. Gentilhomme auvergnat au blason dédoré, François de Chabannes, après la mort de sa première femme, a mené une vie galante et assez dissolue durant plusieurs années. Or, dans le voisinage de ses terres, il a rencontré une jeune beauté de 16 ans et, sans se soucier de leur différence d'âge, il lui fait aussitôt la cour. Les parents n'ont ni biens ni naissance mais, trop heureux de « faire une comtesse », ils consentent au mariage sans y regarder de trop près sur la moralité du barbon. Peu de temps après, la jeune comtesse de Saignes tombe malade. L'époux, qui avait su faire valoir ses titres et ses biens, avait caché ses tares et communiqué à la jeune épousée le mal dont il était lui-même infecté... La jeune femme devient languissante, son teint se brouille. On fait appel au médecin, sans résultat. Il faut l'amener à Paris où l'air du monde la rétablit si bien qu'elle ne veut plus quitter la capitale !

### Séparation

Le mari vieillissant renonce à la suivre tandis qu'elle s'amuse et dépense sans compter. Peut-être prend-elle des amants. Excédé, le comte intime à sa femme l'ordre de revenir au bercail et de mener une vie plus sage. Elle refuse et se plaint ouvertement d'un mari qui peut à tout moment la contaminer. Entre les époux, le ton monte, jusqu'au jour où François de Chabannes, las des reproches, accepte la séparation et promet à sa femme 500 écus de pension « pourvu qu'elle se tienne modestement chez sa mère ». La jeune femme accepte l'arrangement et rentre sagement au domicile de ses parents. Tout irait bien si le mari, solitaire et désargenté, ne regrettait en même temps la perte de l'épouse et de la pension. Il prie la comtesse de Saignes de revenir au foyer et refuse de payer les 500 écus. La jeune femme profite des assises de Clermont pour porter sa plainte devant le tribunal. Les époux sont convoqués. La jeune femme répond avec aplomb aux interrogatoires. Elle se plaint que sa dot

*Lors des Grands Jours d'Auvergne, les magistrats doivent juger aussi bien des affaires de meurtres ou de vols que des disputes conjugales comme ici (peinture de Boilly,* le Vieillard ou l'Amant jaloux*, 1791, Saint-Omer, musée Sandelin).*

est restée impayée et elle refuse de reprendre la vie commune avec un mari malade. On lui rétorque qu'elle jouit de 12 000 livres de rente et que, étant donné sa naissance et son bien, elle n'a point trop à se plaindre : « Le titre de comtesse vaut bien qu'on souffrît un peu d'incommodité », remarque Fléchier ! Devant la mine prospère de l'époux, certains soupçonnent que le mal dont souffre le comte de Saignes vient surtout, aux yeux de son épouse, de son âge. Les juges rendent la sentence. L'arrêt porte que « le comte sera visité par les médecins ». Si ceux-ci diagnostiquent effectivement une maladie transmissible, la dame sera séparée et jouira en repos de sa pension. La comtesse de Saignes, qui n'a pas confiance dans les médecins de province, proteste qu'elle veut une expertise des médecins parisiens. Le mari, complaisant, pudique, ou se sachant infecté, accepte une séparation provisoire et adresse immédiatement 30 pistoles à sa femme. Le couple, encouragé par la cour, finira par trouver un arrangement, dont malheureusement Fléchier n'a pas donné les modalités...

## Les Grands Jours d'Auvergne

**Une justice spéciale, pour une province spéciale.** Pour les Parisiens, l'Auvergne est au bout du monde. Région montagneuse, enclavée, elle passe pour vivre sous des coutumes encore féodales. Aussi Louis XIV, qui veut tenir en main les provinces, décide-t-il d'avoir recours à ces « Grands Jours », hérités de la justice seigneuriale, par lesquels un tribunal extraordinaire sanctionne les crimes impunis et règle sans délai les cas difficiles.

**Trois mois durant.** Le lundi 28 septembre 1665, Denis Talon, avocat général au parlement de Paris, inaugure les Grands Jours en évoquant le désir du roi de « tirer les peuples de l'oppression des puissants ». Le tribunal d'exception se réunit 98 jours durant, en deux sessions, entre la fin septembre et le 31 janvier 1665. Outre les procès civils (successions, litiges entre voisins), il a à juger en matière pénale : il prononce 370 condamnations à mort. Seules 23 seront exécutées, les autres étant prononcées par contumace, mais elles frapperont vivement les esprits.

**La mise au pas des puissants.** C'est à la noblesse arrogante et abusant de ses droits que Louis XIV a d'abord voulu s'attaquer en ouvrant les Grands Jours d'Auvergne. L'opération est autant politique que judiciaire. Sur 692 sentences pénales, 87 pénalisent des gentilshommes. Parmi ceux-ci, deux appartiennent aux plus vieilles familles d'Auvergne, le marquis de Canillac et le comte d'Espinchal : ce dernier terrorise toute la province par ses exactions. On lui impute deux crimes sur des adolescents. Il s'échappe dans les montagnes où il passe l'hiver 1665. Comme Canillac, il est condamné à mort par contumace — il obtiendra plus tard la grâce du roi. Après les nobles, la cour veut sanctionner les officiers prévaricateurs qui pressurent les petits et pactisent avec les notables. La population se plaint que les gens de justice, les prévôts qui représentent le seigneur, ne fassent pas leur travail : « Gens de peu, sans honneur, sans conscience, gens qui de leur jeunesse n'ayant appris à travailler ont fait état de vivre aux dépens de la misère d'autrui », écrit un des meilleurs juristes du temps, Charles Loyseau. Les Grands Jours d'Auvergne furent accueillis avec soulagement par la population.

*Dame consultant son avocat (gravure du XVIIe siècle, Paris, Bibliothèque nationale de France).*

*Des révélations qui ébranlent l'aristocratie française*

# LE DRAME DES POISONS

*L'empoisonnement de la marquise de Gange, par la Voisin (gravure extraite de l'ouvrage d'Alexandre Dumas,* les Crimes célèbres, *1840, Versailles, bibliothèque municipale).*

**Du 7 avril 1679 au 21 juillet 1682, la « Chambre ardente », créée par Louis XIV, tient 210 audiences, procède à 367 arrestations, condamne 36 personnes à mort. Les affaires de poison dont elle a à s'occuper éclaboussent des personnalités de si haut rang que plusieurs suspects sont tenus au secret, pour raison d'État.**

Les coups de filet commencent dans les bas-fonds parisiens. Ils mettent d'abord en cause du menu fretin, petites bourgeoises désireuses de se débarrasser d'un mari gênant ou d'ensorceler un amant, héritiers impatients qui usent de « poudres de succession ». Mais ils dévoilent bientôt des complicités dans l'aristocratie française et jusque dans l'entourage royal... Les rumeurs de messes noires et d'enfants sacrifiés ajoutent encore à l'horreur des crimes, créant une vraie psychose collective.

## Commerce d'onguents

Dans les années 1675-1680, on compte à Paris quelque 400 « devineresses » qui font commerce d'onguents, d'herbes, de poudres et de philtres. Ces femmes sont parfois des « faiseuses d'anges » — une subtile métaphore pour désigner les avorteuses. Sans revenus fixes, souvent veuves, déclassées, elles vivent d'expédients et s'acoquinent avec des alchimistes ou des herboristes qui leur fournissent des poisons : il n'y a alors aucune réglementation pour la vente de produits toxiques. Le lieutenant de police La Reynie place ses « mouches » (ses indicateurs) dans les quartiers chauds de la capitale, car Paris connaît une épidémie de décès suspects. Or, le 21 septembre 1677, une lettre anonyme est déposée dans un confessionnal de l'église des Jésuites, rue Saint-Antoine, par une femme qui s'enfuit. Le billet, remis à la police, contient des propos inquiétants : il est question d'une poudre blanche à poser sur « la serviette de qui vous savez » — la police croit comprendre qu'il s'agit de celle du roi. La Reynie prend la menace très au sérieux. Quelques mois plus tôt une empoisonneuse, Mlle La Grange, a été arrêtée. Les limiers de la police, remontant une piste qui part de cette femme, sont conduits à un certain Vanens, expert en fausse monnaie et en alchimie. Or, il s'avère que ce Vanens était présent lorsque le duc de Savoie mourut en revêtant une chemise empoisonnée... Vanens est arrêté. La filière est bonne : on découvre autour de lui, fin 1678, un vaste réseau, au centre duquel une certaine Catherine Monvoisin, qui se flatte de connaître toute la bonne société. La Reynie doit agir vite et en secret. Les plaintes pour empoisonnement s'accumulent. Les confesseurs de la cathédrale Notre-Dame déclarent que la plupart de leurs pénitentes s'accusent d'avoir empoisonné quelqu'un !

### Un édit royal

*La peur du poison demeure obsédante, après les grands procès de 1679-1682. Un édit royal de juillet 1682 limite sévèrement la détention de substances toxiques : « Faisons très expresses défenses à toutes personnes, de quelque profession et condition qu'elles soient, excepté aux médecins approuvés et dans le lieu de leur résidence, aux professeurs en chimie et aux maîtres apothicaires, d'avoir aucuns laboratoire et d'y installer aucune préparations de drogues, distillations, sous prétexte de remèdes chimiques, expériences, secrets particuliers, recherche de la pierre philosophale [...] sans en avoir auparavant obtenu de nous, par lettre du grand sceau, la permission. »*

*Cité dans la revue* l'Histoire, *n° 37, septembre 1981.*

Devant l'afflux des procédures, le lieutenant de police juge nécessaire de mettre le roi au courant. Louis XIV signe, en mars 1679, des lettres patentes pour constituer une commission spéciale qui siégera à l'Arsenal. Question — c'est-à-dire torture —, aveux, bûcher : ce tribunal de l'Arsenal n'est plus bientôt désigné que sous le nom de « Chambre ardente ».

### Des enquêtes trop rapides ?

Catherine Monvoisin, dite la Voisin, est arrêtée en mars 1679. Elle dénonce plusieurs complices, dont des prêtres sacrilèges qui pratiqueraient la magie noire. Ses révélations recoupent celles d'autres empoisonneuses et mettent en cause des clients de la haute société qui ont eu recours à ses offices. La Reynie reste pétrifié d'effroi en entendant les grands noms de France mêlés à cette pègre : M^me^ de Polignac, la duchesse de Bouillon, la marquise d'Alluye, la comtesse de Soissons... La Chambre, avant d'expédier les accusés au supplice, enregistre aveux, dénonciations, calomnies, rétractations. L'enquête va trop vite, sur fond de rivalités entre les ministres Louvois et Colbert — on a fait remarquer que les soupçons touchaient beaucoup d'amis de Colbert... Ne prétend-on pas que le maréchal de Luxembourg, glorieux soldat, a signé un pacte avec le diable ? Il est embastillé quatorze mois ; après quoi, l'affaire est étouffée et s'achève par l'inculpation de son intendant ! La duchesse de Bouillon, quant à elle, se moque franchement des enquêteurs, mais sa sœur, Mme de Soissons, est priée par le roi de quitter la France. La Voisin est brûlée en février 1680. Avant de mourir, elle revient sur ses aveux. Le soulagement est de peu de durée : la fille de la Voisin, interrogée à son tour, déclare que la servante de M^me^ de Montespan, M^lle^ des Œillets, est venue la trouver afin d'acheter des poudres pour sa maîtresse. Une autre femme, la Filastre, confirme ces dires, ainsi que le prêtre Guibourg : Athénaïs de Montespan, favorite du roi et presque reine, aurait participé à des messes noires et voulu éliminer sa rivale M^lle^ de Fontanges ! Peut-être même fait-elle partie d'un complot contre le roi.

L'affaire est si grave que Louis XIV, craignant qu'elle s'ébruite, réclame que les procès-verbaux soient dressés sur des feuilles volantes. Puis il suspend la Chambre de l'Arsenal le 18 septembre 1680 et il exige que lui soient remis tous les originaux des « faits particuliers » concernant l'affaire. Seule une version expurgée sera communiquée aux magistrats. Les suspects sont envoyés, par lettres de cachet, finir leurs jours au fin fond de forteresses royales, sauvant ainsi leur vie. Ils ne seront jamais jugés. La Chambre ardente se réunit à nouveau de mai 1681 à juillet 1682, mais le fond de l'affaire lui échappe. Elle condamne encore quelques comparses au bannissement, aux galères, ou tout simplement à l'enrôlement forcé, puis elle est dissoute. Louis XIV croit-il à la culpabilité de M^me^ de Montespan ? La marquise, en tout cas, qui a cessé depuis longtemps d'être la favorite, demeure encore dix ans à la cour.

*Nicolas de La Reynie, premier lieutenant de police, chargé de l'Affaire des poisons (peinture de N. Mignard, collection particulière).*

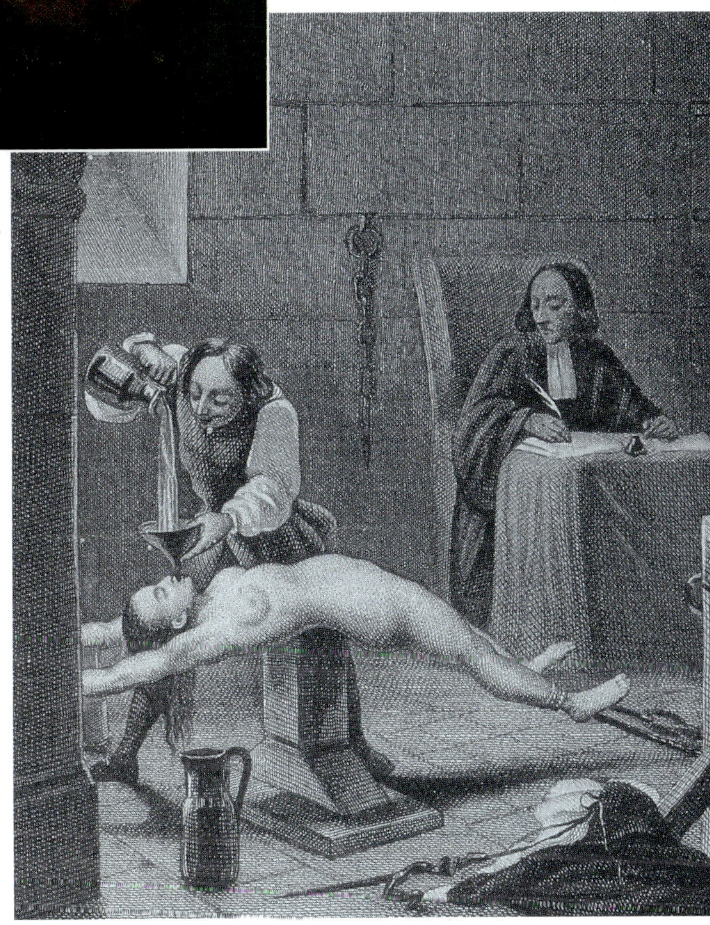

*La marquise de Brinvilliers dans la chambre de la question (gravure du XIX^e^ siècle).*

### Elle fait pleurer tout Paris !

**Liaison dangereuse.** La marquise de Brinvilliers a le triste privilège d'inaugurer la liste des empoisonneuses. Fille d'un magistrat austère, elle prend pour amant un triste sire, le chevalier de Sainte-Croix. Le magistrat obtient du roi une lettre de cachet contre celui-ci, lettre qui permet d'emprisonner sans jugement un sujet dont la conduite nuirait à la société.

**La vengeance d'un amant.** Libéré, Sainte-Croix se venge avec l'aide de sa maîtresse : le père de la marquise succombe à l'arsenic (1666), suivi dans la tombe par ses frères (1670). À la mort de Sainte-Croix, une perquisition fait découvrir chez lui une cassette pleine de lettres où la marquise raconte ses crimes. Elle parvient à s'enfuir.

**Repentie et brûlée.** Condamnée à mort par contumace lors d'un premier procès en 1673, elle est arrêtée en 1676. Le procès traîne plusieurs mois, car le parlement hésite à livrer au public une affaire aussi sordide touchant la noblesse. Condamnée à mort le 16 juillet, la marquise de Brinvilliers est décapitée place de Grève, le lendemain, devant un public immense. Sa conversion, dans les heures qui précèdent l'exécution, fait pleurer tout Paris.

## *Condamné aux galères pour « fait de religion »*

# MATRICULE 13265

**En août 1688, Paul Berger, alias Soyer, alias Ragatz, alias sieur de La Costière, est arrêté à Moissac tandis qu'il voyage pour prendre les eaux. Emprisonné pour port d'armes, et convaincu de servir de « passeur » à des protestants en fuite, il est envoyé en 1691 aux galères.**

Depuis la révocation de l'édit de Nantes, en 1685, qui ôte toute existence légale à l'Église réformée, les protestants qui refusent d'abjurer n'ont d'autre solution que de se cacher ou de fuir vers des régions plus accueillantes : la Hollande ou les vallées vaudoises.

*La tour de Constance, à Aigues-Mortes, où fut détenu Paul Berger, avant d'être envoyé aux galères.*

*Galères et vaisseaux en rade de Marseille (peinture anonyme du XVIIe siècle, Marseille, musée Cantini).*

## Un réseau clandestin

Ces évasions donnent lieu à un véritable trafic : des guides, qui connaissent admirablement les petites routes, les ponts et les sentiers de montagnes proposent leurs services sous couvert d'activités marchandes. Ces guides prennent d'énormes risques car ils peuvent à tout moment être dénoncés par un paysan avide ou un curé zélé. Il leur faut prendre leurs clients dans des lieux très fréquentés pour ne pas donner l'alerte, par exemple à l'occasion d'une foire, et leur fournir des papiers en règle. Certains points de passage, comme le pont Saint-Esprit sur le Rhône, sont particulièrement surveillés. On voyage de nuit, en évitant les patrouilles de soldats. Mais, peu à peu, un réseau clandestin d'aubergistes ou de loueurs de mules compréhensifs se constitue, qui sert de point d'appui dans les vallées du Rhône et de la Maurienne en direction de Genève. Paul Berger connaît bien la région du Sud-Est. Il sélectionne ses clients à Beaucaire, à Bagnols, à Castres, à Uzès. Mais, au milieu du mois d'août 1688, les étranges va-et-vient du bonhomme, toujours accompagné de nouveaux compagnons, retiennent l'attention des habitants d'un petit village du mont Lozère, Saint-Maurice-de-Ventalon. Accompagné de deux valets et voyageant avec quatre chevaux, Berger est parti au petit matin, un dimanche, sans entendre la messe. Le prieur de Saint-Maurice dénonce un valet resté sur place et celui-ci, nommé Poulhiard, se déclare au service d'un sieur de La Costière, revenant de Vals et se rendant aux eaux de Bagnols, dont il donne le signalement. Une semaine plus tard, le 21 août, le curé de Moissac fait arrêter à son tour un étranger qui dit se nommer Abraham Soyer, protestant originaire de Vevey et habitant Lyon. Âgé de 40 ans, celui-ci fait un commerce de draperies. Il est soumis à une fouille, et l'on trouve sur lui une carte des routes de Bourgogne, de Suisse et du Dauphiné, ainsi que plusieurs pistolets. Le 22 août, Soyer est soumis à un long interrogatoire. Dans son bagage, on a découvert des lunettes d'approche et deux perruques. Une nouvelle audience a lieu le 24 août. Le prévenu doit justifier de papiers compromettants trouvés dans ses habits, dont une lettre datée de juillet à Lausanne contenant ces mots : « Pour contenter vos amis, revenez nous par deçà. Vous aurez assez de moïens sans en aller chercher davantage aux dépens de votre vie. » Soyer offre à l'officier de justice 500 pistoles pour qu'on le laisse tranquille, offre qui paraît suspecte…

## Signalé dangereux

C'est alors que les enquêteurs font le recoupement avec l'arrestation du valet Poulhiard à Saint-Maurice. Les signalements concordent. On saisit, cachés dans la selle d'un des chevaux, plusieurs passeports et certificats au titre du vice-légat d'Avignon, nécessaires pour traverser la région d'Avignon, qui n'est pas alors région française, mais terre du pape. Certains de ces papiers sont encore en blanc, d'autres délivrés à des noms fictifs. L'enquêteur n'a pas de mal à comprendre que Soyer est un guide qui aide des protestants à fuir. Celui-ci finit par admettre qu'il s'appelle La Costière, qu'il est gentilhomme de Bresse et ancien converti. Les interrogatoires se poursuivent en septembre. Les domiciliations prétendues, après vérification, se révèlent toutes fausses, et l'étau se referme. Le 13 septembre, La Costière-Soyer finit par dévoiler sa véritable identité : il se nomme en fait Paul Berger, et il est originaire de Coire, dans la Suisse des Grisons. Il opère également sous le nom de Ragatz. La culpabilité ne fait aucun doute : Berger est condamné « pour port d'armes contre les défenses du Roy », ce qui, joint à sa qualité de guide, suffirait à le faire pendre. Le jugement est signé par le comte de Broglie. Mais les autorités de Montpellier, où il est gardé en prison, pensent que Berger a encore beaucoup d'informations à leur livrer et elles le retiennent durant trois ans enfermé à la tour de Constance, à Aigues-Mortes, soumis à un régime pénitencier atroce : on espère que le prisonnier finira par abjurer. Berger résiste. En 1691, il est envoyé à la rame, sur la *Vieille Réale*, pour grossir la chiourme du roi. Après quatre ans de galères, où il est signalé comme un individu dangereux, Paul Berger est renvoyé à terre, au château d'If, où il croupit des années dans un cachot humide et noir. Grâce à l'intervention d'amis genevois, il aura la chance, exceptionnelle, d'être libéré en 1700.

### La vie de galérien

**Battus et affamés.** Les galériens « R.P.R. », ou de « religion prétendue réformée », sont considérés comme des criminels d'État. Ils vivent dans des conditions épouvantables, au milieu des prisonniers de droit commun, et ils sont plus de 1 500, entre 1685 et 1750, à subir cette épreuve, et, le plus souvent, à en mourir. Les punitions — bastonnades et privations de nourriture — pleuvent.

**Morts-vivants.** Les aumôniers, qui veulent les convertir, les contraignent à assister à la messe et à suivre l'instruction religieuse. C'est souvent l'épreuve de force : les prisonniers, obstinément, gardent leur bonnet sur la tête et refusent de s'agenouiller. Les forçats les plus dangereux sont ôtés des galères et envoyés en forteresse, où ils vivent comme des morts-vivants. Un réseau de protestants à l'étranger tente de sensibiliser l'opinion à leur sort et collecte des fonds pour leur envoyer des vivres.

*La fuite des protestants de France (gravure hollandaise, 1685-1686, Paris, Société d'histoire du protestantisme français).*

### L'état de santé des prisonniers au château d'If

*La situation des prisonniers était si effroyable qu'une visite médicale fut ordonnée en 1697. Voici le rapport :*

*« J'ay vu dans le premier cachot le nommé Seissa, autrement dit Cosson, qui ne veut ni parler, ni voir personne. Il est extrêmement, malade, étant dans le dernier abattement de ses forces, laissant couler ses ordures sous lui, ressemblant plutôt à un mort qu'à un vivant. Je l'ay fait retirer de son cachot et luy ay envoyé des remèdes pour le fortifier. On m'a aussi fait voir dans un cachot affreux et inhabitable quatre autres prisonniers […]. Le second, Paul Berger, de la Ve Réale* [ou galère royale], *n° 13265, en galère depuis huit ans, âgé de cinquante ans, Suisse de nation, originaire de Coard capitale des Grisons, détenu aux prisons depuis deux ans et trois mois pour fait de religion, opiniâtre dans son sentiment, se portant bien et n'ayant besoin de rien. »*

*Cité par G. Tournier,* les Galères de France, *Presses du Languedoc, 1984.*

*Une communauté frappée d'un mal étrange*

# CHASSE AUX SORCIÈRES À SALEM

*Un procès en sorcellerie à Salem, en 1692 (lithographie du XIXe siècle).*

**En mars 1692, dans le village de Salem, dans le Massachusetts, plusieurs femmes sont arrêtées et dénoncées comme sorcières. Leurs accusatrices sont des fillettes, qui se disent victimes de leurs maléfices.**

Les premières exécutions ont lieu en juillet.

## Une armée de démons

La communauté de Salem a été fondée en 1629 par les colons anglais soucieux d'instaurer en Amérique une société nouvelle, conforme à l'idéal évangélique. Composée surtout de gros fermiers, elle pratique un puritanisme sans faille, prônant le retour au christianisme pur des origines, et vivant selon des mœurs austères, dans la hantise du diable. Or, au début de 1692, deux adolescentes de 9 et 12 ans, Elizabeth Parris et Abigail Williams, respectivement la fille et la nièce du révérend Samuel Parris, ressentent des symptômes alarmants : convulsions, suffocations, perte de l'ouïe et de la parole, cris, contractions nerveuses. Le révérend Parris ordonne des prières et des jeûnes puis, comme la maladie ne cesse pas, il conduit les fillettes au docteur William Griggs qui diagnostique... « la main du démon ». Peu de temps après, deux autres adolescentes, les petites Ann Putnam et Mary Wilcot, âgées de 16 ans, se disent atteintes du même mal. Les victimes de l'étrange maladie affirment être torturées par les puissances infernales et elles reconnaissent les spectres de celles qui les tourmentent : il s'agit d'une métisse esclave, ramenée des Barbades et nommée Titube, et de deux vieilles femmes de réputation douteuse, Sarah Good et Sarah Osburn. Quatre fermiers du pays appuient les dires des jeunes filles et déclarent, sous serment, avoir déjà constaté d'étranges pratiques de la part des trois suspectes. Les accusées font assez mauvaise impression. L'une d'elles a une verrue qui pourrait être la marque du diable. Le 21 mars, à l'église, la petite Abigail se roule sur le sol en criant qu'elle a vu un oiseau jaune becqueter dans la main de Martha Corey, une femme pourtant honorablement connue. L'affaire est si préoccupante que, le jour même, deux magistrats de la colonie viennent s'installer à la maison commune du village, pour interroger les suspectes. Titube avoue ce qu'on veut : le diable lui apparaît en effet, sous la forme soit d'un animal, soit d'un homme aux cheveux blancs vêtu de noir. Martha Corey, en revanche, s'insurge : « Vous

*Pendant les procès en sorcellerie de Salem, la suspicion règne dans les rues de la ville (illustration de H. Pyle, 1883).*

ne devriez pas croire ce que disent ces enfants irresponsables !» Les accusées sont transférées à la prison de Boston.

Toute la communauté a peur de la sorcellerie, d'autant que les fillettes déclarent que Salem abrite encore bien d'autres sorcières qui n'ont pas été démasquées. Chacun s'épie secrètement. Le rythme des dénonciations s'intensifie en avril. Des femmes qui passaient pour vertueuses, comme Martha Corey ou Rebecca Nurse, sont soupçonnées d'appartenir au « monde invisible », car le diable peut apparaître aussi bien par le moyen d'une personne innocente. Les juges organisent des confrontations dans le temple — l'église des protestants. Le pasteur commence par réciter la prière. Les fillettes sont installées non loin des juges, à sept ou huit pieds des accusées. Alors, celles-ci, qui ont été ramenées de Boston, entrent une à une, entourées de chaque côté d'un garde qui leur tient fermement les mains. Elles ont ordre de regarder droit devant elles, sans fixer personne. On vérifie qu'elles sont capables de réciter le Pater. Priées d'approcher d'elles ainsi que de toutes les autres personnes qu'elles ont désignées comme sorcières et qui sont présentes dans la salle, et sommées de les toucher, les jeunes filles sont prises de convulsions : elles se mordent les lèvres si l'une des « sorcières » se mord les lèvres ; elles hurlent et pleurent. Lors d'une des séances, le capitaine Nathaniel Cary est présent dans l'église — car sa femme est au nombre des accusées. Comme la jeune Abigail la désigne, Nathaniel tente de s'interposer. Mais le juge le repousse. La pauvre femme est arrêtée et envoyée à Boston, fers aux pieds. Le capitaine parviendra à la faire évader, lui sauvant ainsi la vie...

## Exécutions en série

Le nouveau gouverneur de la colonie, arrivé de Londres, sir William Phips, crée en mai un conseil criminel extraordinaire, que préside l'austère juge Stoughton, avec mission d'enquêter à Salem et de mener une action vigoureuse. Une lettre du révérend Cotton Mather, qui représente la conscience morale de la colonie américaine, réclame cependant la prudence. Le tribunal siège plusieurs fois en juin. Le 30, cinq personnes sont condamnées : elles sont exécutées le 19 juillet. Rebecca Nurse obtient un verdict de non-culpabilité, mais Abigail Williams et ses compagnes poussent un tel rugissement que les juges se sentent tenus de délibérer à nouveau pour, cette fois, la condamner ! De nouvelles exécutions ont lieu, en août puis en septembre 1692. Plus de vingt victimes, hommes et femmes, périssent en protestant de leur innocence. Certaines, comme Martha Corey, meurent en pardonnant à leurs accusatrices. Face à l'hécatombe, la communauté commence à se diviser. Bien que le juge Stoughton se vante de ne faire que son devoir et que le révérend Cotton Mather refuse de se désolidariser des juges, le gouverneur Phips s'inquiète et écrit au roi — l'Amérique, à ce moment, est colonie anglaise. Mais les courriers d'outre-Atlantique sont lents, aussi, pour éviter le pire avant qu'il ne soit trop tard, prend-il la décision d'une amnistie générale. Le tribunal est dissous au début de l'année 1693. Ordre est donné à tous les gens de Salem de jeûner et de faire pénitence.

## Réhabilitation

Pourquoi les magistrats se sont-ils laissé entraîner à des mesures si extrêmes ? À travers ce tribunal exceptionnel, ont-ils cherché le moyen de renforcer leur autorité pour mieux tenir en main la colonie ? Il semble plutôt qu'un certain nombre de juges aient été effectivement convaincus par l'attitude et les affirmations des jeunes filles de Salem. Bientôt, cependant, leurs certitudes se sont effacées : quelques-uns, entièrement revenus de leur erreur, demandèrent publiquement pardon. L'affaire, vécue rétrospectivement avec un sentiment d'horreur, hâta sans doute le déclin des communautés puritaines en Amérique. Sur un plan individuel, la jeune Ann Putnam, une des premières accusatrices, reconnut en 1706 avoir été « abusée par Satan ». Debout, elle lut à haute voix sa confession et affirma ses regrets à l'égard de celles qu'elle avait dénoncées : « J'ai des raisons de croire qu'elles furent justes et innocentes », dit-elle... En 1710, une commission fut créée pour indemniser les familles des victimes et rendre leurs droits civils aux morts.

*Martha Corey, l'une des sorcières présumées (gravure du XIXe siècle).*

### La deuxième génération d'émigrants

**Les procès de sorcières** en Nouvelle-Angleterre (la région orientale de l'Amérique où arrivèrent les premiers colons) commencent avec la deuxième génération d'émigrants, **dans les années 1650**.

Six personnes sont ainsi pendues dans l'actuel État du Massachusetts, entre 1647 et 1663. L'une d'elles, **Margaret Jones**, est accusée d'avoir le don de provoquer douleurs et vomissements ainsi que de lire dans les pensées. Elle est exécutée en 1648, bien que protestant de son innocence. **Les inculpations commencent toujours par une dénonciation de voisin.**

Le procès le plus retentissant est celui d'**Ann Hibbins, à Boston**, sœur d'un ex-gouverneur. Intelligente mais aigrie par des revers de fortune, celle-ci est bientôt prise en grippe par ses voisines qui l'accusent de sorcellerie. Comme les juges l'innocentent une première fois, elle est poursuivie devant la Cour générale de Boston, où, sous la pression populaire, elle est **condamnée à mort**.

## *Un bandit d'honneur roué vif*

# CARTOUCHE

*L'arrestation de Cartouche, dans une auberge parisienne (gravure coloriée du XVIII<sup></sup>e siècle, Paris, Bibliothèque nationale de France).* ▷

*Le coche attaqué par une troupe d'anciens soldats (gravure du XVIIIe siècle, Paris, Bibliothèque nationale de France).*

*Un voleur de bourse (gravure du XVIIe siècle, Paris, Bibliothèque nationale de France).*

**En 1721, la foule parisienne, amassée sur la place de Grève (l'actuelle place de l'Hôtel-de-Ville), assiste au supplice d'un chef de bande dont l'habileté a tenu en échec la police pendant plusieurs années. La gloire de Cartouche, le voleur des riches, survivra longtemps à son exécution, jusqu'à faire de l'homme un héros de la littérature populaire.**

Par ses qualités exceptionnelles d'organisateur et par le caractère extraordinaire de ses exploits, Louis Dominique Cartouche a profité des corruptions scandaleuses de l'époque de la Régence, au point de devenir le criminel le plus célèbre de son époque, et une légende vivante.

### L'arrestation d'un bandit populaire

Le 14 octobre 1721, en pleine nuit, le bandit, qui tenait en haleine toutes les polices du royaume depuis plus de quatre ans, est arrêté par surprise dans une auberge parisienne, grâce à la dénonciation d'une femme. Il n'a pas le temps de faire usage d'un des six pistolets posés sur sa table et se retrouve, pieds nus et

en chemise, conduit dans la prison du Châtelet, alors que la foule du petit peuple, magiquement alertée, se masse sur son passage. Pour empêcher toute évasion, des mesures exceptionnelles sont prises : l'homme est retenu dans une cage, les poignets chargés de chaînes, quatre gardes restant en faction nuit et jour dans sa cellule. La popularité de Cartouche est telle que les curieux, très vite, se pressent pour venir voir le prisonnier. Le Tout-Paris élégant défile donc devant Cartouche, et le Régent lui-même rend visite à celui que ses criminels exploits ont transformé en une sorte de génie du mal. Bientôt, le théâtre s'en mêle aussi : la Comédie-Italienne représente un *Cartouche* et les Comédiens-Français, qui préparent une pièce sur le même sujet, ont le privilège de s'entretenir avec le prisonnier pour pouvoir le représenter le plus fidèlement possible ! Le lieutenant criminel, soucieux de faciliter la préparation de la représentation, autorise même Cartouche à leur donner des leçons de vol à la tire !

## Une instruction difficile

Au milieu de ces « mondanités », l'instruction du procès du prisonnier tente de faire la lumière sur les méfaits du personnage. Mais l'homme qui attire tant de curiosité nie être Cartouche, affirme ne savoir ni lire ni écrire, feint de ne pas reconnaître sa mère — qu'on a fait venir dans la prison — et rejette les témoignages de ceux qui le reconnaissent formellement. Il s'agit probablement pour Cartouche du seul système de défense possible, car les faits qui lui sont reprochés sont de notoriété publique. Fils d'un tonnelier parisien, Cartouche, qui fut un temps racoleur militaire pour l'armée, fait sa première expérience du monde de la délinquance dans les tripots où sa dextérité et sa fortune au jeu en font vite une vedette. La période troublée de la Régence lui permet de trouver sa véritable vocation. Après l'austérité de la fin du règne de Louis XIV, en effet, la minorité de Louis XV permet le libre cours des excès de toutes sortes. Alors que l'économie française est dans une détresse profonde, l'Écossais Law propose son fameux « système », qui consiste à émettre du papier-monnaie et à créer des compagnies de commerce au capital divisé en actions. Mesures qui provoquent une spéculation et un agiotage effrénés dont la rue Quincampoix, à Paris, est le centre. Faisant leur fortune par le simple jeu de signatures, des spéculateurs deviennent millionnaires en un jour et ces parvenus richissimes étalent un luxe insolent. En prenant pour victimes de ses vols ces profiteurs effectivement haïssables, Cartouche et sa bande s'attirent vite la sympathie populaire... Les « cartouchiens » sont recrutés parmi d'anciens soldats. Rapidement, ils forment une formidable troupe qui va de deux cents recrues dans les premiers temps jusqu'à deux mille au moment de la plus grande gloire de Cartouche. L'organisation de la bande s'inspire de celle de l'armée, avec une hiérarchie et une discipline sévère. Cartouche possède des indicateurs dans tous les domaines et crée un réseau efficace de receleurs et d'armuriers. Attaques de diligences, coups de main contre les hôtels particuliers, pillages de bijouteries, tout est bon pour ses hommes. Le peuple s'en amuse, mais les autorités n'ont qu'un but : mettre fin à ce spectacle permanent qui ridiculise les riches...

## Les brodequins et la roue

La popularité dont jouit Cartouche au Châtelet et les irrégularités qu'elle entraîne finissent par irriter le parlement, qui fait transférer le détenu dans une autre prison, celle de la Conciergerie. Le conseiller Arnauld de Bouëx, chargé de l'interrogatoire de l'accusé, décide de le soumettre à la question. Le 27 novembre 1721, Cartouche subit le supplice des brodequins : dans ses jambes, le bourreau enfonce huit coins de fer qui broient ses chairs. Le courage de Cartouche est tel qu'il proclame son innocence jusqu'à la fin du supplice. En vain : la décision des juges est déjà prise et il est condamné à être roué vif en place de Grève. Le jour de l'exécution, le condamné, entouré de deux cents archers, semble espérer un miracle. Lorsqu'il apparaît sur la place, il semble chercher dans l'assistance certains des siens qui pourraient intervenir pour le sauver; mais personne ne bouge. Comprenant alors que tout est perdu pour lui, Cartouche, soucieux de se venger de l'abandon de ses amis, déclare qu'il accepte de faire des aveux. Ramené devant les juges, il reconnaît qu'il est bien Cartouche et commence à donner les noms de ses complices. Dix-huit heures durant, on fait défiler devant lui les hommes qu'il dénonce. Cette longue confrontation terminée, il est reconduit place de Grève. Après avoir rompu ses membres avec une masse de fer, le bourreau place son corps ensanglanté sur une roue fixée au sommet d'un poteau. Une agonie interminable commence. Quand elle prend fin, le cadavre du bandit, descendu, est exposé dans une baraque quatre jours durant, et les curieux paient pour pouvoir s'en approcher. L'autopsie de son corps a pour spectateurs les membres de la haute société. La légende de Cartouche ne fait que commencer : dès son exécution, poèmes, chansons, pièces de théâtre et, au XXe siècle, films ont utilisé la figure pittoresque de ce brigand qui, en quelques années, a su se forger l'image flatteuse d'un redresseur de torts.

### Guillery, avant Cartouche

Cartouche a un précurseur célèbre en la personne de Philippe Guillery, l'homme qui, sous le règne d'Henri IV, sème la terreur dans le Bas-Poitou après avoir servi dans les troupes royales.

**Chef de troupe.** Avec ses deux frères, Mathurin et Guillaume, et cinq cents compagnons, Philippe Guillery rançonne les marchands et les riches paysans et prélève des taxes sur les voyageurs. Il faut quatre ans pour venir à bout de cette bande redoutable et une véritable armée est envoyée contre elle. Mathurin est tué, Guillaume roué vif, tandis que les autres membres de la bande sont envoyés aux galères. Seul Philippe parvient à s'échapper et à se réfugier en Gascogne. Dénoncé un an plus tard, il est supplicié à La Rochelle en 1608.

**Une figure légendaire.** La vie de Philippe Guillery, « capitaine des voleurs du Bas-Poitou », devient un des grands succès des « collections bleues » et c'est à partir de l'exploitation des aventures de ce brigand que la littérature de colportage va diffuser les histoires mémorables des brigands du royaume.

*Une bataille judiciaire autour d'un texte philosophique*

# L'ENCYCLOPÉDIE

*Des philosophes discutant au Procope, le café de prédilection des encyclopédistes (aquatinte coloriée, vers 1788, Paris, Bibliothèque nationale de France).* ▷

**De nombreuses péripéties judiciaires accompagnent la réalisation de *l'Encyclopédie*. Dès 1749, Diderot est incarcéré au donjon de Vincennes pour ses idées subversives et d'autres philosophes sont aussi victimes de l'intolérance.**

Le Siècle des lumières se traduit par la lutte ouverte entre les autorités et les « philosophes ». Le texte fondamental du siècle, l'*Encyclopédie,* cristallise en particulier les attaques des opposants aux idées nouvelles. Parmi les philosophes poursuivis en cette occasion, Denis Diderot, le principal concepteur de l'ouvrage, devient la cible préférée de la police.

## « Un homme dangereux »

L'idée de l'*Encyclopédie,* somme de toutes les connaissances du siècle, naît de la rencontre d'un libraire-éditeur favorable aux idées des Lumières, Le Breton, et d'un philosophe aussitôt enthousiasmé par ce projet d'envergure, Diderot. Avec son ami d'Alembert, Diderot commence à préparer cette entreprise considérable en recrutant à la fois les auteurs chargés de rédiger les articles et les dessinateurs pour l'exécution des planches gravées qui illustreront les volumes. Dès lors, il devient suspect à la police. En juin 1747, le lieutenant de la prévôté des Monnaies, Perrault, fait un rapport au lieutenant de police Berryer, dénonçant le philosophe comme « un homme très dangereux et qui parle des saints mystères de la religion avec mépris ». Deux jours plus tard, Hardy de Lévaré, curé de Saint-Médard, écrit à son tour à Berryer pour accuser Diderot, chez lequel, dès lors, la police fait une perquisition. Moins de deux ans plus tard, alors qu'il vient de publier sa *Lettre sur les aveugles à l'usage de ceux qui voient,* un texte dans lequel transparaît son athéisme, Diderot est appréhendé par la police, en compagnie d'autres écrivains et savants auteurs de publications également subversives. Dans son journal, d'Argenson, ancien ministre des Affaires étrangères et favorable aux philosophes, écrit : « On a arrêté ces jours-ci quantité d'abbés, de savants et de beaux esprits et on les a mis à la Bastille [...] Ils sont accusés d'avoir fait des vers contre le roi, de les avoir récités, débités, d'avoir frondé contre les ministres, d'avoir écrit et imprimé pour le déisme et contre les mœurs [...]» Si certaines victimes de cette « rafle » policière ont certainement été enfermées à la Bastille, Diderot, lui, se retrouve à Vincennes. Un mois plus tard, à sa demande, on l'autorise à quitter sa cellule et à demeurer en résidence surveillée dans la maison du gouverneur de la prison, à l'intérieur de la forteresse. Ses amis et surtout les libraires impliqués dans la préparation de l'*Encyclopédie* s'emploient à obtenir son élargissement. Grâce à l'intervention de d'Argenson auprès du roi, Diderot peut quitter Vincennes le 3 novembre.

## Des ennemis de tous les bords

En juillet 1751 paraît le premier tome de l'Encyclopédie. Les Jésuites, qui ont publié le *Dictionnaire de Trévoux* (du nom d'une de leurs abbayes près de Lyon), lancent une campagne de pamphlets contre Diderot, en l'accusant de leur porter préjudice. L'ancien précepteur du Dauphin, Jean-François Boyer, évêque de Mirepoix, se plaint directement à Louis XV de la parution de ce livre irréligieux. Le roi demande à M. de Malesherbes, directeur de la librairie (c'est-à-dire bibliothécaire du roi), d'obliger tous les articles de l'Encyclopédie à recevoir l'*imprimatur* théologique de trois censeurs. En novembre 1751, un collaborateur de l'*Encyclopédie,* l'abbé de Prades, soutient en Sorbonne sa thèse de théologie. En janvier 1752, une assemblée générale de la Sorbonne condamne comme hérétiques dix propositions de l'abbé de Prades, qui est déchu de son grade et doit s'enfuir en Prusse. Christophe de Beaumont, archevêque de Paris, ainsi que les évêques d'Auxerre et de Montauban lancent un mandement et une instruction pastorale contre l'*Encyclopédie,* comparée à l'enfer. Pour ne pas sembler en reste, les parlementaires poursuivent à leur tour de Prades.

*Portrait de Diderot, un homme dangereux aux yeux de la police... (gravure de la fin du XVIIIe siècle, d'après une peinture de Van Loo, Paris, musée Carnavalet).*

### Extraits de la fiche de police de Diderot

*« Nom : Diderot, auteur*
***Année 1748***
*Âge : 36 ans*
*Pays : Langres*
*Signalement : Moyenne taille et la physionomie assez décente*
*Demeure : Place de l'Estrapade chez un tapissier*
*Histoire : il est fils d'un coutelier de Langres. C'est un garçon plein d'esprit, mais extrêmement dangereux...*
***Année 1749***
*Auteur de livres contre la religion et les bonnes mœurs. Entré au donjon de Vincennes le 24 juillet 1749, mis en liberté du donjon et a eu le château pour prison par ordre du 21 août suivant...*
*C'est un jeune homme qui fait le bel esprit et se fait trophée d'impiété, très dangereux. Parlant des saints mystères avec mépris, il disait que lorsqu'il viendrait au dernier moment de sa vie, il se confesserait comme les autres et qu'il recevrait ce que l'on appelle Dieu, qu'il ne le fera point par devoir, mais par rapport à sa famille, de crainte qu'on ne leur reproche qu'il est mort sans religion.*
*Le commissaire de Rochebrune, D'Hemery »*

*Cité par R. Darnton,* Gens de lettres, gens du livre, *Odile Jacob, Paris, 1992.*

*Quelques volumes de l'*Encyclopédie *de Diderot et d'Alembert, une entreprise considérable, que les jésuites tentèrent de faire échouer.*

Devant ce faisceau d'accusations, le Conseil d'État du roi émet un arrêt ordonnant la suppression des deux livres déjà publiés de l'*Encyclopédie*.

## La victoire définitive des « Cacouacs »

Grâce à l'aide de Malesherbes qui met en sécurité les documents de Diderot dont les jésuites de Trévoux veulent s'emparer, grâce aussi à la protection discrète de Mme de Pompadour, les Encyclopédistes peuvent se remettre à l'œuvre, et d'Argenson, en 1753, lève l'interdiction du Conseil d'État. À partir de cette date, les quatre volumes suivants paraissent sans encombre. Cependant les opposants ne désarment pas et, en 1757, la lutte reprend sur de nouvelles bases. Les pamphlétaires, poussés par les autorités religieuses et parlementaires, publient des attaques dans les journaux de l'époque. Un avocat, Moreau, écrit dans le *Mercure de France* un libelle contre les « Cacouacs » et ce surnom ridicule va rester attaché aux Encyclopédistes. En 1759, un collaborateur de l'*Encyclopédie*, Helvétius, se voit condamné par le parlement pour son livre *De l'esprit*. Les parlementaires décident aussi que les sept volumes déjà parus de l'*Encyclopédie* seront soumis à une commission de censure comportant des théologiens, des avocats, des universitaires. C'est le triomphe du parti dévot et, le 8 mai, le Conseil d'État du roi retire le privilège de l'*Encyclopédie*. Les exemplaires imprimés sont détruits. Le pape Clément XIII, par un bref (c'est-à-dire une lettre pontificale), les condamne aussi comme « œuvres du démon ». Cependant, grâce au courage de Diderot et de quelques-uns de ses collaborateurs, les volumes de l'*Encyclopédie* continuent d'être édités et distribués clandestinement. Mais il aura fallu vingt-cinq années de lutte pour mener à bien cette entreprise digne du rayonnement du Siècle des lumières.

*L'exécution d'un contrebandier adulé*

# MANDRIN

**En 1755, à Valence, un chef de brigands, Mandrin, qui se donne lui-même le titre de « capitaine général des contrebandiers », est roué vif. À l'instar de Robin des Bois au Moyen Âge, de Philippe Guillery au XVIIe siècle ou de Cartouche au début du XVIIIe, Mandrin se présentait comme un justicier, protecteur des pauvres et défenseur des opprimés.**

*Mandrin, capitaine des contrebandiers (gravure du XVIIIe siècle).*

Brigand bien-aimé de son vivant, Mandrin voit sa figure encore embellie après sa mort, sa gloire posthume transformant l'authentique brigand qu'il fut en un champion de la lutte contre une fiscalité jugée insupportable par le peuple.

## Une arrestation illégale

L'arrestation du « capitaine des contrebandiers » s'effectue dans la nuit du 11 mai 1755. Elle est le résultat d'une véritable opération de commando, confiée au commandant de La Merlière, engageant un millier de soldats mercenaires, et profite de circonstances inespérées — l'immobilisation de Mandrin dans son quartier général, le château de Rochefort-en-Novalaise, à la suite d'une chute de cheval. Cette arrestation est parfaitement illégale. Rochefort se trouve en Savoie, possession du roi de Sardaigne, et des soldats français n'ont évidemment pas le droit de pénétrer sur ce territoire. Pour cette raison, La Merlière se hâte de retraverser le Guiers, rivière qui sert de frontière entre la Savoie et la France, et expédie Mandrin à Valence dans une voiture bâchée. Le 13 mai, le convoi arrive dans la ville et l'homme est enfermé dans la prison du Présidial. L'indignation est grande tant du côté des Sardes, qui par l'intermédiaire de leur ambassadeur réclament la restitution du malfaiteur, qu'en France où le contrebandier est adulé des foules.

## En finir avec la contrebande

À Valence, depuis 1733, fonctionne une commission spéciale chargée de juger les affaires de contrebande en Dauphiné et dans les régions limitrophes. Cette commission, une juridiction d'exception dont les jugements sont souverains, peut prononcer la condamnation à mort des « margandiers », ou contrebandiers. Son existence se justifie par la volonté royale de mettre fin à la contrebande, qui prive la Couronne — et les percepteurs, ou fermiers généraux — d'une partie des bénéfices provenant des taxes prélevées sur les articles constituant des monopoles d'État : le sel, le tabac, les mousselines des Indes, les alcools et les armes de chasse. Les margandiers se fournissent de ces marchandises dans les régions frontalières de la France, comme la Savoie ou la Suisse, les introduisent en France et les vendent dans les foires à des prix inférieurs de moitié à ceux de l'État. Après l'arrestation de Mandrin, le président de la commission de Valence, Gaspard Levet de Malaval, décide de précipiter le procès du prisonnier, pour ne pas laisser le temps au roi de Sardaigne d'obtenir son extradition et par crainte des réactions violentes de la population. La procédure est donc expédiée en onze jours, et l'audience se déroule à huis clos. Les juges ont à se prononcer sur une série de faits situés dans un laps de temps fort bref : entre janvier 1754 et mai 1755. Car la carrière de contrebandier de Mandrin a été aussi spectaculaire qu'éphémère. Né dans un village du Dauphiné, l'homme, un ancien marchand de bestiaux ruiné par une épidémie qui a décimé son

*Une troupe de contrebandiers faisant une incursion en France (gravure du XVIIIe siècle).*

*Malgré une résistance acharnée, Mandrin et ses hommes sont arrêtés par les soldats du commandant de La Merlière (gravure coloriée du XIXe siècle).*

## L'importance de la contrebande

Sous l'Ancien Régime, l'État prélève des impôts sur quelques produits particuliers. Le plus important de ces impôts est **la gabelle, ou taxe sur le sel**. Cette taxe, perçue par les fermiers généraux, est plus ou moins importante selon les régions du royaume. Aussi des hommes, appelés faux saulniers, se font-ils un métier d'aller acheter le sel dans les régions où il est bon marché, et de le transporter dans des provinces où il vaut cher, pour l'y vendre clandestinement à des prix exceptionnellement bas. Ce trafic, s'il est découvert, peut les conduire aux galères, ou à la mort.

Au XVIIIe siècle, c'est-à-dire à l'époque où sévit Mandrin, **d'autres denrées deviennent monopole d'État** comme le sel : le tabac, les tissus des Indes, les alcools et les armes de chasse. Ils font à leur tour l'objet d'une importante contrebande.

troupeau, prend d'abord la tête d'une bande armée, qui confisque aux « gâpians », ou commis des fermiers généraux, les marchandises reçues pour paiement en nature des taxes. Puis la troupe commence à aller chercher hors de France des biens semblables et de qualité, auxquels elle fait franchir subrepticement les frontières, avant de les vendre sur les marchés locaux à bon marché. Tout cela ne peut que plaire au peuple, qui se réjouit d'acquérir à des prix modiques des produits recherchés ou indispensables, et rit de voir les riches ainsi dépouillés à leur profit. La popularité de Mandrin est d'autant plus grande que le chef de bande prend soin de l'entretenir par des coups audacieux et spectaculaires. À Montbrison, il libère de la prison ceux qui s'y trouvent pour crime de contrebande. À Beaune, un « mandrin » perce d'un coup d'arquebuse la sphère noire et dorée qui se trouve au sommet de la tour de l'hôtel de ville. À Roanne, Mandrin joue le « juge » dans une parodie de procès contre des responsables de la ferme (la perception générale). Tout lui est prétexte pour ridiculiser les autorités tout en menant son fructueux négoce.

### Un martyr ?

Pour le magistrat de Valence chargé de l'affaire, il s'agit donc clairement de ne pas laisser passer l'occasion de se débarrasser du dérangeant malfaiteur. Levet de Malaval commence par procéder à l'interrogatoire rapide de Mandrin, qui garde un calme imperturbable. L'homme reconnaît sans difficulté les crimes qu'il a commis, s'efforçant seulement d'impliquer le moins possible de margandiers. Pendant l'audience, il ne manifeste non plus aucune émotion. Son sort — il le sait fort bien — est fixé d'avance. Et en effet, le 26 mai, la commission, présidée par Levet de Malaval assisté de six assesseurs, rend le jugement attendu : Mandrin est condamné à avoir les membres rompus vif et à être exposé sur la roue. On ne sait pas si on lui a fait subir alors la « question préalable », que les condamnés à mort supportent après le jugement pour leur faire dénoncer leurs complices. Craignant toujours que la monarchie savoyarde ne parvienne à obtenir de Louis XV la libération de Mandrin, Levet fait hâter le supplice. Devant une foule considérable, Mandrin, la corde au cou, pieds nus et en chemise, est traîné sur la place des Clercs. Une pancarte fixée dans son dos indique les raisons de sa condamnation : « chef de contrebandiers, assassin, criminel de lèse-majesté, faux-monnayeur, perturbateur du repos public ». Alors que le religieux qui l'assiste s'évanouit au pied de l'échafaud, Mandrin, sans aucune hésitation, se place lui-même sur l'instrument du supplice. À huit reprises, le bourreau abat la lourde barre de fer. Aucune plainte ne sort de la bouche du supplicié. L'évêque de Valence intervient pour que le bourreau étrangle le condamné avant de le mettre sur la roue, afin de lui éviter une longue agonie. Après sa mort, Mandrin devient rapidement une sorte de martyr. Toute une littérature consacrée à ses exploits circule clandestinement. Dans nombre de maisons, on accroche son portrait au mur. La légende laisse dans l'ombre bien des forfaits et des crimes crapuleux commis par les « mandrins ». Par le biais du mythe, elle fait de Mandrin et de ses associés, en quelque sorte, des précurseurs de la Révolution, défenseurs des opprimés et champions de la lutte contre les fermiers généraux honnis des Français.

→ **Voir aussi :** p. 120-121 (Cartouche).

*Un officier condamné pour avoir perdu une bataille*

# L'AMIRAL BYNG

**Exaspérés par la défaite que leur ont infligée les Français en 1756, les Anglais n'hésitent pas à condamner à mort l'amiral Byng, qui n'a pourtant fait que son devoir pendant le combat. Cette vengeance, aussi cruelle qu'injustifiée, suscite l'indignation des nations européennes.**

Le milieu du XVIIIe siècle est une période de grands conflits entre les puissances européennes. La France et l'Angleterre, en particulier, multiplient les provocations réciproques à propos de colonies où elles ont des intérêts commerciaux rivaux : d'une part les Indes, d'autre part le Canada.

## Qui est coupable ?

En mars 1756, l'Angleterre, à l'initiative de son ministre Pitt soutenu par un parti belliciste, déclare la guerre à la France. D'autres ministres et certains officiers anglais n'approuvent pas cette décision. Les forces navales britanniques, à ce moment, ne semblent pas en mesure de soutenir l'assaut de la marine fran-

*L'amiral Byng, un marin au passé glorieux (gravure du XVIIIe siècle).*

*Un vaisseau français lance un abordage contre un vaisseau anglais (peinture de Crépin, Paris, musée de la Marine).*

### La condamnation de Lally-Tollendal

Quelques années après l'exécution de l'amiral Byng, l'officier français Lally-Tollendal connaît un sort comparable à celui de l'amiral Byng.

**Défait par les Anglais.** Envoyé comme lieutenant général aux Indes pour y gouverner les possessions françaises, il est assiégé dans Pondichéry par les Anglais et doit capituler en 1761. Prisonnier de guerre à Madras, puis à Londres, il revient à Paris pour se justifier et est incarcéré à la Bastille, sous l'accusation de trahison et de concussion.

**Exécuté puis réhabilité.** Après un procès comportant nombre d'irrégularités, il est condamné à mort et décapité en 1766. En 1768, Voltaire commence à mener une campagne de réhabilitation pour l'officier exécuté. En 1778, le fils de Lally obtient enfin la révision du jugement.

çaise, qui a considérablement progressé depuis le XVIIe siècle. Mais leurs protestations ne recueillent aucun écho. Le commandement des opérations navales est confié à l'amiral John Byng. C'est un bon choix : l'homme, issu d'une famille de grands marins, a à son actif des opérations réussies contre les Français dix ans auparavant. En avril 1756, la rencontre décisive se produit, à l'initiative de la France. Sur l'ordre du maréchal duc de Richelieu, la flotte française, composée de douze vaisseaux commandés par l'amiral de La Galissonnière, quitte secrètement Toulon et débarque dans l'île de Minorque. Elle n'a pas beaucoup de peine à vaincre les Anglais qui ne l'attendaient pas dans cette région. Le 29 juin, le fort de Saint-Philippe, à Port-Mahon, capitule devant l'escadre de La Galissonnière. La flotte de Byng, qui se trouve alors près de Gibraltar, a vainement essayé de repousser les Français et a dû reculer au bout de quelques heures. Dès que la défaite est connue à Londres, la question se pose : faut-il accuser le gouvernement ou l'amiral Byng de cet échec ?

*Rendu injustement responsable de la défaite face à la marine française, l'amiral Byng est exécuté... (gravure du XVIIIe siècle).*

## L'exécution de Byng vue par Candide

*« En causant ainsi ils abordèrent à Portsmouth ; une multitude de peuple couvrait le rivage et regardait attentivement un assez gros homme qui était à genoux, les yeux bandés, sur le tillac d'un des vaisseaux de la flotte ; quatre soldats, postés vis-à-vis de cet homme, lui tirèrent chacun trois balles dans le crâne le plus paisiblement du monde, et toute l'assemblée s'en retourna extrêmement satisfaite. "Qu'est-ce donc que tout ceci ? dit Candide, et quel démon exerce partout son empire ?" Il demanda qui était ce gros homme qu'on venait de tuer en cérémonie. "C'est un amiral, lui répondit-on. — Et pourquoi tuer cet amiral ? — C'est, lui dit-on, parce qu'il n'a pas fait tuer assez de monde ; il a livré un combat à un amiral français, et on a trouvé qu'il n'était pas assez près de lui. — Mais, dit Candide, l'amiral français était aussi loin de l'amiral anglais que celui-ci l'était de l'autre ! — Cela est incontestable, lui répliqua-t-on ; mais dans ce pays-ci il est bon de tuer de temps en temps un amiral pour encourager les autres."* »

*Voltaire,* Candide, *Larousse, Paris, 1990.*

## Le procès de l'amiral

Le Premier ministre Newcastle sait que l'opinion publique, consternée par la défaite, cherche un bouc émissaire. Il ne peut s'agir que de lui-même et de Pitt, ou de l'amiral. Dès lors, la seule stratégie à adopter est de faire supporter à Byng toute la responsabilité de la déroute. Newcastle fait donc publier un communiqué mettant en évidence l'incapacité et la vaine suffisance du commandant de l'escadre anglaise. Il a le soutien du premier lord de l'Amirauté, Anson, qui exige que l'amiral comparaisse immédiatement devant la justice militaire et soit condamné le plus tôt possible. Lorsque Byng débarque à Portsmouth le 26 juillet, il est immédiatement arrêté et incarcéré. L'opinion publique apprécie différemment cette arrestation : des chansons et des caricatures s'attaquent au gouvernement et, lors d'un passage à Greenwich, Newcastle est assailli par la foule à coups de pierres. D'un autre côté Byng est brûlé en effigie, dans différentes villes du royaume, et sa propriété est difficilement préservée des attaques de la foule.

Sous la présidence du vice-amiral Smith se tient, le 28 décembre 1756, la première séance de la cour martiale. Douze officiers doivent juger si l'amiral aurait pu éviter la défaite. On reproche à Byng de n'avoir pas lutté efficacement contre les Français et de ne pas avoir essayé de reprendre le fort de Saint-Philippe. Ce sont là des chefs d'accusation très graves, puisque le douzième article du code militaire naval prévoit que « quiconque, soit par lâcheté, soit par négligence, soit par abandon, n'aura pas fait le maximum pendant une bataille navale doit être condamné à mort ». Byng dispose cependant d'atouts pour sa défense. Tout d'abord, un glorieux passé militaire qui plaide en sa faveur. Ensuite, le fait qu'avant le début des hostilités plusieurs personnalités militaires et politiques avaient déjà émis des restrictions sur l'efficacité du matériel naval. Enfin, la déposition même de l'amiral qui affirme avoir hissé le pavillon ordonnant l'attaque, mais déclare que le reste de la flotte, dans sa panique, a interprété ce signal comme un ordre de repli ! Le 27 janvier 1757, Byng est acquitté en ce qui concerne les accusations de lâcheté et d'abandon. Mais la cour martiale, unanime, juge qu'il n'a pas fait tout son possible « pour reprendre le fort de Saint-Philippe, pour s'emparer de la flotte française, pour la détruire ». Ce qui signifie pour Byng une condamnation à mort.

## L'Europe se mobilise

Tout en condamnant Byng à être exécuté, la cour martiale, selon l'usage, demande à l'unanimité que la grâce lui soit accordée. Le roi George II sait par le ministre Pitt que la Chambre des communes désire la grâce, mais il fait la sourde oreille, car il est persuadé, comme la majorité de ses sujets, que la mise à mort de Byng servira d'exemple aux autres officiers. En France, Voltaire prend fait et cause pour l'amiral anglais et sa correspondance témoigne des efforts accomplis pour alerter les plus hautes personnalités de l'époque. Rois, ministres, responsables de toutes sortes sont sollicités par lui. Il met ses espoirs dans le duc de Richelieu qui lui a écrit « qu'il ne peut y avoir d'acte plus insigne d'injustice que ce que l'on entreprend contre l'amiral Byng ». Et en effet, le ministre français intervient auprès du gouvernement anglais, mais cet effort dessert le condamné, car George II prend fort mal ce qu'il considère comme une ingérence dans les affaires intérieures de son royaume. Le 14 mars 1757, l'amiral Byng est conduit sur le gaillard d'arrière du navire le *Monarque*, ancré dans la rade de Portsmouth. Un peloton d'exécution le fusille. L'amiral aura gardé jusqu'au dernier moment une attitude d'une grande dignité.

*Un régicide jugé et cruellement supplicié*

# LA CONDAMNATION DE DAMIENS

*Damiens avait-il des complices ? Ni l'enquête ni la torture ne purent faire la lumière sur ce point (gravure du XVIIIe siècle, Paris, musée de la Préfecture de police).*

**En janvier 1757, au moment de monter dans son carrosse, Louis XV est blessé d'un coup de couteau porté par un inconnu. Le roi ne souffre en fait que d'une légère blessure, mais Damiens, le responsable, est traduit devant le parlement de Paris pour crime de régicide et subit un martyre effroyable.**

Considéré, à l'instar de Ravaillac, comme un régicide, Damiens est en fait un déséquilibré sans motivation véritable. Pourtant, son acte est déjà, sans qu'il en soit conscient, un préliminaire de la Révolution française.

## « Un petit coup de canif »

En cette journée du 5 janvier 1757, aucun des gardes de Versailles ne porte attention à un individu qui, depuis 10 heures du matin, rôde dans la cour du château. Dans l'après-midi, Louis XV arrive du petit château de Trianon, où il a élu résidence, dans le grand palais de Versailles, pour visiter sa fille, Madame Victoire, qui est souffrante. Vers 6 heures, le souverain repart. Il descend les marches pour rejoindre sa voiture, lorsque l'homme inconnu bouscule les gardes et porte un coup de couteau au souverain. « Je suis blessé ! » s'écrie le roi ; et aussitôt il donne l'ordre qu'on ne tue pas l'agresseur. Une grande confusion règne alors à Versailles. Le roi perd beaucoup de sang, et les médecins craignent surtout que l'arme n'ait été empoisonnée. En fait, l'épaisseur des vêtements que porte Louis, en cette froide journée d'hiver, a amorti le coup. Dès le 8 janvier, les médecins annoncent que la victime est hors de danger. Mais la France a tremblé, et les cours étrangères s'affirment bouleversées par cet attentat commis sur la personne du « Roi Très Chrétien ». L'agresseur, immédiatement maîtrisé, a été entraîné dans la salle des gardes de Versailles. Il déclare s'appeler Robert François Damiens. Comme on pense qu'il a des complices, le garde des Sceaux, Machault d'Arnouville, ordonne de lui brûler les pieds avec des pinces rougies au feu. Malgré la souffrance, Damiens ne parle point. Le lendemain, le prévôt du palais intervient pour le faire transporter dans une geôle de la prévôté qui assure la justice civile et criminelle dans l'enceinte de Versailles. On n'apprend rien de plus d'un nouvel interrogatoire : Damiens, qui a été laquais chez différents conseillers du parlement, se contente de dire que le peuple de Paris meurt de faim sans que le roi fasse rien pour soulager ses souffrances, malgré les remontrances qui lui sont adressées par cette assemblée…

*Selon l'avis de Louis XV lui-même, le geste de Damiens fut sûrement celui d'un déséquilibré (pastel de M. Quentin de La Tour, Paris, musée du Louvre).*

## Le procès du régicide

Pendant l'immobilisation de son père, son fils, le Dauphin, a la charge de présider les Conseils du roi, et en particulier celui d'en haut auquel sont confiées les affaires politiques. Le principal sujet de discussion y est le sort de Damiens et la découverte d'éventuels complices. Certains voient dans le régicide un émissaire des Anglais, avec lesquels la France est, à ce moment, en guerre. D'autres, plus nombreux, pensent à un complot fomenté soit par les parlements en lutte ouverte contre le pouvoir royal, soit par les Jésuites que Louis XV menace d'expulsion. Généreux de nature, le roi est à peu près le seul à comprendre que Damiens est un faible d'esprit qui a agi sous l'effet de l'exaltation, et il conseille de l'enfermer dans un asile. Mais chacun, autour de lui, le dissuade d'imposer sa proposition : la sécurité de l'État, affirment tous ses conseillers, exige que soit observée la procé-

### Lettre de Damiens au roi après l'attentat

*« Sire, je suis bien fâché d'avoir eu le malheur de vous approcher, mais si vous ne prenez pas le parti de votre peuple, avant qu'il soit quelques années d'ici, vous et M. le Dauphin, et quelques autres, périront. Il serait fâcheux qu'un aussi bon prince, pour la trop grande bonté qu'il a pour les ecclésiastiques, dont il accorde toute sa confiance, ne soit pas sûr de sa vie ; et si vous n'avez pas la bonté d'y remédier sous peu de temps, il arrivera de très grands malheurs, votre royaume n'étant pas en sûreté… Sur l'avis qu'il est très vrai que je prends la liberté de vous informer par l'officier porteur de la présente, auquel j'ai mis toute ma confiance. L'archevêque de Paris est la cause de tout le trouble par les sacrements qu'il a fait refuser. Après le crime cruel que je viens de commettre contre votre Personne sacrée, l'aveu sincère que je prends la liberté de vous faire, me fait espérer la clémence des bontés de Votre Majesté. »*

*Lettre citée par G. Bordonove,* les Rois qui ont fait la France – Louis XV, *Pygmalion, Paris, 1982.*

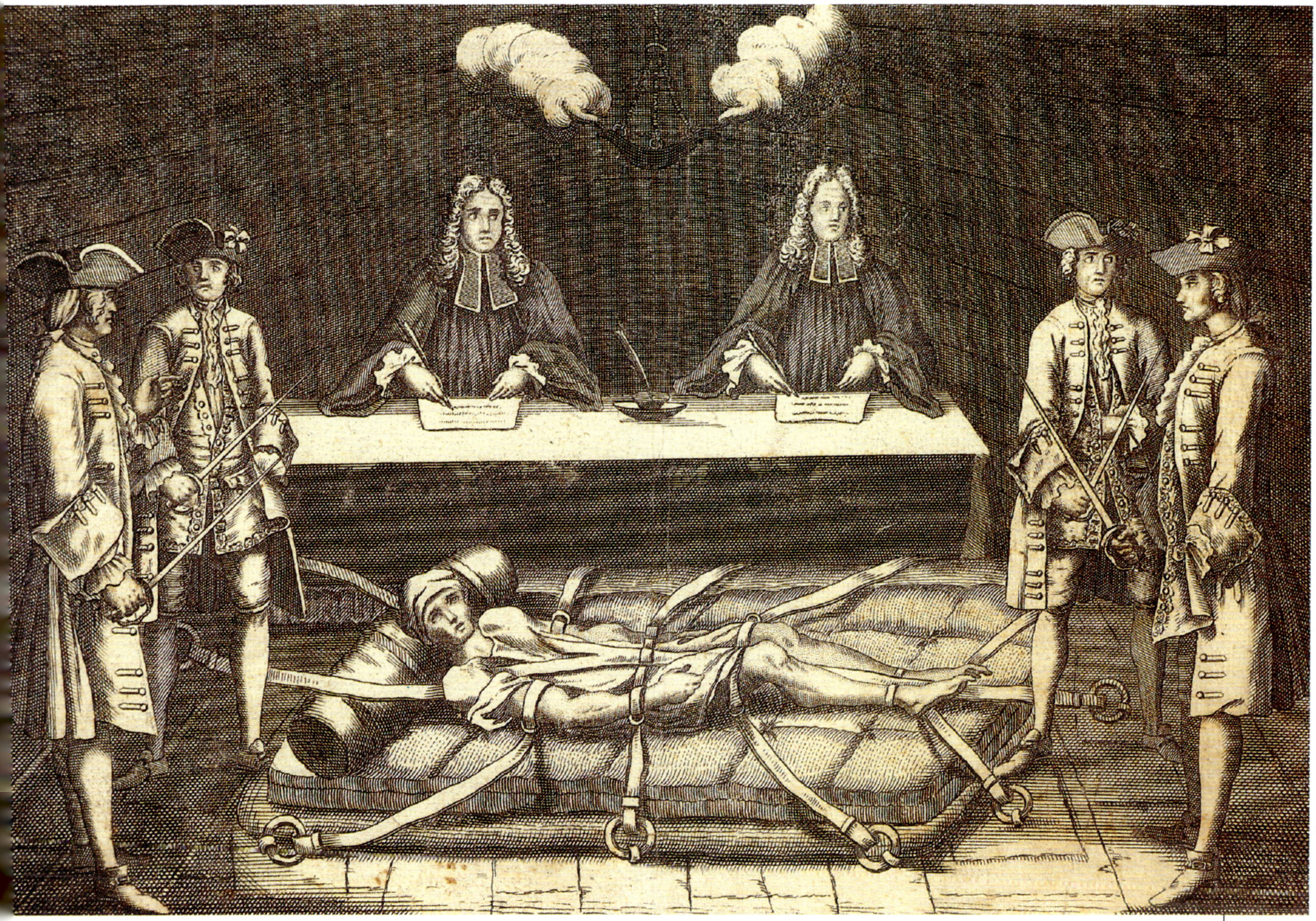

dure prévue en cas d'attentat contre la personne royale. À la demande de l'abbé de Bernis, membre du Conseil d'État privé, on décide de saisir de l'affaire le parlement de Paris, ce qui est fait le 15 janvier par lettres patentes, c'est-à-dire par un texte émanant du roi. Damiens, qui doit donc être jugé à Paris, est transféré à la Conciergerie dans la nuit du 17 au 18. Enfermé dans la cellule qui fut autrefois celle de Ravaillac, il est lié sur son lit par des courroies fixées aux murs par des anneaux. L'interrogatoire recommence, sans qu'on apprenne rien de bien nouveau. La seule explication du geste de Damiens semble résider dans les conversations antiroyalistes qu'il a pu entendre dans les maisons des parlementaires où il a été valet. En écoutant ses maîtres vitupérer Louis XV, son esprit exalté a imaginé qu'il fallait punir ce roi si mauvais. Les princes et les pairs du royaume, les présidents en service et les conseillers du parlement de Paris, soit une trentaine de personnes, composent la cour devant laquelle s'ouvre le procès, le 12 février. La plupart des juges s'emploient naturellement à minimiser l'influence que les parlementaires auraient pu avoir sur l'assassin. Il leur faut montrer que Damiens a agi de sa seule responsabilité, sans qu'ait joué aucune influence, et qu'alors il jouissait donc de sa parfaite lucidité. Le 26 mars, la sentence attendue est rendue : Damiens subira la peine de mort réservée aux régicides.

## « La journée sera rude »

Comme toujours pour les exécutions capitales, une foule avide de sang envahit la place de Grève (aujourd'hui, place de l'Hôtel-de-Ville) le 28 avril, pour assister au supplice. Les appartements donnant sur la place ont été loués, notamment à des dames de la haute société désireuses de ne rien perdre des détails du spectacle. Le calvaire de Damiens est particulièrement atroce, car de nombreuses défaillances du bourreau prolongent son supplice. Le poing droit du régicide est coupé et la plaie arrosée de soufre en fusion. Ensuite, on utilise les tenailles et il faut plusieurs interventions pour parvenir à détacher

*Interrogatoire du régicide Damiens, solidement ligoté devant ses juges au Châtelet, à Paris (gravure du XVIII^e^ siècle, Versailles, Château).*

un morceau de chair. L'écartèlement est une véritable horreur, car les chevaux, mal dirigés, sont incapables de disloquer le corps du malheureux et le bourreau doit couper lui-même à la hache et au couteau les membres de Damiens. Celui-ci est encore vivant quand on le place sur le bûcher, où il périt enfin dans les flammes. Le matin, avant de partir à son supplice, le régicide s'était contenté de déclarer : « La journée sera rude ! » Le 29 mars, c'est au tour de la famille de Damiens de subir les châtiments prévus : son père, sa femme et sa fille sont bannis du royaume, ses frères et sœurs obligés de changer de nom, et la maison familiale est rasée. Le plus compatissant à l'égard de ce malheureux déséquilibré reste la victime elle-même, Louis XV, qui déplore que son pays, en plein XVIII^e^ siècle, ait pu donner l'image d'une telle barbarie.

*Un père accusé d'avoir assassiné son fils*

# L'AFFAIRE CALAS

**Lorsqu'en 1761, Calas, un protestant de Toulouse, est rompu vif sur la roue sous l'accusation d'avoir tué son fils, sa culpabilité ne semble faire aucun doute. Cependant Voltaire, après avoir entendu la version des faits par la famille du condamné, se lance dans une lutte acharnée pour faire triompher la vérité.**

*Voltaire promet son appui à la famille Calas et, à force d'obstination, parvient à la faire réhabiliter (gravure du XVIII^e^ siècle).*

*Accusé d'avoir assassiné leur fils, les Calas, famille protestante, sont en fait les victimes de l'intolérance et du fanatisme religieux (gravure du XVIII^e^ siècle).*

En luttant contre l'intolérance religieuse qui a conduit le parlement de Toulouse à faire exécuter un innocent, Voltaire est le premier écrivain français à s'engager publiquement dans une affaire judiciaire.

## Le procès de Calas

Le procès de Jean Calas et de sa famille s'est ouvert devant le parlement de Toulouse dans un climat de véritable hystérie collective. Depuis que les capitouls (c'est-à-dire les magistrats municipaux) de la ville ont arrêté en octobre 1761 les Calas, le clergé toulousain et la majorité de la population réclament un châtiment exemplaire pour cette famille accusée d'un crime atroce.

Les faits remontent à la soirée du 13 octobre. Un honorable négociant toulousain, de religion huguenote, Jean Calas, découvre son fils aîné Marc-Antoine pendu dans sa maison. Se trouvent présents alors la femme de Calas; un autre fils, Pierre; un ami, La Vaysse; et la servante, Jeanne Viguière. Comme, à l'époque, les corps des suicidés sont soumis à un jugement infamant, les Calas décident de maquiller le suicide en accident. Très vite, cependant, ils sont contraints à avouer la vérité. Alors, la foule qui s'est amassée devant chez eux porte immédiatement une terrible accusation : « Les protestants Calas ont assassiné leur fils Marc-Antoine qui voulait se convertir au catholicisme. » À partir de ce moment, la condamnation des Calas est déjà prononcée. Dans un climat fiévreux de fanatisme religieux, entretenu par un des capitouls, David de Beaudrigue, et relayé par les prêtres de Toulouse qui, en chaire, demandent le châtiment des hérétiques, aucune enquête n'est entreprise pour savoir si Marc-Antoine avait vraiment l'intention de se convertir. Déclaré « martyr », il est enterré selon le rite catholique au milieu d'une foule immense et son cercueil est escorté par quarante prêtres et par des pénitents blancs. On décide de soumettre à la torture Jean Calas, sa femme et son fils Pierre, et on inflige aussi la question à La Vaysse et à la servante. Lorsque

## D'autres luttes de Voltaire

Après avoir obtenu la réhabilitation de la famille Calas, Voltaire intervient dans d'autres affaires similaires où l'intolérance religieuse sert de prétexte à la condamnation d'innocents.

**L'affaire Sirven (1761-1771).** Pierre Sirven, protestant de Castres, est accusé avec sa famille d'avoir assassiné sa fille Élisabeth, trouvée noyée dans un puits. En fait, la jeune fille, faible d'esprit, s'est jetée à l'eau dans une crise de folie. Les Sirven, qui ont réussi à s'enfuir en Suisse, sont condamnés à mort par contumace. Voltaire, au bout de neuf ans de lutte, obtient leur acquittement.

**L'affaire La Barre (1765-1788).** À Abbeville, un crucifix est mutilé par des inconnus. Sans preuve, on accuse du méfait un jeune homme, le chevalier de La Barre, connu pour avoir chanté des chansons irrespectueuses à l'égard de la religion et n'avoir pas retiré son chapeau au passage d'une procession. Condamné par les juges d'Abbeville, La Barre, après avoir eu la langue et la main coupées, est brûlé à petit feu. À partir de 1774, Voltaire s'occupe d'obtenir la réhabilitation du jeune homme. Mais celle-ci n'interviendra qu'en 1788, après la mort du philosophe.

**L'affaire Montbailli (1770).** À Saint-Ouen, le couple Montbailli est accusé du meurtre de leur vieille mère. Ils sont torturés et condamnés à mort. Montbailli est roué vif alors que le supplice de sa femme, enceinte, est reporté après la naissance de l'enfant. Voltaire parvient à la faire reconnaître innocente et on réhabilite son mari.

les parlementaires ont à se prononcer sur le cas des accusés, la pression de la foule est telle que, sur les conclusions du procureur général Riquet de Bonrepos, ils décident à la majorité de huit voix contre cinq de condamner à mort Jean Calas. Celui-ci est roué en place publique le 10 mars 1762, puis étranglé par le bourreau. Son corps est brûlé sur un bûcher et les cendres jetées au vent. Les biens de la famille sont confisqués et, si Mme Calas, La Vaysse et la servante sont acquittés, Pierre Calas est banni à perpétuité et les deux filles Calas enfermées dans des couvents…

### Voltaire mène l'enquête

Le retentissement de l'affaire Calas est considérable en France. Mais, loin de s'indigner des supplices subis par la malheureuse famille, nombreux sont les gens qui estiment que des hérétiques ont mérité un tel châtiment. Comme ses contemporains, le philosophe Voltaire est d'abord convaincu de la culpabilité des Calas et considère qu'ils ont commis une sorte de meurtre rituel. Cependant, à plusieurs reprises, des visiteurs attirent son attention sur les incohérences du procès. Le champion de la lutte contre l'intolérance qu'est Voltaire commence à s'interroger sur le cas de ces gens dont la culpabilité, finalement, n'a jamais été véritablement démontrée. Une rencontre avec Pierre Calas, réfugié à Genève, le persuade que Jean a été victime du fanatisme religieux. En étudiant les circonstances du drame, le philosophe relève des invraisemblances qui semblent bien prouver que Marc-Antoine n'a pas pu être assassiné par son père. Dès lors, Voltaire travaille sans relâche pour obtenir la réhabilitation du condamné. Il lui faut d'abord convaincre Mme Calas qui vit retirée depuis le drame. Il la fait venir à Paris, et, petit à petit, l'opinion publique s'intéresse à cette malheureuse veuve qui ne cesse de proclamer l'innocence de son mari. Pendant près de trois ans, Voltaire déploie une très grande énergie pour parvenir à ses fins. Les plus hautes personnalités du pays, le ministre Choiseul, le chancelier Lamoignon, Mme de Pompadour, le roi Louis XV lui-même sont constamment sollicités par lui. Après avoir publié plusieurs libelles dénonçant ce scandale qui est une honte pour la France au Siècle des lumières, il rédige son *Traité sur la tolérance* (1763), dans lequel il élargit le cas de l'affaire Calas aux dimensions de l'humanité entière.

### Le procès de réhabilitation

Voltaire aurait été un écrivain de second ordre, il est probable que l'affaire Calas n'aurait pas eu de suite. Mais, en 1763, le philosophe est l'écrivain le plus célèbre de toute l'Europe et son acharnement donne bientôt à la condamnation de Calas un retentissement mondial. Si la majorité des Français est progressivement persuadée que le jugement de 1762 a été une monstrueuse erreur, la plupart des parlements de France s'opposent encore, par esprit de corps, à ce que l'arrêt de leurs confrères soit cassé. Pourtant, l'enquête est reprise en juin 1764. Une assemblée de quatre-vingts juges, le 4 juin 1764, casse le jugement de Toulouse. Cette décision est entérinée par le Conseil du roi. Calas et sa famille sont définitivement réhabilités en 1765. Mme Calas est invitée à Versailles pour rencontrer le roi qui lui accorde, ainsi qu'à ses enfants une pension de 36 000 livres. Il reste, en fait, bien des mystères autour de ce qui s'est passé dans la maison des Calas la nuit du 13 octobre 1761, et les circonstances de la mort de Marc-Antoine n'ont jamais été vraiment élucidées. Mais l'affaire Calas est le procès du fanatisme religieux et de l'intolérance. En devenant le champion de cette lutte « contre l'Infâme », Voltaire, pour la première fois, a démontré que les intellectuels pouvaient descendre dans l'arène pour défendre les théories qu'ils exposent dans leurs livres.

*Les adieux de Calas à sa famille avant son exécution (gravure du XVIIIe siècle).*

*Un noble enfermé pour « débauche outrée »*

# LE MARQUIS DE SADE

**En 1777, Donatien Alphonse François, marquis de Sade, est incarcéré au donjon de Vincennes par lettre de cachet. Ainsi se concluent cinq années de poursuites judiciaires intentées en 1772 au jeune débauché à la suite d'une partie galante qui a mal tourné.**

Sade reste le personnage mythique représentant toutes les perversions et toutes les profanations. Mais son œuvre, sulfureuse, écrite dans son cachot, constitue paradoxalement un plaidoyer pour une inversion des valeurs de son temps.

## Exécuté en effigie

Le 30 juin 1772, à Marseille, une prostituée vient déposer une plainte pour empoisonnement devant le lieutenant de la police criminelle. Elle dénonce comme coupables le marquis Donatien de Sade et son valet. L'affaire remonte au 27 juin. Ce jour-là, avec son domestique Latour, le marquis s'est rendu dans une chambre de la ville en compagnie de quatre filles. Lors de la nuit d'orgie qui se déroule alors alternent les flagellations, les actes de sodomie, les rapports homo- et hétérosexuels. Le marquis a distribué aux filles des dragées à l'anis contenant de la cantharide. Cette poudre, confectionnée à partir d'un insecte, est réputée pour ses vertus aphrodisiaques et fait partie du traditionnel arsenal libertin des débauchés de l'époque. Cependant, une des filles, lorsqu'elle tombe malade dans la journée qui suit, se persuade que le marquis, en lieu et place de cantharide, lui a fait absorber, ainsi qu'à ses compagnes, du poison ; d'où sa plainte à la police. Cette dernière engage alors une procédure pour empoisonnement et sodomie. Une ordonnance de prise de corps est lancée contre « un homme vêtu d'un frac gris, doublé de bleu, veste et culotte souci, connu sous le nom de marquis de Sade ». En vain, car Donatien a pris le soin de quitter la France avec son valet. C'est donc en leur absence que le parlement de Marseille condamne les deux accusés à être exécutés, après avoir fait amende honorable devant la cathédrale de la ville. Sade doit avoir la tête tranchée et le valet Lacour, être pendu. Ce jugement est confirmé par la cour d'Aix-en-Provence. Le droit de l'époque prévoit que, lorsqu'un condamné s'est soustrait à la justice, on effectue un simulacre d'exécution sur un mannequin le représentant. En conséquence, le 12 septembre, sur la place des Prêcheurs à Aix, les effigies des deux hommes sont brûlées en public.

## Une partie de cache-cache avec la justice

En 1772, Donatien, né dans la très noble famille provençale des Sade, seigneurs de Lacoste et de Saumane, n'en est cependant pas à son premier scandale. En 1763, l'année même de son mariage avec la fille du président de la Cour des aides de Paris, il a été arrêté pour « blasphème et débauche outrée » dans une « petite maison », terme désignant les demeures que les nobles libertins se réservent pour leurs plaisirs et dans lesquelles ils font venir des prostituées qu'ils ont « louées » à des proxénètes. C'est la belle-mère de Donatien, Mme de Montreuil, qui obtient alors la lettre de cachet par laquelle son gendre est incarcéré pour quinze jours au donjon de Vincennes. En avril 1768, celui-ci propose à une mendiante, Rose Keller, de venir dans sa maison d'Arcueil,

*Le château du marquis de Sade, à Lacoste, dans le Vaucluse.*

### Les lettres de cachet

La lettre de cachet est envoyée par le roi, signée et scellée par lui, pour transmettre une décision à une autorité déterminée.

Ces lettres sont utilisées dans de nombreux domaines de la vie politique et judiciaire. Les plus tristement célèbres restent celles qui demandent **l'incarcération ou l'exil d'un personnage, sans qu'il y ait eu procès**. Il existe aussi des lettres « de petit cachet », qui autorisent **les pères de famille** à faire interner leur femme ou un enfant, lorsque ceux-ci sont à l'origine d'un scandale quelconque.

**Louis XIV et surtout Louis XV** font un usage abusif des lettres de cachet, qui deviennent alors le symbole de l'absolutisme royal. **L'Assemblée constituante abolit les lettres de cachet** par son décret du 16 mars 1790.

la déshabille et la flagelle à plusieurs reprises. Ayant pu s'échapper, la malheureuse dénonce son tortionnaire. Mais, disposant de « lettres d'abolition » — c'est-à-dire de lettres de la Grande Chancellerie par lesquelles le roi accorde d'avance le pardon pour un crime et fait remise de la peine —, Sade n'est condamné qu'à une amende et doit se retirer dans son château de Lacoste. Toutes ces affaires, auxquelles s'ajoutent plusieurs poursuites pour dettes, ont fait du marquis de Sade une figure bien connue des fichiers de la police, dans lesquels sont notées toutes ses débauches variées et ses perversions, qui consistent à obtenir sa jouissance des douleurs infligées à autrui. Aussi est-il naturel qu'au moment de l'affaire de Marseille il ait préféré s'enfuir en Italie sans attendre son jugement. Dans sa fuite, il se fait accompagner de sa belle-sœur, la chanoinesse Anne-Prospère de Launay, qu'il fait passer pour son épouse... Une nouvelle fois, la redoutable belle-mère de Donatien met tout en œuvre pour que son gendre subisse la peine que, selon elle, il mérite. C'est ainsi que, de 1772 à 1777, la vie de Sade consiste en une alternance de séjours en prison et de périodes de liberté. En décembre 1772, agissant à la requête de M^me^ de Montreuil, le roi de Sardaigne fait arrêter le marquis à Chambéry. Sade est enfermé dans la forteresse de Miolans, dont il parvient à s'évader en août 1773 par la fenêtre des toilettes. À partir de 1774, il se trouve à l'abri au château de Lacoste. Cependant, le « divin marquis » n'a pas perdu ses goûts pervers et il est soupçonné à plusieurs reprises d'enlever des jeunes filles des environs pour les faire participer à ses « jeux ».

Portrait imaginaire du marquis de Sade *(peinture de Man Ray, 1938, Houston, Menil Collection).*

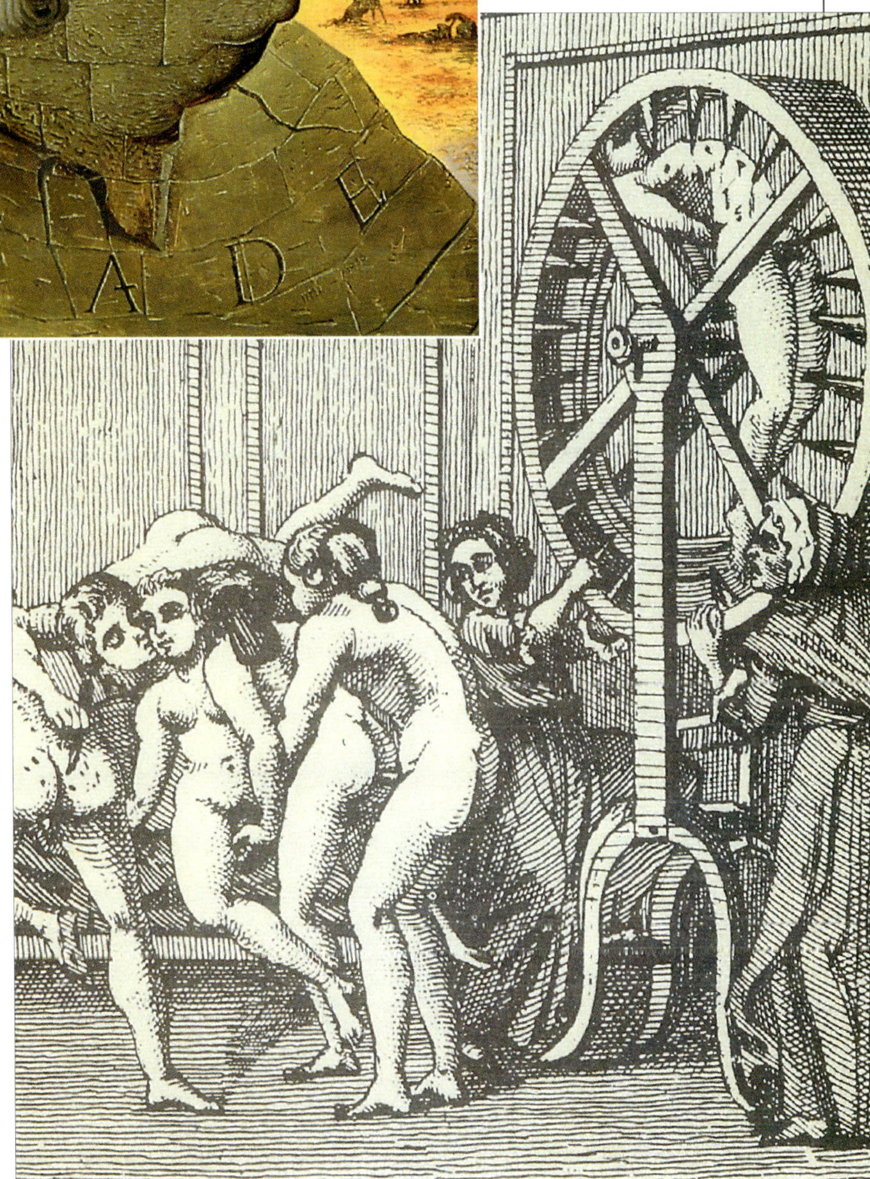

*Scène de débauche illustrant* Juliette ou les Prospérités du vice, *ouvrage licencieux du marquis de Sade.*

### De Vincennes à la Bastille

L'obstination de Mme de Montreuil porte pourtant ses fruits : elle finit par obtenir une nouvelle lettre de cachet contre son gendre, qui est arrêté lors d'un de ses discrets séjours à Paris. En avril 1777, il est incarcéré à Vincennes. Avec l'aide de sa femme — qui ne l'a jamais abandonné dans ses démêlés avec la justice —, il présente une requête pour que soit annulé le jugement de 1772. Bien que les cinq ans du délai légal pour une telle démarche soient déjà dépassés, Louis XV accorde au marquis le droit d'exercer cette action en justice et donc de se pourvoir contre l'arrêt du parlement de Provence. Transféré à Aix, Sade obtient, en juin 1778, la cassation de l'arrêt qui le condamnait à mort. Est-il définitivement libre ? Non, car la terrible Mme de Montreuil fait réactualiser la lettre de cachet de février 1777 : de nouveau, sous bonne escorte, le marquis prend le chemin de Paris. Lors de l'étape de Valence, il s'échappe et se réfugie à Lacoste. Il est repris par la police en août et, en septembre 1778, il est enfermé dans la cellule n° 6 de la forteresse de Vincennes. À partir de cette date, Sade consacre sa vie de détention à l'écriture. Transféré en 1784 à la Bastille, il rédige ses œuvres les plus importantes, *les Cent Vingt Journées de Sodome*, *les Infortunes de la vertu* et *Aline et Valcour.* Au début de juillet 1789, il ameute le peuple en criant par la fenêtre de sa cellule qu'on égorge les prisonniers. Il est évacué à Charenton quelques jours avant la date fatidique du 14 juillet. En 1790, grâce à l'abolition des lettres de cachet, il quitte la prison. Mais son existence aventureuse est loin d'être terminée et lorsqu'il meurt, en 1814, à l'hospice de Charenton, il aura passé trente années de sa vie en détention.

*Un faux dévot empoisonne une mère et son fils*

# FRANÇOIS DESRUES

**L'exécution, en 1777, de l'empoisonneur François Desrues attire en place de Grève une foule aussi nombreuse que celle qui a assisté au supplice de Cartouche et, un peu plus tard, à celui du célèbre Mandrin. Mais, à la différence de ces deux brigands rendus sympathiques par leur légende, François Desrues devient le prototype de la perversion.**

La célébrité de François Desrues a été entretenue par l'imagerie populaire, les biographies, les chansons jusqu'à la Révolution. Cet empoisonneur sans scrupules est devenu à son époque l'image même de l'hypocrisie.

## Des disparitions mystérieuses

En ce début d'année 1777, M. de La Motte, riche propriétaire de la région de Sens, est dans une grande inquiétude : sa femme puis son fils ont mystérieusement disparu à Paris et on ne sait ce qu'ils sont devenus. Ayant mis en vente en 1775 un château situé près de Villeneuve-lès-Sens, M. de La Motte a trouvé un acquéreur en la personne d'un dénommé François Desrues de Bury, négociant retraité, qui affirme être sur le point de toucher un héritage et fait un acte sous seing privé convenant du paiement de la somme de 130 000 livres en juillet 1776. En décembre, ne voyant pas venir le paiement escompté, M. de La Motte envoie sa femme à Paris pour obtenir l'acquittement de la créance. Mais il ne reçoit plus de nouvelles de son épouse. Bien plus, son fils, âgé de 16 ans, qui étudie dans une institution parisienne, quitte sa pension avec son « correspondant » — qui n'est autre que Desrues — et ne reparaît pas lui non plus. Malgré les lettres envoyées par Desrues pour expliquer que mère et fils se trouvent à Versailles pour traiter une autre affaire, M. de La Motte, de plus en plus inquiet, se décide à son tour à venir à Paris. Mais, au lieu de se rendre chez Desrues, il va, sur le conseil d'un ami, déposer au Châtelet, siège de la justice royale ordinaire, une plainte « en supposition d'acte de vente et suppression de personnes ». Le lieutenant de police chargé de l'affaire réunit un nombre impressionnant de rensei-

*Après avoir empoisonné Mme de La Motte, Desrues enferme le corps dans une malle et l'enterre dans une cave de la rue de la Mortellerie (gravure du XVIIIe siècle).*

*D'une grande hypocrisie, Desrues faillit réussir à imposer de lui une véritable image de sainteté (dans la prison du Châtelet, Desrues est emmené pour être exécuté, gravure du XVIIIe siècle).*

## La « malle à Gouffé »

Les « malles sanglantes » tiennent une place de choix dans la tradition du crime. Plus d'un siècle après les crimes de François Desrues, l'affaire de l'assassinat de l'huissier Gouffé par un industriel en faillite, Michel Eyraud, et par sa maîtresse, Gabrielle Bompart, connaît une publicité comparable.

**Macabre découverte.** Après avoir assassiné le malheureux Gouffé le 26 juillet 1889, le couple enferme son cadavre dans une malle qu'il abandonne dans la forêt de Fontainebleau. La découverte, un mois plus tard, de cette « malle sanglante », la longue enquête pour découvrir l'identité de la victime et celles des assassins, problèmes résolus grâce aux nouvelles méthodes de criminologie utilisées par le professeur Lacassagne, passionnent le public.

**Un jouet...** Des milliers de curieux se pressent à la morgue pour voir la fameuse malle à l'intérieur bleu décoré d'étoiles. On fabrique comme jouets d'enfants des miniatures de la « malle à Gouffé ». Aujourd'hui encore, on peut voir cette fameuse malle au musée de la Préfecture de police de Paris.

*Épisodes de l'histoire de la « malle à Gouffé » (1890, supplément illustré du* Petit Journal*).*

gnements qui tournent tous autour de la personne de François Desrues. Le 12 mars, celui-ci est arrêté, mais proclame son innocence. En l'absence de tout cadavre, il est difficile de l'accuser légalement.

### Un cadavre dans une malle

Le hasard intervient alors. Le propriétaire d'une cave située sous un immeuble de la rue de la Mortellerie raconte à une voisine que le locataire, un sieur du Coudray, ne lui a jamais réglé son loyer. Il se trouve que M. de La Motte a pris logement dans cette même rue de la Mortellerie et apprend les rumeurs qui courent sur cette cave ! Il prévient le magistrat instructeur et, le 18 avril, une perquisition dans cet endroit permet de découvrir une fosse creusée dans le sol. À l'intérieur, une malle est découverte qui contient un cadavre de femme, celui de M^me^ de La Motte. L'autopsie révèle que celle-ci a été empoisonnée. Après avoir tout nié, Desrues finit par raconter que sa visiteuse étant décédée de mort naturelle, il l'a, sous le coup de la peur, enterrée dans cette cave destinée à recevoir des tonneaux de vin de Málaga. Pressé de questions, il raconte aussi que le jeune La Motte, pris d'un malaise lors d'un repas effectué à Versailles, est mort également : il l'a fait ensevelir sous le nom de Louis-Antoine Beaupré. La police exhume ce second cadavre, qui présente lui aussi des traces d'empoisonnement. Il n'y a plus de doute : Desrues est bien coupable des deux meurtres et on peut supposer qu'il préparait aussi celui de M. de La Motte, ce qui lui aurait enfin permis, sans bourse délier, de devenir propriétaire du château convoité.

### Tartuffe à la barre

C'est un petit homme chafouin, arborant en permanence un sourire béat, qui comparaît devant le tribunal. Même sous la torture, il proclame son innocence. Ses voisins le présentent comme un dévot, qui fréquente assidûment les églises et porte sur lui deux cilices. Ils le considèrent comme une sorte de saint dont la piété édifiante fait l'admiration du quartier. Pendant les audiences, Desrues ne se départit point de son air confit en dévotion et il est bien difficile de reconnaître sous son apparence de bigot l'hypocrite confirmé qu'il est réellement. Cependant, petit à petit, les dépositions font craquer cette image de sainteté. Dès son enfance, François Desrues a fait preuve d'une cruauté vicieuse. Il commence par travailler comme commis d'une droguerie parisienne, puis comme garçon d'épicerie. Par des tractations peu claires, il se rend acquéreur de la boutique de sa patronne. Il se fait alors passer pour un riche commerçant. En fait, il est couvert de dettes et ses exercices de piété dissimulent ses « parties fines » avec de grands seigneurs libertins... Le procès permet aussi de reconstituer les circonstances des crimes.

Lorsque M^me^ de La Motte arrive à Paris pour réclamer le paiement de la somme due, Desrues lui offre l'hospitalité dans sa propre demeure. Au début du mois de janvier, la dame se plaint de nausées et de maux de tête qui vont en augmentant. Le 30 janvier, après avoir éloigné de la maison sa femme et sa servante, Desrues fait prendre à la malade une potion qu'il a lui-même préparée. La femme décède dans la nuit. Desrues met le corps dans une grande malle qu'il fait transporter par un commissionnaire dans la cave de la rue de la Mortellerie. Le 10 février, il se rend à la pension du fils La Motte et, sous prétexte que sa mère le demande, l'embarque pour Versailles après lui avoir fait boire une reconstituante tasse de chocolat. Pendant le trajet, le garçon est pris de malaises ; sous le nom de Beaupré, Desrues prend une chambre dans une auberge en prétendant que son « neveu » est atteint d'une grave maladie vénérienne. Le jeune homme meurt dans la nuit du 15 février ; Desrues le fait inhumer et la dévotion avec laquelle il rend les derniers devoirs à son « neveu » force l'admiration de tous. Pendant la reconstitution de cette effroyable machination, Desrues ne perd rien de sa gravité. Plein de componction, il garde la sérénité d'un martyr et n'hésite pas à se comparer ouvertement à Calas. Le 30 avril, le Châtelet rend sa sentence : le coupable est condamné à être roué vif et brûlé. L'exécution a lieu le 6 mai ; Desrues marche à l'échafaud avec une résignation digne de celle des premiers chrétiens. Devant le crucifix qu'on lui tend, il s'écrie : « Ô Homme ! Je vais donc souffrir comme toi ! » Cette hypocrisie inébranlable lui vaut d'être pris pour un véritable martyr par quelques bigotes qui recueillent ses os et les vendent ensuite comme reliques ! Mais, pour l'ensemble des Français, le nom de Desrues reste associé à la perfidie la plus noire. Une multitude de chansons, de gravures, d'images populaires assurent le succès posthume de ce « Tartuffe du poison ».

*Deux escrocs mettent en cause la réputation de la reine*

# LE COLLIER DE LA REINE

**Le 15 août 1785, alors qu'il s'apprête à célébrer la messe devant la cour, le cardinal de Rohan est arrêté et embastillé. Ainsi s'achève une rocambolesque affaire dont la première victime est l'aumônier de la cour, mais qui entache la réputation de la reine Marie-Antoinette, pourtant totalement étrangère à l'affaire.**

L'affaire du Collier de la reine, qui touche à la fois l'Église et la Couronne, va bien au-delà d'une escroquerie montée par deux filous particulièrement habiles. Elle est déjà un prélude à la fin de l'Ancien Régime.

*La reine Marie-Antoinette essayant le fameux collier (illustration pour le roman de A. Dumas,* le Collier de la reine, *1856, Paris, Bibliothèque nationale de France).*

## Une arrestation spectaculaire

La journée du 15 août est toujours à Versailles une grande fête, car on y célèbre conjointement la cérémonie religieuse de l'Assomption et la fête de la reine Marie-Antoinette. Aussi, toute la noblesse est-elle rassemblée pour assister à la messe solennelle que doit célébrer le grand aumônier de France, le cardinal de Rohan. Celui-ci, paré de ses splendides habits pontificaux, s'apprête à accueillir le couple royal, lorsqu'on l'informe que Louis XVI le demande dans son cabinet. Rohan, à sa grande surprise, trouve le roi en compagnie de la reine, du garde des Sceaux Miromesnil et de Breteuil, ministre de la maison du roi. Louis XVI, en tendant au cardinal la lettre du bijoutier Boehmer qui fait état de l'achat d'un collier de diamants effectué par Rohan soi-disant pour le compte de la reine, lui demande des explications. Effondré, Rohan rédige une déclaration que lui dicte le roi et sort du cabinet. Alors qu'il traverse la galerie des Glaces, au milieu de la foule des courtisans qui attend la messe, retentit la voix de Breteuil : « Qu'on arrête monsieur le Cardinal ! »... On imagine la confusion qui règne alors dans l'immense galerie où l'indignation le dispute aux interrogations. Le cardinal est conduit à la Bastille et l'instruction révèle petit à petit au public la stupéfiante escroquerie dont le grand aumônier s'est rendu complice, malgré lui.

### Cagliostro, complice dans l'affaire du Collier

Parmi les aides recrutées par Mme de La Motte pour monter son escroquerie se trouve un des plus grands aventuriers de l'époque, **Joseph Balsamo**, qui se fait appeler comte de Cagliostro.

Ce fils d'un libraire italien s'est fait une grande réputation en France par ses **prétendues connaissances en sciences occultes et ses cures médicales miraculeuses**. Le cardinal de Rohan, émerveillé par les talents apparents de ce charlatan, s'est d'autant plus facilement laissé convaincre d'acheter le fameux collier.

Impliqué lors du procès de Rohan, en 1786, Cagliostro est enfermé à la Bastille quelque temps, puis **exilé**.

## Une intrigue invraisemblable

Tout a commencé quelques années auparavant. Le cardinal de Rohan, pour avoir porté des jugements fort critiques sur l'impératrice d'Autriche, mère de la reine, s'est attiré une vive antipathie de la part de celle-ci. Dès lors, son objectif est de rentrer en grâce auprès d'elle. Or, le naïf cardinal fait la connaissance d'une aventurière, descendante d'un bâtard d'Henri II, qui se fait appeler Jeanne de La Motte-Valois. Celle-ci, aidée par son mari et par un charlatan nommé Cagliostro, profite de sa crédulité pour lui faire accroire qu'elle est intime de la reine, et qu'elle œuvre en sa faveur pour le faire rentrer en grâce. Les La Motte poussent l'audace jusqu'à annoncer à Rohan que la reine lui a accordé une entrevue, qui doit avoir lieu le 11 août 1784, à minuit, dans le bosquet de Vénus du parc de Versailles. En fait, le couple a trouvé une petite prostituée, Nicole Leguay, qui présente une forte ressemblance avec Marie-Antoinette ; il l'habille d'une robe de mousseline blanche semblable à celle de la souveraine et la coiffe d'un chapeau à larges bords. Dans l'obscurité du bosquet de Vénus, l'illusion est parfaite : quand la fausse reine tend au cardinal de

*Éventail décoré des effigies des personnalités impliquées dans l'affaire du Collier de la reine (Paris, musée Carnavalet).*

*Scène du procès de l'affaire du Collier : Cagliostro et la comtesse de La Motte-Valois (gravure de Chovin).*

Rohan une rose avant de disparaître dans le parc, l'homme est éperdu de bonheur... Pas un instant, il ne soupçonne que cet invraisemblable rendez-vous est un leurre. À la suite de cette « entrevue royale », M^me^ de La Motte, à plusieurs reprises, se fait verser par le cardinal de fortes sommes « destinées aux bonnes œuvres de la reine ». Après quoi, le hasard permet aux La Motte de tenter un coup d'éclat. Deux joailliers parisiens, Boehmer et Bassenge, ont confectionné une rivière de diamants de 2 300 carats, espérant vendre ce fabuleux bijou à Marie-Antoinette. Mais, devant le prix demandé (un million six cent mille livres), la souveraine a décliné leur offre. Jeanne, alors, conçoit un plan inouï. Elle confie à Rohan que la reine désire acheter ce joyau en cachette de son mari et qu'elle lui demande de servir d'intermédiaire. Sur la foi d'un billet signé « Marie-Antoinette », le cardinal, toujours sans méfiance, achète à crédit la parure, qu'il remet à un complice de M^me^ de La Motte. Celle-ci dessertit les diamants et les fait vendre en Angleterre par son mari. Bien entendu, à aucun moment la reine n'a eu connaissance de ces tractations. Lorsque, au jour prévu pour la première échéance du paiement, les joailliers se présentent à Versailles, tout est découvert et Louis XVI, pour venger l'honneur de sa femme, se résout à l'arrestation spectaculaire du grand aumônier.

## Le procès du collier ou de la Couronne ?

Mais le roi commet alors une grave erreur : au lieu d'exiler discrètement Rohan dans une province lointaine, il porte l'affaire devant le parlement. C'est une décision désastreuse, car le scandale publiquement déclenché rejaillit sur lui et sur la reine. L'instruction est longue et compliquée. M^me^ de La Motte, arrêtée le 16 août, fait une déposition contraire à celle de Rohan. Des factions se forment à la cour : les Rohan, les Condé, les Soubise prennent fait et cause pour le cardinal, qui leur est apparenté. Le clergé ressent aussi l'arrestation du prélat comme une atteinte à son égard. C'est la reine qui a accusé Rohan... mais c'est le procès de la reine qu'on prépare : caricatures, pamphlets, libelles orduriers présentent l'« Autrichienne » comme une débauchée et une voleuse... Le 22 mai 1786, le procès s'ouvre, devant 64 magistrats de la Grand-Chambre et de la Tournelle. Dix jours durant, les interrogatoires se succèdent. Le 31 mai, le procureur général Joly de Fleury prononce un réquisitoire fort dur où il demande la démission du grand aumônier. Son discours entraîne une tempête de protestations dans l'assistance et de violentes altercations entre les magistrats. Les délibérations des jurés durent seize heures, tandis qu'une foule de plus de 10 000 personnes est massée autour du palais dans l'attente du verdict. Chaque conseiller doit voter à haute voix. À 9 heures du soir, le verdict tombe : à la majorité, le cardinal est « déchargé des plaintes et accusations portées contre lui ». M^me^ de La Motte est condamnée à être fouettée en public, marquée au fer rouge et emprisonnée à perpétuité à la Salpêtrière. Une ovation accueille le verdict : le cardinal est devenu un héros que le peuple en délire acclame... En revanche, à Versailles, c'est la consternation, car le jugement laisse supposer que la reine est impliquée dans l'escroquerie. La monarchie ne pourra plus se relever du discrédit qu'a jeté sur elle la rocambolesque « affaire du Collier ».

*Le roi de France jugé et exécuté*

# LE PROCÈS DE LOUIS XVI

**En décembre 1792, devant la Convention, comparaît le roi de France, accusé de trahison envers le pays et traité comme un simple citoyen. À une très faible majorité, les députés « régicides » votent la peine capitale et le roi est guillotiné en public.**

Pour la première fois dans l'histoire de la France, un roi est traduit devant des juges. En décrétant l'abolition de la royauté, puis en faisant conduire Louis XVI à la guillotine, les Conventionnels mettent définitivement un terme à l'Ancien Régime.

## Louis Capet accusé

En abolissant la royauté le 21 septembre 1792, la Convention doit se prononcer sur un éventuel procès de Louis XVI. Une commission de 24 députés est chargée de rassembler et d'examiner les pièces à charge contre le roi. La découverte dans une « armoire de fer » des Tuileries de documents secrets révélant des connivences du souverain avec des monarques européens et des contre-révolutionnaires est décisive : par un décret du 3 décembre, il est conclu que « Louis Capet » sera jugé par la Convention. Le 11 décembre, Louis XVI, escorté de 600 fantassins, 100 cavaliers et 6 canons, pénètre dans la salle du Manège, où se réunit la Convention présidée par Barère. La salle est comble et Barère demande à l'assemblée « l'impassibilité et le silence qui répondent à la majesté du peuple français ». Devant Louis XVI, un secrétaire lit « l'acte énonciatif » des faits qui lui sont imputés : avoir voulu empêcher la réunion des États généraux de 1789, avoir fait obstacle aux décisions de l'Assemblée constituante, avoir préparé l'évasion de Varennes, avoir comploté avec le roi de Prusse et l'empereur d'Autriche pour restaurer la monarchie absolue en France, ainsi que d'autres griefs relatifs à tous les événements qui se sont déroulés entre 1789 et 1792 (en tout, 57 chefs d'accusation). Louis XVI donne de brèves réponses à toutes ces accusations. Il nie certains faits qui lui sont reprochés, se justifie en rappelant qu'il a été fidèle aux décrets de l'Assemblée constituante. À 5 heures du soir, il est reconduit au Temple au milieu d'une foule déchaînée qui réclame « la mort du tyran ».

*Louis XVI comparaissant devant la Convention réunie pour le juger (gravure réalisée d'après une peinture de Miller).*

## La séance du 26 décembre

Certains des Conventionnels préconisent l'exécution immédiate du roi. Cependant, de l'avis général, il est décidé de conserver au « procès de Capet » un déroulement légal. On permet alors à l'ancien souverain de se choisir des avocats. En conséquence, Louis XVI demande l'assistance de Target et de Tronchet, célèbres au parlement de Paris. Le second accepte, mais le premier se récuse, sous prétexte de maladie. Plusieurs volontaires proposent alors leur concours à l'accusé. Parmi eux, une femme, Olympe de Gouges, et un ancien ministre, Malesherbes — Louis XVI choisit ce dernier. Immédiatement, Malesherbes et Tronchet, aidés par un assesseur, Desèze, se plongent dans l'énorme dossier que constituent les 57 chefs d'accusation. Le 26 décembre, accompagné de ses trois défenseurs, Louis XVI se présente devant les Conventionnels, présidés cette fois par le représentant Defermont. Desèze lit un long plaidoyer dans

### La guillotine

**Dès le XVIe siècle**, il existe dans différents pays d'Europe des instruments de décapitation au moyen d'une **lame de fer**.

En 1789, un professeur d'anatomie à la faculté de Paris, qui est aussi député de Paris aux États généraux, le **docteur Joseph Guillotin**, propose de perfectionner ce genre de machine pour permettre d'abréger les souffrances des exécutés. Un certain nombre d'expériences sont effectuées sur des cadavres, et l'instrument est utilisé pour la première fois le **25 avril 1792** pour l'exécution en place de Grève d'un bandit, Pelletier.

Le docteur Guillotin a toujours protesté contre le fait que son nom ait été donné contre sa volonté à cette machine à décapiter.

lequel il invoque l'inviolabilité royale et nie les accusations de trahison. La brève intervention de Louis XVI, trop laconique et sans effet oratoire, ne touche personne. On renvoie l'accusé au Temple. Les modérés demandent l'exil ou l'emprisonnement. Vergniaud propose de soumettre la nature de la condamnation à un plébiscite. Robespierre, Saint-Just et Marat s'élèvent avec violence contre cette proposition.

*Condamné à mort, Louis XVI est exécuté aussitôt (illustration de* l'Histoire de la Révolution française *de Louis Blanc).*

## Les votes des 15 et 16 janvier

Le 14 janvier 1793, les Conventionnels se mettent enfin d'accord sur l'énoncé des questions sur lesquelles ils vont voter : « Louis Capet, ci-devant roi des Français, est-il coupable de conspiration contre la liberté de la nation ? Le verdict, quel qu'il soit, sera-t-il soumis à la ratification du peuple réuni dans des assemblées primaires ? Quelle peine sera infligée à Louis Capet ? » Le vote doit se faire nominalement, chaque député montant à la tribune pour justifier sa position. Le 15 janvier, sur 749 députés, 707 déclarent Louis « coupable de conspiration contre la liberté de la nation et d'attentats contre la sûreté générale de l'État ». La deuxième question donne lieu à plus de débats, mais 423 voix contre 281 votent contre l'appel au peuple. On remet au lendemain le vote concernant la peine à infliger à Louis XVI. Le 16 janvier, le défilé des députés reprend et se prolonge tard dans la nuit. Sur 721 votants, 387 se prononcent pour l'exécution immédiate. C'est donc à une majorité de 53 voix que le ci-devant roi de France doit subir la peine de mort. Tronchet et Malesherbes, soutenus par quelques Conventionnels, essaient d'obtenir un sursis, en vain. Selon la décision de la Convention, l'exécution doit être immédiate. Après avoir pu s'entretenir avec sa famille, Louis XVI, le 21 janvier, est conduit place de la Révolution (ancienne place Louis-XV) où se dresse la guillotine. 20 000 gardes nationaux entourent l'endroit, pour empêcher toute intervention royaliste. Louis XVI, faisant preuve d'un courage tranquille, gravit les marches de l'échafaud. Un roulement de tambour couvre ses derniers mots. À 10 h 15, un aide du bourreau Sanson présente à la foule la tête coupée du dernier roi de l'Ancien Régime…

*Le plaidoyer de Malesherbes pour la défense de Louis XVI (gravure du XVIII^e^ siècle, Paris, Bibliothèque nationale de France).*

### Le procès de Marie-Antoinette

Au moment du procès de Louis XVI, Marie-Antoinette se trouve enfermée dans la prison du Temple avec sa fille et sa belle-sœur, Madame Élisabeth. Le 1er août 1793, elle est transférée à la Conciergerie et enfermée dans une pièce où se trouvent en permanence deux gardiens.

**Le 11 septembre**, elle subit dans sa cellule un interrogatoire destiné à lui faire avouer ses relations avec les émigrés. Le 13 octobre, un greffier et deux huissiers lui notifient son acte d'accusation.

**Le 14 octobre**, elle comparaît devant le tribunal révolutionnaire présidé par le Conventionnel Herman. Elle est assistée de deux avocats, Chauveau-Lagarde et Tronson du Coudray. L'accusateur public, Fouquier-Tinville, lit l'acte d'accusation, qui comporte, entre autres, des charges concernant le rôle politique de la souveraine, en particulier la dilapidation des deniers publics et les intelligences avec l'ennemi. Le substitut du procureur, Hébert, fait état de témoignages infamants, selon lesquels la « veuve Capet » aurait eu des relations incestueuses avec son jeune fils, le petit Dauphin.

Le 16 octobre, à 4 heures du matin, après lecture de la décision du jury, le président condamne Marie-Antoinette à la peine de mort. Après avoir traversé Paris en tombereau ouvert, l'ancienne souveraine est guillotinée vers midi, sur la place de la Révolution.

*Une machine à tuer : le Tribunal révolutionnaire*

# LES PROCÈS DE LA TERREUR

**Dans leur marche inéluctable vers la Terreur, les Conventionnels, en 1793, éliminent massivement tous ceux qui sont soupçonnés d'être les « ennemis de la liberté ». Quelques mois plus tard, c'est dans leurs rangs mêmes que sont désignés de nouveaux coupables.**

De mars 1793 à mai 1795 fonctionne le terrible Tribunal révolutionnaire. D'excès en excès, les extrémistes — les Montagnards —, qui font exécuter les modérés — les Girondins —, se divisent, et une partie d'entre eux est victime de l'institution qu'ils ont créée. Parmi les morts les plus célèbres se trouvent Danton et Desmoulins.

*Pour abréger le supplice des condamnés, le docteur Guillotin inventa une machine qui allait bientôt rendre célèbre le nom de son inventeur (gravure de la fin du XVIIIe siècle, Paris, musée Carnavalet).*

## Le Tribunal révolutionnaire

En 1793, la Révolution est en danger. À l'extérieur, les pays européens se rassemblent pour former la première coalition. À l'intérieur éclate la grande révolte de Vendée. Le peuple est exaspéré par la montée des dangers, les menaces de famine, l'inflation galopante. Face à ces périls, les Montagnards, et parmi eux les plus intransigeants, les « enragés », répondent en faisant voter par la Convention des mesures de salut public. Ainsi, le 9 mars 1793, est adoptée la motion du représentant Carrier : « La Convention décrète l'établissement d'un tribunal criminel extraordinaire, sans appel et sans recours au tribunal de cassation, pour le jugement de tous les traîtres, conspirateurs et contre-révolutionnaires. » Le lendemain, la discussion s'engage sur les différents articles concernant la composition de cette juridiction d'exception, qui prend en octobre le nom de Tribunal révolutionnaire. Le Tribunal est chargé de juger toute entreprise contre les révolutionnaires, tous les attentats contre la liberté, l'égalité, l'unité et l'indivisibilité de la République, la sécurité intérieure et extérieure de l'État, et tous les complots tendant à rétablir la royauté. Les 5 juges, les 12 jurés et l'accusateur public sont nommés par la Convention. Les jugements sont exécutoires dans les vingt-quatre heures. Il ne peut y avoir ni appel ni cassation. Des décrets successifs rendent bientôt encore plus rigoureux ce tribunal, et la pratique voit les jugements de plus en plus bâclés. Ainsi, en octobre, le nombre des membres du Tribunal révolutionnaire est porté à 80, et les débats limités à trois jours.

## Un défilé interminable d'accusés

Or, cette institution redoutable voit sa compétence bientôt considérablement accrue ; à partir du 17 septembre 1793, en effet, alors que la « Terreur », depuis le début du mois, est à l'ordre du jour, la « loi des suspects » énumère tous les individus susceptibles de comparaître devant elle : les partisans de la tyrannie et les ennemis de la liberté, ceux qui ne peuvent pas justifier qu'ils ont rempli leurs devoirs civiques, les parents d'émigrés, les émigrés qui sont revenus en France. Le texte du 17 contient même cette précision : « Sont

*Le Tribunal révolutionnaire : ignorants des formes judiciaires, les membres du Tribunal envoyaient les prisonniers à la guillotine sans leur laisser la possibilité de se défendre (peinture des frères Lesueur, Paris, musée Carnavalet).*

*Danton et Camille Desmoulins à l'échafaud (gravure d'après Johannot, Paris, Bibliothèque nationale de France).*

suspects ceux qui n'ayant rien fait contre la liberté n'ont rien fait pour elle. » Dès lors, le Tribunal est entraîné dans un tourbillon infernal. Le président Montane, jugé trop clément, est remplacé par les impitoyables Herman puis Dumas. L'âme du Tribunal est son accusateur public, le terrible Fouquier-Tinville. Un public nombreux et agité suit les procès, conspuant les accusés, transformant chaque séance en assemblée houleuse. Des femmes, particulièrement — les terribles « tricoteuses » —, poussent aux condamnations à mort. La chasse aux contre-révolutionnaires est ouverte : les prisons ne sont plus suffisantes pour accueillir les détenus ; ils n'y tiennent que parce qu'une partie d'entre eux, chaque jour, est expédiée au supplice. Parmi les condamnés du Tribunal révolutionnaire se trouvent la reine, la sœur du roi, ainsi que bien des nobles restés sur place et des personnes suspectes de fidélité à la monarchie. Philippe Égalité, ex-duc d'Orléans, qui a voté la mort de son cousin Louis XVI, le maire de Paris Bailly, le chef du club des Feuillants, Barnave, ont aussi la tête tranchée.

## Le procès des Girondins

Le procès le plus spectaculaire est celui des 21 représentants girondins, expulsés de la Convention en juin 1793, et qui passent devant le Tribunal à partir du 24 octobre. Parmi eux se trouvent des chefs extrêmement célèbres : Brissot, Vergniaud, Gensonne, etc. Robespierre, qui veut leur fin rapide, obtient que, dans leur cas, on abrège encore les « formalités ». Ainsi, les accusés sont-ils privés d'avocats pour les défendre. Le 30 octobre, le président Herman prononce leur condamnation à mort pour avoir, en bloc, voulu rétablir la monarchie, provoqué l'assassinat de Marat et être les instigateurs du soulèvement de Vendée ! À l'énoncé du verdict, un des condamnés, Valazé, se poignarde devant le tribunal. Les vingt autres sont guillotinés le lendemain. Leur exécution prend, en tout, 38 minutes.

## Hébertistes et indulgents

Vengeance posthume des victimes : quelques mois plus tard, ceux-là mêmes qui se sont déchaînés contre les Girondins se trouvent, à leur tour, accusés. Au début de 1794, les hommes forts du régime, Robespierre et Saint-Just, choisissent de se débarrasser de leurs derniers ennemis, à l'intérieur même de la Montagne. Le 13 mars, ils font arrêter et guillotiner les hébertistes, qui se trouvent politiquement sur leur gauche. Après quoi, le « nettoyage » continue avec l'extermination des « indulgents », nom par lequel Robespierre et ses amis désignent les grands chefs de la Convention. Le 31 mars sont arrêtés Desmoulins, Danton, Philippeau, Hérault de Séchelles et d'autres, qui sont conduits à la prison du Luxembourg. Mais, cette fois, la personnalité des prisonniers provoque une grande émotion, au point que plusieurs Conventionnels demandent leur libération. La pression de Saint-Just et de Robespierre est telle, cependant, que l'assemblée finit par voter, à l'unanimité, un décret d'accusation contre quatorze d'entre les prisonniers, « coupables d'avoir trempé dans la conspiration tendant à rétablir la monarchie, à détruire la représentation nationale et le gouvernement républicain ». Le Tribunal révolutionnaire, de nouveau, se réunit. Le 13 germinal (2 avril), les accusés comparaissent au Palais de Justice. Au président qui lui demande son identité, Danton réplique : « Je m'appelle Danton, révolutionnaire, représentant du peuple. Ma demeure ? bientôt le néant ! ensuite, le panthéon de l'Histoire. » Quant à Camille Desmoulins, il indique fièrement son âge : « Trente-trois ans, l'âge du sans-culotte Jésus, l'âge critique pour les patriotes ! » Fouquier-Tinville et le président Herman se rendent très vite compte des difficultés présentées par ce procès. En particulier, l'éloquence de Danton est redoutable. Le tribun à la crinière de lion n'a rien perdu de sa fougue, ses accents indignés couvrent les voix du président et de l'accusateur. Saint-Just réagit en faisant voter par la Convention un décret autorisant à mettre hors des débats les accusés qui cherchent à provoquer du trouble... Pendant les deux jours qui suivent, on n'écoute même pas les témoins à décharge, et aucun accusé ne peut prendre la parole. Après une courte délibération, les jurés prononcent le verdict : il s'agit de la mort. Le lendemain, deux charrettes conduisent les quatorze accusés à l'échafaud... Quatre mois plus tard, le 28 juillet 1794 (10 thermidor), Robespierre, à son tour décrété hors la loi par la Convention, sans véritable procès, mourra sur l'échafaud.

*Une erreur judiciaire retentissante*

# L'AFFAIRE DU COURRIER DE LYON

**En 1796, à la suite d'un exceptionnel concours de circonstances, un honorable bourgeois est accusé d'avoir participé à l'attaque d'une malle-poste se dirigeant de Paris à Lyon. Malgré ses dénégations, Joseph Lesurques est condamné et guillotiné. Quelque temps plus tard, un autre homme, son sosie, est à son tour arrêté, et guillotiné...**

L'affaire du courrier de Lyon reste la plus mémorable erreur judiciaire de l'histoire de France. Avec sa série incroyable de coïncidences, elle montre la fragilité des témoignages humains.

## L'arrestation de Lesurques

Le procès de Lesurques et de ses prétendus complices se déroule en août 1796 (thermidor an IV selon la terminologie de l'époque). Devant le tribunal de la Seine comparaissent six hommes. Outre Lesurques, les accusés se nomment Couriol, Guénot, Richard, Bruer et Bernard. Ils sont déférés devant les juges pour l'attaque d'une malle-poste transportant sept millions d'assignats — ou monnaie de papier — destinés à l'armée d'Italie. En effet, le 28 avril (9 floréal) précédent, on a retrouvé, non loin de Melun, la voiture vidée de son chargement et les cadavres lacérés du postillon et du courrier. Il n'y avait, en revanche, nulle trace du seul voyageur monté à Paris dans la malle-poste, un dénommé Laborde, marchand de vins de son état. Les différentes enquêtes faites dans la région de Melun et à Paris même permettent bientôt à la police de mettre la main sur des hommes connus d'elle pour actes de brigandage : Couriol, Richard, Bruer et Bernard. Un hasard permet au juge, dénommé Daubanton, d'arrêter deux autres individus que des témoins ont aussi formellement reconnus : il s'agit de Guénot et du fameux Lesurques. L'arrestation de ce dernier résulte d'un hasard extraordinaire. Au moment où Couriol a été arrêté, il se trouvait dans une maison où Guénot était également de passage. Prudente, la police a pris les

*L'affaire du courrier de Lyon (supplément illustré du* Petit Journal *et gravure des* Causes célèbres*) : des brigands attaquent la malle-poste, tuent les conducteurs et s'emparent de l'argent qu'ils transportent.*

### Dernière lettre de Lesurques à sa femme

*« Ma bonne amie,*
*Quand tu liras cette lettre, je n'existerai plus : un fer cruel aura tranché le fil de mes jours qui devraient être tous à toi et que je t'avais consacrés avec tant de plaisir, mais telle est la destinée qu'on ne peut fuir en aucun cas : je devais être assassiné juridiquement. Ah ! j'ai suivi mon sort avec constance et un courage digne d'un homme tel que moi. Puis-je espérer que tu en agiras de même ? Plus d'un motif t'y engage. Ta vie n'est point à toi, tu la dois tout entière à tes enfants et à ton époux, s'il te fut cher. C'est le seul vœu que je puisse former. Je te dis un éternel adieu, et compte que mon dernier soupir sera pour toi et mes malheureux enfants. »*

*cité par G. Olivier,* l'Affaire du courrier de Lyon, *Arthaud, Paris.*

papiers de Guénot, pour vérification, en même temps qu'elle se saisissait de Couriol. Or, le 11 mai 1796, Guénot doit se rendre au Palais de Justice de Paris pour récupérer ses documents. En chemin, il rencontre une de ses connaissances, Joseph Lesurques, honnête rentier et bon père de famille. Celui-ci décide de l'accompagner dans sa démarche. Alors que les deux hommes attendent dans l'antichambre du juge, les jeunes servantes d'une auberge de Montgeron, venues là pour témoigner dans l'affaire du courrier de Lyon, s'écrient qu'elles les reconnaissent, qu'ils appartiennent l'un et l'autre à la bande qui s'est trouvée dans leur auberge la veille de l'affaire. Immédiatement appréhendés, Lesurques et Guénot sont confrontés aux autres bandits. Guénot est reconnu par eux... mais Lesurques aussi : non que les bandits prétendent que ce dernier les ait aidés à attaquer la malle-poste (ce qu'eux-mêmes nient avoir fait) ; mais il se trouve que, par un nouveau et formidable hasard, Lesurques a été convié autrefois à manger chez Richard, et que Couriol s'y trouvait ! Il n'en faut pas plus pour convaincre Daubanton que Lesurques est un des responsables de l'attaque.

## Des audiences accablantes

Lesurques clame que tout cela est un horrible malentendu. Le procès, sûrement, va lui permettre de prouver son innocence. En fait, en quatre jours, son sort va être réglé de façon tragique. Le premier jour des audiences, on fait comparaître un à un tous les témoins, dont les dépositions sont accablantes : huit d'entre eux affirment avoir vu Lesurques à l'auberge de Montgeron, neuf sont catégoriques sur la présence de Couriol. Guénot, Bruer et Bernard ont contre eux deux témoignages. À l'inverse, Bernard n'est formellement reconnu par personne. La deuxième journée est consacrée à la défense, et Lesurques garde encore espoir. En effet, pendant la nuit, son défenseur, Guéroult, a retrouvé un bijoutier du Palais-Royal, Joseph Legrand, qui atteste la présence de Lesurques dans sa boutique le 8 floréal pour un achat. L'alibi est irréfutable, d'autant plus que Legrand présente son livre de comptes qui mentionne, à la date du 8 floréal, l'achat d'une cuillère par le citoyen Lesurques. Plusieurs personnes, qui se trouvaient dans la maison de Legrand ou dans les environs, viennent aussi affirmer que Lesurques était bien au Palais-Royal le jour où on l'accuse de s'être trouvé à l'auberge de Montgeron. Malheureusement, Daubanton remarque que, sur le livre de comptes de Legrand, il y a une rature qui rend la date illisible... Pour le juge, tout est clair : Legrand et les autres témoins à décharge ont été achetés par Lesurques qui n'a donc plus d'alibi. Le troisième jour du procès, Legrand revient sur sa déposition. D'autres témoignages ne font que rendre l'affaire encore plus confuse. Aussi, lorsque l'accusateur public prononce son réquisitoire, il charge particulièrement Lesurques, qui n'a pas hésité à suborner des témoins. À la quatrième audience, le président Gohier déclare les débats clos. Les jurés se retirent pour délibérer. À 8 heures du soir, le chef du jury, Robillard, donne le verdict : Couriol, Lesurques, Bernard et Richard sont reconnus coupables, Guénot et Bruer sont mis hors de cause. Pour Couriol, Lesurques et Bernard, c'est la peine de mort. Au moment de quitter la salle d'audience, Couriol crie que Lesurques est complètement étranger à l'attaque de la malle-poste et que les témoins ont été abusés par sa ressemblance étonnante avec le véritable coupable, absent : un dénommé Dubosc. Cette démarche, trop tardive, s'avère inutile. Le 9 brumaire, Couriol, Lesurques et Bernard sont guillotinés. Une ultime fois, Couriol affirme sur l'échafaud : « Lesurques est innocent ! »

## Le procès de Dubosc

Le juge Daubanton, malgré l'acharnement dont il a fait preuve pendant le procès contre Joseph Lesurques, est un honnête homme. L'exécution des condamnés n'a pas plus tôt eu lieu qu'il commence à éprouver des doutes. Aussi se fait-il un devoir de reprendre l'enquête. En quelques mois, il retrouve le mystérieux passager de la malle-poste, le soi-disant Laborde, dont le nom véritable est Durochat. L'homme avoue sa participation à l'attaque du courrier et donne le nom de ses complices, deux petits voyous, Roussi et Vidal, Couriol et... Dubosc. Retrouvé, arrêté et jugé, Dubosc nie formellement toute participation à l'affaire. Les témoins, revenus une seconde fois à la barre, n'osent plus se prononcer. Mais un coup de théâtre se produit : Daubanton a demandé qu'à chaque séance du tribunal se trouve le buste de Lesurques. Le président ordonne de prendre la perruque blonde qui coiffe ce buste et de la poser sur la tête de Dubosc dont la chevelure est brune. À la vue de cet homme devenu blond, la plupart des témoins n'ont plus d'hésitation : c'est bien Dubosc, et non Lesurques, qu'ils ont vu à Montgeron. À son tour, Dubosc est donc guillotiné.

*Les adieux de Lesurques à sa famille : condamné et exécuté, Lesurques, peu après, fut reconnu innocent...*

*Un brigand de grand chemin au cœur de la Révolution*

# SCHINDERHANNES, LE BANDIT DU RHIN

**Profitant de la situation provoquée en Europe par les troubles révolutionnaires français et les guerres menées par le Directoire, un brigand rhénan, Johannes Bueckler, dit « Jean l'Écorcheur », *Schinderhannes*, pille et massacre dans la région du Palatinat. Arrêté à plusieurs reprises, il est finalement guillotiné en 1803.**

*Les « chauffeurs » pénètrent de nuit dans les maisons et brûlent les pieds de leurs victimes pour leur faire dire où est caché leur argent (gravure d'après Raffet).*

Pendant tout le Directoire et le début du Consulat, les campagnes sont ravagées par des bandes de « chauffeurs » ou de « garrotteurs ». Le groupe de bandits qui obéit à Schinderhannes est le plus tristement célèbre du temps : la carrière de leur chef rappelle, par certains côtés, celle de Cartouche ou de Mandrin.

## Le commissaire Jean Bon Saint-André

Durant la Terreur et le Directoire, profitant de l'anarchie générale du territoire contrôlé théoriquement par le pouvoir français, des bandes de malandrins écument la campagne, dépouillent les voyageurs, torturent les prisonniers. Aucun voyage n'est sûr et, même dans leurs demeures, les particuliers ne sont pas épargnés par les « chauffeurs ». Dans ces conditions, la lutte contre l'insécurité devient un des objectifs prioritaires du Consulat, le régime qui succède au Directoire à partir de 1799. Au début de 1801 (an IX), une première mesure pour lutter contre le fléau, la loi du 18 pluviôse (7 février), institue des tribunaux criminels spéciaux sans jury, c'est-à-dire, en fait, expéditifs et sévères, destinés à juger les affaires de brigandage. La région du Rhin tombe la même année sous le contrôle français. Le pouvoir central, en la personne du Premier consul, y délègue un ancien Conventionnel, Jean Bon Saint-André, avec le titre de conseiller général des quatre régions de la rive gauche du Rhin. Il a pour charge de démanteler la bande de Schinderhannes... Jean Bon Saint-André dispose de forces nombreuses. À leur tête, il investit le château de Schmittbourg, qui sert d'asile aux « garrotteurs » ; ceux-ci, prévenus, ont eu le temps de disparaître, mais ils sont désormais dispersés et privés d'un refuge sûr. Des enquêtes de police permettent de retrouver la trace de la plupart d'entre eux et, bientôt, les malfaiteurs remplissent les prisons de Coblence et de Cologne. Les conditions de la capture de Schinderhannes lui-même sont plus rocambolesques. En mai 1802, le grand bailli de Limbourg, au cours d'une patrouille, arrête un charretier dont les papiers ne sont pas en règle. Il le condamne donc à être incorporé dans un régiment autrichien. L'homme, en fait, est Schinderhannes. De sa prison, il commet l'imprudence d'écrire une lettre à sa maîtresse, ce qui le fait reconnaître. Il s'enfuit, revient en territoire français, et là, il est très vite repris.

## Un personnage ambigu

Le chef des malfrats a commis trop de méfaits pour qu'on expédie son jugement. À Mayence, l'instruction demande près d'un an, de juin 1802 à mars 1803. Schinderhannes se montre d'ailleurs fort coopératif avec les enquêteurs. Il ne renie pas la plupart des actes qu'on lui reproche, mais tente de les faire passer pour des exploits démocratiques et patriotiques, transformant ses délits en coups d'éclat : il veut donner de lui l'image sympathique d'un héros généreux, véritable Robin des Bois moderne. Mais les témoignages prouvent clairement qu'il est surtout un sordide bandit, d'une cruauté d'autant moins pardonnable qu'il est intelligent. Au cours du procès, la vraie vie de Schinderhannes se révèle peu à peu. D'abord apprenti chez un bourreau de Baerenbach, l'adolescent s'ennuie bientôt. Il rejoint alors une bande de brigands qui ravage le pays, parvient à lui imposer son autorité et, recrutant d'autres aventuriers, constitue une véritable milice qu'il prend le soin de diviser en corps d'armée. Il publie même une sorte de code, auquel ses compagnons doivent se sou-

### Les « chauffeurs »

À partir de 1793, profitant de la situation troublée de la France révolutionnaire, **de nombreuses bandes armées se constituent d'abord sur les rives du Rhin puis s'infiltrent dans d'autres régions : le Nord, le Centre, le Maine et la Touraine**.

Généralement, ces malfrats exercent une profession qui sert à masquer leurs activités criminelles et ils conviennent de leurs expéditions en se rencontrant dans des cabarets, au cours des foires ou des marchés. **On leur donne le nom de « chauffeurs » ou de « garrotteurs », car, pour que leurs victimes révèlent l'endroit où se trouvent leurs biens, ils les ligotent et leur brûlent la plante des pieds**. Ces bandits dissimulent leur identité en portant des masques ou en se barbouillant le visage avec de la farine ou du noir de fumée. Certains n'hésitent pas à revêtir l'habit blanc des gardes nationaux (citoyens miliciens chargés de la police) pour se faire ouvrir les portes au nom de la loi.

La plus connue de ces bandes de « chauffeurs », sur l'actuel territoire français, **est celle d'Orgères, dans l'Eure-et-Loir**. Sous la direction de chefs célèbres dans toute la France — Fleur-d'Épine, puis Beau-François —, la bande d'Orgères dévaste la Beauce et le Berry. Elle possède même une « école » où des enfants sont initiés dès leur jeune âge aux pratiques du banditisme.

Grâce à la réorganisation de la police pendant le Consulat, les bandes de « chauffeurs » ont complètement disparu à partir de 1804.

mettre. En fait, la bande de Schinderhannes n'a rien de celle d'un redresseur de torts. Elle n'est organisée que pour accomplir de véritables carnages, que ne vient justifier aucune redistribution des richesses. Les « chauffeurs » de Schinderhannes ont trois types de proies. Ils attaquent les riches propriétaires (et c'est à ce titre qu'ils peuvent, à la rigueur, passer pour des justiciers aux yeux des paysans éprouvés par les ravages de la guerre) ; ensuite, profitant de l'antisémitisme virulent dans cette région du Palatinat, ils mènent une guerre spéciale contre tous les Juifs du territoire ; enfin, leurs coups de force concernent les armées françaises (ce qui leur donne, tactiquement, des allures de résistants à l'occupant étranger).

## Cinquante-six chefs d'accusation

Le procès des bandits et de leur chef commence à Mayence le 24 octobre 1803 devant le tribunal criminel spécial créé par la loi du 18 pluviôse. Soixante-sept accusés sont traduits avec Schinderhannes devant cette juridiction spéciale, sous cinquante-six chefs d'accusation, allant du simple vol de bourse au véritable massacre. Bizarrement, bien que conscient de la gravité des faits pour lesquels il est jugé, Schinderhannes semble persuadé qu'il ne risque pas la mort. À plusieurs reprises, il propose au juge d'indiquer aux soldats français les moyens de détruire toutes les bandes de brigands des deux rives du Rhin, comme si lui-même n'en faisait pas partie. Il s'amuse en entendant le récit de ses « exploits » et, avec des éclats de rire, raconte au tribunal quelques-uns des tours qu'il a montés : une fois, déguisé en berger, il a servi de guide à une troupe de soldats français qui le recherchaient et a trinqué avec eux sous les yeux du maire d'un village qui l'a parfaitement reconnu, mais n'a osé souffler mot... Pour Schinderhannes, ces récits doivent prouver aux juges sa vaillance et les convaincre qu'un homme si extraordinaire ne peut être traité comme un vulgaire bandit. Cette comédie, qui trahit la mégalomanie du personnage, ne peut évidemment toucher les juges. Avec dix-neuf de ses complices, Schinderhannes est condamné à mort, tandis que des peines d'emprisonnement sont prononcées contre les autres accusés. Le 21 novembre 1803, le bandit est guillotiné à Mayence. Il trouve encore le moyen, au moment de monter sur l'échafaud, de faire rire par ses bons mots la foule assemblée.

→ **Voir aussi** : p. 120-121 (Cartouche); p. 124-125 (Mandrin).

*Attaque de voleurs (peinture de Loutherbourg, vers 1770, Rennes, musée des Beaux-Arts)*

*L'arrestation de Schinderhannes (« Jean l'Écorcheur »), en 1802.*

## *Le petit-fils du prince de Condé fusillé à Vincennes*

# L'EXÉCUTION DU DUC D'ENGHIEN

**Par la condamnation sommaire d'un Bourbon en mars 1804, le Premier consul, Napoléon Bonaparte, entend éliminer définitivement l'opposition des royalistes émigrés. Mais cette exécution, qui, en violant les droits des gens, s'apparente à un véritable assassinat, fait porter une tache indélébile à l'Empire.**

En acceptant qu'on fusille un jeune prince dans les fossés de Vincennes, Bonaparte commet une erreur politique incontestable. Peut-être hâte-t-il l'avènement de l'Empire, mais il se brouille définitivement avec les royalistes, qui, en d'autres circonstances, auraient peut-être rallié, à terme, son régime.

### « L'agneau de Kehl »

En mars 1804, le duc d'Enghien est apparu à Bonaparte comme un ennemi qu'il fallait nécessairement abattre. À ce moment, le chef chouan Cadoudal est arrêté pour complot contre le Premier consul ; il sera bientôt guillotiné. Au cours de son interrogatoire, il a l'imprudence de faire allusion à un jeune prince français que les conjurés auraient eu l'intention de remettre sur le trône de France. Comme le descendant mâle de Louis XVI, le petit Louis, est mort, Bonaparte et son entourage se persuadent qu'il s'agit du duc d'Enghien, petit-fils du prince de Condé, qui réside alors dans le duché de Bade, à Ettenheim, près de Strasbourg. Une enquête faite dans cette localité révèle que le duc d'Enghien aurait eu des entretiens avec le général Dumouriez, traître au régime — c'est en fait une information fausse, car il y a eu une erreur de nom. Bonaparte consulte alors ses proches conseillers, Cambacérès, Talleyrand, Fouché et Murat. Il est fou de colère, et prêt à écouter le conseil le plus hardi. Celui-ci vient de Talleyrand, qui incite le Premier consul à envoyer des forces outre-Rhin pour s'emparer du jeune prince, affirmant que le grand-duc de Bade n'a pas les moyens de s'opposer à cette intrusion dans son territoire. Sur l'ordre du Premier consul, le général Ordener, accompagné de Caulaincourt, passe alors effectivement le Rhin, avec un corps de troupe de 300 dragons. Dans la nuit du 15 mars, la maison du duc d'Enghien est cernée par les militaires. Le prince et toute sa maison sont d'abord conduits à Strasbourg via le pont de Kehl, puis à Vincennes, où ils arrivent le 20 mars en fin d'après-midi.

### Le jugement de Vincennes

Murat, gouverneur de Paris, attend l'arrivée du duc d'Enghien. Il a réuni une Commission militaire spéciale comprenant sept officiers et soldats. Averti, Bonaparte envoie à Vincennes son aide de camp Savary, lui donnant des consignes pour que le jugement soit rendu avant la fin de la nuit et que l'exécution ait lieu sur-le-champ. À minuit, on fait subir un premier interrogatoire d'identité au duc et celui-ci signe un procès-verbal, ajoutant de sa main qu'il demande une audience particulière au Premier consul. Immédiatement après, le jeune Bourbon est traduit

*Une expédition nocturne dans le duché de Bade permet l'arrestation du jeune duc d'Enghien (gravure de Raffet, Paris, Bibliothèque nationale de France).*

d'Enghien, qui se félicite de subir « la mort d'un soldat ». Il tombe percé de balles et son cadavre est jeté dans la fosse, immédiatement comblée. Pendant la même nuit, Bonaparte a eu des remords, ou plutôt il a songé qu'un acte de clémence pourrait séduire davantage les Français que l'exécution sanglante d'un prince. Aussi charge-t-il son conseiller Réal de se rendre à Vincennes en lui demandant de faire subir un autre interrogatoire au prince. Mais, à cause d'un contretemps resté obscur (une intervention de Talleyrand ou de Fouché ?), Réal arrive à Vincennes alors que tout est déjà terminé.

devant la Commission militaire présidée par le général Hulin, commandant de grenadiers, qui a autrefois participé à la prise de la Bastille. Une deuxième fois, Enghien demande une entrevue avec Bonaparte, ce qui lui est refusé par Savary. Alors, avec fermeté et courage, le prince répond aux questions qui lui sont posées concernant un complot contre le Premier consul. Il reconnaît avoir servi dans l'armée des émigrés pendant la Révolution, mais nie avec indignation avoir comploté contre la vie de Bonaparte. Le malheur veut qu'il admette aussi toucher une pension de l'Angleterre, ce qui est considéré comme une preuve suffisante de trahison par les juges, sommés d'en finir… Le verdict est rendu dans le délai le plus bref qui puisse s'imaginer : à 3 heures du matin, tout est terminé. Louis Antoine Henri de Bourbon, duc d'Enghien, est reconnu à l'unanimité de la Commission coupable d'avoir porté les armes contre la République française, d'avoir offert ses services au gouvernement anglais, d'avoir conspiré contre la France, d'avoir pris la tête d'un rassemblement d'émigrés et d'avoir tramé une conspiration contre le Premier Consul. À l'unanimité encore, la Commission militaire spéciale condamne le duc d'Enghien à la peine de mort.

*Le jugement du duc d'Enghien par une Commission militaire (gravure du XIXe siècle, Paris, Bibliothèque nationale de France).*

*L'ordre de Bonaparte de procéder à un nouvel interrogatoire du duc d'Enghien ne parviendra… qu'après l'exécution (gravure du XIXe siècle, Paris, musée Carnavalet).*

## Une exécution sommaire

Le simulacre de procès a donc duré trois heures à peine. Le prince espère encore pouvoir obtenir l'entrevue demandée avec le Premier consul, pensant que le célèbre général ne peut obscurcir son image flatteuse en faisant verser le sang d'un innocent. Effectivement, Hulin, après le jugement, envoie un mot à Bonaparte pour lui faire part de la dernière demande du condamné. Mais la lettre est interceptée, et le Premier consul la reçoit après l'exécution. À 5 heures du matin, à la lueur d'une lanterne, le duc d'Enghien est conduit dans les douves du château de Vincennes. La fosse d'inhumation a déjà été creusée et un peloton d'infanterie attend l'ordre de tirer. C'est la dernière consolation du duc

## Napoléon évoque l'arrestation du duc d'Enghien

*À la fin de sa vie, captif à Sainte-Hélène, Napoléon se souvient de l'exécution du jeune duc et clame ses regrets. Des regrets très relatifs et bien tardifs.*

*« J'étais seul un jour, racontait-il ; je me vois encore à demi assis sur la table où j'avais dîné, achevant de prendre mon café ; on accourt m'apprendre une trame nouvelle ; on me démontre avec chaleur qu'il est temps de mettre un terme à de si horribles attentats ; qu'il est temps enfin de donner une leçon à ceux qui se sont fait une habitude journalière de conspirer contre ma vie ; qu'on n'en finira qu'en se lavant dans le sang de l'un d'entre eux ; que le duc d'Enghien devait être cette victime puisqu'il pouvait être pris sur le fait, faisant partie de la conspiration actuelle ; qu'il avait paru à Strasbourg ; qu'on croyait même qu'il était venu jusqu'à Paris ; qu'il devait pénétrer par l'est au moment de l'explosion, tandis que le duc de Berry débarquerait par l'ouest. Or, nous disait l'Empereur, je ne savais pas même précisément qui était le duc d'Enghien ; la Révolution m'avait pris bien jeune ; je n'allais point à la cour, j'ignorais où il se trouvait. On me satisfit sur tous ces points. Mais, s'il en est ainsi, m'écriai-je, il faut s'en saisir et donner des ordres en conséquence. Tout avait été prévu d'avance ; les pièces se trouvèrent toutes prêtes, il n'y eut qu'à signer ; et le sort du prince se trouva décidé…*

*Assurément, si j'eusse été instruit à temps de certaines particularités concernant les opinions et le naturel du prince ; si surtout j'avais vu la lettre qu'il m'écrivit et qu'on ne me remit, Dieu sait par quels motifs, après qu'il n'était plus, bien certainement j'eusse pardonné. »*

*Las Cases,*
le Mémorial de Sainte-Hélène.

*Des militaires exécutés pour complot contre l'Empereur*

# LE GÉNÉRAL MALET

*Le général Malet : un homme connu pour son exaltation et pour son opposition à Napoléon.*

**Entre le 24 et le 28 octobre 1812, un procès rondement mené aboutit à la sentence de mort pour plus d'une douzaine de soldats et d'officiers. Profitant de la retraite de la Grande Armée qui, en 1812, retient l'Empereur dans les plaines glacées de Russie, un général, Malet, a fait courir à Paris le bruit de la mort de Napoléon et manqué rétablir la république.**

L'Empereur et ses fidèles demeurés à Paris mesurent à cette occasion combien le régime est menacé. L'exécution des principaux coupables est dès lors décidée, à titre d'exemple : quatre jours de jugement à huis clos permettent de prononcer la sentence.

## Un étrange général

En octobre 1812, la Grande Armée affronte la terrible retraite de Russie. Alors que le maréchal Ney se trouve à l'arrière-garde pour arrêter les cosaques, Napoléon continue sa marche forcée. Un courrier de Paris le rejoint et lui annonce qu'une conspiration a manqué renverser son gouvernement. La nouvelle bouleverse l'Empereur — qui a la sagesse de ne la faire connaître qu'à quelques familiers. En réalité, le complot est l'œuvre d'un désaxé, et c'est à peine si, pendant quelques heures, le pouvoir a été menacé. Mais l'information menée au sujet de cette affaire prouve que d'autres conspirations, mieux conduites, pourraient aisément réussir dans cette France privée de son empereur et d'une grande partie de son armée. Il est remarquable en particulier que, à la fausse nouvelle de la mort de Napoléon, personne n'ait opposé à Malet que l'Empire continuait en la personne de l'Aiglon… L'âme du complot est un personnage de haut grade dans l'armée, mais surtout un homme connu pour son exaltation, qui lui vaut de séjourner dans une maison de santé au moment de la tentative de coup d'État. Depuis toujours, Malet a pour idée fixe de renverser Napoléon : en 1807, cette obsession l'a mené à la prison de la Conciergerie, sous l'inculpation de complot. Pendant l'été 1812, avec quelques pensionnaires de l'institution où il est interné, il met sur pied un plan pour, d'une part, proclamer la déchéance de l'Empereur, et, d'autre part, annoncer la formation d'un gouvernement provisoire. Pour réussir, il mise sur l'éloignement de l'armée impériale et sur la protection insuffisante de Paris, assurée par un seul régiment de la Garde. Le 23 octobre, à 3 heures du matin, Malet s'évade de sa maison de santé. Il porte un habit militaire qu'il a réussi à se procurer et, entouré d'un « aide de camp » et d'un « commissaire de police » recrutés parmi d'anciens compagnons d'internement, il se rend à la caserne Popincourt. Là, il annonce au commandant de cette caserne que l'Empereur a été tué devant Moscou et présente un faux sénatus-consulte décrétant la fin de l'Empire. Cela lui permet de réquisitionner la 10e légion de la Garde nationale et son commandant, Soulier. Malet se rend ensuite à la prison de la Force, où il fait délivrer des détenus enfermés pour leur opposition à l'Empereur, parmi lesquels les généraux Guidal et Lahorie. Tout s'est déroulé très vite et, comme l'avait prévu l'instigateur de ce coup de force, sans aucune anicroche.

## Une république d'une matinée

Pendant les heures qui suivent, les conjurés s'assurent du contrôle de la capitale. Le préfet de police Pasquier est arrêté par Lahorie, qui,

*La conspiration échoua rapidement, mais ses instigateurs furent sévèrement punis, pour l'exemple.*

*Le passage de la Berezina : la confusion régnant pendant la retraite de Russie permit à Malet de faire croire que Napoléon était mort (aquarelle de Fournier-Sarvoleze, Paris, musée de l'Armée).*

tout en lui annonçant la mort de l'Empereur, lui déclare qu'un nouveau préfet est nommé à sa place. De la même façon, Desmarets, chef de la Sûreté générale, est appréhendé et incarcéré à la Force avec Pasquier. En dernier lieu, le ministre de la Police, Savary, duc de Rovigo, est tiré de son lit et rejoint les deux autres dans leur prison. À 8 heures du matin, Malet, en grand uniforme et suivi d'une centaine de soldats, décide de s'emparer du gouverneur militaire de Paris, le général Hulin, et des deux officiers de l'état-major de la place militaire de Paris, le colonel Doucet et le commandant Laborde. Mais l'imposture, qui jusque-là a fonctionné sans le moindre obstacle, connaît sa première défaillance. Hulin est un colosse courageux qui ne se laisse pas intimider par les membres du « gouvernement provisoire ». Il oppose de la résistance et est blessé d'un coup de pistolet. D'autre part, Laborde et Doucet comprennent vite, à la lecture des documents trafiqués présentés par Malet, qu'il s'agit d'une supercherie. Avec adresse, ils lui tendent un guet-apens dans le bureau de Doucet et, sans peine, parviennent à le faire ligoter par des gardes. Pendant le reste de la matinée, Laborde et Doucet font délivrer Pasquier, Desmarets et Savary, et reprennent le contrôle des troupes. À midi, tout est rentré dans l'ordre, et l'impératrice est informée du « coup d'État » alors qu'il est déjà terminé.

## Le procès des conjurés

Le jour même, Cambacérès réunit le Conseil des ministres. Son discours insiste sur le peu de sérieux de cette tentative de coup d'État, mais aussi sur la nécessité d'une répression rapide et féroce, propre à dissuader les éventuels émules du général. Le Conseil décide, en conséquence, de faire juger les accusés par une Commission militaire spéciale composée de sept officiers. Dès le 24 octobre, le capitaine rapporteur Delon interroge Malet dans sa cellule de la prison de l'Abbaye. Le général revendique avec fierté toute la responsabilité du complot. Lahorie et Guidal, eux, jurent n'avoir été mis au courant de la conspiration qu'au moment où Malet les a fait délivrer de la prison de la Force. Le 28 octobre, ce sont 24 accusés qui sont conduits à l'hôtel de Toulouse, où siègent les tribunaux militaires, pour passer devant la Commission. Seuls se trouvent là les sept juges et quelques fonctionnaires, le public n'ayant pas été admis. Pendant l'audience, Malet continue à se présenter comme l'unique responsable de l'affaire et, lorsque le président Dejean lui demande qui sont ses complices, il répond noblement : « La France entière, monsieur le président, et vous-même si j'avais réussi ! » Pendant toute la journée, les autres accusés, à la différence de Malet, affirment qu'ils ont été trompés, qu'ils ont véritablement cru à la mort de l'Empereur et qu'ils n'ont fait qu'obéir à leur devoir en obéissant au nouveau président. Dans son réquisitoire, Delon requiert néanmoins la mort contre ces soldats « qui ont manqué à la foi jurée contre leur empereur et menacé de replacer la France dans les horreurs de la Révolution ». Les délibérations des juges durent deux heures : sur les 24 prévenus, 14 sont condamnés à être fusillés — Malet, Guidal et Lahorie sont évidemment du nombre. La sentence doit être exécutée dans les vingt-quatre heures. Au moment où les condamnés sortent de la prison pour se rendre sur le lieu de l'exécution arrive un ordre de sursis, signé par l'impératrice, en faveur de deux d'entreeux. Ce sont donc, en définitive, 12 hommes qui sont fusillés près de la barrière de Grenelle. Le dernier mot de Malet aurait été : « Citoyens, je tombe, mais je ne suis pas le dernier des Romains ! »

### Extraits de la proclamation préparée par Malet

*« Aux citoyens et à l'armée :*
*Bonaparte n'est plus ! Le tyran est tombé sous les coups des vengeurs de l'humanité ! Grâces leur en soient rendues. Ils ont bien mérité de la patrie et du genre humain.*
*Si nous avons à rougir d'avoir supporté si longtemps un étranger, un Corse, nous sommes trop fiers pour y souffrir un enfant bâtard. Il est donc de votre devoir le plus sacré de seconder le Sénat dans sa généreuse résolution de nous affranchir de toute tyrannie [...]*
*Citoyens, dans cette journée à jamais mémorable, reprenez toute votre énergie, arrachez-vous à la honte d'un vil asservissement. Terrassez tout ce qui oserait s'opposer à la volonté nationale [...]*
*Mourrons* [sic] *s'il le faut pour la patrie et la liberté. Et rallions-nous toujours au cri de Vive la Nation ! »*

*cité par B. Melchior-Bonnet,*
la Conspiration du général Malet,
*Éditions mondiales, Paris, 1963.*

*Un officier exécuté pour sa fidélité à Napoléon*

# LA MORT DU MARÉCHAL NEY

*Napoléon entouré de ses maréchaux* (Table d'Austerlitz, *dite* Table des Maréchaux, *par Percier, d'après Isabey, château de Malmaison).*

**En 1815, le « Brave des braves », le vainqueur d'Elchingen et de la Moskova, le maréchal Ney, est fusillé à Paris. Il est la victime la plus illustre de la Terreur blanche qui, après Waterloo et l'abdication de Napoléon, prend pour cible les maréchaux et les généraux qui ont permis le retour de l'île d'Elbe.**

Après les Cent-Jours et la défaite des armées napoléoniennes à Waterloo, Louis XVIII, malgré sa modération naturelle, ne peut empêcher les campagnes punitives menées par les royalistes contre les bonapartistes, et doit accepter que soient jugés les officiers qui se sont ralliés à Napoléon à son retour de l'île d'Elbe. La plus illustre de ces victimes est le maréchal Ney.

## L'arrestation du « Brave des braves »

Dès le début de juillet 1815, Ney comprend qu'il sera en tête de la liste des fidèles de l'Empereur qu'on est en train de dresser. Lui qui a juré fidélité à Louis XVIII lors de la première Restauration et a promis de ramener « l'Aigle dans une cage de fer », n'est-il pas tombé dans les bras de l'Empereur au lieu de l'arrêter ? L'ascendant qu'a toujours eu sur lui le « Petit Caporal » a été plus fort que le serment de fidélité fait au roi, et c'est avec bravoure qu'il a combattu à Waterloo à la tête de la cavalerie impériale. Le 6 juillet 1815, à la veille de l'entrée des armées alliées dans Paris, le maréchal quitte la capitale, porteur de deux passeports fournis par Fouché et portant les noms de Falize et de Neubourg. Il se dirige vers Lyon dans l'intention de gagner la Suisse. Mais, apprenant que la frontière est gardée par les troupes autrichiennes, il se réfugie d'abord à Saint-Alban-les-Eaux, près de Roanne, puis au château de Bessonies, situé au centre d'une région sauvage à la limite du Lot et du Cantal. Dénoncé par des voisins, il est arrêté par un peloton de gendarmerie le 5 août,

### Le sort des officiers de Napoléon

**Les revirements.** Au moment de la première Restauration, la plupart des maréchaux d'Empire se rallient aux Bourbons. Quand vient le retour de Napoléon de l'île d'Elbe, trois maréchaux, Murat, Brune et Ney, ainsi que des généraux, se rangent aux côtés de l'Empereur.

**La chasse à l'homme.** Après Waterloo, Fouché, nommé chef de la police par Louis XVIII, est chargé de dresser la liste des officiers qui ont aidé Napoléon. Le 24 juillet 1815 sont publiés 57 noms, dont 19 de généraux et maréchaux.

**Des destins variables.** Sont exécutés : Ney, La Bédoyère, les deux frères Faucher, Mouton-Duvernet, le roi Murat (arrêté et exécuté en Calabre). Sont condamnés à mort par contumace : les deux frères Lallemand, Drouet d'Erlon, Lefebvre-Desnouettes, Grouchy, Bertrand. Sont placés sous surveillance policière : Exelmans, Vandamme, Marbot, Lamarque. Sont acquittés : Cambronne, Drouot. Est assassiné par des royalistes : Brune.

*La Terreur blanche : après le retour de Louis XVIII, les anciens fidèles de l'Empire sont recherchés et exécutés.*

ramené à Paris et écroué à la Conciergerie le 19 août. Il va y rester jusqu'à son exécution, en décembre. Il organise méthodiquement son existence de prisonnier, se promenant tous les matins en fumant sa pipe dans la cour de la Conciergerie et consacrant une partie de la journée à jouer de la flûte dans sa cellule.

### Cour martiale ou Chambre des pairs ?

Le préfet de police Decazes est chargé, dès le 20 août, de procéder en secret à l'interrogatoire de Ney. D'abord cassant à l'égard du fonctionnaire royal, le maréchal se radoucit et, peu à peu, raconte les circonstances de son étonnante volte-face lors du « retour de l'Aigle ». Pendant ce temps, pour juger Ney, on constitue un Conseil de guerre spécial, comprenant quatre maréchaux et trois lieutenants généraux. Le maréchal Moncey, duc de Conegliano et inspecteur général de la gendarmerie, est désigné pour présider cette cour martiale ; mais, prétextant un mauvais état de santé, il refuse catégoriquement de faire partie de ce tribunal dont la mission est évidemment de condamner un des plus illustres et des plus populaires guerriers de l'époque. Cette résistance lui vaut d'être destitué et enfermé dans le fort de Ham. Le maréchal Jourdan est nommé à sa place. Le 10 novembre, Ney, en tenue de maréchal et arborant la Légion d'honneur, est amené devant le Conseil de guerre réuni au Palais de Justice de Paris. L'assistance est cosmopolite, car de nombreux princes et généraux des armées alliées qui bivouaquent dans Paris ont voulu assister au procès d'un de leurs ennemis les plus acharnés. Cependant, avant même le début de l'interrogatoire par le président, les deux avocats du prévenu, Berryer père et Dupin, récusent la compétence du Conseil de guerre et affirment qu'un maréchal de France ne peut comparaître que devant la Chambre des pairs, c'est-à-dire devant l'assemblée, nommée par le roi, des plus grands personnages du royaume. Après une délibération secrète, les membres du Conseil de guerre reconnaissent effectivement leur incompétence en la matière. Dès le lendemain, un décret de Louis XVIII décide que, sans délai, la Chambre de pairs doit procéder au jugement de Ney. Les pairs répugnant à se faire les simples exécutants de la vengeance royale, l'instruction est reprise. Elle ne dure au demeurant que trois jours, et la Chambre fixe au 21 novembre la comparution du maréchal.

### « Soldats, droit au cœur ! »

Le 21 novembre, la salle du palais du Luxembourg, où s'ouvre l'audience de la Chambre des pairs, est bondée. On remarque la présence de Metternich, de l'ambassadeur du roi de Prusse, de nombreux officiers anglais, prussiens et russes. Sous la présidence du chancelier Chambray, le procureur général Bellart lit l'acte d'accusation. Mais l'avocat Berryer père plaide la nullité de la procédure, puisque aucune loi n'a été promulguée pour constituer la Chambre des pairs en cour criminelle. Les débats sont ajournés au 4 décembre... Ce délai exaspère les « ultras », ou partisans extrémistes du roi, qui entretiennent la colère d'une partie de l'opinion publique en présentant Ney comme un misérable traître. Le 4 décembre, lorsque l'audience reprend, les témoins à charge n'ont guère de difficulté à accabler l'accusé, en déclarant qu'il a prémédité son « acte de trahison » et que, dès le début de la première Restauration, il a préparé le retour de Napoléon. Autant d'allégations que Ney repousse vigoureusement, mais en vain. Le 6 décembre, 161 pairs se réunissent pour délibérer. À la question « Le maréchal Ney a-t-il commis un attentat à la sûreté de l'État ? », 157 répondent « oui », trois s'abstiennent et un seul, le tout jeune duc de Broglie, répond « non ». La condamnation à mort est alors votée par 138 voix. Dans la nuit du 7 décembre, le secrétaire de la Chambre des pairs vient réveiller Ney dans sa cellule de la Conciergerie pour lui annoncer la sentence. Le maréchal a l'autorisation de recevoir avant sa mort la visite de sa femme, de son notaire et de son confesseur. Puis, dans le brouillard glacial du petit matin, un fiacre escorté de gendarmes et de grenadiers à cheval quitte la Conciergerie. À l'intérieur de la voiture se trouve Ney, vêtu « en bourgeois » d'une redingote bleue. Au lieu de se diriger vers la plaine de Grenelle où ont généralement lieu les exécutions, le convoi s'arrête place de l'Observatoire, près de la grille du jardin du Luxembourg. Ney descend calmement de la voiture et, faisant face au peloton d'exécution, refuse de se mettre à genoux et d'avoir les yeux bandés. Le dernier acte du « Brave des braves » est de commander lui-même aux soldats de faire feu : « Soldats, droit au cœur ! »

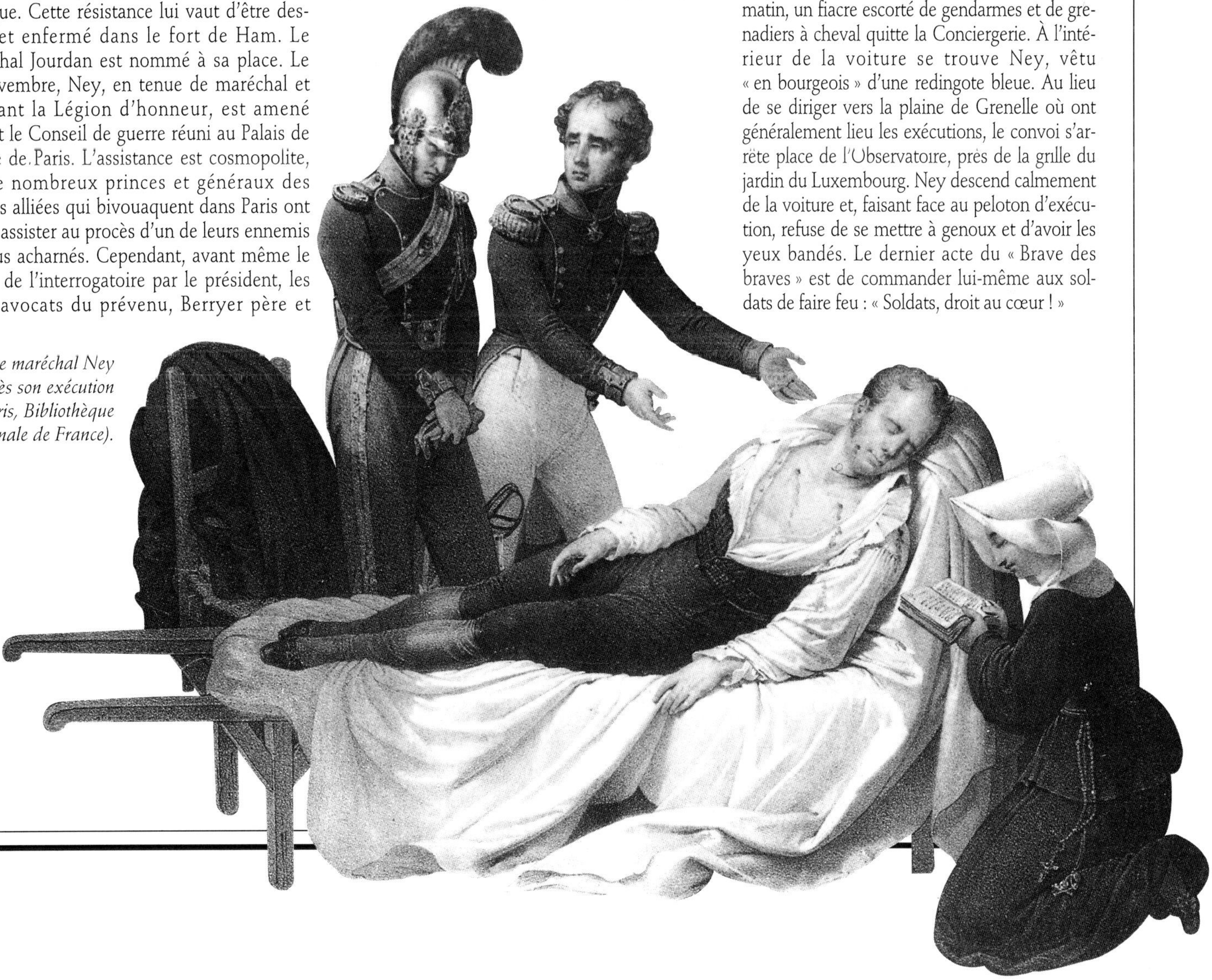

*Le maréchal Ney après son exécution (Paris, Bibliothèque nationale de France).*

*Des mystères autour d'un crime dans l'Aveyron*

# L'AFFAIRE FUALDÈS

*Fualdès entraîné par ses assassins dans la maison Bancal (gravure du XIXe siècle, Paris, Bibliothèque nationale de France).*

**De rebondissement en rebondissement, les circonstances entourant l'assassinat de Fualdès, en 1817, deviennent de plus en plus obscures au fur et à mesure que de nouveaux témoins se présentent devant la police. Cette affaire, jamais clairement élucidée, a un retentissement considérable en France.**

Il est difficile, aujourd'hui encore, de débrouiller l'inextricable affaire du meurtre de cet honorable magistrat, égorgé dans une maison louche.

## Enquête sur un crime crapuleux

Le 20 mars 1817, les eaux de l'Aveyron rejettent le cadavre d'un homme égorgé, qui est reconnu comme étant Antoine Bernardin Fualdès, ancien magistrat domicilié à Rodez. Le jour même, la canne de la victime ainsi qu'un mouchoir ayant manifestement servi de bâillon sont retrouvés dans un quartier populaire de Rodez, rue des Hebdomadiers, non loin d'une maison de très mauvaise réputation tenue par le ménage Bancal. À l'étage logent un ancien soldat, Collard, et sa maîtresse, Anne Benoist. Le juge Teulat, chargé de l'instruction, ne tarde pas à recueillir de nombreux indices. Tout d'abord, il établit que Fualdès est sorti de chez lui le 19 mars au soir en emportant des papiers. Par ailleurs, les habitants de la rue des Hebdomadiers se rappellent que, dans la nuit du 19 au 20, un vielleux et un joueur d'orgue de Barbarie n'ont cessé de jouer des rengaines devant la maison Bancal : on peut supposer que ce vacarme inhabituel était destiné à couvrir les cris de quelqu'un. Très vite, Teulat a la conviction que Fualdès a été attiré et assassiné dans la maison Bancal. En effectuant dans celle-ci des perquisitions, les policiers trouvent des linges ensanglantés et la veste de Fualdès. Le couple Bancal, Collard, Anne Benoist et plusieurs familiers de la maison sont aussitôt incarcérés. La petite Magdeleine Bancal, âgée de neuf ans, raconte, en échange de bonbons, que, cachée dans un coin de la cuisine, elle a assisté au meurtre : en présence de nombreux hommes et de mystérieuses femmes voilées, un homme était étendu sur la table et, malgré ses supplications, a été égorgé par Collard. Les femmes ont recueilli dans une bassine le sang qui jaillissait et l'ont donné aux cochons. Puis le corps a été emporté. Personne n'a l'idée de soupçonner l'enfant d'une quelconque affabulation. Les circonstances du crime étant apparemment établies, il reste à déterminer le mobile. Celui-ci est rapidement trouvé : le 18 mars, Fualdès a vendu un domaine et a reçu 26 000 francs. Par ailleurs, le filleul de Fualdès, Bastide, et son beau-frère Jausion, notables de Rodez, sont couverts de dettes. Teulat reconstitue sans peine le scénario : Bastide et Jausion ont attiré Fualdès dans un traquenard, l'ont dépouillé de son argent et l'ont fait égorger par leurs complices de la maison Bancal. Cette enquête n'a demandé que quelques semaines, mais de nombreuses zones d'ombre subsistent dans le scénario reconstitué par Teulat.

### Les cours d'assises

*La justice criminelle en France est assurée par les cours d'assises. Le système judiciaire demeure, dans l'ensemble, celui qui a été institué par Bonaparte par la Constitution de l'an VIII et la loi du 27 ventôse an VIII (18 mars 1800).*

*Les juges des cours d'assises (ainsi que tous leurs confrères des autres cours) sont nommés par le gouvernement, rémunérés par l'État et inamovibles. Ils portent la robe, signe caractéristique de leur fonction sous l'Ancien Régime.*

*Il y a une cour d'assises par département, qui siège par sessions, en général tous les trois mois. Elle est composée de deux éléments : les magistrats, qui forment la « cour », et des citoyens, tirés au sort sur une liste départementale, au nombre de 9 actuellement, qui constituent le jury. Depuis 1941, ces jurés délibèrent en présence des magistrats.*

## Le procès de Rodez

À la fin du mois d'avril, quinze personnes se retrouvent en prison pour avoir participé au meurtre de Fualdès. Toute la France se passionne alors pour l'« affaire », dans laquelle les journaux commencent à trouver des implications politiques, échafaudant de fantastiques hypothèses — la moins improbable étant qu'il s'agirait d'une vengeance royaliste vis-à-vis du fidèle de la République puis de l'Empire qu'est Fualdès. Le procès doit se tenir devant la cour prévôtale de l'Aveyron, juridiction d'exception créée pendant la Restauration pour juger, selon une procédure expéditive, les crimes de droit commun et les délits politiques. À la

veille du début du procès, la chambre de mises en accusation de la cour royale de Montpellier enlève l'affaire à la cour prévôtale pour la passer à la cour d'assises de l'Aveyron. À ce moment, un coup de théâtre vient rendre les choses encore plus mystérieuses. Une jeune femme, Clarisse Manzon, fille du propre président de la cour prévôtale et menant, pour l'époque, une vie fort libérée, raconte à son amant que, pendant la nuit du 19 mars, elle se trouvait dans la maison Bancal pour un rendez-vous galant et a assisté au meurtre de Fualdès. Le fait ayant été rapporté au juge Teulat, celui-ci convoque Clarisse, qui nie tout dans un premier temps puis se rétracte le lendemain. Jusqu'au 18 août, date d'ouverture des audiences, Clarisse Manzon, surnommée par la presse « Madame Mensonge », ne cesse de faire des déclarations contradictoires et devient la véritable vedette de l'affaire. Le procès de Rodez commence enfin le 18 août. Au banc des accusés, le public examine avec une attention passionnée ces hommes et ces femmes (à l'exception du mari Bancal, mort dans sa prison le 15 mai) qui sont le sujet des conversations des Français depuis des mois. Pour la première fois dans l'histoire de la justice française, des journalistes sont admis pour faire les comptes rendus des séances. Quelque 320 témoins sont cités à comparaître, mais l'assistance n'attend en fait que Clarisse Manzon, qui se présente à la barre le 22 août. Vêtue de noir et voilée de blanc, la jeune femme se livre alors à une mise en scène spectaculaire et mélodramatique : tout en tenant des propos exaltés et incohérents, elle ne cesse de s'évanouir chaque fois qu'on lui pose une question précise, ce qui impressionne fortement le public et probablement aussi les juges. Le verdict du 12 septembre condamne à mort Bastide, Jausion, la femme Bancal, Collard et Bach, et les autres inculpés aux travaux forcés.

*Le cadavre de Fualdès porté à l'Aveyron (dessin et lavis de Géricault, Lille, musée des Beaux-Arts).*

*Clarisse Manzon, témoin puis inculpée pour faux témoignagne lors du procès Fualdès.*

## Le procès d'Albi

Dans ce procès, qui s'est déroulé dans des conditions fort confuses, les avocats des condamnés n'ont pas de peine à trouver un vice de forme, et l'arrêt des juges de Rodez est annulé le 9 octobre par la Cour de cassation. L'affaire est renvoyée aux assises d'Albi et Clarisse Manzon se retrouve cette fois sur le banc des accusés, inculpée de faux témoignage. Le procès d'Albi, qui commence le 23 mars 1818, est encore plus embrouillé que celui de Rodez. Une nouvelle fois, la belle Clarisse se donne en spectacle, alternant crises de larmes, évanouissements et déclarations théâtrales. On arrive cependant à lui faire confirmer qu'elle se trouvait bien dans la maison Bancal au moment de la mort de Fualdès. Le verdict de la cour d'Albi ne change rien à celui prononcé par les juges de Rodez : Bastide, Jausion et Collard sont guillotinés le 3 juin sur la grande place de Rodez. Jusqu'à leur mort, ils protestent de leur innocence. La femme Bancal et Bach voient leur peine commuée en détention perpétuelle. Quant à Clarisse, elle est bien entendu acquittée. Aucune explication satisfaisante ne ressort, en fait, des débats des deux procès. Trop d'absurdités, d'invraisemblances, trop d'aveux suivis de rétractations, probablement aussi trop de pressions secrètes rendent inexplicable le meurtre du magistrat aveyronnais. La plupart des témoins avouent ensuite avoir menti lors de leur déposition. Alors, qui a tué Fualdès et pourquoi ?

## *Des jeunes gens guillotinés en place de Grève*

# LES QUATRE SERGENTS DE LA ROCHELLE

**En exécutant en 1822 quatre sous-officiers suspects de comploter contre le régime, le gouvernement de Louis XVIII espère décapiter le mouvement révolutionnaire dit « de la Charbonnerie ». Mais le peuple français fait des quatre condamnés, des jeunes gens courageux et idéalistes coupables seulement de paroles hostiles au régime, de véritables héros.**

À partir de 1820, à l'imitation du carbonarisme italien, se développe en France une société secrète, la Charbonnerie, composée de républicains et de bonapartistes décidés à renverser les Bourbons au pouvoir. Les complots, fomentés dans l'ensemble de la France, échouent, mais celui de La Rochelle, dans lequel sont impliqués quatre jeunes sergents, a un retentissement considérable.

### Quatre jeunes idéalistes

Lorsqu'en août 1822 débute à Paris le procès des quatre jeunes sous-officiers impliqués dans l'insurrection préparée à La Rochelle, le public a l'impression de voir des enfants au banc des accusés : le plus âgé, le sergent-chef Bories, a tout juste 25 ans ; ses amis Pommier, Goubin et Raoulx ont quelques mois ou quelques années de moins. Leurs visages reflètent l'enthousiasme d'adolescents dévoués tout entiers à une cause. Les quatre hommes appartiennent au 45e de ligne, logé à Paris rue Saint-Jean-de-Beauvais, en plein Quartier latin. Cette implantation met les soldats de la caserne au contact des étudiants : c'est ainsi que Bories, le premier, est invité par un ami à entrer dans une société secrète révolutionnaire, la Charbonnerie. Sitôt initié, le jeune militaire se met en devoir d'organiser une « vente », c'est-à-dire un groupe secret de « charbonniers » à l'intérieur de l'unité à laquelle il appartient. Il convainc en premier lieu ses amis Goubin, Pommier et Raoulx, puis rallie d'autres sous-officiers et caporaux qui prêtent le serment exigé des charbonniers. Dès lors, les jeunes gens attendent dans l'exaltation qu'on leur donne le signal du grand soulèvement contre le pouvoir royal. En janvier 1822, par mesure disciplinaire (les militaires ont refusé de crier « Vive le Roi ! »), le 45e de ligne est transféré à La Rochelle. Ce transfert ne décourage pas les charbonniers du régiment, qui entreprennent de mener l'action contre le régime depuis leur nouvelle base. À cette fin, Bories, qui fait partie de la vente centrale, est présenté avant son départ au grand chef de cette vente, le prestigieux La Fayette, et reçoit des signes de reconnaissance : morceaux de cartes découpées en deux ; mouchoirs de couleur ; poignards à la lame azur et or.

### La fin d'un beau rêve

C'est donc dans une sorte de « jeu de piste » insurrectionnel que se lancent les sergents en quittant Paris pour La Rochelle. Dans leur excitation naïve, ils multiplient les bévues et se trahissent constamment. Dès la première étape, Bories, qui a pourtant recommandé à ses compagnons de ne pas se faire remarquer, se prend de querelle avec un garde suisse qui veut le faire trinquer à la santé du roi. À l'étape suivante, logé chez un ancien officier, il confie à celui-ci sa haine des Bourbons et ses projets, sans se douter que son hôte est en fait un indicateur royaliste. À cause de ces « maladresses », à peine arrivé à La Rochelle, Bories, dont l'attitude et les propos ont été rapportés à ses supérieurs, est emprisonné. Il parvient néanmoins à faire passer à Pommier la malle contenant les cartes découpées, les poignards azur et or et les mouchoirs de couleur. Les trois sergents encore libres s'emploient à rassembler de nouvelles recrues pour l'insurrection générale de toutes les ventes françaises, prévue pour le 17 mars. L'un d'eux, d'abord fort exalté, s'effondre lorsque parvient la nouvelle de l'échec des autres insurrections de la Charbonnerie en France : en larmes, il va raconter au colonel les détails de la conjuration... La nuit même, toute la vente du 45e de ligne est arrêtée et les perquisitions faites dans les paquetages et les paillasses permettent de retrouver aussi bien les emblèmes de l'appartenance à la Charbonnerie que les munitions qui y sont cachées.

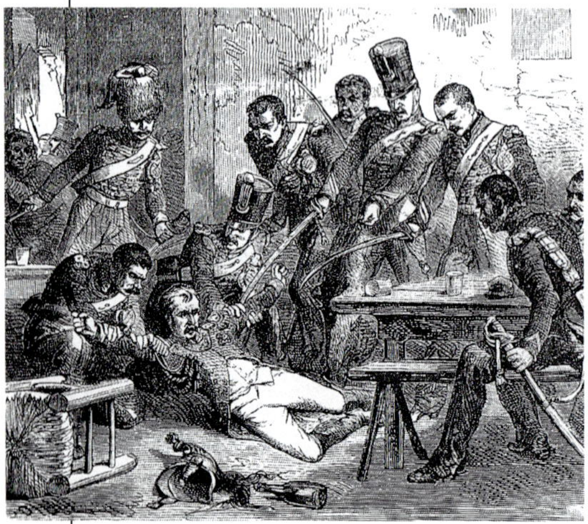

*Les conspirations de 1822 : arrestation du colonel Caron, à Belfort.*

### Les autres conspirations contre Louis XVIII

Pendant les années 1820-1822, on assiste à un renouveau des mouvements bonapartistes et républicains qui se rallient à des solutions violentes pour lutter contre Louis XVIII.

**Les associations bonapartistes.** Après la mort de Napoléon à Sainte-Hélène, en mai 1821, ses fidèles reportent leurs espoirs sur son fils, le jeune duc de Reichstadt, qui vit en Autriche. Des sociétés secrètes aux noms grandiloquents — « Les chevaliers du Poignard », « Les vautours de Bonaparte », « L'Épingle noire » — se créent pour détrôner Louis XVIII. Aucune de leurs tentatives n'approche de la réussite.

**La Charbonnerie d'Alsace.** À Belfort, des officiers « charbonniers » préparent un soulèvement qui doit éclater dans la nuit du 1er au 2 janvier 1822. Mais ils sont trahis. Ceux qui sont arrêtés sont conduits à Colmar et condamnés à mort. Le colonel Caron, en garnison à Colmar, veut les libérer de leur prison. Saisi au moment où il se dispose à agir, il est traduit devant un conseil de guerre et fusillé à Strasbourg.

**La Charbonnerie de l'Ouest.** Les « ventes » charbonnières de l'Ouest sont dirigées par le général à la retraite Berton. En 1822, celui-ci réussit à s'emparer de Thouars mais échoue devant Saumur. Il se dirige alors vers La Rochelle, mais l'arrestation des quatre sergents l'oblige à se cacher. Attiré dans un guet-apens, Berton est traduit devant la cour d'assises de Poitiers et condamné à mort.

## Un procès pour l'exemple

Confronté à la révélation du complot mené par les charbonniers de toute la France, le pouvoir royal décide d'ouvrir un procès retentissant, qui impressionnera les esprits et entraîne la dissolution interne de la Charbonnerie. En conséquence, les charbonniers de La Rochelle sont ramenés de Vendée afin d'être jugés dans la capitale. Décision qu'il est facile de légitimer, sous le prétexte que la naissance de la vente de Bories a eu lieu à Paris. Le procès s'ouvre le 21 août 1822 devant la cour d'assises de la Seine. Les 26 prévenus, civils et militaires, sont accusés de complot contre la sûreté de l'État. Comme le procès des soldats de La Rochelle doit être celui de la Charbonnerie entière, et particulièrement de ses chefs, le procureur, M. de Marchangy, dirige son réquisitoire contre les inspirateurs du mouvement, ces « aristocrates de la haute vente » qui restent honteusement silencieux et qui ont envoyé à leur place de simples exécutants affronter les dangers. Tout l'auditoire comprend que c'est une allusion à La Fayette et à un autre chef célèbre, Dupont de l'Eure... Pendant tout le procès, ceux qu'on n'appelle plus désormais que « les quatre sergents de La Rochelle » gardent le silence, fidèles au serment qu'ils ont prononcé en s'engageant dans la vente. Malgré promesses et pressions, ils refusent de révéler les noms de leurs complices haut placés. Le 5 septembre 1822, le jury prononce son verdict : les quatre sergents, coupables sans circonstances atténuantes, sont condamnés à mort, les autres prévenus étant soumis à des peines d'incarcération. Louis XVIII, sollicité, refuse sèchement la grâce des premiers. Le 21 septembre, deux charrettes conduisent les jeunes sergents en place de Grève, au milieu d'une foule abondante. L'un après l'autre, les quatre condamnés montent à l'échafaud en criant « Vive la Liberté ». Abandonnés par leurs supérieurs, ils deviennent, par leur courage et la pureté de leurs convictions, des héros pour l'opinion. La pierre du cimetière Montparnasse sous laquelle ils sont ensevelis porte une simple inscription : « 21 septembre 1822, cinq heures du soir ». Des années durant, elle est fleurie par des mains anonymes.

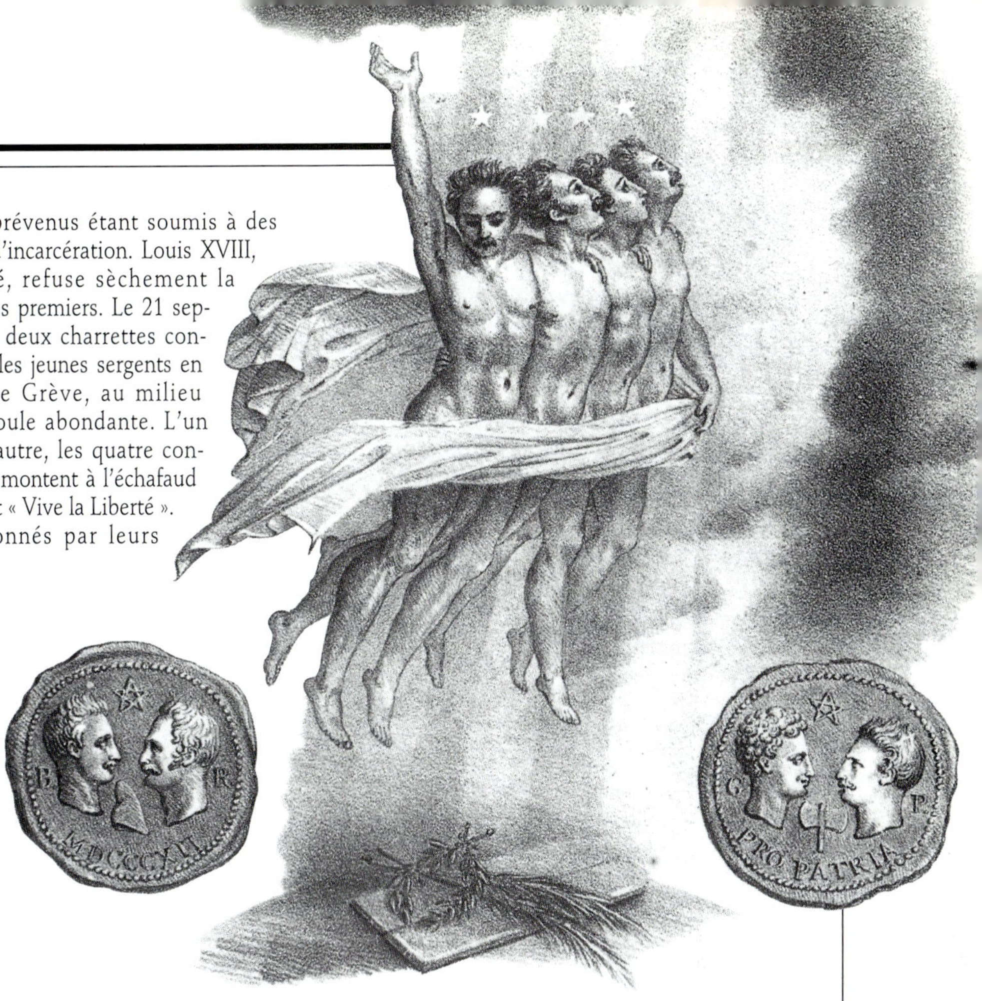


*Allégorie des quatre sergents de La Rochelle : l'opinion transforma en héros ces quatre jeunes hommes enthousiastes.*

*L'exécution des quatre sergents de La Rochelle en place de Grève.*

## *Ils fournissent des cadavres pour les dissections*

# LES « RÉSURRECTIONNISTES » D'ÉDIMBOURG

**En 1829, les habitants d'Édimbourg assistent en masse à la pendaison de John Burke, convaincu d'avoir assassiné 13 personnes pour vendre leurs cadavres à la faculté de médecine.**

Bientôt, les journaux anglais transforment le condamné à mort et ses complices en véritables vedettes populaires.

### Des crimes sans cadavres

Le *Lord Advocate* — l'équivalent du procureur général — d'Édimbourg à qui est confiée l'affaire en 1829 se trouve confronté à une lourde tâche. Il a à instruire une affaire concernant deux couples que la police vient d'arrêter, les Burke et les Hare, soupçonnés d'avoir assassiné un certain nombre de personnes. D'une part, la rumeur parle de plusieurs crimes commis par ces gens, mais on n'a retrouvé qu'un seul cadavre, ce qui fait que les « corps du délit » manquent partiellement ; d'autre part, à supposer qu'il n'y ait qu'une victime, les coupables sont alors trop nombreux, car la loi anglaise exige que l'assassin présumé soit clairement désigné. En fait, le *Lord Advocate* connaît bien son métier. L'enquête qu'il mène lui permet de reconstituer la trame de l'affaire et de résoudre ainsi les difficultés qu'il a à surmonter. Les deux hommes incarcérés appartiennent au petit peuple d'Édimbourg. William Hare, irlandais d'origine, après avoir été débardeur et colporteur, tient, avec sa femme, un bouge malfamé dans le quartier le plus misérable de la ville. John Burke, ainsi que sa maîtresse, une dénommée Helen Mac Dougall, comptent parmi ses pensionnaires. À cette époque sévissent à Édimbourg de troubles personnages, surnommés « résurrectionnistes », qui gagnent leur vie en déterrant des cadavres et en les revendant pour des séances de dissection aux professeurs de la faculté de médecine de la ville. C'est en s'inspirant de cette activité peu recommandable que les deux complices, Burke et Hare, assistés par leurs femmes, arrivent à organiser un véritable trafic « industriel » de morts.

### De l'auberge à la salle de dissection

L'entreprise des quatre complices commence, fortuitement, en 1827. Dans la pension de Hare, un ancien militaire, Donald, décède de mort naturelle. Qui a l'idée de remplacer dans le cercueil le corps de Donald par un lourd sac et de subtiliser le cadavre ? Les coupables eux-mêmes, au procès, semblent ne plus s'en souvenir. Quoi qu'il en soit, dans la nuit qui suit le décès, Hare et Burke vont proposer la dépouille du malheureux militaire au docteur Knox, pro-

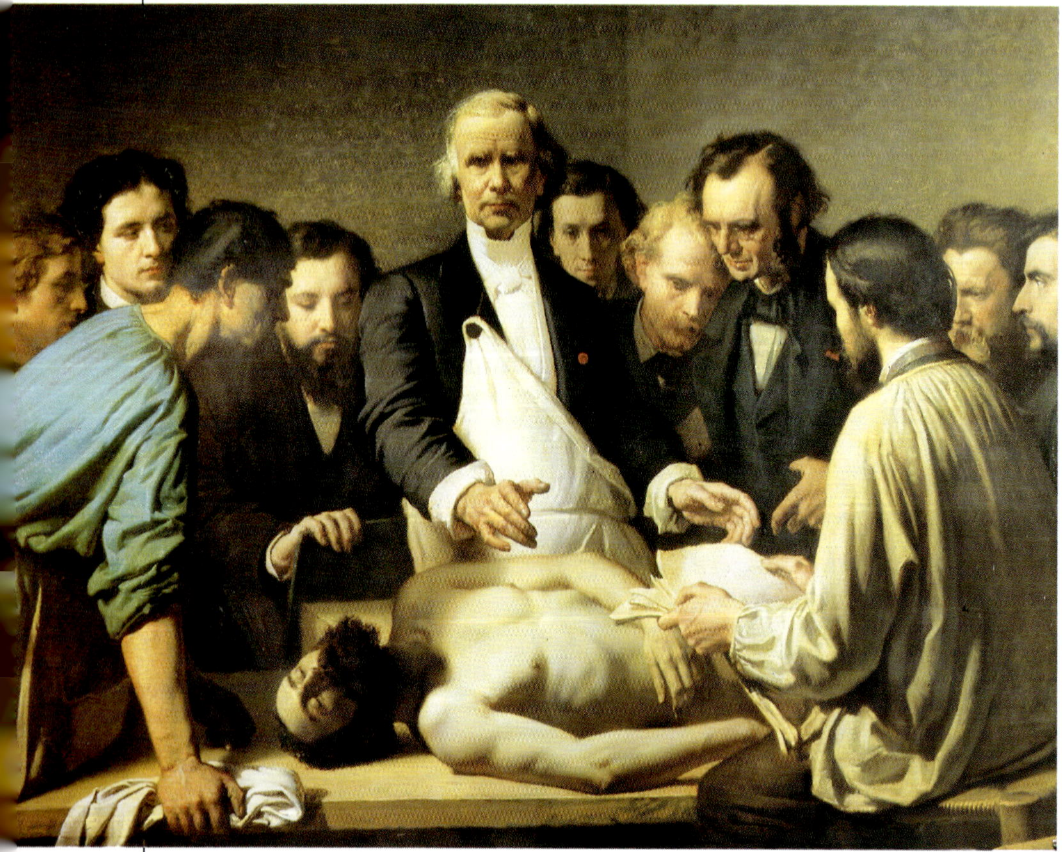

*Autopsie* (le docteur Velpeau à la Charité va procéder à une autopsie, *peinture de Feyen, Rennes, musée des Beaux-Arts).*

**Le musée de cires de Madame Tussaud**

**Curtius...** Au XVIII^e^ siècle, dans les boutiques foraines, on présente des figures en cire des grands criminels et des reconstitutions de scènes de meurtres ou d'exécutions, d'un réalisme stupéfiant. Le plus célèbre de ces « cabinets de cires » est celui installé par Curtius à Paris, boulevard du Temple.

**Tussaud...** La nièce de Curtius, Marie Tussaud, continue la tradition en modelant, pendant la Terreur, les visages des victimes de la guillotine. Émigrée à Londres en 1802, elle y crée un musée de cires dont une salle, appelée la « chambre des horreurs », renferme les portraits des criminels et tous les objets qui ont pu être rassemblés concernant leurs forfaits et leur exécution — parmi lesquels les vêtements de Burke.

**Et Grévin...** En 1882, à Paris, sur le modèle du musée de Madame Tussaud, un journaliste fonde le musée Grévin, dont la partie la plus visitée demeure, jusqu'à la Première Guerre mondiale, une histoire du crime en sept tableaux.

fesseur d'anatomie à l'université de la ville, qui l'accepte — comme il l'a fait plusieurs fois auprès d'autres « résurrectionnistes », sans poser de questions. Le docteur Knox paie à ses fournisseurs sept livres, ce qui leur permet de s'assurer une existence confortable pendant quelque temps. Lorsque les deux couples ont dépensé les sept livres, ils élaborent le terrible projet de produire des cadavres... à la demande. Car l'exhumation des cadavres est évidemment interdite, et la garde effectuée auprès des cimetières, la nuit, rend de telles opérations dangereuses. Le plan des quatre complices comporte peu de risques,

*Résurrectionnistes exhumant un cadavre dans un cimetière pour le revendre à la faculté de médecine (gravure du XIX<sup></sup>e siècle).*

*Le petit peuple d'Édimbourg se déchaîne contre les résurrectionnistes (gravure du XIXe siècle).*

car ceux-ci choisissent leurs victimes parmi les mendiants, les forains, les étrangers sans famille, dont personne ne remarque la disparition. De plus, ils ont trouvé une méthode pour faire mourir ces gens sans laisser de traces détectables à l'autopsie : ils étouffent leurs victimes ivres mortes, ce qui produit les signes apparents d'une attaque d'apoplexie. La taverne de Hare est un lieu idéal pour exercer « l'industrie » de cette mise à mort. On ne sait combien de malheureux passent ainsi de vie à trépas dans la salle d'auberge et finissent sur la table de dissection du docteur Knox, qui relève progressivement le « prix du cadavre » à dix livres, assurant ainsi de confortables rentes aux Burke et aux Hare. Cependant, le succès de leur entreprise finit par faire perdre aux deux couples le sens de la prudence. Lorsque les mendiants viennent à manquer, ils s'attaquent à des personnes non dépourvues de relations. Le risque, dès lors, est beaucoup plus considérable. La première victime identifiée de Hare et Burke est une petite prostituée de 19 ans, Mary Patterson : son cadavre, placé sur la table d'anatomie, est identifié par l'étudiant qui s'apprête à la disséquer... Un autre cadavre attire vivement l'attention de ceux qui procèdent à l'autopsie : celui de Deft Jamie, un demi-débile, protégé par tout le quartier, et qui porte d'étranges traces sur son corps — les assassins ont été obligés de l'étrangler, car il se débattait, et ils n'ont pas voulu se priver du prix de leur forfait.

## Qui doit être coupable ?

Enfin, en 1828, par hasard, un ménage honorable logé dans la pension de Hare, les Gray, tombe sur le cadavre d'une vieille femme, à peine dissimulé sous un peu de paille, dans la cave. Alerté, un agent de police ne déniche rien de suspect lorsqu'il perquisitionne, un moment plus tard. Mais son intuition, fondée sur la rumeur publique, le fait aller chez le docteur Knox : dans la cave de ce dernier est déposée une malle contenant le corps de la vieille Margery Docherty — que les Gray reconnaissent comme celui qu'ils ont vu chez Hare ! Les deux couples sont arrêtés. Le *Lord Advocate*, mandaté après la découverte de ce cadavre, mais qui ne dispose d'aucune preuve quant aux autres assassinats, doit d'abord choisir — conformément au texte de la loi anglaise — celle des quatre personnes appréhendées qu'il faut désigner comme le principal inculpé, en l'occurrence le meurtrier de Margery Docherty. Comme la loi anglaise, encore une fois, le lui permet, le procureur général promet l'impunité à Hare et à sa femme s'ils font avancer l'enquête en désignant le coupable, et il les convainc aisément de charger Burke. Celui-ci est donc dénoncé par son complice comme étant le cerveau de l'affaire et celui qui a procédé au meurtre. Ainsi le magistrat tient-il l'inculpé principal, nécessaire au procès. Pendant les audiences, les avocats de Burke tentent bien de défendre leur client en déclarant nuls les aveux de Hare. Mais leurs propos n'emportent pas la conviction des jurés, qui déclarent l'accusé coupable et le condamnent à mort. En revanche, Helen Mac Dougall est libérée : comme elle nie avoir eu connaissance des faits, et en l'absence de témoins à charge, sa culpabilité ne peut être prouvée. Le 28 janvier 1829, en présence de 30 000 spectateurs groupés sur la place, Burke est pendu sur un échafaud placé sur le toit de la prison. Après avoir été exposé pendant deux jours, son cadavre est livré aux chirurgiens. Hare parvient à quitter Édimbourg sans être inquiété. Quant au docteur Knox, son innocence n'a jamais été mise en cause ; mais sa réputation, en revanche, est définitivement perdue...

*Le dernier procès d'un poète du crime*

# PIERRE FRANÇOIS LACENAIRE

*« Lacenaire, impassible, jette un regard sur son dernier public » (l'exécution de Lacenaire, gravure du XIX^e siècle, Paris, musée de la Police).* ▷

**En 1835, la cour d'assises de Paris condamne à mort un véritable esthète du crime en la personne de Lacenaire, poète manqué et assassin mythomane. La véritable célébrité de Lacenaire tient dans l'exploitation de son personnage par les écrivains romantiques et le rôle que lui fait jouer le cinéaste Marcel Carné dans son film *les Enfants du paradis*.**

Pierre François Lacenaire a sans doute, dans la réalité, été fort différent du personnage de cynique romantique qu'il s'est forgé, et sa notoriété, dans les milieux artistiques de l'époque déjà, a fait oublier qu'il n'était qu'un vulgaire criminel de droit commun.

### « Devenir le fléau de la société »

Pierre François Lacenaire est un homme qui a raté sa carrière d'assassin, mais qui va réussir à obtenir ce qu'il présente comme une vocation : s'unir à sa « fiancée », la « Veuve », c'est-à-dire la guillotine. Né dans une famille de négociants

*L'assassinat de Chardon et de sa mère par Lacenaire et Avril (gravure du XIX^e siècle).*

*Lacenaire et son complice Avril préparant leurs crimes (gravure du XIX^e siècle, Paris, musée de la Police).*

### Les avocats en France

*Tout accusé, qu'il le veuille ou non, et quelle que soit la gravité ou l'horreur de ses crimes, est assisté par un avocat. Lacenaire, qui réclame la mort, rend impuissant son avocat ; mais celui-ci reste à ses côtés jusqu'à la fin du procès.*
*Les avocats appartiennent, depuis le XIV^e siècle, à un ordre : ils sont admis sous serment après avoir été reçus à deux examens, l'un de capacité juridique, l'autre de moralité. Il leur faut ensuite, pendant quelques années, fréquenter les audiences judiciaires avant d'être définitivement admis à plaider.*
*L'ordre des avocats est régi par une loi datant du Consulat — le texte du 22 ventôse an XII (13 mars 1804). Il est gouverné par une instance interne, le conseil de discipline, et présidé par un magistrat élu au scrutin secret par tous les avocats, pour une durée de deux ans, le bâtonnier.*
*En 1972, on a fondu en une seule profession les avocats, les avoués (officiers ministériels représentant les parties) et les agréés (représentants des plaideurs devant le tribunal de commerce).*

lyonnais, l'enfant, intelligent, doué pour la poésie, manifeste dès son plus jeune âge un tempérament pervers et commet bientôt de petits délits. N'ayant réussi ni dans ses études ni dans ses premiers emplois, il s'établit à Paris en 1829 et dilapide au jeu son petit avoir. Il tente, sans grand succès, de faire publier ses poésies dans des journaux et c'est à ce moment-là, d'après ses Mémoires, qu'il découvre le but de son existence ; voulant se suicider par désespoir de ses échecs répétés, il s'interroge sur la meilleure façon de mourir : « L'eau ? Non, on doit trop souffrir. Le poison ? Je ne veux pas qu'on me voie souffrir. Le fer ? Oui, ce doit être la mort la plus douce. Dès lors ma vie devint un long suicide ; je ne fus plus mien, j'appartenais au fer. Au lieu de couteau ou de rasoir, je choisis la grande hache de la guillotine. Mais je voulais que ce ne fût qu'une revanche. La Société aura mon sang, mais j'aurai du sang de la Société ! » Le texte des Mémoires est rédigé au moment où Lacenaire, en prison, a considérablement marqué l'opinion en développant des thèses présentant le crime comme un art, version fantasmatique d'une existence qui fut en fait celle d'un petit escroc et d'un minable criminel.

## L'apprentissage de l'art criminel

Lorsque Lacenaire est arrêté à Beaune, le 2 février 1835, c'est pour avoir émis de fausses valeurs, comme d'ailleurs il l'a fait à maintes reprises dans sa vie. Ramené à Paris, il conte petit à petit au juge d'instruction les épisodes de sa carrière criminelle, sans qu'il soit possible de distinguer le vrai du faux dans ses propos enflammés. Pour assumer sa « vocation », il doit pénétrer dans le milieu du crime pour trouver des complices. À cette fin, il vole un cabriolet et un cheval, s'arrange pour se faire arrêter et est condamné à un an d'incarcération. C'est en compagnie des malfaiteurs chevronnés de la prison de Poissy qu'il apprend les rudiments de son « art » et fait la connaissance de son futur complice, Pierre Victor Avril. Il continue à écrire poésies et chansons, dont certaines sont publiées dans des revues parisiennes. Lorsqu'il sort de prison, il se met en devoir de réaliser les plans qu'il a imaginés pendant son incarcération : égorger et dépouiller les garçons de recettes des banques de Paris. Ses premiers essais sont peu concluants : il échoue à plusieurs reprises. Heureusement pour lui, son ami Avril est à son tour libéré et tous les deux décident d'unir leurs forces pour exécuter leurs forfaits. Les complices choisissent pour première victime un ancien compagnon de détention, un dénommé Chardon, plus connu sous le sobriquet de « tante Madeleine », à cause de ses mœurs. Chardon, croient-ils, possède un gros magot, car, déguisé en prêtre, il pratique l'escroquerie à la religion et vend des objets de piété. Le 14 décembre 1834, Lacenaire et Avril se présentent chez Chardon. Lacenaire larde de coups le malheureux avec son tiers-point (une lime à section triangulaire et à angles vifs) et Avril l'achève à la hache. Dans l'autre pièce de l'appartement, ils trouvent la mère de Chardon, une vieille paralytique alitée, et la massacrent. Tout cela pour un butin inexistant : Chardon ne possédait en réalité que quelques pièces d'argent. Lacenaire avoue aussi une tentative de meurtre perpétrée sur un garçon de recettes, inachevée, car les cris de la victime l'ont mis en fuite, lui et son complice du moment, un certain François. Celui qui se présente à la justice comme un esthète du crime n'a donc, en fait, commis que deux meurtres sordides : l'un sur un homme efféminé, l'autre sur une vieille femme impotente.

## Le procès du dandy du crime

Lacenaire se comporte comme un prisonnier modèle, prêt à collaborer avec les magistrats instructeurs. C'est alors qu'il écrit ses Mémoires, dans lesquels la réalité est vue à travers son imagination d'écrivain, et qu'il fait publier des poèmes dont l'élégance et le cynisme éblouissent le Tout-Paris. Comme le prisonnier a obtenu le droit de recevoir des visites, sa cellule se transforme peu à peu en salon littéraire. De fières aristocrates écrivent à Lacenaire des lettres enflammées. Bref, le « poète du crime » devient la coqueluche des milieux mondains et artistiques. Lacenaire d'ailleurs ne déçoit pas lorsqu'il paraît en public au moment de son procès, qui s'ouvre le 12 novembre 1835. De petite taille et d'apparence plutôt chétive, il a un visage que rend attirant l'ironie ambiguë de son regard et de son sourire. Vêtu à la dernière mode comme le plus élégant des dandys, il émerveille le public par la distinction de ses propos, l'intelligence perverse de ses théories et ses déclarations provocantes. Il a beau jeu de se moquer de ses deux complices assis à ses côtés, Avril et François, hommes frustes et illettrés, qu'il tourne en ridicule avec une joie satanique. Étant donné que Lacenaire, chaque fois qu'il prend la parole, se fait gloire de ses « crimes » et réclame qu'on l'unisse très vite à sa « fiancée », la guillotine, son avocat ne peut guère assurer sa défense... De fait, la peine de mort est prononcée à l'encontre de Lacenaire et d'Avril, tandis que le comparse, François, est condamné aux travaux forcés à perpétuité. Lacenaire réussit sa mort comme il l'avait rêvée. L'exécution a lieu le 9 janvier 1836 au rond-point de la barrière Saint-Jacques. Sans aucune émotion, l'homme monte sur l'échafaud et c'est alors que se produit un incident spectaculaire : le couperet de la guillotine, mal engagé dans sa rainure, s'arrête à mi-chemin et, pendant que le bourreau remédie à l'erreur de fonctionnement, Lacenaire a le temps de tourner la tête pour faire face à la lame qui tombe sur lui.

## *Un jeune cultivateur assassine sa famille*

# PIERRE RIVIÈRE

*Jeune paysan du Calvados, d'un caractère très sauvage, Pierre Rivière assassine brusquement sa mère, sa sœur et son frère... (*le Four à plâtre, *peinture de Géricault, et* Moi, Pierre Rivière, ayant égorgé ma mère, ma sœur et mon frère, *film de René Allio).*

**En 1835, dans le Calvados, Pierre Rivière, un jeune homme âgé de 20 ans, massacre sauvagement, sans raison apparente ni mobile, sa mère, sa sœur et son frère. Son procès donne lieu à une querelle entre les médecins appelés à se prononcer sur l'intégrité psychique de l'accusé. Le récit du crime, composé dans sa prison par le jeune meurtrier, a soulevé de nombreux débats sur ses motivations.**

Le cas de Pierre Rivière, bien qu'il n'ait pas suscité en France un retentissement considérable, présente l'intérêt de l'utilisation en justice de nouvelles notions psychiatriques, comme celle de « monomanie homicide ».

### Un cas de parricide

Le 11 novembre 1835, à la cour d'assises du Calvados, sous la présidence de M. Daigremont Saint-Manvieux, s'ouvre le procès d'un jeune paysan, Pierre Rivière, accusé

*Le monomane du crime (peinture de Géricault, Gand, musée des Beaux-Arts).*

### Extrait du mémoire de Pierre Rivière

*« Moi Pierre Rivière, ayant égorgé ma mère, ma sœur et mon frère, et voulant faire connaitre quels sont les motifs qui m'ont porté à cette action, j'ai écrit toute la vie que mon père et ma mère ont ménée ensemble pendant leur mariage. J'ai été témoin de la plus grande partie des faits et qui sont écrits sur la fin de cette histoire, pour ce qui est du commencement, je l'ai entendu raconter à mon pére lorsqu'il en parlait avec ses amis, ainsi qu'avec sa mére, avec moi et avec ceux qui en avaient connaissance. Après cela je dirai comment je me suis résolu a commettre ce crime, ce que je pensais alors et quelle était mon intention, je dirai aussi quelle était la vie que je menais parmi le monde je dirai ce qui se passa dans mon esprit aprés avoir fait cette action, la vie que je ménée et les endroits par ou je été depuis ce crime jusques à mon arrestation et quelles furent les résolutions que je pris. Tout cette ouvrage sera stilé trés grossiérement, car je ne sais que lire et écrire ; mais pourvu qu'on entende ce que je veux dire, ce c'est que je demande, et j'ai tout rédigé du mieux que je puis. »*
*(L'orthographe du texte original a été conservée.)*

*cité par Michel Foucault dans* Moi, Pierre Rivière…, un cas de parricide au XIXe siècle, *Gallimard, Paris, 1973*

d'un triple homicide. L'instruction des faits a été relativement facile, car, d'une part, il y a eu des témoins du meurtre, d'autre part, l'accusé lui-même n'a fait aucun mystère sur les circonstances du carnage qu'il a accompli : le 3 juin, dans son village d'Aunay, il s'est acharné avec sa serpe sur sa mère, son frère Jules âgé de 7 ans et sa sœur Victoire âgée de 18 ans. Les coups ont été portés avec une telle violence que les visages des victimes ont été réduits en bouillie. Trois voisins ont aperçu l'assassin au moment où il exécutait sa dernière victime. À leur arrivée, le jeune homme s'est enfui. Pendant un mois, il erre dans le département du Calvados, avant d'être arrêté par les gendarmes le 2 juillet et enfermé à la prison de Vire. Pendant l'instruction, les habitants d'Aunay présentent Pierre Rivière comme quelqu'un de sauvage, aimant la solitude, manifestant une répulsion évidente envers tout ce qui est de sexe féminin, s'amusant à effrayer les enfants du village et se livrant à des actes de cruauté répétés, comme crucifier des grenouilles ou torturer des petits animaux. La plupart des gens le considèrent comme une espèce d'idiot aux réactions imprévisibles. À deux reprises, le juge d'instruction, Exupère Legrain, procède à l'interrogatoire de Rivière. La première fois, le jeune homme explique que Dieu lui a commandé d'égorger sa mère, son frère et sa sœur parce qu'ils persécutaient son père. Lors du second interrogatoire, il avoue avoir pris plaisir aux différentes cruautés commises sur ses frères ou sur des animaux.

### « Moi, Pierre Rivière… »

Le fait le plus troublant de cette période de l'instruction est la rédaction par Pierre Rivière d'un long « mémoire », dans lequel il raconte en détail ses crimes, les justifie par les mauvais traitements que sa mère a fait subir à son père. Document particulièrement intéressant dans sa composition et sa rédaction, le mémoire évoque avec complaisance tous les actes bizarres de la vie de Pierre Rivière, passe de la froide description du carnage aux déclarations exaltées sur les vertus et les malheurs de son père. Cet exposé va constituer le document essentiel autour duquel vont tourner les discussions du procès : est-il l'œuvre d'un véritable dément ou d'un calculateur intelligent et habile ? Deux médecins locaux, appelés pour juger de l'état mental de l'accusé, donnent des conclusions parfaitement opposées. Le docteur Bouchard termine son rapport par cette assertion : « Chez Rivière, aucune maladie n'a pu déranger les fonctions du cerveau et, dans les nombreuses visites que je lui ai faites depuis son arrivée à Vire, je n'ai remarqué en lui aucun signe d'aliénation mentale. On ne peut, je pense, attribuer le triple assassinat dont il s'est rendu coupable qu'à un état d'exaltation momentanée, préparée par les malheurs de son père. » En revanche, le docteur Vastel, après une longue étude de l'hérédité familiale et des comportements inhabituels de Rivière, conclut à l'aliénation mentale. Les articles des gazettes de l'époque se font l'écho des interprétations différentes données à l'acte criminel de Rivière. Toutes ces investigations sont destinées à définir la responsabilité pénale de l'accusé, et par conséquent à pouvoir déterminer le châtiment à lui appliquer. Le procureur général, Loisel, tire du mémoire la preuve des capacités intellectuelles de Rivière, tandis que l'avocat, maître Berthauld, s'attache à démontrer l'absence de discernement et, par conséquent, de culpabilité de son client. Après une délibération de trois heures, le jury déclare Pierre Rivière coupable de parricide et par conséquent le condamne à mort.

### Le pourvoi en cassation

Cependant, les discussions qui ont opposé pendant les audiences tenants et adversaires de l'aliénation mentale de Rivière permettent aux avocats de se pourvoir en cassation. On fait alors appel aux plus illustres spécialistes de la faculté de médecine de Paris : Esquirol, Orfila, Marc, Pariset, Rostan, Mitivié et Leuret. Ceux-ci, après avoir lu les différents rapports, se rangent à l'avis du docteur Vastel et déclarent unanimement que Pierre Rivière est atteint d'aliénation mentale et qu'il présente un cas classique de « monomanie homicide » — notion établie par le docteur Esquirol et qui correspond à « un délire partiel, caractérisé par une impulsion plus ou moins violente au meurtre ». Si la Cour de cassation rejette le pourvoi des avocats de Rivière, le ministre de la Justice fait un rapport au roi sur les ambiguïtés du cas présenté par le jeune paysan. Le 10 février 1836, Louis-Philippe accorde sa grâce à Rivière et commue sa peine de mort en celle de réclusion à perpétuité, lettre de grâce que la cour royale de Caen entérine en audience solennelle le 17 février. À partir du 7 mars 1836, Pierre Rivière est enfermé dans la maison centrale de Beaulieu, proche de Caen. Il se suicide en 1840 en se pendant dans sa cellule. Pendant les quatre années passées dans sa prison, il témoigne de signes non équivoques de folie et, devenu dangereux pour les autres détenus, doit être isolé. Ainsi se trouve vérifiée la thèse de ceux qui ont soutenu la démence de Rivière…

*Marie Capelle a-t-elle empoisonné son mari ?*

# L'AFFAIRE LAFARGE

**Qui saura un jour si, en 1840, le maître de forges Charles Lafarge est mort pour avoir mangé un gâteau empoisonné préparé par sa femme ?**

Toute la France de la monarchie de Juillet se passionne pour cette affaire au cours de laquelle les experts se disputent pour savoir si oui ou non Lafarge a absorbé de l'arsenic.

## Une mort suspecte

Le 14 janvier 1840, après une semaine de terribles souffrances, meurt, dans sa maison du Glandier en Limousin, Charles Lafarge, maître de forges. M^me Lafarge mère accuse alors sa belle-fille, Marie, d'avoir empoisonné son mari. Le juge d'instruction de Brive, Moran, se rend à sa demande au Glandier. La famille de Charles lui présente les pièces à conviction qu'elle a gardées : potions et bouillons donnés au malade par son épouse ainsi que des échantillons des vomissements. Le juge apprend aussi que Marie Lafarge a acheté à deux

*Condamnée aux travaux forcés, Marie Lafarge, dont on ne put jamais prouver la culpabilité, fut finalement graciée par Napoléon III.*

*Les avocats de Marie Lafarge font appel au célèbre chimiste Orfila pour qu'il expertise l'estomac de M. Lafarge (caricature du XIX^e siècle).*

### La toxicologie, auxiliaire de la justice

*Au début du XIX^e siècle, pharmaciens ou médecins mettent en évidence les réactions chimiques qui se produisent au contact d'un poison dans un corps. Un pas décisif est franchi par le chimiste français d'origine espagnole Mathieu Orfila, qui, dès 1813, publie des ouvrages fondamentaux sur la constitution chimique des poisons et sur leurs actions sur les organes humains.*

*Le « père de la toxicologie » profite aussi des découvertes d'un chimiste anglais, James Marsh, qui, en 1836, met au point un appareil pour découvrir les traces d'arsenic. En 1840, sa déposition dans l'affaire Lafarge est décisive pour l'issue du procès : alors que d'autres experts ont attribué la présence de l'arsenic à celui contenu dans la terre du cimetière, le chimiste prouve que le poison provient d'un aliment ingéré par la victime.*

reprises de l'arsenic pour préparer une bouillie destinée à tuer les rats. Pour en avoir le cœur net, il décide de faire procéder à une autopsie du corps de Charles par les trois médecins qui l'ont soigné. C'est un échec : les médecins, à ce stade, ne peuvent donner aucune conclusion déterminante. Néanmoins, le 26 janvier, le juge fait arrêter Marie Lafarge, qui est incarcérée à Brive. Lors de la perquisition faite dans la chambre de celle-ci pour y retrouver des restes d'arsenic, les gendarmes découvrent, dans le tiroir secret d'une commode, un petit trésor de diamants et de perles, qu'on reconnaît comme ayant été volé jadis à Mlle de Léautaud, une ancienne amie de Marie Lafarge. La veuve de Charles Lafarge est donc inculpée de vol, et comparaît en juillet devant le tribunal correctionnel de Brive, qui la condamne à deux ans de prison. Dans cette affaire, elle gagne une réputation de voleuse et de menteuse, qui indispose d'avance les juges appelés à se prononcer sur sa responsabilité dans la mort de son mari.

### Empoisonnement ou non ?

Le 3 septembre 1840, devant la cour d'assises de Tulle dirigée par le président de Barny, s'ouvrent les audiences relatives à la mort de Charles Lafarge. Une foule considérable se bouscule dans le prétoire, pour voir cette accusée dont toute la France parle, une silhouette fragile vêtue de noir, au visage très jeune et à l'air innocent. Les interrogatoires du président et du procureur Decous permettent de mieux comprendre la personnalité de Marie : fille d'un baron d'Empire et orpheline dès son jeune âge, la jeune femme a mené une vie oisive et privilégiée dans le château de son oncle, jusqu'à la mort de celui-ci, en 1838, après quoi elle est demeurée seule et sans fortune. En 1839, des amis désireux de la marier lui présentent un riche veuf. Certes, ce Charles Lafarge n'a rien de séduisant, mais il lui fait miroiter une existence aisée dans son château du Glandier, au milieu de la nature « romantique » du Limousin. Un mariage est hâtivement célébré, et le couple rejoint le Glandier. Là, la réalité s'avère bien différente des récits de Charles : le « château » est un vieux couvent triste et humide, l'« entreprise florissante » est une ruine, et la famille de Charles accueille fort mal la mariée. Après quelques semaines de désespoir au cours desquelles elle menace de se suicider… à l'arsenic, Marie surmonte ses désillusions et traite Charles avec amabilité. Elle décide de lui livrer sa dot pour qu'il puisse restaurer sa fabrique, somme modeste que Charles entreprend de grossir en allant à Paris souscrire un emprunt. Là, le 16 décembre 1839, l'époux reçoit de sa femme un colis contenant un

*Hélène Jégado, empoisonneuse (gravure coloriée, vers 1851, Paris, musée des Arts et Traditions populaires).*

## L'empoisonneuse Hélène Jégado

Aussi célèbre dans l'opinion publique que Marie Lafarge, Hélène Jégado est une empoisonneuse « en série », dont les crimes relèvent à coup sûr de la folie.

**Dangereuse domestique.** Cette domestique bretonne est considérée comme une femme dévote et une servante dévouée. Mais, à partir de 1833, des morts suspectes se succèdent dans les maisons où elle travaille. Chaque fois, les symptômes sont les mêmes, des vomissements subits entraînant le décès et qui font penser à un empoisonnement.

**Une démente exécutée.** En décembre 1851, Hélène Jégado est traduite devant la cour d'assises de Rennes sous l'inculpation de 34 assassinats. Bien que le tribunal ne puisse trouver aucun mobile à cette suite de morts criminelles pendant près de vingt ans, le défenseur nommé d'office ne cherche pas à faire passer sa cliente pour une aliénée. Hélène Jégado est condamnée à mort. La veille de son exécution, elle avoue à un prêtre qu'elle a commis encore d'autres crimes, passés inaperçus.

« gâteau limousin » — sorte de chou à la crème — dont il mange une part, ce qui provoque chez lui vomissements et diarrhée. Lorsqu'il revient au Glandier, le 3 janvier 1840, il est encore très affaibli et forcé de s'aliter. Avec un grand dévouement, Marie veille Charles jour et nuit, lui préparant elle-même tisanes et potages. La vieille Mme Lafarge, qui a toujours haï sa belle-fille, trouve dans un pot de la poudre blanche qu'elle fait analyser par le médecin : il s'agit d'arsenic. Le médecin se précipite chez lui pour chercher un contrepoison, mais, dans son émotion, se trompe de flacon et donne au malade une potion à l'oxyde de fer qui, en trois jours, entraîne le décès de celui-ci !

### Une bataille d'experts

Si accusateurs et défenseurs, après le défilé de 150 témoins à la barre, s'opposent sur la culpabilité de Marie, ils se mettent d'accord sur la nécessité de faire appel aux expertises de la toxicologie moderne. Le procès Lafarge devient l'affaire des experts, ce qui ne fait qu'ajouter à la confusion : les quatre premiers experts ne trouvent pas d'arsenic dans l'estomac du cadavre et dix autres toxicologues, procédant à une seconde autopsie, arrivent aux mêmes conclusions. Mais deux chimistes de Brive trouvent, quant à eux, de l'arsenic, non seulement dans les organes et les restes d'aliments, mais aussi… dans les vêtements du mort ! Le procureur Decous exige alors une quatrième autopsie. Les avocats de Marie Lafarge ne peuvent que l'accepter, mais l'un d'eux, maître Paillet, obtient qu'elle soit confiée au maître incontesté de la toxicologie de l'époque, le chimiste Orfila, qui se trouve être un de ses amis. Alors, accueilli par une foule fébrile, celui-ci arrive à Tulle et se livre à l'expertise. Or, le 14 septembre, contrairement à ce qu'espérait la défense, il déclare qu'il a trouvé un demi-milligramme d'arsenic dans l'estomac de Lafarge et que cet arsenic provient d'un élément étranger au corps humain. Sans réclamer d'autres analyses, les juges rendent alors leur verdict : Marie Lafarge est reconnue coupable de l'empoisonnement de son mari et condamnée aux travaux forcés à perpétuité, peine commuée ensuite à la réclusion perpétuelle. Elle sera graciée par Napoléon III en 1851. Personne n'a jamais élucidé les raisons de la mort de Charles Lafarge. Quant aux expertises concernant l'arsenic, elles se sont faites dans de telles conditions qu'elles ne peuvent apporter aucune preuve décisive…

*Un noble tue sa femme pour épouser sa maîtresse*

# LE DUC DE CHOISEUL-PRASLIN

*Portraits du duc et de la duchesse de Choiseul-Praslin (gravures du XIXe siècle, Paris, Bibliothèque nationale de France).*

**Au cours des dernières années de la monarchie de Juillet, le pouvoir royal se trouve déconsidéré par des affaires de mœurs et de malversations politiques dont les acteurs appartiennent à la noblesse. Le dernier de ces scandales, en 1847, l'assassinat de la duchesse de Choiseul-Praslin, excite les esprits des Français contre les nobles et prépare très indirectement la révolution de 1848.**

L'assassin de la duchesse est en effet son époux même, le duc de Choiseul-Praslin, membre d'une très vieille famille de France et l'un des sûrs partisans du régime. Le coupable se suicide une fois son geste accompli, mais il n'en fait pas moins l'objet d'un scandale, qui ternit considérablement l'image de l'aristocratie française.

## Scandale à la Chambre des pairs

Le matin du 17 août 1847, on découvre la duchesse de Choiseul-Praslin étendue dans sa chambre, criblée de coups de couteau et baignant dans son sang. La pauvre femme a tenté d'échapper à son meurtrier et la pièce est remplie des empreintes de ses mains. Des traces de sang conduisent à la chambre du duc auquel les policiers demandent de se déshabiller : ses sous-vêtements sont maculés de sang et, dans la cheminée, les policiers trouvent encore les débris d'une robe de chambre qu'on a tâché de faire disparaître en la brûlant. En attendant de recevoir des ordres précis du roi sur ce qu'il doit faire du duc, le préfet de police fait enfermer ce dernier dans sa chambre, à la porte de laquelle se tiennent deux policiers. Vers 10 heures du soir, des hurlements alertent les gardes qui pénètrent dans la pièce : Choiseul est au plus mal, il vomit et est en proie à des syncopes. Le médecin appelé ne peut se prononcer : s'agit-il du choléra ou, comme on le prouvera plus tard, d'un empoisonnement à l'arsenic ? La vénérable Chambre des pairs, compétente puisqu'il s'agit de juger l'un de ses membres, est terriblement commotionnée : il lui faut veiller à l'incarcération et tenir le procès d'un noble appartenant à l'une des plus anciennes familles de France, et cela pour un meurtre des plus répugnants. L'affaire semble d'autant plus monstrueuse qu'un mois auparavant Choiseul-Praslin s'est montré particulièrement sévère lorsque la Chambre des pairs, constituée en Haute Cour de justice, a dû statuer sur le sort de Teste, ministre des Travaux publics, et du général Cubières, tous deux accusés de corruption. À cette occasion, Choiseul a flétri en termes méprisants les hommes qui ne « savent pas tenir leur rang »...

## Un crime passionnel bien ordinaire

Si la personnalité de l'assassin suscite la consternation chez les pairs et attise la colère de la foule contre la noblesse et la royauté, le meurtre en lui-même est parfaitement banal. En 1824, Choiseul-Praslin épouse la fille d'un maréchal d'Empire. Fanny Sébastiani, si elle n'appartient pas à la vieille noblesse, apporte une dot fort considérable, et, de plus, c'est une ravissante jeune fille, tout à fait digne de devenir la maîtresse du château de Vaux, propriété des Choiseul. Pendant quelques années, le ménage vit en bonne entente, et dix enfants viennent rapidement agrandir la famille. Mais, au fur et à mesure que les grossesses se succèdent, la jolie Fanny perd de son charme et, à 30 ans, elle est devenue une grosse femme à laquelle son mari ne s'intéresse plus guère. En 1841, la famille de Choiseul engage une nouvelle gouvernante pour s'occuper des enfants,

*Le crime du duc de Choiseul-Praslin (illustration pour l'ouvrage* Choses vues, *de Victor Hugo, 1888-1893).*

*L'arme du crime : le couteau et un mouchoir tachés de sang trouvés dans la chambre de la duchesse de Choiseul-Praslin (Paris, Archives nationales).*

M^lle^ Deluzy, une charmante jeune femme de 26 ans, que les enfants vite conquis surnomment « Azelle ». Sous prétexte que sa femme a les nerfs fragiles, le duc met au point un singulier règlement : M^lle^ Deluzy s'occupera seule des enfants et M^me^ de Choiseul ne pourra voir ceux-ci qu'en présence de leur préceptrice. Dans ces conditions, la situation devient vite intenable au sein de la maison des Choiseul. Le maréchal Sébastiani somme alors son gendre de renvoyer M^lle^ Deluzy ou de divorcer, ce qui est inconcevable pour un pair de France. M^lle^ Deluzy quitte donc la maison et se fait engager comme professeur dans un pensionnat de jeunes filles. Mais cette solution, si elle calme la colère de Fanny, est fort mal reçue par les enfants, réellement attachés à la jeune femme, et surtout par le duc. Secrètement, celui-ci rend visite à l'ex-gouvernante — qui ne devient peut-être sa maîtresse qu'à ce moment-là. Sans doute pour pouvoir l'épouser, il conçoit le plan de tuer son épouse, de manière à faire croire au crime d'un rôdeur. Mais il accomplit son forfait bien maladroitement, étant donné tous les indices qu'il laisse à la police !

## Un procès sans accusé

La maladie — ou plus probablement la tentative de suicide — du duc permet aux pairs de faire traîner les choses en longueur. Le 21 août seulement, soit cinq jours après le meurtre, ils se décident à faire arrêter Choiseul. Un délai si considérable donne fort légitimement à la presse l'occasion de se déchaîner contre ces nobles qui peuvent impunément massacrer leur épouse, alors qu'un simple ouvrier, dans la même situation, serait immédiatement condamné à la guillotine ! Dans la rue, Victor Hugo, lui-même jeune membre de la Chambre des pairs, collectionne les « bons mots » que l'affaire inspire à la foule parisienne : celle-ci invente le terme « prasliner », disant que le duc « a prasliné sa femme » ; deux assassins, Lecomte et Marquis, ayant été récemment exécutés, un homme s'écrie : « L'an dernier, c'était Lecomte, et puis voilà Marquis ; maintenant, c'est le duc ! » Cette gouaillerie traduit en fait l'irritation constante des Français contre un pouvoir qui permet qu'il y ait une justice à deux vitesses. Conduit sur une civière au palais du Luxembourg, le duc de Choiseul est interrogé par le président de la Chambre des pairs. Démarche vaine : le duc, en fait, agonise ; il est déjà incapable de répondre — il meurt le 24 août. À ce moment, l'opinion publique est à ce point déchaînée que les pairs décident de la calmer en ignorant la mort du duc et en se constituant en cour de justice ! Le 30 août, donc, la Chambre se réunit. Le plus sérieusement du monde, elle s'interroge sur les conditions de l'assassinat et sur la préméditation éventuelle du crime. Par vote à main levée, les pairs, à l'unanimité, déclarent le duc de Choiseul-Praslin coupable, mais, le prévenu étant mort, l'action publique est éteinte sur décision du président. Aucun élément ne peut être relevé contre M^lle^ Deluzy, qui quitte la France pour les États-Unis où elle épousera plus tard un pasteur presbytérien…

## Victor Hugo évoque le meurtre

*« [...] La pauvre duchesse était, à la lettre, déchiquetée, tailladée par le couteau, assommée par la crosse du pistolet. Allard, le successeur de Vidocq à la police de sûreté, a dit : " C'est mal fait ; les assassins dont c'est l'état travaillent mieux ; c'est un homme du monde qui a fait ça. " Les premiers soupçons se sont éveillés ainsi. » (21 août 1847.)*

*« Les pairs instructeurs ont visité avant-hier l'hôtel Praslin. La chambre à coucher est encore comme elle était le matin du crime. Le sang, de rouge, est devenu noir. Voilà la seule différence. Cette chambre fait horreur. On y voit toute palpitante et comme vivante la lutte et la résistance de la duchesse. Partout des mains sanglantes allant d'un mur à l'autre, d'une porte à l'autre, d'une sonnette à l'autre. La malheureuse femme, comme les bêtes fauves prises au piège, a fait le tour de sa chambre en hurlant et en cherchant une issue sous les coups de couteau de l'assassin. » (27 août 1847.)*

*« Le corps de M^me^ de Praslin était tombé nu et sanglant sur une causeuse. Quand on l'a relevé, on a trouvé dessous une bourse pleine d'argent et un volume d'un livre intitulé : "Les gens comme il faut". » (27 août 1847.)*

*Victor Hugo,* Choses vues.

# *Un simulacre d'exécution*

# DOSTOÏEVSKI

**En décembre 1849, l'écrivain russe Dostoïevski et plusieurs de ses amis sont arrêtés pour complot politique. À cause de leurs idées subversives à l'encontre du pouvoir tsariste, les jeunes gens sont condamnés à mort ; mais, au moment où le peloton de soldats les met en joue, arrive la grâce du tsar.**

*Réunion clandestine (peinture de Répine, 1883, Moscou, galerie Tretiakov).*

*La forteresse Pierre-et-Paul à Saint-Pétersbourg (peinture de Joukov, 1860, Moscou, musée Dostoïevski).*

### Impressions d'un condamné à mort

*« Le plus pénible, ce sont les préparatifs. Après la lecture de la sentence de mort, on procède à la toilette du condamné et on le ligote pour le hisser sur l'échafaud. La foule s'amasse autour du lieu d'exécution, les femmes elles-mêmes assistent à ce spectacle, bien que leur présence en cet endroit soit réprouvée. [...] Qui a pu dire que la nature humaine était capable de supporter cette épreuve sans tomber dans la folie ? Pourquoi lui infliger un affront aussi infâme qu'inutile ? [...] C'est de ce tourment et de cette angoisse que le Christ a parlé. Non ! on n'a pas le droit de traiter ainsi la personne humaine ! »*

*Dostoïevski,* l'Idiot, *traduction de P. Pascal, Flammarion, Paris, 1983.*

Le traumatisme d'une telle expérience marque profondément Dostoïevski. Pendant les quatre années qui suivent, l'écrivain, détenu dans un bagne de Sibérie, oriente désormais ses écrits vers le problème du mal, du châtiment et de la rédemption.

## Dans la forteresse Pierre-et-Paul

Les malheurs de Dostoïevski et de ses compagnons ont commencé le 22 avril 1849. Au petit matin, ce jour-là, arrive dans la cour de la 3e section policière de Saint-Pétersbourg un cortège de calèches d'où descendent des hommes mal éveillés et effarés. Une descente de police organisée sur l'ordre du général comte Orlov, chef de la gendarmerie tsariste, a permis d'arrêter les 34 libres-penseurs et étudiants qui se réunissaient tous les vendredis chez le socialiste Petrachevski. Ces jeunes intellectuels — au nombre desquels se trouve Dostoïevski — se regroupaient pour discuter des réformes indispensables en Russie, en particulier l'abolition du servage. Le lendemain de leur arrestation, les jeunes gens, auxquels nul n'a indiqué de façon précise ce qu'on leur reprochait, sont transférés dans la sinistre forteresse Pierre-et-Paul. Mis au secret dans des cellules individuelles, vêtus de l'uniforme grossier des prisonniers, ils sont privés de toute communication avec l'extérieur et croupissent dans l'attente d'un sort qu'il leur est impossible de déterminer. Tous supportent très mal cette incarcération rigoureuse : l'un songe à se suicider, d'autres sombrent dans la dépression. Ce n'est qu'à partir de juillet qu'on les autorise à recevoir des livres et à échanger une correspondance avec leurs familles.

## Un procès sans accusés

Pendant ce temps, une instruction est ouverte. Au domicile des jeunes gens, des perquisitions ont permis de confisquer tous les papiers suspects. Pendant cinq mois, 233 personnes, accusés et témoins, sont interrogées dans la « Maison blanche » située dans la cour de la forteresse, où siège une commission d'enquête de cinq membres. Cette instruction démontre la faiblesse du dossier de l'accusation : aucune tentative d'attentat contre le tsar ne peut être prouvée, et il est même bien difficile de faire passer pour la préparation d'un complot les discussions enflammées des « vendredis » de Petrachevski ! La police est pourtant bien informée sur le détail des débats du groupe : depuis quelques mois, elle avait réussi à introduire un de ses espions, un nommé Antonelli, dans les réunions du vendredi... D'ailleurs, les résultats de la commission d'enquête ont à peine d'importance. Se moquant qu'il y ait des preuves ou non d'une activité subversive, le ministère de

## Les nihilistes russes

**Réaction, opposition : la naissance du nihilisme.** Après un début de règne marqué par des mesures importantes comme l'abolition du servage — une des mesures demandées par Petrachevski et ses amis —, le tsar Alexandre II revient, à partir de 1862, à une politique de répression qui entraîne une recrudescence des groupes d'opposition. Parmi eux, les nihilistes — dont le nom a été popularisé par Tourgueniev dans son roman *Pères et Fils* —, avec leurs chefs Tchernychevski, Pissarev et Mikhaïlov, prônent l'activisme en réaction contre l'idéalisme romantique des années 1840.

**Le temps des attentats.** En 1878, une jeune fille de la noblesse, Vera Zassoulitch, tire sur le chef de la police Trepov qui a fait fouetter un étudiant. À partir de cette date, les attentats nihilistes se multiplient contre les fonctionnaires et les policiers, et 31 révolutionnaires sont exécutés. Les nihilistes condamnent alors à mort le tsar « Alexandre le Pendeur ». Celui-ci échappe de justesse à trois attentats : l'étudiant Soloviev tire en 1879 cinq coups de revolver contre lui ; la même année, des mines sont posées sur le trajet du train impérial ; enfin, en février 1880, une bombe explose dans la salle à manger du palais d'Hiver. Finalement, le quatrième attentat est fatal au tsar : le 13 mars 1881, la fille du gouverneur de Saint-Pétersbourg, Sophia Pétrovskaïa, lance deux bombes sous la calèche du tsar, qui meurt déchiqueté.

l'Intérieur a fait comprendre qu'il fallait prononcer un jugement exemplaire à l'encontre des « petrachevtsy ». Un tribunal militaire de six généraux assistés de six personnalités civiles est réuni à cette fin. En novembre, au vu du dossier de la commission d'enquête et sans avoir entendu lui-même les accusés, il décide que quinze d'entre eux seront exécutés, sept déportés et six relâchés. Or, ce verdict s'avère sans effet réel. La décision du tribunal militaire est en effet annulée par l'Auditoriat général — c'est-à-dire par le Conseil du tsar —, qui condamne tous les accusés à la peine de mort... après avoir suggéré à Nicolas Ier de commuer ensuite la peine de mort en travaux forcés ! Clause acceptée par le tsar à condition qu'elle soit tenue secrète.

### Une macabre mascarade

À 6 heures du matin, le 22 décembre 1849, les « petrachevtsy » sont tirés de leurs cellules. On leur rend leurs habits civils. Ils sont ensuite rassemblés dans la cour de la forteresse puis embarqués dans des fiacres entourés de gendarmes à cheval. Le givre couvrant les vitres empêche de reconnaître le trajet suivi par la longue file de voitures dans la ville de Saint-Pétersbourg. Lorsque, enfin, les prisonniers descendent des fiacres, ils se trouvent sur la grande place Semenovsky, autour de laquelle se presse une foule nombreuse. Au centre, un échafaud et trois piquets enfoncés dans la neige. Précédés d'un pope brandissant une croix, les jeunes gens montent l'un après l'autre sur l'échafaud. Lorsqu'ils sont tous regroupés, le représentant du tsar lit à haute voix les noms des « petrachevtsy », ajoutant à chaque fois : « condamné à mort ». Les bourreaux revêtent alors les jeunes gens de l'habit des condamnés, une longue robe de toile blanche. Les trois premiers de la file sont attachés aux poteaux et on rabat sur leur visage la grande capuche de la robe. Un peloton de soldats se détache et les met en joue. Dans un silence profond, tout le monde attend le signal de la fusillade. C'est alors qu'apparaît sur la place un aide de camp du tsar qui lève un mouchoir blanc. Il annonce que, par « clémence infinie de Sa Majesté l'Empereur », la peine de mort est commuée en travaux forcés en Sibérie pendant quatre ans. En conséquence de quoi, les jeunes gens sont ramenés en prison. Deux jours plus tard, le 24 décembre, des chaînes aux pieds, les anciens condamnés à mort graciés sont embarqués dans des troïkas qui, au cours de 18 jours d'un trajet rendu particulièrement éprouvant par un froid terrible, les conduisent vers le bagne sibérien...

*Le bagne sibérien : au centre, assis sur le lit de planches, Fédor Dostoïevski* (Noël à la maison des morts, *peinture de Pomérantsev).*

## *Gustave Flaubert poursuivi pour immoralité*

# « MADAME BOVARY »

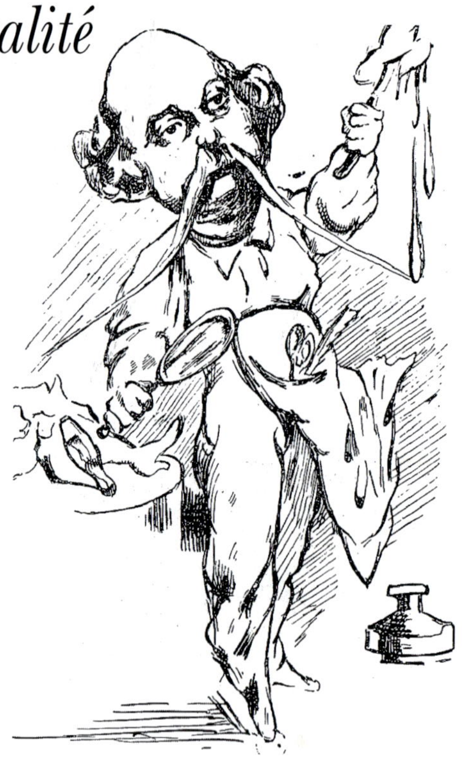

Flaubert disséquant Madame Bovary *(caricature de Lemot, 1869) : la nouveauté de son style et la psychologie de ses personnages attirèrent à Flaubert de nombreuses critiques.*

**En 1857, le romancier français Gustave Flaubert est traduit en justice pour obscénité. Le puritanisme bourgeois s'inquiète alors de tout ce qui peut risquer de porter atteinte aux conventions morales. *Madame Bovary*, œuvre nouvelle par son style et son sujet, est victime de ce rigorisme officiel.**

Le paradoxe est que ce procès survient pendant une époque de licence relative, du moins à la cour de Napoléon III. La société du second Empire est en fait divisée. Alors que l'entourage de l'empereur et le « demi-monde » des dandys et des femmes entretenues, dans la capitale, n'hésitent pas à se livrer ouvertement à toutes les extravagances de la « vie parisienne », l'opinion bourgeoise, particulièrement en province, pudibonde et prompte à crier au scandale, confond art nouveau et pornographie.

### Une vague de procès contre les écrivains

Les outrages à la morale publique ou religieuse, ainsi que ceux contre les bonnes mœurs, constituent alors des délits définis par les articles 1 et 8 de la loi du 17 mai 1819. Les écrivains, bien souvent, produisent des ouvrages qui tombent sous le coup de cette loi : poursuivis, ils risquent les peines prévues par les articles 59 et 60 du Code pénal, c'est-à-dire des amendes ou l'emprisonnement. La presse bien-pensante se fait souvent l'auxiliaire de la justice. Elle attire l'attention des magistrats sur la crudité de certaines œuvres auxquelles elle reproche de relever de la « littérature de charnier et de boue », critique que résume fort bien Ferragus, chroniqueur du quotidien *le Figaro*, dans un article dirigé contre les écrivains « scandaleux » : « Il est plus facile de faire un roman brutal, plein de sanie, de crimes et de prostitutions, que d'écrire un roman contenu, mesuré, moiré, indiquant les hontes sans les découvrir, émouvant sans écœurer. » C'est ainsi qu'en février 1856 le romancier Xavier de Montépin est condamné à trois mois de prison et à 500 F d'amende pour son livre *les Filles de marbre*. En 1858, la *Fanny* d'Ernest Feydeau, fade copie de *Madame Bovary*, est aussi poursuivie par la justice, ainsi que en 1865, *Germinie Lacerteux* des frères Goncourt. Enfin, en 1869, c'est le tour de *Thérèse Raquin* d'Émile Zola. Mais l'affaire la plus retentissante dans ce domaine est — outre le procès des *Fleurs du mal* de Baudelaire, qui s'ouvre précisément la même année — celui de *Madame Bovary* de Flaubert.

### Madame Bovary ou la femme adultère

En janvier 1857 comparaissent devant la 6e chambre correctionnelle du Palais de Justice de Paris le directeur de la *Revue de Paris*, Laurent Pichat, l'imprimeur Pillet et l'écrivain Gustave Flaubert. Les trois hommes sont traduit en justice pour avoir publié en feuilleton, dans cette *Revue de Paris*, le dernier roman de Flaubert, *Madame Bovary*. Alors même que certains passages regardés comme particulièrement choquants par la rédaction du journal ont été supprimés, le ministère public juge que l'œuvre relève de la correctionnelle pour « immoralité et irréligion ». L'avocat impérial chargé de l'acte d'accusation, Ernest Pinard, a été sept ans auparavant président de l'Assemblée nationale (en 1867, il deviendra ministre de l'Intérieur). Encore jeune, auteur en secret de poésies graveleuses, Pinard prononce un réquisitoire d'une hypocrisie pontifiante, qui deviendra célèbre dans l'histoire de la littérature. Reprenant en détail le sujet du roman — l'histoire d'une petite-bourgeoise romanesque et insatisfaite qui cherche la passion dans des aventures adultères décevantes et finit par se suicider avec de l'arsenic —, Pinard insiste avec complaisance sur certaines scènes accusées de donner un « mauvais exemple » et d'outrager la religion : le récit des amours d'Emma Bovary avec le hobereau Rodolphe ; la crise mystique d'Emma entre deux adultères ; les rencontres à Rouen de l'héroïne et de son jeune amant Léon ; enfin, la description minutieuse de la mort d'Emma. Par chance, Flaubert est défendu par maître Sénard, grand avocat rouennais, libéral quoique partisan de l'ordre, dont la belle plaidoirie convainc le tribunal. Le 7 février 1857, la sentence est rendue : après avoir sévèrement sermonné Flaubert, le tribunal l'acquitte, ainsi que le directeur de la *Revue de Paris* et l'imprimeur. Ce procès, tout désagréable qu'il a pu être pour l'écrivain, donne immédiatement une publicité extraordinaire à *Madame Bovary* qui, publiée jusque-là en feuilleton, paraît dans son intégralité fin avril 1857 et connaît un grand succès.

### Extrait du réquisitoire contre Flaubert

*« Je dis, messieurs, que des détails lascifs ne peuvent pas être couverts par une conclusion morale, sinon on pourrait raconter toutes les orgies imaginables, décrire toutes les turpitudes d'une femme publique, en la faisant mourir sur un grabat à l'hôpital. Il serait permis d'étudier et de montrer toutes ses poses lascives ! Ce serait aller contre toutes les règles du bon sens. Ce serait placer le poison à la portée de tous et le remède à la portée d'un bien petit nombre, s'il y avait un remède. Qui est-ce qui lit le roman de M. Flaubert ? Sont-ce des hommes qui s'occupent d'économie politique ou sociale ? Non ! Les pages légères de* Madame Bovary *tombent en des mains plus légères, dans des mains de jeunes filles, quelquefois de femmes mariées. Eh bien ! lorsque l'imagination aura été séduite, lorsque cette séduction sera descendue jusqu'au cœur, lorsque le cœur aura parlé aux sens, est-ce que vous croyez qu'un raisonnement bien froid sera bien fort contre cette séduction des sens et du sentiment ? [...] »*

*Extrait du réquisitoire prononcé par maître Pinard.*

La mort de Madame Bovary (peinture de Fourié, Rouen, musée des Beaux-Arts).

## Les fleurs vénéneuses de Baudelaire

Le hasard veut que l'autre œuvre littéraire magistrale du second Empire, le recueil de poèmes les *Fleurs du mal*, de Baudelaire, soit traînée en justice la même année que *Madame Bovary*, devant la même 6e chambre correctionnelle de Paris, et attaquée par le même substitut, l'avocat impérial Pinard.

**« Monstruosités. »** En juin 1857, l'éditeur Poulet-Malassis met en vente *les Fleurs du mal*, dont certaines pièces ont déjà paru dans plusieurs revues. Dans le quotidien *le Figaro* du 5 juillet, un certain Gustave Bourdin publie un article stigmatisant l'ouvrage : « Rien ne peut justifier un homme de plus de 30 ans d'avoir donné la publicité du livre à de semblables monstruosités. » La direction de la Sûreté publique, équivalent de notre actuel ministère de l'Intérieur, engage une plainte pour « délit d'outrage à la morale publique » auprès du parquet, qui fait saisir le livre et poursuivre l'auteur et les éditeurs.

**La condamnation.** Le 20 août, Baudelaire et les imprimeurs Poulet-Malassis et de Broise sont présentés devant la 6e chambre. Rendu prudent par son insuccès et par les moqueries qu'il a encourues dans le procès de *Madame Bovary*, le substitut impérial Pinard, tout en lisant un certain nombre de passages « scandaleux », demande pourtant l'indulgence des juges pour un écrivain « qui est une nature inquiète et sans équilibre ». La plaidoirie de l'avocat de la défense, maître Chaix d'Est-Ange, n'est, quant à elle, guère brillante, avec une argumentation dépourvue d'originalité. Le jour même, le verdict est rendu : Baudelaire est condamné à payer une amende de 300 F et ses deux coaccusés doivent verser 100 F chacun. De plus, six pièces (*les Bijoux, le Léthé, À celle qui est trop gaie, Femmes damnées, Lesbos, les Métamorphoses du vampire*) doivent être supprimées du recueil. Renonçant à faire appel, Baudelaire écrit à l'impératrice Eugénie pour lui demander une réduction de l'amende. Celle-ci, en janvier 1858, est finalement ramenée à 50 F, car, selon une note de la division criminelle, le condamné « a témoigné du repentir ».

Charles Baudelaire, condamné par la justice pour les Fleurs du mal (photographie de Nadar, collection particulière).

## *Un nationaliste italien tente d'assassiner Napoléon III*

# FELICE ORSINI

*L'attentat à la bombe organisé par Orsini contre la voiture de Napoléon III et de l'impératrice Eugénie (peinture de Vittori, Paris, musée Carnavalet).*

**Particulièrement meurtrier, l'attentat préparé par l'Italien Orsini, en 1858, contre l'empereur des Français a pour but de dénoncer la politique de ce dernier à l'égard des États italiens qui luttent pour leur liberté. Paradoxalement, le procès qui entoure cette tentative criminelle, en popularisant dans l'opinion la cause des nationalistes italiens, va accélérer l'engagement français dans la guerre pour l'unité de la péninsule.**

Le complot d'Orsini contre Napoléon III occupe une place à part dans la longue série des attentats commis contre les chefs d'État français, car, à la différence des autres, il provoque un retournement de l'opinion publique en faveur des thèses défendues par le poseur de bombes.

### Trois bombes, 156 victimes

Le 14 janvier 1858, l'empereur Napoléon III et l'impératrice Eugénie se rendent à l'Opéra pour assister à une représentation exceptionnelle. Au moment de l'arrivée de la calèche impériale rue Le Peletier, où se trouve l'Opéra d'alors, trois détonations éclatent dans la foule amassée sur le passage de la voiture impériale. Tous les réverbères et les becs de gaz sont brisés par les déflagrations et, dans l'obscurité totale, une panique épouvantable se déclenche. Les chevaux de l'escorte, affolés, piétinent les gens qui se bousculent pour échapper à la cohue. Quand les secours arrivent, on relève 156 victimes ; deux personnes sont mortes sur le coup, six autres décèdent dans les jours qui suivent. Par miracle, l'empereur et l'impératrice sortent indemnes de l'attentat : un éclat de bombe a seulement traversé le chapeau de Napoléon III. Très calme, le couple pénètre dans l'Opéra où les dignitaires du régime se précipitent pour l'accueillir. « Votre police se fait joliment bien ! », se contente de déclarer froidement Napoléon III au ministre de l'Intérieur, Billault. Lorsque, à la fin du spectacle, Napoléon et Eugénie rejoignent le palais des Tuileries, le peuple parisien, venu en masse le long du parcours, acclame leur courage. Ce n'est pas le premier attentat auquel l'empereur échappe, puisque, en avril 1855, un Italien, Giovanni Pianori, a tiré à bout portant sur Napoléon III et l'a raté de peu. Mais cette attaque est sans commune mesure avec l'explosion meurtrière de la rue Le Peletier. Servie à la fois par la chance et par la rapidité des enquêtes menées dans les milieux extrémistes de la capitale, la police parvient, la nuit même, à arrêter trois des instigateurs de l'attentat : les dénommés Pieri, Rudio et Gomez, qui dénoncent leur chef, Felice Orsini, un Italien qui vit à Paris sous un autre nom, aux consonances anglaises.

### Felice Orsini, conspirateur par vocation

L'attentat de l'Opéra donne à Napoléon III le prétexte pour adopter rapidement des mesures répressives visant à démanteler l'opposition républicaine… qui n'est pourtant pour rien dans l'affaire. Le 19 février, la loi de sûreté générale, confondant les pouvoirs administratif et judiciaire, permet au ministre de l'Intérieur de faire arrêter, emprisonner et déporter, sur simple décision administrative,

Portrait de Felice Orsini, nationaliste italien (Paris, musée Carnavalet).

*L'ancien Opéra de Paris, Académie impériale de musique (lithographie d'Arnout, Paris, musée Carnavalet).*

tous ceux qui ont, dans leur passé, subi une condamnation politique. Cette « loi des suspects » permet d'interpeller 2 000 Français : environ 400 d'entre eux sont déportés en Algérie. Cependant, les interrogatoires d'Orsini et de ses complices prouvent très vite que ce qu'on appelle alors la « question italienne » a guidé l'acte criminel. Orsini fait partie de ces révolutionnaires italiens qui, à partir de 1840, luttent pour obtenir l'indépendance et la réunion des différents États de la péninsule. Condamné à mort en 1855, évadé, réfugié à Londres, il y entend dire que Napo-léon III représente le seul obstacle à la participation des Français dans la lutte pour la liberté italienne. Napoléon III éliminé, la république à nouveau proclamée en France, le nouveau régime se rangerait tout naturellement aux côtés des partisans de l'émancipation italienne. Orsini, dès lors, commence à préparer l'attentat de la rue Le Peletier.

## Les lettres d'Orsini à Napoléon III

Dans sa prison, Orsini reçoit la visite du préfet de police Pietri, favorable à la cause italienne, qui parvient à le convaincre qu'il s'est trompé de cible et que l'empereur n'a jamais été hostile à l'indépendance des États italiens. Sur ses conseils, le 11 février, le prisonnier écrit une lettre à Napoléon III où il adjure celui-ci en termes vibrants de prendre la défense de ses compatriotes et de devenir le champion de leur liberté. Cette lettre — qu'elle soit sincère ou extorquée par Pietri — va jouer un rôle capital dans le procès du terroriste. Son avocat, Jules Favre, obtient l'autorisation de la lire à l'audience et de la faire publier dans *le Moniteur*, le journal officiel du régime. Le personnage d'Orsini est alors auréolé du prestige romantique du défenseur des libertés opprimées. Il devient pour l'opinion publique française le symbole de l'idéalisme politique et son procès a pour résultat de rendre la cause italienne populaire en France. L'empereur lui-même, ému par la ferveur d'Orsini, intervient personnellement pour demander la clémence des juges. Ce mouvement d'opinion reste sans résultat pour les terroristes, puisque Orsini et son principal complice, Pieri, sont condamnés à la guillotine, tandis que les deux autres comparses sont envoyés aux travaux forcés jusqu'à la fin de leurs jours. Est-ce par émotion sincère ou par calcul politique ? Napoléon III veut alors gracier Orsini et ses complices. Mais son entourage s'oppose à cette mesure : malgré la sympathie qu'a pu susciter Orsini, son attentat a été trop meurtrier pour qu'il soit possible de l'absoudre par grâce impériale. En 1855, Giovanni Pianori, qui n'avait fait aucune victime, a été exécuté. L'empereur doit donc renoncer à son projet ; Orsini est guillotiné le 13 mars 1858, en même temps que Pieri. Dans une ultime lettre à Napoléon III, le condamné supplie l'empereur « de ne pas repousser le vœu suprême d'un patriote sur les marches de l'échafaud ». À partir de ce moment, Napoléon III, sûr d'être appuyé par l'opinion publique, entame la préparation de l'intervention française en Italie, qui commence effectivement l'année suivante.

### Louis-Napoléon en prison

**Le neveu de Napoléon Ier.** Napoléon III a connu lui-même l'incarcération avant de devenir empereur. Après la disparition de son cousin, le fils de Napoléon Ier, et de son propre frère aîné, Louis-Napoléon, fils de Louis Bonaparte, roi de Hollande, et d'Hortense de Beauharnais, devient le chef du parti bonapartiste et, à deux reprises, tente de s'emparer du pouvoir.

**Premier complot.** En 1836, Louis-Napoléon tente de soulever la garnison de Strasbourg. ce premier complot échoue, mais Louis-Philippe se contente d'exiler son instigateur au Brésil.

**« Badinguet ».** En 1840, revenu en Grande-Bretagne, Louis-Napoléon tente avec des partisans un débarquement à Boulogne, mais c'est aussi un échec. Il est arrêté et condamné à la détention perpétuelle, ce qui lui inspire cette apostrophe à ses juges : « En France, il n'y a rien de perpétuel ! » Il est enfermé au fort de Ham, dans la Somme. Pendant plusieurs années, il consacre son temps à l'étude des œuvres des grands économistes et rédige son livre, *l'Extinction du paupérisme*. En 1846, il emprunte à un ouvrier maçon, nommé Badinguet, des habits qui lui permettent de s'évader du fort dans des circonstances rocambolesques. Pendant son règne, ses adversaires lui donneront par dérision le surnom de « Badinguet ».

*Le crime sauvage du monstre de Pantin*

# L'AFFAIRE TROPPMANN

*La découverte des corps des victimes de Troppmann par des maraîchers à Pantin (lithographie de Pinot et Sagaire, vers 1869, Paris, musée de la Police).* ▷

**En 1869, dans la banlieue parisienne, se déroule un des carnages les plus sanglants de l'histoire des faits divers. Une famille entière, les parents et leurs six enfants, a été massacrée par un garçon de 20 ans. Le champ du crime devient bientôt un endroit de promenade pour les Parisiens, et le portrait de Troppmann, l'assassin fou, est tiré à des milliers d'exemplaires.**

Ce massacre affreux, accompli par un aliéné dans la région parisienne, passionne le public à un degré jamais connu : pour la première fois, un fait divers connaît une exploitation commerciale systématique, se traduisant par de forts tirages de la presse populaire et par le commerce de tout ce qui se rapporte au meurtre. Mais bien des zones obscures subsistent dans cette épouvantable affaire.

## Dans un champ de luzerne

La plaine de Pantin, à la fin du second Empire, est encore un endroit isolé où les maraîchers cultivent les légumes qu'ils vont vendre ensuite à Paris. Le matin du 20 septembre 1869, l'un d'eux, Langlois, en creusant le sol, découvre une main d'enfant. La police, immédiatement alertée, fait retourner le champ. Elle trouve en tout six cadavres portant d'horribles mutilations : celui d'une femme d'une quarantaine d'années, enceinte de six mois, lardé d'une trentaine de coups de couteau, et ceux de cinq enfants âgés de 3 à 16 ans, qui ont fini étranglés ou assommés. L'identité de la malheureuse famille est bientôt établie : il s'agit des Kinck, des gens originaires de Roubaix, venus s'installer dans la région et bientôt abandonnés par le père. Quelques jours après la macabre découverte dans le champ du maraîcher, le cadavre du fils aîné, Gustave, qui, les premiers temps, a

### Le criminaliste Cesare Lombroso

*Dans la seconde moitié du XIX^e siècle, les thèses émises par Cesare Lombroso ont une grande importance dans l'évolution de la criminologie. Les recherches de ce psychiatre italien tendent à démontrer que certains hommes sont nés pour être criminels, à cause de leur hérédité ou de l'influence de maladies nerveuses... Certaines anomalies que Lombroso croit reconnaître dans la structure crânienne d'internés ou de prisonniers lui font ainsi conclure que le criminel est davantage un malade qu'un coupable.*

*Troppmann assassine M^me Kinck et ses 5 enfants à Pantin (lithographie de Pinot et Sagaire, vers 1869, collection particulière).*

L'arrestation de Troppmann au Havre (Paris, musée de la Police).

été soupçonné d'avoir tué sa famille, est retrouvé dans un terrain voisin. Cette incroyable et sanglante affaire fait le bonheur des journalistes et des commerçants, car, attirée par la sauvagerie du massacre, la foule se promène des jours durant sur les lieux du crime. Les marchands ambulants y installent leurs baraques. Des photographes et des dessinateurs vendent des vues et des illustrations reconstituant les assassinats. *Le Petit Journal*, grâce au feuilleton de l'affaire qu'il publie tous les jours en première page, connaît des tirages inconnus jusqu'alors. Cependant, la police a ouvert une enquête. Très vite, elle procède, au Havre, à l'arrestation d'un jeune homme prétendant s'appeler Wolf, qui s'apprête à s'embarquer pour les États-Unis. Le suspect tente d'échapper aux forces de l'ordre en se jetant à l'eau, mais il est repêché par un calfat (un ouvrier chargé de calfater les bateaux), dont la presse fait aussitôt un héros prêt à tout risquer pour aider la justice... L'identité du jeune fuyard est révélée aux journalistes : il s'appelle Jean-Baptiste Troppmann, a 20 ans et a exercé, comme M. Kinck, dont il était l'ami, le métier de mécanicien à Roubaix.

### Le procès du « monstre »

L'opinion, tenue en haleine par la presse, réclame le prompt procès de celui que tous tiennent pour le responsable du carnage et qui n'est plus désigné, dans la rue ou dans les journaux, que sous le nom de « monstre de Pantin ». De fait, l'instruction est rondement menée — elle dure à peine cent jours. Personne ne cherche véritablement à savoir, à ce moment, si Troppmann a eu des complices et quelles sont les raisons qui ont pu le conduire à ce massacre abominable. Le procès s'ouvre à Paris le 27 décembre. À la barre des accusés, le public découvre un tout jeune homme, d'allure assez fragile, courtois et doux, qui correspond bien mal à l'image qu'il a pu se faire du « monstre ». Cinq jours suffisent à l'accusation pour présenter sa thèse des faits, reconstruite d'après les témoignages, diserts et souvent contradictoires, de Troppmann. Celui-ci, désireux de faire sa vie aux États-Unis et ayant besoin d'argent pour la traversée, aurait empoisonné son ami Kinck pour le dévaliser. Comme Kinck ne portait pas sur lui d'argent liquide, ou pas assez, Troppmann, après l'avoir enterré dans une forêt, se serait rendu à Paris où se trouvait le reste de la famille. Disant à Mme Kinck que son mari avait besoin d'argent, il lui aurait demandé de lui signer des billets à ordre et se serait heurté à son refus. Alors, quelques jours plus tard, Troppmann aurait convaincu la famille Kinck de le suivre jusqu'à Pantin où, aurait-il dit, se trouvait le père de famille. C'est là qu'il aurait massacré à coups de couteau et de pelle la mère et les enfants. Le procès du jeune homme, qui est suivi par les journalistes de tous les pays, permet aux experts d'utiliser les méthodes d'anthropologie criminelle, qui commencent à se répandre grâce aux travaux de l'Italien Lombroso. Si la stature frêle de Troppmann est loin de correspondre à celle d'un meurtrier violent, sa main, expliquent les médecins, présente les caractéristiques du criminel-né. De même, sa démarche, la forme de sa mâchoire traduisent les stigmates d'une cruauté congénitale. Parmi ses perversions possibles, on évoque une homosexualité latente et des penchants étranges qui expliqueraient ses instincts meurtriers. Quant à la famille Kinck, l'accusation la présente comme un modèle de dignité et de probité, point sur lequel certains témoignages sur les infidélités de Mme Kinck ou les écarts du fils aîné Gustave pourraient faire planer une ombre... La défense de l'avocat Lachaud, elle, s'appuie sur la thèse de la « monomanie criminelle » — thèse utilisée récemment dans l'affaire de Pierre Rivière — dont Troppmann serait atteint. L'avocat ne nie donc nullement que son client ait tué, à lui seul, une mère et six enfants, mais il clame que Troppmann ne peut être tenu pour responsable des horreurs qu'il a commises.

> **Une presse pour les faits divers**
>
> La fin du XIXe siècle se caractérise par **l'apparition de journaux à bas prix et à grand tirage** qui font connaître aux milieux populaires l'actualité à sensation.
>
> En février 1863, Moïse Millaud lance ainsi ***le Petit Journal***, qui connaît immédiatement un grand succès. Le concurrent du *Petit Journal*, ***le Petit Parisien***, fondé en 1876, tire à 1,5 million d'exemplaires en 1914.
>
> Cette presse accorde la place principale à l'actualité politique sensationnelle et aux épisodes relevant de **la criminalité**. Des **illustrations**, en particulier à la première page du journal, évoquent de façon mélodramatique les faits divers. Elles font connaître à toute la France les visages des héros du crime et les circonstances de leurs méfaits.

### La mort de Troppmann

Le meurtre était trop horrible et l'opinion trop déchaînée contre le « monstre » pour que la thèse de l'irresponsabilité ait quelque chance d'être entendue, en cette époque où l'état mental des criminels intéressait bien peu encore juges et public. Aussi Troppmann est-il condamné à mort le 31 décembre 1869, et son pourvoi rejeté le 16 janvier suivant. Trois jours plus tard, dans la nuit glaciale du début de l'année, des milliers de Parisiens se rassemblent autour de la prison de la Roquette pour assister à l'exécution. Un climat d'émeute règne dans cette foule qui veut s'approcher de l'échafaud. L'écrivain russe Tourgueniev, présent à l'exécution, a raconté avec dégoût la folie sanguinaire des spectateurs, certains hommes « rampant sous la guillotine pour tremper leurs mouchoirs dans le sang qui filtrait à travers les fentes du plancher »...

# *Les procès des communards*

# LOUISE MICHEL

*La vie de Louise Michel racontée aux enfants (imagerie d'Épinal de 1905, Paris, Bibliothèque nationale de France).*

**Une institutrice, généreuse et anarchisante, devient le symbole de la lutte de la Commune de Paris et de son écrasement en mai 1871 : Louise Michel, combattante, ambulancière et infirmière, est de tous les combats qui opposent dans les rues de Paris communards et versaillais.**

Jugée avec ses camarades, déportée, elle reste fidèle jusqu'à la mort à son idéal d'une société meilleure.

## La répression de la Commune

Peu d'événements dépassent en horreur la guerre civile qui oppose les Français les uns aux autres en mai 1871, sous les yeux des armées allemandes qui occupent encore les forts du nord et de l'est de Paris. Alors qu'un gouvernement provisoire, confié à Thiers, s'installe à Versailles, les Parisiens, épuisés par la rigueur d'un long siège et rendus furieux par les décisions prises par la nouvelle Assemblée nationale très conservatrice, refusent de se soumettre. En mars 1871, ils se regroupent sous la direction d'un Conseil général de la Commune de Paris. Mais, dès le 21 mai, l'armée de Versailles entre dans Paris. Pendant une semaine, des luttes sans merci entre versaillais et communards se déroulent dans la capitale dont tous les quartiers sont incendiés les uns après les autres. Le dernier combat de cette « semaine sanglante » a lieu au Père-Lachaise, où les derniers combattants de la Commune sont exécutés devant le « mur des fédérés ». La répression, immédiatement mise en place par le gouvernement, est particulièrement meurtrière. En un premier temps, des cours martiales improvisées et logées dans différents locaux de la capitale « jugent » de façon expéditive tous les hommes et toutes les femmes pris avec des armes ou ayant les mains noircies par la poudre. Ceux qui sont condamnés à mort sont exécutés en groupe, à la mitrailleuse, dans des « abattoirs », en fait tous les jardins publics de Paris. Entre 17 000 et 25 000 communards sont ainsi massacrés pendant les derniers jours de mai, et leurs cadavres, abandonnés sur place, pourrissent sous le soleil du mois de juin. Après quoi commence une seconde phase de la répression : près de 39 000 personnes sont transférées à Versailles et parquées dans l'attente du jugement. Il y a parmi elles près de 2 000 femmes et

## Un autre procès de la Commune : Courbet

Parmi les communards jugés et condamnés par le tribunal de Versailles se trouve le peintre Gustave Courbet, coupable d'avoir inspiré la destruction de la colonne Vendôme.

**Un républicain modéré.** Élu président de la Fédération des artistes, juste après la proclamation de la IIIe République, le 4 septembre 1870, Courbet avait pris le parti des Parisiens contre les versaillais et était demeuré parmi eux lors de l'éclosion de la crise, même s'il avait pris, très vite, ses distances par rapport aux dirigeants de la Commune.

**« Ce grand navet. »** Surtout, le peintre eut le tort de réclamer la démolition symbolique de ce qu'il appelait « ce grand navet » — la colonne commémorant, place Vendôme, les victoires de Napoléon Ier. Cette destruction fut effectivement accomplie le matin du 16 mai 1871, par d'autres mains, naturellement, que celles de Courbet.

**Sainte-Pélagie, la maladie et l'exil.** En conséquence de quoi, après la chute de la Commune, Courbet fut arrêté, enfermé à la prison Sainte-Pélagie, avant d'être libéré sur parole puis condamné à reconstruire à ses frais la fameuse colonne. Devant l'impossibilité de payer un tel chantier de reconstruction, il se réfugia en Suisse. La Commune marque la véritable fin de la carrière de Courbet, renié par les autorités, affecté moralement et physiquement par la déchéance et le séjour en prison.

*Louise Michel, institutrice et combattante, femme-symbole de la Commune de Paris (bois colorié de Bertall, 1875).*

*En même temps que des milliers d'autres femmes, Louise Michel est arrêtée et internée au camp de Satory, en attendant son procès (peinture de Girardet, Saint-Denis, musée d'Art et d'Histoire).*

plus de 600 enfants. Les 26 conseils de guerre constitués pour l'occasion fonctionnent sans interruption et prononcent plus de 13 000 condamnations : 270 peines de mort (26 exécutions effectives), 7 500 déportés en Nouvelle-Calédonie, les autres étant condamnés aux travaux forcés ou à l'emprisonnement.

### Le procès de la Vierge rouge

En même temps que des milliers d'autres femmes est enfermée au camp de Satory celle que l'on nomme la « Vierge rouge », Louise Michel. Cette ancienne institutrice a consacré sa vie à venir en aide aux défavorisés, et *les Misérables* de Victor Hugo constituent pour elle un ouvrage de référence. À la fin du second Empire, elle commence à fréquenter les mouvements politiques de gauche et fait partie de l'association féministe du Droit des femmes. Dans ces groupes d'opposition, elle fait la connaissance du blanquiste Ferré, pour lequel elle éprouve une vive passion. Pendant le siège de Paris, Louise Michel appartient au comité de vigilance du XVIIIe arrondissement de Paris. Avec d'autres femmes, elle organise un service d'ambulances pour les blessés. Mais cela ne lui suffit pas : enthousiasmée par le programme idéologique que prétend développer la Commune, elle s'engage dans le 61e bataillon de marche de Montmartre. Pendant la « semaine sanglante », vêtue de l'uniforme de la Garde nationale et armée d'une carabine, elle combat sur les barricades avec les hommes tout en ramassant et en soignant les blessés. Après le 28 mai, avec des milliers d'autres communards, elle est conduite au camp de Satory. Elle sera ensuite détenue dans différentes prisons et soumise à plusieurs interrogatoires par le substitut du 4e conseil de guerre. Le 16 décembre, Louise Michel comparaît devant ce conseil. En grand deuil (un deuil qu'elle ne quittera plus — son ami Ferré a été fusillé le 28 novembre), elle refuse l'assistance d'un avocat et répond avec un courage impassible à toutes les accusations qui sont portées contre elle : attentat, incitation à la guerre civile, port d'un uniforme militaire, complicité d'assassinat d'otages. À la différence de beaucoup d'autres communards qui ne savent pas s'expliquer devant leurs juges ou essaient de nier les faits reprochés, Louise Michel assume entièrement la responsabilité de tout ce qu'elle a fait. Cette petite femme au visage ingrat s'impose à ses interlocuteurs, pourtant hostiles, comme l'image d'une République farouche et déterminée. Elle demande que soit prononcée contre elle la peine de mort, mais le conseil de guerre lui refuse cette « faveur » et la condamne à la déportation dans une enceinte fortifiée. Le 24 août 1873, Louise Michel est donc emmenée en Nouvelle-Calédonie où elle demeure jusqu'à la loi d'amnistie des communards de 1880.

*La justice expéditive du Far West*

# L'ASSASSINAT D'AH LING

**À la fin du XIXe siècle se tient dans la petite ville de Langtry, au Texas, le procès d'un homme arrêté pour le meurtre d'un ouvrier chinois, nommé Ah Ling. Le verdict que prononce le juge Roy Bean, devenu par la suite un véritable personnage de légende, n'étonne guère dans un Far West aux mœurs sauvages.**

*Roy Bean, aventurier puis juge de paix à Langtry, au Texas.*

*Un tribunal dans une petite localité du Nevada : une justice expéditive rendue dans une ambiance de saloon (gravure du XIXe siècle).*

La ville de Langtry succède à un camp installé en 1882 par les ouvriers de la Southern Pacific Railroad Company, employés à la construction d'une voie ferrée. Roy Bean, aventurier de 56 ans, qui gagne alors sa vie en suivant les cheminots avec une tente qui fait office de saloon, décide de se fixer sur les lieux. Le 2 août 1882, il est nommé juge de paix de la nouvelle localité et de ses environs. C'est une fonction qu'il remplira jusqu'à sa mort en 1903.

## Un curieux tribunal et son juge

Le tribunal devant lequel comparaît le cheminot irlandais qui a tué, au vu et au su de tous, Ah Ling, teinturier chinois également employé des chemins de fer, ne rappelle en rien une cour de justice ordinaire. Le tribunal s'établit le plus souvent sous la véranda du *Jersey Lilly*, le saloon de Roy Bean, dont la façade proclame fièrement « Loi à l'ouest du Pecos » (une rivière située à 30 km de Langtry) et « bière glacée ». Grâce à une large ouverture d'esprit et à un solide sens pratique, Roy Bean parvient à concilier deux activités en apparence très différentes : celle de juge de paix et celle de propriétaire et tenancier de saloon. Il rend la justice entre deux parties de poker et interrompt les audiences pour faire fonctionner son débit de boissons. Accusés, témoins, plaignants et jurés — recrutés parmi les plus fidèles clients du bar — ces derniers sont invités, avec insistance si nécessaire, à se désaltérer. Roy Bean ne possède qu'une connaissance superficielle de la loi. Tout comme ses jugements, elle repose sur un seul ouvrage, les *Statuts révisés du Texas*, édités en 1879. Tous les autres ouvrages de loi que reçoit le juge finissent comme combustible dans sa cheminée. En guise de marteau, Roy Bean utilise un colt pour rétablir le calme dans l'assemblée. À l'époque, c'est, avec la corde, l'un des accessoires indispensables aux hommes chargés de faire respecter l'ordre et la loi dans un Far West violent.

## La loi du juge Lynch

*Dans un Far West où les institutions légales se mettent en place lentement et où les juges, lorsqu'ils existent, sont souvent corrompus, la loi du juge mythique Lynch a souvent tenu lieu de procès. Le 10 juin 1851, à San Francisco, le Français A. Benard de Russailh assiste à la mise en œuvre de la loi Lynch, justice sommaire et expéditive :*

*« Pris en flagrant délit lorsqu'il revenait une seconde fois pour commettre un nouveau vol, il* [John Jenkins] *fut conduit immédiatement à l'encoignure de Sansome et Bush Streets. Là, on assembla immédiatement un jury. On* [un comité de citoyens] *fit son procès et il fut condamné séance tenante à être pendu.* [...] *Le peuple était nombreux. Il voulait assister à l'exécution d'un bandit dangereux, dont les méfaits n'étaient que trop connus, et être le premier à jouir de ce spectacle.* [...] *À deux heures, John Jenkins fut amené sur la place, on lui lut la sentence qui avait été rendue contre lui et qui le condamnait à être pendu.* [...] *Puis la corde lui fut passée au cou et le peuple, en foule, tira sur la corde, lançant dans l'espace le corps du supplicié comme pour se convaincre par lui-même que cette fois la justice avait suivi son cours. »*

*A. Benard de Russailh,* Journal de voyage en Californie à l'époque de la ruée vers l'or, 1850-1852, *Aubier Montaigne, Paris, 1980.*

### Du côté du plus fort

L'Irlandais, qui doit répondre devant Roy Bean de l'accusation d'homicide sur la personne d'Ah Ling, dit avoir tué pour se venger d'une insulte dont le Chinois se serait rendu coupable. Mais les motivations de l'assassin et l'exposé de sa défense importent peu au juge : seuls l'intéressent les 200 compatriotes du prévenu, qui se sont déplacés pour assister aux débats. Très vite, Roy Bean comprend qu'il serait maladroit d'appliquer à l'accusé le châtiment habituellement réservé aux meurtriers. Cela lui pose d'autant moins de problèmes qu'il n'éprouve guère de sympathie pour les hommes de « couleur », Chinois et Mexicains notamment. Peu lui importe donc de rendre justice à la victime... Roy Bean, qui n'est pas homme à perdre facilement son sang-froid et son bon sens, même face à une foule d'Irlandais menaçants, se met alors à feuilleter son précieux livre de loi. Après avoir défini, selon les termes mêmes de l'ouvrage, l'homicide comme « le meurtre d'un homme ou d'une femme », il énumère les différentes formes d'homicide qui figurent dans son document. Et il conclut que, comme son code ne semble pas envisager qu'un Chinois soit un être humain, cet assassinat, loin d'être illégal, peut entrer dans la catégorie des homicides dignes d'éloges... À la satisfaction de la nombreuse assistance, le juge acquitte l'accusé à la seule condition qu'il paie les frais d'enterrement de sa victime !

### Un juge impitoyable

En revanche, Roy Bean sait se montrer très dur lorsque l'accusé n'est pas soutenu par de vigoureux amis et qu'il a volé un cheval ou du bétail. Il ne se soucie pas de réunir des preuves suffisantes et condamne les prévenus à mort, simplement sur les allégations de ceux qui les ont arrêtés ou sur de vagues présomptions. Dans une région aussi hostile que le Far West, où la perte d'un cheval peut avoir des conséquences catastrophiques, la pendaison est en effet le châtiment habituellement réservé aux voleurs de chevaux. La même peine s'applique à ceux qui dérobent le bétail des éleveurs. Le procès d'un Mexicain, accusé de vol de bétail, est un autre témoignage de la conception sommaire que Roy Bean a de la justice. Le juge questionne le prévenu, qui ne comprend pas l'anglais, et se hâte de répondre à sa place. Il ne prête aucune attention aux explications que le Mexicain tente de fournir en espagnol. Avec l'approbation des ivrognes qui tiennent lieu de jurés, il le condamne à mort et le fait pendre à un arbre proche du tribunal-saloon. À aucun moment l'accusé n'a eu la possibilité de se défendre. Les hauts faits de Roy Bean, au même titre que ceux des hors-la-loi Jesse James, Billy the Kid ou les frères Dalton, ont été popularisés par la presse, la littérature et le cinéma. Du vivant même de Roy Bean, les hommes de plume n'ont pas hésité à enjoliver la carrière du magistrat, paré de toute sorte d'exploits.

*Le tribunal où Roy Bean rendait ses jugements.*

## *Le « Christ de l'anarchie » devant les assises*

# RAVACHOL

**En 1892, après l'explosion de deux bombes à Paris, la police arrête un ouvrier teinturier, Ravachol. L'homme se présente comme un admirateur des thèses anarchistes qui agitent alors la France et une partie de l'Europe.**

Quoique son procès révèle qu'il a commis aussi de nombreux crimes crapuleux, le « mythe Ravachol » va susciter des vocations d'anarchistes. Dans les deux années qui suivent l'arrestation du poseur de bombes, des terroristes se réclamant des idéaux libertaires défendus par Ravachol commettent de nouveaux attentats. L'opinion publique, choquée, réclame des mesures de sauvegarde ; des lois dirigées contre les anarchistes, et très sévères, sont votées.

### L'arrestation de Ravachol

Les bombes posées par Ravachol explosent au début et à la fin du mois de mars 1892 dans deux immeubles de Paris, le premier boulevard Saint-Germain, le second rue de Clichy. Elles ne font que des blessés. Lors du dernier attentat, la police n'a aucune peine à établir le lien entre les deux affaires : dans chacun des immeubles visés habitent des magistrats qui se sont illustrés précisément dans les premiers procès contre des anarchistes. À la suite de l'attentat du boulevard Saint-Germain, les investigations aboutissent à l'arrestation d'un certain Chaumartin, connu pour ses convictions anarchistes. Interrogé, l'homme rejette la responsabilité sur un dénommé Ravachol. Dès lors, des centaines de policiers, munis d'un signalement vague, effectuent en vain des recherches dans tout Paris. Le 27 mars se produit l'explosion de la rue de Clichy. Dans les milieux anarchistes, on commence à glorifier Ravachol « l'Invincible ». Le jour de l'explosion de la rue de Clichy, cependant, un garçon du restaurant *Véry*, boulevard Magenta, sert un curieux client qui évoque devant lui l'attentat, alors qu'il n'est pas encore connu du public ! Lorsque, trois jours plus tard, le même client revient dans le restaurant, le propriétaire va discrètement prévenir la police. Après une lutte sauvage contre le commissaire et les quatre sergents venus l'arrêter, Ravachol — car il s'agit bien de lui — est entraîné au commissariat, criant « Vive l'anarchie ! Vive la dynamite ! » Une perquisition effectuée à son domicile permet de découvrir un abondant stock d'explosifs.

### Le « bertillonnage »

*La méthode d'Alphonse Bertillon, d'abord simple commis aux écritures à la préfecture de police, s'appuie sur une mensuration systématique des détenus, qui permet d'établir une liste de mesures de la structure de la tête et du corps extrêmement précise (longueur de la tête, de l'oreille, du pied gauche, de l'auriculaire droit, etc.) donnant la possibilité d'identifier sans risque d'erreurs un individu déjà fiché malgré les modifications qu'il a pu faire subir à son apparence physique.*
*Bertillon constitue dès 1883 un fichier anthropométrique d'environ 8 000 individus, ce qui permet d'identifier dans l'année 49 récidivistes. Le procédé continue d'être appliqué avec succès les années suivantes et, en 1888, on crée à la préfecture de police le service de l'« identification judiciaire », dont Bertillon devient le directeur. Celui-ci adjoint à son service anthropométrique un service photographique, chargé de prendre deux clichés de chaque délinquant, un de face et l'autre du profil droit. En 1893, le service de l'identité judiciaire contient 500 000 fiches. Le bertillonnage est appliqué jusqu'à l'adoption, en 1901, de la « dactyloscopie », ou étude des empreintes digitales.*

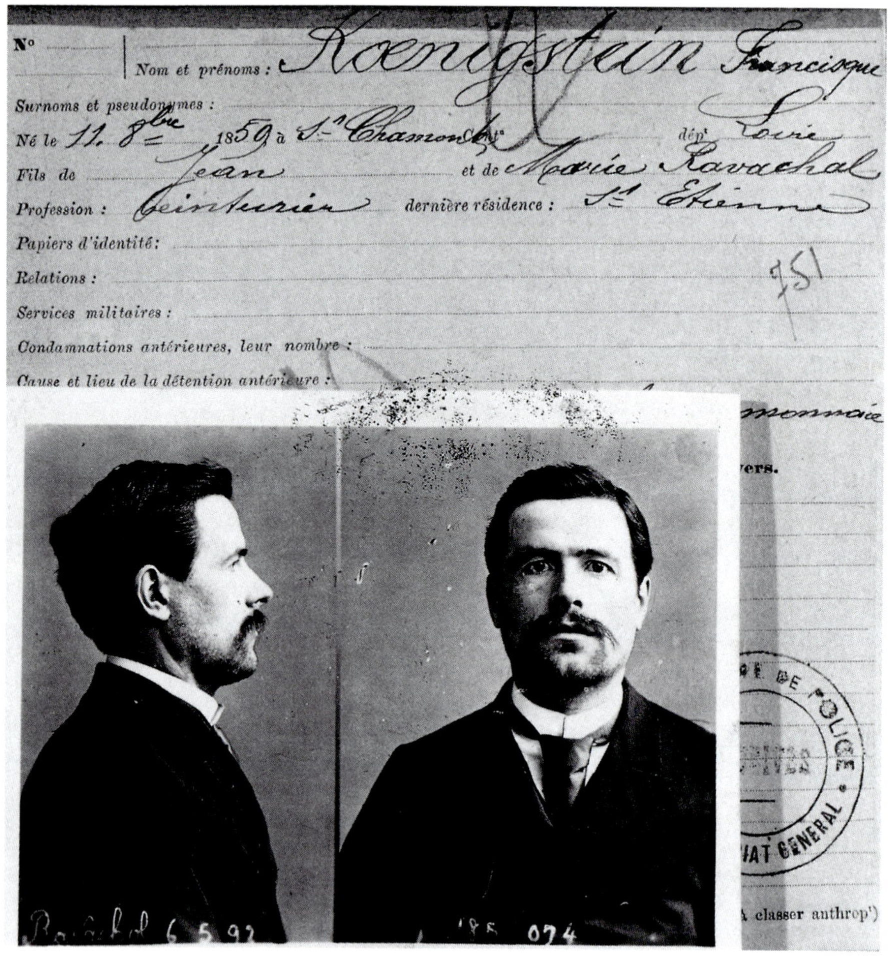


*Le système de l'anthropométrie, mis au point par Bertillon, devient un outil précieux pour l'identification des criminels par la police (fiche anthropométrique de Kœnigstein, alias Ravachol, Paris, musée de la Police).*

### Le fichier de Bertillon

Le procès de Ravachol commence devant les assises de la Seine le 26 avril. La veille, ses amis font sauter le restaurant *Véry*, où Ravachol avait été arrêté. Les juges de Paris reçoivent de graves menaces de la part des anarchistes. Impressionnés, ils condamnent Ravachol, « avec des circonstances atténuantes », aux travaux forcés à perpétuité — c'est une peine légère par rapport

peu capables de se défendre et qu'il agit exclusivement pour de l'argent. Or le criminel reste introuvable… jusqu'à ce que Bertillon l'identifie à l'anarchiste Ravachol. La conviction de Bertillon est si assurée, et la science anthropométrique regardée comme si fiable, qu'il ne fait bientôt plus de doute que Ravachol et Kœnigstein ne sont qu'une seule et même personne. Les milieux anarchistes ont beau s'indigner et accuser la police d'avoir trafiqué les fiches d'identité pour transformer un idéaliste révolutionnaire en un banal criminel de droit commun, un second procès est intenté à Ravachol-Kœnigstein devant les assises de Montbrison.

### La mort du « fauve »

Les magistrats de Montbrison ne sont pas soumis à la tension qui a pesé sur leurs confrères de Paris pendant le procès du mois d'avril. L'inculpé lui-même, maintenant qu'il n'est plus soutenu par ses amis, change d'attitude. Il avoue être Kœnigstein et reconnaît les crimes qui lui sont reprochés. Mais, s'il passe aux aveux, il conserve la même arrogance, accuse la société, et justifie le combat anarchiste. Ces paroles ne sont pas faites pour lui concilier les juges et les jurés de Monbrison : condamné à mort, il est exécuté le 11 juillet 1892.

au trouble suscité dans l'opinion par les deux attentats. L'affaire en resterait probablement là si, au moment de l'arrestation de l'anarchiste, Alphonse Bertillon, directeur du service de l'identité judiciaire à la préfecture de police, ne constatait que les mensurations de Ravachol correspondent à celles mentionnées sur la fiche anthropométrique d'un certain François Claudius Kœnigstein, alors recherché pour crimes crapuleux par la police de Saint-Étienne. Ce Kœnigstein, d'origine hollandaise, ancien ouvrier teinturier à Saint-Chamond, a commencé par assassiner un octogénaire et sa domestique. En mai 1891, soit un an avant l'explosion des bombes parisiennes, il a violé le cercueil d'une riche baronne pour dépouiller son cadavre de ses bijoux ; un mois plus tard, il a étranglé un vieillard qui vivait isolé dans une cabane du Forez et a emporté ses économies ; enfin, en juillet, il a massacré à coups de marteau une quincaillière et sa fille à Saint-Étienne. Ces crimes sont d'autant plus horribles que Kœnigstein s'attaque à des victimes âgées ou

*Reconnu par un garçon du restaurant* Véry, *Ravachol est arrêté par la police à l'issue d'une lutte acharnée (supplément illustré du* Petit Journal, *1892).*

*Le restaurant* Véry, *boulevard Magenta, après avoir été dynamité par les anarchistes à la suite de l'arrestation de Ravachol.*

## Les attentats anarchistes

L'idéologie anarchiste, vaguement inspirée par les thèses de Bakounine et de Proudhon, recrute en France ses partisans parmi **les intellectuels, mais aussi les ouvriers**, et s'exprime dans des journaux extrémistes tels que *le Père Peinard* ou *le Libertaire*.

En 1892, les anarchistes décident de mener **« une propagande par le fait », c'est-à-dire d'avoir recours à des attentats**. Après les bombes posées par Ravachol, en mars, et celle que ses partisans font éclater dans le restaurant *Véry*, en avril, explose en décembre la « machine infernale » (une marmite remplie de clous) à la Chambre des députés.

L'année 1893 est plus calme ; mais, dès février **1894**, la série des attentats reprend, avec l'explosion d'une bombe à l'hôtel *Terminus*, près de la gare Saint-Lazare, trois autres attentats dans la capitale avant le mois d'avril et, enfin, en juin, l'assassinat, à Lyon, du président de la République Sadi Carnot.

Tous ces attentats se soldent par **des morts**. À chaque fois, leurs auteurs sont condamnés à mort puis **guillotinés**.

# *La République des scandales*
# PANAMÁ

*Le procès de l'affaire de Panamá (supplément illustré du* Petit Journal*).*

*Action de 500 F, émise le 5 février 1886 pour le canal interocéanique de Panamá (Paris, collection particulière).*

**En 1893 s'ouvre à Paris un procès retentissant dans lequel se trouvent impliqués de nombreux hommes politiques et des personnalités comme Ferdinand de Lesseps et Gustave Eiffel.**

Ainsi se conclut un scandale politico-financier dont les principales victimes sont les petits épargnants français, acheteurs en masse des actions de la Compagnie universelle du canal interocéanique.

## Une faillite qui ruine des milliers d'épargnants

Lorsque, en 1880, l'ingénieur Ferdinand de Lesseps, très populaire depuis la percée du canal de Suez, a proposé le creusement d'un autre canal traversant l'isthme de Panamá entre l'Atlantique et le Pacifique, les Français se sont précipités pour acheter actions et obligations de la Compagnie du canal de Panamá. Mais cette société a mal géré son argent. Pour résoudre ses difficultés financières, elle imagine, en 1885, d'augmenter ses fonds en lançant un « emprunt à lots », c'est-à-dire en émettant des obligations remboursables par tirage au sort. Comme des loteries de ce genre sont interdites en France, il faut que la Compagnie obtienne une loi modifiant à son bénéfice cette situation, ce qui interviendra en 1888. Or, à cette date, il est déjà trop tard : la Compagnie est déclarée en faillite, après avoir dépensé 1 280 millions de francs-or.

## Le scandale éclate

La liquidation de la Compagnie provoque la ruine de 85 000 petits épargnants qui avaient placé toutes leurs économies dans l'entreprise chargée du percement du canal. Ces pauvres gens se plaignent amèrement et ne peuvent comprendre pourquoi les administrateurs de la Compagnie ne font l'objet d'aucune poursuite. Or, en septembre 1892, le journaliste d'extrême droite Édouard Drumont fait paraître dans le quotidien *la Libre Parole* une série d'articles intitulée « Les dessous de Panamá ». Il y révèle que les hommes politiques ont d'autant moins intérêt à sanctionner les responsables de la Compagnie du canal de Panamá qu'un bon nombre d'entre eux ont reçu d'importantes sommes d'argent de la part de celle-ci : en effet, des parlementaires ont été « achetés » en 1888 pour voter l'autorisation de l'emprunt à lots... Drumont cite, en particulier, les noms de ceux qui ont servi d'intermédiaires dans les tractations : le baron Jacques de Reinach et ses collaborateurs, Cornélius Herz et Arton.

## « Chéquards » et « panamistes »

La révélation de Drumont a des conséquences immédiates. Dans la nuit du 19 novembre 1892, le baron de Reinach se suicide, tandis que Herz et Arton s'enfuient à l'étranger. Deux jours plus tard, au cours d'une séance houleuse à la Chambre des députés, le royaliste Jules Delahaye se lance à la tribune dans une diatribe contre « le syndicat politique sur qui pèse l'opprobre de la vénalité » : il accuse, sans citer personne, 150 parlementaires d'avoir reçu 3 millions de francs pour voter la fameuse autorisation. Applaudi sur les bancs de l'extrême droite, Delahaye atteint son but, à savoir la création d'une commission d'enquête parlementaire chargée de faire toute la lumière sur les corruptions liées à la Compagnie de Panamá. À partir de cette date, selon l'expression d'un journaliste, « un torrent de boue déferle sur le Parlement ». Toute la presse d'extrême droite, nationaliste, boulangiste et antisémite, donne la chasse aux « chéquards » et aux « panamistes ». Des listes de noms circulent, sur lesquelles on trouve les noms des grands hommes politiques du moment : Clemenceau, Émile Loubet, le frère de Jules Grévy, le ministre des Finances Rouvier, l'ancien préfet de police Léon Renault, l'ex-ministre des Travaux publics Baïhaut, etc. Chaque jour, des « révélations » nouvelles excitent la haine de l'opinion contre les parlementaires « vendus ». Beaucoup de banquiers d'origine israélite étant compromis dans les distributions d'argent, un antisémitisme virulent se développe à l'instigation de Drumont, Déroulède et Barrès : les effets de cette campagne antisémite se feront sentir l'année suivante, au moment de l'affaire Dreyfus.

## Des verdicts décevants

Le scandale de Panamá, ainsi révélé, donne finalement lieu à deux procès, le premier mettant en cause les administrateurs de la Compagnie, le second consacré aux parlementaires compromis. En janvier 1893, le procès en cour d'appel pour « escroquerie » entraîne la comparution des principaux administrateurs de la Compagnie : Charles de Lesseps (le fils de Ferdinand), Gustave Eiffel, Marius Fontaine et Cottu. Le vieux Ferdinand de Lesseps, qui devrait lui aussi figurer parmi les accusés, a depuis un certain temps sombré dans l'inconscience et ne sait même pas qu'un procès lui est intenté. Le 9 février, Ferdinand et Charles de Lesseps sont condamnés à cinq ans de prison et les trois autres accusés à deux ans… Mais ce verdict est cassé pour vice de procédure et, en raison de la prescription, l'action judiciaire est éteinte. En mars 1893 s'ouvre le procès des parlementaires « chéquards ». Ils ne sont que cinq à se retrouver dans le box des accusés, et seul l'ancien ministre des Travaux publics, Baïhaut, a la naïveté d'avouer qu'il a reçu un acompte de 375 000 francs pour avoir déposé à la Chambre le projet de loi autorisant l'émission d'obligations à lots. Devenu le bouc émissaire du scandale, il est condamné, en mars 1893, à la dégradation civique, à cinq ans de prison et au paiement d'une amende de 750 000 francs. Les autres députés sont acquittés. Mais l'affaire de Panamá ne s'arrête pas à ces verdicts. Elle a, d'une part, un retentissement considérable en révélant la collusion entre les hommes politiques et le monde des affaires. Aux élections législatives de 1893, des personnalités, comme Clemenceau, qui était compromis, ne sont pas réélues et sont remplacées par de jeunes progressistes comme Poincaré, Delcassé ou Deschanel. D'autre part, à partir de 1893, l'économie subit un net ralentissement, les Français se montrant désormais méfiants à l'égard des placements industriels.

→ **Voir aussi :** p. 182-183 (L'affaire Dreyfus).

### D'autres scandales de la IIIe République

**L'affaire des Décorations.** En 1887 est révélé un scandale qui touche la présidence de la République. La police découvre tout d'abord que le général Caffarel, sous-chef d'état-major, se livre à un fructueux trafic en vendant des décorations militaires. Arrêté, le général met en cause le député de Loches, Daniel Wilson, le propre gendre du président de la République, Jules Grévy. L'enquête montre que, depuis son mariage avec Alice Grévy en 1881, Wilson a transformé l'Élysée en entreprise financière ! Il joue de son influence pour faire attribuer la Légion d'honneur ou d'autres décorations à ceux qui lui versent de substantiels pots-de-vin. Le scandale est énorme et, quoique complètement étranger à l'affaire, le président Grévy est contraint à démissionner par une commission d'enquête parlementaire.

**L'affaire des Fiches.** En 1904, alors que le ministère anticlérical Combes est au pouvoir depuis deux ans, pour démocratiser l'armée encore très réactionnaire, le général André, ministre de la Guerre, fait établir un fichier destiné à favoriser l'avancement des officiers républicains. Par l'intermédiaire du Grand Orient de France, des renseignements sont rassemblés sur les opinions politiques et religieuses des militaires et permettent la création de deux fichiers, le « Corinthe », contenant les noms des officiers républicains, et le « Carthage », qui regroupe les « suspects de cléricalisme ». Un membre du Grand Orient vend certaines de ces fiches au député de droite Guyot de Villeneuve, qui les lit à la tribune de la Chambre le 4 novembre 1904. À l'issue de la séance, le nationaliste Syveton gifle par deux fois le général André. Le 15 novembre, celui-ci est obligé de donner sa démission. Quant à Syveton, qui doit comparaître en cour d'assises, il est retrouvé à son domicile mort asphyxié la veille du procès, sans qu'il soit possible de déterminer s'il s'agit d'un suicide ou d'un assassinat. Le ministère Combes, déconsidéré, démissionne en janvier 1905.

*Le canal de Panamá : une réalisation remarquable… et un scandale politico-financier (gravure du XIXe siècle, Paris, Bibliothèque nationale de France).*

*Un capitaine juif injustement dégradé pour espionnage*

# L'AFFAIRE DREYFUS

**À partir de 1894, la France est partagée en deux à cause d'une affaire d'espionnage impliquant un officier français d'origine juive, Alfred Dreyfus. Jusqu'à la Première Guerre mondiale, « dreyfusards » et « antidreyfusards » s'opposent dans des luttes sans merci qu'alimentent les divers rebondissements de l'« Affaire ».**

Jamais, dans toute son histoire, une telle rupture n'a divisé la France comme le fait l'accusation d'espionnage portée contre l'officier israélite. Les passions qui se déchaînent dépassent le personnage même de Dreyfus, et l'équilibre des partis politiques s'en trouve modifié en profondeur par l'Affaire dont les répercussions ne sont pas encore éteintes en 1914.

## Un bordereau accusateur

En septembre 1894, une femme de ménage employée par les services secrets français ramasse dans une corbeille à papiers de l'ambassade d'Allemagne les morceaux d'un bordereau contenant des renseignements sur les nouveaux matériels secrets de l'armée française et le détail de la répartition des troupes protégeant la frontière franco-allemande. Immédiatement, le colonel Sandherr, chef du service des renseignements, prévient le général de Boisdeffre, chef de l'état-major, le général Mercier, ministre de la Guerre, et Casimir-Perier, président de la République. Une enquête est menée pour découvrir le coupable de cet acte d'espionnage et, bientôt, une ressemblance est établie entre l'écriture du bordereau et celle du capitaine Dreyfus, officier de l'état-major général. Dans le climat d'antisémitisme qui règne alors en France, les origines israélites de Dreyfus jouent en sa défaveur. Le 15 octobre, Dreyfus est enfermé dans la prison du Cherche-Midi. À ce moment, de nouvelles analyses graphologiques jettent le doute sur l'identité des écritures. Va-t-on relâcher le capitaine ? La révélation anticipée de l'affaire au grand public, le 1er novembre, dans le journal *la Libre Parole* de l'antisémite Édouard Drumont, déclenche une campagne de presse qui empêche le gouvernement de revenir en arrière : le procès devient inévitable. Le 18 décembre 1894, Dreyfus comparaît à huis clos devant le conseil de guerre. Il proteste de son innocence, mais, la veille du jour du verdict, le commandant du Paty de Clam, chargé de l'instruction, transmet aux juges militaires un dossier secret comprenant des pièces compromettantes contre Dreyfus, dossier qui, très illégalement, n'est pas porté à la connaissance de l'accusé et de ses avocats. Le 22 décembre, le conseil de guerre, déclarant à l'unanimité Dreyfus coupable, le condamne à la dégradation et à la déportation à vie dans une forteresse militaire. Le 5 janvier 1895, dans la cour de l'École mili-

### « J'accuse »

*« J'accuse le lieutenant-colonel du Paty de Clam d'avoir été l'ouvrier diabolique de l'erreur judiciaire, en inconscient, je veux le croire, et d'avoir ensuite défendu son œuvre néfaste, depuis trois ans, par les machinations les plus saugrenues et les plus coupables.*
*J'accuse le général Mercier de s'être rendu complice, tout au moins par faiblesse d'esprit, d'une des plus grandes iniquités du siècle.*
*J'accuse le général Billot d'avoir eu entre les mains les preuves certaines de l'innocence de Dreyfus et de les avoir étouffées, de s'être rendu coupable de ce crime de lèse-humanité et de lèse-justice dans un but politique et pour sauver l'état-major compromis.*
*J'accuse le général de Boisdeffre et le général Gonse de s'être rendus complices du même crime. [...]*
*J'accuse le général de Pellieux et le commandant Ravary d'avoir fait une enquête scélérate. [...]*
*J'accuse enfin le premier conseil de guerre d'avoir violé le droit en condamnant un accusé sur une pièce restée secrète. »*

*Extrait de l'article « J'accuse... ! Lettre au président de la République », l'*Aurore*, jeudi 13 janvier 1898.*

*La dégradation du capitaine Dreyfus après sa condamnation par le conseil de guerre (supplément illustré du* Petit Journal*).*

*Le procès intenté à Émile Zola après sa célèbre lettre au président de la République : un moyen pour l'écrivain de relancer l'affaire Dreyfus (supplément littéraire illustré du* Petit Parisien*).*

*Le procès de Rennes : le conseil de guerre déclare une nouvelle fois Dreyfus coupable mais le condamne à une très faible peine de prison ; ce verdict sera annulé par la Cour de cassation qui innocentera complètement Dreyfus.*

taire, devant une foule haineuse, Dreyfus est solennellement dégradé. Puis il est embarqué à La Rochelle dans une cage de fer vers la Guyane. Incarcéré dans l'île du Diable, il est soumis à la solitude la plus totale.

## Dreyfusards et antidreyfusards

En France, la famille et les amis de Dreyfus se battent pour prouver son innocence. Son frère Mathieu et le journaliste Bernard Lazare s'emploient à obtenir sa réhabilitation. Au même moment, Sandherr est remplacé au service des renseignements par le lieutenant-colonel Picquart. Ce dernier, en reprenant le dossier Dreyfus, est frappé de la similitude entre l'écriture du bordereau et celle d'un officier, le commandant Esterhazy, dont on vient de découvrir les accointances avec un attaché militaire allemand. En regroupant différents éléments de l'enquête de 1894, Picquart en arrive à la conclusion qu'il y a eu une erreur judiciaire... Ses supérieurs lui ordonnent de garder le silence sur ses découvertes et le démettent de ses fonctions en novembre 1896. Il est alors remplacé par le colonel Henry, qui produit de nouveaux documents accusant Dreyfus. Mise au courant, la famille Dreyfus demande le procès d'Esterhazy. Celui-ci est acquitté par le conseil de guerre, à l'unanimité, en janvier 1898. Ce qui permet au Premier ministre Méline d'affirmer de façon péremptoire : « Il n'y a pas d'affaire Dreyfus ! » En réalité, le débat est loin d'être clos. À la suite de la publication dans le journal républicain *l'Aurore* d'un article intitulé « *J'accuse* », qui dénonce les officiers ayant trafiqué les documents, Émile Zola est condamné à un an de prison — il choisira la voie de l'exil pour échapper à sa peine. Le procès de l'écrivain marque une étape supplémentaire dans la guerre qui oppose dreyfusards et antidreyfusards : ce n'est plus le cas d'un condamné qui coupe la France en deux, ce sont deux conceptions, l'une fondée sur l'honneur de l'armée, l'autre sur la justice. Les journaux antidreyfusards, comme *la Libre Parole*, *le Gaulois* ou *le Petit Journal*, et les antirévisionnistes, tel Barrès, suscitent par leurs calomnies et leurs injures des opérations punitives contre les « antipatriotes », et plus particulièrement les juifs. Les dreyfusards, engagés dans l'association Le Combat pour la liberté, se recrutent surtout parmi les universitaires, les écrivains et les savants — ceux pour lesquels Clemenceau, qui les soutient, forge le néologisme d'« intellectuel ».

## Le second procès de Dreyfus

En août 1898, un coup de théâtre modifie le cours des choses : pression sociale ou remords personnel, le colonel Henry, dans une lettre ouverte au ministre de la Guerre, avoue avoir fabriqué un faux pour accabler Dreyfus. Arrêté, il se tranche la gorge dans sa cellule. Quant à Esterházy, il s'empresse de quitter la France pour la Hollande. Ces éléments, décisifs, redonnent courage aux amis de Dreyfus, qui reprennent leur campagne de réhabilitation. Le 19 octobre 1898, la Cour de cassation déclare recevable la demande de révision. Le 3 juin 1899, elle annule le jugement de 1894 en décidant que Dreyfus sera rejugé par le conseil de guerre à Rennes. Le 1er juillet suivant, le capitaine débarque en France. Le procès de Rennes, qui s'ouvre le 8 août 1899, est ponctué par de nombreux incidents. Le verdict, rendu le 9 septembre, est un compromis qui ne peut satisfaire aucun des deux camps : à cinq voix contre deux, Dreyfus est déclaré « coupable avec des circonstances atténuantes » et condamné à deux ans de détention. Dix jours plus tard, le président de la République signe sa grâce. Bien évidemment, le capitaine et ses partisans ne peuvent se contenter de cette grâce présidentielle qui laisse subsister des doutes sur son innocence. La lutte continue donc, et ce n'est qu'en juillet 1906 que la Cour de cassation, annulant sans renvoi le verdict de Rennes, déclare Dreyfus innocent. Il est réintégré dans l'armée et promu chef d'escadron et, le 21 juillet, dans la cour de l'École militaire, où a eu lieu en 1895 la terrible épreuve de sa dégradation, il est décoré de la Légion d'honneur. Il a fallu douze ans pour que son innocence soit enfin totalement reconnue !

## *Condamné aux travaux forcés pour homosexualité*

# OSCAR WILDE

**En 1895, une retentissante affaire de mœurs défraie la chronique dans la puritaine Angleterre victorienne. L'écrivain le plus en vue du royaume, Oscar Wilde, sur l'accusation du père de son amant, est traîné devant les tribunaux et lourdement condamné.**

L'infamie qui vaut à Oscar Wilde, auteur adulé des Londoniens, le procès qu'on lui intente pour homosexualité casse définitivement sa brillante carrière d'écrivain.

### Le « crime » d'homosexualité

Le puritanisme exacerbé de l'Angleterre victorienne de la seconde moitié du XIXe siècle se traduit par une législation particulièrement dure à l'égard des « mœurs déviantes ». Ainsi, une loi votée en 1885 considère comme criminelles les relations homosexuelles, même entre adultes consentants. Les coupables sont passibles de châtiments extrêmement sévères, puisque la peine maximale est fixée à deux ans de travaux forcés. Lorsque l'écrivain Oscar Wilde se trouve impliqué dans une affaire de ce type, cela produit une émotion considérable en Angleterre. Par la notoriété de ses comédies, romans et poèmes, par la suprême distinction de son personnage et l'éclat insolent de ses raisonnements, Oscar Wilde est dans les années 1890 l'arbitre des élégances dans la société mondaine de Londres. Après le succès que remporte en 1891 son roman, *le Portrait de Dorian Gray*, il devient le chef de file de l'esthétisme « fin de siècle ». Noyés dans l'ambiguïté et la bizarrerie caractéristiques des milieux intellectuels londoniens, certains comportements équivoques du jeune écrivain échappent longtemps à la critique. D'ailleurs, Oscar Wilde est marié et père de deux enfants, ce qui semble garantir l'orthodoxie de ses mœurs. En réalité, le paravent de son mariage couvre des divertissements fort troubles. Dans le monde de l'amour « qui n'ose pas dire son nom », en ayant des relations éphémères avec de jeunes éphèbes, valets, commis de magasin ou grooms, l'écrivain se livre furtivement à des plaisirs que la morale et la société de son temps réprouvent absolument. Cette homosexualité, qui reste longtemps secrète, se révèle au grand jour lorsqu'il rencontre en janvier 1891 le jeune lord Alfred Douglas, dont la beauté saisissante lui fait oublier toute prudence. Wilde s'affiche alors ouvertement avec celui qu'il surnomme affectueusement « Bosie ».

*Une personnalité importante de la société mondaine anglaise, l'écrivain Oscar Wilde (*Private View*, peinture de Frith, 1881, collection particulière).*

### La guerre contre le « marquis écarlate »

Les rumeurs concernant les relations entre Wilde et lord Alfred se font progressivement de plus en plus persistantes et, en février 1895, au moment où l'écrivain est encensé pour sa nouvelle comédie, *De l'importance d'être constant*, le scandale éclate brusquement. Le père de « Bosie », lord Queensberry, est réputé dans la gentry pour la grossièreté de ses mœurs, la vulgarité de son langage et la brutalité de son comportement. Lorsqu'il apprend que son fils cadet entretient une relation avec Oscar Wilde,

*Oscar Wilde en compagnie de lord Alfred Douglas : une liaison qui perdra la réputation de l'écrivain.*

*La cour de justice d'Old Bailey qui condamnera Wilde à deux années de travaux forcés (gravure du XIXᵉ siècle).*

le terrible aristocrate, baptisé par ses ennemis le « marquis écarlate », n'a de cesse qu'il n'obtienne une rupture entre les deux jeunes gens. Pendant un certain temps, Wilde prend à la légère ces attaques publiques diffamatoires. Le 26 février 1895, à l'Albemarle Club de Londres, le portier donne à Wilde une lettre déposée à son intention par le marquis et contenant une carte portant cette dédicace : « To Oscar Wilde posing as a somdomite » (« À Oscar Wilde posant comme " somdomite " » — la faute d'orthographe est du marquis). Cette injure n'est pas plus grave que les précédentes, mais « Bosie », excédé, y voit l'occasion de se venger de son père, et il pousse Oscar à lui intenter un procès en diffamation. Le 3 avril 1895, devant la cour d'assises londonienne d'Old Bailey, lord Queensberry et Oscar Wilde se trouvent face à face. Le public, très nombreux, est persuadé que l'auteur va remporter sans peine son procès. Mais l'avocat de Queensberry, Edward Carson, se révèle un redoutable adversaire, entraînant petit à petit l'écrivain sur le terrain de sa vie privée secrète. Il produit des témoins, valets de chambre, palefreniers, vendeurs de journaux, avec lesquels Wilde a eu de brèves relations sexuelles. Parmi eux, un jeune homme de bonne famille, Alfred Taylor, auquel Oscar Wilde a eu plusieurs fois recours, qui, après avoir dilapidé sa fortune, gagne sa vie en organisant chez lui des rencontres entre hommes et adolescents. Les réponses humoristiques de Wilde, ses théories sur l'esthétique de l'amour ne plaisent pas aux jurés. Non seulement il est débouté de sa plainte en diffamation, mais la justice de la Couronne lance immédiatement contre lui un mandat d'amener en l'inculpant d'« attentat aux mœurs avec des personnes du sexe masculin ».

### Une descente aux enfers

Le 26 avril 1895, Oscar Wilde se retrouve à Old Bailey, mais cette fois en tant qu'accusé, en compagnie du proxénète Alfred Taylor. L'opinion publique, après avoir encensé Wilde, est maintenant déchaînée contre lui. Pendant trois jours, l'accusation développe les vingt-cinq chefs d'accusation retenus contre les deux prévenus, et le défilé des témoins à charge est accablant. Au bout de cinq jours, comme le tribunal ne s'y retrouve plus dans tous ces chefs d'accusation, Wilde est remis en liberté sous caution dans l'attente d'un nouveau procès. La famille de Wilde, ses amis, ses avocats essaient de le convaincre de profiter de cette liberté provisoire pour s'exiler en France. Mais l'écrivain refuse et, en mai, se retrouve pour la troisième fois à Old Bailey. Malgré un plaidoyer remarquable, son avocat, Edward Clarke, ne parvient pas à convaincre le tribunal. Après deux heures de délibération, le jury déclare Wilde coupable de tous les chefs d'accusation et, le 27 mai, l'écrivain est condamné à deux ans de travaux forcés. Le verdict est accueilli par une explosion de joie de la foule massée autour d'Old Bailey. L'hypocrite puritanisme victorien l'a emporté sur le « Prince des esthètes ». Enfermé dans la prison de Reading, Wilde y passe deux années d'enfer, dans la douleur et l'amertume. C'est dans ce tragique abandon qu'il rédige ses deux plus belles œuvres, *Ballade de la geôle de Reading* et *De profundis*. À sa sortie de prison, en 1897, ruiné, perdu de réputation, il se réfugie en France, où il mène une vie misérable jusqu'à sa mort en 1900.

### Le procès de Verlaine

**Le jeune homme et le poète.** À la fin de l'année 1871, Arthur Rimbaud, âgé de 17 ans, s'enfuit de sa ville natale de Charleville pour se réfugier à Paris chez le poète Paul Verlaine. Une passion tumultueuse, traversée de ruptures et de réconciliations, unit à partir de ce moment les deux hommes.

**Tentative d'homicide.** Lors d'un séjour à Bruxelles en juillet 1873, Rimbaud annonce à Verlaine son intention de rompre. Le 11 juillet, celui-ci achète un revolver et, dans la rue, tire deux coups sur son amant, le blessant légèrement. À la suite d'un nouveau geste menaçant, le jeune homme se réfugie auprès d'un agent de police, qui fait écrouer Verlaine.

**La prison.** Bien que Rimbaud ait renoncé à toute action judiciaire, Verlaine est jugé le 8 août par la 6ᵉ chambre correctionnelle du palais de justice de Bruxelles. Il est condamné à deux ans de prison ferme et à 100 francs d'amende. D'octobre 1873 à janvier 1875, Verlaine est enfermé dans la maison de sûreté cellulaire de Mons. Pendant cette période douloureuse, il compose plusieurs recueils poétiques, dont les pièces les plus fameuses sont « Le ciel est par-dessus le toit… » et « Art poétique ».

*Un hôtel construit exprès pour le crime*

# LE DOCTEUR HOLMES

*L'affaire de l'auberge sanglante de Peyrebeille inspira de nombreux romans populaires du XIX^e siècle (lithographie du XIX^e siècle, Paris, musée de l'Affiche).* ▷

**En 1896, le tribunal de Philadelphie, aux États-Unis, juge un curieux criminel, le docteur Holmes. Celui-ci, lors de l'Exposition universelle de Chicago de 1893, a conçu un hôtel ingénieusement équipé pour faire disparaître les clients et pouvoir ainsi s'emparer de leur argent...**

Le docteur Holmes a élevé au rang de la réalisation industrielle le principe de l'« auberge sanglante » : plusieurs dizaines de personnes, sans doute, ont été assassinées par lui dans son splendide *Holmes Castle*.

## Escroquerie à l'assurance

La découverte des crimes de Holmes commence par l'histoire bien connue du voleur volé. En 1896, un dénommé Benjamin Pitezel, propriétaire à Philadelphie d'une société d'achat et de vente de brevets d'invention, meurt dans l'explosion de son laboratoire. Comme l'homme a souscrit une police d'assurance, sa veuve doit hériter d'une somme importante. La compagnie d'assurance fait procéder à l'enquête d'usage avant de délivrer l'argent. Elle va même plus loin qu'on ne le fait d'ordinaire : une lettre anonyme l'ayant informée que le corps retrouvé dans le laboratoire n'était pas celui de Pitezel, mais d'un certain Henry Howard, elle exige l'exhumation du cadavre. Comme il s'agit bien de Pitezel, elle règle à Mrs Pitezel et à ses cinq enfants les 10 000 dollars d'indemnité prévus. Or, la plus étonnée, dans l'affaire, est en fait la veuve. Elle sait fort bien que son mari a combiné avec un de ses amis, le docteur Holmes, l'escroquerie à l'assurance. Holmes a promis de déposer un corps anonyme dans les décombres du laboratoire, ce qui permettrait aux Pitezel de ramasser le magot et d'en profiter ensemble à l'étranger. Si le corps découvert est bien celui de Pitezel, cela signifie que Holmes les a trom-

*Mudgett alias Holmes n'avoua que 27 crimes, mais les experts estimèrent qu'il avait pu en commettre plus de 200 (Chicago, Historical Society) !*

### L'auberge de Peyrebeille

De tout temps, les auberges ont eu mauvaise réputation. Au XIX^e siècle, outre l'hôtel du docteur Holmes ou la taverne des résurrectionnistes d'Édimbourg, l'auberge de Peyrebeille est à l'origine de bien des rumeurs.

**Livrés aux cochons...** Située sur le plateau ardéchois, dans une région fort isolée, l'auberge est gérée par ses propriétaires, les époux Martin, assistés par un domestique, Jean Rochelle. Le bruit court, dans les années 1830, que les trois complices tuent les voyageurs solitaires qui s'arrêtent chez eux, la nuit, et qu'ils font disparaître leurs corps en les donnant à manger à leurs cochons.

**La guillotine.** Arrêtés sur la dénonciation d'un mendiant, les prétendus criminels sont jugés à Privas. Ils sont guillotinés le 2 octobre 1833, sur les lieux mêmes des crimes, en présence d'une foule considérable — sans qu'on ait véritablement réussi à apporter la preuve de leurs méfaits.

*La sinistre invention de Holmes : un hôtel conçu pour le meurtre à grande échelle (*Holmes Castle, Chicago*).*

pés et qu'après avoir tué Pitezel il risque de s'en prendre à elle pour lui voler les 10 000 dollars ! L'inquiétude de Mrs Holmes est d'autant plus légitime que trois de ses enfants, logés chez Holmes à Chicago, ont disparu. Aussi préfère-t-elle, pour sauver sa vie, raconter toute la machination. Appréhendé, Holmes avoue toute l'escroquerie et, poussé dans ses derniers retranchements, il confesse les meurtres de Pitezel et de ses enfants.

## Des découvertes terrifiantes

Dans cette étrange affaire, les policiers qui mènent l'enquête découvrent que le docteur Holmes a une vie fort compliquée, possède plusieurs identités différentes, dirige un réseau de vente de cadavres à la faculté de médecine de Chicago et s'est rendu coupable, les années précédentes, de plusieurs escroqueries qui lui ont valu de séjourner en prison. Devant la personnalité trouble de ce curieux médecin, la police s'intéresse alors à l'hôtel qu'il possède dans le quartier d'Englewood, à Chicago. La construction de ce vaste immeuble a commencé en 1891, en prévision de l'Exposition universelle qui doit se tenir en 1893. Deux hommes d'affaires, se portant mutuellement caution (on découvrira, plus tard, qu'il ne s'agit en fait que d'un seul homme, Holmes lui-même), ont acheté le terrain vague où commencent les travaux. Holmes et son associé — Benjamin Pitezel, précisément — conçoivent avec cette construction la plus effroyable « usine à tuer » de toute l'histoire du crime crapuleux. En apparence, le *Holmes Castle* a belle allure avec ses quatre tourelles, ses larges fenêtres, son intérieur luxueux et feutré. Un détail aurait pu cependant alerter le voisinage : en effet, vingt-cinq équipes d'ouvriers se succèdent sur le chantier. Ainsi, les équipes ne se rencontrent jamais et personne n'a de vue d'ensemble de l'agencement de l'hôtel, où sont construits de bizarres trappes, des sous-sols curieusement pourvus de grandes cuves et d'une énorme chaudière, des systèmes de canalisation sans utilité apparente, des labyrinthes de couloirs extravagants… La visite du *Holmes Castle* par la police permet de découvrir le véritable but de cette architecture déconcertante. Dès l'ouverture de l'Exposition, en mai 1893, Holmes accueille dans son hôtel bon nombre d'isolés, notamment des femmes venues seules à Chicago et qui pensent être en sécurité dans cette résidence sobre et honnête. Il suffit que la cliente soit convenablement riche et provienne d'un État éloigné pour qu'elle soit aussitôt installée dans une chambre confortable et coquette. Elle ne peut se douter que Holmes l'observe à travers une glace sans tain ou par un judas optique. Lorsque la personne est endormie, le docteur, à l'aide d'une manette placée sur un grand tableau de commandes, envoie dans la chambre du gaz asphyxiant. Une autre manette permet d'ouvrir les trappes par lesquelles Holmes expédie ses victimes jusqu'au premier sous-sol. Là, sur une « table de dissection », il découpe leur corps, fait dissoudre certains morceaux dans une cuve remplie d'acide sulfurique, brûle les autres dans la grande chaudière. Les restes sont expédiés par un tapis roulant jusqu'au deuxième sous-sol et brûlés dans de la chaux vive. Du client qui a pénétré innocemment dans l'hôtel, il ne reste plus que l'argent et les bijoux, que récupère Holmes.

## La vérité sur Holmes

On comprend la stupéfaction horrifiée des policiers qui perquisitionnent dans le *Holmes Castle* et celle, ensuite, des journalistes qui, pendant des mois, consacrent des articles à énumérer les inventions diaboliques de Holmes. On lui prête de nombreuses pratiques sadiques, et certains parlent d'une véritable salle de torture installée dans les sous-sols. L'instruction du procès permet de reconstituer l'identité du futur Holmes, dont le véritable nom est Herman Webster Mudgett, fils de commerçants du New Hampshire. Séduisant et élégant, il a fait la conquête d'une riche héritière dont l'argent lui a servi à faire ses études de médecine à Detroit. Ayant obtenu ses diplômes, il exerce avec succès la médecine dans cette ville, puis à New York, et enfin à Chicago, où sa distinction lui attire une nombreuse clientèle féminine. Puis il change d'identité, se fait désormais appeler Holmes et s'installe dans le quartier d'Englewood. Usant de son charme, il obtient d'une riche veuve, Mrs Holden, la gérance de son drugstore. En truquant la comptabilité et en trafiquant des papiers, il devient le possesseur des biens de Mrs Holden, qui disparaît mystérieusement. C'est avec cette fortune ainsi récoltée qu'il peut construire son « usine à crimes ». Ces découvertes successives sur le passé de Holmes passionnent le public.

Reste cependant un mystère : le nombre de victimes qui ont disparu dans les sous-sols du *Holmes Castle*. Au cours du procès, Holmes avoue 27 crimes, ce qui paraît bien peu au vu de l'ampleur des installations et de la durée de fonctionnement de l'hôtel (presque cinq ans). Par de savants calculs, les criminologistes évaluent quant à eux à au moins 200 personnes la « production industrielle » du *Holmes Castle*. Condamné à mort par le tribunal de Philadelphie, Holmes est pendu le 7 mai 1896. Il reste à l'heure actuelle l'auteur de la plus énorme entreprise d'assassinats jamais connue.

*L'émule français de Jack l'Éventreur*

# JOSEPH VACHER

**À la fin du XIXe siècle, en France, le retentissement des méfaits du meurtrier londonien Jack l'Éventreur suscite des vocations de tueur en série. Le plus célèbre émule du sinistre criminel reste Joseph Vacher. À mi-chemin entre la folie et la comédie, la défense de l'« Éventreur de bergères » devant la cour de Bourg-en-Bresse, en 1898, fascine les foules.**

*Grand admirateur de Jack l'Éventreur, Vacher, dont l'équilibre mental était précaire, décida de l'imiter (gravure du XIXe siècle).*

*Le dernier crime de Jack l'Éventreur dans une rue de Whitechapel : la police anglaise ne parvint jamais à identifier le meurtrier (illustration du* Petit Parisien, *1890).*

Peu cultivé et souffrant d'un traumatisme à la tête qui n'a jamais été convenablement soigné, Joseph Vacher, un ancien aliéné errant en liberté, a en-tendu parler des « exploits » de Jack l'Éventreur. Il a alors décidé d'imiter son modèle : ce qu'il parvient à faire trois longues années durant, sans qu'il soit possible de déterminer s'il a ou non conscience de la gravité de ses actes.

## Le tueur de bergères

L'arrestation de Vacher date de juillet 1897. Ce mois-là, dans le petit village ardéchois de Champis, près de Tournon, un forestier entend dans le lointain les hurlements de sa femme. Il se précipite et trouve la malheureuse agressée par un individu barbu coiffé d'un curieux bonnet de fourrure blanche. Ceinturé et ligoté, le malfaiteur est entraîné chez les gendarmes et

### Jack l'Éventreur

Joseph Vacher n'aurait peut-être commis aucun de ses crimes s'il n'avait eu connaissance des meurtres ni du nom de Jack l'Éventreur.

**D'août à novembre 1888, en effet, des crimes abominables se produisent à Londres,** notamment dans le quartier mal famé de **Whitechapel. Là, six prostituées sont découvertes assassinées, dans des conditions de violence exceptionnelles.** Les malheureuses ont eu la gorge tranchée, leurs corps ont fait l'objet de mutilations sadiques et leurs organes ont été retirés de leurs ventres avec une précision chirurgicale !

À partir du deuxième crime, Scotland Yard — la police britannique — reçoit **une série de lettres mystérieuses, signées « Jack the Ripper » (« Jack l'Éventreur »),** qui revendiquent les crimes et donnent des détails atroces sur la façon dont les corps ont été dépecés. L'auteur des lettres affirme même qu'il a parfois mangé des fragments du cadavre de ses victimes !

**Une véritable psychose** s'empare alors des habitants de Londres, et la police met en place **des moyens énormes** pour s'emparer du meurtrier : par exemple des policiers déguisés en femmes rôdent la nuit dans les rues de Whitechapel. Malgré cela, **il est impossible de trouver trace de Jack l'Éventreur, qui commet son dernier forfait le 9 novembre 1888.**

Toutes les hypothèses ont été émises sur l'identité du tueur fou. Des personnes de la haute société anglaise ont été soupçonnées, parmi lesquelles **un célèbre chirurgien, un avocat connu et même le duc de Clarence,** petit-fils de la reine Victoria. Mais le mystère reste entier.

*Joseph Vacher, surnommé l'« Éventreur de bergères », assassinant une de ses victimes (gravure du XIXe siècle).*

incarcéré à la prison de Tournon. Un juge d'instruction qui le visite obtient très vite de lui une confession complète, où le mysticisme le dispute à l'horreur. Joseph Vacher avoue n'en être pas à sa première agression : il est l'abominable tueur qui sévit depuis trois ans dans le Sud-Est de la France et que la police, malgré tous ses efforts, n'arrive pas à saisir. Depuis mars 1894 jusqu'à cet été de 1897, en effet, dans les départements de l'Isère, de l'Ain, de la Côte-d'Or, de la Savoie, de l'Ardèche et du Gard, nombre de bergers et de bergères qui gardaient leurs troupeaux dans des zones isolées, ont été retrouvés morts. Leur mystérieux assassin leur a tranché la gorge avant de les violer, de les mutiler de façon atroce, et finalement de les abandonner après leur avoir gravé sur la poitrine, avec un couteau ou un rasoir, une croix sanglante. Le seul indice dont dispose la police pour retrouver l'abominable tueur est qu'il porte un bonnet blanc — un témoin qui a aperçu de loin l'agresseur a pu préciser ce signe distinctif. Vacher, interrogé, affirme au juge de Tournon qu'il a tué 18 personnes. En fait, au cours du procès, on ne pourra lui imputer que 11 crimes : 4 jeunes garçons, âgés de 9 à 16 ans, 6 bergères, âgées de 10 à 20 ans, et une vieille femme de 65 ans. Lorsqu'on demande à Vacher les raisons qui l'ont conduit à de tels crimes, il explique que son destin, inspiré par Dieu, est de devenir aussi célèbre que Jack l'Éventreur : « Je suis un pauvre malade innocent, dont Dieu a voulu se servir pour faire réfléchir le monde, dans un but que nul humain n'a peut-être le droit de sonder. »

## Une balle dans la tête

L'enquête menée par les policiers autour du personnage révèle un fort curieux parcours. Né en 1869 dans une famille aisée de l'Isère, Joseph Vacher a été élevé par les frères maristes, chez lesquels il acquiert probablement la teneur du confus mysticisme qui ponctue ses réponses. En 1892, il effectue son service militaire à Baume-les-Dames. Garçon taciturne et querelleur, au physique ingrat, il ne se fait pas d'ami et on ne lui connaît nulle maîtresse. À la fin de son service, fou amoureux d'une jeune fille, Louise, il ose une demande en mariage et essuie un refus. Fou furieux, il blesse son amoureuse de quatre balles de revolver et retourne l'arme contre lui, tirant les deux derniers projectiles. Le chirurgien de l'hôpital de Baume-les-Dames réussit à retirer de son crâne une des deux balles qui s'y trouvent logées, mais il doit renoncer à récupérer l'autre. Dès lors, Joseph Vacher commence à présenter des signes de troubles mentaux : il vocifère de manière incohérente et s'attaque aux autres malades. Considéré comme fou, il est transféré à l'asile de Dole dans le Jura. À l'époque, les établissements pour aliénés sont de véritables taudis, où sont entassés, dans une effroyable promiscuité, déments, infirmes et débiles, que l'on nourrit à peine et qui sont abandonnés à eux-mêmes. Le seul traitement que reçoit Vacher pour sa blessure à la tête consiste en des injections de valériane, destinées à « dilater » la plaie pour permettre un jour l'extraction du projectile — l'effet d'un tel traitement est absolument nul. Quoi qu'il en soit, au bout d'un an, le médecin de l'asile de Dole juge Vacher guéri, et le libère. Commence alors pour Joseph — qui pour cacher les plaies de son crâne s'est fabriqué un bonnet avec la fourrure d'un lapin qu'il a tué — une longue errance, entachée de meurtres de bergers.

## La fin de l'« Éventreur »

De nos jours, Vacher serait certainement jugé fou, et donc regardé comme pénalement irresponsable. À l'automne de 1898, les juges de la cour d'assises de Bourg-en-Bresse devant lesquels il comparaît ont beaucoup plus de mal à former leur jugement. Le personnage qu'ils ont sous les yeux est physiquement impressionnant, hirsute, avec une abondante barbe noire et des yeux hallucinés. À aucun moment, il ne se départit de sa fameuse toque blanche. Il gesticule, injurie la cour, hurle de longues tirades illuminées. Il en fait presque trop : on le soupçonne de simuler la folie. Or, à l'exception du médecin de la prison de Bourg-en-Bresse, qui le juge irresponsable, les trois aliénistes qui l'ont examiné affirment que Vacher est parfaitement normal, et même qu'il a une intelligence supérieure à la moyenne. Leur avis sur le personnage remporte finalement l'adhésion, et Vacher est condamné à mort. Lorsqu'on l'amène à la guillotine, ficelé comme un paquet parce qu'il ne cesse de s'agiter, l'« Éventreur » hurle à l'intention de la foule sa dernière déclaration délirante : « Gloire aux martyrs, gloire à Jésus, gloire à Jeanne d'Arc ! Malheur à ceux qui me condamnent ! »

# *L'héritière présomptive d'un riche américain*
# THÉRÈSE HUMBERT

*La famille Humbert au temps de sa splendeur : une garden-party donnée chez Thérèse Humbert.*

**En 1902 s'achève une des plus extraordinaires escroqueries montées en France à la fin du XIX^e siècle. Sous prétexte qu'un jour elles hériteront de la fabuleuse fortune d'un oncle américain imaginaire, Thérèse Humbert et sa famille, pendant près de vingt ans, mènent joyeuse vie, grâce aux millions prêtés par des usuriers espérant multiplier leur mise.**

L'affaire Humbert n'est pas seulement une banale escroquerie réussie. En dupant des notables respectés du monde politique et financier, les Humbert ont contribué à discréditer une élite dont le comportement à leur égard a été à la fois ridiculement naïf et scandaleusement cupide.

## Dix-sept ans de tromperies

L'affaire commence dix-sept ans plus tôt, en 1885, lorsqu'une femme prénommée Thérèse, née Daurignac et épouse de Frédéric Humbert, fils d'un sénateur ancien garde des Sceaux, annonce qu'elle vient d'hériter d'un riche Américain. Se faisant aider de son mari, de sa fille Ève, de sa sœur Marie et de ses frères, Émile et Romain Daurignac, Thérèse, en véritable génie de l'imposture, construit au gré des événements un incroyable scénario dans lequel se font piéger, de fil en aiguille, les représentants les plus connus des milieux politiques et financiers. La trame de l'histoire inventée par Thérèse est relativement simple : l'Américain, Crawford, dont Thérèse laisse entendre qu'il est son véritable père, lui a légué dans son testament notarié des titres et des obligations pour une valeur de 100 millions de francs. Malheureusement, les deux neveux du défunt, Robert et Henry Crawford, contestent ce testament et, provisoirement, la famille Humbert-Daurignac ne peut toucher à cet argent enfermé dans un coffre-fort à leur domicile. Très vite, Thérèse demande à des usuriers des avances considérables sur son héritage. La plupart des prêteurs sollicités acceptent, tout en imposant à l'héritière des taux d'intérêts exorbitants en contrepartie. Par le biais de ces « emprunts », Thérèse Humbert réunit ainsi, petit à petit, quelque 60 millions de francs — une somme considérable au regard de la valeur du franc de cette époque. Cet argent lui permet, ainsi qu'à toute sa famille, de mener une vie somptueuse à Paris, dans un hôtel particulier de l'avenue de la Grande-Armée, et au château des Vives-Eaux, près de Melun. Les Humbert organisent de magnifiques réceptions, où sont reçus des hommes politiques comme Casimir-Perier, Freycinet, le général Boulanger ou Deschanel (le futur président de la République). Les plus intimes même sont admis à pénétrer dans le salon où trône le fameux coffre. Au fur et à mesure des années, l'intelligence de Thérèse s'adapte aux nouvelles situations. Finit-on par mettre en doute l'existence des vilains cousins américains ? Le notaire rouennais de M^me Humbert, qui en toute innocence est chargé de gérer ses intérêts, peut attester qu'il les a aperçus un jour, au fond d'une pièce : on ne découvrira que bien plus tard qu'il s'agissait en fait des deux frères de Thérèse grimés en Américains caricaturaux... Les créanciers commencent-ils à manifester un peu trop d'impatience ? Thérèse annonce le mariage de sa fille Ève avec le fils d'un des Crawford, ce qui doit permettre de résoudre élégamment le partage de l'héritage. Elle organise même aux Vives-Eaux un magnifique repas de fiançailles, à peine troublé par un léger contretemps... le fiancé, retardé, n'a pas pu y assister !

## « Le coffre est vide ! »

Tout s'effondre en 1902 lorsqu'un journaliste du quotidien *le Matin*, Louis Leplet, se livre à une enquête personnelle sur les deux mystérieux neveux Crawford. Dans ses articles, « Les aventures des invisibles *brothers* Crawford », il raconte ses recherches à Paris, puis à New York à l'adresse fournie par M^me Humbert comme étant celle des jeunes gens. Là se dressait un immeuble de l'Armée du Salut ! Ses articles ont un effet immédiat : la famille au complet quitte Paris et s'enfuit en Espagne. La justice, avec un temps de retard, se saisit de l'affaire. Le 9 mai 1902, le préfet de police Lépine perquisitionne

*L'affaire Humbert : une escroquerie dont le dénouement fit rire toute la France (caricature parue dans* la Silhouette, *1902).*

au domicile des Humbert, accompagné d'un perceur de coffre-fort, qu'il a fait sortir… de la prison de la Santé, pour faire ouvrir le coffre dans lequel, depuis dix-sept ans, est censée se trouver la fabuleuse fortune. Lorsque la porte blindée est forcée, on trouve en tout et pour tout un vieux journal, un bouton de culotte et une pièce italienne. Humiliés, tournés en ridicule, les hommes les plus importants de l'État comprennent enfin qu'ils ont été trompés.

*Les Humbert en cour d'assises : jusqu'au bout Thérèse Humbert ne perdra rien de son assurance (supplément illustré du* Petit Journal*).*

## Un éclat de rire général

Des mandats d'amener sont aussitôt lancés contre la famille Humbert-Daurignac. À la fin de l'année 1902, un accord entre les gouvernements espagnol et français (il s'agit alors du ministère Combes) permet d'arrêter la famille crapuleuse à Madrid. Les six membres du clan sont reconduits à la frontière, puis menés sous bonne garde à Paris. Au mois d'août de l'année suivante, leur procès est ouvert devant la cour d'assises de la Seine. Il va durer deux mois. Mythomane ou simulatrice jusqu'au bout, Thérèse monopolise la parole, ne laissant aucun des siens expliquer ce qui s'est passé. Au mépris de toute vraisemblance, elle affirme que les frères Crawford existent, qu'ils vont venir au tribunal et déposer devant les jurés les 100 millions. Comme le dit son avocat, faute de convaincre les jurés, elle les « épate » par son assurance. Elle n'en est pas moins déclarée coupable, faux et usage de faux, et elle est condamnée ainsi que son mari à cinq ans de réclusion. Deux et trois ans de prison sont imposés aux deux frères Daurignac. Marie Daurignac et Ève Humbert sont acquittées. Dans toute la France, la découverte de la fraude a plongé les foyers dans une hilarité homérique. Chansonniers et satiristes s'en donnent à cœur joie pour railler les hommes politiques, les banquiers, les notaires qui se sont fait gruger de 60 millions par la « grande Thérèse »… L'image du « grand monde » parisien s'en trouve considérablement amoindrie.

## L'escroquerie Vrain-Lucas

**Un mathématicien épris de manuscrits.** Une des « arnaques » les plus savoureuses de la fin du XIX^e siècle est celle dont se trouve victime un membre de l'Académie des sciences, le professeur Michel Chasles, un des mathématiciens les plus réputés de son temps, qui collectionne les autographes et les manuscrits anciens.

**Des lettres de César…** En 1861, Chasles rencontre un certain Vrain-Lucas, qui se présente comme généalogiste paléographe et mandataire d'un noble, dont le grenier, prétend-il, renferme des documents inestimables. Chasles, enthousiasmé, achète à Vrain-Lucas, en dix ans, pour 140 000 francs, 27 345 lettres venant de 660 personnages historiques. Il devient ainsi le possesseur des correspondances entre Vercingétorix et César, Cléopâtre et César, Attila et le général des Francs, Lazare et l'apôtre Pierre, et de pas moins de 124 lettres de Jeanne d'Arc !

**Vieillies à l'eau sale.** Toutes ces missives sont rédigées en vieux français, ce qui n'éveille pas les soupçons du naïf académicien. Cependant, lorsqu'il lit en public à ses confrères certaines lettres, ceux-ci ne manquent pas de relever des anachronismes grossiers. Vrain-Lucas, arrêté en septembre 1869, a rédigé ses « correspondances » sur des pages d'anciens registres vieillies à la fumée de chandelle ou à l'eau sale. Jugé par la 6^e chambre du tribunal de la Seine en février 1870, il est condamné à deux ans d'emprisonnement et à 500 francs d'amende.

Manda poignardant Leca sous les yeux de Casque d'or (reconstitution de la scène).

## *L'égérie des fortifs*
# CASQUE D'OR

**Lorsqu'en 1902 passent en justice deux voyous notables, Manda et Leca, dont le premier a blessé l'autre, tout le folklore de la pègre entre au Palais de Justice. L'affaire est assez banale, mais la personnalité de la « reine des apaches », surnommée Casque d'or, pour laquelle les deux hommes se sont battus, transforme le fait divers en histoire mythique.**

L'adaptation de l'affaire au cinéma par Jacques Becker, dans son film *Casque d'or* (1951), avec pour actrice principale Simone Signoret, a immortalisé l'affrontement de deux mauvais garçons et transformé une vulgaire midinette en héroïne romantique. Mais le choix même du thème par le cinéaste montre quel souvenir avait laissé l'affaire, un demi-siècle après les faits.

### L'aveu du « Corse »

Durant l'année 1902, une véritable guerre oppose deux bandes d'apaches à propos d'une petite prostituée sans grande beauté mais que sa singulière chevelure rousse aux reflets orangés a fait surnommer « Casque d'or ». Pour les beaux yeux de cette égérie de Ménilmontant, la bande des Orteaux a déclaré la guerre à celle des Popincourt. Code d'honneur oblige, cette guerre devrait rester strictement secrète. Mais, le 6 janvier 1902, un témoin demande à voir le commissaire Deslandes, de la brigade criminelle, et lui raconte qu'il vient de découvrir, dans la rue des Haies, un véritable arsenal — deux revolvers de gros calibre, un couteau à cran d'arrêt, une hache, un poignard et de nombreuses douilles — attestant qu'un combat a eu lieu dans la ruelle. Sachant que Dominique Leca, dit « le Corse », chef de la bande des Popincourt, vient d'être admis à l'hôpital Tenon avec deux balles dans le corps, le 9 janvier, le commissaire rend visite au blessé couché sur son lit de douleur. Il n'obtient cependant de lui aucun renseignement, car, dans le milieu des apaches, on n'a pas l'habitude de « balancer » ses ennemis. Malgré ses graves blessures, Leca, dès que le commissaire a quitté sa chambre, fait venir sa maîtresse, Casque d'or, ainsi que des amis, et leur demande de le faire sortir d'urgence de l'hôpital. Mais, à peine est-il installé dans un fiacre, qu'un homme bondit sur le marchepied et lui porte deux coups de couteau. Atteint à la poitrine, le Corse est ramené à Tenon. Là, délirant de fièvre, il donne enfin au commissaire Deslandes, revenu en hâte, le nom de son agresseur : l'Homme, alias Manda, un autre chef apache.

### Une histoire d'amour dans la pègre

Le conflit des deux chefs de bande a pour cause une femme qu'ils se disputent l'un l'autre, la fameuse Casque d'or. Enfant du quartier — le XX$^{e}$ arrondissement de Paris —, Casque d'or (de son vrai nom Amélie Hélie) gagne sa vie depuis son adolescence en se prostituant. Ce qui ne l'empêche pas de tomber amoureuse... En 1898 — elle a vingt ans —, elle fait connaissance, en dansant la java dans un bal musette, d'un ouvrier polisseur, Marius Pleigneur. Entre les deux jeunes gens, le coup de foudre est réciproque ; mais un salaire d'ouvrier ne suffit pas à satisfaire les caprices de la belle Amélie. Aussi Marius abandonne-t-il sa vie d'honnête homme pour devenir le souteneur de plusieurs prostituées et le chef de la bande redoutée des Orteaux. Il se fait désormais appeler « l'Homme » ou « Manda ». Quatre ans durant, Casque d'or, Manda et ses acolytes mènent sans problèmes leurs affaires. Mais un jour, dans un bistrot, la bande des Orteaux se retrouve en compagnie de la bande des Popincourt, dont le chef Leca, dit « le Corse », séduit immédiatement Casque d'or. La jeune femme, passionnément amoureuse, finit par convaincre le Corse, réticent, de la prendre pour maîtresse. Prendre la femme d'un autre constitue une infraction intolérable aux règles du milieu :

Manda, outragé publiquement, se prépare au combat. En présence de leurs bandes, le 1er janvier, les deux chefs s'affrontent, rue des Haies, en un véritable combat singulier. C'est alors que Leca reçoit les deux balles tirées par Manda, qui précèdent l'agression dans le fiacre devant l'hôpital Tenon, trois jours plus tard. La police, désormais au courant de tous les tenants de l'affaire, comprend qu'elle doit arrêter d'urgence Manda si elle veut éviter un massacre. Car, d'une part, celui-ci est à la recherche de Casque d'or qu'il veut tuer pour la punir de sa trahison et, d'autre part, les membres de la bande adverse se préparent à une expédition punitive pour venger les blessures infligées à leur chef. L'affaire est rondement menée, et le chef des Orteaux ainsi que celui des Popincourt se retrouvent bientôt l'un et l'autre en prison.

## La reine des apaches à la barre

En quelques mois, Casque d'or, laissée en liberté devient, quant à elle, l'idole romantique de tous les Parisiens. Les hommes de la bonne société se disputent l'honneur de défiler dans son lit — elle y consent mais leur fait payer très cher ses faveurs. Les femmes du monde se font teindre les cheveux « à la Casque d'or ». L'ancienne enfant des rues publie ses *Mémoires*, se fait photographier, pour une série de cartes postales, dans des tenues suggestives. En mars 1902, son portrait, exécuté par le peintre Depré, est exposé au Salon et elle-même s'apprête à faire ses débuts sur la scène, aux Bouffes-du-Nord, dans une revue intitulée *Casque d'or et les apaches*. Le préfet de police Lépine s'indigne d'une telle publicité, fait décrocher le tableau du Salon et interdit la représentation des Bouffes-du-Nord. Manda est jugé le 31 mai 1902 devant la cour d'assises de la Seine. Il y a la foule des grands jours au Palais de Justice. Leca, qui a renoué avec la loi du milieu depuis sa guérison, nie avoir été blessé par Manda. Quant à Casque d'or, vêtue d'une robe verte qui met en valeur sa luxuriante chevelure, elle nie aussi que Manda ait agressé Leca et accuse les journalistes d'avoir inventé toute l'histoire. Malgré tout, les jurés condamnent Manda à la plus lourde peine possible, les travaux forcés à perpétuité. Le 21 octobre suivant, Leca passe à son tour devant le tribunal. Mais l'émotion est retombée et Casque d'or n'a même pas été appelée à témoigner. Leca est condamné à huit ans de bagne et rejoint à Cayenne son rival Manda. Celui-ci, d'ailleurs, retrouve au bagne la conduite de l'honnête ouvrier qu'il a été jadis et il est finalement libéré pour bonne conduite. Quant à Casque d'or, le souvenir de l'affaire lui permet de tenir encore un certain temps le devant de la scène parisienne et de collectionner les riches amants. Petit à petit, cependant, elle tombe dans l'oubli. Elle devient dompteuse de lions dans un cirque, puis chanteuse dans un café-concert — où un ancien lieutenant de Manda la blesse d'un coup de couteau. Après quoi, en 1917, elle se marie avec un ouvrier et devient une ménagère rangée. Elle meurt en 1933.

*Un apache avec sa « môme » (illustration de Bourget, 1927).*

**Les apaches**

Dans les années 1900, le public adopte un nouveau terme, les « apaches », pour désigner **les bandes de voyous qui sévissent dans les quartiers de Belleville, Ménilmontant ou Montmartre, et dans la périphérie parisienne des « fortifs » et de la « zone ».** Il semble que le journaliste **Arthur Dupin** soit l'auteur de cette bizarre assimilation entre les pacifiques tribus indiennes d'Arizona et les mauvais garçons, troupe variée qui comporte aussi bien les rôdeurs de barrière, les petits délinquants que les véritables criminels.

**Une véritable mythologie se crée autour de ces voyous** : le folklore de leur argot, leur tenue vestimentaire (casquette et foulard rouge), leur « code d'honneur », le récit de leurs exactions nourrissent la presse à sensation. Le public, passionné, apprend le nom de leurs bandes, « les Loups de la Butte », « les Monte-en-l'air des Batignolles ». Le chansonnier **Aristide Bruant** acquiert la célébrité avec un répertoire consacré aux « gouapes » de Montmartre, et la chanteuse **Yvette Guilbert** enchante son public avec ses « goualantes » peuplées de « gouapes » et de « gigolettes ».

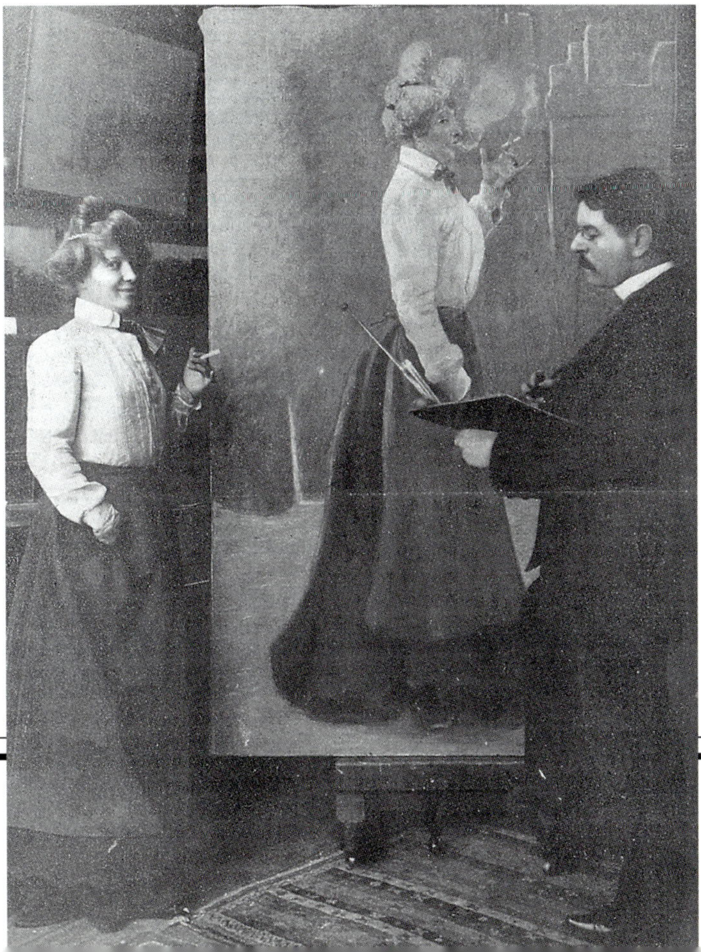

*Casque d'or posant en « gigolette » pour le peintre Albert Depré : finalement, le préfet Lépine fit retirer la toile du Salon (photographie parue dans* la Vie illustrée, *1902).*

## *Une infanticide condamnée tardivement*

# L'OGRESSE DE LA GOUTTE-D'OR

**L'affaire criminelle de Jeanne Weber, accusée d'avoir étranglé plusieurs enfants en 1904 et 1905, fait grand bruit de 1906 à 1908. Du fait de la monstruosité des actes qui lui sont reprochés, la presse n'évoque bientôt plus l'accusée que sous le surnom d'« ogresse de la Goutte-d'Or ».**

*Lors de son arrestation, Jeanne Weber est attaquée par une foule hostile, qui réclame la mort de « l'ogresse » (supplément illustré du* Petit Journal*, 1908).*

*Portrait de Jeanne Weber, surnommée « l'ogresse de la Goutte-d'Or »* (le Petit Journal*, 1907).*

Mais l'affaire retient aussi l'attention à cause des batailles d'experts qu'elle a suscitées : deux fois innocentée après l'autopsie de ses victimes, Jeanne Weber n'est convaincue de crime, après une autre autopsie, qu'à son troisième procès, alors qu'elle vient de tuer une nouvelle fois un enfant.

### Premier acte

L'affaire Jeanne Weber commence par un premier procès en janvier 1906. En avril de l'année précédente, une jeune femme portant dans ses bras un enfant au visage couvert de traces bleuâtres se présente à l'hôpital Bretonneau. L'interne de service, le docteur Saillant, constate que le petit Maurice souffre de suffocation et porte autour du cou un curieux sillon rouge. La mère du bébé, une ouvrière du quartier de la Goutte-d'Or, raconte que, devant faire une course et ayant confié son enfant à sa belle-sœur, Jeanne Weber, elle a trouvé en rentrant chez elle Maurice râlant, le visage violacé, et Jeanne, assise près de lui, en train de comprimer de toute sa force la poitrine de l'enfant. Le petit Maurice est sauvé in extremis, mais, en apprenant d'autres détails donnés par sa mère, le docteur Saillant informe le commissariat de la Goutte-d'Or, qui procède aussitôt à l'arrestation de Jeanne Weber. Celle-ci, une femme seule venue de Bretagne avec son fils Marcel après la mort prématurée de ses deux petites filles, est bien connue du quartier pour l'affection qu'elle porte aux enfants, et les mères de famille lui confient volontiers leurs bambins. Or, la police découvre que, depuis mars 1905, trois de ses nièces, Georgette, Suzanne et Germaine, ainsi que son propre fils sont morts à quelques jours d'intervalle. En remontant dans le temps, on découvre que deux autres enfants de l'entourage de Jeanne sont également décédés subitement alors qu'ils étaient sous sa garde — sans que personne, alors, ait songé à accuser la femme. Le juge d'instruction Leydet, chargé de l'affaire, est évidemment fort troublé par une si étrange série de décès. Mais le quartier de la Goutte-d'Or est, à cette époque, un des plus sordides de Paris. Des familles s'entassent dans des taudis, dans des conditions d'hygiène déplorables, et les morts d'enfants sont fréquentes. Quant aux allégations de la belle-sœur de Jeanne, elles ne peuvent être entendues qu'avec circonspection, venant d'une mère affolée à l'idée que son enfant a risqué de mourir... Pour en avoir le cœur net, Leydet demande à une des sommités de l'école de médecine légale parisienne, le docteur Thoi-

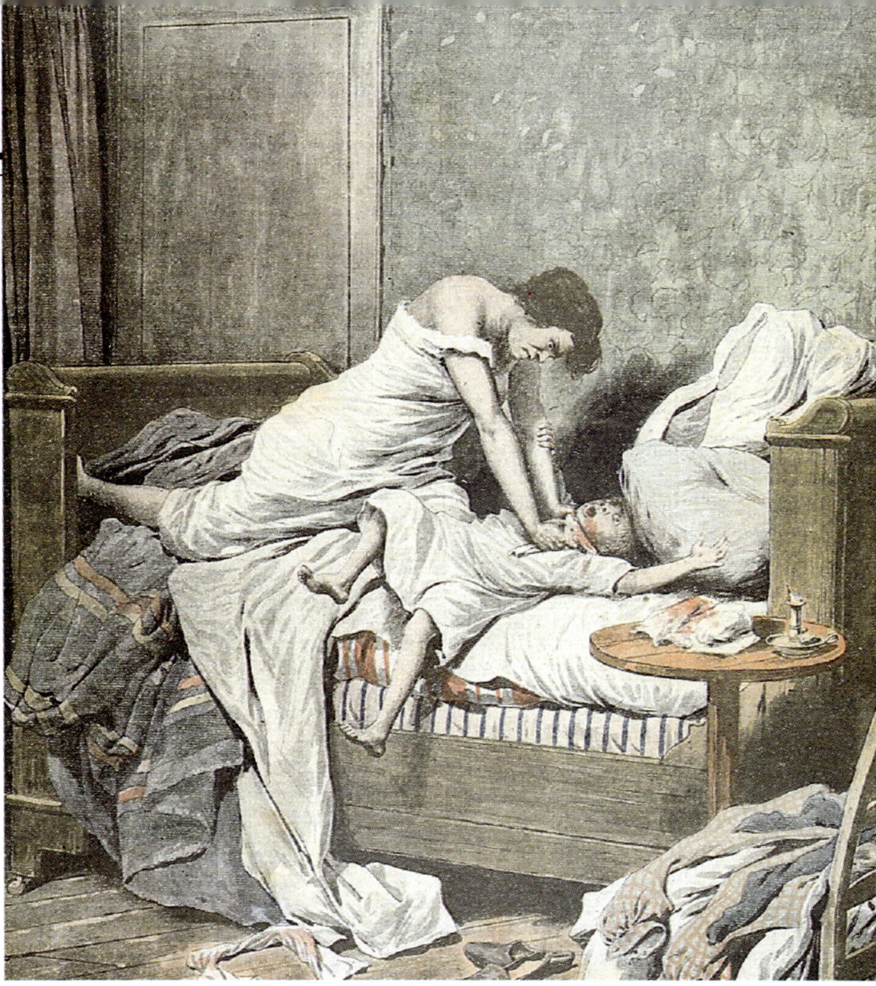

*Le dernier crime de Jeanne Weber (illustration parue dans le supplément illustré du* Petit Journal*, 1908).*

not, d'examiner le petit Maurice et d'autopsier les corps de Georgette, Suzanne, Germaine et Marcel. Le rapport de Thoinot est catégorique : les enfants sont tous décédés de mort naturelle. Quant aux aliénistes qui examinent Jeanne, ils la déclarent parfaitement normale.

## L'explication des médecins légistes

*Lorsque Jeanne tue le petit Marcel Poireau, en 1908, l'opinion publique et la justice commencent à s'interroger sur la validité des expertises légistes qui ont innocenté Jeanne Weber lors des premiers procès.*

*Les médecins incriminés, et parmi eux le docteur Thoinot, essaient alors de prouver qu'ils ne se sont pas trompés : cette femme n'a commis qu'un seul crime, celui de Commercy, et elle l'a commis à cause d'un phénomène d'autosuggestion provoqué par ce qu'on lui a reproché en 1906 et en 1907.*

*Cette démonstration ne convainc pas grand monde. L'affaire Weber, dès lors, est regardée comme un cas exemplaire qui montre les limites de la médecine légale, à une époque où celle-ci commence à être regardée comme infaillible.*

Le 29 janvier 1906 s'ouvre le procès de Jeanne Weber aux assises de Paris. D'un côté, il y a le public, les femmes surtout, qui réclament la mort de l'« Ogresse » ; d'un autre, Thoinot et ses confrères légistes, qui affirment l'innocence de l'accusée. La compétence reconnue de ces prestigieux spécialistes détermine le verdict des jurés, et Jeanne est acquittée. Elle disparaît alors de Paris.

## L'« Ogresse » frappe en province

Environ une année plus tard, en avril 1907, un médecin d'un petit bourg situé près de Châteauroux est mandé en hâte par une adolescente, pour venir en aide à son petit frère, Auguste, qui est en train d'étouffer. Lorsqu'il arrive dans la maison de Sylvain Bavouzet, il trouve Auguste mort, veillé par une certaine Mme Blaise, qui est à la fois la servante et la maîtresse de Bavouzet. En examinant le cadavre, il remarque une marque rouge sur le cou. Refusant le permis d'inhumer, il prévient la police de Châteauroux. Un médecin légiste de la ville, Audiat, chargé de l'autopsie, conclut à une mort naturelle consécutive à une méningite. Cependant, la sœur d'Auguste se présente à la gendarmerie. Elle déclare que Mme Blaise n'est autre que Jeanne Weber. Elle a pu l'identifier grâce à des articles de journaux et des photographies gardés par la servante dans une valise ! Le magistrat chargé de cette nouvelle accusation d'homicide est le juge d'instruction de Châteauroux, un dénommé Belleau. L'avocat de Jeanne, maître Henri Robert, demande qu'une autopsie d'Auguste soit effectuée par le même médecin légiste qui est intervenu lors du premier procès, Thoinot. Un scénario identique à celui de 1906 se joue alors : Thoinot déclare qu'Auguste est mort… d'une fièvre typhoïde. Une partie de la presse parle du « cauchemar de l'innocente Jeanne Weber » et encense les représentants de la science moderne, Thoinot et ses confrères de Paris. Le 5 janvier 1906, la chambre d'accusation conclut au non-lieu et, une deuxième fois, Jeanne sort de prison innocentée.

## Maurice, l'ultime petite victime

Le 1er mai 1908, Thoinot, devenu membre de l'Académie de médecine, fait l'objet dans un journal d'un long article publié à sa gloire — véritable apothéose. Huit jours plus tard, les gros titres des journaux proclament : « Meurtre d'enfant à Commercy. Jeanne Weber soupçonnée. » Que s'est-il passé entre le procès de Châteauroux et le rebondissement de Commercy ? À sa sortie de prison, Jeanne a été recueillie par Georges Bonjean, président de la Société de protection de l'enfant, qui l'a placée comme gardienne dans un hospice d'enfants, pour marquer la confiance qu'il a en elle. Quelque temps plus tard, Jeanne est découverte en train de serrer la gorge d'un des petits pensionnaires de l'établissement ; pour éviter tout scandale, Bonjean se contente de la congédier. À partir de ce moment, Jeanne Weber mène une vie d'errance. Elle se met en ménage avec un vagabond, Émile Bouchery ; après quelque temps, le couple échoue à Commercy dans une auberge tenue par un couple, les époux Poireau. Comme Bouchery trouve un travail de nuit, sa compagne, prétextant qu'elle a peur de dormir seule, demande que le fils des Poireau vienne partager son lit. Au milieu de la nuit, les parents entendent des hurlements, se précipitent et découvrent le petit Marcel étouffé, couvert de sang — dans une ultime contraction, il s'est coupé la langue — et portant des meurtrissures autour du cou. Hébétée, les vêtements ensanglantés, la femme Bouchery est assise sur le lit. On n'a aucune peine à découvrir qu'il s'agit, en fait, de Jeanne Weber. Le juge d'instruction Rollin, soucieux de ne pas recommencer l'histoire des précédents procès, confie l'autopsie du petit garçon à des médecins de Nancy, qui déclarent que Marcel est mort par strangulation effectuée avec un mouchoir. Examinée une nouvelle fois par des aliénistes, différents de ceux du premier procès, Jeanne Weber est reconnue comme folle dangereuse et elle est enfermée dans un asile psychiatrique, où elle meurt en 1918.

## *Le premier gang motorisé*

# LA BANDE À BONNOT

**De 1911 à 1913, une bande de malfaiteurs, qui se réclament des thèses anarchistes, se rend célèbre par les agressions qu'elle commet dans la région parisienne grâce à une technique nouvelle. En effet, c'est en automobile que Bonnot et ses complices effectuent leurs hold-up. Cette particularité transforme bientôt les bandits en personnages de légende.**

*L'attaque de la succursale de la Société générale, à Chantilly.*

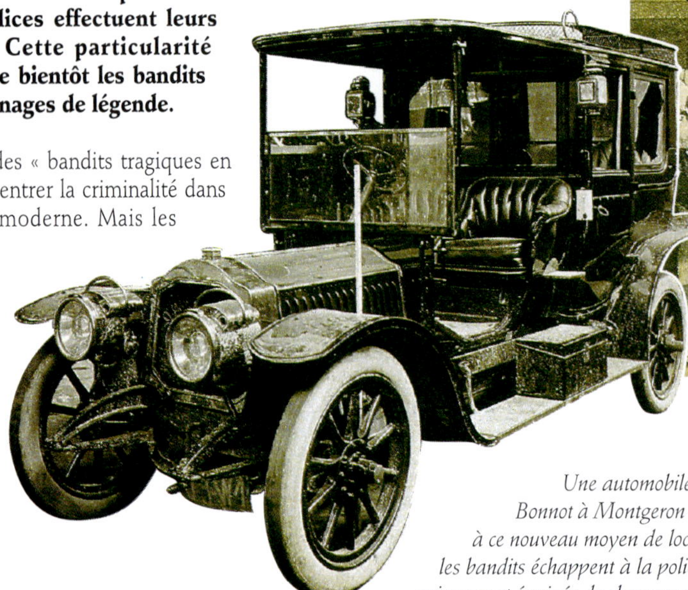

*Une automobile volée par Bonnot à Montgeron : grâce à ce nouveau moyen de locomotion, les bandits échappent à la police encore uniquement équipée de chevaux ou de vélos.*

L'histoire des « bandits tragiques en auto » fait entrer la criminalité dans le monde moderne. Mais les amis de Bonnot sont animés d'un idéal philosophico-politique qui n'est pas toujours celui de leurs nombreux imitateurs…

### Le hold-up motorisé

Le premier hold-up motorisé effectué par la bande se produit en décembre 1911 : Caby, employé payeur de la Société générale, reconnaissable à son uniforme, jaquette bleu ciel aux boutons dorés et grand bicorne, descend d'un tramway rue Ordener, porteur d'une sacoche contenant une grosse somme en titres et en monnaie, qu'il se prépare à déposer au siège de l'agence. Le long du trottoir stationne une automobile. Deux hommes se précipitent sur le transporteur de fonds : l'un le blesse de deux coups de feu, l'autre lui arrache sa sacoche. Les deux agresseurs sautent dans leur voiture, qui démarre immédiatement. Celle-ci sera retrouvée, vide, à Dieppe. L'émotion en France est énorme et on ne parle plus que des « bandits en auto ». Le 28 février 1912, les brigands en automobile font de nouveau parler d'eux. À sept heures du soir, dans la cohue qui se presse auprès de la gare Saint-Lazare, une voiture Delaunay fonce à toute allure dans la rue d'Amsterdam. Un agent de police veut l'arrêter. Un des passagers tire trois coups de feu, l'agent s'écroule, mortellement blessé. Malgré une folle course-poursuite, engagée par des policiers à bicyclette et par une voiture réquisitionnée, la Delaunay sème ses poursuivants et disparaît place de la Concorde. Le 25 mars 1912, dans la forêt de Sénart, une magnifique Dion-Bouton est interceptée par trois hommes, qui tuent le chauffeur et s'emparent de l'auto. Cette fois-ci, les bandits ont décidé de piller la succursale de la Société générale à Chantilly. À l'intérieur de l'agence, ils tirent à bout portant sur les caissiers, tuant deux d'entre eux, et ils s'emparent des liasses de billets et des rouleaux de pièces. À l'extérieur, une foule curieuse et inconsciente du danger s'est massée. Un des malfaiteurs la canarde à coups de carabine avant de rejoindre ses complices dans la Dion-Bouton.

### Des anarchistes et un criminel

À partir de cet attentat de Chantilly, une véritable psychose de l'attaque motorisée se répand en France. Pourtant, à cette date, l'enquête policière n'est plus loin d'aboutir. Dès l'agression de la rue Ordener, les investigations ont permis de percer l'identité de la plupart des membres de la bande. En effet, Caby a reconnu son agresseur dans le fichier des photographies de la police : c'est un nommé

### La dactyloscopie

*Pendant les péripéties qui accompagnent les recherches de la police pour retrouver les membres de la bande à Bonnot, Dieudonné est arrêté. Afin d'innocenter ce dernier, son camarade Garnier écrit aux journaux et, pour authentifier sa missive, il appose ses empreintes digitales sur le papier avec une indication ironique : « Bertillon, mets tes lunettes. »*

*La méthode anthropométrique mise au point par Bertillon pour reconnaître infailliblement les coupables déjà fichés laisse en effet la place, au début du XXe siècle, à la « dactyloscopie », ou examen des empreintes digitales. Cette technique d'identification par les empreintes (éléments structurels de la peau qui ne se modifient pas avec l'âge) est due successivement aux travaux du Britannique William Herschel, de l'Argentin Juan Vucetich et de l'Anglais Edward Henry, directeur de Scotland Yard, lequel fait remplacer officiellement le « bertillonnage » par la dactyloscopie, en 1901, dans ses services.*

*La fin de Bonnot, après le siège, par d'importante forces de police, du pavillon de Choisy-le-Roi où il s'était réfugié (le* Petit Journal*, 1912).*

Octave Garnier. Celui-ci est fiché par les policiers comme un anarchiste appartenant à un petit groupe qui a l'habitude de se réunir dans les locaux du journal, précisément intitulé *l'Anarchie*, dirigé par un intellectuel russe, Victor Kibaltchiche, et par sa maîtresse, Rirette Maîtrejean. Depuis la grande série des attentats des années 1890, l'anarchie n'est plus représentée que par quelques nostalgiques inadaptés qui continuent à s'enflammer pour les thèses défendues autrefois par Ravachol ou Vaillant et rêvent de changer la société. Callemin, dit « Raymond la Science », un autodidacte, est leur maître à penser. Ce petit groupe de désabusés et de criminels en puissance comprend aussi Soudy, âgé tout juste de dix-huit ans, Garnier, le beau garçon de la bande, Carouy, au visage de brute, Valet, surnommé « le Rouquin », et Dieudonné, aux remarquables moustaches noires. En décembre 1911, ces jeunes gens vaguement illuminés font connaissance de Jules Bonnot, un passionné de cette nouvelle et merveilleuse invention qu'est l'automobile, et qui est lui-même fiché par la police comme étant « très dangereux ». Bonnot n'est pas un anarchiste et, s'il se moque des théories du groupe de *l'Anarchie*, il voit tout de suite en ses membres de quoi constituer une bande de malfaiteurs. Il les convainc donc de mettre à exécution son idée : pratiquer des hold-up en voiture, tactique imparable à une époque où agents et gendarmes ne circulent qu'à cheval ou à bicyclette...

### Le siège de Choisy-le-Roi

Devant l'ampleur des crimes commis par ceux que la presse, mise au courant, n'appelle plus que « la bande à Bonnot », Clemenceau, président du Conseil, intervient personnellement. Il intime au chef de la Sûreté, Guichard, d'en finir avec ces criminels et de mettre la main sur les tueurs. Et, en effet, les progrès de la police s'accélèrent sensiblement. Grâce à des dénonciations, Dieudonné puis Soudy, Carouy, Monnier (un nouveau dans la bande) et enfin Raymond la Science sont arrêtés. Mais les plus dangereux éléments de la bande à Bonnot sont encore dans la nature... Jouin, sous-chef de la Sûreté générale, apprend alors que Bonnot s'est réfugié à Ivry. Lorsqu'il se présente à son domicile, il est tué par le criminel, qui réussit à s'enfuir. Désormais, une lutte à mort s'engage entre les forces de l'ordre et les trois derniers membres de la bande à Bonnot. Comme ce dernier s'est enfermé dans une masure de Choisy-le-Roi, le 28 avril 1912, on lance contre celle-ci une véritable offensive armée. En présence de vingt mille curieux, le préfet de police Lépine dirige lui-même les opérations auxquelles participent des policiers, des gendarmes, des soldats, des gardes républicains. Des heures durant, Bonnot, à la tête d'un incroyable stock de munitions, échange avec ses adversaires un feu nourri. À la fin, excédé, Lépine ordonne de dynamiter la maison. Bonnot est découvert à l'intérieur, roulé dans un matelas, agonisant. Le 14 mai, les deux derniers criminels de la bande, Garnier et Valet, subissent le même siège dans un pavillon de Nogent-sur-Marne. Trois cents policiers, huit cents hommes de troupe font le siège en présence de trente mille spectateurs. À minuit, la demeure, à son tour, est dynamitée. On ne retrouve, à l'intérieur, que deux corps déchiquetés. Les cinq survivants de la bande, Carouy, Soudy, Monnier, Dieudonné et Raymond la Science comparaissent devant les assises de la Seine le 3 février 1913. À leurs côtés se trouvent aussi les patrons de *l'Anarchie*, Kibaltchiche et Rirette Maîtrejean. Les audiences durent trois semaines, et 304 témoins, dont 150 à charge, sont interrogés à la barre. Les cinq complices de Bonnot sont condamnés à mort. Mais, en fait, Carouy reste emprisonné et Dieudonné bénéficie d'une grâce présidentielle. Finalement, seuls Soudy, Raymond la Science et Monnier sont guillotinés, le 21 avril 1913, à Paris. Au moment de monter à l'échafaud pour être exécutés, ils lancent chacun un dernier message. Soudy s'écrie : « Pas de chance !» ; Monnier salue la foule : « Adieu à vous tous, messieurs, et à la société !» Raymond la Science plastronne : « C'est beau, n'est-ce pas, l'agonie d'un homme ?»

*Madame Caillaux assassine le directeur du « Figaro »*

# L'AFFAIRE CALMETTE

**En juillet 1914, à la veille de la mobilisation générale de la France, se termine le procès de Mme Caillaux, épouse du ministre des Finances. Celle-ci est jugée pour avoir abattu d'un coup de revolver le directeur du *Figaro*, Gaston Calmette, qui avait entrepris de publier dans son journal une correspondance privée, compromettante pour elle.**

Dernier scandale de la période 1900-1914, l'affaire Calmette traduit le désarroi politique de la France face à la montée d'une guerre imminente.

## À la « une » des journaux

Le drame s'est déroulé le 16 mars précédent. Ce jour-là, une femme élégante et distinguée, vêtue de sombre, pénètre dans les locaux du journal *le Figaro* et demande à être reçue par son directeur, Gaston Calmette. Introduite dans le bureau de ce dernier, elle tire sur lui six balles du revolver qu'elle a sorti de son manchon. Calmette, rapidement emmené dans une clinique de Neuilly, meurt durant les heures qui suivent. La meurtrière, immédiatement désarmée, ne cherche pas à s'enfuir et attend calmement l'arrivée de la police. D'ailleurs, chacun l'a très vite reconnue : c'est Henriette Caillaux, l'épouse du ministre des Finances. Conduite au commissariat de police de la rue du Faubourg-Montmartre, Mme Caillaux n'a qu'une phrase pour expliquer son geste : « Il n'y a plus de justice. Le revolver seul pouvait arrêter la campagne. » Les passions se déchaînent aussitôt dans le monde

*Mme Caillaux, femme du ministre des Finances, tue à coups de revolver M. Calmette, directeur du* Figaro *(illustration du* Petit Journal, *1914).*

La cour d'assises
de la Seine, lors du procès
de Mme Caillaux, en 1914.

*L'élégante Mme Caillaux devant la cour d'assises de la Seine, en 1914.*

politique et le grand public. Tous les journaux font leurs manchettes de ce crime étonnant. Caillaux est obligé de donner sa démission dès le lendemain. Ce qu'on ne nomme plus que l'« affaire Calmette » prend alors une telle importance qu'elle éclipse presque les menaces de la guerre qui est sur le point d'éclater.

## Une femme outragée

Comment expliquer le geste de Mme Caillaux, femme discrète et honorable, brutalement devenue meurtrière ? Les attaques personnelles dont son mari et elle-même sont victimes depuis plusieurs mois expliquent cette incroyable transformation. Joseph Caillaux est un des hommes politiques les plus doués de sa génération, mais le plus attaqué aussi. À deux reprises ministre des Finances depuis 1900, il est décidé, pour rétablir l'équilibre financier de la France, à faire adopter l'impôt sur le revenu. Projet impopulaire qui lui vaut d'être détesté de presque tous les Français. De plus, Caillaux ne fait pas mystère de ses opinions pacifistes, attitude mal comprise en cette période préliminaire à la guerre, où les partisans de la paix sont confondus avec des traîtres achetés par l'Allemagne. Une grande partie de la classe politique, sur tout l'échiquier politique, des mouvements de droite comme l'Action française, des républicains tels que Louis Barthou, Raymond Poincaré ou Aristide Briand, déclenchent donc une violente campagne contre le ministre controversé. Les coups les plus durs viennent du *Figaro*, dont le directeur, Calmette, se livre à des attaques particulièrement outrageantes. Le quotidien conservateur s'en prend aux positions politiques de Caillaux mais aussi à sa vie privée ; à partir du 14 mars, il publie la correspondance privée qu'ont échangée Caillaux et Henriette dix ans auparavant, avant leur mariage. Correspondance que le patron du *Figaro* s'est procurée, moyennant finances, auprès de la première épouse de Caillaux, qui a trouvé ainsi un moyen fort peu élégant de se venger de son ex-mari ! La publication de ces lettres intimes est particulièrement douloureuse pour Henriette Caillaux, qui, au moment où elle échangeait cette correspondance avec son futur mari, était encore la femme d'un autre homme… La morale bourgeoise de l'époque est sévère pour l'adultère, même si celui-ci remonte à une époque révolue et a été « racheté » par un mariage entre les deux ex-amants. Henriette sait que sa réputation d'honnête femme s'est à jamais effondrée. Sur un coup de tête, elle décide d'aller supprimer le responsable de son déshonneur ! Après l'accomplissement de l'homicide, la campagne dirigée contre Caillaux devient plus violente que jamais. On l'accuse « d'avoir les mains tachées de sang » — c'est-à-dire d'avoir armé la main de sa femme. À la fin du mois de mars, l'Action française organise un grand rassemblement à Paris en invitant tous les patriotes à venir manifester contre l'ancien ministre « assassin et vendu ».

## Le procès de Mme Caillaux

Enfermée à la prison Saint-Lazare, Mme Caillaux comparaît devant les assises de la Seine le 20 juillet 1914. Défendue par l'avocat maître Labori, Henriette, vêtue sobrement de noir, parle calmement. Elle affirme qu'elle n'avait pas prévu d'assassiner le journaliste, que tout cela est un horrible accident. Elle n'est venue au *Figaro* que pour provoquer un scandale capable d'empêcher que soit poursuivie la publication de la fameuse correspondance ; son revolver est parti tout seul, à cause d'un mouvement d'exaspération… Lorsqu'on lui demande pourquoi elle est venue au journal avec ce revolver, elle se contente de répondre : « J'ai toujours un revolver sur moi. C'est une habitude que mon père nous a donnée, à ma sœur et à moi »… Joseph Caillaux, quand il est appelé à témoigner, est beaucoup plus violent que sa femme. Il lutte pied à pied contre la partie civile, dénonçant les procédés de Calmette. Le ton de ses propos exaspère le public plus qu'il ne le convainc ; mais les jurés, honnêtes, reconnaissent que les Caillaux ont été victimes d'une intolérable ingérence dans leur vie privée, contre laquelle ils ne pouvaient rien faire. Le 28 juillet, sous les tollés de la salle, ils acquittent Henriette Caillaux. Des manifestations ont lieu dans les rues de Paris aux cris de « Caillaux assassin ! », et *le Figaro* du lendemain titre sur « le plus énorme scandale de notre époque ». Quelques jours plus tard, la déclaration de guerre fait tomber dans l'oubli cette affaire scandaleuse.

### L'affaire Steinheil

**Double meurtre.** Le 8 mai 1908, le valet de chambre du peintre Adolphe Steinheil découvre, en pénétrant dans la chambre de son maître, le cadavre de celui-ci et de sa belle-mère, étranglés. Marguerite, la femme du peintre vit encore ; elle est attachée sur son lit, un tampon d'ouate dans la bouche. Ce n'est pas une inconnue pour l'opinion publique : en 1899, le président de la République, Félix Faure, est mort entre ses bras, à l'Élysée…

**Un bien étrange récit.** L'histoire qu'elle raconte à la police est tellement bizarre que les soupçons se portent sur elle… À minuit, selon ses dires, trois hommes barbus en longue robe noire et une femme rousse ont pénétré dans la maison et l'ont attachée sur son lit. Elle s'est alors évanouie, et ne sait rien de ce qui s'est passé ensuite. Or, il n'y a aucune trace d'effraction dans la villa de l'impasse Ronsin où habitent les Steinheil, rien n'a été dérobé, et même des bijoux sont restés en évidence sur un meuble.

**Criminelle ou victime réelle ?** Marguerite est inculpée de l'assassinat de son mari et de sa mère. Mais son procès, en novembre 1909 aux assises de la Seine, n'apporte aucun éclaircissement sur cette étrange affaire : faute de preuves, la belle Marguerite est finalement acquittée.

*Des soldats exécutés « pour l'exemple »*

# LES PROCÈS DES MUTINERIES

*Depuis 1914, les massacres se succèdent pour culminer avec Verdun (image d'Épinal représentant la bataille de la Marne).*

**En 1917, après la terrible boucherie de la bataille de Verdun et l'échec de l'offensive du Chemin des Dames, le découragement s'empare des troupes françaises. Le désespoir des soldats se traduit par des actes de colère et d'indiscipline : la répression de ces mutineries est confiée au général Pétain.**

La révolte collective des soldats français contre leurs conditions de vie provoque une série de procès et de condamnations à mort dans leurs rangs.

## Une démoralisation générale

À Verdun, des mois durant, les « poilus » connaissent la faim, le froid, la soif. Ils restent terrés dans des trous d'obus ou des tranchées boueuses. La bataille se solde par un million de tués, blessés et disparus. La lassitude physique et morale est considérable chez tous les combattants. Que ce soit du côté des Alliés ou de celui des Allemands, le désespoir s'installe dans les rangs, désespoir qui, dans certaines régions du front, se transforme petit à petit en colère. Les événements de 1917 ne font que renforcer ce découragement. D'une part, le début de la révolution russe et le pacifisme des bolcheviques entraînent la défection d'une partie des troupes de cette nation alliée de la France. D'autre part, l'offensive du général Nivelle sur le Chemin des Dames se traduit par un désastre : près de 40 000 morts et 90 000 blessés. Les soldats, dès le début, comprennent qu'ils courent au désastre : les premières mutineries éclatent à ce moment. À l'époque, certains essaient d'expliquer les mutineries par la propagation dans les régiments des thèses pacifistes des socialistes et des syndicalistes ; en fait, l'analyse précise du

### Les Sentiers de la gloire

*Les mutineries de 1917 sont demeurées très longtemps un épisode honteux de la Première Guerre mondiale, et les autorités françaises se sont employées à les laisser dans l'obscurité. Le cinéaste américain Stanley Kubrick en a fait l'expérience avec son film* les Sentiers de la gloire (Paths of Glory)*, qui, réalisé en 1957, n'a pu sortir en France qu'en 1975.*

*Ce long-métrage sur les mutineries de 1917 s'inspire d'un roman de Humphrey Cobb, ancien combattant de l'armée canadienne, qui rapporte des faits réels, comme l'exécution de six soldats tirés au sort ou celle d'un blessé attaché sur une civière. Kubrick s'est surtout intéressé aux gradés, dont il dénonce les ambitions criminelles. Tout en retenant son indignation grâce à une mise en scène très sobre, le cinéaste américain a révélé à beaucoup de spectateurs une des réalités les plus controversées de la Grande Guerre.*

déroulement des mutineries prouve que l'accablement est la véritable cause des actes d'indiscipline.

## Les mutineries

La première manifestation de révolte collective se produit à Aubérive, près de Reims, le 17 avril 1917 : des soldats refusent de monter au front ; la semaine suivante, le même incident se produit dans un autre régiment installé sur la même ligne. À partir de mai, les actes d'indiscipline deviennent plus nombreux et plus importants. Fait remarquable, seuls les régiments d'infanterie de Champagne cantonnés entre Soissons et Reims, c'est-à-dire légèrement en arrière de la ligne de front du Chemin des Dames, entrent dans la révolte. Les mutineries n'atteignent jamais les unités situées en première ligne. Les mouvements se déroulent entre la fin d'avril et le début de juin 1917, donc pendant un laps de temps assez bref. D'autres incidents, sporadiques et de bien moindre ampleur, se produisent encore jusqu'à la fin de l'année. Ces désobéissances prennent différentes formes. Le plus souvent, les soldats mutins font connaître à leurs supérieurs leur intention de ne plus participer aux combats. Des bataillons cantonnés à Soissons prennent la décision, sans l'appliquer, de marcher sur Paris. D'autres démonstrations, plus politiques, consistent à brandir des drapeaux rouges et à chanter *l'Internationale*. Le 1<sup>er</sup> juin, la 41<sup>e</sup> division se livre aux actes les plus spectaculaires : 2 000 hommes s'en prennent au général Bolot et lui arrachent ses insignes en le traitant d'« assassin » et de « buveur de sang »... Au total, 68 divisions sont touchées par les 250 cas de refus collectif d'obéissance, et 30 000 à 40 000 soldats participent à ces manifestations. Le risque majeur, à la fin du printemps 1917, est de voir s'étendre ces mutineries à d'autres divisions des troupes alliées.

*Un conseil de Guerre à l'arrière : les refus d'obéissance et les mutineries vont être très sévèrement réprimées.*

## Punir et prévenir

Après l'échec du Chemin des Dames, le général Nivelle, commandant en chef des armées du Nord et du Nord-Est, est limogé en mai. Son successeur, le général Pétain, est chargé par le ministre Painlevé de la remise en ordre de l'armée. Comprenant que le désenchantement des troupes est la vraie cause des mutineries, il décide de prévenir de nouveaux troubles en améliorant le quotidien des soldats ; mais il lui faut aussi, pour l'exemple, prendre des mesures de répression. Les soldats mutins sont donc traduits devant des conseils de guerre. Un an plus tôt, les inculpés seraient passés devant les conseils de guerre spéciaux institués par Joffre au début de la guerre ; heureusement pour eux, ces cours à la justice expéditive ont été supprimées en 1916. C'est donc devant des juridictions militaires fonctionnant selon les règles du XIX<sup>e</sup> siècle qu'ils comparaissent. Les jugements n'en sont pas moins sévères : près de 600 condamnations à mort sont prononcées. Par ailleurs, 2 873 soldats sont condamnés à différentes peines, dont près de la moitié à des travaux forcés ou à de longues détentions.

*Après Verdun, le moral des soldats est au plus bas (illustration du « Journal d'un soldat français »).*

### Les mutineries de la mer Noire

Après 1917, et jusqu'à la fin du conflit, aucune mutinerie ne se produit plus au sein des troupes alliées. En revanche, de nouveaux mouvements insurrectionnels éclatent bientôt à l'Est, parmi les soldats français encore retenus sur le front en 1919.

**De pénibles « prolongations ».** À partir de 1918, la France engage une partie de son armée d'Orient en Russie du Sud, pour aider les anticommunistes qui se battent contre les bolcheviques. Les combats se limitent à quelques interventions et à la prise d'Odessa, le 8 avril 1919. Mais, à cette date, la Première Guerre mondiale est officiellement achevée depuis six mois déjà ; des révoltes éclatent donc chez les soldats français, qui estiment devoir être rapidement démobilisés.

**La flotte en révolte.** Les plus graves mutineries éclatent en avril 1919 parmi les marins de la flotte de la mer Noire, devant Odessa. Le syndicaliste André Marty, officier mécanicien sur le *Protêt*, est l'un des meneurs de la révolte. Le 19 avril, le navire amiral *Jean-Bart*, le cuirassé *France* et d'autres unités de la flotte sont occupés par les mutins, qui réclament leur retour immédiat en France. Cependant, ces mouvements sont rapidement maîtrisés. André Marty est condamné à vingt ans de travaux forcés — il sera amnistié et libéré en 1923.

*Une danseuse condamnée et exécutée pour espionnage*

# MATA HARI

**Le 15 octobre 1917, un peloton d'exécution fusille une femme accusée d'espionnage par le gouvernement français. Margaretha Zelle, plus connue sous son nom de scène Mata Hari, devenue pendant la Première Guerre mondiale l'« agent H.21 » des services secrets allemands, reste une des espionnes les plus célèbres de l'histoire.**

*Mata Hari exécutant une danse hindoue au musée Guimet, en avril 1905.*

D'origine néerlandaise, Margaretha Zelle, ex-épouse Mac Leod, est depuis 1905 une des célébrités du spectacle. Inspirée par les danses de Java, où elle a vécu durant les premières années de son mariage, elle prend le pseudonyme de Mata Hari, se prétend danseuse sacrée hindoue et accède rapidement à une extraordinaire célébrité.

## L'« agent H.21 » est démasqué

Son succès lui assure de nombreuses relations dans les milieux de la politique, de la diplomatie et de l'armée, aussi bien en France qu'en Belgique, en Italie ou en Allemagne. Lorsque se déclenche le conflit, elle se met à accomplir de nombreux déplacements dans divers pays ; à tel point qu'elle est bientôt soupçonnée par les services secrets britanniques de se livrer à des activités d'espionnage. Mais, ne parvenant à réunir contre elle aucun fait concret, les Anglais finissent par passer le dossier Mata Hari aux autorités françaises. Le capitaine Ladoux, chef du IIe Bureau du contre-espionnage français, prend personnellement l'affaire en main. Il cherche à réunir des preuves contre la danseuse. En août 1916, lorsque celle-ci demande à l'Administration un laissez-passer pour aller soigner de grands blessés de guerre à Vittel — où se construit un aérodrome ultrasecret —, Ladoux pense qu'il est sur le point de la démasquer. Mais, soumise à une rigoureuse surveillance, Mata Hari se contente de jouer à l'infirmière dans l'hôpital de Vittel. Trois mois plus tard, la jeune femme vient d'elle-même trouver le capitaine. Elle lui avoue qu'elle est amoureuse d'un officier russe et qu'elle a besoin de un million de francs pour l'épouser ! Ladoux, de nouveau, croit tenir l'occasion rêvée. Il propose à Mata Hari de faire partie des services secrets français et lui confie une mission (imaginaire) qui doit la conduire en Belgique en passant par... Lisbonne. Mata Hari entreprend le voyage mais, sur le chemin de Lisbonne, elle s'arrête à Madrid où se trouve le plus important centre d'espionnage allemand ! Quand les Allemands exécutent un agent double dont le nom a été délibérément « confié » à Mata Hari, Ladoux pense tenir la confirmation de la culpabilité de la danseuse « hindoue ».

## Le conseil de guerre

Peu de temps après ces faits, les services du capitaine Ladoux interceptent et décryptent un radiogramme expédié par le quartier général allemand à l'ambassade d'Allemagne à Madrid. Son libellé est le suivant : « H.21, excellent agent d'avant-guerre, n'a rien donné de sérieux depuis la guerre. Dites à H.21 de rentrer en France et d'y continuer sa mission. Il recevra un chèque de 5 000 francs, tiré par Kraemer sur le Comptoir d'escompte. » Or, comme par hasard, Mata Hari arrive dans la capitale le 3 janvier 1917... Pour ne pas donner l'alerte aux Allemands, qui doivent ignorer que les Français connaissent leur code secret, Ladoux s'abstient de faire arrêter Mata Hari immédiatement ; il se contente de la faire étroitement surveiller. Le 14 février, enfin, l'espionne est interpellée et enfermée dans la prison de femmes de Saint-Lazare.

*Malgré l'utilisation de tous ses charmes, Mata Hari ne parviendra pas à convaincre le conseil de Guerre de son innocence et sera fusillée.*

L'instruction de l'affaire est exceptionnellement longue car, en définitive, l'exécution de l'agent double et l'arrivée de Mata Hari à Paris au moment où le message allemand annonçait le retour de H.21 pourraient être à la rigueur considérées comme des coïncidences. Malgré l'absence de preuves solides, le procès débute quand même, le 25 juillet 1917, devant le 3e conseil de guerre de Paris. Mata Hari a revêtu une élégante robe décolletée — un moyen bien faible pour détourner de leur devoir les six militaires réunis pour la juger. Il y a là le colonel Sompron, qui préside le conseil, et, surtout, le commissaire du gouvernement tenant le rôle de procureur, le lieutenant Mornet, à la sévérité légendaire — c'est lui qui, vingt-huit ans plus tard, requerra contre Pétain. Pendant deux jours, l'accusée se défend vaillamment. Elle reconnaît qu'elle a reçu 30 000 Marks du chef de l'espionnage allemand, mais dit que, celui-ci étant son amant, il ne s'est agi que d'un cadeau. De même, elle explique que 5 000 autres francs qu'elle a perçus (la somme exacte mentionnée dans le radiogramme) n'étaient qu'un présent d'un autre amant... Tout cela n'est guère convaincant, et le réquisitoire de Mornet est accablant. Après dix minutes de réflexion, le conseil de guerre rend sa sentence : selon la tradition, Mata Hari est condamnée à être fusillée devant un peloton de soldats présentant les armes.

## Une mort courageuse

En ce mois de juillet 1917, au moment où Pétain vient de mettre fin aux mutineries qui se sont déclenchées dans de nombreux régiments, personne ne s'attendrit sur le sort de la « Boche », et son recours en grâce est rejeté par Poincaré, président de la République. Le 15 octobre à l'aube, le lieutenant Mornet et les magistrats font donc irruption dans la cellule où Mata Hari dort profondément, assommée par les somnifères qu'on lui a administrés la veille. Réveillée en sursaut, elle a un moment d'épouvante mais reprend vite ses esprits. Après avoir apporté un soin particulier à sa toilette, elle demande à être baptisée par le pasteur Darboux, ce qui est rapidement expédié. Comme le prévoit le Code pénal, on lui demande si elle est enceinte — auquel cas l'exécution serait repoussée après l'accouchement —, ce qu'elle nie d'un ton méprisant. Elle marche d'un pas rapide jusqu'au fourgon cellulaire qui la conduit à Vincennes. Douze chasseurs à pied attendent. La condamnée refuse d'être attachée au poteau d'exécution et d'avoir un bandeau sur les yeux. Une seule détonation retentit, Mata Hari s'affaisse au sol, les troupes défilent au son de la trompette. Comme personne ne réclame le corps, on fait un simulacre d'inhumation, puis la dépouille récupérée est remise à la faculté de médecine et finit sur une table de dissection.

### Les espionnes de la Grande Guerre

Mata Hari n'est pas la seule à avoir profité de ses charmes pour se livrer à l'espionnage au bénéfice de l'ennemi. D'autres femmes, en fait plus impliquées qu'elle dans les services secrets, ont payé de leur vie leurs activités antipatriotiques.

**Margarethe Schmidt et Ottilie Moss.** Toutes les deux sont allemandes. La première est fusillée à Nancy en mars 1915, la seconde à Bourges en mai 1915.

**Marguerite Francillard.** Cette couturière de Grenoble tombe amoureuse d'un soi-disant Suisse, qui est en réalité un espion allemand. Marguerite sert d'agent de liaison entre la France et la Suisse. Condamnée à mort par un conseil de guerre, elle est fusillée le 10 janvier 1917.

**Émilienne-Rose Ducimetière.** Infirmière, elle recueille des informations auprès des blessés de guerre qu'elle soigne. Condamnée à mort en avril 1917, elle voit sa peine commuée en travaux forcés.

**Mme Tichelly.** Agent secret sous le matricule ZUD 160, elle profite de sa profession de femme de chambre dans différents hôtels pour recueillir des informations sur les industries françaises et l'emplacement des troupes. Elle est exécutée en 1917.

→ **Voir aussi :** p. 200-201 (1917, Les procès des mutineries).

## *L'assassin de Jaurès jugé innocent de son crime*

# RAOUL VILLAIN

*Jaurès à la Chambre des députés (peinture de J. Veber, musée Carnavalet, Paris) : sa disparition favorisa l'engrenage de la guerre.*

**En assassinant, le 31 juillet 1914, Jean Jaurès, tribun de la gauche, le nationaliste Raoul Villain veut atteindre celui qui prêche la paix, alors que la Première Guerre mondiale est sur le point d'éclater. En effet, la disparition de Jaurès lève le dernier obstacle au déclenchement du conflit européen, dans lequel cinq millions d'hommes vont trouver la mort.**

La mort de Jaurès, la veille de la déclaration de guerre, consacre l'échec de ceux qui, en dépit de l'opinion publique, refusent de croire le conflit inéluctable. L'acquittement de l'assassin, en 1919, s'explique par le climat qui domine en France au lendemain de la guerre.

### « Ils ont tué Jaurès !»

Dans la chaleur étouffante de ce 31 juillet 1914, l'atmosphère de Paris est enfiévrée par l'attente de la déclaration des hostilités entre la France et l'Allemagne. Les journaux portent en gros titres des déclarations patriotiques exaltant les qualités guerrières des Français. Des jeunes gens excités, brandissant des drapeaux tricolores et chantant *la Marseillaise,* parcourent les rues en conspuant les « Boches » et le *Kaiser* (l'empereur germanique). Préparé dans les esprits depuis des années, le conflit est devenu inéluctable depuis l'assassinat d'un archiduc autrichien à Sarajevo, le 28 juin 1914. Pourtant, tout le monde n'est pas convaincu de la fatalité de la guerre. Les socialistes, et surtout leur chef incontesté, Jean Jaurès, emploient encore toute leur énergie à prêcher pour la paix. Ce 31 juillet, Jaurès, dernier espoir des pacifistes, a passé sa journée d'abord à la Chambre des députés puis au ministère des Affaires étrangères, mettant tout en œuvre pour stopper le déclenchement de cette confrontation qu'il pressent horrible. À la fin de l'après-midi, il se rend à son bureau du journal *l'Humanité,* dont il est le directeur, pour écrire un article qu'il présente à ses collaborateurs comme devant être un nouveau « J'accuse ». Avant d'entamer une nuit de travail qui se prépare à être longue, Jaurès et ses amis descendent dîner au café du Croissant, à deux pas du journal, à l'angle de la rue Montmartre et de la rue du Croissant. Jaurès est assis le dos à la fenêtre, restée ouverte du fait de la canicule. Un simple rideau le sépare de la rue. À 21 h 40, une main écarte le rideau, un coup de feu éclate. Jaurès s'effondre. Une femme crie : « Ils ont tué Jaurès ! »

### Un nationaliste faible d'esprit

L'assassin du grand tribun socialiste ne cherche pas à s'enfuir et se laisse arrêter sans résistance. Il se nomme Raoul Villain, a 29 ans, et représente le type même des nationalistes exaltés de l'époque, qui ont l'esprit enflammé par les campagnes de presse lancées contre les pacifistes, et plus particulièrement contre Jaurès, l'apôtre de la paix. Quelque peu déséquilibré, Villain a une hérédité chargée et un goût prononcé pour l'absinthe. Il ne fait partie d'aucun mouvement politique ; son acte est le résultat des idées fixes entretenues par la lecture des journaux nationalistes. Dans leurs pages, Jaurès est dénoncé comme un « traître », « un reptile du Kaiser ». Dans les dernières semaines, certains journalistes vont beaucoup plus loin, osant appeler leurs lecteurs à se débarrasser du « vendu ». Dans *la Sociale,* Urbain Gohier écrit : « À la veille de la guerre, le général qui commanderait à quatre hommes et un caporal de coller au mur le citoyen Jaurès et de lui administrer à bout portant le plomb qui lui manque dans la cervelle ferait son plus élémentaire devoir. » Cet appel au crime est relayé par le poète Charles Péguy : « Dès la déclaration de guerre, la première chose que nous ferons sera de fusiller Jaurès. Nous ne laisserons pas derrière nous de traîtres »... Léon Daudet, plus prudent, prévoit dans *l'Action française* que l'attitude de Jaurès est capable « de suggérer à quelque énergumène le désir de résoudre par la méthode expérimentale la question de savoir si rien ne serait changé après sa mort ». Il n'y a donc rien d'extraordinaire à ce que, dans l'exaltation exacerbée de cette fin de juillet, un homme à l'esprit faible ait pris au pied de la lettre ces propos vengeurs. Le 31 juillet, le dernier obstacle à la guerre est écarté par l'acte de Villain et, le lendemain, la France décrète la mobilisation générale. Le plus insolite est le sort que va connaître le meurtrier de Jaurès.

### Personne n'a tué Jaurès

Emprisonné pendant toute la durée du conflit, Villain, dans le calme de sa cellule, ne connaît rien des épreuves et des dangers que les hommes de son âge vivent pendant ces années terribles et il ne peut comprendre l'horreur du conflit pour lequel il a commis un assassinat. Accusé d'homicide volontaire, Raoul Villain comparaît le 24 mars 1919 au Palais de Justice de Paris. Les deux représentants de la partie civile, maîtres Ducos de la Haille et Boncour, n'ont pas l'intention de demander la condamnation à mort de l'accusé, car Jaurès a toujours été hostile à la peine capitale. Leur grand tort est de porter sur le terrain politique ce qui n'est qu'une affaire criminelle : leurs témoins à charge sont des représentants du parti socialiste dont les propos choquent le public, à une époque où va être élu un Parlement « bleu horizon » comportant une majorité du Bloc national qui encense les valeurs guerrières de la France. Interrogé sur son mobile, Villain répond calmement en arguant de son patriotisme. Les médecins aliénistes déclarent que sa responsabilité est très atténuée par son hérédité. Tout cela facilite le travail de la défense, qui demande purement et simplement l'acquittement de l'accusé. Le 29 mars 1919, le jury, auquel on a demandé de déterminer si Villain a commis un homicide volontaire sur la personne de Jaurès et s'il a agi avec préméditation, répond « non » aux deux questions : Jaurès n'a donc été assassiné par « personne », et Raoul Villain est acquitté ! M$^{me}$ Jaurès, partie civile et qui, après la mort de son mari, a encore eu la douleur de perdre son fils, tué sur le front en 1917, est condamnée aux dépens. Le 6 avril, une manifestation est organisée dans la capitale pour protester contre la décision du tribunal de Paris. Des « poilus » eux-mêmes viennent témoigner de leur respect envers celui qui aurait pu leur éviter l'horreur de ces cinq dernières années.

*Le nationaliste Raoul Villain, assassin de Jaurès, devant la cour d'Assises.*

*Commémoration de l'assassinat de Jaurès devant le café du Croissant.*

### La manifestation du 6 avril 1919

*« [...] À l'angle de l'avenue Henri-Martin et du square Lamartine, [...] un buste de Jaurès s'élevait sur une stèle dont un léger crêpe noir tamisait le drap rouge [...] Le défilé n'en finissait pas [...] Des poilus, égarés dans leurs tristes capotes bleues délavées, flottaient sur le fleuve noir. Avant l'ouverture du spectacle, on avait accroché une croix de guerre à la stèle. Un soldat, avec de timides saccades et au risque d'emporter le drap de son uniforme, arracha la sienne et vint l'offrir. Une veuve de guerre apporta celle son mari. "Jaurès a sauvé la France !", fit-elle les yeux enflammés. Ce « Jaurès a sauvé la France » fit grand effet et fut repris. Soudain, un poilu à quatre brisques se dirige vers Anatole France et lui tend sa croix que barraient plusieurs palmes. France, dans un geste épiscopal, l'accrocha lui-même à la stèle sous une tempête de bravos... »*

*Maurice Martin du Gard,* les Mémorables, *Flammarion, Paris, 1957.*

*Il promet le mariage et brûle ses fiancées*

# LANDRU

*Le procès de Landru : une affaire à sensation où se mêlent l'ironie et l'horreur.*

**En 1919, après plusieurs plaintes déposées par des familles à la suite de la disparition de parentes, on arrête un homme qui, sous différentes identités, se livre à « l'escroquerie au mariage ».**

L'homme a pour véritable nom Landru ; à celles qui espèrent l'épouser, il offre la mort...

## L'arrestation du « sieur de Gambais »

Tout commence lorsque, en mars 1918, le maire de Gambais, en Seine-et-Oise (aujourd'hui Yvelines), reçoit la lettre d'une dame qui se plaint de ne plus avoir de nouvelles de sa sœur, M<sup>me</sup> Collomb, censée résider au village, chez un monsieur Fremyet. Or, Fremyet est un nom inconnu à Gambais. Peu de temps après, une autre personne, M<sup>lle</sup> Lacoste, écrit elle aussi au maire de Gambais : sa sœur, M<sup>me</sup> Buisson, a disparu, elle aussi, en compagnie du même M. Fremyet. Le hasard fait que, le 9 avril 1919, M<sup>lle</sup> Lacoste reconnaît dans un rayon du grand magasin parisien *la Samaritaine* le fameux M. Fremyet ; elle se précipite aussitôt à la police. Par l'intermédiaire du magasin, on retrouve le nom et l'adresse du client, un certain M. Guillet. Le 11 avril, Guillet, alias Fremyet, et de son véritable nom Henri Désiré Landru, est arrêté dans l'appartement qu'il partage avec sa maîtresse, rue de Rochechouart. Dans la demeure de cet honorable quinquagénaire — par ailleurs marié et père de quatre enfants —, ainsi que dans un garage qu'il loue à Clichy, la police fait des découvertes étonnantes : des vêtements de femme, de la lingerie, des perruques, des valises, du mobilier et une cantine contenant des pièces d'identité, un fichier de 283 noms de femme classés par ordre alphabétique, des carnets de comptes minutieusement tenus à jour ! Malgré un interrogatoire serré qui dure plus de vingt heures, Landru garde le silence. La découverte dans la cuisinière de sa maison de Gambais de restes d'os humains carbonisés ne le trouble pas davantage. Comme il le répète de façon sarcastique au juge d'instruction : « C'est à vous de prouver... »

*Une pièce à conviction de poids : la cuisinière que Landru utilisait pour faire disparaître les corps de ses victimes.*

## « Monsieur sérieux, ayant un petit capital... »

Le refus de Landru de « collaborer » à l'enquête, malgré les preuves qui s'accumulent, ralentit considérablement l'instruction ; celle-ci tient en haleine les Français deux ans et demi durant. Avant 1914, Landru a déjà connu la prison pour un certain nombre de petites escroqueries. Le carnage de 1914-1918 lui permet de donner la mesure de ses talents. Tout au long du conflit, en effet, de nombreuses jeunes femmes seules, veuves de soldats tués au front, cherchent à refaire leur vie. Cela donne l'idée à Landru de faire passer des petites annonces dans les journaux, à la rubrique matrimoniale : « Monsieur sérieux, ayant petit capital, désire épouser veuve ou femme incomprise, entre 35 et 45 ans, bien sous tous rapports, situation en rapport. » Bien entendu, l'appât fonctionne à merveille et, de 1914 à 1919, Landru, tout en continuant à mener une honnête vie de père de famille, met sur pied une organisation minutieuse qui laisse pantois. Adoptant plus de 90 pseudonymes, louant simultanément 7 appartements et 2 garages à Paris, 4 appartements et 2 garde-meubles en banlieue, sans compter ses 2 maisons de Vernouillet et de Gambais, Landru fait, par l'intermédiaire des annonces matrimoniales, la connaissance de près de 300 femmes. Avec un soin méticuleux, il rédige des dizaines de lettres de réponse, dresse un fichier méthodique de ses « conquêtes », notant aussi bien des détails physiques que la situation familiale et la fortune de toutes ces femmes. Il possède ainsi chez lui des dizaines de dossiers classés avec des désignations précises : « À répondre de suite », « Sans suite », « Rien à faire » et, enfin, les initiales « S.F. » (sans fortune), qui éliminent immédiatement la candidate. Car le dessein de Landru est évidemment de se procurer des « revenus ». Lorsqu'une de ses « fiancées » lui semble financièrement intéressante, il l'emmène passer une journée à la campagne dans sa maison de Gambais. Dix d'entre elles (plus le fils de la première) ne reviennent jamais de ces escapades amoureuses, tandis que le voisinage se plaint d'être empesté par la fumée noire que dégage la chaudière de la maison de « M. Dupont ». Le plus extraordinaire est la disproportion entre les difficultés écrasantes que doit surmonter Landru pour assurer la bonne marche de son organisation et les sommes finalement assez modestes que lui rapportent ses crimes : un peu plus de 30 000 francs, auxquels il faut ajouter le mobilier et les quelques bijoux de ses victimes. Tout juste de quoi entretenir sa famille et couvrir les frais d'investissement que représente chacune de ses conquêtes !

### Un procès à sensation

Pendant tout le temps de l'instruction, Landru devient une vedette qui fascine les Français. Aux élections législatives de 1919, près de 4 000 bulletins de vote portent le nom de « Landru » ! Aussi est-ce dans une atmosphère d'intense surexcitation que s'ouvre enfin, le 7 novembre 1921, devant la cour d'assises de Versailles, le procès du « sieur de Gambais », devenu une sorte de mythe vivant. On remarque dans l'assistance des ministres, l'écrivain Colette, Mistinguett, la demi-mondaine Polaire, etc. Assisté par un prestigieux avocat, maître de Moro-Giafferi, Landru ne se départit à aucun moment de son système de défense : il est escroc, mais pas assassin. À chaque question du président Gilbert il a des réponses toutes prêtes, dont l'ironie fait la joie du public. À propos des témoignages accablants (fichiers des victimes, listes des prix des billets de chemin de fer Paris-Gambais, dans lesquelles on trouve toujours mention de deux « allers » et d'un seul « retour », incroyable bazar des objets appartenant à des femmes disparues et trouvés dans les garages et les hangars loués par Landru, os calcinés ramassés dans la cuisinière de Gambais) Landru plaisante. Lorsque la question se fait finalement plus précise, il se contente de répondre, d'un ton outragé : « Ma vie privée ne regarde que moi ! » Après le réquisitoire de l'avocat général Godefroy, il s'excuse : « Je regrette de ne pas avoir plusieurs têtes à vous offrir ! » Malgré la défense talentueuse de maître de Moro-Giafferi, Landru est condamné à mort après trois semaines de procès. Il est exécuté le 22 février 1922, devant la porte de la prison de Versailles. Un an plus tard, la vente aux enchères de ses effets attire une foule énorme, avide de reliques du criminel, et la fameuse cuisinière est adjugée pour 42 000 francs.

#### Les dix femmes assassinées par Landru

**Jeanne Cuchet** : 39 ans — veuve —, couturière, disparue en janvier 1915.

**Line Laborde** : 47 ans — veuve —, sans travail, disparue en juin 1915.

**Marie-Angélique Guillin** : 52 ans — veuve —, rentière, disparue en août 1915.

**Berthe-Anne Héon** : 55 ans — veuve —, sans travail, disparue en décembre 1915.

**Anna Collomb** : 39 ans — veuve —, dactylo, disparue en décembre 1916.

**Lyane Jaume** : 36 ans — en instance de divorce —, couturière, disparue en mars 1917.

**Andrée Babelay** : 19 ans — célibataire —, domestique, disparue en avril 1917.

**Célestine Buisson** : 44 ans — veuve —, femme de ménage, disparue en novembre 1917.

**Annette Pascal** : 36 ans — divorcée —, sans travail, disparue en avril 1918.

**Marie-Thérèse Marchadier** : 39 ans — célibataire —, prostituée, disparue en janvier 1919.

*Landru et ses victimes : il leur promet le mariage, les tue et les vole.*

# *Condamnés à la peine capitale sans preuves*

# SACCO ET VANZETTI

*Le procès de Sacco et de Vanzetti : malgré de nombreux soutiens et une culpabilité très douteuse, les deux hommes seront condamnés à mort.* ▷

**Aux États-Unis, au début des années 1920, règne une atmosphère délétère. Il ne fait pas bon être un de ces immigrés de fraîche date, catholiques et venant de l'Europe du Sud. Lorsque, en plus, on a affaire à d'actifs syndicalistes accusés d'un hold-up sanglant, il n'en faut pas plus pour convaincre un jury de respectables citoyens de leur entière et irrévocable culpabilité.**

Ce 31 mai 1921, Nicola Sacco et Bartolomeo Vanzetti sont assis côte à côte dans le box des accusés. On les juge pour meurtre à Dedham, près de Boston, dans le nord-est des États-Unis. Pourtant, l'un des accusés est déjà astreint : Bartolomeo Vanzetti a été reconnu coupable d'une tentative de vol à Bridgewater et condamné à quinze ans de détention quelques mois auparavant. Mais cette fois-ci les deux hommes sont jugés pour une affaire comportant mort d'homme : le caissier d'une fabrique de chaussures à qui l'on a dérobé la paie des employés, au mois d'avril 1920, à South Braintree, comme le révèle la lecture de l'acte d'accusation.

## Immigrés, Italiens et anarchistes

Le juge Webster Thayer appartient à la bonne société de Boston. Il est très sensible à ce que d'aucuns nommeraient des présomptions. Des témoins affirment avoir vu s'enfuir des Italiens après le vol. La voiture apparemment utilisée par les assassins appartient à un ami des deux condamnés. Et, si l'on en croit la déposition des policiers qui ont participé à leur arrestation, Sacco et Vanzetti ont eu des dépositions très contradictoires, incohérentes parfois. Les avocats des accusés rétorquent aussitôt que les preuves matérielles sont inexistantes et que le comportement des deux hommes lors de leur arrestation provient de leur mauvaise connaissance de l'anglais. D'ailleurs, ils s'étonnent de la présence d'un juge et d'un procureur de district, l'attorney Katzmann, qui ont participé au premier procès de Bartolomeo Vanzetti à propos de l'affaire de Bridgewater, ce qui n'est conforme ni la sérénité requise par la justice ni aux habitudes des tribunaux. Les accusés sont pourtant de bons citoyens : originaire du sud de l'Italie, Sacco est marié, et cet ouvrier qualifié mène une existence à l'abri du besoin. Quant à Vanzetti, immigré d'origine piémontaise, il a certes eu une vie moins rangée, mais ce vendeur ambulant n'a rien d'un gangster. Seulement, le procureur de district fait remarquer que les deux accusés ont mené nombre d'actions contre la récente guerre en Europe, qu'ils ont participé à des grèves et qu'ils ont même été parmi les meneurs — en particulier Vanzetti, qui possède une certaine culture et est un anarchiste de longue date. Ainsi apprend-on au cours des débats que les deux

*Sacco et Vanzetti, derrière les grilles de la prison, avant d'être menés à la chaise électrique.*

## La justice, prérogative des États aux États-Unis

Dans un État fédéral comme les États-Unis, **la justice, tout comme la police ou l'éducation, est une des prérogatives attribuées aux États**.

Ceux-ci sont maîtres des lois et du droit applicables, dans la mesure où ils respectent les principes de la Constitution des États-Unis.

**Les juges** ne sont pas des magistrats professionnels : ils **sont élus dans le cadre des comtés. L'État dispose de sa propre législation et est maître des procédures comme du droit pénal**. Ainsi, la peine de mort peut être abolie dans certains États et en vigueur dans d'autres. De même, la révision des procès et les appels ne peuvent être déférés qu'à la Cour suprême de l'État. Enfin, le gouverneur dispose du droit de grâce.

## Les époux Rosenberg

**Un climat semblable.** Durant la guerre froide, et plus précisément à l'époque du maccarthysme, sous couvert de lutte contre les activités anti-américaines et l'espionnage, un climat fiévreux comparable à celui des années 1920 règne dans l'opinion américaine. La justice subit alors nombre de dysfonctionnements.

**Une exécution contestée.** Ainsi, le procès des époux Julius et Ethel Rosenberg, en 1951, se déroule dans un climat de chasse aux espions soviétiques ou supposés tels. Si l'innocence du couple, accusé d'espionnage au profit de l'U.R.S.S., n'est pas aussi évidente aujourd'hui que celle de Sacco et de Vanzetti, les passions que cette affaire suscite, aux États-Unis et dans le monde entier, les campagnes en faveur de la grâce des deux époux et l'indignation soulevée par leur exécution sont cependant comparables.

prévenus sont des anarchistes militants. Ils ont rallié des mouvements préconisant l'action violente, le terrorisme et ont distribué des tracts politiques peu avant leur arrestation. Dès les premiers jours d'audience, le procès revêt ainsi un aspect très politique, qu'il ne quittera plus par la suite.

### Une campagne internationale

Très vite, les deux accusés bénéficient d'appuis divers, aussi bien dans les milieux de l'anarcho-syndicalisme des Industrial Workers of the World (IWW) qu'auprès des progressistes et des libéraux de Boston, comme Elizabeth Glendover Evans. En octobre 1921, l'affaire suscite des manifestations et des pétitions jusqu'en Europe. Lorsque le jury se prononce enfin, le 14 juillet de la même année, et que Sacco et Vanzetti sont déclarés coupables, l'émoi est à son comble chez leurs partisans. D'autant plus que le juge Thayer a cru bon d'assortir le verdict de remarques dans lesquelles il affirme en substance que la preuve de la culpabilité des prévenus est leur conscience d'avoir fait le mal. La minceur du dossier d'accusation explique aussi les tentatives de recours successifs déposés par les avocats des deux immigrés italiens.

### Une attente insupportable

Alors que les deux condamnés sont internés et demeurent dans l'attente d'une condamnation définitive ou d'une sentence plus clémente, leurs avocats tentent plusieurs actions. En novembre 1925, la déposition d'un condamné convaincu de vol à main armée et innocentant Sacco et Vanzetti est recueillie et transmise en 1926 à la Cour suprême de l'État du Massachusetts. Mais, le 5 avril 1927, le président de cette même cour rend un arrêt selon lequel la révision du procès de Dedham n'est pas justifiée... Après cette confirmation du jugement de 1921, les deux prévenus sont donc condamnés à mort, le 9 avril 1927. L'ultime solution est alors le recours en grâce, qu'ils déposent auprès du gouverneur de l'État du Massachusetts, Fuller. Mais ce dernier, qui entretient des visées électorales, compte se présenter à la vice-présidence des États-Unis aux prochaines élections : il ne peut se passer des voix conservatrices de la vieille Amérique. Le recours est donc rejeté le 3 août 1927. Le 23, les deux condamnés sont exécutés.

*Manifestation de soutien en faveur de Sacco et Vanzetti, à Boston en 1921.*

*Un assassinat sans cadavre*

# L'AFFAIRE SEZNEC

**Débutant en 1923 par la disparition d'un industriel breton, Pierre Quemeneur, l'affaire Seznec a connu de nombreux rebondissements. Aujourd'hui encore, les descendants de cet homme condamné au bagne essaient d'obtenir la révision du procès de 1924.**

*Guillaume Seznec, condamné aux travaux forcés pour le meurtre de son ami Quemeneur.*

*La maison des Seznec, en Bretagne.*

L'aspect le plus curieux de cette étrange affaire est que le corps de la victime présumée n'a jamais été retrouvé.

### Une disparition mystérieuse

Au lendemain de la Première Guerre mondiale se monte un commerce lucratif autour du matériel civil que les Américains ont laissé en France après leur départ. Un très grand nombre de belles voitures, des Cadillac généralement, sont achetées à bas prix par des hommes d'affaires qui les revendent avec bénéfices à la jeune Russie soviétique, laquelle manque cruellement de moyens de transport. Parmi les intermédiaires de ce fructueux marché se trouve un industriel de Landerneau, conseiller général du Finistère, Pierre Quemeneur. Comme il appartient au parti catholique libéral, il lui est difficile de traiter personnellement avec les bolcheviques, considérés comme des émissaires de Satan.

Aussi choisit-il comme prête-nom un de ses amis, Guillaume Seznec, propriétaire d'une scierie à Morlaix. Le 23 mai 1923, les deux hommes quittent la Bretagne dans la Cadillac de Seznec pour rencontrer à Paris un Américain à propos de la vente d'un lot de véhicules. Mais la voiture n'atteindra jamais la capitale. Revenu à Morlaix quelques jours plus tard, Seznec affirme que l'auto est tombée en panne dans la région de Houdan et que Quemeneur a préféré continuer seul en train. Cependant, plus personne n'entend parler de ce dernier et, le 10 juin, sa famille prévient la police de sa disparition. L'enquête, confiée au séduisant inspecteur Bony, une des figures populaires de l'époque, prend vite un tour étrange : de lourdes présomptions s'accumulent contre Seznec, sans qu'il soit possible de retrouver le corps de la victime présumée. Tout d'abord, un télégramme, reçu le 13 juin par la sœur de Quemeneur et contenant ce bref message : « Ne rentrerai à Landerneau que dans quelques jours. Tout va pour le mieux. Quemeneur », s'avère être un faux sur lequel la signature de l'industriel a été fort mal imitée. Ensuite, le 20 juin, on trouve à la consigne de la gare du Havre la valise de Quemeneur contenant ses effets personnels et une promesse de vente concernant sa propriété de Plourivo, qu'il cède à Seznec pour une somme dérisoire...

### Un procès étonnant

Pour l'inspecteur Bony, ce faisceau de preuves permet d'affirmer que Quemeneur a été assassiné par Seznec. Le 1er juillet, malgré ses protestations d'innocence, ce dernier est arrêté. Comme le corps de Quemeneur reste introuvable, beaucoup pensent que Seznec sera bientôt libéré. Mais, à ce moment, un commerçant du Havre reconnaît sur les photos parues dans la presse l'homme venu le 13 juin lui acheter une machine à écrire de marque Royal : Seznec. Le 6 juillet, une perquisition menée dans la maison de ce dernier, permet de retrouver la machine, cachée dans le grenier : c'est elle qui a servi à dactylographier l'acte de vente ! Le procès de Seznec s'ouvre le 24 octobre aux assises de Quimper. L'acte d'accusation affirme que, bien que le cadavre de Quemeneur n'ait jamais été retrouvé, l'enquête a fait « avec éclat la preuve de la culpabilité de Seznec ». Le droit français, à la différence de celui en vigueur en Grande-Bretagne, permet de juger un accusé, même si le corps de la victime n'a pas été retrouvé. Déjà accablé par les preuves qui le désignent comme l'assassin, Seznec, pendant son incarcération d'un an, a commis deux fautes qui vont lui être préjudiciables : il a tenté, sans succès, de s'évader de la prison et essayé d'acheter des faux témoins pour se procurer des alibis. Les audiences du procès se déroulent mal pour l'inculpé : d'une part, les experts confirment que la machine à écrire retrouvée chez lui a bien servi à dactylographier la promesse de vente de la propriété de Plourivo ; d'autre part, Seznec se défend maladroitement. La mauvaise impression qu'il fait sur les jurés n'est même pas dissipée par le témoin principal de la défense. Celui-ci, un receveur de tramway parisien nommé Le Herr, affirme avoir discuté en breton le 26 mai 1923 avec Quemeneur qui se trouvait dans son véhicule, une rencontre qui a donc eu lieu trois jours après la disparition de ce dernier. Mais Le Herr est un mythomane, et sa déposition est déclarée irrecevable par l'accusation. Le 3 novembre, le procureur Guyot, à l'issue d'un réquisitoire particulièrement sévère, demande la tête de Seznec. Son avocat, maître Kahn, appuie sa plaidoirie sur la faiblesse essentielle de l'affaire, l'absence de cadavre. Le jury délibère pendant une heure et demie : Seznec est reconnu coupable et condamné aux travaux forcés à perpétuité.

### Rien n'est terminé

Après avoir passé deux ans au bagne de Saint-Martin-de-Ré, Seznec est embarqué en avril 1927 pour Cayenne. À la suite d'une tentative d'évasion, il est transféré dans l'île du Salut, proche de l'île du Diable, ex-prison de Dreyfus. Cependant, en France, l'affaire Seznec n'est pas oubliée. Un ancien juge d'instruction, Charles-Victor Hervé, décide de reprendre à son compte l'enquête concernant la disparition de Quemeneur. Il apprend ainsi que, le 24 mai 1923, l'équipage d'un dragueur de sable croisant devant la propriété de Plourivo a entendu tirer deux coups de feu. Cet élément nouveau relance la polémique par voie de presse. Des meetings sont organisés, des associations se créent pour la révision du procès. Arrive alors la Seconde Guerre mondiale. Pendant l'Occupation, l'inspecteur Bony, un des acteurs importants de l'instruction de 1923, aide la Gestapo à traquer les résistants et il est fusillé à la Libération. Du coup, on émet des doutes sur son honnêteté lors de l'enquête de 1923, et une mesure de grâce spéciale est accordée à Seznec. Le 1er juillet 1947, celui qui n'est plus qu'un vieillard brisé par les épreuves débarque au Havre, où sa famille l'attend. Il meurt sept ans plus tard, écrasé par une camionnette, sans avoir obtenu la réhabilitation judiciaire qu'il souhaitait.

**Le procès de Jeanne Seznec-Le Herr**

Les dernières années de Seznec en France sont assombries par le drame qui éclate dans sa famille, lorsque sa fille Jeanne tue son mari en 1948.

**Meurtre conjugal.** Pendant le séjour de Seznec au bagne, Jeanne, sa fille aînée, épouse François Le Herr, le receveur de tramway qui a témoigné lors du procès de 1924. Le Herr est un personnage peu recommandable et violent qui martyrise sa femme. Celle-ci, à la suite d'une terrible dispute, le tue de trois coups de revolver en octobre 1948.

**Le retournement de la justice.** Lors du procès de Jeanne, qui s'ouvre au palais de justice de Quimper, là même où Seznec a été condamné vingt-cinq ans plus tôt, le vieil homme doit de nouveau comparaître, car la fille de Le Herr accuse Jeanne d'avoir tué son mari pour éviter qu'il fasse des révélations compromettantes sur Seznec. Cependant, la presse et l'opinion soutiennent l'ancien bagnard, et sa fille est acquittée le 1er août 1949 sous les ovations du public.

*Seznec, gracié, rentre du bagne en 1947 et tente d'obtenir sa réhabilitation.*

## *L'évolution des espèces mise hors la loi*

# LE « PROCÈS DU SINGE »

**Lorsque John T. Scopes, professeur de physique, de chimie, de biologie et, accessoirement, entraîneur de l'équipe de football du lycée, à Dayton (Tennessee), décide en mai 1925 de braver la loi de l'État en enseignant à ses élèves la théorie de Darwin sur l'évolution, il n'imagine pas qu'il va faire de cette ville le centre d'intérêt de toute l'Amérique.**

En ce 10 juillet 1925 où règne une chaleur accablante, le juge John T. Raulston n'est pas mécontent d'avoir à travailler dans une cour à ciel ouvert, spécialement aménagée pour ce procès. Le prévenu, John Scopes, a enfreint la loi Butler votée il y a peu, en mars 1925, et qui interdit dans les écoles publiques l'enseignement de toute théorie contestant la création de l'homme par Dieu. Dans toute la ville, ce Scopes passe pour une forte tête et un mécréant notoire : c'est sciemment, dit-on, qu'il a commis ce délit, afin d'utiliser le procès comme tribune et dénoncer le caractère rétrograde de pareille législation. Mal lui en prend : dès le début de l'affaire, en mai, de grands hommes de loi sautent sur l'occasion pour lui ravir la vedette. Son avocat lui-même, Clarence Darrow, sitôt les débats commencés, ne cesse de prendre à témoin la meute de journalistes accourue sur les lieux. Il est vrai que l'Associated Press s'est réservé la couverture de l'affaire et qu'on a tôt fait de transformer le procès en combat de la Lumière contre les Ténèbres, du Bien contre le Mal. Darrow n'est-il pas le porte-parole des libres-penseurs et n'a-t-il pas poussé le défi, dans cette petite ville fondamentaliste, jusqu'à se faire assister par ce spécialiste du divorce qu'est Dudley Field Malone ?

*Caricature de Darwin, célèbre auteur de la théorie de l'évolution des espèces.*

*Le procès de Scopes (au premier rang, deuxième en partant de la droite, l'avocat de l'accusation, Bryan).*

## Bryan dénonce l'avilissement de l'homme par Darwin

*Voici un extrait du discours de Bryan, exhibant au cours du procès le livre de biologie que Scopes utilisait lors de ses cours :*
*« Voici le livre. Voici le livre qu'ils faisaient lire à vos enfants ; ils leur apprenaient que l'homme est un mammifère tellement semblable aux autres mammifères qu'il le laisse parmi eux. Même parmi les éléphants !*
*Vous parlez de jeter Daniel dans la fosse aux lions ! Comment ces scientifiques osent-ils mettre l'homme dans un petit cercle comme ça avec des lions, des tigres et tout ce qui est mauvais ? »*

*Cité dans G. Golding,* le Procès du singe. La Bible contre Darwin, *éditions Complexe, Bruxelles, 1982.*

*John T. Scopes, jeune professeur accusé d'avoir enseigné les théories de Darwin sur l'évolution des espèces à ses élèves.*

### Darwin contredit-il la Bible ?

Mais le procureur public, ou avocat de l'accusation, qui agit au nom de l'État, William Jennings Bryan, n'est pas n'importe qui non plus. Ce presbytérien est le champion de la morale et des valeurs traditionnelles de la vieille Amérique puritaine. De réunion publique en conférence, il prêche la conversion depuis des années, après avoir servi le précédent président, W. Wilson, comme ministre. Ayant démontré le bien-fondé de l'accusation et donné son interprétation de la loi Butler, le juge Raulston peut laisser libre cours aux joutes des deux adversaires et ouvrir les débats. À grands frais, Darrow convoque à la barre des scientifiques renommés. Il s'agit pour lui de montrer que, certes, son client a enseigné la théorie de Darwin, mais que le savant naturaliste du siècle précédent n'a jamais contredit le texte biblique. Affirmer que les espèces évoluent, ce n'est pas nier la création, à l'origine, de ces mêmes espèces. Mais le juge Raulston entame avec les avocats de Scopes un combat tenace : pour lui, le témoignage des experts ne saurait trancher le débat. Un expert ne peut se substituer aux juges, ses affirmations ne sont recevables que comme un simple témoignage. Le stratagème de Darrow n'est pas du goût de Bryan, qui se fait fort de citer quelques passages de la Genèse et de les interpréter littéralement.

Alors, le 20 juillet, après des jours de débats stériles, Darrow fait citer son concurrent, Bryan, comme témoin. Devant la salle et la cour stupéfaites, l'avocat déclare que, si Bryan est spécialiste des Écritures, il doit comparaître à titre d'expert pour éclairer le jury.

### L'accusé dépassé par les événements

Le pari, en fait, est fort risqué. Certes, Darrow espère acculer Bryan au ridicule en le questionnant sur quantité de miracles, mais il lui faut aussi ne pas sous-estimer la force du fondamentalisme religieux à Dayton ni oublier que les douze membres du jury ne sont pas prêts à plaisanter avec la question de la foi... Avec subtilité, Darrow accule le procureur : et si les jours de la Création avaient eu une durée indéterminée, surtout les quatre premiers, alors que Dieu n'avait pas encore créé, avec le Soleil, la journée de vingt-quatre heures ? Ce que l'on appelle auparavant « jour » pourrait bien être alors des tranches chronologiques millions d'années... Bryan, accablé, en vient à s'incliner sur ce point. D'ailleurs, le procès l'épuise à tel point qu'il décède peu de temps après. L'accusé, quant à lui, n'intervient nullement dans le débat.
Muet, dépassé par les arguments proférés, il est complètement oublié, au profit des véritables vedettes de la procédure, les avocats Bryan et Darrow. Cependant, le lendemain de l'interrogatoire du premier par le second, 21 juillet, il entend le juge Raulston le condamner à payer une centaine de dollars : le jury, insensible au rationalisme de son avocat, l'a déclaré coupable... La peine est minime, mais Darrow, qui fait décidément du procès une affaire de principe, pousse le professeur à faire appel du verdict devant la Cour suprême de l'État. Car l'amende a été décidée par le juge, alors qu'elle aurait dû être prononcée par le jury, selon la loi du Tennessee. Ce vice de forme permet à l'accusé d'obtenir la cassation du jugement. Mais la loi condamnant l'enseignement des théories darwiniennes n'est pas remise en cause pour autant.

→ **Voir aussi :** p. 218-219 (Al Capone).

### Les lois d'inspiration puritaine aux États-Unis

Après la Première Guerre mondiale, les États-Unis connaissent **une poussée de conformisme religieux et une volonté de retour aux valeurs traditionnelles** de l'Amérique. Cela se traduit par la promulgation d'une série de lois, au niveau fédéral ou à celui des États, inspirées par des valeurs morales et religieuses traditionnelles.

Ainsi, en 1919, est voté **le dix-huitième amendement de la Constitution américaine, qui interdit la vente et la consommation d'alcool sur le territoire de l'Union**. Cette loi est plus connue sous le nom de « **prohibition** ». Elle reste en vigueur jusqu'en 1933, date à laquelle les autorités tirent les conséquences de son inefficacité et de ses effets pervers : la multiplication des bars clandestins et la prolifération de la contrebande d'alcool.

De même, certaines lois locales édictées à cette époque, comme la **loi Butler** votée en mars 1925 dans le Tennessee, ont pour ambition de soumettre le système scolaire à un étroit contrôle de la part des autorités morales et religieuses. D'autres visent à **exclure les minorités noires ou immigrées du système scolaire**.

De telles lois — la loi Butler, par exemple — sont restées en vigueur jusqu'à une date très récente, même si elles n'ont pas été appliquées avec toute la rigueur qu'elles auraient dû, normalement, entraîner.

*Un semblant de procès pour les assassins du député*

# L'AFFAIRE MATTEOTTI

**En 1926, alors que la dictature de Mussolini est en place depuis deux ans, le pouvoir du Duce (chef) est encore vulnérable, car celui-ci doit toujours compter avec le jeu des élections. Les attaques des députés de l'opposition ne sont pas de son goût et certains paient leur hardiesse d'une agression ou d'un assassinat.**

Dans la plupart des cas, ces violences, qui débarrassent la dictature naissante de dangereux ennemis ou dissuadent ceux-ci de poursuivre leur opposition, demeurent impunies. Mais, parfois, la nécessité d'ouvrir une enquête et de juger des assassins triomphe sur le souci de clore discrètement l'affaire. Il en va ainsi pour la mort du député Giacomo Matteotti, secrétaire général du parti socialiste, tué le 10 juin 1924 pour avoir osé prononcer, le 30 mai précédent, un retentissant discours dans lequel il dénonçait le nouveau régime.

## Un procès forcé

Lorsque, en août 1924, la police découvre le corps du député, elle commence à mener une enquête. Des témoignages établissent que la voiture utilisée par les ravisseurs de l'homme politique appartient à des hommes de main du parti fasciste, un dénommé Amerigo Dumini et son comparse Aldo Putato. Cesare Rossi et Giovanni Marinelli, dirigeants fascistes, sont alors mis en cause. L'apparition de tels noms dans l'enquête a de quoi inquiéter les partisans du Duce. Aussi l'affaire est-elle rapidement prise en main par le général De Bono lui-même, directeur de la police et des milices fascistes et, de plus, ami personnel de Mussolini... Comme le régime fasciste n'est pas encore parfaitement affermi, le Duce doit tenir compte de son image d'homme politique respectable auprès d'une presse encore incomplètement muselée, dans une période où les partis d'opposition sont encore autorisés : Mussolini peut d'autant moins enterrer l'affaire qu'il s'agit d'un meurtre et, qui plus est, de celui d'un homme important, mais il veut, du moins, contrôler le déroulement de l'enquête.

## Des juges compréhensifs

L'instruction, menée par le juge Mauro Del Giudia, s'achève en novembre 1924. Dans l'année qui suit, aucune décision d'ouvrir le procès des suspects n'est prise, tant on redoute de porter l'affaire sur la place publique. Mais celle-ci transparaît cependant, et la presse accuse De Bono de couvrir les assassins, ou même d'être l'inspirateur de ce meurtre : au point que le général se voit forcé de comparaître devant la Haute Cour — qui dissipe évidemment tous les soupçons le concernant. En janvier 1926, un tribunal est finalement institué à Chieti pour juger l'affaire Matteotti. Il est composé de magistrats entièrement acquis au parti fasciste. Le 16 mars 1926, cinq suspects, Dumini, Volpi, Poveromo, Viola et Malacria, comparaissent devant ces juges. Un moment inquiétés, les dirigeants fascistes dont les noms avaient été prononcés lors des premiers témoignages recueillis par la police, Cesare Rossi et Marinelli, ne sont pas cités à comparaître, pas plus que le propriétaire de la voiture utilisée par les ravisseurs, un certain Filipelli : ces

*Un soldat montre la veste de Matteotti retrouvée à Riano, après son assassinat par les fascistes.*

*Les députés socialistes viennent observer une minute de silence à l'endroit où Matteotti fut enlevé avant d'être assassiné.*

### Dans l'Allemagne de Hitler : l'incendiaire du Reichstag

En 1933, quelques mois après l'arrivée au pouvoir de Hitler, le Parlement allemand — le Reichstag — est la proie des flammes. C'est une aubaine pour Hitler, qui avait dissous l'assemblée quelques jours auparavant et devait se préparer à de nouvelles élections.

**Une parodie de procès.** On arrête l'incendiaire supposé, et son rapide procès permet au chancelier du Reich de durcir encore la répression contre l'opposition. En effet, le procès établit que l'incendiaire est un ancien militant communiste d'origine hollandaise. Celui-ci une fois condamné et exécuté, Hitler justifie la mise au pas de toute opposition de gauche, fait incarcérer un grand nombre d'opposants. D'ailleurs, dès le lendemain de l'incendie, il avait suspendu par décret ce qui restait des lois constitutionnelles.

**Un incendiaire manipulé.** On sait aujourd'hui que cet incendie fut allumé par les SA (sections d'assaut, les milices du parti nazi) de Kurt Daluege. Cette parodie de procès est, là aussi, un épisode décisif dans la mise en place de la dictature nazie.

*Affiche de propagande antifasciste, avec en médaillon, le portrait de Matteotti.*

hommes importants ont menacé de révéler bien des choses s'ils n'étaient pas couverts... Un décret d'amnistie, le 31 juillet 1925, a mis un terme à toute procédure judiciaire les concernant. Les cinq accusés présents devant les juges, en mars 1926, sont donc des hommes sans importance, de modestes comparses. Le parti du Duce ne les abandonne pas pour autant ; mais un fidèle de Mussolini, le secrétaire du parti fasciste Roberto Farinacci, devenu récemment avocat, assure leur défense. Il affirme que la mort de Matteotti est accidentelle, et qu'il n'y a eu ni homicide ni surtout préméditation. Le député était cardiaque : telle est la seule explication de son décès. Après une courte délibération, la Cour accepte d'admettre cette thèse. Viola et Malacria, qui n'ont pas participé directement aux violences (le second conduisait seulement la voiture), sont acquittés. Ceux qui entouraient le député au moment du rapt — Dumini, Volpi et Poveromo — s'en tirent avec six années de réclusion. Comme Dumini ne se satisfait pas de la sentence et qu'il menace d'accuser publiquement Mussolini, lui et ses comparses bénéficient d'une amnistie au bout de deux ans et sont, de toute manière, libres dès la fin du procès...

## Épilogue : le second procès Matteotti

Après la Seconde Guerre mondiale, un nouveau procès a été ouvert en Italie afin de réviser celui de 1926. Six responsables de la disparition du député Matteotti sont vivants, lorsqu'en janvier 1947 commence la nouvelle procédure : on y retrouve Dumini et Poveromo, mais aussi Rossi et Francesco Giunta, qui avait échappé à toute poursuite en 1924. Comme Viola et Filipelli se sont enfuis à la fin de la guerre, ils sont jugés par contumace. Conformément au réquisitoire du procureur général, qui retient la thèse du meurtre prémédité, les principaux responsables, tels Dumini, Poveromo et Viola, sont condamnés en avril 1947 à la détention perpétuelle — la sanction la plus lourde depuis l'abolition de la peine de mort en Italie la même année. Cette peine est commuée, vu leur âge, en trente ans de réclusion. Quant à Rossi et Filipelli, leur responsabilité n'est pas clairement établie et ils bénéficient de l'acquittement. Le procès ne peut prouver de manière définitive la responsabilité directe de Mussolini lui-même.

### L'indépendance de la justice

Un des principes des démocraties libérales du XXe siècle est **l'indépendance du juge par rapport au pouvoir politique,** exécutif et législatif.

Afin de garantir que des pressions politiques ou autres ne pourront s'exercer à l'encontre **des magistrats, certains pays ont institué des juridictions où ils sont nommés à vie** : ainsi pour les neuf magistrats de la Cour suprême des États-Unis.

Très souvent, **un pouvoir autoritaire commence par rendre cette indépendance difficile ou impraticable**. Ainsi, lorsque **Mussolini** parvient au pouvoir, une étape importante dans la mise au pas du pays est de faire prêter un serment d'allégeance aux magistrats, après une épuration du corps de la magistrature. Liés ainsi au pouvoir, les juges sont les instruments des décisions du Duce.

Cette pratique est employée quelques années plus tard par **Hitler**. Le gouvernement français de **Vichy** l'adopte également.

*La mystique d'un dérailleur professionnel*

# SYLVESTRE MATUSCHKA

*Un des déraillements criminels effectué par Matuschka.*

*Matuschka, menottes aux mains, est transféré de Vienne à Budapest pour être jugé pour deux autres déraillements de train.*

**Le procès de l'ancien officier hongrois, qui s'ouvre à Budapest à la fin de 1931, révèle un être peu ordinaire. Accusé d'avoir provoqué un déraillement en septembre 1931, Sylvestre Matuschka, non seulement reconnaît son acte, mais, de plus, le revendique : il a été inspiré par Dieu.**

L'acte d'accusation lu au procès rappelle les faits reprochés à cet ancien sous-lieutenant. En septembre 1931, le train Budapest-Vienne déraille, et l'accident provoque la mort de 22 personnes. Traînant sur les lieux de l'accident, un homme que personne n'avait d'abord remarqué, finit par attirer l'attention de la police : il est partout et ne cesse de ressasser des explications justifiant sa présence. Interrogé, Sylvestre Matuschka se dit voyageur et rescapé de l'accident. Ses explications de plus en plus confuses conduisent à l'ouverture d'une enquête, qui parvient à le confondre. Mais, avant le procès, Matuschka continue à nier.

## Profession : dérailleur

Au début du procès, l'interrogatoire mené par le président du tribunal met en évidence de très lourdes présomptions à l'encontre de Matuschka. L'explosif utilisé lors du déraillement est le même que celui acheté par ce dernier quelque temps auparavant pour l'exploitation d'une carrière dont il est propriétaire. C'est également avec ce type d'explosif que deux sabotages ont abouti récemment à d'autres déraillements de trains... Mais si l'ancien officier est coupable, pourquoi a-t-il accompli un tel geste ? Au fil des audiences, l'étrange personnalité de Matuschka se révèle peu à peu. Ce Viennois, dont la spécialité à l'armée était précisément la destruction des convois ferroviaires, s'est reconverti dans les affaires. Depuis quelques années, il mène une double vie : il a un foyer, des enfants ; mais, la nuit, il a aussi une vie de plaisirs, dans laquelle il achève d'épuiser le peu de fortune qui lui reste. À mesure que le procès progresse, Matuschka, cependant, change d'attitude. Très vite, il ne nie plus ses crimes. Il reste de marbre lorsqu'on évoque les blessures et les morts qu'il a provoquées, et même, la contemplation des photographies des corps de ses victimes le fait rire. Une fois, alors qu'on lui demande quelle activité il exerce, il se dit... dérailleur professionnel !

### Fanatique ou dément ?

En fait, à partir d'un certain moment, Matuschka multiplie les provocations. Il se dit envoyé de Dieu, et affirme le bien-fondé de ses crimes. Dieu, dit-il, lui a inspiré de faire dérailler les trains ! Dieu, encore, lui a donné le droit de distribuer la mort... Véritable ou feint, le mysticisme fébrile de l'accusé laisse l'auditoire accablé. Les experts en psychiatrie convoqués à la barre présentent Matuschka comme un maniaque traumatisé par la guerre et qui ne sait plus penser qu'en termes de destruction. De telles dépositions ne peuvent qu'aider le défenseur de Matuschka, qui — se servant aussi des manifestations démentes de son client, en pleine audience — plaide l'irresponsabilité psychique. Mais la cour demeure insensible à ces arguments, elle croit même à une tromperie. Surtout, elle se souvient des innocents morts lors du déraillement. Son verdict tombe, très sévère : Matuschka est reconnu coupable, sans circonstances atténuantes. La mort attend donc le dérailleur.

### Sauvé par une loi...

Cependant, avant de pouvoir être exécuté, le condamné à mort doit répondre d'un autre délit qu'il a commis, et pour lequel il doit être jugé en Autriche, où il vivait avec sa famille. Transféré de sa prison hongroise en Autriche pour y comparaître, Matuschka bénéficie en cette occasion d'une disposition inespérée de la loi hongroise : la peine de mort y est frappée d'interdiction si elle n'est pas appliquée au bout de quelques jours ! L'auteur du déraillement du train Budapest-Vienne est donc interné à son retour d'Autriche et sa peine se trouve commuée en détention. Plusieurs années plus tard, en 1945, alors que la Hongrie est libérée par les troupes soviétiques, il s'évade et retourne dans son village natal. Reconnu et poursuivi par les habitants, il se noie en traversant un cours d'eau pour tenter d'échapper à la foule.

*M le Maudit fait régner la terreur (image du film de F. Lang).*

### Les crimes de déments

**Le boucher cannibale.** Le 4 décembre 1924, la cour de Hanovre juge un certain Friedrich Haarman, accusé d'avoir violé, tué et dépecé plusieurs dizaines de jeunes personnes — la police, cependant, n'a retrouvé et identifié que vingt-quatre cadavres. En interrogeant l'accusé et son complice, un nommé Grans, le procureur Wilde dévoile un véritable trafic de vêtements et d'objets ayant appartenu aux victimes. Haarman aurait peut-être même vendu à des consommateurs, dans sa propre échoppe... de la chair humaine ! Condamné à mort, le boucher de Hanovre, dans les derniers mois de son existence, se repent et sombre dans un profond mysticisme. Il n'en est pas moins exécuté, en 1926.

**« M le Maudit ».** Entre 1929 et 1930, la ville de Düsseldorf est le théâtre d'une série de crimes sexuels abominables : un tueur ne se contente pas seulement de massacrer ses victimes, mais, semble-t-il, boit aussi leur sang... Grâce au témoignage d'une victime que, par exception, il n'a pas achevée, le meurtrier, Peter Kürten, est finalement arrêté par la police. Lors de son procès, qui commence en avril 1931, il se révèle un bourgeois d'apparence placide et sans histoires. Son avocat plaide la folie, et évoque même l'idée d'une possession de son client par le diable ! Les jurés, eux, jugent l'homme responsable de ses actes : ils le déclarent donc coupable, et le juge prononce la condamnation à mort. En conséquence, Peter Kürten est exécuté, en juillet 1931. Son histoire a en partie inspiré le cinéaste Fritz Lang pour son film *M le Maudit*.

**Weidmann.** La cour d'assises de Versailles juge, à partir du 10 mars 1939, un dénommé Eugen Weidmann. Celui-ci est accusé de six meurtres commis en 1937 de la même façon : une balle de revolver tirée dans la nuque de ses victimes. Un avocat, maître de Moro-Giafferi, est commis d'office, malgré les dénégations de l'accusé, qui refuse d'être défendu. Au cours des audiences, Weidmann reconnaît tous les faits et, ne cessant de se charger lui-même, se repent publiquement. Le 31 mars 1939, il est condamné à mort, puis guillotiné le 16 août. L'exécution est la dernière en date qui se soit déroulée publiquement.

## *Un gangster de Chicago condamné pour fraude fiscale*

# AL CAPONE

**Dans l'Amérique des années 1920, de puissants syndicats du crime se constituent. Une de leurs principales activités, la contrebande d'alcool, est particulièrement rentable depuis la loi de prohibition de 1919, qui interdit la fabrication et le commerce des boissons alcoolisées.**

À l'issue de véritables guerres de gangs, certains trafiquants règnent sur des villes entières : ainsi à Chicago. Pour confondre des gangsters comme Al (Alphonse) Capone, qui achètent policiers, juges locaux et conseillers municipaux, il faut toute l'astuce des hommes de la police fédérale, le FBI.

### Une tractation qui échoue

En juin 1932, Capone se trouve cependant forcé de comparaître devant les juges... pour de multiples fraudes fiscales. L'affaire, vénielle par rapport à tout ce que la justice pourrait lui reprocher, l'inquiète d'autant moins qu'il s'est assuré les services d'avocats de renom. Le grand cabinet d'avocats de Thomas Nash et de son associé Ahern, assistés d'Albert Fink, est là pour lui assurer une défense aussi efficace qu'onéreuse. Pour plus de sécurité, Capone recourt néanmoins à ses stratagèmes habituels : il se procure la liste des jurés afin de faire pression sur eux, ou, le cas échéant, de les acheter. En juin 1932, le gangster se présente devant le juge Wilkerson. Ses avocats lui ont suggéré de plaider coupable, en obtenant auparavant l'assurance qu'on ne requerra contre lui que des peines dérisoires. Or, à la grande surprise de Capone, le marchandage — qu'il s'attend à voir fort aisément accepté — est refusé avec fermeté par le juge Wilkerson. Visiblement, les autorités fédérales — le département des Finances et celui de la Justice — qui ont été consultées par le procureur fédéral Johnson chargé du dossier d'accusation, ont décidé

*Le procès du gangster Al Capone (deuxième en partant de la gauche), à Chicago.*

*Règlement de compte entre gangsters à l'époque de la prohibition.*

d'en finir avec le malfaiteur et sa bande. La fraude fiscale est le moyen qu'ils ont choisi pour coincer cet insaisissable chef mafieux.

### La fraude fiscale

Quand, le 6 octobre, commencent les audiences, les avocats de Capone ont donc décidé de plaider non coupable. Il en résulte que l'accusation devra démontrer la culpabilité du suspect. Or, le juge Wilkerson a su déjouer les plans de Capone : il a fait circuler une fausse liste de jurés ! Lors de la première audience, au cours de laquelle la constitution du jury est rendue publique, le magistrat et le procureur fédéral G. Johnson peuvent constater l'émoi suscité par leur ruse du côté du box des accusés. À partir du 7 octobre, l'audition des témoins de l'accusation permet de préciser le délit pour lequel Capone est poursuivi. On constate que celui-ci n'a établi aucune déclaration fiscale entre 1924 et 1929, alors qu'il menait un train de vie fastueux, révélateur d'importants revenus. Mais, comme les faits remontent à trois ans et plus, ils tombent apparemment sous le coup de la prescription. La jurisprudence — en l'occurrence un jugement de la cour d'appel fédérale rendu quelque temps auparavant — a en effet prononcé l'amnistie de délits semblables après trois années. Cette jurisprudence est-elle ou non incontournable ? Une terrible bataille de procédure s'engage entre le procureur et les avocats... Au terme de cette bataille, la défense ne gagne que trop partiellement pour permettre l'acquittement d'Al Capone. Le verdict, prononcé le 17 octobre, reconnaît Capone non coupable pour les délits les plus anciens (l'année 1924 notamment), mais établit sa culpabilité sans possibilité de prescription pour les années 1925 à 1929.

### La prescription

Les crimes et les délits ne sont pas éternellement susceptibles d'être poursuivis. **Une période plus ou moins longue et définie par la loi établit ce que l'on appelle le délai de prescription**. Au-delà de ce délai, les poursuites ne peuvent plus être engagées.

Ainsi, **dans le droit français, les délits sont prescrits au bout de trois ans et les crimes au bout de dix ans**. On considère qu'après ce laps de temps l'action en justice risque de causer des troubles de l'ordre public plus importants que ceux causés par le crime ou le délit eux-mêmes. La fraude fiscale bénéficie d'un délai de prescription de trois ans. Il existe également un autre type de prescription, celui concernant les peines et les condamnations. En sorte qu'un prévenu condamné pour un tel crime et qui n'a pas subi sa peine au bout de vingt ans pour une raison ou pour une autre, ne peut plus être contraint à la subir.

En revanche, certains crimes sont estimés imprescriptibles. Ainsi, **le crime contre l'humanité** est considéré comme tel depuis une convention signée en 1968.

### Piégé

Capone, qui depuis le début de l'affaire a mobilisé la presse de Chicago, clame son innocence. Il se pose en défenseur des pauvres citoyens qu'il a toujours protégés, prétend-il. Cet immigré italien parvenu au sommet de la puissance a beau jeu de se faire passer pour un symbole de réussite sociale, victime de la jalousie de la bonne société ! De plus, les avocats de Capone refusent de se reconnaître battus. Ils avancent l'insuffisance de preuves et les lacunes du dossier d'accusation, pour introduire un recours en appel. Or, de nouveau, leur tentative est déjouée : le 24 octobre, la cour fédérale du septième district rejette leur appel. La sentence condamnant Al Capone tombe aussitôt, extrêmement lourde : en ajoutant les différentes peines et amendes, Capone est en effet condamné, en tout, à onze années de détention et à payer 50 000 dollars d'amende. Les frais de justice qu'il doit rembourser s'élèvent en outre à 30 000 dollars, et ses biens sont mis sous séquestre. Jamais une fraude fiscale n'a donné lieu à une condamnation pareille. Après une dernière tentative d'appel, qui échoue le 27 février 1933, et le rejet de son recours devant la Cour suprême en mai, Capone est envoyé au pénitencier d'Atlanta. Gravement malade (il est atteint de syphilis), il est libéré en 1939 et meurt le 25 janvier 1947.

### D'autres cas difficiles à New York et à Chicago

Lorsqu'on a affaire à des chefs de bandes organisées et structurées qui parviennent par l'intimidation, le meurtre ou la corruption à éteindre toute tentative d'action en justice, il est très difficile de réunir des preuves pour un dossier d'accusation. En effet, les témoins font généralement défaut.

**Des gangs insaisissables.** La justice américaine doit affronter durant l'entre-deux-guerres ce type de difficultés. Ainsi, des chefs de bandes de grandes métropoles comme Chicago ou New York peuvent bénéficier pendant quelque temps de l'impunité.

**Gangster, prisonnier puis espion.** Par exemple, un Lucky Luciano s'enrichit à New York grâce à des trafics tout à fait semblables à ceux d'Al Capone : commerce et contrebande d'alcool (consommés dans, les *speakeasies* les bars clandestins), maisons de jeu, proxénétisme... Enfin emprisonné, Luciano est cependant libéré pendant la Seconde Guerre mondiale : la marine américaine l'utilise comme agent de renseignements lors de la conquête de la Sicile, en 1943.

*Les agents du FBI procèdent à l'ouverture du coffre d'un des chefs des gangsters de Chicago, Al Capone.*

*Une aristocrate anglaise accusée de meurtre*

# MRS. BARNEYS

*Mrs. Barneys, suspectée du meurtre de son amant, est finalement acquittée grâce à l'habileté de ses avocats.*

### La justice britannique

*Le système judiciaire britannique repose sur des principes spécifiques : la fonction d'avocat y occupe une place centrale. La hiérarchie des avocats est très structurée : le* solicitor *s'occupe des dossiers et de la procédure, mais seul le* barrister *peut mener la plaidoirie ou se pourvoir en appel. Enfin, c'est parmi les* barristers *les plus éminents que sont recrutés les juges.*

*Lorsqu'un crime mène un inculpé en assises, un jury de douze membres est constitué. Les jurés élisent un porte-parole, qui rend compte de leurs questions ou de leurs décisions au président du tribunal, le juge. Ce dernier, qui a le rôle d'arbitre, veille au respect de la procédure, résume les débats et indique aux jurés les verdicts possibles.*

*Les représentants de la défense et de l'accusation sont les personnages essentiels; ce sont eux qui conduisent les débats. Le* solicitor *général représente l'accusation. Il rappelle les éléments de l'instruction et interroge témoins et accusé. Le* solicitor *et le* barrister *représentent la défense. Le* solicitor *mène lui aussi des interrogatoires et des contre-interrogatoires. À l'issue des débats, le réquisitoire du* solicitor *général et la plaidoirie du* barrister *tentent de convaincre les jurés. Après quoi, ceux-ci délibèrent seuls, c'est-à-dire sans l'assistance d'un magistrat, et prononcent le verdict. Le juge n'a plus qu'à édicter la peine.*

**L'été 1932 voit se dérouler à Londres un de ces procès pour crime passionnel dont raffole l'opinion. Elvira Barneys est accusée du meurtre de son amant, Michael Stephen. Elle est issue d'une des plus prestigieuses familles de la haute société britannique, et les journaux à scandale attisent dans l'opinion une curiosité mêlée de compassion pour cette jeune femme qui comparaît devant la cour.**

Dans le système judiciaire anglais, l'enquête menée par la police après un délit ou un crime aboutit à un premier jugement, prononcé par un tribunal de police, et qui oriente la personne jugée vers tel ou tel type de tribunal. En 1932, le tribunal de police envoie Mrs. Barneys devant la cour d'assises. Le procès s'ouvre devant cette instance le 4 juillet 1932. La Cour, présidée par le magistrat sir Justice Humphrey, tâche d'y voir clair dans une affaire que les articles de presse ont quasiment jugée d'avance...

## Une coupable toute trouvée

Comme c'est la règle dans la justice anglaise, le président, à l'ouverture des débats, rappelle les faits établis par l'enquête. Le 31 mai 1932, le docteur Durrant, accouru à la suite d'un appel téléphonique de l'accusée, a trouvé le cadavre de Michael Stephen, une balle de revolver logée dans la poitrine. L'essentiel est dans la reconstitution des événements qui ont précédé cette conclusion fatale — c'est-à-dire dans une série d'événements que l'accusation et la défense présentent de manières extrêmement différentes. Pour l'avocat de l'accusation, le solicitor général Percival Clarke, il n'y a guère de doute à avoir : l'amant de Mrs. Barneys a été abattu par elle, délibérément, à la suite d'une violente dispute. Pour étayer cette thèse, il convoque pour témoins le frère de la victime et des amis ou des rela-

*Michael Stephen fut-il victime d'un meurtre, d'un accident ou d'un suicide ?*

*La police emporte le corps de la victime.*

tions des amants. Ceux-ci présentent l'inculpée comme une femme déséquilibrée, abandonnée par son mari (un Américain qui refuse le divorce), et qui cherche l'oubli dans l'alcool et dans des liaisons douteuses : en l'occurrence avec la victime, un « flambeur » plus jeune qu'elle de plusieurs années et connu pour être un joueur invétéré et un amant volage. Clarke tente de montrer que le drame final était prévisible, en faisant comparaître des témoins qui rapportent les nombreuses disputes des deux amants. L'un de ces témoins, notamment, raconte que, quelques semaines avant le drame, il a entendu des coups de feu et des menaces de mort proférées par l'accusée à l'encontre de Michael Stephen.

## Témoignages ou commérages ?

Au terme des interrogatoires des témoins menés par l'accusation, la situation paraît limpide. C'est celle que rapporte la presse: l'histoire d'une femme alcoolique qui tente de retenir son indocile amant, et l'assassine lorsqu'il s'apprête à la quitter définitivement. Pourtant, les contre-interrogatoires qui suivent, ainsi que la comparution de nouveaux témoins présentés par la défense, ébranlent progressivement les certitudes du jury et de l'auditoire. Pour le barrister Patrick Hastings et les deux solicitors (ou jeunes avocats) qui assurent la défense de l'inculpée, les témoignages cités ne sont guère probants. Cette voisine, Mrs. Hall, prétend avoir entendu des cris ? Mais jamais Mrs. Barneys n'a appelé son amant du nom que le témoin rapporte ! Et la fumée que la même Mrs. Hall assure avoir vue à la suite des coups de feu tirés la nuit du drame, d'où peut-elle donc provenir ? Un expert en balistique assure que les balles de l'arme du crime ne produisent pas de fumée... En outre, interrogé par Patrick Hastings, le docteur Durrant décrit la frayeur et le chagrin manifestes de l'accusée, lorsqu'il est venu porter assistance à Stephen. L'officier de police accouru peu après le drame confirme cette émotion visible. Certes, Mrs. Barney s'est montrée pleine d'agressivité un peu plus tard, lors de son arrestation : mais que conclure d'une attitude que peut dicter non seulement la peur d'être démasquée, mais aussi celle d'être accusée à tort, vouée à la vindicte publique et à la fureur, en l'occurrence, d'une proche de l'inculpée, sa propre mère, la rigide lady Mullens ? Les avocats de la défense ont d'autres armes dans leurs manches. Ils demandent que comparaisse l'inspecteur qui a conduit l'enquête, et ils lui font admettre que la correspondance amoureuse des amants mentionnait des menaces de suicide. Ils mettent aussi en évidence l'effarante négligence de la police, qui a oublié de vérifier les empreintes présentes sur l'arme du crime... De cette manière, ils font planer un doute sur la provenance du coup de feu, et sur la nature même de la mort de Stephen : homicide ou mort volontaire ?

## La clémence du jury

Une fois achevés la comparution et l'interrogatoire des témoins des deux parties, les 4 et 5 juillet, vient l'heure des plaidoyers, dans la journée du 6. L'accusation continue à incriminer Mrs. Barneys : celle-ci, insiste sir Clarke, a sans aucun doute tiré. Menaçant de se suicider, elle s'est jetée sur son amant, retournant l'arme contre celui-ci, alors qu'il luttait pour la lui confisquer. Mais le réquisitoire du solicitor général, s'il parvient à écarter de l'esprit des jurés la thèse du suicide, ne réussit pas à prouver que l'acte accompli par Mrs. Barney a été prémédité. Aussi la défense choisit-elle de plaider l'accident. Le barrister Hastings insiste sur l'absence de motifs : Mrs. Barneys n'a-t-elle pas légué par testament tous ses biens à son amant ? On voit mal ce qui aurait pu la conduire à l'assassiner, et encore moins à préméditer son geste, souligne l'avocat. Seuls son désarroi de femme abandonnée, son émotivité et son désespoir, alliés à de regrettables circonstances accidentelles, expliquent cette tragique soirée du 31 mai 1932. Au fil de trois journées de procédure, l'affaire Michael Stephen, fort mal engagée pour l'inculpée, prend un autre cours. L'habileté des avocats de la défense finit par convaincre les jurés. Le 6 juillet au soir, après deux heures de délibération, ceux-ci déclarent Mrs. Barneys non coupable. Le juge, en conséquence, prononce l'acquittement de la maîtresse de la victime.

## *L'assassin du président Doumer est-il un dément ?*

# GORGULOFF

**L'assassinat du président de la République Paul Doumer, le 6 mai 1932, suscite un grand émoi. L'assassin, un dénommé Paul Gorguloff, arrêté sur les lieux de son crime, est un bien étrange personnage. Certains le décrivent comme un illuminé, d'autres comme un redoutable espion soviétique, d'aucuns enfin comme un vulgaire mégalomane. Son procès n'est décidément pas une mince affaire.**

Lorsque les débats commencent au Palais de Justice de Paris, le 25 juillet 1932, le procès manque d'être aussitôt renvoyé. Dès le premier jour d'audience, en effet, un des avocats de la défense, maître Géraud, réclame une expertise psychiatrique de son client, qu'il considère comme irresponsable et donc échappant à tout jugement. Mais le président du tribunal, le magistrat Dreyfus, rejette la requête : des médecins compétents convoqués lors de l'instruction ont déjà examiné Gorguloff et l'ont déclaré responsable — c'est-à-dire susceptible de répondre de ses actes devant les juges. Il est donc inutile d'imposer à la justice un nouveau délai.

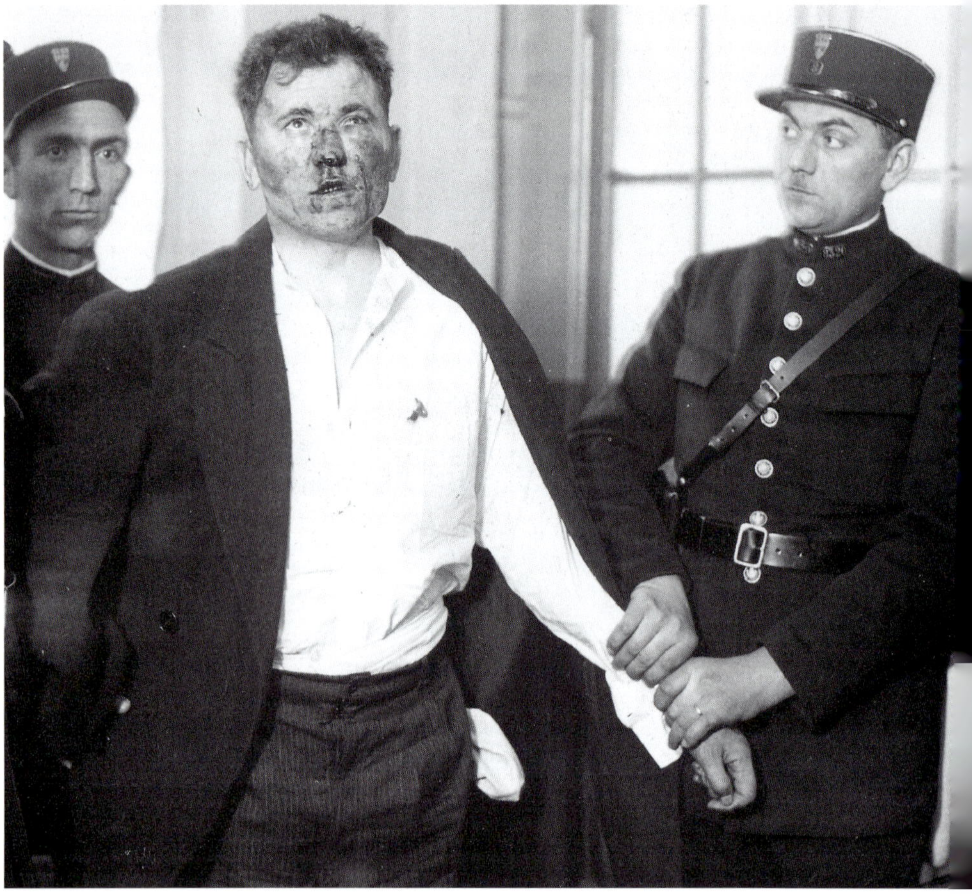

*Gorguloff, l'assassin de Doumer, amené dans un commissariat après avoir été molesté par la foule, indignée par son action.*

*Grièvement blessé à la tête lors de l'attentat, Paul Doumer ne reprendra conscience à l'hôpital que pour quelques instants.*

### Un paysan caucasien mal inspiré

On passe donc à l'interrogatoire d'identité et à la présentation de l'accusé. Il s'agit d'un médecin d'origine paysanne qui a dû fuir sa Russie natale après la révolution russe de 1917 et la guerre civile. Certains témoins affirment cependant qu'il a exercé les fonctions d'agent de la police politique à Rostov, menant des interrogatoires musclés, avant de disparaître en Pologne puis en Tchécoslovaquie et, enfin, de rejoindre la France. Grâce à plusieurs mariages fortunés, il mène une vie de plaisir et de luxe, dépensant l'argent de ses épouses : rien, dans tout cela, ne laisse présager du geste qu'accomplira Gorguloff. Or, en mai 1932, armé de deux revolvers, celui-ci se rend à Paris; il abat le président Paul Doumer lors d'une vente aux

*Le procès de Gorguloff : l'accusé était-il un dément ? Ses juges ne voulurent pas l'admettre et le condamnèrent à mort.*

enchères au profit des écrivains anciens combattants. Le président du tribunal cherche naturellement à comprendre le geste et les motivations exactes de Gorguloff. Quelle impulsion a transformé le noceur en assassin politique et quel étrange processus d'esprit l'a conduit à prendre pour cible un homme qui, d'après les institutions françaises de la III^e^ République, ne dispose que d'un pouvoir extrêmement modéré ? L'accusé balbutie qu'il s'agissait pour lui de défendre une cause où se mêlent le salut de la Russie et la fondation, sur place, d'un « parti vert », violemment anticommuniste. Il explique qu'il se sent investi d'une mission et promis à un très haut destin… Les propos de Gorguloff sont si évidemment confus que, toute nouvelle expertise demeurant strictement exclue, la journée du 26 juillet est consacrée tout entière à des débats concernant sa responsabilité. Lorsque le commissaire qui a procédé à l'arrestation de l'inculpé est interrogé par le procureur général Donat-Guigue, il déclare voir en Gorguloff un simulateur et non un fou. Un certain Lazareff, émigré russe, affirme pour sa part que l'accusé est un agent soviétique : il a lui-même été arrêté et interrogé jadis par ce dernier à Rostov. D'autres témoignages révèlent à la cour que le docteur Gorguloff s'est rendu coupable de plusieurs avortements clandestins et qu'il a été recherché par la police tchèque lors de son séjour en Europe centrale. Les experts qui se succèdent à la barre au nom de l'accusation ont la même opinion que les profanes : ils ne croient pas à la folie de Gorguloff. Trois médecins convoqués par l'accusation affirment que ce dernier est un simulateur tout à fait sain d'esprit. Les quelques étrangetés de son comportement et de sa vie montrent tout au plus qu'il possède un tempérament instable. La défense, en revanche, appelle comme témoins d'autres médecins qui ont examiné Gorguloff et qui le présentent comme un demi-fou vivant dans un monde de délire — son cas rappelant, selon le docteur Lagre, celui de Ravaillac, l'assassin d'Henri IV. Maître Géraud, à chaque fois, interpelle les jurés et le président, clamant l'évidente démence de son client et l'iniquité qu'il y a à le faire comparaître. Tel est l'élément essentiel de son système de défense. Le 27 juillet, d'autres témoins permettent cependant de se faire une idée plus précise du personnage : un cafetier indique que Gorguloff s'est enivré avant de commettre son crime, la dernière épouse et le beau-frère de l'accusé affirment qu'ils ont été dupés par celui en qui ils voient un misérable escroc…

## La guillotine attend Gorguloff

Ces derniers témoignages font sur la cour un effet désastreux. Dès lors, le procureur Donat-Guigue peut à loisir dénoncer dans son réquisitoire le jeu scandaleux d'un homme qui n'a cessé de tromper son entourage et qui, faisant fi de l'asile que la France lui a donné, a assassiné le chef de l'État. Rien, souligne le procureur, ne peut faire douter de la préméditation. Gorguloff avait deux revolvers sur lui, et son voyage à Paris n'a rien d'une improvisation. De nouveau, les avocats de la défense s'insurgent. Ils ne cherchent pas à nier les tromperies constantes de l'inculpé ni à contester la préparation de l'acte qu'il a accompli, mais ils dénoncent dans leurs plaidoiries le peu de cas que l'on a fait de l'instabilité mentale de l'accusé. Maître Roger exhibe un certificat médical tchèque daté de 1928 et attestant que Gorguloff est syphilitique. Cette maladie attaquant le système nerveux, elle expliquerait l'état mental de Gorguloff. Maître Géraud insiste sur le fait que l'accusé était ivre lorsqu'il a commis son crime. Dans ce cas, peut-on vraiment parler de préméditation et de responsabilité ? Cette dernière tentative reste aussi infructueuse que les autres. Il faut seulement quelques dizaines de minutes aux jurés pour faire un sort à Gorguloff. Déclaré coupable sans circonstances atténuantes de meurtre avec préméditation, celui-ci est condamné à mort. Après le rejet du pourvoi déposé par maître Géraud, il est exécuté le 14 septembre 1932. Il laisse dans sa cellule quelques pages de ses Mémoires intitulés *la Chanson de la mort.*

### Les attentats politiques

**1894.** La sévérité du jury à l'égard de Gorguloff s'explique par le souvenir des attentats anarchistes qui ont marqué la fin du XIX^e^ siècle, et notamment celui du meurtre commis sur la personne du président de la République Sadi Carnot, à Paris, en juin 1894. Dans le climat international d'instabilité des années 1930, alors qu'une partie de l'opinion française redoute plus que tout l'extension du communisme hors des frontières de l'Union soviétique, le geste, politiquement irraisonné, de Gorguloff a été interprété, selon les tendances du public, soit comme un attentat d'extrême droite, soit au contraire comme l'effet d'une manipulation soviétique.

**1934.** Deux années après le crime dément de Gorguloff, un autre assassinat, beaucoup plus clairement politique, se produit à Marseille. Lors de la visite officielle d'Alexandre I^er^, roi de Yougoslavie, en octobre 1934, des terroristes croates, militants d'extrême droite du mouvement Oustachi, se jettent à plusieurs sur la voiture officielle et abattent en pleine rue le souverain et le ministre des Affaires étrangères français Louis Barthou, qui était venu l'accueillir.

*Deux bonnes assassinent sauvagement leurs patronnes*

# LES SŒURS PAPIN

**Le 29 septembre 1933 s'ouvre devant la cour d'assises du Mans le procès de deux sœurs, toutes les deux domestiques, Christine et Léa Papin. Le 2 décembre précédent, ces femmes ont assassiné leur patronne, Mme Lancelin, ainsi que sa fille. Puis elles se sont acharnées sur les cadavres, les mutilant horriblement.**

*Le crime des sœurs Papin : un acte horrible qui reste inexplicable, et un morceau de choix pour la presse à sensation (couverture de l'hebdomadaire* Détective, *février 1933).*

Les Bonnes, *pièce de Jean Genet inspirée par l'affaire Papin (représentation au théâtre de l'Athénée, avril 1947).*

Qui sont ces deux femmes et pourquoi ont-elles agi ainsi ? Le juge Beucher, président de la cour, aimerait comprendre. Mais, dans le pesant silence qui plane sur la salle d'audience, les bonnes, dans le box des accusés, restent muettes, incapables d'expliquer leur acte.

## Deux sœurs intimement liées

L'enquête qui a précédé l'ouverture du procès a permis de cerner un peu mieux la personnalité des deux employées de maison. Enfants, elles ont vécu dans un pensionnat après le divorce de leurs parents. Puis elles sont entrées, très jeunes, au service d'une famille. Au moment du crime, elles travaillent chez les Lancelin depuis déjà sept ans : l'aînée, Christine, exerce la fonction de cuisinière, alors que Léa, qui n'a que vingt-deux ans, est femme de chambre. Des liens étroits unissent les deux sœurs, qui ne se séparent jamais. Par ailleurs, des détails trou-

### L'internement psychiatrique

**Non-lieu.** La question de la responsabilité se pose lorsqu'on a affaire à des actes inexpliqués. Probablement, un jury d'aujourd'hui reconnaîtrait-il comme irresponsables les sœurs Papin. Il ne prononcerait donc pas contre elles une peine, mais ne pourrait non plus décider de les enfermer dans un hôpital psychiatrique, l'hospitalisation, démarche médicale, n'étant pas une peine. La cour, en ce cas, serait forcée de prononcer un non-lieu : l'homicide ayant été commis en état d'irresponsabilité ne pouvant être légalement défini comme un crime.

**Louis Althusser.** C'est ce qui se passa, par exemple, lorsque le philosophe français Louis Althusser (1918-1990) étrangla son épouse, à Paris, en décembre 1980 : l'irresponsabilité d'Althusser ayant été établie à la suite de multiples expertises psychiatriques, l'ancien professeur à l'École normale supérieure de la rue d'Ulm passa quelques années en milieu hospitalier, avant de finir ses jours dans une discrète retraite.

**Une mesure administrative.** C'est en fait l'autorité administrative (la Préfecture de police, dans le cas d'Althusser) qui a décidé l'internement psychiatrique, aujourd'hui nommé hospitalisation, de la personne irresponsable. La personne aliénée qui a bénéficié d'un non-lieu judiciaire ou qui se trouve emprisonnée à la suite d'une condamnation (comme ce fut le cas pour Christine Papin) est placée dans un établissement de soins, après que plusieurs certificats médicaux ont confirmé son irresponsabilité.

*Les sœurs Papin au banc des accusés devant la cour d'assises de la Sarthe.*

blants semblent indiquer qu'elles entretiennent une liaison homosexuelle. En revanche, les enquêteurs ne parviennent à trouver aucun mobile rationnel pour expliquer le crime, qui ne semble pas avoir été prémédité. Magistrats et jurés découvrent ainsi que le vol n'a pas été le mobile de l'acte criminel. Mme Lancelin et sa fille ont été agressées alors qu'elles rentraient d'une soirée plus tôt que prévu. Lorsqu'on interroge les deux accusées sur leurs faits et gestes, elles décrivent avec une étrange froideur comment elles ont frappé leurs victimes à l'aide d'un marteau et de ciseaux, comment enfin elles leur ont arraché les yeux... Mais elles sont incapables de fournir le moindre motif à cette tuerie. C'est d'ailleurs Christine qui parle, Léa ne faisant que confirmer — elle semble vivre entièrement sous l'influence de sa sœur.

### Le poids déterminant de l'avis des psychiatres

Après que le médecin légiste, le docteur Chartier, a apporté des détails supplémentaires à l'horrible description des deux sœurs, le président Beucher explique à la cour — c'est-à-dire aux jurés — que l'essentiel du procès, désormais, repose sur l'évaluation de la situation mentale des accusées. Si les jurés estiment que Christine et Léa ont agi en état de démence, alors, comme le stipule l'article 64 du Code pénal, elles ne peuvent être tenues pour responsables du crime commis. Aussi, parmi les témoins entendus à la barre, les experts en psychiatrie sont-ils écoutés avec une attention particulière. Mais leurs dépositions sont extrêmement ambiguës. Pour le docteur Swarzimmer, qui est la première à présenter ses conclusions, les lourds antécédents familiaux des deux sœurs — l'alcoolisme du père et les tendances hystériques de la mère — ne suffisent pas à induire chez les accusées des troubles psychiques graves : Christine et Léa sont tout à fait responsables. Mais le docteur Logre, qui parle en second lieu, est plus circonspect sur ce dernier point. Considérant la faiblesse et le caractère quelque peu contradictoire des deux dépositions, les avocats des prévenues, maître Germaine Brière et maître Chautemps, réclament de nouvelles expertises : leur requête est rejetée, en raison de la compétence des experts.

### La sentence est tombée

Quand vient le moment du réquisitoire, le procureur, à la suite de la plaidoirie de l'avocat de la partie civile, maître Moulinière, peut alors insister tout à loisir sur l'atrocité du crime commis à l'égard de patrons irréprochables : l'avoué Lancelin, le malheureux veuf, est là pour en témoigner. La défense, quant à elle, tente encore de convaincre le jury de l'irresponsabilité des victimes, au moins de celle de Léa, jeune et soumise à l'influence de sa sœur aînée : rien n'y fait. Tard dans la soirée, les deux accusées sont déclarées coupables. Christine est condamnée à la peine capitale, Léa à dix ans de travaux forcés accompagnés de vingt ans d'interdiction de séjour. Mais les deux sœurs vont connaître un autre destin. Quelques mois plus tard, comme son état mental s'aggrave, Christine est internée à l'hôpital psychiatrique de Rennes, où elle meurt en 1937. Quant à Léa, elle bénéficiera d'une remise de peine et sera libérée en 1941.

### La responsabilité pénale

*Nul ne peut être condamné pour un crime ou pour un délit s'il est estimé irresponsable mentalement, au moment où il commet ce crime ou ce délit. Le Code pénal français précise en effet dans son article 64 que l'on ne peut pas considérer qu'il y a eu crime ou délit lorsque le prévenu a agi en état de démence. Lorsque la démence, ou aliénation — termes remplacés dans les différents cas par des expressions plus précises —, est établie, le prévenu bénéficie d'un non-lieu ou bien de l'acquittement.*

*Reste à savoir ce qu'est exactement la démence, et si tel prévenu en est atteint. Pour cela, les tribunaux font appel à des experts psychiatriques, à chaque fois qu'il peut y avoir doute sur la responsabilité mentale d'une personne (article 156 du Code de procédure pénale).*

*Certains de ces experts sont attachés (c'est-à-dire employés) à la Préfecture de police. D'autres sont indépendants. La défense, lorsqu'elle n'est pas d'accord avec les résultats d'une expertise, peut demander des contre-expertises.*

*Une empoisonneuse échappe à la peine capitale*

# VIOLETTE NOZIÈRE

**Rarement des jurés ont eu à se prononcer sur une affaire aussi bouleversante que celle qui se présente, en ce mois d'octobre 1934. Une frêle jeune fille, issue d'un milieu modeste et en apparence respectable, a tenté d'empoisonner des parents qui la choyaient...**

Le père succombe au poison administré par sa fille, mais la mère survit, et accuse. Très vite, cependant, elle est amenée à tout pardonner à sa fille.

## La double vie de Violette Nozière

Le procès de Violette Nozière commence le 10 octobre 1934 — le jour même où un terroriste croate assassine à Marseille le roi Alexandre de Yougoslavie et le ministre des Affaires étrangères français Louis Barthou, ce qui occasionne d'ailleurs une interruption de séance. La jeune fille qui comparaît ce jour-là est une récidiviste, ou peu s'en faut. En effet, lorsqu'elle décide d'empoisonner ses parents, le 21 août 1933, elle en est déjà à sa deuxième tentative. En mars de la même année, elle a essayé une première fois de faire ingurgiter à ses père et mère de fortes doses de Véronal, un barbiturique... Pourtant, en apparence, Violette Nozière n'a rien d'une grande criminelle : fragile, elle perd plusieurs fois connaissance au cours du procès. Elle répond d'un ton égal au président Peyre qui tente de comprendre sa personnalité, mais se perd en supplications et en pleurs bouleversants en présence de sa mère. Lorsqu'on l'interroge sur les raisons qui l'ont amenée à commettre un geste aussi affreux, la jeune femme explique ses raisons. Elle affirme que son père, employé modèle à la Compagnie des chemins de fer Paris-Lyon-Méditerranée, abusait d'elle depuis des années. Ayant décidé de fuir, elle avait besoin des économies de ses parents. La cour pourrait se laisser émouvoir par cette histoire d'une jeune fille violée et cherchant à refaire sa vie. Mais l'interrogatoire de Violette révèle par ailleurs que cette dernière a une vie plus que libre, qu'elle collectionne les amants, vend son corps contre de l'argent et mène une vie de plaisirs au Quartier latin.

### La réhabilitation

*La réhabilitation est une procédure destinée à effacer les crimes et les délits de celui qui les a commis. C'est une procédure rarissime.*

*Il ne faut pas la confondre avec l'amnistie. Celle-ci peut être prononcée pour des motifs exceptionnels : la société renonce à poursuivre tel ou tel crime ou délit, ou bien accorde des remises de peine aux personnes déjà condamnées — c'est une sorte de pardon.*

*La réhabilitation va beaucoup plus loin. Elle vise à effacer le crime et sa condamnation et provoque donc la restitution d'un casier judiciaire vierge. Un tribunal peut décider de réhabiliter au vu de pièces ou de témoignages nouveaux, ou en prenant acte du repentir du condamné : comme ce fut le cas pour Violette Nozière, il s'agit alors de la réhabilitation judiciaire.*

*L'arrestation de Violette Nozière.*

## Un crime longuement prémédité

Fait évidemment gravissime, Violette Nozière ne s'est pas laissé emporter par quelque violence irraisonnée en tentant de tuer ses parents. Le poison est l'arme de la préméditation. Elle a tenté de l'employer une fois et, devant son échec, elle a mûrement préparé sa seconde tentative. Pour obtenir les produits dont elle a besoin, elle falsifie d'abord des documents médicaux. Prétendant qu'un médecin a identifié chez elle les signes d'une syphilis héréditaire, elle recommande à ses parents un soi-disant traitement, auquel il leur faut eux-mêmes se soumettre : en fait il s'agit du poison qu'elle leur destine. Au lieu de se repentir aux premiers signes de malaise, elle surveille longuement l'agonie du couple et ne quitte la maison qu'après avoir ouvert le gaz pour simuler une asphyxie. Cette supercherie, d'ailleurs, ne trompe ni les pompiers ni la police accourus peu après. Lorsque Violette constate, à l'hôpital, que seul son père est décédé et que sa mère est hors de danger, elle s'enfuit, mais est identifiée et arrêtée peu après. À l'issue de la première journée d'audience, les charges s'accumulent donc contre la jeune fille : rien ne semble pouvoir atténuer son entière responsabilité ni sa totale préméditation. La tâche de son avocat, maître de Vesinne-Larue, s'avère des plus ardues. C'est alors que, le lendemain, 11 octobre, l'audition des témoins donne un accent particulier à l'affaire. La première intervention, bouleversante, est celle de Mme Germaine Nozière : elle supplie le tribunal de pardonner à sa fille, affirmant que l'amant de celle-ci, à coup sûr, lui a inspiré son geste, et que Violette est entièrement sous influence. Après quoi, les experts en psychiatrie défilent à la barre, notamment le Dr Truelle, qui exerce à l'asile Sainte-Anne : il affirme que Mlle Nozière est pleinement responsable de ses actes. Enfin témoigne le dernier amant de Violette, un certain Jean Dabin, ancien étudiant qui s'est engagé dans l'armée. Sa légèreté, son insouciance et son mépris à peine dissimulé pour son amie impressionnent défavorablement le jury, et cette déposition va aussi nuire à l'accusée. À la fin de la journée, les jurés, certains de la lucidité de Violette, accablés par le malheur de sa mère, semblent enclins à la plus extrême sévérité. Or, au même moment, à l'extérieur du palais, l'affaire suscite un intérêt passionné : le monde intellectuel, les surréalistes en tête, menés en particulier par André Breton et Paul Eluard, prennent fait et cause pour la meurtrière : Violette ne serait que l'innocente victime d'un monde étouffant et routinier, avec lequel, courageusement, elle aurait voulu rompre…

### Les surréalistes au secours de Violette Nozière

*En 1933, Paul Eluard écrit ce poème, inspiré par Violette Nozière :*

*« Violette rêvait de bains de lait*
*De belles robes de pain frais*
*De belles robes de sang pur*
*Un jour il n'y aura plus de père*
*Dans les jardins de la jeunesse*
*Il y aura des inconnus*
*Tous les inconnus […]*
*Violette a rêvé de défaire*
*A défait*
*L'affreux nœud de serpents des liens du sang. »*

La Rose publique*, dans* Œuvres complètes*, tome I, Gallimard, Paris, 1968.*

*L'affaire Nozière passionne l'opinion publique et notamment les intellectuels, qui prennent parti pour elle.*

*Ouverture du procès de Violette Nozière aux assises de la Seine.*

## Condamnée, graciée… et réhabilitée

Le procès de Violette Nozière se termine étrangement. L'avocat de la partie civile informe que sa cliente, Mme Nozière, renonce finalement à poursuivre Violette : elle pardonne à sa fille. L'avocat de Violette Nozière, quant à lui, conteste fermement la validité des expertises psychiatriques : va-t-on commettre la même erreur que, naguère, avec les sœurs Papin, et enfermer ou tuer une jeune femme à la psychologie fragile, que son père a peut-être effectivement traumatisée à jamais en la violentant ? L'avocat finit en effet en citant un dernier témoin, étudiant et ami de l'accusée. Celui-ci affirme que Violette lui a confié avoir été victime d'abus sexuels de la part de son père. L'entreprise de la défense est désespérée : le jury est si mal disposé à l'égard de Violette Nozière qu'il la déclare coupable sans circonstances atténuantes, ce qui signifie une condamnation à mort. Mais la jeune femme n'est pas exécutée. Demeurant sous le coup de la sentence, elle est enfermée à la prison de la Petite-Roquette où, pour sa bonne conduite, elle est graciée par le président de la République Albert Lebrun, à Noël 1934. Suit alors une plus longue bataille, conduite par maître de Vesinne-Larue, afin d'obtenir la libération puis la réhabilitation de sa cliente. Sous la pression de l'ordre des Dominicains, qui a recueilli sa promesse de se retirer dans un de ses couvents, la meurtrière voit sa peine commuée en douze ans de détention par le maréchal Pétain, en août 1942. En fait, lorsqu'elle sort de prison, trois ans plus tard, Violette renonce à prononcer ses vœux, se marie et mène une vie normale. Enfin, par sa ténacité, maître de Vesinne-Larue obtient sa réhabilitation définitive, prononcée par la cour de Rennes en mars 1963.

→ **Voir aussi :** p. 224-225 (Les sœurs Papin).

*Le point final d'un scandale retentissant*

# L'AFFAIRE STAVISKY

*La terrasse dévastée du café de la Paix, place de l'Opéra, à Paris, au soir de la chute du gouvernement Chautemps, dont certains membres sont compromis dans l'affaire Stavisky.* ▷

**Le procès qui s'ouvre en novembre 1935 est, à bien des égards, exceptionnel. Le principal intéressé est mort depuis presque deux ans : Alexandre Stavisky s'est suicidé le 9 janvier 1934. Cet escroc de haute volée, protégé par ses relations dans le monde parlementaire et la presse, a détourné des millions. On juge ici ses comparses, mais les juges doivent procéder avec prudence, car l'affaire a pris les proportions d'une affaire d'État.**

*Stavisky en compagnie de sa femme (au centre), à Cannes, en 1933.*

La commission chargée d'instruire le dossier a manqué l'enterrer au bénéfice du temps qu'elle y a passé. Après des mois et des mois d'interrogatoires et d'enquêtes auprès des complices de l'escroc, de ses protecteurs, des milieux dirigeants de la politique à ceux de la finance, elle finit quand même par transmettre le dossier à l'instance de jugement, la cour d'assises de la Seine.

## Un procès tardif

Faute du principal responsable, Alexandre Stavisky, retrouvé mort alors qu'il tentait de gagner la Suisse, les juges doivent se contenter de ceux qui l'ont assisté. Et il y a là quantité d'accusés dans un box devenu trop étroit. Les avocats, une soixantaine, ne peuvent tous s'asseoir ! Le président de la cour, le juge Barnaud, a parfaitement conscience qu'il s'agit d'un procès exceptionnel : le procureur général Fernand-Roux est assisté des avocats généraux Cassagneau et Gaudel, des personnages fort importants du barreau ; le dossier, énorme, trône dans un coin du prétoire ; il faut trois heures pour lire l'acte d'accusation ; trois semaines pour les interrogatoires ; et cinq encore pour entendre les témoins...

### La République secouée par les scandales

**Les affaires de la République.** Durant les années 1930, la IIIe République est secouée par des affaires politico-financières qui compromettent certains élus et ministres. La série commence par l'affaire de la *Gazette du Franc* (1928). Elle continue par celle de la banque Oustric (novembre 1930), une faillite frauduleuse, qui provoque la chute du gouvernement d'André Tardieu, dont le garde des Sceaux, Raoul Péret, est accusé de corruption. Enfin intervient l'affaire Stavisky, qui compromet particulièrement le parti radical.

**La république discréditée.** Ces affaires, auxquelles la presse donne un retentissement considérable, nourrissent l'antiparlementarisme des milieux d'extrême droite, qui assimilent la classe politique tout entière à un repaire de brigands. Les ligues d'anciens combattants, les royalistes de l'Action française, par exemple, en viennent à condamner en bloc un régime dans lequel ils voient une association de financiers juifs, francs-maçons et de politiciens radicaux — tous termes injurieux dans leur bouche.

## Orléans...

L'affaire sur laquelle les jurés ont à se prononcer est une gigantesque escroquerie : son instigateur, Stavisky, aurait détourné 259 millions de francs — une somme considérable pour l'époque — par ses diverses activités, toutes également frauduleuses. Parmi les affaires les plus retentissantes et les plus rentables, les escroqueries d'Orléans et de Bayonne sont les premières dont la cour ait à traiter. L'affaire du Crédit municipal d'Orléans est évoquée par

l'interrogatoire de l'ancien directeur de l'établissement, un nommé Desbrosses. Grâce à une société écran, les Établissements Alex, Stavisky s'est fait accorder des prêts par cette institution bancaire : 22 millions de francs en une seule année ! Un stock d'émeraudes était censé garantir l'emprunt. Celles-ci, prétendument soumises à expertise et d'une provenance exceptionnelle — elles auraient appartenu, aux temps bibliques, à la reine de Saba ! —, sont, en fait, des pierres synthétiques, comme le révèlent leurs factures d'achat.

### ... et Bayonne

L'affaire du Crédit municipal de Bayonne, plus récente puisqu'elle éclate en décembre 1933 et met un terme à la carrière de Stavisky, est traitée après celle du Crédit d'Orléans. Elle n'est pas moins rocambolesque. Tissier, ancien directeur de l'établissement, comparait à la barre : il est accusé d'avoir multiplié les faux, détournant ainsi 200 millions de francs en trompant les épargnants. À Orléans, un général, entre autres hauts personnages, avait couvert l'escroquerie de Stavisky. À Bayonne, de même, il se trouve des notables pour tremper dans l'affaire. En l'occurrence, Garat, maire de la ville, a, lui aussi, protégé le douteux homme d'affaires. Avec lui, l'enquête déborde largement vers les milieux politiques.

### Des complicités dans tous les milieux

Après la comparution des principaux responsables des détournements de fonds d'Orléans et de Bayonne, la cour entend ceux qui, soit ont reçu des fonds de Stavisky, soit ont participé au recel de l'argent détourné. Et, là encore, il s'agit de personnes en vue : d'anciens avocats de Stavisky, comme maître Bonnaure ; un ex-député radical ; des directeurs de journaux (Camille Aymard, ou Darius). La multiplication des noms connus jette le trouble sur la cour et l'auditoire comme dans l'opinion publique, informée par la presse. Tous ceux qui comptent en France auraient-ils donc baigné dans l'escroquerie de Stavisky ? Bientôt, les audiences révèlent encore, non seulement des noms supplémentaires, mais aussi toutes les complicités implicites dont ont bénéficié soit Stavisky, soit ses complices : les magistrats de la section financière du parquet ont de la peine à expliquer leur lenteur, leurs silences, et la mort suspecte d'un haut fonctionnaire mêlé à l'affaire, le conseiller Prince, ajoute encore au sordide de la situation... Parmi les policiers chargés de l'enquête, la cour met également en évidence bien des comportement douteux. Après les notables et les fonctionnaires, sont entendus des hommes politiques. Ce sont en particulier d'anciens radicaux : les journalistes, plus que jamais, se pressent pour entendre leur témoignage — ainsi celui de Dalimier, l'ancien ministre du Travail, qui a recommandé les faux bons de Bayonne. Très certainement, les hommes politiques ne sont pas les seuls à être mêlés à l'affaire ; victimes expiatoires, ils sont présentés à la justice pour que soient épargnées d'autres personnes. Le 15 janvier 1936 s'achèvent les quarante plaidoiries. Après les délibérations, Garat, Desbrosses et Tissier — notamment — sont déclarés coupables de complicité et d'usage de faux. Quelques autres le sont pour recel. Les journalistes amis et protégés de Stavisky sont pour la plupart acquittés.

Deux jours plus tard, le président de la cour rend son verdict. Les peines sont particulièrement lourdes : ainsi, Tissier est condamné à sept ans de travaux forcés, Garat à deux ans de prison, les autres sanctions variant entre ces deux extrêmes... Le procès est terminé, l'affaire est close, mais les traces qu'elle laisse dans l'opinion sont durables.

*Pour échapper au scandale, Stavisky se donne la mort.*

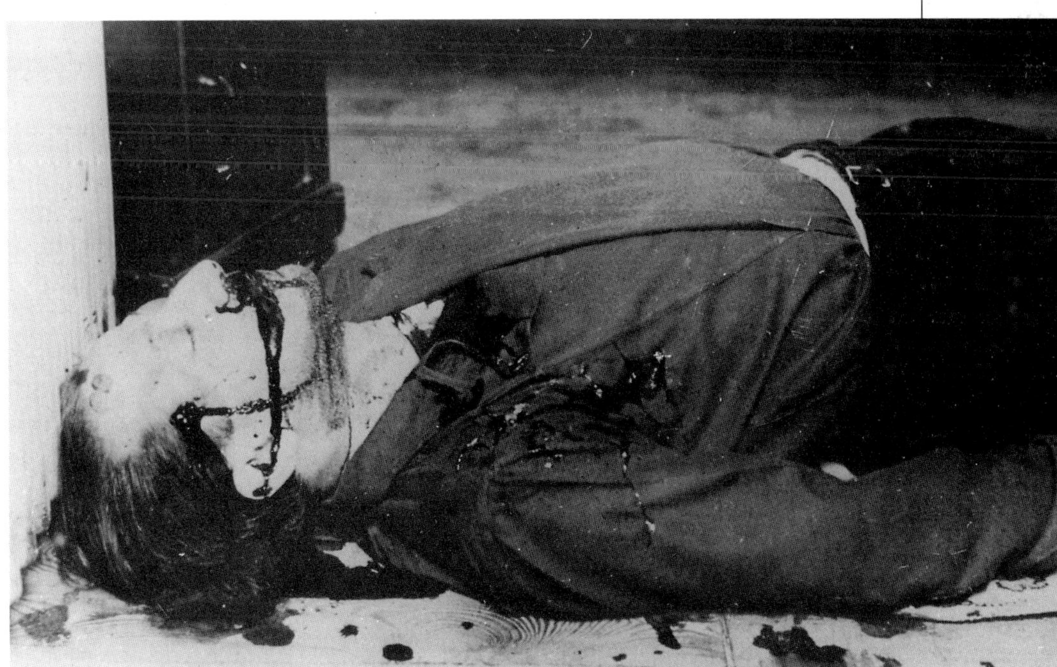

*Staline élimine la vieille garde du parti*

# LES PROCÈS DE MOSCOU

**Entre 1936 et 1938, Staline engage l'U.R.S.S. dans une vaste série de purges. Elles sont destinées à éliminer, parmi les dirigeants bolcheviques, les opposants réels ou supposés ainsi que les éventuels concurrents appartenant à la génération de militants qui ont fait la révolution de 1917 aux côtés de Lénine.**

Cette vaste mise au pas, qui transforme radicalement les cadres du pays, se manifeste notamment par trois retentissants procès lors desquels les prévenus s'accusent des pires crimes.

## Le procès des seize

Le premier procès s'ouvre à Moscou le 19 août 1936, dans la salle d'Octobre de la maison des syndicats, transformée pour l'occasion en prétoire et où se pressent journalistes et public : tout a été organisé pour donner le maximum de résonance à la procédure judiciaire. Les accusés sont des dignitaires du parti communiste soviétique, des personnalités de la révolution d'octobre 1917 qui a porté les bolcheviques au pouvoir. Cependant, en 1936, ils n'occupent plus de postes importants : eux-mêmes et leurs partisans ont déjà été évincés depuis plusieurs années. Les inculpés les plus célèbres sont L. Kamenev et G. Zinoviev ; anciens compagnons de Lénine, ils appartiennent à la vieille garde du parti mais sont accusés de terrorisme. D'autres, comme I. Smirnov, se sont illustrés pendant la guerre civile. À côté de ces principales figures, les autres accusés sont des économistes ou des personnes ayant eu, au sein de la III^e^ Internationale communiste, des contacts avec les communistes étrangers, allemands notamment. Le procureur général, Andreï Vychinski, est le vrai maître des débats : il les conduit avec fougue et présente d'emblée les accusés comme de dangereux criminels, responsables du meurtre de

*Sokolnikov, Piatakov et Radek, accusés de sabotage et de terrorisme (couverture de l'hebdomadaire* Vu*, février 1937).*

### L'autocritique

*À la surprise de l'opinion publique occidentale, les accusés des procès des années 30 prononcent en public des aveux détaillés de crimes les plus invraisemblables. L'autocritique publique, élément de la formation du révolutionnaire professionnel décrit par Lénine, fait partie d'une mise en scène établie sous Staline : en montrant de manière évidente aux yeux de tous l'existence de complots, elle permet d'expliquer les échecs du régime et d'en faire porter la responsabilité par des conjurés.*

*Il est probable que les différents types de contrainte, de la pression psychologique à la menace physique et jusqu'à la torture, ont été utilisés. Certains accusés, cependant, refusent de jouer le jeu, et tentent d'utiliser ces discours pour dénoncer en filigrane leurs juges et Staline en particulier : c'est le cas de Boukharine lors de son procès en 1938.*

Kirov, le dauphin de Staline assassiné en 1934, et organisateurs d'un complot destiné à éliminer Staline lui-même ainsi que les principaux dirigeants. Naturellement, les interrogatoires, conduits par le procureur jusqu'au 21 août, confirment tous ces éléments : les inculpés se seraient constitués en une association de malfaiteurs et de terroristes aux alentours de 1931, et, ensuite n'auraient, cherché qu'à trahir les intérêts de l'Union soviétique.

*Affiche de propagande pour le Parti populaire français dénonçant les purges staliniennes.*

### Le temps des purges

**Trotski est un des principaux dirigeants de l'U.R.S.S. au début des années 1920.** Il a organisé l'Armée rouge et a conduit les révolutionnaires à la victoire lors de la guerre civile.

Mais il est rapidement **isolé et évincé** par Staline après la mort de Lénine, en 1924. Cette éviction ne suffit pas : Staline le fait accuser de trahison et exiler. Lors des grands procès de 1936-1938, tous les inculpés sont accusés de trotskisme, érigé en « crime d'État ». Trotski lui-même n'est pas jugé : **exilé au Mexique, il est assassiné en 1940**, par un agent secret soviétique.

Mais **les purges staliniennes se poursuivent jusqu'à la veille de la guerre**, notamment dans l'armée, où **le maréchal Toukhatchevski**, héros de la guerre civile, est condamné pour haute trahison par un tribunal militaire et exécuté en 1937. Ces purges affaiblissent considérablement l'Armée rouge.

## Une impressionnante série de crimes d'État

Le réquisitoire de Vychinski insiste sur la perversité des accusés, sur les ramifications de leur organisation. Il montre comment Staline lui-même a su déjouer leurs plans et les confondre. Il réclame la mort pour l'ensemble des accusés : « Nous avons devant nous des criminels dangereux, invétérés, cruels, impitoyables à l'égard de notre peuple, de nos idéaux, de nos dirigeants, des travailleurs du monde entier », déclare-t-il. Mais les plaidoiries sont plus surprenantes encore. Les accusés affirment avoir renoncé volontairement à utiliser les services d'un avocat, comme la loi les y autorise ; assurant donc eux-mêmes leur défense, ils reconnaissent leurs crimes, s'accusent des pires torts et n'ont pas d'expressions assez avilissantes pour se traîner dans la boue chacun à son tour ! Le 23 août, le verdict est lu très tôt le matin : c'est la mort. Aucune chance n'est laissée aux condamnés : alors qu'ils disposent légalement de trois jours pour faire appel, leur exécution est immédiate. Ils sont tous fusillés en quelques heures.

## Les bourreaux jugés à leur tour

Le 23 janvier de l'année suivante s'ouvre, au même endroit, un procès qui n'est que la suite du précédent : il implique les complices identifiés par les aveux des accusés du mois d'août. Y comparaissent G. Sokolnikov, autre compagnon de Lénine, ancien commissaire (ministre) adjoint des Affaires étrangères ; G. Piatakov, héros de la guerre civile et artisan de la reconstruction de l'économie soviétique, K. Radek, ancien partisan de Trotski, et d'autres dirigeants de l'économie, depuis les secteurs charbonniers jusqu'aux secteurs des transports. Tous sont accusés de sabotage, de terrorisme — actes qui sont censés expliquer les graves déficiences de l'économie soviétique... Vychinski en est encore une fois le grand ordonnateur. Lorsqu'il interroge les accusés, il parvient sans peine à leur faire avouer leurs liens avec les services secrets allemands, des sabotages planifiés en Ukraine, une complicité dans les attentats commis contre les dirigeants de l'État. Finalement, les inculpés apparaissent comme d'épouvantables agents au service de l'Allemagne ; et le trotskisme, dont ils sont censés être les supporters, en sort discrédité, coupable de liens étroits avec le nazisme. Le 30 janvier, tous les accusés se voient condamnés à mort et sont exécutés, sauf toutefois Radek et Sokolnikov, qui sont frappés d'une peine de dix ans de prison. Enfin, le 2 mars 1938, sont jugés Boukharine, ancien dirigeant de l'économie soviétique, Rykov et, surtout, Iagoda, ancien chef de la police politique (le NKVD) et artisan des premières purges de 1936. Ils sont inculpés d'avoir voulu faire éclater l'Union soviétique, d'avoir fomenté des actes de sédition dans les différentes Républiques qui la composent et, enfin, d'avoir espionné pour le compte des Anglais, des Japonais et des Allemands. Rykov et Boukharine se retranchent derrière des déclarations vagues, sans rien nier de leurs crimes et sans rien préciser. Après le réquisitoire habituel, le 11 mars, le verdict est rendu le 13 : ce sera la mort, pour les trois accusés.

→ **Voir aussi :** p. 248-249 (Le Procès de Prague).

*Les ouvriers d'une usine de roulements à billes votent la peine de mort pour Sokolnikov, Piatakov et Radek.*

## *Quand les accusés se font accusateurs*

# LE PROCÈS DE RIOM

*Après l'ajournement du procès de Riom, Édouard Daladier, ancien président du Conseil et plusieurs fois ministre, est livré aux Allemands avec ses compagnons puis déporté.*

**Après la victoire de l'Allemagne sur la France et l'occupation de la partie nord du pays en 1940, le gouvernement de Vichy, dirigé par le maréchal Pétain, décide de traduire en justice ceux qu'il estime responsables de la déroute de l'armée française : en février 1942, cinq hauts responsables de la III^e République finissante passent ainsi devant les juges, à Riom, en Auvergne.**

Tous les ennemis des institutions républicaines, depuis les monarchistes jusqu'aux sympathisants nazis, voient dans ce procès l'occasion de régler des comptes et de faire le procès du régime précédent et surtout celui du Front populaire. Mais la comparution des accusés, rapidement, prend un tour que n'avaient pas prévu les partisans du maréchal Pétain...

### Une procédure tortueuse

Le procès qui s'ouvre le 19 février 1942, à Riom, rassemble dans le box des accusés de grandes personnalités politiques de l'avant-guerre, toutes accusées de trahison et internées depuis septembre 1940. Aussi, dans la petite ville, auprès du palais de justice rénové tout exprès, se pressent quantité de journalistes, français et allemands. Parmi les principaux accusés se trouve Édouard Daladier, chef de file du parti radical et qui fut président du Conseil de 1938 à 1940, puis ministre de la Guerre. Léon Blum, figure de proue du parti socialiste, est également présent : avec lui, c'est le gouvernement de Front populaire, qu'il a présidé de 1936 à 1937, qui est visé. Un militaire de haut grade, le général Gamelin, comparaît aussi à Riom. Avant d'être relevé de ses fonctions en mai 1940, en pleine débâcle, il était général en chef des armées françaises : il est facile de lui imputer la défaite. Les deux derniers accusés, Guy La Chambre et Jacomet, sont moins connus du grand public. Le premier fut cependant ministre de l'Air et le second contrôleur général et ancien secrétaire à la Défense. Le procès, en réalité, est tronqué, et le sort des accusés, décidé depuis longtemps. Dès septembre 1941, en effet, le Conseil de justice politique, émanation directe du maréchal Pétain, anticipant le jugement d'une véritable cour, a condamné les accusés, pour trahison, à la détention dans une enceinte fortifiée. Les avocats de la défense, et parmi eux le bâtonnier Ribet, ne se privent pas de noter ironiquement cette entorse de taille au déroulement normal de la justice et affirment que le procès de Riom n'est qu'une parodie. Le juge Caous lui-même, président de la cour, se dit choqué de disposer d'une si faible marge de manœuvre...

### Des débats passionnés

Par ailleurs, dès le premier jour du procès, les avocats relèvent un second vice de forme : au nom de quoi leurs clients peuvent-ils légitimement être traduits devant la justice, puisque l'infraction dont ils sont censés s'être rendus coupables a été définie par une loi datant du... 30 juillet 1940, c'est-à-dire postérieure aux événements de la défaite. Il ne peut être question, dans un régime de droit, de juger en vertu d'une loi rétroactive ! Dès les premiers jours d'interrogatoire et d'audition des témoins, le ton est ainsi donné. Alors que le général Gamelin se réfugie dans un mutisme qui sert les intérêts de Vichy, puisqu'il permet de ne pas évoquer les aspects militaires de la défaite, Daladier et Blum multiplient les interventions. On veut minimiser le rôle des militaires et stigmatiser l'impréparation du pays et l'incurie des gouvernants successifs ? Eh bien, remarque Daladier, pourquoi alors ne pas évoquer la période pendant laquelle le maréchal Pétain lui-même était ministre de la Guerre et membre éminent du Conseil supérieur de la Défense ? N'est-ce pas lui qui a été un des initiateurs de la stratégie défensive de la France dont le symbole est la ligne Maginot, cette fortification si aisément tournée par les chars allemands ? N'est-ce pas le gouvernement Blum, note son défenseur maître Le Troquet, qui, en nationalisant une partie des industries d'armement, a réorganisé l'économie de la Défense nationale ? Et maître Ribet d'ajouter, à la suite de Daladier, que son client a imposé de nombreux crédits d'armement avant la guerre...

### Le procès est suspendu

Les débats s'engluent donc dans une relecture des événements de l'avant-guerre à la lumière de la défaite — et cette relecture ne se fait pas

#### Les procès de la défaite

**La chasse aux opposants.** Dès le 30 juillet 1940, le maréchal Pétain, qui a reçu les pleins pouvoirs vingt jours auparavant, inspire une loi condamnant pour trahison les responsables de la défaite. En fait, il s'agit de pourchasser le personnel politique de la III^e République et des gouvernements précédents, surtout ceux qui s'étaient opposés à la signature de l'armistice avec l'Allemagne en juin 1940.

**Un coupable tout trouvé.** Ainsi, un Pierre Mendès France, député radical au moment de cet armistice, a vigoureusement condamné cet acte. Alors que l'armée est en déroute en juin 1940, il quitte Bordeaux en compagnie d'autres parlementaires comme Georges Mandel et Édouard Daladier, à bord d'un paquebot à destination du Maroc, afin de poursuivre la lutte à partir de l'Afrique du Nord. Ce départ, quelques jours plus tard, est assimilé par le gouvernement de Vichy à une désertion. Mendès France, arrêté, doit être traduit en justice. Son procès est l'occasion d'un déferlement de haine antisémite. Condamné à six ans de détention, il s'évade en juin 1941 et rejoint de Gaulle à Londres.

*Le procès de Riom : une parodie de justice cherchant à faire endosser la responsabilité de la défaite française à Blum et Daladier.*

toujours en faveur des responsables du régime du maréchal ! Alors que le procès devait démontrer à l'opinion publique que la défaite était due au Front populaire, les grèves et la semaine de quarante heures ayant sapé les fondements de l'économie, alors qu'il devait mettre en scène l'humiliation du personnel politique de la III^e^ République, les attaques incessantes des défenseurs et l'habileté de leurs clients ont transformé la cour en tribune, d'où des accusations sont lancées contre Pétain lui-même. Et cela alors que sont présents de nombreux journalistes, spécialement convoqués pour entendre l'apologie du nouveau régime, remède à tant de maux ! Cette inflexion imprévue n'est évidemment pas du goût des autorités allemandes. Hitler lui-même fait connaître publiquement son mécontentement, au mois de mars 1942. Quelques jours plus tard, son représentant à Paris, Otto Abetz, demande instamment qu'on mette un terme à des débats devenus dangereux. Le 2 avril, la cour, qui a reçu des instructions de Vichy, obtempère : elle suspend provisoirement les débats en se mettant en congé pour quelques jours. En fait, c'en est fini du procès de Riom : un décret du gouvernement de Vichy suspend tous les débats le 11 avril, et, le 15, le procès est ajourné. Quant aux accusés, ils restent emprisonnés et sont livrés aux Allemands quelques mois plus tard.

## La non-rétroactivité des lois

*Selon les principes du droit le plus élémentaire, on ne peut poursuivre quelqu'un s'il n'y a pas eu de crime ou de délit constaté. Or, c'est la loi qui définit ce qu'est un crime ou un délit. Ainsi, une loi ne peut être rétroactive, c'est-à-dire qu'on ne peut condamner ceux qui l'ont enfreinte qu'à partir du moment où la loi a été promulguée, ce qu'indique, par exemple, notre Code civil dans son article 2.*
*L'une des particularités du gouvernement de Vichy est qu'il a commis de nombreuses entorses à ce principe essentiel de non-rétroactivité. Des lois promulguées à partir de juillet 1940 ont alors créé de nouveaux délits. En fonction de ces lois, Vichy a osé faire condamner des opposants aux peines les plus lourdes, notamment par des cours de justice spéciales, les sections spéciales des cours d'appel, constituées à la hâte à partir de 1941 de magistrats triés sur le volet et agissant en vertu de la loi rétroactive d'août 1941 sur les « activités terroristes ».*

*La dernière exécution capitale d'une femme en France*

# LA « FAISEUSE D'ANGES »

## L'avortement, répression et libéralisation

**Entre crime et délit.** Les pays méditerranéens, tels l'Italie jusqu'à la loi de décembre 1975, l'Espagne, le Portugal et la Grèce, ont longtemps assimilé l'avortement à un crime. L'opposition des Églises, notamment, a entravé tout processus de libéralisation. L'Irlande connaît une situation comparable. En France, jusqu'en 1975, l'avortement est un délit passible du tribunal correctionnel; mais les juges peuvent infliger de lourdes peines criminelles dans certains cas. En règle générale, les peines les plus lourdes frappent ceux qui pratiquent l'avortement et non les femmes qui y ont recours.

**La libéralisation de l'avortement.** Très tôt, les États scandinaves et les pays socialistes ont autorisé l'avortement. De même, le Japon, la Grande-Bretagne et quelques États des États-Unis ont assorti cette autorisation de certaines conditions, comme les délais de la grossesse ou certaines interventions thérapeutiques. Cette libéralisation est aujourd'hui remise en cause : bon nombre d'États américains sont retournés à la répression. La Pologne, après la chute du régime socialiste, a fait de même.

**Lorsqu'en 1942 on traduit devant les tribunaux une certaine Marie-Louise Giraud, accusée d'avoir pratiqué des avortements à Cherbourg, ce sont tous les maux et les frustrations de la France de l'Occupation qui reviennent, à cette occasion, à la surface. Pour la dernière fois en France, une femme est envoyée à l'échafaud.**

La plupart des actes qui sont reprochés à Marie-Louise Giraud ont été commis à Cherbourg et dans sa proche région. Cependant, la pratique de l'avortement est considérée par le régime du maréchal Pétain comme un crime contre la sûreté de l'État. En tant que tel, l'avortement doit être jugé par un tribunal d'exception. C'est donc à Paris que se déroule le procès.

## Un procès que l'on veut exemplaire

Le tribunal, présidé par un vieux magistrat, le président Devise, est composé de magistrats professionnels. Les jurys d'assises ont été estimés trop indulgents et ont été dessaisis de ce genre d'affaires dès la loi de 1923. Les débats ont lieu à huis clos. Le procès de Marie-Louise Giraud est considéré comme exemplaire : à travers lui, le régime tente de manifester sa volonté de régénération morale du pays. La répression de l'avortement est ici poussée très loin, puisque l'avocat général peut requérir la peine de mort. La vie de l'inculpée est extrêmement banale. Issue d'une famille pauvre, elle est mariée à un marin avec lequel elle a deux enfants. Elle a exercé différents métiers : domestique, femme de ménage, puis blanchisseuse. Mais, parallèlement, elle s'est lancée dans d'autres activités lucratives. Depuis le début de la guerre, en effet, elle est en contact avec les milieux de la prostitution cherbourgeoise. Non qu'elle fasse elle-même commerce de ses charmes, mais elle loue des chambres de passe aux prostituées. Ce premier trafic n'est pas celui que lui reproche le tribunal. Mais Marie-Louise Giraud est devenue

*Campagne de lutte contre l'avortement (affiche du secrétariat d'État à la Famille et à la Santé, 1942).*

*Concours de bébés au Secours national : le gouvernement de Vichy met en avant la famille comme valeur nationale.*

aussi très vite une avorteuse appréciée. Tout d'abord, elle a pratiqué de manière bénévole des techniques d'avortement apprises çà et là. Mais, les occasions se multipliant, elle a monnayé ses services et, dès lors, s'est lancée dans un véritable commerce, extrêmement lucratif.

### L'argent est le mobile principal

En tout, vingt-sept femmes ont eu recours à ses «bons offices». Les restrictions de la guerre, les infidélités rendues plus fréquentes par l'éloignement des maris, prisonniers ou requis en Allemagne pour y travailler, ont rendu bon nombre de grossesses indésirables. En seulement deux années, l'accusée a pu ainsi accumuler près de 14 000 francs : une somme considérable, qui a suscité la jalousie de ses voisins. Une dénonciation anonyme a alors mis fin à ses activités... Le trafic de Marie-Louise Giraud était bien organisé.

## La pénalisation de l'avortement

*Après la Première Guerre mondiale, la France connaît de graves problèmes démographiques. On considère que la contraception et l'avortement risquent d'aggraver le déficit des naissances. La majorité conservatrice élue à la Chambre des députés en 1919 est favorable à ces thèses et pense que l'avortement doit être particulièrement réprimé. Déjà, il est considéré par le Code pénal comme un délit (article 317). La loi de 1920 condamne de même l'intention d'avorter.*

*À partir de la loi de 1923, la répression s'accentue : l'avortement devient un délit correctionnel, et on espère plus de sévérité de la part de magistrats professionnels.*

*Sous le régime de Vichy (1940-1944), elle s'accroît encore. La loi du 15 février 1942 est très sévère. Les avorteurs y sont qualifiés d'individus dangereux pour la société. Pratiquer l'avortement est assimilé à un crime d'État relevant d'un tribunal d'exception. Les professionnels de l'avortement, médecins, sages-femmes ou avorteurs occasionnels, risquent donc la peine de mort. La délation est encouragée. Près de quatre mille condamnations diverses sont prononcées contre des avorteurs et leurs complices entre 1942 et 1944, dont des peines lourdes de travaux forcés.*

*La loi du 17 janvier 1975 (loi Veil) a non seulement autorisé l'avortement sous certaines conditions, mais elle a permis d'en faire un acte médical placé sous la surveillance de spécialistes, mettant un terme à l'existence d'un avortement clandestin, très dangereux pour la santé de la mère, et à toutes sortes de trafics.*

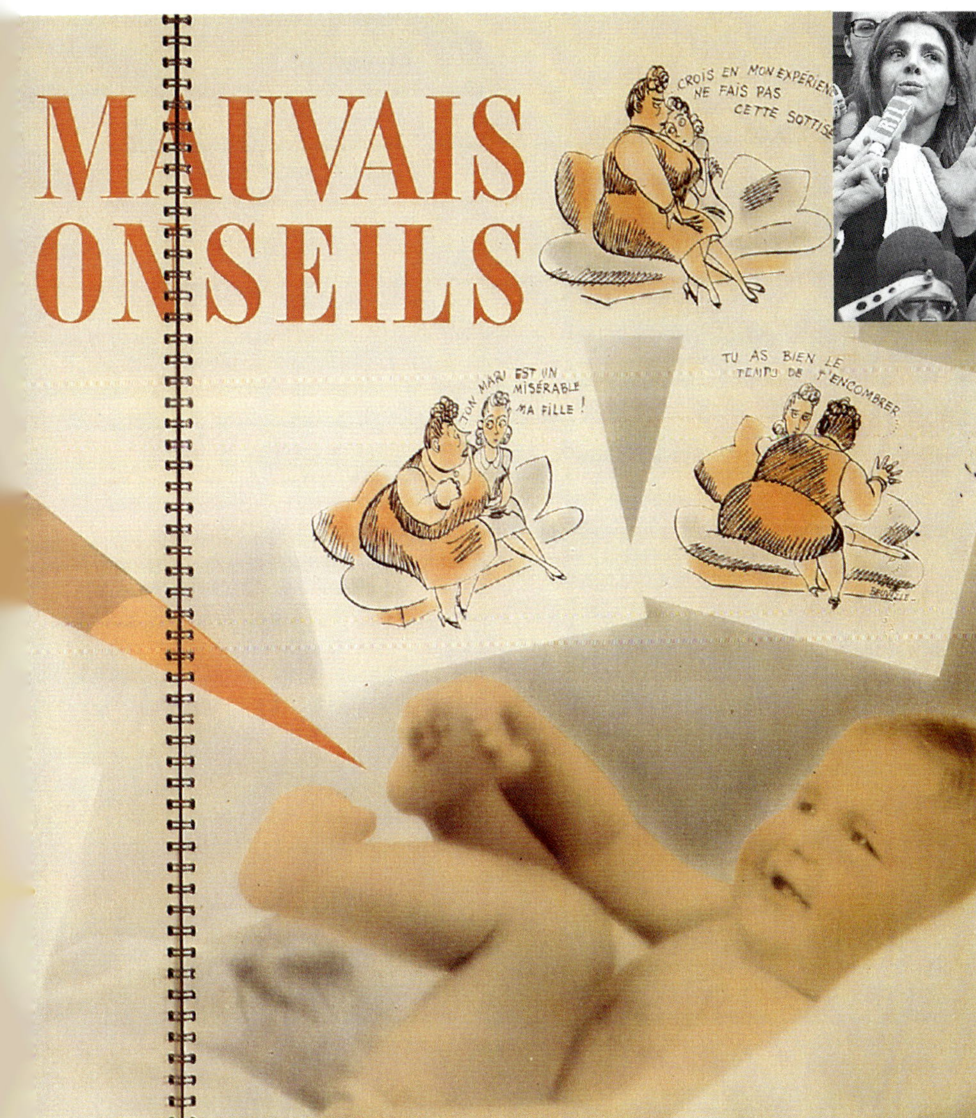

*À Bobigny, en 1972, l'avocate Gisèle Halimi obtient l'acquittement d'une de ses clientes, traduite en justice pour avortement clandestin.*

Aux côtés de l'accusée, trois de ses complices comparaissent. Il s'agit de voyantes expertes dans l'art de tirer les cartes. Elles jouaient le rôle de rabatteuses auprès des femmes inquiètes ou désespérées par leur grossesse. Le président insiste lourdement sur l'immoralité de l'accusée. Il la pousse à révéler ses infidélités conjugales, et celle-ci avoue qu'elle a trompé son mari, jusque dans son propre lit. Le vieux magistrat a là de quoi construire un modèle pour l'édification de la jeunesse. Le vice conduit bien au crime : c'est le thème principal du procès, et il prépare le terrain à l'accusation. Le réquisitoire de l'avocat général est très dur. Il reprend les thèmes distillés par la réglementation de Vichy, qui établit depuis septembre 1941 que l'avortement est nuisible à l'unité du pays, à l'État et au peuple français. La peine de mort est nécessaire dans ce cas-là, selon lui. La cour, après délibération, suit le réquisitoire sur ce point. Marie-Louise Giraud est condamnée à avoir la tête tranchée. Une demande de grâce, déposée par son avocat, permet à la condamnée de ne pas perdre tout espoir : les présidents de la III^e^ République n'ont-ils pas jusque-là gracié systématiquement les femmes condamnées à mort ? Mais le maréchal Pétain refuse de commuer la peine. Le 30 juillet 1943, Marie-Louise Giraud est exécutée.

## *Quand les tribunaux hitlériens se déchaînent*

# LES CONJURÉS ANTINAZIS

*Von Stauffenberg, officier issu de la grande noblesse allemande, dépose la valise piégée dans le bunker de Hitler.*

**Le 20 juillet 1944, le colonel von Stauffenberg dépose une valise piégée au quartier général de Hitler. La bombe explose, mais le Führer sort indemne de l'attentat. Pour les conjurés, qui ont tenté de mettre un terme à la carrière du maître de l'Allemagne et à une guerre désormais perdue, commence une série d'exécutions sommaires et de procès expéditifs.**

Si Stauffenberg lui-même est exécuté dès les premières heures qui ont suivi l'attentat, ses complices plus ou moins proches et les sympathisants antinazis — des centaines de personnes — défilent devant les tribunaux jusqu'en 1945, pour connaître le plus souvent une fin fatale.

### Des exécutions sommaires au tribunal du peuple

Dès le 21 juillet 1944, une commission spéciale, dite « du 20 juillet », est instituée afin de procéder aux investigations pour retrouver les suspects. Elle est dirigée par le chef de la police, Ernst Kaltenbrunner, et par le directeur de la Gestapo (la police politique), Heinrich Müller. Les onze sections de la commission ont pour mission de rechercher les conjurés, leurs complices et amis. L'instruction est menée selon les méthodes prescrites par le chef de la Gestapo dans une ordonnance d'ailleurs antérieure, puisqu'elle date du 12 juin 1942 : de la privation de nourriture et de lit à la torture, tous les moyens sont bons pour obtenir les noms des complices. Le troisième degré de ces tortures comporte l'administration de drogues. Mais, bien au-delà de la simple enquête, la commission du 20 juillet se charge de punir, et si possible par les moyens les plus cruels. Les représailles familiales sont, par exemple, ordonnées par Heinrich Himmler, le chef des SS (les milices armées du parti nazi), en fonction du principe — édicté par lui — de la « vengeance germanique » : ainsi, tous les parents, proches ou lointains, des Stauffenberg sont déportés, les enfants de la famille étant confiés à des foyers étrangers. Les coupables eux-mêmes connaissent la mort, dans des conditions plus ou moins horribles : certains grands personnages impliqués, comme le maréchal Rommel, considéré comme le meilleur stratège allemand de l'époque, sont invités à se suicider ; d'autres sont sauvagement massacrés, suspendus à des crocs de boucher, et leurs corps sont exposés.

*Freisler, avocat nazi présidant le Tribunal du peuple, en juillet 1944.*

### Le comte Ciano aux prises avec son beau-père

**Mussolini évincé par ses pairs.** Dans l'Italie de Mussolini, une conjuration met également aux prises le dictateur déclinant avec ses anciens collaborateurs. Devant l'avancée des Alliés, le Grand Conseil fasciste décide en juillet 1943 d'évincer Mussolini, qui est incarcéré à la demande du roi. Mussolini s'évade avec l'aide des Allemands et fonde à l'arrière de leurs lignes une République fasciste dans le nord du pays. Il décide de juger les traîtres.

**La vengeance du Duce.** Parmi ceux-ci se trouve son propre gendre, le comte Galeazzo Ciano qui, en tant que chef de la diplomatie, fut un de ses plus proches collaborateurs. Livré par les Allemands, Ciano est incarcéré à Vérone. Du 8 au 10 janvier 1944, son procès est l'occasion de juger ceux que Mussolini considère comme des renégats. Ciano se défend fort mal en affirmant avoir voulu sauver le fascisme en sacrifiant Mussolini. Condamné à mort, il est exécuté le 11 janvier 1944.

### Un tribunal zélé

Le gros du travail étant achevé, le soin de condamner les derniers conjurés survivants est confié à une autre instance : le Tribunal du peuple. Le président de cette cour est, depuis août 1942, un avocat de Cassel nommé Roland Freisler, nazi depuis 1925, ancien directeur du personnel au ministère de la Justice, spécialiste du sabotage et de sa répression. Hitler lui-même le présente comme la justice du Reich en action... Avant toute chose, Freisler doit régler un problème technique. La conjuration a réuni plusieurs centaines d'officiers de la Wehrmacht (l'armée allemande) et, parmi ceux-ci, des généraux et des amiraux. Ces soldats ne peuvent être livrés directement à une justice civile. On institue donc un tribunal d'honneur de l'armée, présidé par de hauts officiers dont le régime hitlérien est sûr ; ceux-ci prononcent les condamnations à la seule vue des documents que leur fournit la police, et donc sans entendre les accusés. Entre le 4 août et le 14 septembre, ce tribunal prononce la déchéance de 55 officiers, qui sont exclus de l'armée et peuvent ainsi être renvoyés, comme civils, devant le Tribunal du peuple...

### Personne n'est épargné

Entre l'été 1944 et le mois de mars 1945, cette dernière instance prononce des centaines de condamnations. Le président Freisler en profite pour se déchaîner contre les ennemis du Reich, les traîtres, tous ceux qu'il considère comme de la vermine : il ne ménage ni les effets de manche ni les insultes les plus grossières. Les sessions se succèdent pendant des mois. Ainsi défilent à la barre des accusés amaigris et avilis par les privations et les tortures. Karl von Stülpnagel, naguère commandant de l'armée d'occupation en France, a tenté de se suicider. Moribond, il est jugé hâtivement et exécuté le 30 août. Ulrich von Hassel, un diplomate, est exécuté le 8 septembre. Certains, comme le haut fonctionnaire Goerdeler (condamné le 8 septembre également), ne sont pas exécutés dès la condamnation. Goerdeler collabore en effet avec ses geôliers et dénonce la plupart de ses complices, on préfère donc le garder vivant. Il est finalement exécuté en février 1945 avec Johannes Popitz, un juriste condamné le 3 octobre précédent. Tous les rouages de l'appareil d'État nazi sont présents parmi les condamnés. Ainsi, le comte Helldorf, préfet de police à Berlin, ou même Arthur Nebe, chef de la police du Reich, sont condamnés par le Tribunal du peuple. Nebe réussit cependant à s'échapper : retrouvé en janvier 1945, il est exécuté le 3 mars. Mais c'est l'armée qui recèle le plus grand nombre de conjurés. L'arrestation des généraux von Tresckow et Olbricht — ce dernier, exécuté dès le 20 juillet, a été le chef de l'Abwehr, le service de renseignements de l'armée — permet en effet de démanteler des réseaux aux nombreuses ramifications. De prestigieux aristocrates et anciens fidèles du régime, comme le général von Beck ou des Prussiens comme von Moltke, chef du réseau de Kreisau, n'échappent pas à la vengeance des fidèles de Hitler. Parfois, des dossiers brûlants sont évoqués, et leurs conséquences, vite éludées. Ainsi, certains conjurés semblent avoir été en contact avec Himmler, qui déploie d'autant plus de zèle à réprimer la conjuration manquée qu'il n'a pas dû l'ignorer au moment où elle se préparait. Le procédé permet d'ailleurs au chef des SS d'éliminer ses concurrents et de se hisser à la place de numéro deux du régime. En tout, la répression, exécutions judiciaires et extrajudiciaires confondues, fait environ 5 000 victimes, parmi lesquelles 700 officiers. Responsables de ces tueries, les juges eux-mêmes ne seront jamais jugés : le procureur Friesler meurt dans un bombardement le 3 février 1945, et son ministre de tutelle, son prédécesseur dans le poste de président du Tribunal du peuple, Thierack, se suicide en novembre 1946, alors qu'il était cité à comparaître devant le tribunal de Nuremberg pour répondre de ses crimes devant les Alliés victorieux.

*L'attentat du 20 juillet 1944 : Hitler en sort miraculeusement indemne ; aussitôt commencent les exécutions sommaires.*

*Le maréchal Pétain doit répondre de ses actes*

# PÉTAIN DEVANT LA HAUTE COUR

**Le 26 avril 1945, le maréchal Pétain, qui s'était fait attribuer les pleins pouvoirs par un vote de l'Assemblée nationale après la défaite de juin 1940, se constitue prisonnier à la frontière franco-suisse, où l'a mené la déroute de l'armée allemande. Commence alors l'affaire la plus spectaculaire de la Libération et de l'épuration, la plus chargée de passions aussi.**

Car le procès de Pétain est non seulement celui d'un homme mais aussi celui d'un régime qui a voulu et organisé la collaboration.

## Le maréchal ne participe pas aux débats

La Haute Cour de justice chargée de juger le maréchal se réunit à Paris, le 23 juillet 1945, au Palais de Justice, dont les abords sont surveillés par d'importantes forces de police. Ce procès, pense-t-on, est susceptible de réveiller la guerre civile qui s'est déchaînée aux lendemains de la Libération. À travers Pétain, le pays se juge lui-même. Lorsque le président Mongibaux fait entrer l'accusé, l'assistance découvre l'homme, en uniforme, qui a dirigé le pays entre 1940 et 1944 et que la presse n'appelle plus désormais que « le premier traître de France ». Personne ne reste indifférent : ses partisans, ses adversaires, tous ceux qui, en redoublant de zèle, tentent de dissimuler leurs propres compromissions, à commencer par la cour ou l'avocat général eux-mêmes. À l'ouverture des débats, après avoir récusé une partie des jurés, le bâtonnier Payen, l'un des trois défenseurs de Philippe Pétain, conteste la validité de la procédure engagée contre son client : ce dernier ne peut être traduit devant cette cour puisqu'il a été chef d'État (seul le Sénat serait habilité à le juger, conformément aux dispositions de la Constitution de 1875). Le procureur général Mornet met un terme à cette première charge : Pétain n'ayant jamais été président de la République, la procédure constitutionnelle ne s'applique donc pas à lui. Mais ce que le public attend, ce que les journalistes espèrent, ce sont les déclarations et l'interrogatoire de Pétain. Ils sont vite déçus. Une fois l'acte d'accusation lu, Pétain ne se lève que pour lire une seule déclaration, dans laquelle il se justifie, proclame son innocence, récuse ses juges et ajoute qu'il ne répondra pas aux questions. Ce mutisme pèse tout au long des débats.

*Le procès de Pétain devant la Haute Cour, au Palais de Justice à Paris, en juillet 1945.*

### La Haute Cour

*La Haute Cour de justice est convoquée pour juger les crimes de haute trahison. Sous la IIIe République, le Sénat peut être saisi et siéger en Haute Cour afin de juger les dirigeants du pays, chef de l'État ou ministres.*

*En 1945 se pose le problème suivant : les assemblées, Chambre des députés et Sénat, ne siègent plus depuis 1940; en outre, Pétain ne peut être traduit devant la Haute Cour du Sénat puisqu'il n'a pas agi en tant que gouvernant légitimement reconnu. Il faut donc créer une Cour spéciale et temporaire susceptible de se saisir des cas de haute trahison et des crimes contre la sûreté de l'État — intelligence avec l'ennemi, dans le cas de Pétain.*

*La Haute Cour de justice, créée par l'ordonnance du 18 novembre 1944, est constituée de magistrats professionnels et d'un jury en grande partie composé de représentants du monde politique (des sénateurs de la IIIe République). Cette Cour applique le Code pénal en vigueur (articles 75 et 87), légèrement modifié puisqu'il comporte une nouvelle peine : l'indignité nationale.*

## La IIIe République à la barre

Jusqu'au 1er août, on assiste à l'audition des témoins. Et quels témoins ! Ce sont l'ancien président du Conseil Paul Reynaud, prédéces-

*Très attendu, l'interrogatoire de Pétain se limitera à une seule déclaration lue par le maréchal.*

*La déposition de Laval : ce dernier sera également jugé, condamné à mort et exécuté.*

seur de Pétain, l'ancien président de la République Albert Lebrun, le président du Sénat Jean-Jules Jeanneney, Édouard Herriot, président de la Chambre des députés qui a voté les pleins pouvoirs au maréchal, en pleine débâcle de juin 1940. Le général Weygand s'oppose à Paul Reynaud en pleine audience : le débat entre partisans et adversaires de l'armistice qui avait déchiré le gouvernement en juin 1940 revient sur le devant de la scène. Tous les épisodes de la défaite resurgissent ainsi, toute l'histoire récente de la France est évoquée. Les militaires viennent ensuite témoigner, faisant tous bloc autour de Pétain. Enfin, à partir du 11 août, est soulevée la question primordiale : Pétain a-t-il conspiré contre l'État, et ce, dès l'avant-guerre ? Le procureur général Mornet tente de dégager une quelconque préméditation de la part de Pétain en vue de s'emparer du pouvoir. Lorsque, le 3 août, Pierre Laval, ancien président du Conseil du maréchal, vient à la barre, il a un avant-goût de son propre procès. Les avocats de Pétain, parmi lesquels le brillant maître Isorni, tentent de charger le témoin au profit de leur client. Laval serait le véritable traître, l'intrigant qui trompa le maréchal, l'ambitieux qui osa souhaiter publiquement la victoire de l'Allemagne. Naturellement, la conduite du maréchal pendant toute la durée de la guerre et de l'occupation est examinée dans le détail. On rappelle les actes les plus troubles illustrant la « trahison » du chef de l'État français. La défense, maître Isorni en tête, échafaude bien une thèse subtile : Pétain aurait joué un double jeu, trompant les Allemands et conduisant une politique du moindre mal. Mais les témoignages des victimes, l'éloquence du procureur général font vite s'écrouler cette fragile hypothèse.

### La mort commuée en détention perpétuelle

Le procureur Mornet peut donc dans son réquisitoire du 12 août stigmatiser la trahison du maréchal : celui-ci a fait de la France un pays vaincu, humilié. Les plaidoiries de maîtres Payen, Lemaire et Isorni tentent de donner du maréchal l'idée d'un protecteur des prisonniers et des Français, mais, de nouveau, leur discours est bien faible face à la réalité des morts, victimes des rafles antisémites ou de la répression de la Milice. À la suite des délibérations, dans la nuit du 14 au 15 août, le maréchal est reconnu coupable de haute trahison et condamné à mort à une courte majorité. En raison de son âge avancé (il a près de 90 ans), sa peine est commuée en détention à perpétuité dans une enceinte fortifiée : ce sera le fort du Portalet, puis l'île d'Yeu.

### La Libération et l'épuration

**Indignité nationale.** Le procès de Pierre Pucheu, ex-secrétaire d'État à l'Intérieur du gouvernement de Vichy, inaugure les grands procès politiques de la Libération. Il est jugé à Alger en mars 1944. Puis les dirigeants de Vichy, comme, en octobre 1945, Pierre Laval, ancien président du Conseil, sont jugés par la Haute Cour de justice. Mais une épuration spontanée et souvent expéditive frappe dès les premiers jours de la Libération tous ceux qui sont suspectés d'avoir collaboré avec le régime nazi.

**Miliciens et intellectuels.** Outre les miliciens, ces auxiliaires de la police allemande qui ont combattu les Résistants, intellectuels et journalistes sont les principales victimes de l'épuration. Le romancier Robert Brasillach est fusillé, alors que Pierre Drieu La Rochelle se suicide. D'autres sont incarcérés ou menacés et s'enfuient, tel le romancier Céline. De même, le dramaturge Sacha Guitry, qui, durant l'Occupation, s'est affiché comme le Tout-Paris avec des officiers et des dignitaires allemands, est interné en 1944. Mais on ne trouve contre lui aucun chef d'inculpation et il est libéré.

**Les limites de l'épuration.** En revanche, les cadres de l'État et de l'Administration, justice, police et haute fonction publique, sont d'autant moins inquiétés qu'ils sont nécessaires au fonctionnement des rouages de la République. Une loi d'amnistie met un terme en mars 1953 aux poursuites et aux séquelles judiciaires de la Libération.

*Des criminels de guerre nazis en accusation*

# LE PROCÈS DE NUREMBERG

**Après la capitulation des Allemands, le 8 mai 1945, et la découverte progressive des crimes innombrables commis dans les territoires occupés, les Alliés décident de mener à bien un projet mûri depuis plusieurs années : juger les principaux responsables devant un tribunal international.**

*Les exécutions de Nuremberg : la plupart des accusés furent condamnés à la peine capitale et exécutés.*

*Les nazis sur le banc des accusés, au procès de Nuremberg.*

Le 20 novembre 1945, vingt-quatre accusés sont rassemblés au palais de justice de Nuremberg, un des prétoires assez vaste et encore debout dans l'Allemagne vaincue. Le moment est historique : pour la première fois, sont jugés des criminels de guerre et de grands dignitaires d'un pays vaincu. Quels dignitaires et pour quels crimes ! L'horreur des crimes nazis est à la mesure de l'événement.

### Un tribunal sans précédent

Les juges représentent les quatre puissances victorieuses. Donnadieu de Vabres et « lord Justice » Lawrence ont été mandatés par la France et la Grande-Bretagne; Francis Biddle et le major général Nikitchenko sont délégués par les États-Unis et l'Union soviétique. La lecture de l'acte d'accusation donne le ton des débats : la traduction des textes en quatre langues ajoute à la lourdeur de la procédure. Les chefs d'accusation ont été définis quelques mois auparavant : essentiellement crime contre la paix et complot. Les crimes de guerre sont définis par les législations internationales de l'avant-guerre. En revanche, le crime contre l'humanité est inconnu du droit jusque-là. La plupart des condamnés sont passibles de la peine capitale.

### De simples exécutants ?

Dès le 21 novembre, les accusés et leurs avocats plaident non coupables. Ils dénoncent le caractère rétroactif des lois appliquées ici et voient dans le tribunal devant lequel ils comparaissent une « justice de vainqueurs ». Dans le box des accusés, encadrés par la police militaire, on reconnaît H. Göring, le plus grand dignitaire nazi encore vivant. Les généraux W. Keitel, A. Jodl, et les amiraux K. Dönitz et E. Raeder doivent répondre des crimes de l'armée et de la marine. A. Speer et F. Sauckel avaient la haute main sur l'industrie de guerre et sont responsables des déportations de travailleurs. Un grand industriel, G. Krupp, est aussi cité à comparaître. Gravement malade, il est représenté par son fils. Le parti nazi est présent avec R. Hess et J. Streicher; la propagande par H. Fritsche et les administrations des pays occupés par von Neurath pour la Bohême-Moravie, par A. Seyss-Inquart pour les Pays-Bas, H. Frank pour la Pologne, von Schirach pour l'Autriche et A. Rosenberg pour l'est de l'Europe. Les seuls civils sont J. von Ribbentrop, W. Frick et H. Schacht : à travers eux, est jugée l'action de leurs ministères respectifs (Affaires étrangères, Intérieur, Banque du Reich). F. von Papen, civil aussi, est le prédécesseur de Hitler à la Chancellerie et a favorisé son accession au pouvoir. De novembre à février se succèdent les vingt-neuf témoins de l'accusation, parmi lesquels figurent certains accusés. À partir de mars 1946, la défense présente ses témoins. Göring, l'héritier de Hitler, en profite pour récuser ses juges et glorifier le régime nazi ; il est le seul des accusés à reconnaître ses responsabilités et à oser ne pas renier ni condamner ses crimes, bien au contraire. Les autres inculpés nient leur responsabilité directe. Le devoir d'obéissance, en particulier, est le leitmotiv des militaires : ils n'ont fait qu'exécuter les ordres. Bientôt, la question de la responsabilité pénale est posée en termes plus délicats encore, lorsqu'il s'agit non plus d'individus, mais d'organisations, comme les SS (Sections de Sécurité, les milices du parti nazi), la Gestapo (la police secrète) ou l'armée elle-même.

### Le crime contre l'humanité

*En 1945, le crime contre l'humanité est un chef d'inculpation inédit. Il se définit en premier lieu par l'existence d'un plan concerté visant à éliminer un groupe d'individus. Ses manifestations en sont la déportation, l'exécution massive, la pratique d'enlèvements et de disparitions, ainsi que la torture, toutes effectuées à l'encontre d'un groupe de population civile, pour des motifs de persécution idéologique, raciale ou politique.*
*Le crime contre l'humanité n'a été intégré dans les législations nationales qu'avec lenteur depuis 1946. Le nouveau Code pénal français de 1993 l'incorpore en y adjoignant la notion de « génocide ».*

### Un verdict controversé

Les quatre réquisitoires des procureurs R. Jackson, A. Shawcross, F. de Menthon et R. Rudenko montrent les divergences d'appréciation entre les quatre pays vainqueurs. Alors que Français et Soviétiques insistent sur les crimes contre l'humanité que leurs pays respectifs ont subis durant plusieurs années d'occupation, Britanniques et Américains évoquent surtout les crimes contre la paix et les guerres d'agression. Ces discordances révèlent un malaise, qui croît à mesure que le procès progresse. D'abord, les juges doivent éluder les problèmes posés par la présence d'une puissance — l'Union soviétique — qui s'est elle-même rendue coupable de crimes contre l'humanité. De même, lors des plaidoiries, le souvenir récent des bombardements massifs de populations civiles par les avions britanniques et américains est évoqué, par la défense, pour essayer de mettre en doute la capacité de cette cour à juger les Allemands pour crimes de guerre… Enfin, du point de vue purement juridique, la distinction, jamais expérimentée, entre crimes de guerre et crimes contre l'humanité pose un délicat problème, qu'aide douloureusement à résoudre la projection d'un film sur les camps d'extermination, évoquant de manière atroce le génocide. Le 30 septembre, le jugement est rendu. Les accusés sont poursuivis pour les crimes commis après 1937 : les juges ne prennent pas en compte la période antérieure aux annexions et aux guerres d'agression. Le 1er octobre, douze condamnations à mort sont prononcées ; trois des prévenus, tel R. Hess, devront subir la prison à vie, quatre autres dix à quinze ans d'emprisonnement et trois obtiennent l'acquittement, tels Schacht et von Papen. Condamné à mort, Göring se suicide avant les 16 et 17 octobre, dates prévues pour les exécutions. Le procès de Nuremberg, qui a passionné l'opinion dans ses débuts, s'achève sur une impression amère. Le public s'attendait à voir comparaître de terribles assassins. La déception, surtout chez les Français et les Soviétiques, qui ont dû subir l'occupation nazie, est à la mesure des attentes. On a vu à la barre des fonctionnaires zélés et tatillons se réfugiant derrière les notions d'obéissance et de devoir, fuyant leurs responsabilités. À aucun moment, il n'a été donné de commencer à comprendre les raisons et les enchaînements qui ont mené au drame que furent la guerre et ses inédites horreurs.

*Libération du camp d'extermination de Dachau par les soldats américains.*

*Médecin, escroc, meurtrier en série*

# LES CRIMES DU DOCTEUR PETIOT

**Lorsqu'on découvre en mars 1944 les restes de vingt-sept cadavres au domicile d'un certain docteur Petiot, l'effroi est à son comble. Après deux années de cavale, en mars 1946, le médecin, enfin retrouvé malgré les multiples identités qu'il a alternativement adoptées, est à la barre, d'où il apostrophe ses juges.**

Le défenseur de Petiot est maître Floriot, un avocat qui s'est déjà fait connaître dans plusieurs affaires retentissantes. Il faut en effet un défenseur d'exception pour le personnage peu ordinaire qu'est Petiot, meurtrier en série, qui, dans d'autres circonstances, aurait bien pu poursuivre son activité criminelle sans que personne n'en sache rien. Car c'est en effet par pur hasard que ses crimes ont été découverts : intervenant pour un banal feu de cheminée au domicile de cet honorable médecin du XVIe arrondissement, les pompiers y ont trouvé des monceaux de restes humains, intacts ou, pour certains, en partie calcinés.

## Petiot résistant ?

Lorsque le procès de Petiot commence, le 18 mars, une foule déjà nombreuse se presse devant le Palais de Justice de Paris. L'interrogatoire permet de cerner la personnalité ambiguë de l'accusé, maire estimé d'un village de l'Yonne, mais homme instable aux multiples domiciles. Dès le lendemain, le médecin et son avocat organisent la défense autour de l'idée que Petiot a été un résistant : les cadavres retrouvés sont ceux de traîtres et d'informateurs de la Gestapo — la police allemande. D'ailleurs, Petiot ne cesse d'interpeller ses juges et les avocats des victimes en les traitant d'agents doubles, de collaborateurs. Aux policiers venus présenter les rapports d'enquête, il a beau jeu de reprocher leur proche passé au service des Allemands... La salle, venue au procès comme on va au spectacle, s'extasie à chacune des interventions de Petiot. L'accusé, à l'intelligence extrêmement vive, ponctue ses réponses de petites phrases cinglantes qui décontenancent ses juges, l'avocat général et même son propre défenseur. La presse a tôt fait de s'emparer du personnage. Mais le docteur est plus hésitant lorsqu'il lui faut apporter des preuves de sa participation active à la Résistance. Son réseau, « Fly Tox », du nom du célèbre insecticide, est inconnu. Certes, Petiot a été interné à Fresnes par la Gestapo en 1944 et dit avoir été torturé, mais on ignore pour quel motif.

## Comment exécutait-il ses victimes ?

Lorsque, le 20 mars, viennent défiler à la barre les familles des victimes, le public commence à mesurer toute l'horreur de la tragédie. Les survivants, comme Mme Ouschinow, veuve d'un fourreur disparu en 1942, révèlent la technique mise au point par le docteur. Se disant passeur, il attirait chez lui des Juifs fuyant les horreurs de la persécution nazie, et, en règle générale, toute personne désirant quitter l'Europe en

*Le Dr Petiot : un odieux criminel doué d'une très vive intelligence.*

guerre et disposant de confortables revenus, depuis le couple d'épargnants jusqu'au souteneur. Il prétendait donner à ces candidats au départ les moyens de rejoindre l'Argentine. L'attention du président du tribunal Léser est bientôt attirée par un fait curieux : le docteur homicide — rapportent les témoins — proposait à ses « clients » des injections destinées à les vacciner. Léser comprend qu'il peut trouver là la clé de l'énigme et l'explication au fait que les victimes ne semblent avoir reçu ni coups ni blessures. Pour tenter de mieux comprendre encore, le 22 mars, magistrats et jurés se rendent chez le docteur, rue Le Sueur ; Petiot, encadré par des policiers, les accompagne. Il affirme que son cabinet est sans intérêt, que la petite salle triangulaire attenante, munie d'un judas, n'est qu'une salle de radiologie, et même qu'il ignore la destination de la fosse remplie de chaux ainsi que la fonction du four, dans la cave... Cela dans un premier temps. Après quoi, il annonce, avec un aplomb sans pareil, que ces accessoires étaient destinés à faire disparaître les cadavres des traîtres exécutés par son réseau... Jusqu'au 30 mars, la cour continue à entendre les témoignages des familles des victimes, ainsi que les dépositions de ceux qui, souvent pour des motifs dérisoires, ont échappé aux manigances du docteur. Un rien, parfois, les a avertis : un geste, une attitude de ce docteur étrange... Comparaissent aussi des individus douteux que la police est parvenue à retrouver : les rabatteurs de Petiot, qui expliquent leur sordide travail...

### Un si bon docteur

Le 1er avril, viennent déposer à la barre les témoins cités par la défense. Alors, juges et jurés découvrent un aspect bien différent de l'homme qu'ils ont à juger. Un tel loue les qualités et l'humanité du docteur alors qu'il exerçait dans l'Yonne. Un autre a côtoyé Petiot alors qu'il était emprisonné par la Gestapo et a pu apprécier son courage : « Mais pourquoi, alors, le docteur a-t-il été libéré ? » demande l'avocat général — le témoin n'a pas la réponse. Un autre encore a pu se soigner à moindres frais grâce à lui et loue le dévouement du bon docteur auprès des pauvres gens et des enfants. Ses administrés de la petite localité de Villefranche-sur-Yonne apprécient leur maire et seraient prêts à le réélire. Enfin, un homme exhibe des certificats signés du docteur, des faux qui lui ont permis d'échapper au S.T.O., le Service du travail obligatoire en Allemagne, institué par les nazis... L'effet de ces dépositions pourrait-il faire oublier les restes des 27 morts retrouvés au domicile du « bon docteur » ? Le lendemain, les plaidoiries des avocats des victimes et le réquisitoire de l'avocat général Dupin viennent raviver les souvenirs atroces des témoignages à charge et des rapports de police. La plaidoirie de maître Floriot insiste sur le manque de preuves, met en valeur le rôle de résistant supposé de son client — sans chercher à plaider la folie : quelque brillante et argumentée qu'elle soit, elle n'emporte pas la conviction des neuf jurés, qui, après une longue délibération, déclarent Petiot « coupable » de 24 meurtres sur les 27 qui lui sont reprochés. L'accusé, qui n'a rien dit durant la lecture de la sentence, est emmené par les trois gendarmes qui l'entourent. Il rédige quelques notes dans sa cellule de la prison de la Santé, en attendant le matin du 25 mai, où la guillotine met un terme à sa carrière.

*C'est le hasard d'un feu de cheminée qui fit découvrir derrière le Petiot notable et soi-disant membre de la Résistance le Petiot meurtrier.*

### Grands avocats et procès-spectacles

Certains types de procès attirent particulièrement l'attention de la presse. L'écho suscité par ces affaires est parfois utilisé par des avocats, afin d'acquérir ou d'asseoir leur notoriété. Quelques ténors du barreau se sont ainsi taillé des réputations de **défenseurs des causes perdues ou délicates**.

Il en va ainsi, à l'époque de la Libération en France, des avocats qui ont accepté de défendre des collaborateurs ou de grands dignitaires nazis. **Maître Floriot, par exemple, après sa défense de Petiot, se consacre à celle d'Otto Abetz**, l'ancien ambassadeur d'Allemagne à Paris pendant l'Occupation, condamné en 1949 à vingt ans de travaux forcés. Me Floriot est l'auteur d'un ouvrage sur les erreurs judiciaires.

Aujourd'hui, **maître Vergès** se place dans la même lignée. Défenseur de personnages dont les actes sont indéfendables, comme **Klaus Barbie ou le terroriste Carlos**, il appartient à cette catégorie de grands avocats qui savent parfaitement utiliser la presse et faire profiter leur réputation lors des procès-spectacles.

*Maître Floriot, avocat défenseur de collaborateurs ou de nazis dans les grands procès qui ont suivi la Libération.*

*Les criminels de guerre japonais devant leurs juges*

# LE TRIBUNAL DE TOKYO

*Un Nuremberg japonais : le procès de Tokyo institué par MacArthur pour juger les crimes commis en Asie.*

### Le crime de guerre

*La définition du crime de guerre est précisée par les sessions des tribunaux de Nuremberg et de Tokyo. Il s'agit des atrocités commises en violation du droit de la guerre. La notion comprend les crimes perpétrés contre les populations civiles, déportations, travail obligatoire, prises d'otages, destructions et bombardements de villes et de villages. Les mauvais traitements à l'encontre des prisonniers de guerre relèvent également du crime de guerre.*
*Mais le concept de crime de guerre, contrairement à celui de crime contre l'humanité, a des origines plus lointaines : il a été défini par une série de textes et de règlements internationaux élaborés depuis le XIXe siècle, lors de conférences telles celles de La Haye en 1899 et 1907, et celle de Genève en 1949. Bon nombre de règlements militaires reprennent ces dispositions, limitant en particulier de ce point de vue le devoir d'obéissance du subordonné.*
*En 1968, l'O.N.U. a déclaré les crimes de guerre imprescriptibles. Mais aucun tribunal international ne siège en permanence, et la définition de la frontière entre responsabilités individuelles et collectives reste délicate. Enfin, la définition d'un droit de la guerre se heurte à la résistance des États, qui invoquent leur souveraineté, et à celle des armées, qui en appellent aux nécessités des opérations militaires et au devoir d'obéissance.*

**Commandant suprême des forces alliées dans le Pacifique, le général MacArthur a la haute main sur le gouvernement du Japon, vaincu et occupé à l'issue de la Seconde Guerre mondiale. En janvier 1946, il décide de constituer à Tokyo un tribunal militaire international chargé de juger les criminels de guerre japonais, à l'instar du tribunal de Nuremberg pour l'Europe.**

Complété en amont, au Japon même, par une Agence centrale chargée de recueillir des informations, le tribunal militaire international de Tokyo est formé par les représentants de onze nations : les États-Unis, l'Australie, le Canada, la Chine, la France, l'Inde, la Grande-Bretagne, les Pays-Bas, la Nouvelle-Zélande, ainsi que — engagés tardivement sur le champ de bataille asiatique — l'Union soviétique et le Portugal.

## Les chefs d'accusation

Le tribunal de Tokyo utilise bon nombre d'éléments inspirés du tribunal de Nuremberg. La procédure est ainsi influencée par le droit anglo-saxon. Le principe d'un jugement international statuant sur des individus mais également sur des associations et groupements a aussi été retenu. Mais le tribunal de Tokyo se démarque de celui de Nuremberg sur plusieurs points. D'abord, les chefs d'accusation reconnus sont au nombre de trois et évoquent les circonstances particulières de la guerre dans le Pacifique et en Asie de l'Est depuis l'année 1937 (le gouvernement chinois eût voulu que le tribunal fît remonter sa compétence plus loin dans le temps). Sont retenues contre les prévenus les accusations de crimes de guerre, de crimes contre l'humanité, de crimes et conspiration contre la paix. Il n'est pas fait mention de persécutions pour des motifs religieux ou de génocide. Enfin, les actes commis par le gouvernement japonais contre ses propres citoyens ne sont pas jugés par le tribunal international. Une autre particularité est introduite, avec la définition d'un nouveau type de crime international : les morts de civils et de militaires à l'issue des opérations militaires engagées par le Japon sans déclaration de guerre préalable, en U.R.S.S. et en Mongolie en 1939 ; à Pearl Harbour et aux Philippines en 1941, etc. Le tribunal se charge par ailleurs d'examiner les crimes perpétrés chez les neutres (l'U.R.S.S., jusqu'en août 1945, et le Portugal, présent à Macao). Enfin, il prend en considération des problèmes spécifiques comme le trafic

*MacArthur, le vainqueur de la guerre du Pacifique, commandant des troupes d'occupation au Japon.*

*Des geôliers japonais saluent leurs prisonniers américains à leur libération.*

d'opium dont s'est rendu coupable le Japon en Chine, ou encore le travail forcé des prisonniers et des civils en violation des engagements pris par le Japon lors du mandat que lui avait confié en 1920 la Société des Nations sur d'anciennes colonies allemandes.

## Un tribunal sous la férule de MacArthur

MacArthur, tant que dure le procès, conserve la haute main sur cette juridiction qu'il a si largement contribué à créer. Il constitue un recours possible pour les accusés. De plus, il approuve la nomination du président et des procureurs sur une liste proposée par les différents pays concernés. Onze juges sont ainsi établis, le président étant sir William Webb. Les principaux accusés sont l'amiral Tojo Hideki, ancien chef de gouvernement de l'Empire japonais entre 1941 et 1944, Hirota Koki, Premier ministre en 1936 et 1937, et cinq hauts fonctionnaires de l'Empire du Soleil levant. En tout, vingt-cinq dirigeants sont traduits devant le tribunal. Le prince Konoe, prédécesseur de Tojo comme chef du gouvernement, se suicide en 1945 alors qu'il était sur le point d'être arrêté comme criminel de guerre. Très vite, il apparaît aux juges que les rôles exacts de chacun sont difficiles à préciser. Le cas du général Tojo, qui a cumulé les pouvoirs, est significatif. Premier ministre, chef des armées et de l'industrie de guerre, il a certainement assumé des responsabilités très lourdes et qui éclipsent celles des autres accusés. Il est notamment à l'origine du déclenchement de la guerre contre les États-Unis en 1941. Hirota, lui aussi, est un coupable de poids et on l'accuse plus particulièrement des atrocités perpétrées lors de l'invasion de la Chine en 1937. Après des années de débats, dont la lenteur est aggravée par les difficultés rencontrées pour traduire ceux-ci en onze langues, et alors que les États-Unis entament de nouveaux types de relations avec le Japon, la sentence est enfin connue. Sept condamnations à mort par pendaison sont ainsi prononcées en novembre 1948, parmi lesquelles celles de Tojo (exécuté le 23 décembre) et de Hirota.

### À la recherche d'un tribunal international

**Tribunal... moral.** Pendant la guerre du Viêt Nam, certains intellectuels comme Jean-Paul Sartre et Simone de Beauvoir ont constitué en 1968 un tribunal moral chargé de juger les crimes de guerre perpétrés par les États-Unis : le tribunal Russell.

**La crise yougoslave.** Depuis les troubles de la guerre civile yougoslave, on parle de nouveau d'un tribunal international chargé de réprimer les crimes contre l'humanité. En mai 1993, le Conseil de sécurité des Nations unies décide d'instituer un tribunal international. Ses compétences sont élargies à toutes les violations du droit humanitaire en Yougoslavie. Onze juges sont élus par l'Assemblée générale de l'O.N.U. Mais tous les accusés doivent comparaître, aucune condamnation par contumace ne peut être prononcée. Cela suppose la collaboration d'États impliqués dans le conflit, comme la Serbie, pour l'arrestation des suspects.

**L'exemple du Rwanda.** Lors des massacres commis en 1994 au Rwanda, une commission d'enquête de l'O.N.U. a été dépêchée tardivement pour dégager les responsabilités de ce qui apparaît comme un véritable génocide. Un tribunal international a été envisagé, mais le projet est resté sans effet.

## *Une affaire de diffamation en pleine guerre froide*

# KRAVCHENKO

**Quatre années après la fin de la Seconde Guerre mondiale, un procès en correctionnelle met aux prises les partisans des deux puissances dominant le monde et se mesurant dans un conflit larvé, la guerre froide : le 24 janvier 1949, en effet, est traité un litige opposant un ancien citoyen soviétique à un hebdomadaire communiste.**

*Le procès de Kravchenko accusé de faire de la propagande antisoviétique par l'hebdomadaire* les Lettres françaises.

*Margarete Buber-Neumann, écrivain allemand qui est passée directement des camps soviétiques à Ravensbruck, dépose en faveur de Kravchenko.*

À travers cette affaire, dans le cadre du modeste prétoire parisien, l'U.R.S.S. de Staline et les États-Unis s'affrontent par personnes interposées.

### Controverses autour des Mémoires de Kravchenko

En 1946, Victor Kravchenko, depuis peu citoyen américain et ancien haut fonctionnaire soviétique, fait paraître ses Mémoires intitulés *J'ai choisi la liberté*. Une année plus tard paraît l'édition française de l'ouvrage, très mal accueillie par la presse communiste. À la suite de critiques acerbes parues dans l'hebdomadaire *les Lettres françaises*, Kravchenko décide de poursuivre le journal pour diffamation. Le procès se déroule dans un climat passionnel. Aux manifestations conduites par les communistes répondent les campagnes anticommunistes de la presse radiodiffusée. Le président Durkheim rappelle brièvement les faits avant de commencer à interroger les témoins. *Les Lettres françaises* ont accusé dans un article Victor Kravchenko d'être un imposteur, un ancien repris de justice recherché en U.R.S.S. et manipulé par les Américains. Claude Morgan, directeur du journal, et André Wurmser, journaliste, comparaissent pour diffamation. Les premiers témoins convoqués par la défense sont d'émi-

### Les affaires de la guerre froide

**De nouveau *les Lettres françaises*.** La période tendue de la guerre froide a vu se multiplier des procès rappelant par leur climat le procès de Kravchenko. Ainsi, en décembre 1950, *les Lettres françaises* sont de nouveau poursuivies par David Rousset à propos de l'existence des camps de concentration en U.R.S.S.

**L'affaire des pigeons voyageurs.** Par ailleurs, en mai 1952, le dirigeant communiste Jacques Duclos est accusé d'entretenir une correspondance secrète avec l'U.R.S.S. On croit tenir le fin mot de l'histoire lorsqu'on découvre dans sa voiture des pigeons voyageurs, suspectés d'être des agents de liaison. L'affaire des pigeons, sans lendemain, évoque l'atmosphère d'espionnite qui règne alors.

nents hommes de lettres. Il y a là, entre autres, d'Astier de La Vigerie et Vercors. Pour ces héros de la Résistance, l'U.R.S.S. demeure avant tout la grande puissance victorieuse du nazisme. Attaquer ce pays ne peut être que le fait d'un traître ou d'un espion. D'Astier de La Vigerie et Vercors comparent les dires de Kravchenko à la propagande diffusée pendant la Seconde Guerre mondiale par les nazis. Les témoins cités par les avocats de Kravchenko évoquent, quant à eux, les violences qu'ils ont subies dans l'Ukraine soviétique et confirment par là les propos de l'ancien fonctionnaire soviétique sur les années 1930 et la répression conduite par Staline. La déposition de Margarete Buber-Neumann, déportée par les Soviétiques avant de l'être par les nazis, trouble ainsi grandement l'auditoire. Viennent ensuite de grandes personnalités du monde politique, parlementaires et anciens ministres comme Pierre Cot. Ceux-ci soutiennent les journalistes accusés de diffamation. Un général de l'Armée rouge jure que Kravchenko est un repris de justice; un ancien camarade de travail, qu'il a détourné de l'argent pour son profit personnel et qu'il a été condamné à la prison. Son ancienne épouse n'a pas de mots assez durs pour rappeler ses violences et sa brutalité. D'ailleurs, les avocats de la défense insistent sur le fait que les témoins cités par Kravchenko ont quitté l'Ukraine à l'arrivée de l'Armée rouge en 1944. Ce sont d'anciens collaborateurs à la solde des nazis.

### Kravchenko manipulé ?

Kravchenko dénigre les témoignages de la défense : il affirme que les témoins qui déposent contre lui — et que les avocats des journalistes ont fait venir tout exprès d'Union soviétique — ont subi toutes sortes de pressions de la part des autorités de leur pays. Il ironise aussi sur certains personnages, comme le fameux général qui, selon lui, a gagné ses galons en tant que commissaire politique du Parti et non comme combattant... Un autre débat, plus technique, concerne l'authenticité des manuscrits de Kravchenko. Les avocats de celui-ci affirment que les traductions anglaise et française sont des reproductions fidèles du texte écrit en russe; ceux des journalistes incriminés le nient et affirment que le choix des termes employés prouve une véritable manipulation de la part de États-Unis. On s'interpelle, on s'insulte parfois et les avocats ne ménagent pas les effets de manche. Les débats ne cessent d'être passionnés et parfois violents. Le 7 mars, ils s'achèvent enfin. Dans sa plaidoirie, l'avocat de la partie civile montre que l'ouvrage de Kravchenko est authentique et dénonce la propagande qui étouffe tous les jugements négatifs portés sur l'U.R.S.S. Les avocats de la défense, de leur côté, n'ont pas de termes assez durs pour dénoncer dans le plaignant un véritable escroc. Ce traître s'efforce de préparer, selon eux, le terrain à un conflit ouvert entre les deux blocs. Pourquoi avoir choisi la France pour ce procès, si ce n'est pour calomnier le parti communiste ? Écrasé par ces flots oratoires passionnés, le substitut Coissac prononce un réquisitoire mesuré. Le 4 avril 1949, Kravchenko obtient réparation. La cour condamne les journalistes des *Lettres françaises* à plusieurs dizaines de milliers de francs d'amende et de dommages et intérêts. Comme l'hebdomadaire fait appel, un nouveau jugement est rendu en février 1950. Il confirme les condamnations mais supprime les dommages et intérêts, en estimant que la publicité faite à l'ouvrage grâce au procès constitue un dédommagement suffisant pour l'auteur de *J'ai choisi la liberté*.

*Kravchenko quittant le Palais de Justice après la lecture du verdict rendu en sa faveur.*

### La diffamation

*La loi de 1881 assure à la presse une totale liberté d'expression. Mais les journalistes sont tenus à certaines limites, notamment en matière de protection de la vie privée et de l'honneur des personnes. En effet, les dispositions de cette loi protègent les individus contre l'injure et la diffamation. L'injure est un terme indiquant mépris ou haine, alors que la diffamation fait référence à des faits précis imputés à quelqu'un. Un délit semblable à l'encontre de certaines personnes représentant des institutions, comme les magistrats ou bien le chef de l'État, est puni de fortes amendes. L'infraction est dans ce cas qualifiée d'offense. L'injure et la diffamation doivent, pour constituer un délit, être diffusées et bénéficier d'une publicité. La loi française est une des rares lois au monde à établir la distinction entre injure et diffamation. Ces délits relèvent du tribunal correctionnel. Afin de bénéficier d'éventuels dommages et intérêts, le plaignant doit se constituer partie civile.*

## *La dernière des purges staliniennes*

# LE PROCÈS DE PRAGUE

**En 1951, en pleine guerre froide, Staline décide d'intensifier la mise au pas de l'Europe de l'Est, dominée depuis la fin de la Seconde Guerre mondiale. Il s'agit d'éliminer d'anciens cadres des partis communistes locaux, considérés comme dangereux, surtout depuis que la Yougoslavie de Tito a décidé de quitter le giron de Moscou.**

Le procès de Prague en Tchécoslovaquie, en 1952, marque cette période. Mis à part les différences de lieux, la spécificité des purges en Europe de l'Est, par rapport à celles qui ont eu lieu en U. R. S. S. dans les années 1930, réside dans le fait que, à la répression politique, s'ajoute désormais la persécution antisémite.

### Un terrifiant complot

La chasse aux opposants a commencé en Union soviétique même, depuis la découverte d'un « complot » de médecins visant à assassiner Staline. Et le procès de dirigeants du parti tchécoslovaque, qui s'ouvre à Prague le 22 novembre 1952, est une évidente conséquence des remous qui touchent l'U.R.S.S. Comme en 1936-1938, la procédure est publique : il s'agit de donner au « spectacle » le maximum de publicité possible. La renommée des accusés s'y prête, ce sont des dirigeants connus de tous. Comparaissent, en effet : Rudolf Slansky, ancien chef du parti communiste ; les ex-ministres Bedrich Geminder et Svab ; Arthur London, vice-ministre des Affaires étrangères ; des diplomates, etc. En tout, quatorze prévenus s'apprêtant à être jugés par un tribunal dont les magistrats sont conseillés et encadrés par des spécialistes soviétiques... Les chefs d'accusation qui sont lus à l'ouverture du procès par le procureur Urvalek évoquent les ramifications d'un terrifiant complot. Le point commun des personnes inculpées est leur appartenance à la vieille génération de communistes tchèques qui ont connu l'avant-guerre et ont combattu notamment comme volontaires des Brigades internationales durant la guerre civile espagnole, entre 1936 et 1939. En outre, onze prévenus sur quatorze sont juifs. Le procureur le souligne lourdement, en martelant ses phrases et en ponctuant l'appel des accusés par l'expression « d'origine juive ». Le ton, dès lors, est donné : le procès sera marqué par un antisémitisme patent. L'affaire, en apparence, est limpide. Les témoignages des accusés se succèdent et leurs rôles respectifs semblent faciles à déterminer. Les uns dénoncent les autres; les aveux suivent les aveux. Certains inculpés sont des « traîtres » travaillant pour l'étranger, notamment l'État d'Israël, protégé par les États-Unis ; il en va ainsi d'Arthur London, cadre du parti communiste, mais juif — donc suspect —, et dénoncé de surcroît comme trotskiste. Les autres prévenus sont montrés comme des ennemis plus sournois : ils « pactisent » avec Tito, le dirigeant de la Yougoslavie, en conflit ouvert avec Staline depuis 1948 et mis au ban des nations socialistes qui acceptent la tutelle soviétique, et ils préparent un renversement de régime.

### Préparer une vaste purge

Les accusés sont interrogés longuement. Leurs aveux sont d'autant plus saisissants qu'ils sont retransmis par la radio nationale. L'ancien secrétaire général du parti communiste tchécoslovaque, Rudolf Slansky, destitué quelques mois plus tôt, doit reconnaître ainsi, sur l'invite pressante du procureur général, qu'il est devenu un allié objectif de Tito, et donc des puissances occidentales. Les interrogatoires visent aussi à mettre en évidence les collusions entre les prévenus et le mouvement trotskiste — il s'agit là d'une ancienne accusation que les procès de Moscou de 1936 à 1938 ont abondamment ressassée. Beaucoup plus nouvelle et insidieuse est l'accusation de « sio-

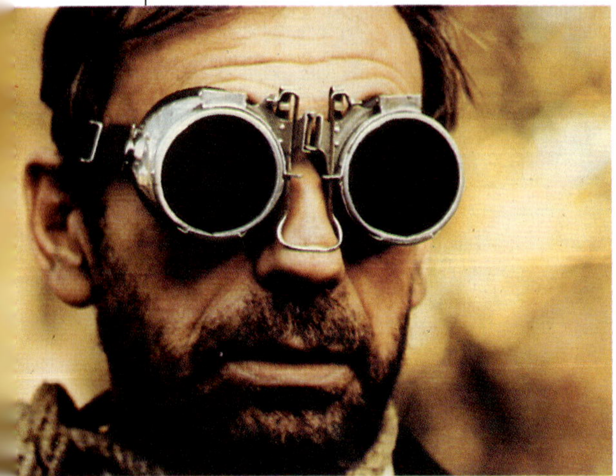

*Après la mort de Staline, Arthur London, l'un des trois rescapés du procès de Prague, est libéré : il publie* l'Aveu, *récit de sa détention (image du film* l'Aveu *de Costa-Gavras).*

### Les purges de la guerre froide

**L'affaire des « blouses blanches ».** Quelques mois après le procès de Prague, en janvier 1953, des médecins sont accusés d'avoir empoisonné des dirigeants soviétiques, parmi lesquels l'idéologue Jdanov, mort en 1947. Les prévenus sont censés se préparer à commettre de nouveaux forfaits; mais aucune preuve, en réalité, n'est fournie. Comme tous les médecins soupçonnés sont juifs, Staline en conclut qu'il s'agit d'un complot international mené au profit de l'État d'Israël ou dirigé par lui. L'amalgame est poussé fort loin, et les médecins coupables doivent être jugés au même titre que nombre d'autres opposants ou supposés opposants, arrêtés sous l'accusation de soutien au régime de Tito (qui s'est détaché de l'influence de Staline), aux idées de Trotski (l'ancien responsable de l'Union soviétique, éliminé en 1940) ou aux projets des sionistes, les partisans de l'État d'Israël. Mais le procès qui se prépare n'aboutit pas. Staline meurt en mars 1953, et les accusés sont réhabilités en avril.

**La dernière victime : Beria.** Le chef de la police politique de Staline a été le responsable de ces procès. Paradoxe ou justice suprême, il est la dernière victime de la machine judiciaire stalinienne. Après la mort de Staline, en mars 1953, Beria tente de prendre les rênes du pouvoir. Évincé en quelques semaines, il est arrêté en juin et jugé en décembre, à la grande joie de ceux qu'il a naguère terrorisés. Son exécution est une des dernières mises à mort d'un grand dirigeant politique soviétique.

nisme », contenue également dans les interrogatoires. L'État hébreu, né de la Seconde Guerre mondiale, a fait naître une espérance parmi les Juifs du monde entier, en particulier, ceux d'Union soviétique, qui désirent massivement y émigrer. Staline voit dans ce projet un risque de désagrégation du bloc socialiste. Le « cosmopolitisme » — terme dont il désigne l'attachement des Juifs à Israël — est pour lui synonyme de trahison, et doit être pénalement jugé comme tel. Aussi le réquisitoire du procureur, prononcé après quatre journées d'interrogatoires et de confrontations, ose-t-il expliquer la trahison dont sont accusés les inculpés d'origine juive par le caractère propre du peuple sémite. Le procès a glissé vers une association entre des condamnations politiques et un racisme déclaré et revendiqué. Le 27 novembre 1952, les juges prononcent la sentence : les accusés sont tous reconnus coupables. Trois d'entre eux seulement, parmi lesquels Arthur London, échappent à la peine de mort, remplacée pour eux par la réclusion criminelle à perpétuité. Les autres accusés sont exécutés le 4 décembre 1952. Les trois « rescapés » seront, en fait, libérés quelques années plus tard, en 1956, après la mort de Staline et consécutivement au relatif dégel de l'Europe de l'Est qui a suivi. Arthur London, réfugié en France, relate son incarcération et son procès dans son témoignage, *l'Aveu*, paru en 1968.

*Un des accusés : Rudolf Slansky, ancien secrétaire général du parti communiste tchécoslovaque.*

*Le « coup de Prague », manifestation des communistes pour renverser le gouvernement de coalition, va supprimer les obstacles à l'ingérence soviétique en Tchécoslovaquie.*

→ **Voir aussi :** p. 230-231 (Les procès de Moscou)

*Le berger de haute Provence était-il un assassin ?*

# L'AFFAIRE DOMINICI

*Le clan Dominici : le silence, les aveux et les rétractations se succèdent sans éclairer l'affaire.*

**Durant l'été 1952, une famille anglaise est trouvée assassinée sur les bords d'une route de haute Provence. Deux années durant, l'instruction traîne en longueur. En novembre 1954, comparaît enfin, à Digne, le meurtrier présumé. Il s'agit d'un vieil homme, berger de son état.**

Rarement le dossier de l'accusation aura été aussi mince; rarement, les témoins auront autant multiplié les déclarations vraies ou fausses et les rétractations.

## Un patriarche fatigué

Le présumé coupable, Gaston Dominici, a 78 ans, lorsqu'il comparaît devant les juges de la cour d'assises. Il a été dénoncé par son fils Gustave, qui s'est ensuite rétracté puis est revenu à sa première accusation. Gaston lui-même est passé aux aveux. Sa culpabilité semble donc avérée..., sauf pour ceux qui connaissent bien l'affaire. Un incroyable écheveau s'est en effet noué, au fil des deux années de l'instruction, autour du meurtre de la famille anglaise. Les victimes, rappelle le président après la lecture de l'acte d'accusation et l'interrogatoire d'identité, étaient des touristes britanniques, M. et M^me^ Drummond et leur fille. Ils ont été assassinés une nuit d'août 1952 à l'aide d'une arme à feu appartenant à Gaston et retrouvée ensuite dans la ferme des Dominici. La fillette a reçu plusieurs coups de crosse. Elle a été retrouvée, agonisante, d'abord par le fils de Gaston, Gustave, qui n'a pas cherché à lui porter secours : pour cette infamie, l'homme a été condamné par un précédent tribunal, en 1953, à deux mois de prison. Ces faits, connus, n'épuisent pas le détail des événements de la nuit fatale, que la cour, avec beaucoup de peine, tâche d'établir et de reconstituer. L'accusé, trop sollicité, n'est pas d'une grande aide.

### Un berger et des juges

*Roland Barthes, critique littéraire, reprend certains éléments du procès Dominici dans l'article intitulé « Dominici ou le Triomphe de la littérature » paru dans le recueil* Mythologies *en 1956.*

*« Tout le procès Dominici s'est joué sur une certaine idée de la psychologie, qui se trouve être comme par hasard celle de la littérature bien-pensante. Les preuves matérielles étant incertaines ou contradictoires, on a eu recours aux preuves mentales; et où les prendre sinon dans la mentalité même des accusateurs ? On a donc reconstitué de chic mais sans l'ombre d'un doute, les mobiles et l'enchaînement des actes; on a fait comme ces archéologues qui vont ramasser de vieilles pierres aux quatre coins du champ de fouille, et avec leur ciment tout moderne mettent debout un délicat reposoir de Sésostris, ou encore qui reconstituent une religion morte il y a deux mille ans en puisant au vieux fonds de la sagesse universelle, qui n'est en fait que leur sagesse à eux, élaborée dans les écoles de la III^e^ République. De même pour la psychologie du vieux Dominici. Est-ce vraiment la sienne ? On n'en sait rien. Mais on peut être sûr que c'est bien la psychologie du président d'assises ou de l'avocat général. Ces deux mentalités, celle du vieux rural alpin et celle du personnel justicier, ont-elles la même mécanique ? Rien n'est moins sûr. »*

*Roland Barthes,* Mythologies, *Le Seuil, Paris, 1957.*

*Le corps de l'un des membres de la famille de campeurs retrouvée assassinée à proximité de la ferme des Dominici.*

Il a du mal à suivre les débats, ne comprend pas toutes les questions ; et les interrogatoires ressemblent souvent à un dialogue de sourds. Sa femme, habituée à se taire, n'apporte pas non plus d'éléments importants. Quant aux enfants et à leurs époux ou épouses, ils se contredisent à plusieurs reprises. Seuls les habitants du village de Lurs fournissent une indication claire : Dominici est estimé de tous.

### Où sont les preuves ?

Si l'on excepte la pièce à conviction principale, l'arme du crime, toute l'accusation repose sur les aveux du vieillard et sur les témoignages de sa famille. Or, note la défense, comment croire des témoins qui ont plusieurs fois changé d'avis ? Gustave a accusé son père, s'est rétracté, puis accuse de nouveau le vieux. De plus, poursuit l'avocat, l'enquête comporte bon nombre de lacunes. Et les aveux de Dominici sont-ils crédibles ? Le vieillard prétend qu'il a tenté d'avoir des rapports sexuels avec Mme Drummond et que celle-ci était consentante — allégation de mythomane que la cour a bien du mal à croire. L'avocat général utilise quant à lui dans son réquisitoire essentiellement des déductions, et il a bien du mal à reconstituer les mobiles du crime. Il tente certes d'avoir recours à des explications psychologiques, mais les preuves ne sont pas apportées. Pour toutes ces raisons, l'avocat de la défense plaide non coupable. Mais les jurés, eux, s'en tiennent aux aveux du vieil homme, corroborés par l'indice très puissant de l'arme. Le 28 novembre 1954, ils déclarent Gaston Dominici coupable d'homicide volontaire : le vieil homme, prostré dans le box des accusés et silencieux, est condamné à mort... Ses avocats cependant ne s'avouent pas vaincus. S'appuyant sur la faiblesse des preuves réunies et la confusion des témoignages entendus au procès, ils décident de faire appel. La situation rebondit au même moment, car l'accusé, revenant sur ses aveux, dénonce... son fils Gustave et son petit-fils ! Une nouvelle enquête est donc menée durant l'année 1955 ; n'apportant strictement aucun résultat probant, elle ne donne pas lieu à l'ouverture d'un autre procès. Le général de Gaulle gracie Dominici en 1959 et commue sa peine en détention à vie. Puis, en juillet 1961, le patriarche voit sa peine remise. Il finit sa vie dans un hospice et meurt en 1967.

*Gaston Dominici dans le box des accusés : condamné à mort malgré l'absence de preuve, il sera gracié en 1959 par de Gaulle.*

### Erreurs judiciaires ?

**L'appel et la révision.** On tente d'éviter l'erreur judiciaire en offrant au prévenu et à ses avocats la possibilité de déposer un pourvoi en appel. Les magistrats de la cour d'appel examinent le dossier et jugent si l'affaire doit être de nouveau portée devant le tribunal de seconde instance, soit dans sa totalité, soit pour des points particuliers, qu'il s'agisse de la procédure ou d'insuffisances du dossier d'accusation. La révision d'un procès intervient lorsque de nouveaux éléments, témoignages ou autres, sont révélés.

**L'affaire Seznec.** En 1924, la cour d'assises de Quimper condamne Guillaume Seznec aux travaux forcés à perpétuité. Mais le cadavre de la victime n'a jamais été retrouvé, et certains témoignages conduisent avocats et journalistes à demander la révision du procès. Il faut attendre cependant 1947 pour que Seznec revienne du bagne de Cayenne, en Guyane. Il meurt avant d'avoir obtenu sa réhabilitation, pour laquelle sa fille puis son petit-fils se battent.

## *Les partisans du F.L.N. comparaissent devant la justice*

# LES « PORTEURS DE VALISE »

*Arrestation de membres du réseau dit des « porteurs de valises ».* ▷

*Des anciens combattants manifestent contre les accusés, devant le tribunal de la rue du Cherche-Midi, à Paris.*

*Bagarres lors d'une manifestation pour la paix en Algérie, en 1961.*

**Entre 1954 et 1962, la guerre d'Algérie fait rage. L'opinion, dans la métropole, n'est pas unanimement favorable à la poursuite d'une guerre qui se fait au fil des années de plus en plus difficile et atroce. Même, une minorité de Français soutient la cause indépendantiste algérienne. Militant au sein du F.L.N. (le Front de libération nationale), ils apportent un soutien actif aux opérations de celui-ci : on les désigne sous le nom de « porteurs de valise », du nom des colis piégés qui transitent parfois par leurs mains...**

Le 5 septembre 1960, vingt-quatre de ces « porteurs de valise », des hommes et des femmes, Français et Algériens, tous fort jeunes, passent en jugement. Suspectés d'appartenir au F.L.N., ils ont à répondre des graves accusations d'activités terroristes et d'atteinte à la sûreté de l'État.

### Des juges ridiculisés

Le tribunal militaire siège dans la prison du Cherche-Midi, à Paris ; très vite, il est débordé par des questions de procédure qui empêchent qu'on en vienne au fond. Il s'agit là de la tactique adoptée par les avocats de la défense. Dès l'ouverture du procès, le ton est donné par l'un des avocats des prévenus, maître Oussedik, qui demande que les débats soient traduits en arabe littéraire pour son client, A. Hamimi. Après quoi, les autres avocats des inculpés, parmi lesquels maîtres Roland Dumas, Gisèle Halimi et Jacques Vergès, prennent le relais, multipliant les incidents de procédure : ils demandent que le président Curvelier soit récusé, dénoncent l'incompétence d'un tribunal français pour juger des Algériens et accusent la police d'avoir effectué des pressions sur les témoins. La procédure s'éternise ainsi de façon ridicule, pour l'État et pour les juges eux-mêmes. Le rebondissement est apporté de l'extérieur, lorsque paraît dans les journaux le « manifeste des 121 », un groupe d'intellectuels, d'artistes, de journalistes, de juristes..., qui proclament haut et fort le droit à l'insoumission des hommes envoyés pour faire la guerre en Algérie. La tension, dès lors, ne cesse de monter : des manifestations hostiles aux accusés sont organisées aux portes du prétoire.

### Un procès politique ?

Le 11 septembre, le tribunal en est toujours aux phases préliminaires. Aucun accusé n'a encore été interrogé. Aucune déposition de témoin n'a

### Sartre défie le tribunal

*Lors des audiences, l'écrivain et philosophe Jean-Paul Sartre adresse une lettre à l'un des avocats de la défense, maître Roland Dumas. Ce dernier lit la missive à l'audience du 20 septembre. Les propos de Sartre, véritable manifeste en faveur des indépendantistes algériens, déclenchent la fureur des autorités militaires et d'une partie de la presse.*

*« D'une part, les Français qui aident le F.L.N. ne sont pas seulement poussés par des sentiments généreux à l'égard d'un peuple opprimé; et ils ne se mettent pas non plus au service d'une cause étrangère : ils travaillent pour eux-mêmes, pour leur liberté et pour leur avenir, ils travaillent pour l'instauration en France d'une véritable démocratie. D'autre part, ils ne sont pas isolés, mais ils bénéficient de concours de plus en plus nombreux, d'une sympathie active ou passive qui ne cesse de grandir : ils ont été à l'avant-garde d'un mouvement qui aura peut-être réveillé la gauche, enlisée dans une misérable prudence, et l'aura mieux préparée à l'inévitable épreuve de force avec l'armée, ajournée depuis mai 1958. »*

*Cité par H. Hamon et P. Rothman,* les Porteurs de valise. La résistance française à la guerre d'Algérie, *Le Seuil, Paris, 1979.*

pu être entendue. Le 12, enfin, est entendu le principal accusé, Haddad Hamada. Son interrogatoire est pour lui l'occasion de proclamer la grandeur de la cause algérienne. Comment aurait-il pu commettre le crime d'atteinte à la sûreté de l'État, puisque l'Algérie n'est pas française ? Le représentant du ministère public, le commandant Lequime, fulmine.

Puis les militants français viennent expliquer à la barre leur actif soutien. Véra Hérold montre comment s'est constitué le réseau des porteurs de valise. Ce « réseau Jeanson », du nom d'un des autres principaux accusés, Francis Jeanson, qui a fondé le groupe, comporte nombre de déserteurs. Interrogeant l'un d'entre eux, Gérard Meier, le président Curvelier tente de les confondre. Les avocats de la défense saisissent alors l'occasion d'évoquer des faits pas si lointains : le souvenir des déserteurs qui ont refusé de rejoindre le gouvernement de Vichy, après l'armistice de juin 1940, et qui se sont enfuis à Londres auprès du général de Gaulle, pour la plus grande gloire de leur pays ! Progressivement, l'intérêt se déplace ainsi des inculpés vers la guerre d'Algérie elle-même, et le trouble qu'elle a engendré. N'a-t-on pas aperçu certains des juges devant lesquels comparaissent les accusés en compagnie de représentants de l'extrême droite, dans des jours précédents ? Le climat passionnel qui entoure le conflit permet-il au tribunal de manifester l'impartialité et la sérénité ? Et, surtout, peut-on passer sous silence l'utilisation de la torture par la police et l'armée ? Le 17 septembre, la déposition de Paul Teitgen, ancien secrétaire de la police à Alger en 1956 et 1957, fait sensation. Ce haut fonctionnaire dénonce la pratique de la torture par les troupes françaises en Algérie et montre comment l'armée s'est enlisée dans d'inutiles opérations de police pour lesquelles elle n'était pas préparée. Enfin, le 20 septembre, une lettre du philosophe Jean-Paul Sartre dénonçant la guerre, est lue à l'audience, avant d'être publiée par tous les journaux français. Après de multiples incidents, parmi lesquels le départ, en signe de protestations, des avocats en pleine audience, le réquisitoire du commandant Lequime est prononcé le 24 septembre. Et le verdict tombe, le 1er octobre : malgré les efforts des avocats et la mobilisation de la partie de l'opinion hostile à la guerre, de lourdes peines de prison — dix ans notamment pour Jeanson, condamné par contumace — frappent treize inculpés ; s'y s'ajoutent huit acquittements ainsi que des peines de cinq à huit mois de prison pour les autres accusés.

## La première et la deuxième guerre d'Algérie

**Une vague de répression.** Les années 1960-1961 voient se succéder une série de retentissants procès à l'encontre de sympathisants de la cause algérienne. Ainsi, celui de G. Spitzer, ancien communiste arrêté en 1959 et condamné en juin 1960 à dix-huit mois de prison. Les procès sont souvent menés à la suite de la saisie de journaux ou d'ouvrages : ainsi après la publication de l'ouvrage d'Henri Alleg, *la Question*, qui dénonce la pratique de la torture en Algérie.

**Plus d'État de droit.** Trente ans plus tard, l'inquisition policiaire sévit cette fois de l'autre côté de la Méditerranée. Dans une Algérie plongée dans une tension sans cesse accrue entre les islamistes du F.I.S. (le Front islamique de salut) et les autorités militaires, depuis l'annulation du résultat des élections législatives de 1992, l'état d'urgence est instauré et les garanties judiciaires suspendues. La plupart des grands dirigeants islamistes sont emprisonnés et demeurent détenus sans jugement. Contre le terrorisme aveugle et sanguinaire des factions musulmanes extrémistes, la police et l'armée osent utiliser la torture, moyen toujours injustifiable. Ce que l'on appelle avec complaisance la « deuxième guerre d'Algérie » rappelle de façon douloureuse les épisodes de la guerre d'indépendance...

## *Un roman jugé pour obscénité*

# « L'AMANT DE LADY CHATTERLEY »

**Peut-on, ou ne peut-on pas, tout publier au XXe siècle ? La question est posée à l'automne 1960, lorsque la célèbre maison d'édition londonienne Penguin Books, artisan de la diffusion du « livre de poche » en Grande-Bretagne, est traduite en justice pour avoir publié le roman pourtant trentenaire du non moins célèbre écrivain David Herbert Lawrence, *l'Amant de lady Chatterley*.**

Le livre, qui raconte l'histoire d'une femme qui trompe son mari infirme et impuissant avec son garde-chasse, fait de la vie sexuelle son sujet, et en parle en termes très directs. Comme aux bons temps de l'époque victorienne, les gens de biens sont offusqués, mais le monde des lettres, quant à lui, prend le parti des éditeurs.

### Des épisodes obscènes

Tant que le roman de Lawrence (1885-1930), publié en 1928 dans une édition à faible tirage, est resté à peu près confidentiel auprès du public, la justice n'est pas intervenue. La publication dans une collection de poche, donc à grande diffusion, détermine en revanche l'ouverture d'une procédure devant statuer sur le caractère du livre en fonction de la loi sur la censure qui, promulguée justement l'année précédente, réprime les œuvres qualifiées d'obscènes. La première audience du procès a lieu le 20 octobre 1960, à Londres, devant un public composé en large partie de supporters de l'œuvre, principalement des gens de lettres et des artistes. Le président de la cour, le magistrat Byrnes, fort grave sous sa perruque blanche de juge de la Couronne, après avoir présenté l'affaire, donne la parole à l'accusation, représentée par maître Griffith-Jones. Celui-ci soutient, dans son réquisitoire, que le roman en question est une glorification de l'adultère, formulée dans une langue particulièrement crue et obscène, et qu'il répond donc très précisément aux critères de censure de la loi de 1959. Puis vient le tour de l'avocat Gardiner ; il a beau jeu de montrer que l'interprétation de son adversaire est des plus limitées. Certes, le roman décrit une relation amoureuse, mais ce récit d'une passion ne se limite pas à la description de l'acte charnel. Il s'agit davantage d'un manifeste pour le triomphe de l'amour sous toutes ses formes, pour que l'homme et la femme se réconcilient et se comprennent.

### L'amant de lady Chatterley est innocent

Fort logiquement, le président Byrnes fait remarquer que les jurés se doivent d'avoir lu le roman dont il est question ; ce qui n'est pas le cas au début du procès. Une pièce du palais est donc aménagée en salle de lecture... Les débats reprennent le 27 octobre, avec la comparution des témoins soumis à l'interrogatoire de l'avocat et au contre-interrogatoire de l'accusation. La défense produit alors quantité de témoins. Ceux-ci n'ont rien de sujets débauchés ; il s'agit d'éminents professeurs de littérature, de critiques littéraires, d'écrivains. Les uns après les autres, ils montrent en premier lieu que le roman de Lawrence est une véritable

*La justice britannique, après la loi de 1959, fait preuve d'une plus grande tolérance.*

### La censure

*En Grande-Bretagne, la loi condamnant la diffusion d'œuvres jugées obscènes est modifiée dans le sens d'une plus grande tolérance en 1959, juste avant le procès du roman de D. H. Lawrence.*
*Mais le jugement de 1960 rendu par la cour constitue également un précédent, qui contribue, l'évolution des mœurs aidant, à assouplir l'usage d'une pareille législation. Il est nécessaire, toujours selon la loi de 1959, d'utiliser le concours de spécialistes des arts et de la littérature pour assister la cour.*
*En France, la censure n'existe plus depuis les lois de 1881 sur la presse. Toutefois, des dispositions restrictives ont été conservées en ce qui concerne les publications destinées à la jeunesse ; et un journaliste, ou un écrivain, est toujours passible des lois poursuivant la diffamation. Le cinéma relève également d'une commission de contrôle instituée par la loi de 1919 et délivrant des visas d'exploitation.*

« œuvre » qui a sa place dans l'histoire de la littérature anglaise. Ensuite, ils mettent en évidence que le thème de l'amour et de la passion n'est pas forcément synonyme d'obscénité. Parler des relations entre hommes et femmes sans évoquer l'acte charnel est difficile. Lawrence a choisi de le faire dans un but littéraire, et non gratuitement. Ainsi, le livre contesté peut et doit, même, être lu par les étudiants et, en conséquence, on doit le diffuser auprès d'un large public. Certains témoignages frappent plus l'assistance que d'autres. Lorsque l'écrivain Rebecca West vient déposer, c'est tout le monde littéraire à la mode qui est derrière elle. Il se trouve même un évêque anglican, celui de Woolwich, pour affirmer la moralité du roman ! Le 1er novembre, dans sa plaidoirie, l'avocat Gardiner fait le bilan de tous ces témoignages favorables. De plus, il rappelle que la loi de 1959 est là pour réprimer la véritable pornographie et non les œuvres littéraires dont le but principal n'est pas d'exciter le lecteur. D'ailleurs, l'auteur du roman dont il est question n'a-t-il pas vécu avec sa femme jusqu'à sa mort ? Serait-ce le cas s'il s'était voulu, simplement, un glorificateur de l'adultère ? Condamner Lawrence serait condamner la littérature dans sa quasi-totalité.
Le réquisitoire du procureur Griffith-Jones s'emploie à démontrer le contraire. Osera-t-on laisser le livre entre les mains d'une innocente jeunesse ? Et le procureur de citer des passages du roman qui sont à ses yeux d'une grande verdeur. Il faut préserver les valeurs morales, surtout de nos jours, affirme-t-il. Le jury doit y penser fortement. Pourtant, après une courte délibération, les jurés déclarent non coupable l'accusée, la maison d'édition : *l'Amant de lady Chatterley* pourra donc continuer d'être diffusé librement.

*D.H. Lawrence : toute sa vie, le célèbre écrivain britannique, dénoncera une culture bourgeoise qu'il juge fondée sur le mépris de l'instinct.*

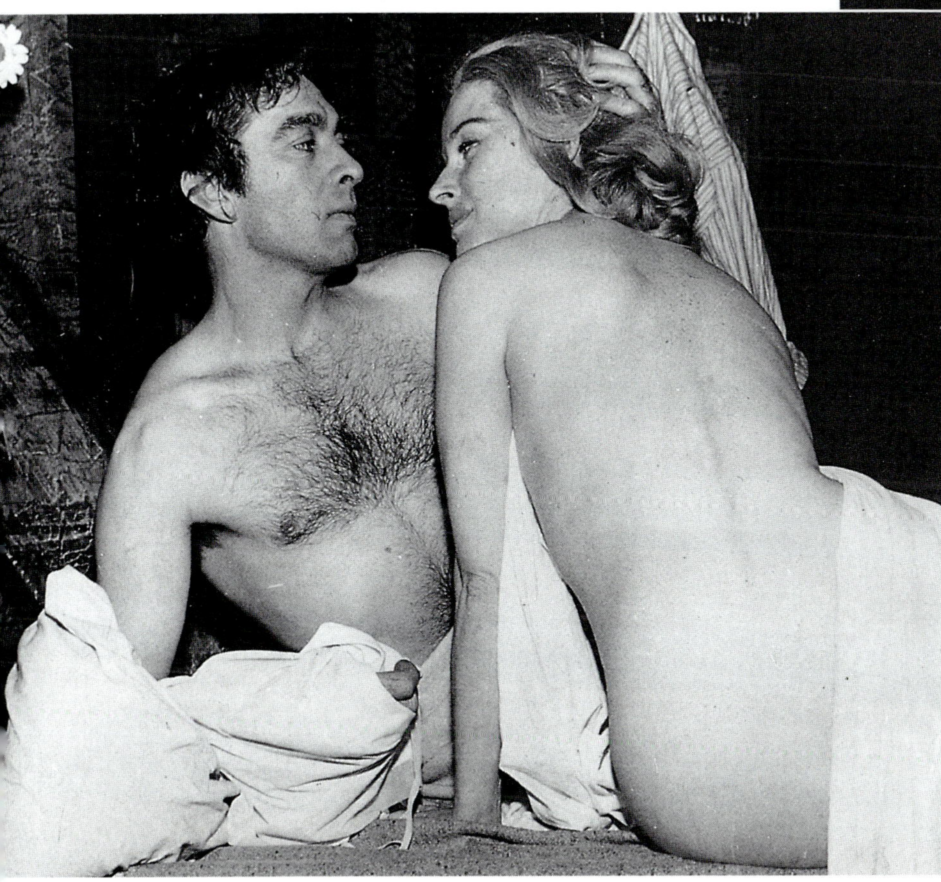

*Une scène interdite de la pièce de théâtre tirée du roman de D.H. Lawrence, « l'Amant de lady Chatterley » (théâtre des arts de Londres).*

## Un professeur défend D. H. Lawrence

*Cité comme témoin et comme expert par la défense, le professeur Graham Hough, de l'université de Cambridge, est spécialiste de l'auteur du roman incriminé. Il s'explique sur la nature exacte du thème du sexe dans ce roman.*

*« Par ses descriptions des rapports sexuels entre les deux amants, Lawrence a tenté une courageuse expérience : il s'est efforcé d'étudier le phénomène sexuel d'une façon plus claire et plus ouverte que ne l'a jamais fait un autre écrivain. Ces descriptions font d'ailleurs partie intégrante du roman. Le fait qu'il existe trois versions de ce roman prouve suffisamment que le but qu'il s'était assigné était très difficile à atteindre.*

*En utilisant sans arrêt des expressions dites inconvenantes, Lawrence voulait les libérer de l'opprobre et leur rendre en quelque sorte droit de cité. L'entreprise était très louable, car, à l'heure actuelle, en dehors des termes médicaux, il n'existe plus aucun mot pour nommer les objets et les actes du domaine sexuel. »*

*Cité par M. Jacta,* Accusé, levez-vous, *éditions Gérard, Verviers, 1967.*

→ **Voir aussi :** p. 168-169 (Madame Bovary).

*La Turquie juge ses dirigeants*

# LE PROCÈS DE YASSIADA

*Après leur arrestation, Menderes et les membres de son parti sont emprisonnés sur l'île de Yassiada, au large d'Istanbul.*

**Du 14 octobre 1960 au 15 septembre 1961, la Turquie est le théâtre d'un procès, unique dans l'histoire, qui met en cause tout le pouvoir politique de l'époque. Président de la République, chef du gouvernement, ministres, parlementaires et hauts fonctionnaires, on ne compte pas moins de 601 personnalités sur le banc des accusés.**

En 1950, le parti démocrate de C. Bayar et d'Adnan Menderes remporte les élections en Turquie. À la suite de cette victoire, les deux hommes deviennent respectivement président de la République et Premier ministre. Au fil des ans, le régime mis en place par Adnan Menderes, le chef incontesté du parti démocrate, accumule les abus de pouvoir, dressant contre lui les intellectuels et surtout l'armée. Le 27 mai 1960, un coup d'État militaire renverse le gouvernement.

## Le respect de la légalité

Le coup d'État, non sanglant, est suivi de l'arrestation des membres du parti au pouvoir. Bayar, Menderes et quatre cents autres démocrates sont emprisonnés sur l'île de Yassiada, dans la mer de Marmara, au large d'Istanbul. Dès le mois de juin 1960, le Comité d'union nationale, organe gouvernemental formé par l'armée après le coup d'État, décide de nommer une Haute Cour de justice, chargée de juger les anciens dirigeants. Les militaires, qui ne veulent pas être accusés d'avoir rendu une justice sommaire, s'entourent de toutes les précautions légales. Les neuf juges de la Cour sont recrutés parmi des magistrats réguliers, civils et militaires. Ils orchestrent un procès qui se déroule publiquement, en présence notamment des journalistes de la presse mondiale et des familles des accusés. Les débats de chaque audience sont retransmis à la radio. La Cour veille à ce que les accusés et leurs avocats disposent du temps nécessaire pour exposer leur défense. Elle respecte les procédures et les lois existantes, sauf en ce qui concerne l'irrévocabilité de ses verdicts. Le Comité d'union nationale se réserve le droit de confirmer ou de commuer les sentences de mort.

## Les chefs d'accusation

Néanmoins, tout cela n'efface pas complètement la question de la légalité. Car l'existence même de la Haute Cour n'a pas de fondement légal. Aussi, lors de la première audience, le président du tribunal redoute-t-il qu'Adnan Menderes ne récuse violemment ses juges. À son grand étonnement, l'attitude de l'ancien Premier ministre est humble et soumise. Dès ce moment, la destinée de la Turquie est fixée pour les années à venir : la démocratie, compromise par la faute des politiciens au pouvoir, recevra le coup fatal du procès qui se déroule. L'instruction, qui a duré de juin à octobre, a permis d'établir les dix-neuf chefs d'accusation du procès, qui regroupent trois charges criminelles, neuf accusations de corruption et sept violations de la Constitution. Deux des charges criminelles concernent Bayar et Menderes. Le premier est accusé d'avoir forcé un zoo à acheter un chien afghan, reçu en présent, pour une somme exorbitante, le second d'être impliqué dans la mort (par avortement) d'un enfant adultérin... Ces accusations, peu sérieuses (celle concernant Menderes sera d'ailleurs finalement abandonnée), visent à discréditer les deux hommes auprès de l'opinion publique. Les violations de la Constitution, dont certaines sont passibles de la peine de mort, sont abordées dans la suite du procès. On reproche au gouvernement de Menderes d'être responsable de l'organisation des graves émeutes des 6-7 septembre 1955, à Istanbul et à Izmir, qui ont conduit au pillage des quartiers grecs et à la destruction de nombreuses églises chrétiennes et qui ont dressé les citoyens les uns contre les autres. On l'accuse également d'avoir mis au point un attentat contre l'ancien président de la République, d'avoir ordonné une fusillade lors d'une manifestation d'étudiants, d'avoir muselé l'opposition et d'avoir censuré vigoureusement la presse. Au cours du procès, le tribunal entend 1 068 témoins qui contribuent à établir les responsabilités des différents hommes politiques.

## Une issue dramatique

Le 15 septembre 1961, le procès, qui a duré onze mois, parvient à son terme. Sept heures durant, un huissier lit les verdicts qui frappent les 592 accusés (9 d'entre eux, fort âgés, sont morts pendant le procès). La Cour prononce 15 condamnations à mort pour les hommes reconnus coupables de violation de la Constitution. Le Comité d'union nationale commue 11 de ces peines en travaux forcés à perpétuité et il applique la loi, qui interdit l'exécution de personnes âgées de plus de soixante-cinq ans, au président Bayar. Les officiers du Comité maintiennent la sentence de mort pour Adnan Menderes, Fatin Zorlu, ancien ministre des Affaires étrangères, et Hasan Polatkan, ancien ministre des Finances. Menderes, qui tente de se suicider avant l'énoncé du verdict, est sauvé par les médecins pour être livré au bourreau le 17 septembre, un jour après la pendaison des deux anciens membres de son cabinet. Outre les trois peines capitales et la détention à vie pour Bayar, la Cour a prononcé 42 peines de travaux forcés, 418 condamnations à la prison, 123 acquittements et 5 non-lieux. Après les pendaisons des trois hommes d'État, l'émotion est grande en Turquie. Personne, en fait, n'attendait, ni ne souhaitait, même parmi les ennemis des démocrates, un dénouement aussi brutal. Dès le lendemain du procès, on commence à évoquer la réhabilitation et l'amnistie des condamnés de Yassiada.

*Funérailles des étudiants tués lors de la répression des manifestations par Menderes.*

*Menderes, reconnu coupable, est condamné à la peine capitale et exécuté.*

### La pendaison de Menderes

*« À l'ombre du mur de la prison, dans un jardin, s'élevait une potence, rudimentaire machine à tuer formée de trois poutres dressées en forme de pyramide et d'une chaise posée sur une table. D'une corde aussi. La marche à suivre est la suivante : ayant endossé par-dessus ses vêtements une robe blanche à laquelle est épinglé le texte du verdict, le condamné monte sur la table, puis sur la chaise. Le bourreau (traditionnellement recruté parmi les Tsiganes) lui passe la corde au cou, la tend légèrement, puis brusquement donne un coup de pied dans la chaise.*

*— Les autres ont-ils été exécutés ? demanda Menderes.*

*On lui répondit que oui. Il avait posé la question tranquillement, en souriant. Il avait l'air presque absent. [...] Quoique de nouveau sain de corps, ainsi que le garantissait un rapport établi par six médecins (la loi interdit d'exécuter un malade), il n'en sortait pas moins du coma et ne semblait pas réaliser ce qui lui arrivait. [...] Au bout du compte, il est mort dignement. La seule grâce qu'il demanda fut qu'on ne lui mît point les menottes. Le bourreau consentit. Mais un moment après, sur l'ordre d'un officier, on les mit tout de même. Car c'était le règlement. Il tendit alors les mains au bourreau avec un sourire triste et ce fut tout. »*

*J. Maquet (envoyé spécial à Ankara), « Menderes devant le bourreau », article publié dans l'hebdomadaire* Paris-Match, *n° 651, 1961.*

*Un responsable du génocide jugé à Jérusalem*

# EICHMANN

**En 1960, depuis dix ans déjà, Adolf Eichmann, dignitaire et criminel de guerre nazi, vit paisiblement en Argentine avec sa famille. Soudain, le 11 mai, un commando des services secrets israéliens l'enlève et le livre aux autorités de l'État hébreu.**

Commencent alors un retentissant procès et une série de polémiques toujours d'actualité.

## Un procès sans précédent

Le procès d'Eichmann commence le 11 avril de l'année suivante devant la Cour suprême d'Israël. Dans la cage de verre où il est enfermé, pour le mettre à l'abri de tout acte homicide, l'inculpé, qui participe aux débats un écouteur à l'oreille, semble un personnage anodin — ce qui trouble le public, qui s'attendait à voir un homme monstrueux. Le procès est filmé. Pour l'État hébreu, qui n'en est encore qu'aux débuts de son histoire, l'événement est considérable. La Cour siège dans la maison du peuple. Le dossier dont disposent le président de la Cour — le juge Landau — ainsi que ses collaborateurs est considérable. Au-delà de l'homme qui comparaît devant eux, c'est tout un système d'extermination que les juges, et à travers eux les Juifs du monde entier, s'apprêtent à juger. Tout criminel a droit à un défenseur : celui d'Eichmann est maître Robert Servatius, un avocat venu tout exprès de Cologne, et qui a déjà défendu des criminels de guerre. Le système de défense qu'il choisit consiste à attaquer la forme du procès pour éviter d'aborder le fond de l'accusation : il commence par récuser le tribunal et dénonce les conditions illégales de l'arrestation et de l'enlèvement d'Eichmann, qui se sont faits au mépris des relations diplomatiques entre Israël et l'Argentine. Le tribunal perd ainsi une semaine à examiner des questions de procédure. Après quoi, l'acte d'accusation, enfin, est lu par le procureur G. Hausner. Il comporte quinze chefs d'accusation : homicide, génocide, déportation, stérilisation, blessures, appartenance à des organisations jugées criminelles par le tribunal de Nuremberg... À travers les interrogatoires commence alors une longue description de ce qu'a été la carrière d'Adolf Eichmann. Ce nazi, spécialiste de la religion juive et qui a voyagé en Palestine en 1937, fut l'un des grands responsables du génocide juif. Il a commencé sa carrière de fonctionnaire en Autriche, où il eut la haute main sur l'émigration forcée des Juifs du pays. Puis il a officié en Europe de l'Est, où il a, le premier, proposé la constitution de « réserves » pour parquer les Juifs. Après quoi, devenu lieutenant-colonel SS, il a participé à l'élaboration de la « Solution finale », l'extermination physique de millions d'êtres humains, qui a commencé en 1942. En 1944, enfin, il a supervisé la déportation des Juifs hongrois. Après la guerre, ce grand criminel a échappé miraculeusement à la justice. Arrêté en 1946, sous un faux nom, il s'évade et disparaît. Repéré en Autriche, il est de nouveau perdu de vue. En 1950 enfin, il s'installe à Buenos Aires — une terre d'asile pour nombre de nazis qui savent trouver abri et sympathie auprès du régime du général Perón.

*Lors du procès, à Jérusalem, une victime d'Eichmann montre ses cicatrices.*

### Le jugement de Hanna Arendt

*La philosophe Hanna Arendt, qui a assisté au procès pour le compte du journal le* New Yorker, *rend compte de ses réflexions dans son ouvrage* Eichmann à Jérusalem. Rapport sur la banalité du mal, *paru en 1963. Ce livre a suscité de nombreuses polémiques.*

*« Dans quel sens se croyait-il donc coupable ? Au cours du contre-interrogatoire, selon lui "le plus long qui ait jamais été fait", ni la défense, ni l'accusation, ni même les trois juges ne prirent la peine de lui poser cette question, qui pourtant s'imposait. Son avocat, Robert Servatius, de Cologne, engagé par Eichmann et payé par le gouvernement israélien (conformément au précédent des procès de Nuremberg, où tous les avocats de la défense avaient été payés par le tribunal des puissances victorieuses), répondit dans une interview accordée à la presse : "Eichmann se sent coupable devant Dieu et non devant la loi"; mais cette thèse ne fut jamais confirmée par l'accusé lui-même. [...] »*

*H. Arendt,* Eichmann à Jérusalem. Rapport sur la banalité du mal, *traduction de Anne Guérin, Gallimard, Paris, 1991.*

## Ce sera la mort

Très vite, le procès pose une série de questions historiques qui dépassent largement la personnalité d'Eichmann. Au fil des interrogatoires et des auditions de témoins, le public, horrifié, commence à mieux percevoir le terrible mécanisme qui a conduit à l'élaboration de la Solution finale, ainsi que la nature des rouages administratifs qui ont donné au projet sa formidable efficacité, y compris au moment où les armées allemandes étaient en pleine déroute. Parfois, les dépositions de certains témoins ravivent de douloureux souvenirs : ainsi, lorsqu'un dénommé Brandt, le 30 mai, parle d'une tractation entre lui et le représentant d'Eichmann à Budapest, en 1944, pour échanger la vie de Juifs hongrois contre des camions... L'inaction troublante des Alliés, à plusieurs reprises, est mise en cause : pourquoi aucun bombarde-

*L'apparence paisible du père de famille (à droite) sous laquelle se dissimule l'ancien SS (à gauche).*

*Vue de la salle du tribunal lors du procès Eichmann, à Jérusalem.*

ment n'a-t-il été entrepris pour gêner les déportations et l'extermination des Juifs ainsi que celle des autres populations condamnées par les nazis ? Cette question, posée au cours du procès, restera sans réponse. Après des mois d'audience, le 11 décembre, la Cour prononce son jugement. Elle proclame Eichmann coupable, refusant de croire qu'il n'a été — comme il a prétendu le faire croire pendant tout le procès — qu'un exécutant obéissant aux ordres. Le 15 décembre 1961, elle le condamne à mort. Un pourvoi en appel, déposé aussitôt par le condamné et son avocat, est rejeté en mars 1962. Il ne reste plus que le recours en grâce auprès de David Ben Gourion, chef de l'État d'Israël. Nombre d'intellectuels, comme Martin Buber, cherchent alors à prouver la nécessité morale d'épargner Eichmann. Néanmoins, la grâce est rejetée. Adolf Eichmann est pendu le 31 mai 1962 et ses cendres sont dispersées au large des eaux territoriales d'Israël.

## Poursuivre les criminels nazis

**Une chasse inlassable.** Sitôt la Seconde Guerre mondiale terminée, les puissances alliées se mettent à rechercher activement les criminels de guerre. Pourtant, de nombreux responsables nazis échappent aux poursuites. Des associations de victimes et l'État d'Israël continuent durablement les recherches. De grands avocats, comme les époux Klarsfeld ou Simon Wiesenthal, tentent d'identifier les criminels nazis.

**Mengele.** Inspirée des dispositions du procès de Nuremberg, une loi israélienne votée en 1950 permet de poursuivre les personnes coupables de crimes contre l'humanité et de génocide. Après l'enlèvement et l'arrestation d'Eichmann, les services secrets israéliens manquent de mettre la main sur le tristement célèbre docteur Mengele, bourreau des camps de concentration — qui meurt finalement avant d'être capturé. En revanche, en 1983, l'ancien chef de la Gestapo de Lyon, Klaus Barbie, est extradé de Colombie vers la France.

**Ivan le Terrible.** En 1985, on pense avoir retrouvé celui que l'on surnomme « Ivan le Terrible ». L'ancien tortionnaire ukrainien du camp d'extermination de Treblinka ne serait autre qu'un paisible ouvrier vivant à Cleveland aux États-Unis : John Demjanjuk. Extradé en Israël en 1986, il doit être jugé comme le fut Eichmann. En 1988, il est condamné à mort. Mais il fait appel. Défendu par un fils de déporté, l'avocat Y. Sheftel, il est finalement acquitté devant l'évidence : il y a eu erreur sur la personne.

*Celui qui assassina le meurtrier du président Kennedy*

# JACK RUBINSTEIN

**En novembre 1963, le président des États-Unis John Fitzgerald Kennedy est assassiné à Dallas. Le tueur probable, Lee Harvey Oswald, est bientôt arrêté. Dans le climat passionnel qui entoure les faits, sa sécurité apparaît compromise : on décide de le transférer dans une prison sûre. Mais Oswald est tué d'une balle, avant son transfert, devant les caméras des journalistes.**

Son assassin, un certain Jack Rubinstein, dit Ruby, est jugé quelques mois plus tard. Le monde entier, qui a été profondément ému par l'assassinat du président américain et qui a assisté en direct, à la télévision, au meurtre d'Oswald, attend de ce procès qu'il fasse la lumière sur les conditions des deux précédents meurtres, et principalement sur la mort de Kennedy.

## Un procès très attendu

Le 17 février 1964, la Cour de justice présidée par le magistrat Brown se réunit à Dallas, en présence d'une meute de journalistes. Pourtant, les choses commencent de manière extrêmement laborieuse, les avocats de la défense (maîtres Belli, Burlinson et Tonahill) s'ingénient à ralentir la procédure. Comme il faut commencer par désigner les douze jurés, les avocats énoncent un argument imparable. Aucun ne peut siéger : ils sont tous des témoins puisque tous ont vu le meurtrier en pleine action à la télévision ! L'objection oblige le juge Brown à consulter la Cour suprême de l'État du Texas. Après une rapide délibération, celle-ci statue : un téléspectateur ne peut être assimilé à un témoin. Mais les avocats utilisent toutes les autres possibilités du droit texan pour repousser les débats, évinçant les candidats partisans de la peine de mort, ainsi que ceux suspects d'antisémitisme (Jack Ruby est juif). Le 2 mars, Brown, souffrant, doit céder la place pour quelques jours à un autre magistrat, Frank Wilson. Le 4 mars, le jury est enfin constitué et les débats peuvent commencer. L'attorney de district (l'équivalent du procureur général et donc celui qui représente l'accusation) Henry Wade accuse Ruby du meurtre de Lee Harvey Oswald. Le prévenu plaide non coupable — c'est un simple système de défense : son geste, filmé par les journalistes de télévision, est avéré. Mais le choix de Ruby et de ses défenseurs permet au prévenu de ne pas subir d'interrogatoire, au même titre que s'il n'était qu'un simple témoin. La compréhension des motifs de son geste n'en est évidemment pas facilitée…

## De surprise en surprise

L'audition des témoins, des journalistes et des policiers qui encadraient la victime révèle un certain nombre d'informations absolument

*Jack Rubinstein tire sur L. H. Oswald, l'assassin de Kennedy : son geste reste inexplicable.*

## La commission Warren

*Après la conclusion du procès de Jack Ruby, devant les évidentes déficiences de l'instruction et de l'enquête menées par les autorités locales de Dallas, et pour mettre un terme aux rumeurs qui circulent, l'administration américaine confie à une commission le soin d'éclaircir les conditions de l'assassinat de Kennedy et du meurtre de Lee Harvey Oswald. La commission est présidée par un juge de la Cour suprême — instance supérieure de la justice aux États-Unis —, Earl Warren, dont le rapport présenté en septembre 1964 porte le nom. Mais les résultats de ce rapport, qui décrit l'assassinat de Kennedy par Lee Harvey Oswald et reprend la thèse du tireur isolé, restent controversés. La remise en cause de la personnalité de John Fitzgerald Kennedy, ces dernières années, tendrait au contraire à accréditer la thèse d'un assassinat prémédité par un groupe d'hommes liés à la mafia, et avec lesquels le président lui-même aurait entretenu des liens compromettants.*

*Rubinstein assailli par la presse, le premier jour de son procès.*

stupéfiantes. D'abord, comme l'indique un journaliste au détour d'une phrase, l'accusé et le procureur Wade se connaissent déjà — cette situation aurait dû conduire au choix d'un autre attorney. Un témoin affirme ensuite que Ruby, patron d'une boîte de nuit, petit trafiquant et souteneur notoire, a rendu de menus services à la police en tant qu'indicateur et que, pratiquement, toute la police locale le connaît fort bien. Est-ce la raison pour laquelle, lors de son arrestation, on n'a pas pris la peine de dresser un procès-verbal de son interrogatoire ? Voilà, en tout cas, une éclatante et fort gênante irrégularité de plus. La projection du film du meurtre, déjà vu et revu par tous, n'apporte, quant à elle, aucun élément nouveau. Le principal problème que doit résoudre la Cour, avant que le juge ne prononce la peine, est de déterminer le degré de responsabilité de Jack Ruby. A-t-il agi sous le coup de la fureur, pour venger un président adulé, ou a-t-il prémédité son acte ? Doit-il être considéré comme sain d'esprit, ou dément ? Pour les défenseurs du prévenu, Ruby a évidemment agi dans un état de démence, après l'émotion que la mort du président a suscitée. Tel n'est pas l'avis de l'accusation. Seuls capables de trancher ce débat, les psychiatres sont entendus à partir de l'audience du 7 mars. Ceux qui sont convoqués par la défense s'accordent tous sur un point : les antécédents familiaux de Ruby, son comportement quotidien et les résultats des tests pratiqués depuis son arrestation confirment une grande émotivité et un équilibre psychologique précaire. Mais les experts de l'accusation affirment, eux, exactement le contraire… Face à cette succession d'analyses contradictoires, et comme elle ne peut interroger directement le témoin, qui s'abstient de prendre spontanément la parole, la Cour reste dans l'incertitude.

### Les doutes subsistent

Au terme de l'audition des témoins, la Cour est à peine plus avancée qu'elle ne l'était à l'ouverture du procès. Les jurés ont seulement appris que bien des irrégularités, bien des choses douteuses s'étaient produites pendant l'enquête. Mais il leur faut statuer sur une seule chose : le sort de Jack Ruby. Après les plaidoyers des avocats de la défense et de l'accusation, qui n'apportent non plus rien de neuf, le verdict est rendu, le 14 mars 1964 : Ruby est reconnu coupable de meurtre, et il est condamné à la peine de mort. Cette conclusion ne satisfait pleinement personne, puisque nul ne connaît mieux qu'auparavant les vrais mobiles de Ruby et ne sait si le meurtre d'Oswald n'a pas été commandité par les inspirateurs de l'assassinat de Kennedy. Jack Ruby, en fait, n'est pas exécuté. Incarcéré au pénitencier de l'État, il meurt en 1967 d'un cancer, sans avoir livré aucune des motivations de son geste.

*Les membres du jury reconnaissent Rubinstein coupable.*

## *Les autonomistes basques face à Franco*

# LE PROCÈS DE BURGOS

**Le 3 décembre 1970, treize hommes et trois femmes comparaissent devant le tribunal militaire de la région de Burgos. Ils sont accusés d'avoir organisé des attentats terroristes sous l'égide de l'E.T.A., l'organisation séparatiste basque.**

Pour l'Espagne de Franco, en quête de respectabilité sur la scène internationale, ce procès est un enjeu considérable.

### L'ordre doit régner

Le jour de l'ouverture du procès, la police et surtout l'armée sont partout présentes dans les rues de Burgos et à proximité du palais de justice militaire. La Cour martiale, composée de six juges, dont le président, le colonel Manuel Ordovas, siège en grand uniforme. Les seize accusés quant à eux, encadrés par des hommes en armes, sont des civils, tous jeunes : leur moyenne d'âge est de vingt-sept ans. Deux prêtres se trouvent parmi eux. L'énoncé des charges portant sur les prévenus est effectué lors des audiences des 3 et 4 décembre. Accusés de terrorisme, de l'assassinat d'un commissaire de police, d'attaques à main armée, de propagande et d'activités politiques illégales, les seize jeunes gens risquent, selon les cas, la peine capitale ou des peines de prison très lourdes.

### Une atmosphère très tendue

Lorsque, à partir du 6 décembre, les accusés sont interrogés, leurs révélations plongent la Cour dans le désarroi, mais fournissent de la matière aux journalistes. Les prévenus dénoncent leurs juges : ils ont été torturés par la police. Jesus Abrizque, interrogé par ces magistrats, décrit les mauvais traitements dont il a été victime depuis son arrestation. À sa suite, Maria Iciar Aizpurùa puis Victor Ariana Bilbao dénoncent les méthodes violentes de la police et de l'armée. L'incident est si grave que les audiences sont suspendues le 7 décembre. L'agitation, il est vrai, est alors à son comble : une grève de la faim à laquelle s'astreignent d'autres détenus, des grèves générales déclenchées à travers le Pays basque et l'écho donné par la presse internationale aux révélations des accusés ont jeté un total discrédit sur la Cour martiale et sur le régime tout entier. De plus, le consul de la R.F.A., Eugen Beilh, a été enlevé par l'E.T.A., et des menaces de représailles ont été proférées en cas de condamnation à mort des seize accusés de Burgos. Les militaires usent alors d'un subterfuge : ils ten-

*Affiche française de soutien à Puig Antich, militant catalan condamné à mort.*

> ### Un autonomiste catalan exécuté
>
> **Franco et les autonomistes.** La dictature du général Franco doit lutter contre les revendications autonomistes des Basques et des Catalans principalement. La répression exercée par le pouvoir, d'abord féroce, semble s'atténuer vers la fin de l'ère franquiste : à partir de 1962, les exécutions de militants politiques se font plus rares, même si ces derniers sont toujours traduits devant les tribunaux militaires.
>
> **Un regain de répression.** Pourtant, en 1972, un jeune homme, Salvador Puig Antich, militant dans un mouvement libertaire catalan, est arrêté. Jugé en janvier 1974 par le Conseil de guerre de Barcelone pour le meurtre d'un policier et une attaque à main armée, il est condamné à la peine capitale. Malgré l'élan de sympathie international suscité par cette affaire, Puig Antich est exécuté au garrot en mars 1974.

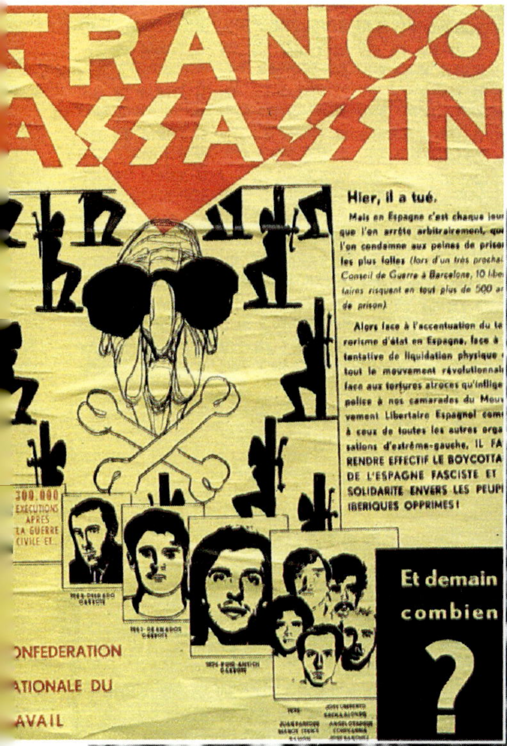


*Au moment des procès de Burgos, où vont être dénoncées les violences policières du régime, Franco tente de redonner à l'Espagne une place au plan international : c'est sans doute la raison pour laquelle il va gracier les condamnés à mort de Burgos.*

tent, à partir du 8 décembre, de déclarer irrecevables les témoignages des prévenus. Ceux-ci, qui affirment se considérer comme des prisonniers de guerre, ont beau protester violemment, le président de la Cour leur interdit de parler. Pourtant, le 9, des revendications autonomistes retentissent dans le prétoire : Mario Onaindía, un des accusés, hurle les slogans de l'E.T.A. On doit se saisir du prévenu, qui se jette du box des accusés sur ses juges. Pour couper court à la publicité faite autour de ces débats trop animés, le huis clos est imposé. En l'absence de tout public et de la presse, le procureur, c'est-à-dire le représentant de l'État, accusateur, le commandant Carlos Granados Mezquita, prononce un réquisitoire très dur. Au nom de l'ordre et de la sûreté de l'État, il demande que soient condamnés à mort six des inculpés. Les seize avocats de la défense, maître Peces Barba en tête, affirment alors dans un communiqué leur refus de cautionner cette parodie de justice.

### Des délibérations interminables

Des semaines durant, les condamnés et l'opinion restent dans l'expectative. Des semaines durant, des discussions ont lieu entre les juges et le général Franco lui-même, ainsi qu'au sein de l'armée, où partisans de la fermeté et attentistes s'affrontent, surtout après la libération du consul allemand, le 25 décembre. Enfin, le 28 décembre, le tribunal rend son verdict. Neuf condamnations à mort sont prononcées, et des peines de prison très lourdes, allant de douze ans à la perpétuité, frappent les autres prévenus. Un seul accusé est acquitté. La stupeur et l'indignation sont générales dans la presse internationale. Le verdict est d'autant plus dramatique que, selon la procédure militaire, les condamnés à mort doivent être exécutés dans les douze heures, tandis que leurs avocats ne disposent que d'un délai de deux heures pour déposer une demande de grâce. Or, la Cour martiale a pris soin, pour éviter que les défenseurs des condamnés n'aient le temps de se préparer à un quelconque pourvoi auprès du commandant militaire de la région, de ne les convoquer qu'in extremis, à la sauvette. De tels procédés dressent l'ensemble de la presse contre les juges militaires, et des membres de l'Église, pourtant soutien traditionnel du régime, adressent eux-mêmes des lettres à Franco demandant la grâce des inculpés. En fait, le Caudillo, qui cherche alors à redonner à l'Espagne une place sur la scène internationale, craint, en se montrant trop dur, de susciter pour son régime de très graves mesures de rétorsion. Aussi remet-il les exécutions. Et, le 30 décembre, après de multiples consultations, il décide d'user de son droit de grâce. Les neuf condamnés à mort voient leurs peines commuées en trente ans de prison.

*L'espionnage qui fit tomber un président*

# LE WATERGATE

**En juin 1972, les journalistes Robert Woodward et Carl Bernstein, du quotidien *Washington Post*, révèlent à l'opinion une effarante affaire d'espionnage politique : en période de campagne électorale, l'immeuble du Watergate, siège du Parti démocrate, a été cambriolé par des hommes liés à la Maison-Blanche, où règne le républicain Richard Nixon.**

Deux ans plus tard, en mars 1974, le président des États-Unis doit accepter la mise en accusation de ses plus proches conseillers. Lui-même est menacé de destitution par le Congrès.

## Les premiers inculpés : des hommes de main

Plusieurs instances judiciaires mènent l'offensive contre le président. Une commission du Sénat enquête sur la campagne électorale de 1972. La commission judiciaire de la Chambre des représentants réunit des éléments qui permettraient de proposer la destitution du président. La Cour suprême fédérale le presse de livrer des pièces à conviction en dénonçant ce que Nixon appelle « le privilège de l'exécutif ».

*Le fameux immeuble du Watergate, siège du Parti démocrate.*

Enfin, un procureur spécial mène une instruction sur les agissements de ses proches. Le 8 janvier 1973 s'ouvre, devant le tribunal fédéral de Washington, le premier procès concernant l'affaire : ne comparaissent alors que des exécutants, notamment les dénommés Liddy et Mac Cord. Ils sont évidemment condamnés, mais le verdict ne peut suffire à arrêter le scandale. Très vite, en effet, l'enquête, menée tant

### La procédure d'« impeachment »

*Cette procédure complexe vise théoriquement à poursuivre en justice tout fonctionnaire suspect de s'être rendu coupable de crimes ou de délits, du petit administrateur au président des États-Unis. Elle traduit la responsabilité pénale de toutes les autorités.*

*Dans les faits, cette procédure, que seul le Congrès peut mettre en œuvre et qui est généralement fort longue, est exceptionnellement utilisée. Ainsi, au XXe siècle, si l'on excepte la destitution de quelques juges fédéraux, l'impeachment n'a guère été utilisé qu'à l'encontre du président Nixon.*

*Le premier des procès consécutifs à l'affaire du Watergate, celui de John Ehrlichman, en juillet 1974.*

*Richard Nixon, président des États-Unis, présente publiquement sa démission à la suite de l'affaire du Watergate.*

par les policiers que par les journalistes d'investigation, révèle des complicités dans l'affaire du Watergate, qui remontent jusqu'aux personnalités les plus proches de Nixon, et jusqu'à Nixon lui-même. Ce dernier serait coupable non seulement d'avoir ordonné l'espionnage du parti adverse, mais aussi d'avoir inspiré le cambriolage du cabinet d'un psychiatre qui était en possession de documents compromettants pour lui, et, enfin, d'avoir détourné pour son propre usage des fonds destinés à sa campagne.

## Les hommes du président

Au début du mois de mars 1974 commence la deuxième phase judiciaire du Watergate. Des hommes de première importance, et non plus des lampistes, comparaissent devant le Grand Jury, un tribunal préliminaire chargé d'établir les chefs d'inculpation : ils ont pour noms John D. Ehrlichman, H. R. Haldeman, Gordon Strachan et Charles W. Colson; Robert C. Mardian et Kenneth W. Parkinson — ces deux derniers ayant dirigé le comité chargé de la récente campagne électorale grâce à laquelle Richard Nixon a été triomphalement réélu; ou encore John N. Mitchell, qui ne fut rien de moins que... ministre de la Justice. Toutes ces personnes sont accusées d'avoir entravé la justice en tentant d'étouffer l'affaire du Watergate et, certaines d'entre elles, d'avoir été impliquées dans le cambriolage du cabinet du psychanalyste. Après cette deuxième phase consistant à inculper les personnes commence la troisième étape judiciaire du Watergate : les procès des inculpés. Le premier de ces procès est celui de John Ehrlichman, condamné en juillet 1974 pour association de malfaiteurs et parjure dans l'affaire du cambriolage du psychanalyste.

## Nixon contre le Congrès

Parallèlement à ces actions qui concernent des collaborateurs du président, le pouvoir législatif dans son entier, c'est-à-dire le Congrès constitué par la réunion de la Chambre des représentants et du Sénat, met en place, comme la Constitution américaine l'y autorise, une procédure d'*impeachment* visant à destituer Nixon. La première phase de la procédure est la constitution des chefs d'inculpation par la Commission judiciaire issue de la Chambre des représentants. Le président est ainsi sommé par cette Commission, le 11 avril, de remettre des enregistrements considérés comme des pièces à conviction essentielles, et la même requête lui est présentée de la part des sénateurs. Or, il s'y refuse; en conséquence, une procédure d'urgence est engagée auprès de la Cour suprême, visant à obtenir qu'elle tranche rapidement en ce domaine. En juillet 1974 commencent donc les audiences devant ce tribunal, instance juridique supérieure de l'Union. L'avocat du président, James Saint-Clair, invoque le secret nécessaire à tout gouvernement et reprend la thèse du privilège de l'exécutif pour justifier le refus de Richard Nixon de remettre les documents. Après plusieurs jours de délibérations, le tribunal suprême refuse de se plier à ces vues et exige du président, comme le demandait le procureur Jarowsji, qu'il cède les enregistrements. Le conflit entre pouvoir exécutif et pouvoir judiciaire est réglé au profit du second. Désormais, la procédure d'*impeachment* est sur la bonne voie : soit qu'il continue à refuser de donner les documents, soit qu'il les livre alors qu'ils sont clairement compromettants pour lui, le président se trouve dans la situation d'être inculpé. Il ne restera plus au Sénat, conformément au déroulement normal de la procédure, qu'à le destituer... Préférant partir avant d'être déchu par décision judiciaire, le président démissionne le 8 août 1974. Le mois suivant, le nouveau président, Gerald Ford, met un terme aux poursuites engagées contre son prédécesseur en prononçant sa grâce, précisant qu'il souhaite mettre un point final à une affaire qui n'a que trop agité le pays et que la démission de Nixon est, pour cet homme d'État, une punition déjà suffisante. La décision de Ford ne clôt cependant pas l'affaire en ce qui concerne les collaborateurs du président. Toujours à l'automne de 1974, le 1er octobre, comparaissent devant le tribunal fédéral de Washington les cinq principaux accusés de l'affaire, après Nixon : J. Mitchell, reconnu coupable d'avoir commandité le cambriolage de l'immeuble du Watergate, est condamné à trente mois de prison. Il en accomplit dix-neuf avant d'être libéré. Les conseillers Haldeman, Dean et Ehrlichman (qui se présente devant ce tribunal pour la seconde fois) sont également condamnés à des peines de prison. Ces condamnations mettent un terme aux suites judiciaires de l'affaire. Mais, des années plus tard, le syndrome Watergate reste brûlant : le pouvoir exécutif américain sort gravement ébranlé de ce scandale.

*Le succès de la lutte antiterroriste en R.F.A.*

# LA BANDE À BAADER

*L'enterrement d'Andreas Baader : le terroriste le plus redouté d'Allemagne trouve mystérieusement la mort dans sa cellule : suicide ou exécution sommaire ? À ce jour, aucune explication n'a été donnée.*

**Au mois de mai 1975, les principaux dirigeants de la « Fraction Armée rouge » (RAF), arrêtés en juin 1972, comparaissent devant leurs juges à Stuttgart, la capitale de l'État du Bade-Wurtemberg' où le groupe terroriste a commis ses actes les plus graves. La République fédérale d'Allemagne est, en effet, secouée depuis quelques années par de nombreux actes terroristes liés à la guerre froide et au conflit israélo-arabe.**

*Ulrike Meinhof et Andreas Baader, les deux chefs du groupe terroriste « Fraction Armée rouge ».*

### État de droit et terrorisme international

*Le terrorisme international pose aux démocraties un problème de taille. Doit-on créer une législation d'exception pour les actes terroristes ou doit-on les juger en fonction du droit commun ?*
*À la suite des vagues d'attentats des années 1970, la République fédérale d'Allemagne choisit une politique d'extrême fermeté, votant une série de lois très controversées permettant des contrôles d'identité fréquents, prévoyant des fouilles sévères dans les aéroports et alourdissant les peines encourues pour les activités terroristes. Il en alla de même en Italie.*
*La Grande-Bretagne a également été tentée par une dure répression de crimes semblables. En 1974, une proposition de loi visant à rétablir la peine de mort pour les terroristes a manqué d'être adoptée. En France, de même, depuis septembre 1986, une loi fait des actes terroristes des crimes spécifiques distincts des autres actes criminels et en aggrave la répression.*

Ce procès est exceptionnel : la société allemande compte bien en finir avec un cauchemar qui sape les bases démocratiques du pays.

## Un palais de justice construit pour l'occasion

Pour juger ces prévenus exceptionnels, il a fallu construire dans l'enceinte même de la prison de Stammheim, où ils sont détenus (ce qui évite tous les risques liés aux transferts), une salle d'audience répondant aux normes de sécurité les plus exigeantes. De plus, la cour siège à huis clos et sans jurés. Le procès s'ouvre le 21 mai 1975. Les accusés revendiquent un statut de prisonniers politiques. Pourtant, l'acte d'accusation qui est lu lors de la première audience ne comporte que des chefs d'inculpation pour crimes de droit commun. Andreas Baader et Ulrike Meinhof, les chefs du groupe, Gudrun Ensslin, la compagne du premier, et Jan Carl Raspe sont accusés d'homicides, de tentatives de meurtres, de vols et d'association de malfaiteurs. Le cinquième accusé, Holger Meins, ne comparaîtra pas : il a succombé quelques mois auparavant à une grève de la faim.

## Un procès interminable

L'enjeu du procès n'échappe à personne. La R.F.A. doit mettre un terme à la vague d'attentats perpétrés par des groupes se réclamant de l'extrême gauche et de la lutte pour les Palestiniens contre Israël. Le pays doit, en même temps, éviter tout glissement dans la répression et préserver ses fondements de démocratie libérale, d'autant plus que les terroristes dénoncent l'existence d'un État policier noyauté par des anciens nazis reconvertis dans les affaires et la politique. Plusieurs prises d'otages, parmi lesquelles celle de l'ambassade de la R.F.A. en Suède, en avril 1975, ont été organisées par des complices des terroristes détenus, qui ont tâché en vain d'arracher aux autorités allemandes la libération de ceux-ci. C'est dire si le procès a des connotations politiques... Les avocats de la défense (maîtres Heldmann, Schily, Becker, Riedel et von Plottnitz) sont d'ailleurs des sympathisants de la gauche allemande. Certains, comme K. Croissant, ont dû être récusés, car ils sont eux-mêmes recherchés pour complicité avec des mouvements terroristes. À la première séance du procès, les magistrats découvrent des accusés diminués par trois années de détention, scandées de grèves de la faim. À plusieurs reprises, leur état de fai-

*Pendant le procès des dirigeants du groupe terroriste Baader-Meinhof, la police allemande, qui craint des représailles, diffuse à travers tout le pays cet avis de recherche concernant 16 autres terroristes : l'Allemagne vit dans la terreur.*

blesse les oblige même à quitter la salle. Mais les juges refusent néanmoins d'interrompre les débats, puisque la défaillance de ceux qu'ils ont à juger est le résultat de leur choix de ne pas s'alimenter. Des mois durant, les audiences se succèdent. Une partie de l'opinion soutient les prévenus, et des manifestations en leur faveur ont lieu, à Berlin et à Cologne, notamment. À l'étranger également, les milieux intellectuels gauchistes soutiennent les terroristes ; en 1974, par exemple, c'est-à-dire avant l'ouverture du procès, le philosophe français Jean-Paul Sartre réclame et obtient de rendre visite à Andreas Baader. Les prévenus eux-mêmes ont des attitudes diverses : alors que Raspe, tout au long du procès, reste prostré et silencieux, les trois autres accusés multiplient les actes de provocation, dénoncent leurs juges et les conditions d'incarcération qui leur sont faites. Mais, de grève de la faim en grève de la faim, ils s'affaiblissent de plus en plus et perdent l'espoir. En mai 1976, Ulrike Meinhof est retrouvée pendue dans sa cellule.

## Une fin tragique

Le 28 avril 1977, au terme de presque deux années de procédure, le verdict est enfin rendu : Andreas Baader, Jan Carl Raspe et Gudrun Ensslin sont condamnés à la réclusion criminelle à perpétuité. Ce jour-là, les condamnés entendent seuls les mots qui les condamnent : leurs avocats sont absents de la salle — depuis la découverte de micros dans les cellules de leurs clients, ils pratiquent la « politique de la chaise vide », protestant ainsi contre une justice qui, à leurs yeux, se fait contre la loi et exigeant en vain que le procès reparte à zéro. Détenus à Stuttgart, les trois dirigeants survivants du « groupe Baader-Meinhof » sont l'objet de diverses tentatives de libération. En septembre 1977, un groupe terroriste réclame leur mise en liberté contre la restitution d'otages : les passagers d'un avion de la compagnie aérienne Lufthansa détourné sur Mogadiscio, en Somalie. Dans le même temps, le président de la Fédération du patronat allemand, Hans Martin Schleyer, est enlevé. La prise d'otages échoue finalement, et Schleyer est exécuté par ses ravisseurs. Peu de temps après, Baader, Raspe et Ensslin sont retrouvés morts dans leurs cellules, en octobre 1977, dans des conditions demeurées mystérieuses.

### Des Brigades rouges à Carlos

**Les ravisseurs d'Aldo Moro.** De mars à juin 1978, la cour d'assises de Turin juge quarante-six membres de l'organisation terroriste Brigades rouges, accusés d'avoir enlevé et exécuté le dirigeant démocrate-chrétien Aldo Moro. Renato Curcio, un des principaux chefs des Brigades rouges, est condamné à quinze ans de prison.

**La France à son tour.** Au début des années 1980, la France est touchée par une vague d'attentats de groupes terroristes comme ceux provenant d'Iran, ou agissant au nom de la lutte de libération arménienne ou palestinienne. En 1982, le procès de M. Kopp et de B. Bréguet, puis en 1986 celui de Georges Ibrahim Abdallah ont défrayé la chronique. Enfin, depuis l'extradition du Soudan d'Illitch Ramirez Sanchez, dit Carlos, durant l'été de 1994, un autre grand procès se prépare.

# *Polémique autour de la peine de mort*

# RANUCCI

*Le palais de justice d'Aix-en-Provence où Ranucci est jugé.*

**En juin 1974, l'assassinat d'une fillette à Marseille fait la « une » de la presse à sensation. Bientôt, un jeune homme est arrêté par la police : de lourdes présomptions pèsent sur lui et, d'ailleurs, il a passé des aveux complets aux policiers qui l'ont arrêté. En 1976, la peine de mort existe encore en France, et les journaux la promettent au meurtrier...**

Y a-t-il crime plus horrible que celui d'un enfant ? L'affaire Ranucci intervient quelques semaines après le jugement d'un autre meurtrier de mineur, celui, prononcé par la cour d'assises de Troyes, condamnant le nommé Patrick Henry à la détention criminelle. Une partie de l'opinion, indignée par la clémence des juges, réclame contre ce nouvel assassin la peine capitale. L'atmosphère est donc très lourde lorsque s'ouvre, à Aix-en-Provence, le procès de Ranucci, deux ans après les faits.

*La dernière exécution publique en France : Weidmann, en 1939.*

## Des menaces de désordre

La première audience a lieu le 9 mars 1976 dans le palais de justice d'Aix, véritablement assiégé par les journalistes, les badauds et par des manifestants qui réclament la mort du coupable. Après les formalités d'usage et la récusation par les avocats du prévenu de trois jurés, comme ils en ont le droit, les débats commencent. Lorsque le président Antona interroge l'accusé et reconstitue l'histoire de sa vie, il insiste à plusieurs reprises sur son enfance malheureuse et les troubles de sa personnalité. Mais Ranucci, alors, proteste de sa normalité. Lorsque l'on commence à évoquer les faits du week-end de la Pentecôte 1974, au cours duquel le crime a été commis, l'inculpé apporte de nouvelles informations. Il était ivre, dit-il, et les policiers qui se sont saisis de lui ont falsifié sa déposition, et même l'ont

### La peine capitale

**La France.** La peine de mort est restée en vigueur en France jusqu'en octobre 1981. Une lente évolution a cependant marqué le XXe siècle. Après l'exécution d'Eugen Weidmann, en 1939, marquée par une navrante ruée de photographes, les exécutions cessent d'être publiques. En 1943, avec l'exécution d'une avorteuse, on assiste à la dernière exécution d'une femme. Après Ranucci, deux hommes sont encore exécutés, en 1977, pour crimes crapuleux : Djanboudi et Carrein.

**Cas européens.** Aux Pays-Bas, la peine de mort est abolie depuis 1870. En Italie, l'abolition date de 1944 et, en Allemagne (alors R.F.A.), de 1949. La Grande-Bretagne a renoncé à la peine de mort en 1965. Le droit belge conserve la peine capitale, mais le roi gracie systématiquement.

**L'Amérique.** Mais les remises en cause se multiplient. Outre qu'on a beaucoup parlé de rétablissement en Italie et en Grande-Bretagne lors de la flambée terroriste de la décennie 1970, plusieurs rétablissements effectifs ont eu lieu dans des États des États-Unis. Dans certains cas, la peine de mort peut même y être appliquée à des mineurs. Enfin, si quelques pays d'Amérique du Sud ont précocement aboli la peine capitale, des exceptions, trahison par exemple, permettent toujours les exécutions légales. Toutefois, les dictatures, comme celles de l'Argentine ou du Chili, se sont passées de cadre légal pour multiplier les exécutions sommaires...

torturé. Cette affirmation, destinée à jeter le doute sur un élément majeur du dossier de l'affaire, pourrait troubler les juges... si diverses pièces à conviction, et notamment des traces de sang sur les vêtements que portait Ranucci au moment de son arrestation, ne le désignaient à peu près sûrement. Le même jour défilent les premiers témoins. Les experts psychiatres tentent d'expliquer les mécanismes obscurs qui ont conduit Ranucci à commettre son acte. Le médecin légiste explique, dans le détail et avec force photographies du cadavre, toute la sauvagerie avec laquelle l'enfant a été assassinée...

### La mort pour Ranucci

Devant l'émotion du jury, la défense comprend alors qu'elle n'a plus qu'une solution pour sauver la tête de Ranucci : non plus nier le crime, mais montrer que l'accusé a agi en état de démence, sous le coup d'une pulsion passagère. La barbarie même des supplices infligés à l'enfant accrédite cette thèse. Maîtres Lombard et Le Forsonney demandent donc que soient effectués des examens médicaux sur leur client. Leur proposition est rejetée — Ranucci lui-même s'y opposant. Lors de la deuxième audience, le 10 mars, des témoins, plus ou moins fiables (certains sont des enfants), plus ou moins importants, continuent de défiler à la barre : leurs propos accablent Ranucci. La défense appelle de son côté des témoins qui évoquent la personnalité de l'accusé — un jeune homme sans histoires, apparemment : faibles propos, qui ne peuvent contrebalancer le sentiment de plus en plus hostile du jury. Enfin viennent les plaidoiries et le réquisitoire. L'avocat de la partie civile, maître Collard, avec dignité mais émotion, évoque la peine indicible de la famille de la fillette assassinée. L'avocat général Viala, lui, se fait implacable : le meurtre est odieux, les preuves et les aveux sont là, le meurtrier doit payer. Maître Lombard, principal défenseur de Ranucci, tente alors un ultime renversement : est-on, au fond, si sûr de la culpabilité de Ranucci ? Les aveux du prévenu sont étranges, les preuves, moins certaines qu'on ne le dit, et les propos des experts, souvent contradictoires. Ne confond-on pas Ranucci avec un autre desaxé sexuel dont certains témoins ont parlé, un mystérieux homme au pull-over rouge ? Mais l'avocat est mal à l'aise, il doit affronter le calvaire des parents et une salle hostile qui a déjà tranché. Et puis, soudain, au mépris de la procédure, l'avocat général Viala répond à la plaidoirie de maître Lombard. Il dénonce l'argument de l'homme au pull-over rouge grâce à un nouveau témoignage. C'en est fini, alors, du système de défense des avocats.

Après quelques heures de délibération, les jurés estiment Ranucci coupable sans circonstances atténuantes. Condamné à mort, son pourvoi en grâce rejeté, l'homme est exécuté le 28 juillet 1976 dans la cour de la prison des Baumettes, à Marseille.

*Arrestation de Christian Ranucci. Devant la cour d'assises, il est reconnu coupable et sera exécuté.*

### Le droit de grâce

*Le privilège du droit de grâce est, en France, directement issu des institutions royales de l'Ancien Régime. Le président de la République a seul la prérogative de commuer une condamnation à la peine capitale. Pour ce faire, le condamné et son avocat doivent, dans un délai fixé, déposer un recours en grâce. Pour le président, la prise de position est un véritable cas de conscience. Certains refus de la grâce sont restés célèbres. Par exemple, celui du général de Gaulle refusant en 1963 de donner suite au recours déposé par celui qui avait tenté de l'assassiner en 1962, le lieutenant-colonel Bastien-Thiry. Ou bien encore le refus du président Giscard d'Estaing de gracier C. Ranucci malgré la persistance de certains doutes concernant sa culpabilité.*

*Dans certains pays, toutefois, le chef de l'État utilise systématiquement son droit de grâce, ce qui revient à une abolition de la peine de mort dans les faits. C'est le cas de la Belgique ou, jusqu'en 1965, de la Grande-Bretagne. Il faut noter aussi que le droit de grâce peut s'exercer sur d'autres peines que la peine capitale.*

## *La protection des brevets en jeu*

# POLAROID ATTAQUE KODAK

**En 1976, la firme Polaroid accuse sa concurrente Kodak d'avoir piraté ses brevets de photos instantanées et l'attaque en justice. Pendant quinze ans, tous les retournements de l'une des plus grandes batailles juridiques de l'histoire des entreprises secouent l'économie américaine.**

L'affaire commence, en 1976, avec le lancement par Kodak d'un appareil équipé d'une pellicule à développement instantané. Ce produit n'est pas sur le marché depuis six jours que Polaroid, criant à l'espionnage, au copiage et au vol des brevets, porte plainte. Cette firme a fait de la photographie instantanée sa seule raison d'être.

### Une contestation vitale

Polaroid peut étayer son dossier de l'histoire de la pellicule instantanée. En 1948, l'inventeur du procédé, Edvin Land, a proposé son produit à Kodak, qui s'est déclaré non intéressé. Mais l'appareil a été commercialisé par Polaroid et a connu progressivement un grand succès. C'est ce qui pousse la firme de Rochester, Kodak, à lancer un produit similaire, qui concurrence incontestablement celui de Polaroid. Pendant l'attente de la décision judiciaire, entre 1976 et

*Edvin Land, l'inventeur du procédé photographique à développement instantanée commercialisé avec grand succès par la firme Polaroid.*

### Le brevet américain

*Aucun pays ne se soucie autant de la protection de ses inventions que les États-Unis. Le fondement du droit des brevets est la Constitution elle-même, entrée en vigueur en 1789. L'article premier, section 8, clause 8 de cette Constitution est ainsi rédigé : « Le Congrès aura le pouvoir : de promouvoir le progrès de la science et des techniques utiles en assurant, pour des durées limitées, aux auteurs et aux inventeurs, le droit exclusif sur leurs écrits et leurs découvertes respectifs. » L'un des fondements de la protection actuelle des inventions sur le territoire des États-Unis est la loi fédérale du 19 juillet 1952. En vertu de cette loi, une agence fédérale, établie au sein du Département du commerce, délivre des titres fédéraux, les brevets d'invention, à ceux qui en font la demande et remplissent les conditions de brevetabilité. Les brevets constituent le moyen juridique principal de protection des inventions, basé sur le droit fédéral écrit. Le brevet est une concession du gouvernement des États-Unis au profit d'une ou de plusieurs personnes physiques ayant la qualité d'inventeurs et qui ont révélé une invention nouvelle et utile. Cette concession confère à l'inventeur, à titre exclusif, le droit d'empêcher les tiers, sous peine de recours judiciaire, de fabriquer, d'utiliser et de vendre l'invention telle qu'elle est définie dans les revendications du brevet.*

◁ *Jugé trop semblable à celui de Polaroid, le procédé à développement instantané produit par Kodak doit être retiré de la vente.*

1986, la firme Polaroid voit ses ventes d'appareils et de pellicules diminuer des deux tiers environ. Dans le même temps, Kodak vend un peu plus de 16 millions d'appareils instantanés. La chute des ventes touche d'autant plus la firme Polaroid que, si la photographie instantanée représente une part marginale des activités de Kodak (moins de 3 % en volume à cette époque), elle est devenue, dans les années 1970-1980, la seule raison d'être de Polaroid. La tentative qu'accomplit l'entreprise, en 1980, pour lancer un nouveau produit fort et spécifique — une caméra avec films instantanés — se solde par un échec financier important : quelque 68,5 millions de dollars dépensés en vain, au moment où les caméras vidéo commencent à arriver sur le marché, reléguant les caméras traditionnelles dans un passé révolu.

### Le droit au brevet

Le procès entamé par Polaroid est donc vital pour cette société. La chance de la firme est que le droit américain accorde une place très importante à la défense de la propriété industrielle. Estimant que le brevet déposé par Polaroid a été effectivement piraté par la firme Kodak, le tribunal de Boston condamne en première instance la concurrente de Polaroid et l'oblige à cesser toutes ses fabrications en pellicule instantanée. Le dommage est plus grand encore que les investissements perdus, puisque la firme condamnée se voit forcée de dédommager ses clients, dont les appareils sont désormais inutilisables... Kodak fait naturellement appel : elle est déboutée en ultime recours par la Cour suprême des États-Unis en 1989. Non content de ce jugement qui clôt la procédure à son profit, Polaroid exige en plus des dommages et intérêts : en tout, 12 milliards de dollars, une somme si considérable qu'elle pourrait mettre en danger la survie de la firme Kodak, fort gênée après plusieurs années d'erreurs industrielles et de turbulences financières. Les avocats de Polaroid prétendent que ces dommages représentent les manques à gagner subis par la violation des brevets et ils menacent d'augmenter leur exigence. Chez Kodak, on trouve ces prétentions ridicules et on estime que la somme demandée correspond au double des ventes réalisées par la firme en dix ans dans la photo instantanée ou à dix fois les bénéfices réalisés par Polaroid durant cette période. Les avocats de Kodak se proposent de payer 200 millions de dollars, ce qui correspond à peu près aux royalties que leur client aurait dû verser à Polaroid. Le 12 octobre 1990, le premier fabricant mondial de matériel photographique, l'Américain Eastman Kodak, est condamné à verser 909,5 millions de dollars (4,7 milliards de francs environ) à la firme Polaroid.

*Le Polaroid rend possible l'obtention immédiate d'images sans nécessiter aucune connaissance technique : c'est là le secret de son succès.*

### Le brevet, contentieux international

**Brevet ou arme stratégique ?** Le brevet est une arme stratégique redoutable dans la guerre économique opposant les grands ténors industriels internationaux. Le brevet est la possibilité ouverte à une entreprise de se réserver en toute légalité une exclusivité d'exploitation. Dès 1985, un rapport du Congrès s'inquiétant du déclin industriel des États-Unis recommande d'utiliser financièrement son énorme portefeuille de brevets. Les Américains déclarent leurs inventions et les font protéger dans les pays concurrents.

**La guerre américano-japonaise.** Ainsi, une véritable guerre des brevets oppose les États-Unis et le Japon. À la fin de 1990, l'Amérique a gagné 15 milliards de francs grâce à ses brevets. Généralement, les Américains portent plainte contre les filiales américaines des entreprises japonaises. Cela leur permet de se battre sur leur sol, là où la législation leur est le plus favorable. Minolta doit payer à Honeywell 129 millions de dollars d'arrêtés de licence. En attaquant Hitachi, NEC, Matsushita et Toshiba pour une question de propriété industrielle, Texas Instruments a déjà encaissé près de un milliard de dollars. En retour, aujourd'hui, les Japonais battent tous les records de dépôts de brevets, notamment aux États-Unis. En 1990, ce sont quatre sociétés japonaises, dont Hitachi et Mitsubishi, qui ont déposé le plus de licences sur le sol américain.

## 1977

*Une secte poursuivie pour escroquerie*

# L'ÉGLISE DE SCIENTOLOGIE

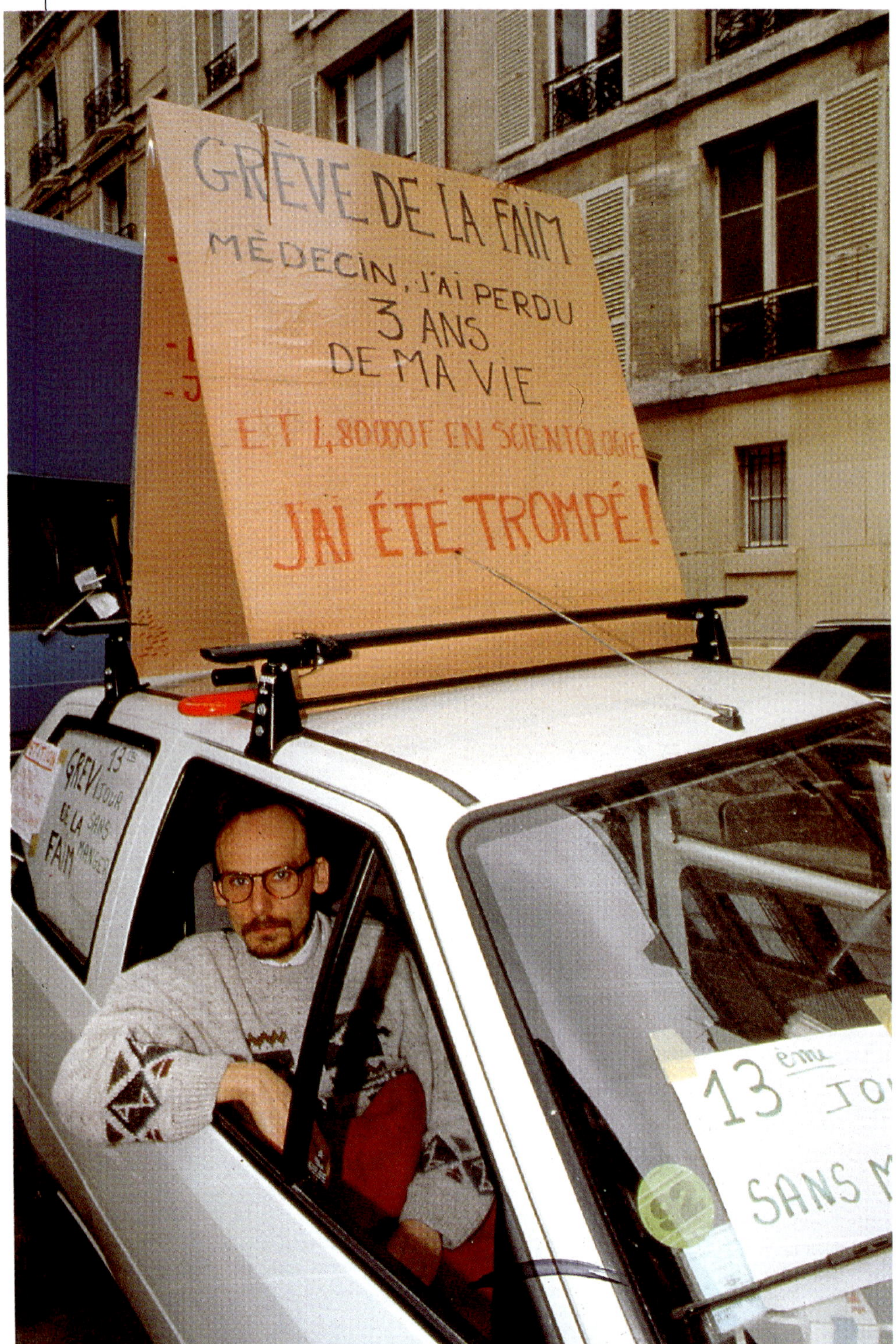


**En novembre 1977, la secte qui se fait appeler l'Église de scientologie doit répondre devant le tribunal de Paris de l'accusation d'escroquerie. Pour la première fois depuis 1905, année de la loi de séparation des Église et de l'État, le gouvernement français se trouve aux prises avec les représentants d'une Église devant les tribunaux.**

L'Église de scientologie est une secte en pleine expansion dans les années 1970. Fondée aux États-Unis en 1954, elle recrute des adeptes partout dans le monde. Mais certaines de ses pratiques sont dénoncées et on l'accuse principalement d'effectuer de véritables extorsions de fonds. Sur une plainte de citoyens français, une enquête est ouverte, qui aboutit en 1977 à la traduction des dirigeants de la secte devant un tribunal.

### Une entreprise prospère

En ce mois de novembre 1977, la 13e chambre correctionnelle du tribunal de Paris examine ainsi le cas de l'Église de scientologie. Plusieurs années d'instruction ont été nécessaires depuis que le parquet de Paris a décidé de poursuivre la secte pour escroquerie.
Le substitut du procureur chargé du dossier d'accusation évoque les éléments reprochés à la secte. Véritable entreprise, celle-ci utiliserait l'apparence d'une association religieuse afin d'extorquer de l'argent aux adhérents potentiels. Le délit d'escroquerie, rappelle le substitut en invoquant l'article 405 du Code pénal, repose sur les vains espoirs que cette association fait miroiter pour demander des fonds — alors qu'il est évidemment impossible de prouver que ces promesses correspondent à quoi que ce soit de réel. Pour l'accusation, ainsi, la secte est une gigantesque imposture. D'importantes sommes d'argent ont effectivement été versées à l'Église de scientologie, comme le confirme le témoignage d'anciens membres. Et les experts-comptables n'ont aucun mal à mettre en évidence devant la cour l'importance des bénéfices que parvient à dégager cette

*Un ancien adepte de l'Église de Scientologie fait la grève de la faim devant le siège parisien de la secte pour dénoncer l'escroquerie dont il a été victime.*

entreprise prospère... Face à ces accusations, les avocats de la secte ne cherchent pas à nier la réalité de sa richesse. Mais, s'appuyant sur le témoignage d'experts en psychiatrie convoqués par eux, ils affirment que les responsables de l'Église de scientologie fournissent à leurs adeptes des services tangibles, faisant œuvre auprès de ceux-ci de véritables psychothérapeutes... Part ailleurs, soucieux d'éviter tout débat de fond sur la nature même de l'Église de scientologie et de ses enseignements, ils s'appuient sur des arguments de forme, affirmant que les poursuites engagées par le parquet vont à l'encontre du principe de liberté religieuse et cultuelle garantie par la loi, et crient à la persécution religieuse... À l'extérieur de la salle d'audience, les membres de la secte reprennent ces accusations, dans des tracts qui mettent en cause les membres du tribunal et proclament un soutien sans réserve à leurs responsables inculpés. Toute cette agitation ne contribue pas à augmenter la mansuétude des juges. Lors du verdict la secte est reconnue coupable d'escroquerie. Les amendes auxquelles l'association est condamnée sont très lourdes. L. Ron Hubbard, chef spirituel de la secte résidant aux États-Unis, ainsi que ses représentants en France sont condamnés à plusieurs dizaines de milliers de francs d'amende, condamnation assortie de peines de prison. Mais la plupart des dirigeants, qui vivent hors de France, sont condamnés par défaut.

*Les sectes mettent en œuvre aujourd'hui des techniques modernes de communication et sont souvent prospères grâce aux « dons » qu'elles obtiennent de leurs adeptes.*

*Manifestation de membres de l'Église de scientologie : les personnes qui trouvent dans les sectes un remède à leurs difficultés sociales ou affectives mettent souvent longtemps à se rendre compte des véritables finalités de ces organisations.*

## Un condamné fait appel

L'un des directeurs de la secte en France, seul prévenu présent au procès, décide alors de faire appel de la décision du tribunal. Et, en effet, en février 1980, la cour d'appel de Paris estime que le demandeur doit être relaxé. La décision s'appuie sur la sincérité des convictions religieuses du prévenu et sur l'impossibilité de prouver qu'il a participé activement à des extorsions de fonds. Par ailleurs, le deuxième procès de la secte, ou plus exactement du condamné ayant fait appel, aboutit à un verdict beaucoup plus favorable pour celle-ci. L'argument de tolérance religieuse étant cette fois retenu, la scientologie est reconnue comme une religion à part entière. En revanche, ce verdict, s'il lave de tout soupçon la personne qui comparaît, ne détruit pas la condamnation pour escroquerie qui pèse sur l'Église de scientologie. Elle poursuit aujourd'hui ses activités , sous diverses appellations, à travers ses quelque soixante filiales.

### Sectes et liberté individuelle

**Un délicat problème juridique.** Les sectes se sont multipliés depuis les années 1960. Ces groupements sont fréquement accusés par les familles de leurs membres d'exercer sur les jeunes une fascination néfaste. Ces familles se regroupent fréquemment en associations pour faire retrouver à leurs enfants une vie normale ou pour se constituer parties civiles dans d'éventuels procès. Mais il est difficile d'aller à l'encontre de la liberté de choix d'individus majeurs. Ainsi, certaines familles ont procédé à de véritables enlèvements destinés à soustraire leur enfant à l'influence de la secte. Les tribunaux ont condamné ces tentatives de justice individuelle. En décembre 1995, le rapport Guyard, adopté par l'Assemblée nationale, ne préconise pas une législation spécifique aux sectes, mais la mise en place d'un observatoire et un effort d'information notamment auprès des adolescents.

**Sectes meurtrières.** Certaines sectes se sont livrées à de tragiques errements. Elles ont été compromises dans des affaires de détention d'armes, de séquestration, d'escroquerie, de mœurs et, plus terrible encore, ont suscité des comportements de suicides collectifs, voire de meurtres. La secte du révérend Jim Jones s'est ainsi donné collectivement la mort en 1978 dans sa retraite de Guyana. Plus récemment, les sectateurs de David Koresh ont soutenu contre la police un véritable siège à Waco, au Texas, avant de s'immoler par le feu. Enfin, un véritable réseau occulte d'escrocs a été révélé après les morts mystérieuses et collectives, en 1994 et en 1995, des membres de l'Ordre du temple solaire.

*Remue-ménage à Pékin pour la succession de Mao*

# LA « BANDE DES QUATRE »

*Séance du procès de la « Bande des Quatre », Jiang Qing, la veuve de Mao, et trois de ses proches, à Pékin.*

**Sitôt après la mort de Mao, le 9 septembre 1976, diverses factions du parti communiste chinois se disputent le pouvoir. Jiang Qing, veuve du « Grand Timonnier », et trois de ses proches, représentant l'aile gauche du Parti, tentent un coup d'État. Les militaires, Hua Guofeng en tête, s'y opposent. Le 6 octobre 1976, ceux que les journaux n'appellent plus que la « Bande des Quatre » sont arrêtés, dénoncés comme « ennemis de l'État ».**

Quatre ans plus tard, à la fin de l'année 1980, les prisonniers sont jugés à Pékin, en compagnie d'autres opposants capables de compromettre l'ascension politique d'un autre dirigeant qui a pris le pas entre-temps sur Hua Guofeng, Deng Xiaoping, celui, précisément, que Jiang Qing, jadis, dénonçait comme un « révisionniste ».

### Comploteurs et assassins

La Cour spéciale, réunie le 20 novembre 1980, doit juger dix accusés. Tout d'abord, ceux que la presse ne nomme plus, péjorativement, que la « Bande des Quatre » : Jiang Qing elle-même, à qui sont reprochés, outre son action récente, des faits remontant à la Révolution culturelle, lancée pendant l'hiver 1965-1966; et ses trois collaborateurs à la tête du pays à cette époque, Wang Hongwen, Yao Wenyuan et enfin Zhang Chunqiao, naguère vice-Premier ministre et qui fit armer la milice de Shanghai afin d'imposer son pouvoir et celui de Jiang Qing. Les inculpés sont jugés par une cour spéciale composée d'un tribunal militaire et d'un tribunal civil, tous deux placés sous le contrôle de la Cour populaire suprême, présidée par le magistrat Jiang Hua. La procédure adoptée dans le cas d'espèce est nouvelle, de même que les lois définissant les crimes et délits pour lesquels les inculpés

### Des procès politiques chinois

**Après la mort de Mao** et la fin de la Révolution culturelle, la Chine connaît un phénomène que, contrairement à l'U.R.S.S., elle avait jusque-là ignoré : **les procès politiques**. De plus, autre nouveauté, ces procès sont **publics** et parfois retransmis en partie par la télévision officielle.

En octobre 1979, un procès se déroule ainsi à Pékin. Il s'agit de **celui du dissident Wei Jingsheng,** accusé de trahison et de menées contre-révolutionnaires. Ce procès public aboutit à la condamnation de Wei à quinze ans de prison.

Par ailleurs, il semble que certaines vagues de répression de **criminels de droit commun** frappent régulièrement la Chine, où la criminalité s'accroît considérablement en milieu urbain. La répression de l'été 1983, au cours duquel de nombreuses exécutions publiques ont eu lieu, a particulièrement ému l'opinion internationale.

Il est vrai que, derrière ces exécutions de criminels, les autorités dissimulent souvent celles d'opposants politiques... De ce point de vue, les procès qui ont suivi **les événements de la place Tien'anmen**, en 1989, ont provoqué l'indignation des pays occidentaux.

*Affiche de propagande contre la « Bande des Quatre ».*

sont jugés, ainsi que les peines qu'ils encourent : la Chine populaire, en effet, n'a commencé à reconstruire son édifice judiciaire que récemment, et son Code civil ainsi que son Code pénal, en 1980, ne sont vieux que de trois années. Non moins de 48 chefs d'accusation pèsent sur les prévenus : ils sont accusés de multiples crimes, dont celui d'avoir tenté d'assassiner Mao et d'effectuer un coup d'État. Par un amalgame fort étrange, cette action est assimilée à celle de Lin Biao, disparu en 1973 et qui a tenté de renverser Mao en 1971 : de sorte que les anciens partisans de Lin Biao, incarcérés depuis, comparaissent aux côtés de la Bande des Quatre !

### Des interrogatoires mouvementés

À partir du 23 novembre 1980, les interrogatoires des accusés commencent. Certains jours, les juges du tribunal militaire les interrogent directement. Privés d'avocats, les prévenus doivent se défendre eux-mêmes. Tous n'adoptent pas l'attitude de tranquille collaboration que le pouvoir chinois d'alors attend d'eux : si Wang Hongwen et Yao Wenyuan plaident coupables, acceptant de jouer le jeu, Zhang Chunqiao reste prostré, s'en tenant à un mutisme hostile tant que durent les audiences.

### Le procès de Mao ?

La veuve de Mao est la plus rétive de tous les inculpés. Elle ne cesse de provoquer la cour, interpellant directement les juges, allant jusqu'à les injurier. Le procès est public, et les débats relayés par la presse et par la télévision : Jiang Qing en profite pour faire du tribunal sa tribune. La vieille militante nie toute responsabilité dans les échecs du régime au cours des dernières années, et elle affirme avoir, en tout temps, agi en parfaite solidarité avec son mari. La manœuvre est formidablement habile, car condamner Jiang Qing dans ces conditions signifierait dénoncer celui qui reste encore la référence absolue du régime. Après de difficiles délibérations au sein de l'équipe dirigeante chinoise et la fin des interrogatoires, le 29 décembre, la cour écoute les plaidoiries. Le 21 janvier 1981, les verdicts sont rendus. Ils sont le fruit d'un compromis. Jiang Qing et Zhang Chunqiao sont condamnés à mort mais bénéficient d'un sursis de deux ans. Wang Hongwen est condamné à perpétuité. Les autres condamnés, quant à eux, sont frappés de lourdes peines de prison. Une fois ses fonctions remplies, la cour spéciale est dissoute. Cependant, en janvier 1983, la Cour suprême de Pékin commue les deux peines de mort en détention perpétuelle.

### Le procès de Puyi

La Chine populaire dispose pendant longtemps de très peu de textes juridiques. L'arsenal répressif dirigé contre les opposants, de la privation des droits civiques à la détention en passant par la rééducation dans des camps de travail, n'en est pas moins consistant : il a servi, notamment, à « réformer » un personnage exemplaire, l'empereur Puyi.

**L'empereur du Mandchoukouo.** En 1950, le dernier représentant de la dynastie mandchoue renversée en 1912 est remis aux autorités chinoises par les Soviétiques. Capturé par ces derniers en 1945, il est accusé d'avoir trahi son pays en collaborant avec le Japon, qui l'a installé à la tête de l'État fantoche du Mandchoukouo. On décide de le juger.

**De la condamnation…** Interrogé sur ses actions durant la guerre, Puyi accuse les Japonais. Une longue rééducation est alors entreprise pour tenter de mettre l'ancien empereur en face de ses responsabilités… En 1956, Puyi est cité lors du procès de Japonais accusés de crimes de guerre.

**… au redressement moral.** Ayant confessé ses erreurs anciennes, le condamné, repenti, bénéficie d'une amnistie et est libéré en 1959. Il exerce alors diverses fonctions modestes, dont celle de jardinier. Réhabilité, il meurt de maladie en 1967.

*Rolex défend l'exclusivité de sa marque*

# LES CONTREFAÇONS

**En mars 1981, l'entreprise Rolex, célèbre fabricant de montres de luxe, estimant que l'on profite indûment de sa réputation, porte plainte devant le tribunal de Cologne contre une société rivale. Cette dernière commercialise depuis quelque temps déjà en République fédérale d'Allemagne des produits qui, s'ils n'en portent pas le nom, ont l'apparence exacte des montres Rolex.**

*Spectaculaire destruction de contrefaçons de montres de luxe.*

*Contrefaçons de montres de luxe, notamment des Rolex et des Cartier.*

Des litiges de ce genre sont de plus en plus fréquents en Europe et dans le monde. Non pas que ceux qui s'adonnent à la contrefaçon soient forcément plus nombreux, mais les réglementations sont devenues plus précises et les jugements plus rigoureux sur la notion d'exclusivité.

### Imité par un marchand de café

La firme attaquée par Rolex est une entreprise de... torréfaction de café. Elle a choisi récemment de se lancer dans un nouveau secteur d'activité et a commercialisé une marque de montres — Royal — en profitant du réseau de vente déjà existant pour la distribution de ses paquets de café. L'objet litigieux est extrêmement proche d'un modèle créé par Rolex. Deux produits sont donc en présence, l'un s'inspirant de l'autre. Rolex accuse la marque Royal d'être une contrefaçon. Mais la constatation du délit n'est pas évidente. La marque de l'imitation, Royal, et son prix, très faible

## Les réglementations internationales de la contrefaçon

*Les réglementations réprimant la contrefaçon sont essentiellement issues des législations nationales. Elles visent à assurer la loyauté de la concurrence. Certains pays, en effet, sont devenus de véritables spécialistes de la contrefaçon. Ainsi, la Corée du Sud ou bien Hongkong ont multiplié les imitations de marques américaines et européennes. En matière de production textile, les pays du Maghreb, comme le Maroc, ou encore la Turquie et l'Italie fabriquent des faux qui sont diffusés sur les marchés européens. Les négociations commerciales multilatérales, telles celles du GATT (Accord général sur les douanes et le commerce), tentent en conséquence d'élaborer un cadre juridique mondial. Ainsi, en juillet 1986, est signé un accord comportant des clauses sur la protection des marques.*

*Les négociations se sont progressivement étendues à d'autres domaines, comme les droits d'auteur ou les appellations d'origine. La propriété intellectuelle et sa protection sont un des éléments de l'accord signé en 1993 et mettant fin au cycle de négociations dit « de l'Uruguay Round ». Ce type de protection est vital pour des économies qui font une place déterminante aux productions comme l'informatique, où la « matière première » est l'intelligence et les découvertes des chercheurs.*

*Tous les produits de luxe sont victimes de ces contrefaçons : ici, des imitations du parfum « Opium » de la marque Yves Saint-Laurent sont détruites.*

par rapport au prix du véritable modèle Rolex, peuvent en effet être reconnus comme des critères de spécificité. D'autre part, si la proximité des modèles produits par les deux marques est quand même évidente, rien ne prouve que cette proximité ait été délibérée et planifiée. En fonction de ces considérations, le jugement rendu le 27 mars 1981 déboute la firme Rolex : il n'accorde ni l'interdiction de la diffusion de la montre Royal ni l'octroi de dommages et intérêts au profit de Rolex, mesures réclamées par la firme, qui s'estime lésée par la commercialisation d'un produit aisé à confondre avec le sien et aux prestations bien inférieures. L'entreprise plaignante ne s'avoue pas pour autant battue : ses avocats décident de faire appel devant le tribunal fédéral.

### Rolex sauve la mise

Le 8 novembre 1984, la Cour fédérale prononce son verdict. Le jugement est d'importance : il établit des éléments susceptibles de faire jurisprudence dans un domaine en pleine évolution du fait de l'internationalisation des échanges et de l'augmentation de la concurrence. L'arrêt précise que, pour être regardé comme une contrefaçon et donc objet d'un délit, le modèle imitant doit correspondre à une série de critères. Le modèle Rolex, qui a inspiré les montres Royal, est produit par une marque à la réputation établie et reconnue. Ensuite, ce modèle de montre a bénéficié d'une large publicité et comporte un ensemble de traits spécifiques qui en font un produit fortement caractérisé dans la gamme Rolex. Dès lors, la volonté d'usurper la réputation de la firme plaignante paraît manifeste aux juges. Le copieur s'est en fait servi de la renommée du produit imité pour favoriser la diffusion d'une copie. C'est cette utilisation qui semble aux juges du tribunal fédéral contraire au droit : et ceux-ci concluent à un cas de concurrence déloyale. Pourtant, les juges ne se prononcent pas sur le dernier point de l'accusation. Ils ne sauraient estimer si la réputation de Rolex a été ici entachée ni si l'entreprise est susceptible d'obtenir réparation. Dans les médias — puisqu'ils n'ont plus de recours judiciaire —, les avocats de l'entreprise accusée de contrefaçon font à leur tour entendre leurs plaintes : selon eux, pareille décision de justice est très grave, parce que susceptible de conforter des situations de monopole. Sous prétexte de contrecarrer les effets de la concurrence déloyale, les magistrats risquent de nuire à la concurrence tout court...

### Copies serviles et contrefaçons proprement dites

L'affaire Rolex est une affaire parmi tant d'autres, au cours desquelles se trouve évoquée l'usurpation, par une firme, moins d'un produit particulier que d'une marque, évoquée non par son titre mais par la reprise de l'essentiel de ses traits caractéristiques, induisant la confusion.

**Rubik's Cube.** En novembre 1981, un litige semblable, porté devant le tribunal de Francfort, tranche ainsi en faveur des représentants du célèbre jeu de patience Rubik's Cube contre une firme imitatrice.

**De vrais faux produits.** Souvent, cependant, l'entreprise qui fabrique les produits incriminés est introuvable. La justice ne peut alors que s'attaquer aux revendeurs. Ainsi, plusieurs réseaux de vendeurs à la sauvette ont récemment été démantelés en France. Ils distribuaient dans l'Hexagone des articles textiles portant le célèbre crocodile de la marque Lacoste, mais non produits par cette firme. La police des frontières et les douanes françaises et suisses ont également dû détruire au rouleau compresseur des stocks de montres imitées des prestigieux modèles Cartier.

## *La démence et l'irresponsabilité pénale*

# LE JAPONAIS ANTHROPOPHAGE

**Le samedi 13 juin 1981, des promeneurs découvrent dans le bois de Boulogne, à Paris, deux valises abandonnées qui contiennent le corps dépecé d'une jeune femme. La police identifie rapidement la victime : Renée Hartevelt, de nationalité néerlandaise; et elle arrête deux jours plus tard le présumé coupable, Issei Sagawa, un étudiant japonais de 32 ans, résidant à Paris, et qui passe aussitôt aux aveux.**

Le meurtre est clairement celui d'un fou; mais rien, dans le passé d'Issei Sagawa, ne permet à priori de comprendre cette crise de démence aussi sanguinaire que brutale.

### Un meurtrier cannibale

Âgé de 32 ans, Sagawa est un passionné de littérature. Auteur, au Japon, d'une thèse sur *Macbeth,* de Shakespeare, il prépare à Paris un nouveau travail sur l'influence de la littérature française chez le prix Nobel japonais Yasunari Kawataba. Renée Hartevel est aussi étrangère; Sagawa en tombe amoureux, l'invite un soir chez lui, et, comme elle refuse ses avances, il la tue d'une balle de carabine 22 long rifle dans la tête. Cet acte de fureur pourrait n'être qu'un crime banal. Après le meurtre, cependant, commence l'indescriptible horreur : Sagawa dépèce le corps de sa victime, enferme certains morceaux du cadavre dans son congélateur et enveloppe les autres dans du papier journal... qu'il place dans les deux valises retrouvées au bois. Aux policiers qui l'interrogent, peu après son arrestation, il avoue avoir mangé quelques morceaux de viande. Le crime est amplement commenté en France. Au Japon aussi : plusieurs journaux accordent leur première page à l'événement, et les chroniqueurs disent leur crainte que cette affaire n'affecte considérablement l'image du Japon à l'étranger... Cependant, le criminel, maintenu en prison, attend son jugement. Il ne peut être accusé d'anthropophagie — le Code pénal français, dans un article sur

*Issei Sagawa, auteur d'un livre à succès racontant son meurtre de la jeune Néerlandaise, vit aujourd'hui tranquillement au Japon.*

### L'affaire Althusser

En décembre 1980, déjà, le célèbre philosophe français Louis Althusser, professeur à la très respectable École normale supérieure et auteur du meurtre de son épouse, a bénéficié de l'article 64.

**La mort d'Hélène.** Le 16 novembre 1980, à sept heures du matin, Louis Althusser se précipite dans la cour déserte de l'École, où il possède un logement de fonction, en criant : « J'ai tué ma femme. Ma femme est morte. » Le médecin de l'École, ami du philosophe, constate effectivement le décès d'Hélène Althusser, dont le corps gît sur le lit conjugal. Il prend la décision de téléphoner, en premier lieu, à l'hôpital psychiatrique Sainte-Anne pour demander l'hospitalisation immédiate du professeur, et prévient seulement ensuite la police. Celle-ci arrive une dizaine de minutes après le départ d'Althusser pour l'hôpital...

**Un non-lieu pour démence.** L'autopsie établit qu'Hélène Althusser a été étranglée. Le juge d'instruction, venu à Sainte-Anne pour interroger Althusser et l'inculper, trouve le philosophe dans un état de prostration totale et, après discussion avec les médecins, renonce à sa démarche. Le non-lieu pour raison psychiatrique intervient en février 1981 en vertu de l'article 64.

**Une impossible justification.** À l'époque, bien des voix s'élevèrent pour dénoncer une « justice à deux niveaux », et en particulier la solidarité du milieu intellectuel qui permit à l'un d'entre eux, parmi les plus renommés, d'échapper à la prison après avoir commis un homicide. Cependant, en mars 1985, un article du quotidien *le Monde* faisant l'amalgame entre les affaires Sagawa et Althusser détermina le philosophe, à peine remis de la grave dépression qui suivit son acte funeste, à préciser sa position dans le cadre de son autobiographie. Dans *l'Avenir dure longtemps*, il dénonce l'injustice que peut être un non-lieu en vertu de l'article 64. Il regrette dans son cas l'absence de comparution publique et contradictoire en cour d'assises.

les actes de barbarie, ne définit ce crime que lorsque l'ingestion de chair humaine s'est faite sur une personne encore en vie — mais il est évidemment passible d'une condamnation pour meurtre.

## Un non-lieu pour irresponsabilité

Mais le jugement d'Issei Sagawa n'a finalement pas lieu. Les psychiatres qui examinent le meurtrier le déclarent en effet irresponsable, diagnostiquant chez lui les séquelles d'une encéphalite intervenue lorsqu'il avait l'âge de un an et qui le rendent susceptible de graves crises de folie. Or, d'après l'article 64 du Code de procédure pénale datant de 1838, « il n'y a ni crime, ni délit lorsque le prévenu est en état de démence au temps de l'action, ou lorsqu'il a été contraint par une force à laquelle il n'a pu résister ». En conséquence, la justice française abandonne toute charge contre le meurtrier de Renée Hartevelt, qu'une décision administrative fait interner à l'hôpital psychiatrique de Villejuif. Là, le jeune homme reprend une vie presque normale. Il continue à s'abandonner à sa passion pour la littérature, entretient une correspondance avec le metteur en scène et écrivain japonais Juro Kara. En 1983, il publie même un roman inspiré par ses délires et le meurtre qu'il a accompli, intitulé *Lettres de Sagawa*. Cet ouvrage, aussi réaliste que controversé, reçoit, au Japon, la plus haute distinction littéraire de l'année, le prix Akatugawa... Dans le texte même des *Lettres*, Sagawa évoque la possibilité de faire un film de sa vie : « Si vous m'apprenez à écrire habilement le scénario, je vous révélerai les faits et mes délires imaginaires. Dans ce film, le Japonais doit être petit et chétif, et la femme étrangère, grande et blonde. »

*Reconnu dément, l'étudiant japonais est finalement interné en hôpital psychiatrique, à Villejuif.*

*En 1984, Sagawa, devenu une vedette littéraire dans son pays, est transféré au Japon pour y être interné. Son arrivée est très attendue... et les psychiatres japonais, le jugeant normal, vont rapidement le libérer.*

## Une libération rapide

Le 21 mai 1984, une décision du préfet de police de Paris autorise Issei Sagawa à quitter la France pour un établissement psychiatrique japonais. Mais, à l'hôpital psychiatrique de Tokyo, les psychiatres japonais n'ont pas sur ce cas le même point de vue que leurs homologues français. Ils ne retrouvent pas les traces d'anomalies au cerveau et ne peuvent diagnostiquer aucune véritable maladie mentale. Comme, d'autre part, le comportement d'Issei Sagawa à l'hôpital est jugé « normal », la décision de relâcher le patient est prise. Le 13 août 1985, celui qui a dépecé et mangé quatre ans plus tôt la chair de Renée Hartevelt sort de l'hôpital pour être hébergé dans sa famille. Cette conclusion a évidemment quelque chose d'extrêmement troublant : au point que les policiers japonais envisagent un moment de demander des informations à la France en vue d'une éventuelle inculpation d'Issei Sagawa. Le jugement du meurtrier est désormais possible en effet, puisque les médecins nippons n'ont détecté chez lui aucune cause d'irresponsabilité mentale. Mais, aucune plainte n'étant déposée à ce moment — l'affaire est tombée dans l'oubli en France —, Issei Sagawa reste en liberté.

*Condamné à perpétuité pour le meurtre de 28 enfants*

# LE TUEUR D'ATLANTA

*Manifestation dans les rues d'Atlanta en mémoire des enfants assassinés ou disparus, en mars 1981.*

**À partir de juillet 1979, la ville d'Atlanta, en Géorgie, dans le sud des États-Unis, est le théâtre d'une dramatique série d'assassinats : 28 enfants, principalement des garçons, âgés souvent d'une dizaine d'années, tous Noirs, sont successivement découverts étranglés dans des lieux déserts de la banlieue ou sur les berges de la rivière qui traverse la ville. Une véritable psychose s'empare de la population.**

En juin 1981, enfin, la police arrête le présumé coupable. C'est un homme noir, d'une trentaine d'années, nommé Wagne Williams. La police l'a vu régulièrement sur les lieux où étaient retrouvés les corps ; elle n'y a prêté attention que tardivement — Williams couvrait pour la presse locale ces homicides. L'homme clame son innocence ; mais la série des meurtres cesse dès son arrestation.

## La fin de la macabre série

Le procès du tueur s'ouvre au début de 1982, en présence d'une assistance importante, en particulier d'une foule de journalistes, d'autant plus impliqués que l'accusé est un des leurs. L'enquête n'a permis d'établir la culpabilité de Williams, de façon certaine, que pour deux des meurtres d'enfants : l'acte d'accusation n'est donc établi que pour ces deux seuls crimes. Mais la cour a présente à l'esprit l'entière série des assassinats, du fait, surtout, que les médecins légistes, appelés à déposer, affirment que les 28 enfants ont été assassinés par un même individu : les cadavres présentent en effet tous les mêmes caractéristiques, à quelques variantes près. Aucun n'a subi de violence sexuelle ; la mort a été donnée la plupart du

### Les tueurs d'enfants

*Les meurtres d'enfants frappent l'imagination et suscitent l'indignation de l'opinion. Certains procès de criminels supposés ont été l'occasion de polémiques, en France, sur l'application de la peine de mort à ce type de crime.*

*Ainsi, en décembre 1992, mettant un terme à quatre années de procès, la cour d'assises de l'Isère, à Grenoble, a condamné à la perpétuité, assortie d'une peine de sûreté de 28 ans, Didier Gentil, l'auteur du viol et du meurtre d'une petite fille, mais a acquitté celui qui était supposé être son complice, un dénommé Richard Roman. Le réquisitoire de l'avocat général montre les risques d'erreurs judiciaires particulièrement fréquents dans ce genre d'affaire, qui soulève d'intenses passions. La presse avait un peu tôt fait de Roman un coupable, avant que la justice ne le reconnaisse innocent.*

*Une peine de sûreté de trente ans est souvent requise contre les auteurs de pareils actes criminels. Elle impose une détention de cette durée avant que puisse être envisagée une quelconque remise de peine.*

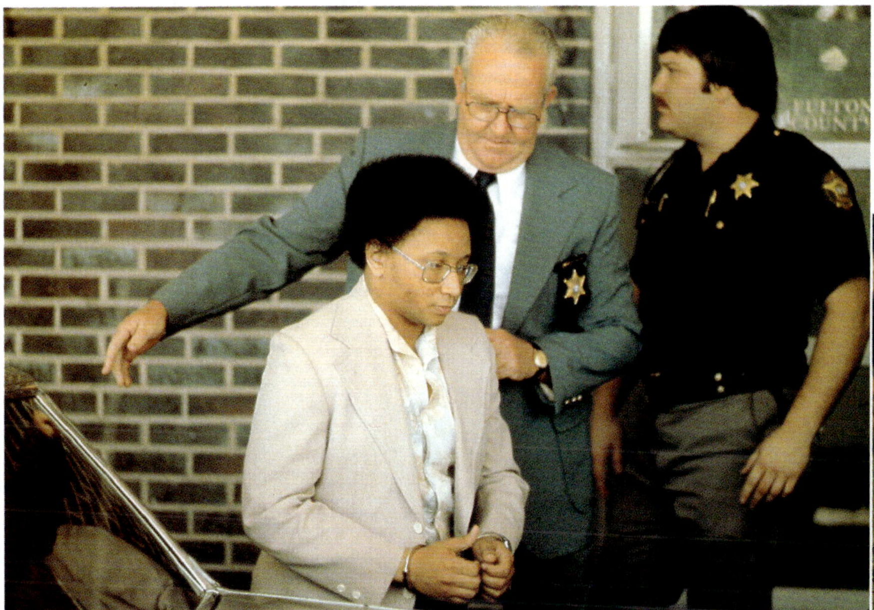

*Williams, l'auteur présumé des meurtres en série d'enfants, clame son innocence : reconnu coupable d'au moins deux meurtres, il est condamné à la réclusion à perpétuité.*

temps par strangulation et le corps aussitôt abandonné; quelques enfants ont été tués d'une balle dans la tête mais, là non plus, ils n'ont pas subi de sévices, ni avant, ni après le meurtre. Cependant, Wagne Williams proteste de son innocence, même pour les deux assassinats qui lui sont imputés. Il dénonce les circonstances de son arrestation : la police s'est saisie de lui alors que des témoins — traumatisés par les meurtres — venaient de le voir se débarrasser d'un lourd sac en le jetant dans la rivière. Or, c'est ainsi que l'assassin des enfants noirs, à plusieurs reprises, s'est délesté des cadavres de ses victimes. Williams nie tout en bloc, et le fameux sac n'a jamais été retrouvé... Les mobiles des meurtres — qu'il s'agisse ou non de Williams — n'apparaissent pas non plus clairement. Les enfants assassinés ne possédaient rien qui puisse susciter des convoitises; et leur meurtrier, ainsi qu'il a été dit, n'a pas abusé de leur corps. Le crime ne peut donc avoir que des mobiles déments : haine raciste conjuguée à la détestation de l'enfance. Or, les experts psychiatres interrogés affirment que l'inculpé ne présente aucun symptôme d'anormalité mentale. La défense, bien sûr, sait profiter de cette brèche et dénonce, de nouveau, la faiblesse du dossier d'accusation : aucun élément ne permet de prouver véritablement, selon elle, que Wagne Williams est bien l'auteur des crimes en série... Après le réquisitoire et la plaidoirie, le juge rappelle les peines que la loi géorgienne prévoit en cas de culpabilité. Les jurés se retirent alors pour délibérer. Le 27 février 1982, Wagne Williams est reconnu coupable des deux meurtres dont il est accusé. Il est condamné à la réclusion criminelle à perpétuité. Jamais Wagne Williams n'a cependant reconnu être le tueur d'Atlanta.

*Les parents des enfants d'Atlanta vivent dans la terreur du « serial killer » et ceux des victimes dans la douleur et la colère.*

## Tueurs en série

Avec, probablement, 28 crimes à son actif, Wagne Williams représente le type même de ce qu'on appelle le « tueur en série » : le *serial killer*, pour reprendre l'expression américaine — car c'est aux États-Unis que ce type de meurtrier semble tout particulièrement sévir, à la fin du XX$^e$ siècle, au point de devenir un des thèmes favoris de certains films de cinéma ou de télévision.

**Des victimes par dizaines... ou par centaines.** L'exécution de J. Gacy, en mai 1994, reconnu coupable d'une trentaine de meurtres, a constitué ainsi le dénouement d'une de ces nombreuses affaires de tueurs en série. Datant de l'année précédente, le cas d'Ottis Toole et de son compagnon est également révélateur : les deux hommes ont été accusés et reconnus coupables de centaines de meurtres assortis de cas d'anthropophagie...

**L'éventreur du Yorkshire.** L'Europe n'ignore malheureusement pas complètement les cas de ces tueurs psychopathes. Ainsi, le 22 mai 1981, le tribunal d'Old Bailey, en Grande-Bretagne, a condamné à la réclusion perpétuelle celui que l'on surnomme l'« éventreur du Yorkshire ». Le coupable, un camionneur nommé Jack Sutcliffe, a terrorisé la région des années durant, assassinant au moins treize femmes entre 1975 et 1980, dans des conditions particulièrement horribles. La condamnation de Sutcliffe a été assortie d'une peine de sûreté de trente ans.

*La dictature argentine en procès*

# VIDELA ET CONSORTS

**En 1982, à la suite de son humiliante défaite dans la guerre des Malouines, la dictature argentine en place depuis 1976 s'écroule. Le pays renoue avec la démocratie en 1983. Le régime du nouveau président, Raúl Alfonsín, décide de traduire en justice les précédents dirigeants, accusés d'avoir pratiqué systématiquement la torture et les disparitions d'opposants politiques.**

*Au banc des accusés lors du procès de la junte militaire argentine : l'amiral Massera et le général Videla.*

*Les militaires devant la justice : ils doivent répondre de très nombreuses violations des Droits de l'homme : torture, enlèvements, disparitions et assassinats...*

Le 22 avril 1985, après deux années d'enquêtes et de tergiversations judiciaires, les anciens dirigeants de la junte argentine comparaissent donc devant leurs juges, le tribunal fédéral de Buenos Aires. L'opinion, et particulièrement les organisations de Droits de l'homme, les partis politiques et les syndicats attendent de ce procès des révélations et une éclatante revanche après des années de férocité totalitaire.

## Un procès explosif et délicat

Dans le box des accusés figurent les plus grands dirigeants de l'armée argentine. D'abord, les représentants de l'armée de terre, parmi lesquels ceux qui ont véritablement dirigé le pays depuis 1976 : le général Jorge Rafael Videla, auteur du coup d'État qui renversa Isabel Perón, et les généraux Viola et Galtieri — ce dernier étant le responsable du second coup d'État militaire, qui remplaça la junte du général Videla par la sienne propre. À leurs côtés, les amiraux Massera, Lambruschini et Anaya. Enfin, l'armée de l'air est représentée par les généraux Agosti, Dozo et Graffigna. En tout, d'après l'acte d'accusation, ces neuf officiers généraux doivent répondre de sept cent onze cas de violations avérées des Droits de l'homme : enlèvements, emprison-

## Les imbroglios juridiques du problème des disparus

*Les militaires argentins n'ont jamais reconnu la réalité de la pratique des disparitions d'opposants. Ces enlèvements, menés par des groupes paramilitaires, ont constitué un élément du système de terreur mis en place après le coup d'État de 1976. Des familles entières ont été décimées; on estime à dix mille ou trente mille le nombre de disparus.*

*Souvent, les jeunes enfants des victimes ont été confiés à des couples étrangers à leur famille d'origine, afin d'être adoptés et rééduqués. Les différentes recherches menées par des associations des familles de victimes ont permis de retrouver certains de ces enfants. Mais la loi est muette sur la situation de ces derniers : doivent-ils retourner dans leur famille d'origine, dont ils ignorent tout, ou doivent-ils demeurer chez leurs parents adoptifs ? Lorsque ceux-ci ont été complices de la disparition des parents, on imagine aisément les déchirements que cela provoque…*

*Enfin, les veuves et les orphelins de disparus doivent faire reconnaître de droit leur situation de fait. L'État n'admettant pas les « disparitions », ces familles doivent conduire de longs et coûteux procès pour faire reconnaître leur situation. Le gouvernement argentin a récemment proposé d'indemniser les familles des victimes, vœu formulé par ces dernières depuis des années.*

nements arbitraires, tortures, assassinats, etc. Les faits ont pu être établis grâce au travail de la Commission nationale sur la disparition des personnes, présidée par le romancier Ernesto Sabato. Pour se prononcer sur la responsabilité des inculpés, la cour n'a pas entièrement les coudées franches. D'abord, les juges doivent tenir compte de la volonté du gouvernement de ne pas pousser à bout un corps momentanément divisé par la défaite argentine, mais qui, dans l'échec, serre les rangs autour de ses chefs. Ensuite, la magistrature argentine ne peut oublier qu'elle s'est compromise avec les militaires durant les années de dictature, et elle n'entend pas que certains dossiers soient abordés. D'ailleurs, avant que soient abordées les questions de fond, une bataille de procédure oppose les avocats des officiers inculpés et l'accusation. Selon la défense, le tribunal civil n'a aucune compétence pour juger les anciens dirigeants de la junte : ceux-ci, militaires, ne ressortissent pas à un tribunal civil. Le nouveau régime avait reconnu d'avance l'objection et demandé, en septembre 1984, au Conseil supérieur des forces armées de poursuivre : mais celui-ci avait refusé, considérant que les crimes imputés aux anciens chefs militaires argentins étaient inexistants… D'autre part, les avocats de la défense font remarquer que l'on entend juger leurs clients en fonction d'une législation adoptée tout juste avant le procès par la démocratie argentine, c'est-à-dire au moyen de définitions de crimes et de délits qui n'existaient pas au moment des faits reprochés aux officiers… L'argument, incontournable, est cependant réfuté par les juges.

### Le procès d'un régime

Après cette bataille de procédure est abordée enfin l'histoire de la dictature argentine depuis son accession au pouvoir, en 1976. Les avocats des parties civiles regrettent même que le procès n'examine pas des faits qui ont eu lieu avant cette date, faisant observer que l'armée a déclenché la répression et la terreur avant d'imposer son régime, notamment en faisant agir des groupes paramilitaires, parmi lesquels la tristement célèbre Triple A (Alliance Anticommuniste Argentine). Aucun des officiers accusés, cependant, ne se reconnaît une quelconque culpabilité. Leur défense s'organise autour d'un thème unique : le pays a vécu, selon eux, une véritable guerre contre la subversion. Les accusations portées ne sont que les conséquences de cette guerre menée pour sauver le pays. Les militaires, clament-ils, n'ont fait qu'accomplir leur devoir. Il faut des mois de procédure pour examiner les rouages de la politique de terreur. Les parties civiles présentent les cas précis de disparus et d'opposants torturés. Les dépositions des victimes survivantes dévoilent toute la férocité du régime militaire. Après les plaidoiries et le réquisitoire du procureur fédéral, la cour, subissant les pressions de l'État et celles de l'opinion publique nationale et internationale, délibère dans un climat très tendu. Le 9 décembre 1985, enfin, le verdict tombe. Cinq des accusés, ceux qui dirigèrent le pays durant les premières années de dictature — celles où la répression a été la plus violente, entre 1976 et 1980 —, sont reconnus coupables de la plupart des faits contenus dans l'acte d'accusation. Ainsi, le général Videla, qui dirigeait la junte en 1976, et l'amiral Massera sont condamnés à la réclusion à perpétuité. Le général Viola est frappé de 17 années de réclusion, l'amiral Lambruschini de 8 ans et le général Agosti de 4 ans. Les quatre officiers restants, membres de la dernière junte au pouvoir, sont acquittés.

*Manifestation des mères des disparus, place de Mai, à Buenos Aires.*

## Les responsabilités des militaires

Les procès de 1985 représentent un premier pas vers la condamnation des militaires compromis dans la répression. Mais les associations constituées en partie civile, parmi lesquelles **les « Mères de la Place de Mai »**, désirent traduire en justice tous les militaires accusés de tortures, meurtres et disparitions.

Cependant, **le gouvernement argentin, souhaitant ménager l'armée et limiter les responsabilités aux principaux dirigeants, a fait voter en 1986 une loi dite « du point final »**, destinée à mettre un terme aux procédures engagées. La loi de l'obéissance due aux supérieurs, votée en 1987, a limité les responsabilités des militaires, retranchés derrière la thèse des ordres reçus. Elle équivaut à **une amnistie**. Enfin, le gouvernement argentin, conduit par Carlos Menem depuis 1989, a rendu la liberté aux derniers dirigeants militaires encore détenus, en invoquant la réconciliation nationale.

Cependant, le procès de 1985, malgré ses limites, aura été **un des premiers du genre en Argentine et en Amérique latine**. Au Chili, le général Pinochet, en abandonnant le pouvoir en 1990, a pris soin de faire amnistier par avance tous les militaires compromis dans la répression qui a suivi le coup d'État de 1973…

*Peut-on louer son ventre ?*

# LES MÈRES PORTEUSES

**L'évolution des techniques de procréation artificielle remet en cause bon nombre d'approches de la vie et de la conception. L'image du père et celle de la mère s'en trouvent du coup bouleversées. Les tribunaux ont dû ainsi rattraper le retard de la législation sur le progrès scientifique.**

Dans les années 1985 et 1986, à la suite de conflits juridiques et humains extrêmement pénibles, une série de dispositions, en Europe comme aux États-Unis, tente de combler ces vides juridiques.

### Des cigognes en pleine illégalité

En Alsace, une association destinée à recruter des mères porteuses s'est constituée en 1985, comme un peu partout en Europe et aux États-Unis. Elle œuvre à mettre en relation des femmes capables de porter un enfant,

*Claudine Kuntz, secrétaire générale de l'association Les Cigognes.*

*Baptême des jumeaux américains Chad et Chelsea, portés et mis au monde par leur grand-mère.*

*Journées annuelles d'éthique 1985 du Comité national d'éthique français, présidé par le professeur Jean Bernard, ici en compagnie du Premier ministre, Laurent Fabius, et du recteur de l'Université de Paris, Hélène Ahrweiler.* ▷

mais sans désir de maternité, et des couples souhaitant procréer, mais dont la femme, pour des raisons médicales diverses, ne peut mener à terme une grossesse. L'association alsacienne se nomme « Les Cigognes », dénomination suggestive. Elle fournit la mère porteuse et les médecins capables de réaliser les opérations initiales indispensables, c'est-à-dire le prélèvement des cellules de reproduction du père et de la mère; leur fécondation en laboratoire et leur implantation dans l'utérus de la mère porteuse. La solution a l'avantage, aux yeux de bien des parents hésitant à adopter, d'engendrer un enfant biologiquement conçu par eux et simplement maintenu en « serre » dans le ventre d'une tierce personne. Conformément aux règles propres à l'Alsace (qui, du fait de son histoire mouvementée, conserve des dispositions juridiques spécifiques par rapport aux autres régions de France), la nouvelle association est tenue de

## La loi et les mères porteuses

L'affaire des mères porteuses pose toute une série de problèmes concernant l'intégrité de la personne humaine et la transformation d'une partie du corps, l'utérus, en objet susceptible d'être prêté ou loué.

**Le cas français.** La décision prise par le Conseil d'État dans l'affaire des Cigognes est, en France, une des premières dispositions juridiques encadrant le phénomène des mères porteuses. Huit années plus tard, entre avril et juillet 1994, un ensemble de lois sur la bioéthique a posé le principe de l'inviolabilité du corps humain et celui de son indisponibilité, c'est-à-dire de l'impossibilité d'en disposer comme d'une propriété. Les textes ont également interdit l'utilisation des nouvelles techniques de procréation par des femmes soucieuses de concevoir solitairement.

**La Grande-Bretagne et la Suède.** En Grande-Bretagne, une législation de moindre ampleur a pour l'heure été adoptée. Une loi de 1985 interdit cependant le recrutement des mères porteuses et la commercialisation par des agences spécialisées de toutes sortes de prestations s'en rapprochant. De même, l'embryon humain ne peut, en aucune façon, être objet de transactions. On notera que, dans les législations britannique et française, ce n'est pas la mère porteuse qui commet l'infraction. En Suède existent des dispositions semblables.

**La Suisse et l'Allemagne.** L'opinion publique de la Confédération helvétique s'est également montrée très préoccupée par ces problèmes. En septembre 1986, une pétition lancée par la presse a demandé aux autorités fédérales de proposer d'incorporer dans la Constitution un article condamnant explicitement tous les abus liés à la reproduction humaine ou aux manipulations génétiques. En revanche, la législation allemande ne comporte pas de condamnation explicite de la pratique des mères porteuses.

déposer des statuts et d'être inscrite sur les registres du tribunal d'instance. C'est à cette occasion que commence le processus judiciaire. Car le préfet refuse purement et simplement l'inscription des Cigognes sur les registres concernés. L'argument utilisé est que l'association risque d'encourager à l'illégalité : son activité peut être considérée comme une incitation à abandon d'enfant, délit que réprime l'article 353-1 du Code pénal. Pour l'association, l'opposition du préfet est illégale : dans la mesure où la « mère porteuse » n'est pas en réalité la mère biologique, la loi sur l'incitation à abandon d'enfant ne peut être invoquée. En conséquence, Les Cigognes se munissent d'avocats, qui saisissent de l'affaire le tribunal administratif de Strasbourg en décembre 1985. Or, celui-ci tranche en la défaveur de l'association, estimant que la décision du préfet est justifiée.

### La décision du Conseil d'État

En effet, outre les textes sur l'incitation à abandon d'enfant, qu'il estime pertinent de retenir en cette affaire, le tribunal administratif de Strasbourg invoque un autre texte, extrait cette fois du Code civil, l'article 1128. D'après les dispositions de cet article, les juges établissent que seules les choses susceptibles d'être commercialisées peuvent faire l'objet de transactions. Des transactions, même sans perspective de profit, concernant en l'occurrence un embryon humain ne peuvent donc être reconnues légales. C'est pourquoi la reconnaissance des Cigognes, par son inscription sur un registre, ne peut être tolérée. Déboutée une deuxième fois, l'association ne s'avoue toujours pas vaincue. Cette fois, elle saisit le Conseil d'État, instance supérieure en matière de conflit entre l'Administration et les citoyens. En 1986, celui-ci émet le jugement suivant : d'une part, il affirme le bien-fondé de l'intervention du préfet, étant donné les spécificités du droit qui s'applique en Alsace; d'autre part, il confirme que l'article du Code pénal réprimant l'incitation à abandon d'enfant s'applique dans ce cas, et donc refuse tout droit d'exister à l'association Les Cigognes. Cette décision, d'une importance extrême, fait jurisprudence en France : elle rend impossible la constitution dans l'Hexagone de tout réseau ou organisme chargé de recruter les mères porteuses, comme il en existe aux États-Unis.

## Les comités d'éthique

*La décision du Conseil d'État en 1986 est conforme aux dispositions prises en 1984 par le Comité national d'éthique pour les sciences de la vie et de la santé. Ce dernier a été créé en 1983 par le gouvernement pour émettre des avis sur les grands problèmes éthiques posés par l'évolution des sciences du vivant, de la génétique aux techniques de procréation artificielle. Il est composé d'experts, de scientifiques et de juristes reconnus. En octobre 1984, le Comité national d'éthique a établi les limites et les risques que pouvaient engendrer la pratique des associations recrutant des mères porteuses et la substitution de mère.*

*En Grande-Bretagne, une commission d'enquête sur la fécondation humaine et l'embryologie a également été instituée. Tout comme son homologue française, cette commission émet des avis consultatifs.*

*Très souvent, ces avis sont pris en compte par le législateur et inspirent des projets de loi. Des principes ont été posés. Ainsi, la loi ne peut reconnaître des contrats ayant pour but la location d'une partie du corps. L'embryon ne peut ensuite être considéré comme un organe, ce qui aurait permis d'entrer dans le cadre des lois organisant et autorisant sous certaines conditions le don d'organes, comme en France la loi Caillavet de 1976. Enfin, la Cour de cassation a condamné clairement en 1991 la pratique des locations d'utérus au nom de l'indisponibilité du corps humain : une personne ne peut disposer de son corps comme d'un de ses biens.*

*Un condamné peut en cacher un autre*

# LES REPENTIS DE LA MAFIA

*Une première dans l'histoire de la justice italienne, le procès de plusieurs centaines de membres de la Mafia, à Palerme.*

**Au début de l'année 1986 s'ouvre à Palerme, en Sicile, un procès sans précédent. Des centaines d'inculpés, des tonnes de dossiers, un climat d'extrême tension et de bouleversements, des révélations stupéfiantes sur l'organisation de la Mafia sicilienne et sur ses complicités : voilà la rançon d'années d'une lutte inlassablement menée, et avec une grande ténacité, par de courageux juges d'instruction, souvent au péril de leur vie.**

474 personnes, sur 707 accusés, comparaissent devant la cour d'assises de Palerme, dans le palais de justice de la ville, le 10 février 1986; il a fallu construire une salle d'audience spéciale pour les accueillir ainsi que leurs avocats : de mémoire de magistrat, on n'avait jamais vu cela.

## Vingt-deux volumes d'acte d'accusation

Le juge Alfonso Giordano préside ce tribunal exceptionnel. Dès la première audience, il explique que, au-delà du cas des inculpés présents ou absents, le procès qui s'ouvre est celui de la Mafia entière, et que les jours qui viennent constituent une occasion inespérée de comprendre de l'intérieur le fonctionnement de cette organisation criminelle. Ce faisant, il affirme nettement la position de l'État italien, désireux cette fois de frapper fort, et à tous les niveaux. Cependant, le dossier d'enquête est si chargé et les prévenus si nombreux qu'il faut plusieurs audiences pour lire les 8 067 pages de l'acte d'accusation. Au fil des débats, qui durent pendant plusieurs mois, sont rendues publiques plus d'informations que les précédents procès n'en ont jamais livrées. Les témoignages des « repentis » de l'organisation, des chefs locaux qui ont accepté de parler, sont particulièrement précieux. Leurs dires ont été patiemment vérifiés durant les années d'une instruction menée par des juges bien connus de l'opinion pour leur courage, comme Giovanni Falcone, Paolo Borsellino et Leonardo Guarnotta. Aussi les dépositions d'un Salvatore Contorno ou d'un Vincenzo Sinagra sont-elles écoutées avec attention. Mais, parmi les repentis, c'est Tommaso Buscetta qui fait les révélations les plus précises. L'ancien malfaiteur montre que la Mafia est organisée selon une hiérarchie à la fois stricte et précise. Des territoires sont attribués à chaque famille et à chaque clan de ceux qui s'appellent eux-mêmes les « hommes d'honneur ». Ceux-ci ont à leur disposition des groupes de tueurs, équipés de moyens redoutables grâce au trafic d'armes international. Une assemblée des chefs de territoire délibère. Mais c'est celui qui la préside, surnommé « il papa », qui a la haute main sur la direction de la Mafia. Interrogé sur la mort du préfet Della Chiesa, chargé par le gouvernement de coordonner la lutte antimafieuse et assassiné en 1982, Buscetta établit que la décision a été prise par les hautes instances de l'organisation criminelle. Il dénonce son ancien chef : Michele Graco, qui a été récemment incarcéré. Un autre mafieux, Luciano Liggio, doit, quant à lui, répondre de nombreux meurtres. Chef du clan de Corleone, il a mené une sanglante guerre des gangs pour imposer sa domination. Il est un de ceux qui ont orienté les activités de la Mafia vers le tra-

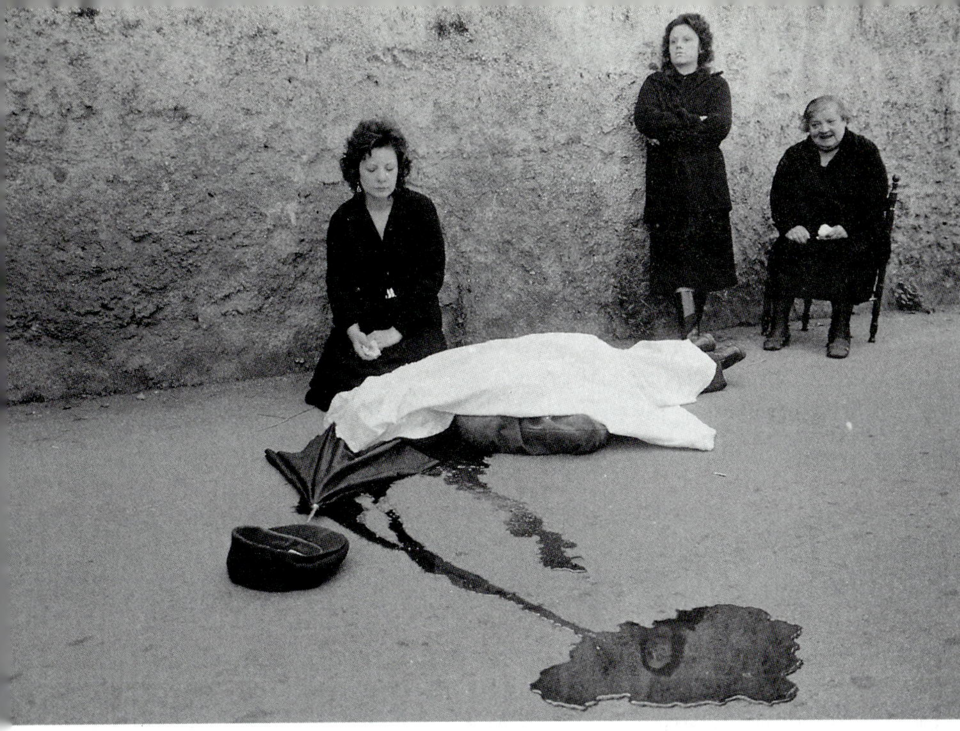

*Un règlement de compte de la Mafia : des générations de Siciliens ont été décimées ainsi par cette organisation.*

## La loi sur le repentir et les réformes judiciaires en Italie

*La lutte contre la Mafia a été rendue possible par une série de réformes judiciaires.*
*Ainsi, en septembre 1982, le Parlement italien a adopté la réforme de l'article 416 du Code pénal sur les associations de malfaiteurs. Cette loi a été votée après l'émotion suscitée par l'assassinat du préfet anti-Mafia Della Chiesa en septembre 1982 et par le meurtre du député communiste italien Pio La Torre, qui avait déposé le projet de loi.*
*Par ailleurs, les magistrats italiens chargés de l'instruction ont pris l'habitude de travailler en équipe, afin de diminuer les risques de rétorsion en dispersant les responsabilités. Ce sont les « pools » antimafieux. En outre, la réforme du Code de procédure pénale, en juillet 1989, a transformé la pratique judiciaire, substituant une procédure inquisitoire à une procédure accusatoire.*
*Enfin, des dispositions ont favorisé la pratique du repentir : les mafieux qui acceptent de collaborer avec la police et les magistrats peuvent désormais bénéficier de remises de peine.*

fic de drogue international, alors que, jusque-là, l'honorable société s'occupait essentiellement d'activités rurales, de racket ou de spéculation immobilière. Il appartient à une nouvelle génération de mafieux, plus sanguinaires, plus liés à l'étranger et donc davantage coupés de la population sicilienne.

### Affirmer la présence et la force de l'État

Au fur et à mesure de l'avancement des audiences, les débats prennent un tour plus technique. Les juges d'instruction ont fait appel à des experts financiers. Leurs dépositions établissent comment l'argent de la Mafia suit une véritable filière. Depuis les banques américaines et suisses, il transite vers des activités légales, investissements boursiers ou petit commerce de détail. Il apparaît ainsi que, paradoxalement, le maillon faible de la Mafia est son pouvoir économique et financier. Plutôt qu'à cause de leurs crimes, aussi certains que difficiles à prouver, les prévenus sont confon-

*Funérailles d'un militant communiste assassiné par la Mafia, dans la région de Palerme, en 1978.*

dus grâce aux suites financières qu'ils donnent à leurs opérations, sanctionnées par un contrôle fiscal et des confrontations de données comptables et bancaires qui font apparaître d'importantes malversations. Plus remarquables, certaines dépositions exposent les liens entre la Mafia et des terroristes qui ont accompli dans le passé de graves attentats. Ces liens expliquent combien l'organisation mafieuse a profité du climat des années pendant lesquelles la police était occupée à pourchasser les Brigades rouges et le terrorisme d'extrême droite, et montrent qu'elle est partie prenante dans le trafic d'armes international, grâce aux relations qu'elle entretient avec le Moyen-Orient. Ces révélations font apparaître plus clairement que jamais la Mafia comme une véritable armée du crime, et l'État italien — c'est-à-dire en l'occurrence le ministère public — insiste sur l'urgence d'en finir avec sa puissance. Le 16 décembre 1987, le verdict est prononcé : 456 mafieux doivent répondre de leurs crimes. Dix-neuf sont condamnés à la peine la plus sévère du Code pénal italien : la perpétuité. Un total de plusieurs milliers d'années de prison frappe des centaines d'autres. Des mafieux repentis sont acquittés. Le soir même, l'un d'entre eux est abattu par ses anciens complices.

## Délinquance internationale et coopération des appareils policiers et judiciaires

La Mafia, depuis quelques années, n'est plus un phénomène exclusivement italien. Partie prenante dans le trafic de drogue international, elle oblige le gouvernement italien à coopérer étroitement avec les polices des autres pays.

**Dans le cadre de l'Europe.** En septembre 1992, la réunion des douze ministres de l'Intérieur et de la Justice de la Communauté européenne a élaboré un plan de lutte contre les organisations criminelles. Des réunions semblables se sont ensuite multipliées. Le traité de Maastricht prévoit la constitution d'un centre de renseignements policiers européen, Europol.

**Vers une plus large coopération.** L'Italie tente également de nouer des contacts avec les États-Unis. L'opération *Green-Ice*, en septembre 1992, a ainsi permis l'arrestation simultanée de mafieux en Italie, en Espagne, en Grande-Bretagne, mais aussi au Canada et aux États-Unis. Cette opération a mis au grand jour les liens existant entre la Mafia sicilienne et les cartels de narcotrafiquants sud-américains.

## *Le jugement du « boucher de Lyon »*

# KLAUS BARBIE

**Entre 1942 et 1944, Klaus Barbie, chef de la Gestapo de Lyon, décide de la déportation et donc de la mort d'un grand nombre de Juifs, en même temps qu'il pourchasse et torture des résistants, parfois jusqu'à la mort — ainsi pour Jean Moulin. Réfugié en Bolivie dans les années 1950, il y mène une existence paisible, jusqu'à ce qu'il soit livré à la justice française, au terme d'une longue procédure d'extradition.**

Commence alors un voyage dans le temps qui ramène le criminel de guerre allemand, ses juges et l'opinion, passionnée, près de quarante-cinq ans en arrière.

### « Je m'appelle Klaus Altmann »

La cour d'assises du Rhône, devant laquelle comparaît l'inculpé, se réunit le 11 mai 1987 dans une salle spécialement aménagée pour l'occasion. L'affluence est considérable. Les avocats des parties civiles sont très nombreux, car Barbie est accusé de la déportation de centaines de personnes. L'acte d'accusation est lu devant un auditoire grave. Une partie seulement du passé de Barbie est alors évoquée : ses actions à la tête de la Gestapo de Lyon dans la lutte contre la Résistance, notamment, ne sont pas du ressort du tribunal. Déjà condamné à mort plusieurs fois par contumace après la Seconde Guerre mondiale pour ces faits qualifiés comme crimes de guerre, Klaus Barbie bénéficie de la prescription. Il n'en va pas de même pour les décisions qu'il a prises concernant la déportation de Juifs, regardées comme crimes contre l'humanité et qui sont, à ce titre, imprescriptibles. Le président Cerdini commence l'interrogatoire du prévenu. Celui-ci dément être Klaus Barbie. Il prétend s'appeler Klaus Altmann et affirme être de nationalité bolivienne. Le procureur général Truche dénonce la manœuvre, grossière, mais l'accusé reste sur ses positions. Il refuse de répondre et même d'assister aux débats à partir du 14 mai. Ce système de défense a été choisi par ses avocats, conscients de la difficulté qu'il y aura à prouver l'identité d'un homme qui a refait sa vie, plus de trente ans auparavant, en Amérique du Sud. Les premières auditions relatent les résultats de l'instruction effectuée en France et en Allemagne, du 14 au 19 mai. On prend connaissance de la fuite de Barbie, de la protection qu'il a reçue de la part des Américains, moyennant quelques services durant la Guerre froide, puis de la part des autorités boliviennes. Après quoi les douloureux témoignages des victimes ou de leurs parents se succèdent.

### Une défense qui fait feu de tout bois

L'avocat de Klaus Barbie, maître Jacques Vergès, utilise tous les moyens pour ralentir la procédure. La presse s'est fait l'écho de rumeurs selon lesquelles Barbie aurait de sensationnelles révélations à rendre publiques, notamment sur la mort de Jean Moulin et sur les conflits entre groupes de résistants : même

*Les convois vers les camps d'extermination : Barbie est responsable de la déportation d'un très grand nombre de Juifs vers cet enfer.*

### « Ce procès doit faire honneur à la mémoire »

*Élie Wiesel, rescapé d'Auschwitz et prix Nobel de la paix 1986, a envoyé à l'un des avocats des parties civiles une lettre, lue en audience et dont voici un extrait :*

*« C'est pour les morts, mais aussi pour les survivants, et plus encore pour leurs enfants — et les vôtres — que ce procès est important ; il pèsera sur l'avenir. Au nom de la justice? Au nom de la mémoire. Une justice sans mémoire est une justice incomplète, fausse et injuste. L'oubli serait une injustice absolue au même titre que Auschwitz fut le crime absolu. L'oubli serait le triomphe définitif de l'ennemi. C'est que l'ennemi tue deux fois. La seconde en essayant d'effacer les traces de son crime. [...] Grâce à ce procès, les rescapés trouvent une justification à leur survie. Leur témoignage compte, leur mémoire fera partie de la mémoire collective. [...] Se déroulant sous le signe de la justice, ce procès doit faire honneur à la mémoire. »*

*Citée par P. Mérindol,* Barbie, le procès, *Éd. La Manufacture, Lyon, 1987.*

## L'extradition

*Lorsqu'une personne recherchée pour des crimes ou des délits se réfugie à l'étranger, dans un pays tiers, se pose alors le problème de sa poursuite. L'extradition permet à un État qui cherche à s'emparer d'un prévenu en fuite de le réclamer à un autre État.*
*Il s'agit d'une procédure délicate puisqu'elle risque de peser sur les relations diplomatiques. Un État peut considérer que toute demande d'extradition est une atteinte à sa souveraineté. Cette procédure peut également aller à l'encontre de traditions d'accueil, tel le droit d'asile. Aussi existe-t-il des accords bilatéraux entre États pour convenir des modalités d'éventuelles extraditions, pour en codifier et en accélérer la procédure. Pareils accords fournissent des garanties de réciprocité.*
*Dans le cas de Klaus Barbie, les tractations ont été longues et, lancées en 1974, n'ont abouti qu'en 1983, après le retour de la démocratie en Bolivie. Klaus Barbie prétendait en effet être citoyen bolivien, et il a fallu d'abord établir avec certitude sa véritable identité, à partir de documents photographiques notamment. De plus, la Bolivie avait aussi reçu une demande d'extradition de la part de la R.F.A.*

*Après des années d'exil clandestin en Bolivie, le chef de la Gestapo de Lyon, Klaus Barbie, est extradé et ramené dans cette même ville pour y être jugé.*

*À la sortie du tribunal, le jour du verdict, l'avocat de Barbie, maître Vergès, est pris à partie par la foule.*

si ces bruits sont sans fondement, comme le montrera la suite des débats, ils permettent de jeter le trouble dans le prétoire lors de l'audition des témoins de la défense les 15 et 16 juin. Maître Vergès a beau jeu, dès lors, de dénoncer le caractère médiatique de ce procès à la médiatisation duquel il est le premier à avoir contribué. Mais l'audition des témoins, des représentants des familles et des associations de déportés, de ces vieillards cassés rescapés des camps de la mort est un tout autre moment du procès. La dignité de ces personnes, la valeur émotionnelle et symbolique de leurs témoignages rappellent à qui l'on a affaire en la personne de Klaus Barbie, ce fonctionnaire zélé qui menait lui-même des interrogatoires où la torture était de mise, ce responsable de la déportation des enfants juifs d'Izieu et des dernières rafles opérées en 1944 dans la région de Lyon. À partir du 17 juin, les plaidoiries des avocats des parties civiles reprennent un à un ces témoignages. Le réquisitoire du procureur Truche en appelle à la justice et au devoir de mémoire durant les deux journées des 29 et 30 juin. Il énonce les caractères du crime contre l'humanité. Vient ensuite la plaidoirie de maître Vergès, qui est la plus attendue. On s'attend à de fracassantes révélations. En fait, malgré les charges successives de l'avocat contre le parti pris et le manque de sérénité du tribunal, malgré ses insinuations diverses, aucune preuve nouvelle en faveur de Barbie ne vient renverser le cours du procès. Après délibération du jury, l'accusé est reconnu coupable sans circonstances atténuantes. Dès lors, le verdict, qui tombe le 3 juillet, est attendu : la réclusion criminelle à perpétuité. Barbie, stupéfiant d'insignifiance, entend ces paroles et tente de s'excuser en prononçant quelques phrases. Il meurt en prison quelques années plus tard.

# *La fin d'un caïd de la drogue*
# CARLOS LEHDER

**En 1987, sous la pression des États-Unis, la Colombie décide de mener la guerre au trafic de drogue. Il s'agit pour elle autant de mettre de l'ordre dans certaines régions qui échappent au contrôle du pouvoir central que de donner des gages au puissant allié nord-américain.**

Avec l'arrestation en février 1987 d'un chef de file comme Carlos Lehder, un des principaux responsables du trafic de drogue en direction des États-Unis, toute la première génération de trafiquants est touchée par la répression. Aussitôt confié à la DEA, l'agence américaine de lutte contre les narcotrafiquants, Lehder est transféré en quelques heures dans une prison américaine où il attend son procès. Il comparaît le 17 novembre 1987, à Jacksonville, devant le tribunal fédéral de Floride. La presse et l'opinion suivent avec passion ce procès, qui doit à leurs yeux s'achever par un verdict d'une sévérité exemplaire.

*Le procès de Carlos Lehder, en Floride : des mesures de sécurité exceptionnelles sont prises par les autorités américaines pour juger l'un des principaux responsables du trafic de drogue international.*

## La carrière d'un grand trafiquant

Le procureur, Robert Merkle, qui a constitué le dossier d'accusation, commence par exposer les faits reprochés à Lehder. Celui qui a été surnommé « le tsar de la cocaïne » a orchestré le trafic de drogue depuis les lieux de production, en Colombie, jusqu'aux îles Bahamas, d'où la drogue est introduite aux États-Unis via Miami et la Floride. Il est en outre le propriétaire de sociétés, de vastes plantations, lié aux milieux de la finance internationale et du tourisme de luxe présents aux Bahamas. Les témoins à charge sont nombreux. Il s'agit principalement de trafiquants américains qui ont servi d'intermédiaires, entre autres, à Lehder. Le procureur Merkle leur a promis des remises de peine contre leur collaboration active. Pour lui, il s'agit de se mesurer avec son rival le procureur Kellner, qui s'occupe de faire inculper le général Noriega, homme fort du Panama, également convaincu de trafic de cocaïne — et qui sera bientôt arrêté et extradé. Merkle consacre d'ailleurs une partie de son temps à sa carrière politique : pendant la durée même du procès, il vise les élections municipales.

### La fin d'une époque

Les avocats de Lehder, J. Quiñon et E. Shohat, dénoncent l'attitude de l'ambitieux procureur. Celui que Merkle présente comme l'ennemi public de la nation américaine ne serait, à leurs yeux, qu'un bouc émissaire. Les pratiques utilisées dans ce procès sont condamnables. Quiñon et Shohat mettent aussi en cause les moyens employés par le procureur : la promesse de pardon faite à certains témoins revient, disent-ils, à les acheter purement et simplement; elle autorise tous les mensonges à l'encontre de leur client. Enfin, à travers l'accusé, Merkle semble mettre en cause, à plusieurs reprises, la Colombie tout entière : cette attitude, disent les avocats de Lehder, est inacceptable, par les relents racistes qu'elle laisse transparaître.

Des mois de débats se passent ainsi, parfois houleux, ponctués de menaces de la part de Lehder. Enfin, en mai 1988, le procureur Merkle prononce son réquisitoire : il dénonce dans l'accusé le pire des trafiquants imaginables, véritable symbole de la corruption profonde de son pays tout entier. Il n'a pas de mots assez durs pour fustiger les mœurs du peuple colombien, accusé de corrompre et de pourrir la jeunesse américaine. Il requiert les peines maximales. Après délibération du jury, Carlos Lehder est déclaré coupable. Après quoi ce dernier fait une déclaration dans laquelle il dénonce les accusations générales portées par le procureur contre le peuple colombien. Puis, le 20 juillet 1988, la sentence tombe, particulièrement sévère pour des chefs d'accusation ne comportant pas celui d'homicide : Carlos Lehder est condamné à plusieurs centaines d'années de prison. Incarcéré dans la prison fédérale de Marion House, dans l'Illinois, il subit de très dures conditions de détention.

## Législations et narcotrafiquants

*Le trafic de drogue pose aux pays qui en sont victimes une série de problèmes juridiques.*
*Tout d'abord, ce commerce international joue des différences de législations nationales. En France, l'usage et le commerce de stupéfiants sont réprimés par l'article L. 626 du Code pénal. Mais certains États européens ont dépénalisé la consommation de stupéfiants et sont utilisés comme de véritables plaques tournantes de la redistribution de la drogue. C'est le cas, en Europe, des Pays-Bas. D'autres pays sont allés jusqu'à rendre légal le commerce même de la drogue afin de détruire les réseaux du trafic et les organisations criminelles qui en vivent. Mais ces tentatives, qui se sont heurtées aux résistances d'une partie de l'opinion, et notamment à celle du milieu médical, ont seulement abouti à faire de ces pays une tête de pont de la revente vers d'autres États — ainsi en Espagne.*
*Enfin, le trafic de drogue pose des problèmes diplomatiques. Certains pays victimes des ravages de la consommation de stupéfiants, comme les États-Unis, tentent une politique d'intervention musclée dans les zones de production. Des opérations militaires visent, par exemple, à détruire les plantations de coca de Colombie. De telles opérations sont ressenties par les États qui en sont victimes comme d'insupportables ingérences dans leurs affaires internes.*

*Les funérailles de Pablo Escobar : autre grand trafiquant colombien, Escobar est abattu après s'être évadé d'évasion de sa prison spéciale d'Envigado.*

## De Noriega à Pablo Escobar

Dans certains pays d'Amérique latine, l'imbrication des pouvoirs politiques avec le monde du trafic de la drogue est d'autant plus évidente que le commerce de la cocaïne est parfois une des principales sources de devises. Les États-Unis tentent d'instaurer une police internationale, d'application très difficile, spectaculaire et souvent peu crédible dans la mesure où ils ont eux-mêmes longtemps protégé certains narcotrafiquants.

**Un dictateur et la cocaïne.** Ainsi Manuel Noriega, qui fut longtemps dictateur du Panama, a longtemps travaillé pour la CIA, l'organisme de renseignements américain. Finalement accusé par un tribunal de Floride de trafic de drogue en 1988, il est renversé en décembre 1989 à la suite d'une intervention militaire américaine, et se rend en janvier 1990. Déféré devant les tribunaux américains, il est condamné à l'automne de 1991 comme narcotrafiquant. Carlos Lehder fut un des principaux témoins à charge de ce procès.

**La fin de Pablo Escobar.** En Colombie, le chef du cartel de Medellín, Pablo Escobar, se rend aux autorités en juin 1991 après les garanties données par le gouvernement : aucun ressortissant colombien ne sera extradé vers les États-Unis. Incarcéré en 1992 dans la prison dorée d'Envigado, il s'évade en juillet avant d'être finalement abattu par la police, le 2 décembre 1993.

*La C.O.B. entre en action contre le délit d'initiés*

# LA SOCIÉTÉ GÉNÉRALE

*Le siège de la Société générale, à Paris : des transactions boursières douteuses ont eu lieu sur le titre de la banque qui fait partie des premières banques françaises.*

**Le 1er février 1989, la Commission des opérations de Bourse ouvre une enquête « ayant pour objet la recherche d'éventuelles opérations d'initiés ou de manipulations de cours qui auraient entaché de grosses transactions d'actions Société générale entre le 1er juin et le 20 octobre 1988 ». À l'issue de cette enquête, une instruction est ouverte.**

Le règlement n° 90-08 de la Bourse définit l'initié comme la « personne disposant d'une information privilégiée », c'est-à-dire « non publique », « précise », concernant une ou plusieurs sociétés ou une ou plusieurs valeurs cotées sur un marché financier, qui, « si elle était rendue publique, pourrait avoir une incidence sur le cours de la valeur, du contrat ou du produit financier concerné ». La loi interdit aux initiés d'exploiter leur information privilégiée sur les marchés de valeur mobilière « pour leur compte ou pour le compte d'autrui [... ou de] la communiquer à des fins autres ou pour une activité autre que celles à raison desquelles elle est détenue ». C'est en vertu de tels textes que sont entreprises les investigations concernant les manipulations boursières effectuées sur les actions de la quatrième plus importante banque française, en 1988.

## Retour en arrière

L'affaire a commencé au mois de juin, cette année-là, quand Georges Pébereau, président de la société Marceau Investissement, Robert Lion, directeur général de la Caisse des dépôts et consignations, et Alain Boublil, alors directeur de cabinet du ministre des Finances Pierre Bérégovoy, ont décidé de lancer une opération pour tenter de modifier l'actionnariat de la Société générale. Il s'agissait de rééquilibrer l'actionnariat de la banque, privatisée au temps de la première cohabitation par le gouvernement de Jacques Chirac et possédée, aux yeux des socialistes, par un trop petit nombre d'actionnaires importants, réputés de droite. Par le biais d'une opération boursière menée à l'automne, un certain nombre d'investisseurs, menés par le groupe Marceau Investissement lui-même, partent à l'assaut de la Société générale. L'opération, en fait, ne parvient pas à bouleverser la structure de l'actionnariat de la Société générale, et, dès février 1989, Pébereau, constatant son échec, revend toutes les actions qu'il a achetées au moment du raid manqué. Tout cela, jusqu'à présent, n'a rien que de très légal. Mais l'affaire prend un tour nouveau lorsque la Commission des opérations de Bourse (C.O.B.) décide d'enquêter, subodorant qu'ont été commis des délits d'initiés. Elle soupçonne en effet plusieurs alliés de Georges Pébereau d'avoir acheté, à bas prix et à titre personnel, des titres Société générale afin de les revendre beaucoup plus cher au moment de l'opération dont ils avaient connaissance.

## Deux sortes d'initiés

Le 31 juillet 1989, la C.O.B. communique au procureur de la République son rapport d'enquête. Le texte, long de 140 pages, reste secret, et la C.O.B. ne révèle pas en particulier le nom des personnes mises en cause. Un communiqué public avertit cependant que la Commission a personnes qui ont permis la réalisation matérielle du raid — et qui, à ce titre, ont bénéficié d'informations privilégiées. Ainsi, dans le cadre de cette accusation, en 1993, François Dalle, le président d'honneur de L'Oréal, est mis en examen, car il disposait, du fait même de ses fonctions, d'informations lui ayant permis d'en faire profiter son épouse, inculpée dès le début de l'instruction, qui aurait revendu en une ou plusieurs fois 17 500 titres. Au début de 1995, l'information judiciaire suit son cours, sans beaucoup de fuites. Depuis 1989, Mme Monique Radenne, juge d'instruction au tribunal de Paris chargé du dossier Société générale, a mis en examen au moins neuf personnes pour délits d'initiés. Elle semble pour l'instant s'intéresser plutôt aux délits économiques qu'à de possibles fuites politiques. L'enquête avance prudemment, car l'affaire est éminemment délicate.

*La C.O.B. (Commission des opérations de Bourse) est chargée de repérer les irrégularités qui peuvent être commises autour des transactions boursières.*

*Arrestation à Francfort de Nick Leeson, un courtier ayant mis en faillite la célèbre banque britannique Barings Brothers.*

## Les opérations à risques

*En février 1995, Nick Leeson, un courtier de 28 ans basé à Singapour, en jouant sur le marché de ce qu'on appelle les « produits dérivés », met en faillite l'institution dont il est le salarié, la vénérable banque d'affaires britannique Barings Brothers, ébranle la réputation de la City, sème un début de panique sur l'ensemble des marchés monétaires. Il est arrêté, après avoir cherché à échapper à la police, à l'aéroport de Francfort.*

*Cette affaire met en évidence la machine pervertie des produits dérivés. Ces produits permettent de jongler sans bourse délier — sauf en cas de perte — avec les chiffres qui passent sur l'écran. Le courtier lance un ordre d'achat ou de vente, ou bien encore — opération plus sophistiquée — il prend simplement une option d'achat ou de vente. Les risques, dans ce type d'opération, sont considérablement plus grands que dans les opérations boursières traditionnelles, qu'il s'agisse de gain ou de perte. De sorte que ces produits dérivés sont devenus une formidable machine à spéculer — et parfois à perdre.*

effectivement constaté des délits d'initiés de deux sortes : en premier lieu, des opérations effectuées par des personnes, physiques ou morales, invitées par Marceau Investissement à s'associer à la réalisation de son projet — les commentateurs, ici, reconnaissent en particulier Jean-Charles Naouri qui aurait réalisé à titre personnel une plus-value de plus de un million et demi de francs... D'autre part, les enquêteurs identifient des opérations effectuées non plus par les initiateurs de l'opération, mais par les

## L'affaire Pechiney

Peu de temps avant l'annonce de l'affaire de la Société générale, l'opinion publique avait déjà été secouée par une autre affaire de délits d'initiés politiques : l'affaire Pechiney.

Les faits. Le lundi 21 novembre 1988, Pechiney, fabricant d'aluminium nationalisé en 1982, annonce l'achat de Triangle Industries, une société américaine qui contrôle American Can, fabricant de boîtes d'aluminium. La C.O.B., alertée, découvre une activité suspecte sur les actions de Triangle dans les jours précédant cette annonce : les transferts alors effectués ont autorisé des bénéfices substantiels sur des titres achetés aux environs de 10 dollars et revendus à 56, prix offert par Pechiney le fameux lundi.

Des initiés politiques. Parmi les personnalités compromises se trouvent, par exemple, Roger-Patrice Pelat, connu comme l'ami du président de la République, François Mitterrand, Max Théret, ancien patron du quotidien *le Matin* et l'un des soutiens financiers du parti socialiste. Dans cette affaire, plusieurs des financiers mis en cause ont été courtisans politiques autant qu'hommes d'affaires. Ils ont sans doute obtenu leurs informations d'initiés des milieux gouvernementaux.

*Un écrivain condamné par les intégristes*

# SALMAN RUSHDIE

*Autodafé du livre de Salman Rushdie les Versets sataniques par une communauté pakistanaise de Bradford, en Grande-Bretagne.*

### Qu'est-ce que la loi islamique?

*Le droit islamique n'a rien d'une entité unifiée. Il résulte d'apports variés.*
*Certaines règles viennent du Coran lui-même. Mais le texte sacré ne suffit pas à régler tous les problèmes rencontrés. L'exemple donné par la vie du prophète Mahomet et par celle de ses proches fournit alors d'autres principes de droit : ce sont les traditions, que les docteurs de la loi se sont efforcés de critiquer et d'identifier comme authentiques. L'importance des commentaires sur cette tradition est donc considérable : il s'agit du* fiqh, *la jurisprudence humaine, autre source juridique, qui vient compléter les textes sacrés. L'ensemble des éléments normatifs de cette tradition se nomme* la charia.
*Il faut ajouter aussi à ce droit traditionnel musulman l'apport des coutumes locales propres à chaque pays. Aujourd'hui, certains mouvements fondamentalistes souhaitent un retour aux textes fondateurs de l'islam pour régler la vie sociale et la vie politique, tout en se fondant sur une interprétation littérale de l'Écriture sainte. Bon nombre d'États ont en effet adopté des principes et des procédures issus du monde occidental. Ainsi, les pays du Maghreb connaissent plusieurs types de juridictions provenant des tribunaux traditionnels et d'autres calquées sur les institutions du colonisateur français notamment. Le droit musulman est donc extrêmement varié. Les efforts des fondamentalistes visent à une certaine réunification, mais cela suppose d'imposer une confession et ses traditions au détriment des autres.*

**En septembre 1988, le romancier anglo-indien Salman Rushdie publie à Londres son dernier ouvrage : *les Versets sataniques.* Le livre, une fiction romanesque qui se place au sein d'une trilogie dont *la Honte* et *les Enfants de minuit* sont les premiers volets, évoque des éléments autobiographiques à travers le personnage principal, Saladin, et les problèmes suscités par sa double culture, indienne et britannique.**

Mais la réflexion philosophique et théologique n'en est pas absente. Des passages font référence à la culture coranique tandis que les personnages de Mahound le Prophète et de Gibreel évoquent directement Mahomet et l'archange Gabriel. Or, en évoquant, avec une volonté de provocation certaine, ces aspects

*Manifestation de femmes iraniennes contre Salman Rushdie, à Téhéran, en 1989.*

du Coran, Rushdie touche un domaine que rend extrêmement sensible l'évolution politique du monde musulman. L'Iran de l'ayatollah Khomeiny lance alors une condamnation radicale : Rushdie et ses éditeurs sont condamnés à mort et tout croyant doit œuvrer à l'exécution du blasphémateur.

## De condamnation en condamnation

La publication des *Versets sataniques* a suscité les premiers remous d'indignation dans le monde indien et pakistanais, où Rushdie est très connu. Le gouvernement de l'Union indienne interdit ainsi par décret la publication et la diffusion du roman. En vertu de l'article 11 de *l'Indian Customs Act*, l'ouvrage est considéré comme portant atteinte à l'image du Prophète et accusé de contenir des blasphèmes : ne suppose-t-il pas que Satan a inspiré Mahomet ? Cette première condamnation est suivie de décisions administratives semblables de la part des autorités du Pakistan et d'autres pays. Puis la Somalie ainsi que des pays arabes du Golfe persique tentent de faire pression sur la Grande-Bretagne afin que l'ouvrage ne soit pas diffusé. Ces interventions diplomatiques s'accompagnent progressivement de manifestations violentes et de campagnes de dénigrement systématique, non seulement dans ces pays, mais aussi dans les communautés musulmanes des pays occidentaux, par exemple celle de Bradford, en Grande-Bretagne.

## La fatwa est renouvelée

Dans l'Iran de l'ayatollah Khomeiny, les autorités décident de condamner fermement *les Versets sataniques*. Le gouvernement de Téhéran voit sans doute dans l'affaire une occasion de montrer qu'il conserve une ligne idéologique dure, au moment même où sa politique extérieure se fait plus modérée, depuis la paix avec l'Iraq et la reprise de relations diplomatiques avec des pays d'Occident. Guide suprême de la foi, disposant d'un véritable clergé dans ce pays de confession chi'ite, Khomeiny, le 14 février 1989, promulgue une *fatwa*, jugement rendu à la suite d'une question de doctrine. Dans le contexte du chi'isme iranien, la décision d'une *fatwa* a valeur de véritable loi contraignante. Cette *fatwa* condamne à mort, en un bref communiqué, l'auteur des *Versets sataniques*. Sont associés à Salman Rushdie ses éditeurs. Le texte précise que conduire Rushdie à la mort est un devoir que tout bon musulman se doit d'accomplir, soit qu'il exécute directement la sentence, soit qu'il favorise la réalisation du verdict en faisant traduire Salman Rushdie « devant le peuple ». Le musulman qui perdrait la vie en tentant d'exécuter la décision de la *fatwa* serait considéré comme un martyr et monterait immédiatement au ciel. Immédiatement condamnée en Occident, avec lequel elle entraîne de graves tensions diplomatiques, la décision du chef de la révolution islamique iranienne est loin de faire l'unanimité dans le monde musulman. Elle est pourtant confirmée après la mort de l'ayatollah Khomeiny, lorsque, dans un discours prononcé à l'université de Téhéran le 9 février 1990, le nouvel ayatollah, Khamenei, prononce de nouveau une condamnation à mort à l'encontre de Salman Rushdie. Ces différentes décisions contraignent l'écrivain à vivre clandestinement sous la protection de la police. De réunions publiques en communiqués, il n'en continue pas moins à défendre le droit de s'exprimer librement et celui de la liberté religieuse.

*Depuis la fatwa promulgée par Khomeiny, Rushdie vit en Occident, dans la clandestinité, afin échapper à cette condamnation à mort.*

### D'autres condamnations

**En pays arabe.** D'autres écrivains du monde musulman ont connu des difficultés semblables avec les autorités civiles et religieuses de leurs pays ou de l'Iran. Ainsi, l'écrivain égyptien Naguib Mahfouz, qui a obtenu en 1988 le premier prix Nobel de littérature accordé à un représentant de la culture arabe, a été frappé d'une fatwa le condamnant à mort durant l'été 1990.

**Taslima Nasreen.** Le cas de l'écrivain Taslima Nasreen a cependant davantage attiré l'attention de l'opinion occidentale. Condamnée par les autorités de son pays, le Bangladesh, elle a dû s'exiler en Occident. Ses propos sur la religion et sur la place des femmes dans la société ont été considérés comme impies.

## *Inspiration ou pillage ?*

# « LA BICYCLETTE BLEUE »

**Régine Deforges est un auteur de romans à succès. En 1981, elle fait paraître le premier volume d'une saga se déroulant pendant la Seconde Guerre mondiale, *la Bicyclette bleue*. Les héritiers de Margaret Mitchell, l'auteur d'*Autant en emporte le vent*, poursuivent alors la romancière pour ce qu'ils considèrent comme un plagiat.**

La toile de fond des deux romans est en effet semblable. Une héroïne est confrontée aux épisodes douloureux d'un vaste conflit et d'une terrible guerre. Dans les deux cas, la fin d'une époque est évoquée à travers les pérégrinations et les amours d'une jeune femme volontaire et courageuse.

### La « Bicyclette » et Scarlett

*La Bicyclette bleue* connaît un très large succès de librairie en 1982. Traduit en plusieurs langues et diffusé aux États-Unis, le roman est vendu à plusieurs millions d'exemplaires. Ce succès n'est pas démenti par les autres volets de la saga, *101 avenue Henri-Martin*, *Le Diable en rit encore* et *Noir Tango*, publiés entre 1984 et 1991 chez Ramsay. Mais les premiers chapitres de *la Bicyclette bleue* semblent faire référence au début d'*Autant en emporte le vent*, le célèbre roman de M. Mitchell, dont l'héroïne, Scarlett, a été immortalisée par le cinéma sous les traits de Vivien Leigh. En 1987, les héritiers de Margaret Mitchell, s'estimant lésés dans leurs droits, décident de porter l'affaire devant les tribunaux. C'est la Trust Company Bank qui détient les droits patrimoniaux des héritiers de l'auteur du roman *Autant en emporte le vent*. Une autre saga, judiciaire cette fois, s'ouvre par ce recours. Le premier volet de l'aventure se déroule à Paris. En 1989, la chambre correctionnelle du tribunal de Paris examine l'affaire. La défense estime qu'on ne peut considérer comme une infraction le fait de s'être inspiré de thèmes généraux d'ailleurs

### Sacha Guitry s'explique

*Convoqué comme témoin lors d'un procès pour plagiat opposant les dramaturges Jean de Letraz et André Roussin, Sacha Guitry, comédien, cinéaste et auteur dramatique, propose au président une petite devinette :*

*« Monsieur le président, avec tout le respect que je porte à votre tribunal, voulez-vous me permettre de vous poser une devinette ?*

*- Bien entendu, Maître.*

*- Voulez-vous me donner le titre d'une comédie, chef-d'œuvre du théâtre classique français, qui raconte l'histoire d'une jeune pupille séquestrée par son vieux tuteur qui espère l'épouser, et qui tombe amoureuse d'un jeune et beau seigneur entré en relation avec elle grâce à son valet?*

*- C'est* l'École des femmes, *répond le président.*

*- Non, dit Sacha, c'est* le Barbier de Séville. *Mais rassurez-vous. Si vous m'aviez répondu : "C'est* le Barbier de Séville*", je vous aurais dit : "Non, c'est* l'École des femmes.*" »*

*Cité dans R. Castans,* Marcel Pagnol m'a raconté, *la Table Ronde, Paris, 1975.*

*Régine Deforges et sa bicyclette bleue (photographie réalisée par son éditeur pour la promotion de son roman). Le succès et la large diffusion que connaît son roman vont lui attirer l'accusation de plagiat.*

## L'affaire Microfor : l'ambiguïté du droit de citation

Cette affaire a opposé la société de banques de données canadienne et le quotidien français *le Monde*, de 1980 à 1987. Le journal reproche à Microfor d'avoir utilisé ses données sans son accord. Le tribunal de grande instance de Paris estime, lors de son jugement de février 1980, que l'index constitué par la société Microfor ne peut être assimilé à une courte citation. Il s'agit donc d'un mode de reproduction partielle, à laquelle doit consentir l'auteur, en l'occurrence le quotidien.

**Renvois successifs.** L'affaire est ensuite portée devant la cour d'appel qui confirme le jugement de la première instance, en 1981. Cependant, la Cour de cassation, saisie par les avocats de Microfor, estime au contraire en 1983 que l'index de Microfor peut être assimilé à une œuvre à part entière citant une autre œuvre. L'affaire doit donc être renvoyée devant la cour d'appel, qui refuse de revenir sur son premier jugement. La Cour de cassation tranche en 1987 en invoquant la notion d'œuvre d'information, où la citation se justifie d'elle-même.

Cette affaire montre toutes les difficultés d'appréciation posées aux juristes en matière de création intellectuelle, surtout après l'introduction de l'informatique et des banques de données.

communs à d'autres œuvres. Mais, en examinant plus précisément les thèmes développés dans *la Bicyclette bleue*, plutôt que l'écriture elle-même ou les détails historiques qui servent d'arrière-plan à cette saga romanesque, le tribunal estime qu'il y a bien eu contrefaçon. Ainsi, le 6 décembre 1989, l'auteur Régine Deforges et son éditeur, les Éditions Ramsay, sont condamnés à verser pour deux millions de francs de dommages et intérêts aux héritiers de M. Mitchell. Mais l'histoire connaît d'autres rebondissements.

### Le jugement en appel

Aussitôt, R. Deforges décide de faire appel. Ainsi commence le deuxième acte de l'affaire. En effet, en novembre 1990, la cour d'appel de Paris invalide le jugement précédent. Selon cette instance, le sujet de l'œuvre de Margaret Mitchell ne peut prétendre à l'exclusivité. Ainsi, les arguments développés par le tribunal de Paris ne sont pas estimés valables. Les avocats de la Trust Company Bank choisissent alors de se pourvoir en cassation. Or, le 4 février 1992, la Cour de cassation annule la décision de la cour d'appel de Paris, considérant que cette dernière n'a pas bien interprété la loi préservant la propriété des œuvres littéraires! Entre-temps, une maison d'édition américaine décide de publier une suite au roman de M. Mitchell. *Scarlett* est écrit par B. Ripley. Son éditeur, la Warner Books, prévenu par les mésaventures de R. Deforges, verse quatre millions et demi de dollars aux héritiers afin d'acheter les droits d'exclusivité. L'affaire Deforges est renvoyée, après le jugement de la Cour de cassation, devant la cour d'appel de Versailles. Le 15 décembre 1992, cette dernière estime que les accusations portées contre Régine Deforges ne sont pas fondées. Elle déboute donc les héritiers de M. Mitchell, qui réclamaient par l'intermédiaire de leurs avocats cinq millions de francs de dommages et intérêts. La saga des prétoires prend fin ce jour-là. L'aventure a montré combien la définition juridique de la contrefaçon s'avère complexe à appliquer en matière de création littéraire.

*Margaret Mitchell.*

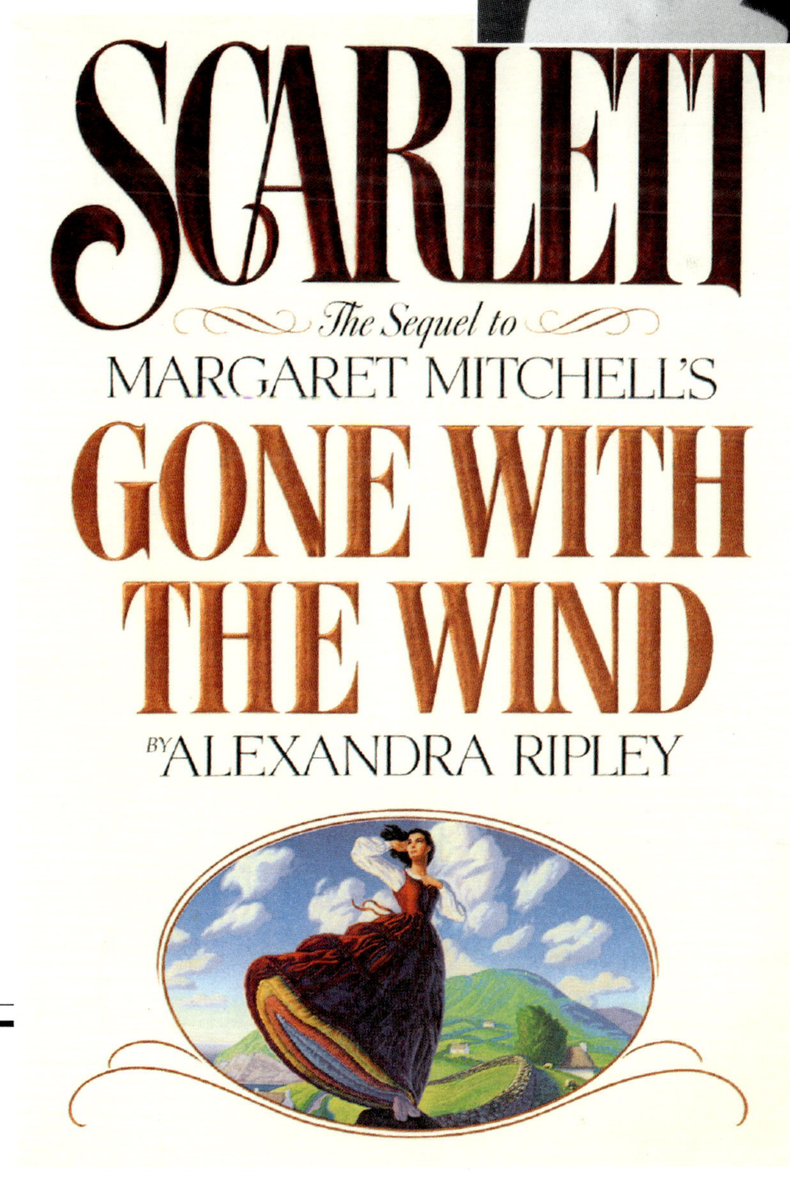


*La suite américaine d'*Autant en emporte le vent*, célèbre roman de Margaret Mitchell. Avant la publication, l'éditeur américain s'est acquitté de droits d'auteurs importants auprès des héritiers de la romancière.*

*Un tyran et sa femme sommairement jugés*

# LES ÉPOUX CEAUCESCU

*Les époux Ceaucescu lors de leur procès : cette image a été retransmise par les télévisions du monde entier .*

**À la fin de l'année 1989, la Roumanie socialiste s'embrase. Le 22 décembre, après plus de vingt-cinq ans de règne, le dirigeant du parti communiste et de l'État, Nicolae Ceaucescu, est renversé. Il disparaît très vite pour réapparaître quelques jours plus tard aux mains des nouveaux maîtres du pays en compagnie de sa femme Elena, qui faisait figure de numéro deux dans le régime renversé.**

*La chute de Ceaucescu n'est pas une véritable révolution en Roumanie : peu à peu les anciens dirigeants communistes reviennent au pouvoir.*

## Un procès télévisé

*Voici un extrait du dialogue des Ceaucescu avec leurs juges, tel qu'il a été finalement retransmis par la télévision roumaine. Une première version du procès, très élaguée, ne comportait que quelques scènes précédant l'exécution. La seconde version se veut complète :*

*« L'avocat : Je voudrais poser une question importante à l'inculpée. Elena Ceaucescu, est-ce que tu as des troubles mentaux ?*

*Elena Ceaucescu : Quoi ? Quelle provocation! Tu n'as pas honte ?*

*L'avocat : Je pose cette question pour une raison précise. Si elle avait été irresponsable elle aurait eu une chance.*

*Le juge : Est-ce que tu signes toi ?*

*E. Ceaucescu : je ne signe rien. Je suis entrée dans la lutte pour le bonheur du peuple dès l'âge de quatorze ans. J'aime ce peuple, c'est mon peuple.*

*Le Procureur : Nous considérons, sur la base des articles 162, 163, 165 et 357 du Code pénal, que les inculpés sont coupables. Je demande donc, en ce jour du 25 décembre, que la sentence soit appliquée : peine capitale et confiscation de tous les biens.*

*[...]*

*Le juge : Inculpé Nicolae Ceaucescu...*

*N. Ceaucescu : Je ne suis pas inculpé. Je suis président de la Roumanie et commandant suprême des forces armées. Je ne réponds que devant la Grande Assemblée nationale. Quant à toi, tu trahis ton peuple. Tu brades l'indépendance de la Roumanie.*

*Le juge : On ne peut pas discuter avec toi. »*

*Cité dans V. Loupan,* La révolution n'a pas eu lieu. Roumanie, l'histoire d'un coup d'État, *Robert Laffont, Paris, 1990.*

*Les juges des Ceaucescu restent anonymes et invisibles à l'écran. Seul un procureur et quelques gardiens sont filmés : il s'agit probablement d'un tribunal militaire improvisé.*

Le procès des anciens dictateurs est retransmis par la télévision : à part quelques témoignages émanant de hauts fonctionnaires du gouvernement actuel de la Roumanie, et donc sujets à caution, ces images, tournées dans une intention de propagande et soigneusement sélectionnées, sont notre seule source d'information sur le déroulement de la procédure.

### Jugés par ceux qu'ils avaient nommés

Les époux Ceaucescu sont jugés le jour de Noël 1989. Un blindé de l'armée roumaine les a acheminés vers un prétoire improvisé, situé peut-être dans la région de Bucarest. Dans une pièce étroite et incommode, les époux, qui conservent leurs manteaux, se serrent l'un contre l'autre, isolés de leurs juges par des tables. Ces juges, quant à eux, restent soigneusement anonymes. Les images ne permettent pas de les voir, et aucun nom n'est prononcé. Apparaît parfois la silhouette du procureur, arborant le brassard de la révolution. Plusieurs avocats, également anonymes, participent au procès. On ne peut que conjecturer que le tribunal, probablement, est militaire : l'armée, depuis le renversement du dictateur, tient en partie les rênes du pouvoir.

### Un procès rondement mené

Nicolae Ceaucescu, tel qu'il apparaît sur l'écran de télévision, n'a plus rien du chef d'État sûr de lui et puissant que les Roumains avaient l'habitude de voir. Il semble considérablement affaiblis. Cependant, il refuse systématiquement de répondre aux questions posées. Ce tribunal, affirme-t-il, n'est qu'une parodie : en tant que chef de l'État, il ne peut être jugé que par l'Assemblée nationale — de fait, les bases légales du tribunal sont inexistantes. Mais aucun juge n'accepte de recevoir sa requête. Le procureur énonce les griefs reprochés aux deux époux : en premier lieu, ils sont accusés de génocide et ensuite d'avoir réprimé par la force l'insurrection du peuple. On leur reproche aussi leurs malversations, leurs détournements de fonds et leur mauvaise gestion de l'économie du pays. L'interrogatoire qui s'ensuit est un dialogue de sourds. Le juge a beau interroger Ceaucescu sur sa responsabilité dans la répression, dans l'appauvrissement de la population, le dictateur nie tout en bloc, pousse des exclamations indignées, dénonce le coup d'État. Les allusions au train de vie de la famille Ceaucescu, aux titres scientifiques dont Elena Ceaucescu s'est affublée provoquent la colère et la stupéfaction de ceux qui ont tenu le pays d'une main de fer durant des décennies. Ce spectacle pitoyable s'achève par une sentence attendue : les deux prévenus, déclarés coupables, doivent être exécutés. Probablement quelques minutes plus tard, des rafales d'armes automatiques mettent un terme à la carrière du couple de dictateurs.

## Les procès des anciens dirigeants socialistes

**Des procès plus réguliers.** Le procès des Ceaucescu a été le premier procès d'anciens dirigeants de l'Europe de l'Est. Après les doutes émis à la suite de cette parodie de justice, les autres procès ont été plus réguliers. L'idée de traduire les anciens chefs d'État communistes se répand très vite, mais cela soulève des difficultés. En effet, on ne peut les poursuivre que pour des crimes définis à l'époque des faits reprochés. Dans le cas contraire, on aurait affaire à une violation du principe de non-rétroactivité des lois. Il s'agit ensuite de cerner la responsabilité exacte d'individus et non de juger un régime politique ou des institutions. De plus, pareils procès risquent de révéler le rôle passé d'actuels dirigeants reconvertis au capitalisme.

**De Jivkov à Honecker.** Entre 1991 et 1992, l'ancien dirigeant bulgare Todor Jivkov est ainsi traduit devant la Cour suprême de Sofia. Le 4 septembre 1992, après dix-huit mois d'audiences, il est condamné à sept ans de prison pour détournement de fonds et abus de pouvoir.

Le procès d'Erich Honecker, ex-dirigeant de la RDA, devant la Cour du Land (territoire) de Berlin suscite beaucoup plus de passions. Débutant en novembre 1992, il s'achève en janvier 1993. Celui que l'on accuse d'homicides et de malversations est atteint d'une grave maladie et la Cour constitutionnelle de Berlin met un terme aux procédures engagées, ce qui suscite un tollé général.

*Le financement des partis politiques sur la sellette*

# LES FAUSSES FACTURES

**Les affaires mettant en cause le financement des partis politiques, de droite et de gauche, n'ont cessé de défrayer la chronique depuis quelques années. Des sociétés écrans, des bureaux d'étude ont permis à des partis de recevoir des subventions d'entreprises privées. Ces versements occultes n'étaient pas sans contreparties.**

Les procès découlant de tels agissements sont suivis avec passion par une opinion de plus en plus sceptique sur la sincérité et l'honnêteté des hommes politiques. Les « affaires » mettent en vedette, d'une façon comparable à ce qui se passe en Italie, le pouvoir des juges qui enquêtent et sont appelés à trancher. L'exemple du procès de la société immobilière Cogedim, qui s'ouvre le 25 novembre 1991 devant la 31e chambre correctionnelle du tribunal de Paris, est ainsi exemplaire de ce qu'on a pu appeler « l'ère des juges ».

## 200 millions détournés

Dans l'affaire Cogedim, aucun homme politique n'est nominalement inquiété ; mais le procès révèle les liens qui existent entre le monde des affaires et celui de la politique, en l'occurrence dans la région parisienne. Les deux principaux inculpés sont de respectables entrepreneurs liés à de grands groupes français. Michel Mauer est le P.-D.G. de la société immobilière en cause, qui appartient elle-même au groupe bancaire Paribas. J. Perche est directeur de la Screg, entreprise qui dépend du groupe Bouygues. Les deux hommes sont notamment accusés de détournement de fonds, d'usage de faux, d'escroquerie. À leurs côtés, les autres inculpés sont également des patrons, tous entrepreneurs du bâtiment : sociétés de démolition, entreprises de travaux publics, etc. Le procédé ici incriminé est couramment employé par les entreprises peu scrupuleuses. Il s'agit d'émettre des fausses factures pour des services fictifs rendus à des entreprises complaisantes.

*Michel Mauer, le P.-D.G. de la Cogedim, est accusé de détournements de fonds. Condamné, il décide de faire appel du jugement.*

### Les lois sur le financement des partis politiques

*À quoi servait l'argent dégagé par les fausses factures de la Cogedim ? Même si elle n'est pas directement évoquée au cours du procès, cette question ne cesse de se poser. Or, la Cogedim n'est pas la seule affaire mettant en cause, directement ou non, des hommes ou des partis politiques, à partir de la fin des années 1980 : toute campagne coûte cher, tout succès suppose un investissement financier.*

*Les gouvernements successifs ont tenté de remédier aux risques que cette situation fait courir à la démocratie. En 1988, une loi a limité les dépenses lors des élections législatives et présidentielles. Deux ans plus tard, un autre texte législatif a suscité un tollé chez les magistrats, car il comportait une mesure d'amnistie au bénéfice des hommes politiques poursuivis. En 1993, on a tenté d'encadrer encore le financement des partis politiques. L'État verse une contribution aux partis ayant atteint un certain pourcentage aux élections nationales, comme les législatives. Le financement des partis par des entreprises est licite mais doit obéir à certaines règles. La gestion des campagnes électorales est soumise à un contrôle de la Cour des comptes. Certains plafonds de dépenses ne peuvent être dépassés. Enfin, un contrôle du patrimoine des élus constitue un garde-fou contre l'enrichissement personnel. Mais ces propositions ont été largement amendées lors du vote définitif. En décembre 1994 enfin, une nouvelle loi interdit tout financement de la part des entreprises.*

*La Cogedim, une société immobilière utilisée pour financer des partis politiques, notamment le Parti républicain.*

Ces factures masquent un usage tout à fait différent de ces fonds, de l'usage privé au versement de pots-de-vin divers. C'est l'administration fiscale qui a révélé l'affaire, démontrant que, entre 1988 et 1990, près de 200 millions de francs avaient ainsi été détournés. La présidente de la chambre correctionnelle interroge successivement les accusés et les somme de s'expliquer. La confrontation entre les dirigeants de la Cogedim et d'autres entreprises est révélatrice. Le gérant d'une entreprise du bâtiment accuse la Cogedim d'avoir fait usage de fausses factures, participant ainsi à la mise en évidence d'un véritable trafic : douze sociétés semblent impliquées dans des émissions de fausses factures; trente-deux autres ont sans doute bénéficié d'opérations semblables. Il faut des mois d'auditions, de confrontations et d'expertises pour étudier le contenu et la validité des factures contestées. Le substitut du procureur peut à loisir ironiser sur « les mauvaises habitudes du bâtiment ». En filigrane est évoquée au cours des débats une question essentielle : la destination d'une partie des fonds détournés. Le Parti républicain, notamment, aurait bénéficié de ce trafic. Mais l'aspect politique de l'affaire reste occulté pendant toute la durée du procès.

## Des peines très sévères

Pour les avocats de la défense, le dossier d'accusation est extrêmement faible, reposant plus sur des dénonciations mutuelles que sur des preuves avérées. Le réquisitoire du substitut du procureur ignore délibérément ces doutes, insistant sur le caractère exemplaire que doit revêtir le jugement : la justice, à ses yeux, doit montrer sa détermination. Le 21 avril 1992, après des mois d'audition, le verdict comporte effectivement de lourdes peines. Le P.-D.G. de la Cogedim est condamné à 3 années de prison avec sursis et à 1,5 million de francs d'amende. Le dirigeant de la Screg, à 30 mois de prison avec sursis et à 1,2 million de francs d'amende. Les autres inculpés, qu'il s'agisse de salariés ou d'entrepreneurs complaisants, sont également frappés de lourdes peines et amendes. L'un des facturiers, seul prévenu détenu durant les auditions, est condamné à 6 ans de prison et à 3 millions de francs d'amende. Plusieurs condamnés protestent énergiquement et dénoncent ce qui, à leurs yeux, est un véritable règlement de comptes politique. M. Mauer, entre autres, décide de faire appel d'un jugement qu'il estime « injustifié ».

### Les affaires et la politique en France

Plus encore que le cas Cogedim, certaines affaires ont compromis directement des hommes politiques. En voici quelques-unes, parmi d'autres.

**L'affaire Urba.** Ainsi, l'affaire Urba, dossier instruit par le juge Renaud Van Ruymbeke, a mis en cause le financement du Parti socialiste. Urba est une société destinée à financer ce même parti. Des perquisitions, menées par le juge aux sièges de Marseille et de Paris, ont permis de mettre en évidence le versement de sommes provenant de sociétés du bâtiment. Ces versements occultes semblent avoir eu des contreparties de la part des élus locaux. En mars 1996, l'affaire vaut à l'ancien trésorier et premier secrétaire du Parti socialiste, Henri Emmanuelli, une condamnation à dix-huit mois de prison avec sursis, ainsi qu'une suspension de ses droits civiques de deux ans.

**Les affaires Trager.** En mars 1994, le même juge Van Ruymbeke transmet son rapport sur le financement occulte du Parti républicain. À partir des aveux de l'industriel nantais René Trager, accusé en 1991 d'abus de biens sociaux, l'enquête a révélé l'existence d'une commission de près de 30 millions de francs accordée pour l'obtention d'un marché de travaux publics, au profit du P. R.

**Politique et banditisme.** Après l'arrestation des meurtriers présumés du député U.D.F.-P.R. d'Yerres, Yann Piat, la police procède à l'audition du président du conseil général du Var, le sénateur U.D.F.-P.R. Maurice Arreckx. L'enquête menée à partir de là révèle, outre l'existence de nouveaux pots-de-vin versés par les entrepreneurs pour se faire octroyer des marchés, l'imbrication du milieu politique local et du grand banditisme, notamment dans les affaires immobilières.

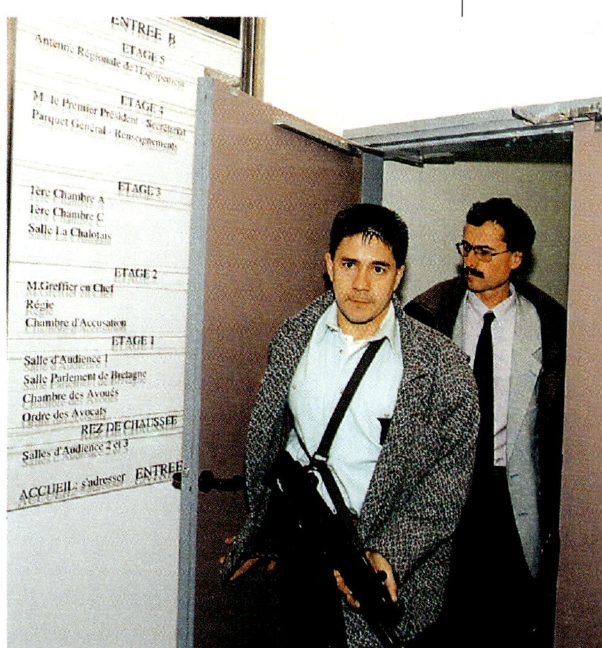


*Le juge Van Ruymbeke, chef de file de la nouvelle génération de juges qui osent s'attaquer aux scandales politico-financiers.*

*Deux poids, deux mesures*

# L'AFFAIRE RODNEY KING

**Lorsque, en avril 1992, quatre policiers blancs comparaissent devant le tribunal pour avoir tabassé un jeune Noir, leur culpabilité semble évidente, puisque la scène a été filmée par une caméra vidéo amateur. Pourtant, le jury de Simi Valley, une banlieue aisée de Los Angeles, acquitte les quatre hommes...**

*Le passage à tabac par deux policiers blancs du jeune Noir Rodney King a été filmé. Cependant, les policiers sont acquittés lors de leur procès.*

Dans les quartiers noirs de la ville, c'est aussitôt l'émeute, une des plus graves de l'histoire des États-Unis.

## Un jury partial

Le jury constitué pour juger les policiers est composé exclusivement de Blancs. Selon le droit de Californie ou d'autres États américains, il est possible en effet de récuser toute personne s'opposant aux lois en vigueur et hostile notamment à la peine de mort. Très fréquemment, les jurés noirs sont récusés pour cette dernière raison. L'acte d'accusation reproche aux policiers leurs violences : ils sont poursuivis pour coups et blessures volontaires. Les audiences voient les quatre policiers interrogés et confrontés à leur victime. On reconstitue ainsi les faits. En mars 1991, un jeune automobiliste noir, Rodney King, commet une infraction au volant d'une automobile. La police tente de l'appréhender. Mais Rodney King prend aussitôt la fuite et une course-poursuite s'engage dans ce quartier de Los Angeles. Les policiers bloquent la voiture

*L'entraînement de la police de Los Angeles.*

*La nouvelle de l'acquittement déclenche une émeute et des pillages qui vont durer plusieurs jours à travers la ville.*

## Les droits civiques

La bataille pour les droits civiques de la population noire américaine a été menée **depuis la Seconde Guerre mondiale**, soit par l'Administration, soit par des mouvements d'opinion comme celui du pasteur Martin Luther King.

Il s'agit tout d'abord pour les autorités fédérales d'**abolir les discriminations, dans l'armée notamment, puis dans l'éducation**. Contre l'avis des États ségrégationnistes du vieux Sud, comme l'Alabama ou le Mississippi, par exemple, **la ségrégation raciale à l'école** a été déclarée contraire à la Constitution en 1954. Puis, en 1957, le Congrès a voté une loi destinée à assurer partout **le droit de vote aux Noirs**. Par ailleurs, un système de **coefficients** a été mis en place, pour l'entrée dans les universités par exemple, afin de permettre un accès moins discriminatoire des Noirs aux plus hautes responsabilités et fonctions.

Aujourd'hui encore, cependant, les discriminations persistent, économiques et morales. **Le cas de la peine de mort** est révélateur : au Texas, par exemple, l'écrasante majorité des condamnés à la peine capitale est constituée par des Noirs. Ces derniers sont encore très souvent écartés des jurys, comme le montre l'exemple de la Californie.

poursuivie. Ils passent ensuite à tabac, à l'aide de leurs matraques, le contrevenant. L'affaire aurait pu être étouffée, comme tant d'autres. Car les cas de violences policières à relents racistes sont fréquents, surtout à Los Angeles, où la police est confrontée aux groupes de délinquants des quartiers d'immigrants. Des bandes de Noirs, ou de récents immigrés, hispaniques et asiatiques, se livrent à de véritables batailles rangées à l'intérieur de leurs ghettos. La police utilise des méthodes aussi violentes et les cas de bastonnade ne sont pas isolés. Mais, cette fois-ci, un cinéaste amateur a filmé la scène à l'aide de sa caméra vidéo. Diffusées par la presse, les images parlent d'elles-mêmes. Les avocats des policiers plaident évidemment que ces derniers ont été victimes des provocations du jeune Rodney King, lui-même en situation d'illégalité flagrante. Pour le jury, composé de citoyens respectueux des lois, la culpabilité des quatre policiers n'est pas évidente. Après une brève délibération, le 29 avril 1992, ceux-ci décident d'acquitter les prévenus. Cette décision fait l'effet d'une bombe.

### L'émeute et le second procès

Aussitôt, les quartiers de Watts et de South Central, peuplés d'Hispaniques et de Noirs, s'embrasent. Jusqu'au 2 mai, des scènes de violence et de pillage ont lieu dans une partie de la ville. La police, prudemment, reste sur la réserve. Le gouvernement fédéral du président George Bush doit dépêcher l'armée et la garde nationale pour que le calme revienne, le 2 mai. En attendant, plusieurs dizaines de personnes sont mortes, des milliers d'autres ont été blessées : le bilan est le plus lourd que la Californie ait connu depuis les émeutes de 1965. Devant l'iniquité du jugement rendu, l'administration Bush décide de déclencher des poursuites contre les quatre policiers. Le chef d'inculpation est la violation des droits civiques. On recherche ainsi l'apaisement en lançant une nouvelle procédure qui doit déboucher sur un second procès. Un tribunal fédéral rejuge cette fois les accusés, le département de la Justice y est représenté par le procureur Kowalski. En mars 1993, les quatre policiers comparaissent donc une nouvelle fois, devant un tribunal composé d'un jury de quatre femmes et huit hommes. Tout au long des débats on garde le souvenir des violences de mai 1992. Le juge John Davies a beau rappeler que les jurés doivent se prononcer sans considérer les conséquences du verdict, ceux-ci ne peuvent oublier les tragiques événements qui ont suivi le première décision. En avril 1993, le procureur Barry Kowalski requiert contre les accusés dix ans de prison ferme et plusieurs centaines de milliers de dollars d'amende. Il les désigne sous l'expression de « brutes avec un insigne ». Il faut huit jours de délibération pour que le jury se décide. Le verdict tombe enfin, le 17 avril 1993. Deux des policiers sont reconnus coupables, notamment grâce au document vidéo filmant la scène, et les deux autres sont relaxés.

## La preuve et le progrès technique

**Les bandes enregistrées du président.** Les tribunaux ont dû successivement prendre en compte les nouvelles possibilités des techniques audiovisuelles. Ainsi, les enregistrements téléphoniques sur bandes magnétiques ont constitué des pièces à conviction souvent déterminantes. Les bandes magnétiques enregistrant les conversations du président Nixon avec certains de ses conseillers ont été un enjeu essentiel du scandale du *Watergate*. L'acharnement des magistrats a permis de faire céder le président et de l'obliger à communiquer les fatidiques enregistrements.

**Le film vidéo.** Lors des procès de Rodney King, le film vidéo est apparu également comme essentiel. On notera que ces nouvelles pièces à conviction nécessitent de nouveaux types d'expertises. Les législations n'en font pas à proprement parler des preuves, mais ces documents n'en constituent pas moins des pièces à conviction essentielles. Cependant, la divulgation des documents vidéo par la presse à sensation trouble très souvent la sérénité de la justice. Mais cela provoque aussi des mouvements d'opinion en faveur de la révision de certaines iniquités.

## *Une jeune fille parricide acquittée*

# IDA BEAUSSARD

**Le lundi 18 mai 1992, Ida Beaussard est acquittée du parricide pour lequel elle comparaît devant la cour du Nord. Ida avait 17 ans lorsqu'elle a tué son père avec le pistolet Luger préféré de celui-ci, militant néonazi. Les jurés ont entendu, au-delà de ses espérances, l'avocat général, qui réclamait de 2 à 3 ans de prison avec sursis, au nom des circonstances atténuantes.**

Lors de son procès, Ida Beaussard, 19 ans, apparaît les menottes aux poignets. La présidente du tribunal, après l'appel des jurés, ordonne à tous

*Ida Beaussard dans les bras de son père, à 1 an.*

*Ida Beaussard (ici en compagnie de son avocate) est acquittée du meurtre de son père, un militant néonazi, pour circonstances atténuantes.*

ceux dont le nom n'a pas été cité de sortir : Ida était mineure au moment des faits, et son procès doit se dérouler à huis clos.

### Un père indigne

La séance est mouvementée. La présidente, peut-être impressionnée par l'aspect fragile de l'accusée, semble se demander si le crime n'aurait pas finalement été commis par quelqu'un d'autre, éventuellement la mère. Ida se lève, prend le micro, proteste : « Cela veut dire quoi ? Depuis trois ans que j'attends mon procès, je vous répète que c'est moi. » À la barre, la mère défend sa fille de toutes ses forces. Elle raconte l'enfance difficile d'Ida et de ses sœurs. Le père, Jean-Claude Beaussard, était le même homme en famille et en société : brutal et autoritaire. Responsable d'un groupuscule néonazi dans son département, le Parti nationaliste français et européen — aujourd'hui dissous à la suite d'attentats racistes commis contre des foyers Sonacotra —, cet ancien videur de boîtes de nuit tyrannise ses cinq filles. Il leur impose l'admiration de Hitler, le port exclusif du noir ou du kaki, la lecture et les dictées dans *Mein Kampf*, avec un coup de pied pour chaque faute, ainsi que des séances d'entraînement au maniement des armes. Ida, enfant chétive, est le souffre-douleur de son père, qui la surnomme « la mongolienne ». Un jour, il la pousse dans l'escalier, un autre, il lui fait creuser sa tombe... Lorsque le carnet de notes est mauvais, il la frappe à coups de chaussures cloutées dans le ventre, il la terrorise avec un fusil, n'hésitant pas à tirer à l'intérieur de la maison. Les seuls moments de calme familial arrivent lorsque le père est en prison pour coups et blessures, vol, ou complicité dans l'assassinat d'un jeune Arabe... Sur une table, lors du procès, sont exposées toutes les pièces à conviction : vêtements, affiches de propagande nazie, armes, grenades...

### Deux balles en plein sommeil

Selon l'enquête préalable au procès, l'atmosphère de la maison est devenue parfaitement insoutenable après la fugue de Kiki, une des filles Beaussard. Le père, fou furieux, accuse Ida de complicité, la bat à mort, l'oblige à aller porter plainte contre sa sœur pour coups et blessures... Surtout, il charge son pistolet Luger et le met à la disposition de toute la famille : en cas de retour de la fugueuse, chacun reçoit ordre de l'immobiliser en lui tirant dans les jambes. Le 18 juillet 1989, Ida, armée du pistolet, à huit heures du matin, monte dans la chambre du père. Il dort, couché sur le côté. Elle pointe son canon sur la nuque. Elle tire comme il le leur a appris. Il meurt instantanément. Elle se constitue immédiatement prisonnière, est accusée de parricide et inculpée.

### Être ou ne pas être « en légitime défense »

Maître Blandine Lejeune, avocate commise d'office, plaide la légitime défense. Elle décrit la spirale de la violence familiale comme un insupportable enfer et rappelle une phrase de l'expert psychologue au moment de l'enquête : « Pour Ida, c'était la double contrainte, c'est-à-dire la mort de ses proches et la sienne, ou la mort de son père. » L'avocat général objecte qu'Ida n'était pas en état de légitime défense puisque le père dormait. Maître Lejeune développe alors une interprétation audacieuse de l'article 328 du Code pénal sur la légitime défense : « Il n'y a ni crime ni délit lorsque les blessures et les coups sont commandés par la nécessité actuelle de la légitime défense de soi-même ou autrui. » Pour l'avocate de la jeune fille, « actuelle » ne signifie pas « le moment précis où » mais englobe un sens plus large, ce qui signifie que l'on peut planifier de tuer quelqu'un par légitime défense. Elle appelle finalement les jurés à répondre à cette question : cette situation pouvait-elle durer ou non ? Les jurés, après délibération, répondent non à la question et acquittent Ida Beaussard.

### Le parricide selon la loi

*Jusqu'au 1er mars 1994, date de la mise en vigueur du nouveau Code pénal français, le parricide est un crime spécifique. L'article 299 de l'ancien Code en donne cette définition : « Est qualifié de parricide le meurtre des père ou mère légitimes, naturels ou adoptifs, ou de tout autre ascendant légitime. » Dans le nouveau Code, il s'agit d'une circonstance aggravante prévue par l'article 221-4 qui punit de la réclusion criminelle à perpétuité l'auteur d'un meurtre « sur un ascendant légitime ou naturel ou sur les père et mère adoptifs », alors que le meurtre simple encourt 30 ans de réclusion criminelle. Ainsi, la particularité de ce crime est conservée puisqu'il n'est pas nécessaire qu'il ait été commis avec préméditation pour être puni de la plus forte peine prévue par la loi.*

*Avant l'abolition de la peine de mort, le 9 octobre 1981, le parricide était puni de la peine capitale. Mais cette sanction semblait encore insuffisante car, jusqu'en 1832, le poignet du supplicié était tranché avant l'exécution. Ce sinistre rituel fut remplacé sous la IIIe République et jusqu'en 1958 par une longue exposition du condamné sur l'échafaud, en chemise et nu-pieds.*

### Le retour à la vie

À la sortie du palais, Ida déclare aux journalistes qu'elle ne « regrette pas son geste ». La romancière Françoise Hamel lui propose quelque temps après le procès d'écrire en collaboration un livre sur sa vie. Ce livre, *Ida, histoire d'une parricide*, paraît en 1994. C'est la première renaissance d'Ida. Elle termine ainsi son récit : « Plus tard, j'irai sur la tombe de mon père. Je lui montrerai ce récit de ma vie et je lui dirai : "Tu vois, papa, ta mongolienne n'est pas si nulle. Elle a été capable de travailler avec un écrivain. Voilà le livre." » L'autre raison de vivre d'Ida est née le 11 mai 1991. Lorsqu'elle avait 15 ans, après une bastonnade paternelle plus violente que les autres, un échographe lui avait annoncé qu'elle n'aurait jamais d'enfants. Peu après la mort de son père, elle se trouve un « amoureux », se découvre enceinte, s'aperçoit qu'elle peut encore avoir un avenir...

*Maltraitée par son père, Ida Beaussard devait le suivre, comme ses sœurs, lors des réunions néonazies.*

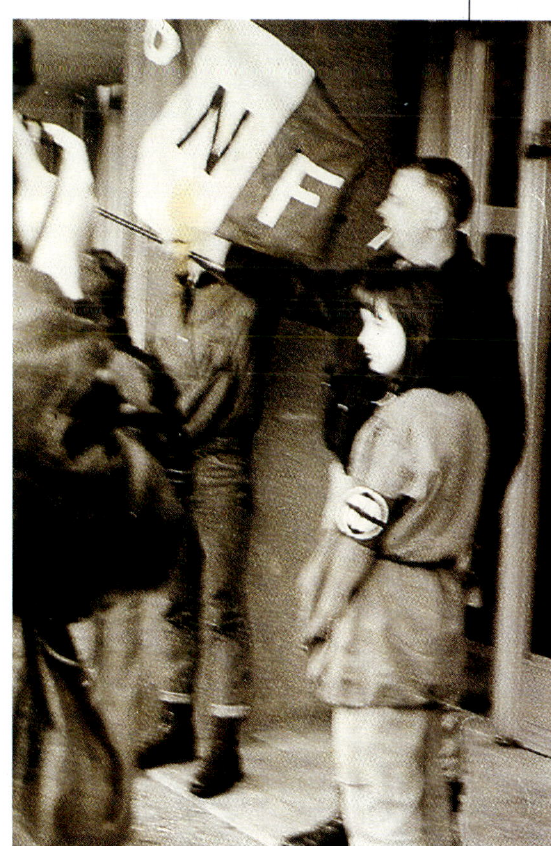

## « Responsables mais pas coupables »

# LE SANG CONTAMINÉ

Le docteur Garretta, inculpé dans l'affaire de la contamination par le sida de centaines d'hémophiles, est condamné à quatre ans de prison ferme.

**À partir de 1988, des hémophiles ayant contracté le virus du sida à la suite de transfusions sanguines portent plainte. Ils accusent l'administration médicale d'avoir sciemment laissé utiliser des doses de sang contaminé pour des raisons d'économies budgétaires. À la suite de l'instruction, quatre hauts responsables de la transfusion sanguine et de l'Administration sont traduits devant la 16e chambre correctionnelle du tribunal de grande instance de Paris.**

Le 22 juin 1992 s'ouvre un procès souhaité depuis des années par les associations des victimes, notamment l'Association de défense des polytransfusés, créée en 1987. Plusieurs de ces derniers sont déjà décédés quand débute l'instruction.

### La transfusion sanguine en question

Les accusés, tous médecins, doivent expliquer pourquoi on a utilisé du sang contaminé pour effectuer des transfusions. Michel Garretta est celui qui exerce les plus hautes fonctions au sein du Centre national de la transfusion sanguine. Comme son collègue Jean-Pierre Allain, responsable de l'utilisation des dérivés sanguins au sein du C.N.T.S., il est accusé de tromperie sur les qualités substantielles d'un produit. Quant aux docteurs Roux et Netter, hauts responsables de la Direction générale de la santé, ils sont accusés de non-assistance à personne en danger. Cependant, les associations de victimes et leurs avocats protestent et réclament que les prévenus soient inculpés d'empoisonnement. Leur cas relèverait alors des assises, où ils ris-

*Ouverture du procès (en correctionnelle) du sang contaminé par le virus du sida, le 22 juin 1986. Les inculpés sont Garretta, Allain, Roux, Netter.*

quent des peines plus lourdes qu'en correctionnelle. Mais les instances judiciaires s'opposent à cette demande, déclarant qu'il n'y a pas eu d'intention criminelle dans le cas des quatre médecins concernés et que rien, donc, ne justifie un procès d'assises.

### De scandaleuses carences

Lors des premières audiences, à partir du 22 juin, la question de la responsabilité des prévenus amène à considérer la situation durant l'année 1985. Entre la prise de conscience de la nature exacte du virus du sida et les premières mesures de dépistage systématique des lots sanguins et leur chauffage, un délai inexplicable s'est écoulé. C'est sur cette phase essentielle que s'attardent les débats. Très vite, le climat se tend encore dans la salle et devient même insoutenable. De nouveau, le 23 juin, une avocate des parties civiles réclame que les accusés soient déférés devant une cour d'assises. Leur responsabilité criminelle est, selon elle, indéniable. Le lendemain, alors que l'on vient d'examiner les charges retenues à l'encontre des fonctionnaires du ministère de la Santé, les avocats des parties civiles réitèrent leur attaque. Ils s'étonnent de ne voir cités que des responsables de rang moyen, alors que les dirigeants les plus haut placés du ministère ne sont pas assignés à comparaître, si ce n'est comme témoins. Les avocats de la défense emboîtent alors le pas à leurs confrères des parties civiles : leurs clients ne sont pas les seuls responsables. La stratégie de la défense est manifeste : diluer les responsabilités. Jusqu'au 15 juillet, l'interrogatoire des inculpés continue. La politique du C.N.T.S. depuis les années 1982 et 1983 est ainsi passée au crible. On démontre comment les directeurs et leurs subordonnés ont préféré répondre à des contraintes de budget; comment ils ont mésestimé les conséquences du virus et son pouvoir de contamination. Mais la nature exacte des faits reprochés n'est pas claire. D'autant plus que les docteurs Garretta et Roux s'accusent mutuellement de défaillances. L'audition des témoins et des victimes a lieu ensuite et se poursuit jusqu'en août. L'émoi est à son comble quand les familles d'enfants contaminés et disparus viennent témoigner, le 27 juillet. Certains témoins de la défense insistent cependant sur les nombreuses incertitudes qui frappaient le monde médical en 1985. C'est un point fondamental, puisqu'il est impossible d'imputer à charge des prévenus leur ignorance, au regard de connaissances scientifiques acquises plus tard. Mais comment expliquer que, dans le doute, des mesures n'aient toutefois pas été prises plus tôt ?

### Des boucs émissaires ?

Enfin, après les plaidoiries des parties civiles et en particulier celle de maître Holleaux, le 28 juillet, le ministère public requiert les peines maximales prévues par la loi sur les fraudes — la commercialisation d'un produit réputé sain alors qu'il est contaminé peut, en effet, être qualifiée de frauduleuse. Jusqu'au 7 août, les avocats de la défense dénoncent la situation faite à leurs clients. Ils affirment que la société, en exigeant la punition des inculpés, cherche plus à se venger qu'à exercer son droit de justice. Ils insistent de nouveau sur le fait que d'autres responsables — plus impliqués que leurs clients ? —, tels les ministres et quantité d'autres hauts fonctionnaires, n'ont pas été inquiétés. D'ailleurs, ne s'agit-il pas d'une erreur collective plus que d'un délit individuel ? Le 23 octobre, finalement, le verdict tombe. Le docteur Garretta, déjà radié de l'ordre des médecins par ses pairs du conseil de l'ordre, est condamné à quatre ans de prison et à 500 000 francs d'amende. Le docteur Allain se voit infliger quatre ans de prison dont deux avec sursis, le professeur Roux, quatre ans avec sursis. Le docteur Netter est, pour sa part, relaxé. Pourtant, l'affaire suscite encore des remous. Les ministres mis en cause, parmi lesquels Laurent Fabius, réclament la constitution d'un jury d'honneur pour que l'on mette un terme aux rumeurs qui les accablent. Mais les avocats des parties civiles veulent aller plus loin. Ils ne renoncent pas à faire reconnaître dans cette affaire la compétence d'une cour d'assises, ni à faire traduire les responsables politiques devant la Haute Cour de justice prévue par la Constitution.

### Des scandales semblables ailleurs

**Le cas français n'est pas isolé.** Des affaires de sang contaminé ont eu lieu dans d'autres pays. Ainsi dans l'ancienne Allemagne fédérale et en Italie. Mais dans ces pays, à la différence de la France, aucune action en justice n'a pour le moment abouti.

**Un commerce.** Par ailleurs, le procès a montré les carences des réglementations internationales concernant le commerce du sang et de ses dérivés. La question des prélèvements sanguins effectués dans certains pays du tiers-monde, comme Haïti, a été soulevée. Récemment, le véritable commerce d'organes que pratiquent certaines cliniques d'Amérique du Sud et la complicité d'instituts médicaux américains ou européens ont pu être évoqués. Un véritable vide juridique est, semble-t-il, exploité par des trafiquants sans scrupule.

*Manifestation des militants de l'association Act Up après le verdict du procès. Les peines sont ressenties comme bien légères par les victimes et leurs familles...*

## A-t-on le droit d'aider un malade à mourir ?

# L'EUTHANASIE

*Congrès de réflexion sur l'euthanasie organisé à Nice, en 1984, par l'association A.D.M.D. (Association pour le droit de mourir dans la dignité).*

**De nombreuses législations n'évoquent pas les pratiques euthanasiques en particulier, celles-ci étant assimilées à un homicide. Pourtant, les nouvelles définitions de la mort, remise en question par l'évolution scientifique, imposent aux juristes de repenser ce problème. Le jugement qui est rendu à Londres en ce mois de novembre 1992 est à cet égard une première.**

En 1989, Tony Bland est victime d'un accident dans un stade de football. Ce jeune homme de 18 ans est très grièvement blessé, son cerveau comportant des lésions irréparables. Trois années durant, il reste plongé dans un coma profond; ses médecins assurent qu'il n'a aucune chance de reprendre un jour conscience. La famille demande alors qu'on ne prolonge pas inutilement cet état végétatif intermédiaire entre la vie et la mort.

### L'euthanasie et l'homicide

La Haute Cour de justice de Londres est saisie du problème. La législation britannique interdit en effet de mettre un terme à la vie biologique de Tony Bland en débranchant les appareils qui maintiennent en vie son corps désormais sans conscience. Un récent jugement ne vient-il pas de déclarer coupable d'homicide un grand médecin dans un cas semblable ? La décision des jurés déclarant celui-ci coupable à une très large majorité (11 voix contre 1) et la pression du monde médical, inclinant en faveur de la relaxe, révèlent la fracture que ce type d'affaire suscite dans l'opinion. Sir Stephen Brown est président de la division des affaires familiales de cette Haute Cour de justice. Il lui faut se prononcer au vu d'un dossier extrêmement complexe. Le jugement rendu doit attirer toute l'attention des juristes, car, s'il est confirmé, il est très probablement appelé à faire jurisprudence.

### Les controverses

Or, le monde médical, dont les avis sont sollicités, n'est absolument pas unanime sur le sujet. Le docteur Keith Andrew dirige le Royal Hospital and Home, situé à l'est de l'agglomération londonienne, à Putney. Il se montre très réservé sur un quelconque accord du tribunal à l'arrêt du maintien en

### Législations de la mort douce

*Les débats sur l'euthanasie mettent en mouvement des positions en grande partie irréconciliables. Les uns prônent une mort digne et volontaire, d'autres dénoncent des risques de dérives incontrôlables. Les législations des États sont parfois accusées d'être en retard par rapport aux évolutions sociales et médicales. L'euthanasie active est en effet passible des condamnations réprimant l'empoisonnement par exemple, et est donc assimilable à un meurtre. L'euthanasie passive (éviter de maintenir en vie un malade inconscient et condamné) relève pour sa part de la non-assistance à personne en danger.*
*Tout le problème est là : doit-on reconnaître à l'euthanasie une spécificité, et le droit doit-il la prendre en compte ? En France, le projet de loi Caillavet déposé en 1978 a tenté sans succès de réformer le Code pénal et les dispositions de l'article 63 concernant la non-assistance à personne en danger dans le cas de l'euthanasie passive. En Belgique, l'euthanasie est assimilée à une infraction comparable au meurtre, même en présence du consentement de la victime. Mais c'est aux Pays-Bas que les nouvelles dispositions de la loi ont suscité le plus de controverses. Cette loi récente interdit toute euthanasie active mais décrit les règles à suivre en cas de demande répétée du malade. Le médecin ne peut agir seul, il lui faut consulter non seulement la famille du malade, mais aussi ses confrères. Le malade doit être entièrement informé de son état et de ses conséquences. Cette loi ne ferait qu'encadrer des pratiques déjà diffusées. Aux États-Unis, certains États autorisent les tiers à prendre la décision à la place d'un malade inconscient. La Californie a cependant rejeté en 1992 une proposition de loi autorisant l'euthanasie des malades condamnés et consentants, rejet qu'avait déjà connu l'État de New York en 1947. La Suisse porte les affaires d'euthanasie devant une cour correctionnelle et non devant les assises. Enfin, en France et en Grande-Bretagne, le médecin est passible de l'accusation d'homicide dans tous les cas d'euthanasie. Pourtant, les tribunaux font souvent preuve de clémence dans de tels cas.*

vie de T. Bland. Il évoque des exemples de cas déclarés sans espoir et qui n'en ont pas moins évolué. Certains malades ont ainsi connu une amélioration inespérée, sortant au bout de plusieurs années d'un profond coma et retrouvant une forme de conscience. Capables de sourire et de reconnaître leurs proches, ils sont la preuve qu'il est difficile à la médecine d'émettre en pareil cas des jugements définitifs. Surtout, les progrès médicaux remettent en cause les définitions de la perte de conscience, du coma et, par voie de conséquence, de la mort. Les éléments permettant scientifiquement de déceler la présence de la conscience chez un sujet comateux évoluent sans cesse. Des cas déclarés désespérés il y a quelques années ne le sont plus aujourd'hui. Une autre sommité du monde médical, le professeur Bryan Jennett, affirme au contraire que les cas évoqués par son confrère sont si particuliers qu'ils ne sauraient fournir au législateur une base de réflexion.

## L'arrêt de la Haute Cour

Jugeant selon leur âme et conscience, les magistrats de la Haute Cour décident finalement, le 19 novembre 1992, d'autoriser les médecins à débrancher les appareils maintenant en vie T. Bland. La Cour met en avant l'état du malade et les affirmations réitérées des médecins qui affirment que le patient ne retrouvera jamais la conscience. Ce jugement, qui satisfait la famille en lui permettant de sortir de la plus douloureuse des situations, suscite aussitôt une large opposition dans l'opinion, y compris dans le monde médical. Certains docteurs qualifient la décision de véritable meurtre légal. Mais la cour d'appel qui examine la décision de la Haute Cour, le 30 novembre 1992, décide de l'entériner.

*À la suite d'une décision de la Haute Cour de justice de Londres, les appareils maintenant artificiellement en vie Tony Bland, après trois années de coma profond, sont débranchés. L'affaire suscite une vive polémique dans l'opinion.*

### Le choix de mourir et les tribunaux

**Acquittés par des jurys d'assises.** Dans de nombreux cas, les tribunaux font preuve de clémence à l'égard des cas d'euthanasie. Ainsi, la cour d'assises de Colmar a acquitté en 1962 L. Faïta. Ce dernier avait mis fin aux jours de son frère atteint d'une maladie incurable. Des cas semblables ont été portés devant les assises de Metz en 1972 ou encore d'Aix-en-Provence en 1977, avec les mêmes verdicts.

**En Europe.** De récents procès ont montré qu'en Italie notamment ou dans l'ancienne Union soviétique les personnes accusées d'avoir mis fin aux jours d'un proche condamné par un mal incurable bénéficient de circonstances atténuantes. Mais, dans tous ces cas, on notera que les victimes sont consentantes et que les accusés sont des proches.

**Le monde anglo-saxon.** Enfin, des affaires semblables à celle de Tony Bland ont été portées devant d'autres tribunaux anglo-saxons, en Australie, en Écosse, au Canada ou encore en Nouvelle-Zélande en 1991 et 1992.

*Un point final qui ne résout rien*

# LE PROCÈS VILLEMIN

*Reconstitution du crime sur les lieux où a été retrouvé le corps du petit Grégory Villemin, en octobre 1985.*

**L'affaire qui connaît son dénouement en ce mois de décembre 1993 est une de celles qui ont passionné l'opinion. Les manœuvres d'une presse avide de sensationnel, les maladresses de la police et des magistrats, tout, ou presque, s'est conjugué durant les neuf années qui ont suivi l'assassinat du petit Grégory Villemin, finissant par empêcher que soit découverte la vérité sur ce crime atroce.**

La famille, épuisée, disloquée de l'intérieur, attend avec une impatience désespérée le verdict qui, judiciairement au moins, doit mettre un point final à des années d'enquêtes et de procédures.

## Le secret de l'instruction

**Entre le secret et la liberté d'informer.** L'affaire Villemin a posé le délicat problème du secret de l'instruction. Depuis 1958, le Code de procédure pénale impose ce secret aux magistrats chargés de l'instruction (article 11). Les avocats sont tenus par le secret professionnel. Cependant, les journalistes, les prévenus et les avocats des parties civiles ainsi que leurs clients ne sont pas tenus au secret par cette loi de 1958. De plus, ces dispositions risquent de porter préjudice aux droits de la défense. Les avocats utilisent donc souvent la presse pour rétablir un équilibre jusqu'ici davantage favorable à l'accusation.

**De nouvelles dispositions.** Le nouveau Code de procédure pénale, introduit en 1993, impose le secret aux magistrats chargés de l'instruction ainsi qu'à leurs adjoints et à la police. La presse reste liée par les dispositions de la loi réprimant la diffamation. De plus, de nouvelles dispositions concernant la présomption d'innocence s'efforcent de l'amener à plus de circonspection.

Les parents Villemin lors de l'enterrement de leur fils, le 19 octobre 1984 : une sinistre affaire criminelle qui ne sera sans doute jamais élucidée.

*Des tests d'écriture font un moment peser les soupçons sur la mère de l'enfant, mais tant d'irrégularités ont été commises lors de l'enquête que la jeune femme bénéficie d'un non-lieu.*

## L'expertise graphique

*Dans l'affaire du meurtre du petit Grégory Villemin, on a espéré des experts en graphologie qu'ils apporteraient la solution du mystère. Au lendemain du meurtre de l'enfant, en effet, les parents ont reçu une lettre anonyme avec ces mots : « Je me suis vengé. » Mais l'identification de l'auteur du message s'est avérée impossible, malgré la dictée à laquelle ont été soumises une dizaine de personnes de la famille Villemin.*

*En règle générale, le recours aux experts, qu'il s'agisse de graphologues, de médecins légistes ou de psychiatres, est réglé par le Code de procédure pénale. Dans le cas d'un procès d'assises, l'expert n'est pas là pour imposer ses conclusions, mais pour éclairer les jurés et le reste du tribunal. Une contre-expertise peut être demandée par les parties, le président de la cour décidant du bien-fondé de la requête.*

### Deux morts, un seul coupable certain

L'affaire a commencé le 28 octobre 1984 avec la découverte du cadavre de Grégory, âgé de quatre ans, retrouvé pieds et poings liés dans la rivière de la Vologne, dans les Vosges. Aussitôt, les enquêteurs pensent à une vengeance familiale. Un mystérieux corbeau n'envoyait-il pas des lettres anonymes depuis quelque temps? Un moment, un coupable possible est désigné : il s'agit d'un cousin du père, Bernard Laroche. Puis les enquêteurs renoncent à cette piste. Mais le père, Jean-Marie Villemin, reste convaincu de sa culpabilité ; et, comme il estime que la justice ne fait pas son travail, fou de rage, le 29 mars 1985, armé d'un fusil de chasse, il assassine Laroche. Le premier crime se double d'un second, sans que le responsable du meurtre soit trouvé.

### Coupable... avant jugement

À ce moment, pourtant, l'enquête sur la mort de Grégory change de cours. Après le cousin, c'est la mère de la petite victime, Christine Villemin, qui est suspectée; le S.R.P.J. (Service régional de la police judiciaire) de Nancy et le juge Jean-Michel Lambert, comparant l'écriture de la jeune femme et celle du corbeau, en viennent à penser que Christine elle-même a rédigé les lettres, et qu'elle a commis ce crime terrible : ligoter son enfant et le jeter dans l'eau... En conséquence, dans l'été de 1985, Christine Villemin est inculpée; son dossier, transmis d'abord à la chambre d'accusation de Nancy, est renvoyé devant la cour d'assises. Très vite, la presse adopte cette hypothèse noire. Des intellectuels, aussi, clament la culpabilité de la jeune femme : la romancière Marguerite Duras réfléchit, dans le quotidien *Libération*, aux circonstances terribles qui ont pu mener une épouse, une mère, une femme frustrée à commettre un acte d'une indicible horreur... Christine Villemin, elle, se pourvoit en cassation, niant farouchement les faits.

### Le non-lieu

Après des années d'incertitude et d'attente, la procédure judiciaire, enfin, se clôt. À partir de décembre 1992, en effet, la chambre d'accusation de la cour d'appel de Dijon examine les charges qui pèsent contre Christine Villemin. Exceptionnellement, celle-ci est autorisée à assister aux débats. Après la plaidoirie de la défense, puis le réquisitoire, le 3 février 1993, le président prononce le verdict. Il dénonce dans ses attendus les faiblesses du dossier, les incohérences de l'enquête : il souligne les maladresses d'une police empêtrée dans ses rivalités avec la gendarmerie, les erreurs commises par les magistrats chargés de l'instruction. Un non-lieu est donc prononcé en faveur de Christine Villemin : elle est enfin lavée des accusations portées contre elle.

### Le dénouement

Un an plus tard, en décembre 1993, la jeune femme comparaît de nouveau devant la cour d'assises de la Côte-d'Or, toujours à Dijon, lors du procès de son mari. Dans cette affaire, elle n'est plus désormais citée que comme témoin. Mais les avocats de la veuve de Bernard Laroche, qui réclament contre Jean-Marie Villemin dix années de prison, avançant que le père de Grégory peut recommencer à tuer la personne qu'il estime coupable de la mort de son fils, croient aussi nécessaire de relancer la polémique autour de l'éventuelle culpabilité de Christine. En dépit de la chose jugée, les débats s'enlisent donc dans le douloureux rappel du meurtre de Grégory et de ses conditions. La presse elle-même finit par reparler du procès de Christine Villemin, alors que c'est son mari qui est jugé... Finalement, prenant en considération les terribles épreuves par lesquelles est passé le père, les jurés déclarent l'accusé coupable avec préméditation en lui accordant cependant des circonstances atténuantes : le juge prononce une peine de cinq années de prison, dont quatre fermes. Étant donné les remises de peine qui viennent atténuer ce jugement et la durée de détention déjà accomplie, Jean-Marie Villemin est bientôt libéré. Mais le couple, qui a eu entre-temps deux autres enfants, est criblé de dettes; la maison qu'il possédait a été vendue, le père n'a plus d'emploi. Et, d'autre part, le coupable de l'assassinat de Grégory n'a toujours pas été identifié.

*Un procès pour l'histoire*

# PAUL TOUVIER

**En mars 1994, après des années de procédures de renvois successifs et grâce à l'acharnement des parties civiles, le procès de Paul Touvier, ancien chef du service de renseignement de la milice pour la région de Lyon, s'ouvre devant la cour d'assises des Yvelines, à Versailles. Touvier est inculpé pour complicité de crime contre l'humanité : le 28 juin 1944, il a en effet désigné sept Juifs pour être fusillés en représailles de l'assassinat par des résistants du ministre de l'Information, Philippe Henriot.**

*Après de longues années de fuite et de clandestinité, Paul Touvier, l'ancien milicien, se retrouve sur le banc des accusés de la cour d'assises de Versailles.*

*Robert Nant, un résistant torturé par Touvier, montre la photographie du milicien, qu'il porte toujours sur lui.*

Dans cette affaire, il ne s'agit pas seulement de faire justice, tardivement, mais aussi d'éclairer l'histoire des complicités de Français dans l'extermination des Juifs entreprise par les nazis.

## Un crime imprescriptible

Recherché depuis la Libération, condamné six fois par contumace, dont deux à la peine capitale, entre le 23 mai et le 3 novembre 1949, Paul Touvier, né en 1915, est arrêté en 1989, à Nice. Entre-temps, c'est-à-dire pendant quarante-cinq années, ce catholique fervent, issu de l'extrême droite d'avant-guerre, a bénéficié de la complicité de nombreuses personnes, en particulier d'ecclésiastiques et de congrégations religieuses, qui lui ont permis d'échapper à la justice. En 1964, une loi est venue amnistier une partie des faits qui lui étaient repro-

*Paul Touvier (au centre) devant le siège de la milice à Chambéry.*

chés. Sept ans plus tard, le président de la République, Georges Pompidou, lui a accordé sa grâce. Pour ceux qui entendaient que les actes de cet homme ne restent pas impunis, la bataille judiciaire, dès lors, a consisté à faire classer comme « crime contre l'humanité », et donc, à ce titre, imprescriptible, l'exécution des otages juifs en 1944. C'est afin que soit examiné le caractère des faits qui se sont passés le 28 juin 1944 que les parties civiles obtiennent, en 1981, que soit lancé un mandat d'arrestation contre Paul Touvier, localisé et arrêté seulement huit années plus tard.

## Les controverses du premier jugement

Deux années durant, le juge Getti conduit l'instruction du dossier. Cette période est marquée aussi par une autre enquête, dont la justice à ce moment ne se mêle pas : celle conduite par un collège d'historiens dirigé par René Rémond et entreprise à la demande de l'institution ecclésiastique elle-même (en l'occurrence, le cardinal Albert Decourtray), qui vise à déterminer les responsabilités de l'Église de France dans la longue fuite de Touvier. Ses conclusions mettent en évidence la responsabilité personnelle d'un certain nombre d'ecclésiastiques, mais elles lavent l'institution elle-même de tout soupçon d'une complicité délibérée et systématique. En octobre 1991, l'instruction est enfin close; le dossier Touvier est alors envoyé devant la chambre d'accusation de Paris, instance chargée de se prononcer sur l'opportunité ou non du renvoi de l'ancien milicien devant une cour d'assises. La procédure, devant le président Henne, prend la forme d'un débat contradictoire entre le parquet, chargé de l'accusation et représenté par l'avocat général Truche, et la défense, conduite par maître Jacques Trémolet de Villers. Elle aboutit en avril 1992 à un verdict de non-lieu, les magistrats estimant que l'affaire des otages, décidée par un fonctionnaire agissant lui-même sur ordre, n'entre pas dans la définition donnée par le droit du « crime contre l'humanité », et ne peut donc avoir de suites devant un tribunal. La première manche est donc gagnée par Touvier. Mais le parquet, aussitôt, se pourvoit en cassation. Et, en novembre 1992, la chambre criminelle de la Cour de cassation, présidée par le juge Le Gueunéhec, conclut, cette fois sans recours possible, en sens inverse de la chambre d'accusation : elle confirme le caractère de « crime contre l'humanité » de l'exécution des sept otages, et renvoie Touvier devant la justice.

## Le soulagement des victimes

Le 21 mars 1994 commence donc, à Versailles, le véritable procès de Paul Touvier, devant une cour présidée par le juge Boulard. On commence à retracer la carrière de l'inculpé. Celui-ci se retranche derrière les ordres reçus, minimise ses responsabilités et dénonce ses collaborateurs, tous disparus à cette date. Mais des témoignages mettent au jour sa personnalité. Son ancienne secrétaire confirme la pratique de la torture dans les locaux de la milice commandée par Touvier. Son confesseur, un dominicain, tente vainement de décharger de l'accusation d'antisémitisme celui qui, en 1986 encore, tenait le journal de ses réflexions contre les Juifs. Les victimes survivantes, surtout, viennent témoigner; certaines, que Touvier déclare avoir sauvées, dénoncent en ces dires d'odieux mensonges. Des historiens, tel l'Américain Robert Paxton, qui, le premier, fit l'histoire du régime de Vichy, et des grands spécialistes français, comme René Rémond ou François Bédarida, sont mis à contribution pendant les audiences, non pour trancher dans le débat mais pour rappeler, aussi objectivement que possible, le contexte de l'époque. L'opinion — y compris les télévisions étrangères, qui avaient dans les premiers jours suivi avec une attention passionnée les débats — se lasse progressivement : le procès tourne au cours d'histoire, et une démesure cruelle apparaît entre le vieil homme, comparse médiocre d'une histoire qui le dépasse, et les circonstances du procès, qu'on eût voulu celui de la Mémoire. Le 20 avril 1994, Paul Touvier est déclaré coupable par le jury et condamné à la réclusion criminelle à perpétuité.

### La société française règle ses comptes avec l'histoire

Paul Touvier est le premier Français accusé de « crimes contre l'humanité ». Une loi votée spécialement a permis que ce procès, tout comme celui de Klaus Barbie à Lyon, soit filmé. D'autres hauts responsables du gouvernement de Vichy ont jusqu'aujourd'hui réussi à échapper au jugement.

**Un procès qui n'aura pas lieu.** René Bousquet a été le principal organisateur de la répression contre la Résistance de la part de Vichy, en tant que secrétaire général de la police après 1942. Jugé en 1949 pour activités contraires à la défense nationale, il est acquitté. Après une brillante carrière dans de grandes entreprises, il est sur le point de tomber sous le coup d'une accusation de crimes contre l'humanité pour sa participation à la déportation de Juifs lorsqu'il est assassiné, en 1993. Son ancien adjoint, le préfet Leguay, a été inculpé en 1978.

**Les lenteurs de la justice.** Maurice Papon, responsable de la milice bordelaise et ancien haut fonctionnaire sous plusieurs gouvernements depuis les années 1960, est accusé d'avoir organisé des arrestations et la remise aux autorités allemandes de milliers de Juifs pendant la guerre. La procédure est en cours.

*L'impossible procès d'un crime jugé par les médias*

# L'AFFAIRE SIMPSON

*Inculpé du meurtre de son ex-femme et de son amant, le célèbre Simpson prend la fuite. La poursuite que lui livre la police est retransmise en direct à la télévision, ainsi que son arrestation.*

**À partir du début de l'été 1994, une affaire criminelle banale se transforme en un véritable psychodrame national aux États-Unis. Le meurtre probable d'une femme et de son amant par l'ancien mari de celle-ci, parce que le meurtrier présumé est une vedette, est pris en charge et jugé, avant toute enquête ou débat judiciaire, par les médias, et, au premier chef, par la télévision.**

Le pays, abreuvé des mois durant par les images de l'affaire, se fait une opinion — diverse selon les âges, les classes sociales ou l'origine. La justice, dans ces conditions, ne peut s'exercer sereinement.

## Comme dans les films...

L'affaire commence le 11 juin 1994, lorsque la police de Los Angeles découvre les corps de l'ex-épouse d'Orenthal James Simpson et de l'ami de celle-ci, tués à coups de couteau. Simpson est un homme bien connu du public américain, en particulier californien. Ce footballeur, couvert de gloire et qui vit à Los Angeles, a su conquérir les amateurs de sport au cours de nombreuses rencontres. Reconverti comme présentateur de télévision, il travaille de surcroît pour des entreprises de location d'automobiles, comme faire-valoir dans les publicités télévisées. Or, interrogé comme témoin après la découverte des cadavres, O. J. Simpson se retrouve quelques jours plus tard inculpé de meurtre. Quand la police vient l'appréhender, il refuse de se rendre. Il s'enfuit dans sa voiture et, menaçant de se suicider à l'aide d'un pistolet qu'il garde braqué sur lui, parcourt pendant des heures la ville entière. La télévision retransmet sans en manquer un moment cette course-poursuite, bouleversant ses programmes habituels pour le plus grand plaisir de la majorité des téléspectateurs, utilisant de gigantesques moyens pour obtenir les meilleures images possibles — suivant ou précédant de près la voiture du fugueur et son cortège policier au moyen d'hélicoptères.

## L'émotion d'une communauté

Très vite, ce tournage passionné s'accompagne de commentaires qui sont loin d'être neutres. Présenté comme un véritable héros désespéré et romantique, Simpson devient au fil des

*Dès le premier jour de son procès, Simpson est soutenu par de nombreux supporters de la communauté noire, qui voient dans cette affaire une nouvelle injustice raciale. Les médias, qui se sont emparés de cette affaire, lui donnent un retentissement extraordinaire.*

*Les auditions préliminaires du procès sont retransmises par les télévisions, et les médias rendent leurs propres verdicts. Pour pouvoir exercer sereinement sa charge, le juge interdit l'accès du prétoire à la télévision pour la suite de l'affaire.*

heures le symbole d'une véritable erreur judiciaire. La communauté noire, spontanément, refuse de croire que cet homme jeune, sportif et riche, image même de la réussite sociale des minorités, et qu'auréole encore plus son incroyable épopée motorisée, est un vulgaire meurtrier. Les victimes sont des Blancs ; Simpson est un Noir : nombreux sont ceux parmi les gens de couleur qui croient à un complot destiné à protéger le vrai meurtrier, ou en tout cas révélateur des a priori qui conduisent dans les pénitenciers américains une majorité de Noirs plutôt que des Blancs…

## La télévision interdite de prétoire

Au terme de la course-poursuite, Simpson est finalement arrêté, sain et sauf. L'instruction dure tout l'été, après quoi l'affaire est, très normalement, portée devant les tribunaux. Or, le juge Lance Ito, qui en est chargé, dénonce d'emblée les déviations médiatiques qui se sont produites. Le 26 septembre 1994, alors que le procès est sur le point de s'ouvrir à Los Angeles, les plus hautes instances judiciaires du pays se prononcent sur de nouveaux éléments concernant la procédure pénale. La Conférence judiciaire, qui établit les règlements au niveau fédéral, prend en effet une décision concernant la présence de la télévision dans les prétoires. Le juge W. Rehnquist, qui préside à la fois la Conférence et la Cour suprême fédérale, indique qu'à partir du 1er mai 1995 les caméras de télévision ne seront plus admises à filmer les procès — aux États-Unis, en effet, à l'inverse de ce qui se passe en France, photographes et cameramen peuvent entrer dans les prétoires. La tournure prévisible que risque de prendre le procès Simpson, autrement, motive évidemment ces décisions. La nouvelle réglementation représente une catastrophe pour les chaînes de télévision, qui avaient bâti de grandes espérances sur la retransmission des procès ; aussitôt après qu'elle a été rendue publique, les chaînes émettent de violentes protestations.

## … et l'on finit par la télévision

Pourtant, les journalistes disposent de quelques mois de répit avant que les règles les éliminant n'entrent en application. Ils profitent évidemment au maximum de ce délai. Dès avant la première audience, Simpson, par l'intermédiaire de son avocat, a indiqué qu'il choisissait de plaider non coupable. La télévision, dans ces conditions, continue de le présenter comme la victime innocente de l'acharnement policier. Les quatre avocats du footballeur jouent d'ailleurs à fond la carte de la sympathie antiraciste, proclamant haut et fort, sur toutes les chaînes de télévision, que si l'ancien présentateur de télévision n'avait été un Noir il n'aurait jamais été inculpé… Toujours avant l'ouverture du procès, l'accusation, consciente de l'extraordinaire popularité de l'inculpé, dit sa décision de ne requérir contre lui « que » la détention perpétuelle, alors que la loi de l'État californien l'autoriserait à demander contre Simpson la peine de mort. À partir de la première audience, les jurés, au même titre que Simpson lui-même, les avocats ou le magistrat présidant la cour, deviennent à leur tour des vedettes. Si tous dénoncent ce qu'il y a de malsain dans un tel climat, aucun ne refuse de se prêter au jeu des journalistes… Au début de l'année 1995, le verdict tarde encore à venir. La cour, délibérément, choisit d'attendre que les passions soient un peu retombées pour tenter de répondre, le plus objectivement possible, à la question de la culpabilité de Simpson et, le cas échéant, à celle de l'ampleur de sa responsabilité…

### La réglementation de la diffusion des images de procès

*En France, la loi interdit la présence des caméras dans le prétoire. Journalistes et chroniqueurs judiciaires rapportent donc eux-mêmes les épisodes d'un procès à la radio, à la télévision, dans la presse, parfois en dessinant.*
*Cette règle vise à préserver la sérénité du tribunal mais aussi à protéger la vie privée des parties. Des exceptions ont été cependant autorisées. Il a fallu voter une loi spéciale pour autoriser l'enregistrement des procès de criminels de guerre comme Klaus Barbie à Lyon en 1987 ou Paul Touvier en 1994. Les documents, déposés dans les archives judiciaires, ne pourront être consultés qu'après l'expiration d'un délai légal. En fait, la diffusion anticipée des images du procès de Barbie a été autorisée, au nom du caractère didactique et éducatif du film pour les générations qui n'ont pas vécu la période du génocide commis par les nazis.*
*Aux États-Unis, la loi a longtemps interdit la présence des caméras au cours des procès. Le Code de procédure pénale de 1946 est à ce sujet très clair. Cependant, le Code a été amendé et les caméras de télévision ont été autorisées à filmer. L'affaire Simpson a provoqué de nouvelles polémiques. La Conférence judiciaire est une instance fédérale chargée de réguler la procédure pénale. Cette haute instance, avec à sa tête le président de la Cour suprême fédérale, a estimé qu'il fallait renouveler l'interdiction. Cette dernière entre en vigueur le 1er mai 1995.*

## *L'argent du football mis en accusation*

# L'AFFAIRE OM-VALENCIENNES

**Le 13 mars 1995, six prévenus, dont Bernard Tapie, l'ancien président du club de football de Marseille, comparaissent devant le tribunal de Valenciennes pour corruption active ou passive. C'est le dernier acte d'un match disputé entre Valenciennes et l'Olympique de Marseille (OM) vingt-deux mois auparavant.**

L'affaire OM/VA commence le 20 mai 1993, à la mi-temps du match qui a lieu ce jour-là, lorsque le joueur de Valenciennes Jacques Glassmann accuse deux de ses camarades d'avoir accepté de l'argent de la part des dirigeants marseillais pour faire perdre leur équipe. La rencontre, qui précède de quelques jours la finale de la Coupe des clubs champions d'Europe, entre l'OM et le Milan AC, est très importante. Le club phocéen, qui a besoin d'assurer sa place dans le Championnat de France tout en ménageant ses joueurs, redoute ce match. En effet, Valenciennes, qui joue son avenir en première division, doit tout faire pour marquer. Le 20 mai, l'OM gagne finalement par 1 à 0. Le 26 mai, il bat Milan et remporte le titre européen. Le succès est terni par l'affaire de corruption, portée devant la justice dès le mois de juin.

### Corruption et subornation

En mars 1995 le tribunal correctionnel de Valenciennes juge les deux joueurs dénoncés par Jacques Glassmann et l'épouse de l'un d'eux pour corruption passive, ainsi que trois membres de l'OM pour corruption active. Il s'agit du joueur Jean-Jacques Eydelie, du directeur Jean-Pierre Bernès et du président Bernard Tapie. L'ancien ministre de la Ville doit en outre s'expliquer sur une tentative de subornation de témoins, qui constitue le second volet du procès. L'ex-entraîneur de Valenciennes, Boro Primorac, accuse Bernard Tapie de lui avoir proposé de l'argent en échange d'un faux témoignage disculpant les Marseillais. Il a reçu cette offre lors d'une visite effectuée au siège du groupe de l'homme d'affaires, à Paris, le 17 juin 1993, vers 15 heures. Bernard Tapie dément. Ses dénégations sont confirmées par le député maire de Béthune, Jacques Mellick. Celui-ci déclare qu'à l'heure dite il se trouvait avec son attachée parlementaire, Corinne Krajewski, dans le bureau de Bernard Tapie. Jacques Glassmann et la Ligue nationale de football, qui demandent réparation du préjudice subi, se portent partie civile.

*Bernard Tapie au banc des accusés, lors du procès OM-Valenciennes, le 13 mars 1995.*

### Tribunal ou champ de foire ?

Dès la première audience Bernard Tapie donne le ton des débats. Il occupe constamment le devant de la scène et orchestre un procès parallèle devant les cent quarante journalistes présents. Dans la salle du tribunal, il coupe la parole au président, intervient à la place de son avocat et se lance dans d'interminables discours

---

**Argent et football**

En 1980, un scandale retentissant pose le problème des rapports du football avec l'argent, massivement engagé dans ce sport.

**Trucage à l'italienne.** Le dimanche 23 mars 1980, l'Italie, qui nourrit une véritable passion pour le ballon rond, est sous le choc. La police a arrêté pour escroquerie et fraude treize joueurs de différents clubs et le président du célèbre Milan AC, qui étaient payés par deux bookmakers pour truquer les matchs du *Totocalcio*, un système de pari équivalent à celui du tiercé français. Même la grande vedette du Milan AC, Paolo Rossi, est impliquée dans l'affaire. La Fédération italienne de football n'attend pas les décisions de la justice pour prendre des sanctions très sévères. En mai, elle rétrograde le Milan AC et le Lazio de Rome en deuxième division et elle suspend les joueurs.

**Assurer la victoire**. La même année sont dévoilées d'autres tentatives de corruption. En Espagne les joueurs de Séville se sont vu offrir de l'argent pour aider le Real de Madrid à remporter le championnat. En Grèce un président de club a essayé d'acheter la victoire de son équipe dans une demi-finale.